教师教育课程标准配套教材
教师资格证书考试通用教材

教育心理学

基本理论与综合知识

王　丽　主　编
王孝红　胡月霞　钟传金　副主编

TEACHER
EDUCATION

北京师范大学出版集团
BEIJING NORMAL UNIVERSITY PUBLISHING GROUP
北京师范大学出版社

图书在版编目(CIP)数据

教育心理学：基本理论与综合知识 / 王丽主编. —北京：北京师范大学出版社，2019.12(2024.12 重印)
教师教育课程标准配套教材　教师资格证书考试通用教材
ISBN 978-7-303-25219-0

Ⅰ.①教…　Ⅱ.①王…　Ⅲ.①教育心理学—资格考试—教材
Ⅳ.①G44

中国版本图书馆 CIP 数据核字(2019)第 235846 号

图书意见反馈　gaozhifk@bnupg.com　010-58805079
营销中心电话　010-58802755　58800035
编 辑 部 电 话　010-58809014

JIAOYU XINLIXUE：JIBEN LILUN YU ZONGHE ZHISHI
出版发行：北京师范大学出版社　www.bnupg.com
北京市西城区新街口外大街 12-3 号
邮政编码：100088
印　　刷：天津旭非印刷有限公司
经　　销：全国新华书店
开　　本：787 mm×1092 mm　1/16
印　　张：27
字　　数：552 千字
版　　次：2019 年 12 月第 1 版
印　　次：2024 年 12 月第 7 次印刷
定　　价：48.00 元

策划编辑：王建虹　　责任编辑：朱冉冉
美术编辑：李向昕　　装帧设计：李向昕
责任校对：康　悦　　责任印制：马　洁

编 委 会

主　　编　王　丽

副 主 编　王孝红　胡月霞　钟传金

编　　委　（按姓氏拼音排序）

陈彦宏　黄　娟

前言

FOREWORD

党的二十大报告提出全面建成社会主义现代化强国的两步走战略安排，从二〇二〇年到二〇三五年基本实现社会主义现代化；从二〇三五年到本世纪中叶把我国建成富强民主文明和谐美丽的社会主义现代化强国，在发展的总体目标中二十大报告提出到二〇三五年，建成教育强国、科技强国、人才强国、文化强国、体育强国、健康中国，国家文化软实力显著增强。教育、科技、人才是全面建设社会主义现代化国家的基础性、战略性支撑。必须坚持科技是第一生产力、人才是第一资源、创新是第一动力，深入实施科教兴国战略、人才强国战略、创新驱动发展战略，我们要坚持教育优先发展、科技自立自强、人才引领驱动，加快建设教育强国、科技强国、人才强国。教育是国之大计、党之大计，要培养高素质教师队伍。教育心理学是对学习者、学习以及教学的研究。一个人要成为称职的教师，除了掌握学科专业知识及学科课程的教学技能外，还需要知道学生是如何学习的，如何才能激励学生学习，怎样评价学生学习的效果、管理课堂、复习相关内容等。一名称职的教师，除了有热忱、热情、关爱学生、学科课程知识外，最为关键的是能够成功地促进学生有效学习。有效教学的研究表明各种各样的学科以不同的形式和方法组织起来，都有其各自的探究方法。各类专业知识都不仅仅是一般的问题解决技能，还要求有组织有序的概念知识和探究过程。研究发现，有效教学的教师需要教育教学知识，即有关如何教好特定学科的知识，而这又区别于一般的教学方法和知识。专家型教师了解他们所教学的结构，他们以这种结构作为认知范式来指导学生的作业，来评价学生的进步，在平等讨论的课堂教学中向学生提出问题。教师的学科知识和教育教学知识是相互作用的，学科知识结构本身并不能引导教师将知识如何传授给学生。本门课程是基于为即将进入教师职业的人提供关于教学、学习、教师、学习者的相关知识准备的。

当前，为建立国家教师资格考试制度，严格教师职业准入，保障教师队伍质量，根据《教师法》《教师资格条例》《国家中长期教育改革和发展规划纲要

(2010—2020)》，国家制定了《中小学教师资格考试暂行办法》。教师资格考试评价申请教师资格人员是否具备从事教师职业所必需的教育教学基本素质和能力，包括笔试和面试两部分。笔试主要考查申请人从事教师职业所应具备的教育理念、职业道德、法律法规知识、科学文化素养、阅读理解、语言表达、逻辑推理和信息处理等基本能力；教育教学、学生指导和班级管理的基本知识；拟任教学科领域的基本知识，教学设计实施评价的知识和方法，运用所学知识分析和解决教育教学实际问题的能力。这体现了国家层面对教师应具备的教育教学基本素质和能力的重视，师范院校学生需要确保自己达到国家要求具备的教育教学基本素质与能力。本书在编写时力求做到以下几方面。

第一，综合性。本书综合了心理学、发展心理学、教育心理学的相关理论与实践，为没有心理学基础知识的学习者提供了比较全面的、综合的教育心理学内容，这使得该教材涉及的知识范围广泛，结构体系全面系统。本书内容包括了心理学基础知识、学生发展心理、学习的基本理论、学习的具体领域、教学与课堂管理、学生与教师心理等相关内容。

第二，实践性。本书强调理论知识与教学实践的结合，一方面，将教育教学理论与教学实践实例结合起来，分析教学实践中的实际案例，要求学生能根据理论知识开展各种活动设计；另一方面，在学习过程中每一章的每一节都设置了实践练习，以便进行知识的检测和练习。

第三，适用范围广。本书不是单纯地为了参加教师资格考试而编写的应试类教材，还可以为有志于未来成为教师的学习者进行教育心理学课程的学习作为参加教师资格考试的积累。同时，它也为学习者入职后进行教育科学的研究实践提供了理论基础和方法指导，也为有进一步深造意愿的学习者提供深入学习的资料。

本书的内容包括以下几部分。

第一部分是心理学的基础知识和基本原理。其主要内容是关于人的认知过程，即人获得知识或应用知识的过程，这是人最基本的心理过程，包括感觉、知觉、记忆和思维等。在这些心理过程中，注意是心理活动或意识对一定对象的指向与集中，影响着心理活动的进行。

第二部分是个体发展的基础知识和基本原理。其主要内容是关于学生身心发展的一般特点及学生的认知发展特点、情绪发展特点、人格发展特点。如果学习者已有《心理学导论》《发展心理学》的课程基础，这两部分可以跳过，直接从第三部分开始学习。

第三部分是学生的学习心理。该部分从第三章到第七章，包括学习的基本理论、学习的领域、学习动机、学习策略、学习迁移的内容。

第四部分是教学心理。这部分从第八章到第九章，包括教学设计和课堂管理中的心理学。

第五部分是师生心理。其中，第十章学生心理辅导，关注学生的心理健康；第十一章是教师心理，包括教师的角色特征、教师的专业成长及教师的心理健康等相关知识。

参加本书编写的主要是长期从事教育心理学教学和研究的一线教师。他们负责编写的具体内容是：王丽，绪论，第五章，第六章；陈彦宏，第一章，第十章；黄娟，第二章；王孝红，第三章，第四章；胡月霞，第七章，第八章；钟传金，第九章，第十一章。最后，由王丽对全书进行了审阅和统稿。

在编写本书的过程中，陈理宣教授对全书的编写进行了指导，北京师范大学出版社给予了支持和帮助。此外，我们借鉴了国内外一些专家学者的研究成果，在此一并表示感谢。

本书的编写难免有不足之处，敬请各位读者批评指正，以便我们进一步修订和完善。

王丽
2022 年 12 月

目　录

CONTENTS

绪 论

学习目标与任务

1. 了解教育心理学的学科历史；
2. 理解教育心理学的研究方法；
3. 掌握本课程的基本学习方法。

教育心理学是科学心理学和教育学相结合的交叉学科，也是当今教师教育的三大基础学科之一(另外两门基础学科是教育哲学和教育社会学)。因此，它在教师教育课程中占有非常重要的地位，是教师教育的必修课程之一。

在绪论中，我们将要探讨教育心理学的基本发展脉络，教育心理学的研究方法和学习方法。

第一节　教育心理学的发展史

一、什么是教育心理学

在探讨教育心理学的发展史之前，我们应该明确教育心理学的基本概念。

(一)教育心理学的研究对象

教育是教育者根据一定社会的要求，充分利用受教育者身心发展的规律，有目的、有计划、有组织地培养人的活动。教育者、受教育者的心理状况是制约教育效率的重要因素。教育心理学就是研究教育者和受教育者的心理现象与心理规律，以及教育者如何运用这些规律进行自我调适和对受教育者进行有效教育的学科。

因此，教育心理学的研究对象至少包括以下几个。

①学生身心发展的心理现象和心理规律。学生身心发展的心理现象和心理规律，具体应该包括学生知识学习心理、技能学习心理和非智力因素发展心理三大类内容，这三大类内容与学生身体发展是紧密相连的。身体发展为心理发展提供物质基础，心理发展与身体发展是基本同步的。例如，个体大脑的发展与个体的思维能力的发展是基本同步的。

②教师身心发展的心理现象和心理规律。每一个教师与学生一样，是一个身心处于发展状态的个体。由于教师是教育过程中举足轻重的角色，他的身心发展状况往往在很大程度上决定了教育的效率和质量。一个身心健康的教师能更好地把握教育的内容、方法，较少出现伤害学生的行为；反之，一个身心不健康的教师，较多地做出伤害学生的“教育”行为。例如，职业倦怠的教师更加容易导致师生关系紧张，教育中更加容易出现简单粗暴的教育行为。因此，教师身心发展的心理现象和心理规律是教育心理学中非常重要的组成部分。

③在具体的互动过程中，师生双方的心理活动规律。学校教育的过程，本质上是师生互动的过程。由于互动就是彼此接触、相互影响、相互制约，因此这个过程能引起活动参与者的心理和行为的变化。也就是说，个体的心理和行为受具体的互动情境制约。

④师生身心发展心理规律在教育实践中的运用。研究教育心理学的根本目的是提高教育效率。因此，研究者认识了师生身心发展的心理规律之后，还必须把这些规律运用到实践中。一方面，研究者可以通过实践来检验对师生身心发展的心理规律的认识是否正确；另一方面，研究者又可以从实践中获得更多师生身心发展的信息，以支持进一步的深入研究。

(二)教育心理学的主要内容

基于上述对教育心理学研究对象的理解，结合当前教育实践的趋势，我们认为教育心理学的主要内容应该包括以下几方面。

第一，学生心理及其发展。它主要包括心理的基本过程，学生(作为个体和作为群体)的心理特点、发展历程，学生个体心理差异等。

第二，学生学习心理。它主要包括学习概述、学习的领域、学习动机、学习策略、学习迁移等。

第三，有效教学心理。它主要包括教学设计、教学过程、课堂管理等教育实践，如何利用教育心理学的相关理论的指导，有效提高学生的学习和教学效率。

第四，学生心理辅导。它主要包括心理健康，学校心理辅导的内容及方法，如何利用教育心理学的相关理论的指导，促进学生的心理健康发展。

第五，教师心理。它主要包括教师专业发展的心理和教师心理健康两部分的内容。前者帮助教师有效促进自身的专业发展，后者帮助教师维护自身心理健康，保证教师顺利实现自我和顺利开展教育活动。

(三)教育心理学的学科性质

1. 教育心理学是教育学的基础学科

教育心理学的基本任务是通过对教育中的各种心理现象和心理规律进行研究，为教育者克服在教育过程中的困难，为有效实现教育目的提供手段和方法。因此，教育心理学与教育学之间是基础学科与应用学科的关系，教育心理学为教育学提供心理学的依据。而事实上，在 20 世纪五六十年代以后，教育心理学与教育哲学、教育社会学逐渐成为教育科学的三大知识来源，并且成为教师教育的核心课程。

2. 教育心理学是心理学的特殊理论学科

尽管教育心理学是心理科学的一门独立分支，具有其独立的研究对象和内容，但是，教育心理学毕竟是心理学理论应用于教育实践的产物，属于应用心理学中的一门。一方面，教育心理学是以心理学一般理论为基础对教育进行研究的；另一方面，教育现象的心理学研究又有助于心理学理论的拓展和深化。

3. 教育心理学是教育学与心理学的交叉学科

教育学与心理学交叉形成了教育心理学。在教育心理学的研究中，我们必须遵循基本的教育规律；反之，我们要提升教育效率或者对教育进行理论分析，必须要遵循心理学的相关理论。

二、教育心理学的发展

(一)教育心理学学科前期(19世纪70年代以前)

教育心理学与其他学科一样，在成为一门独立学科之前，总是孕育于其他母体。首先是哲学，然后是心理学。

早在两千多年前，我国的教育家和思想家就提出了具有一定的教育心理学思想的观点。《学记》提出，“大学之法；禁于未发之谓豫；当其可之谓时，不陵节而施之谓孙；相观而善之谓摩。此四者，教之所由兴也”。孔子也在他长期的教育教学实践中，形成了对教育、教学过程中的认知、情感、意志和行动等方面丰富的思想。在认知方面，孔子认为，“不愤不启，不悱不发，举一隅不以三隅反，则不复也”；在情感和意志上，孔子认为，“知之者不如好之者，好之者不如乐之者”等。这些都是我国古代非常具有代表性的教育心理学思想。

在西方，早期最具代表性的教育心理学思想是柏拉图和亚里士多德的论述。柏拉图主张的教学方法十分重视个别差异，谋求学生身心的均衡发展；在《理想国》里，他建构了一套基本符合人的身心发展规律的教育制度。亚里士多德所主张的顺应本性、培养习惯、启发心智等教育原则，都是现代教育心理学的重要观念。

18世纪后期到19世纪末期心理科学诞生之前，西方近代教育思想家，如捷克的夸美纽斯(J. Cemenius)、瑞士的裴斯泰洛齐(J. H. Pestalozzi)、德国的赫尔巴特(J. F. Herbart)等，都非常重视在教育实践中运用心理学，举起了教育心理学化的旗帜。他们根据儿童心理的特点，对教育进行大量且具体的改革。赫尔巴特甚至认为，心理学是科学教育学的基础学科，提出了统觉理论，依据学生的学习心理把教学过程分为明了、联想、系统、方法四个阶段。

(二)教育心理学学科创建期(19世纪80年代—20世纪20年代)

1877年，俄国教育学家、心理学家卡普捷列夫正式出版了《教育心理学》，这是第一本以教育心理学命名的专著。此后，美国、日本陆续有了把心理学知识运用于教育实践而写成的书。但是，由于心理学没有科学化，没有成为一门独立的学科，教育心理学还处于内省和经验主义水平。

美国心理学家詹姆斯(William James)也致力于将心理学引进教育领域，在其名著《与教师的谈话》中，他指出通过观察提问、与学生交流等途径，教育研究者可以获得有关学生观念、兴趣、情感、价值观等诸多方面的信息，并且，可以以此为改进学校教育质量的依据。杜威(John Dewey)也极力倡导将心理学应用于教育中，几乎花了毕生的精力努力去让教育工作者认识到心理学对教育的重要意义。

这些努力都不同程度地促进了教育心理学的发展。但是，真正使教育心理学成为一门独立学科的人是桑代克。

1903年，美国心理学家桑代克(E. L. Thorndike)出版了《教育心理学》一书。

1904 年，他在此基础上进行了扩充，形成了三卷本的《教育心理学大纲》。桑代克从“人是一个生物的存在”这个角度建立自己的教育心理学体系。他的教育心理学体系分为三部分：第一部分讲人类的本性；第二部分讲学习心理；第三部分讲个体差异及其原因。这一著作是世界上公认的最早的、比较科学且又系统的教育心理学专著，是西方教育心理学发展的基础，西方教育心理学的名称和体系由此确立。桑代克认为教育心理学是因教育需要而产生的，其研究是以了解人性及改变人性从而实现教育目的为取向的。20 世纪 20 年代，美国所兴起的教育科学运动，在理论基础上，就是受桑代克这种思想的影响产生的。尽管桑代克的教育心理学有机械化和简单化的倾向，但是，它与以往单纯用内省和思辨方法去解决教育心理学问题的形式相比，是一种本质上的进步，因此，他的影响持续了相当长的时间。

（三）教育心理学学科发展期（20 世纪 20 年代—50 年代）

20 世纪 20 年代以后，随着心理学研究取得丰硕的成果，教育心理学汲取了大量的心理学前沿理论，极大地扩充了自己的研究。随后，教育心理学出现更多的学派，逐渐出现了百家争鸣的局面。其中，行为主义、联结主义和格式塔心理学的理论占据了教育心理学的主要地位。到 20 世纪 40 年代，弗洛伊德的精神分析学派使教育心理学开始重视学生潜意识和意识问题的研究，重视非理性因素在教育教学过程中的作用，从此，儿童的个人与社会适应、心理卫生问题等慢慢地成为教育心理学领域中的主要内容。20 世纪 50 年代之后，程序教学和机器教学的兴起，信息论的流行，也都深刻地影响着教育心理学的发展。

我国的教育心理学起步较晚。1908 年，我国出现了第一本教育心理学的译著《教育实用心理学》，这本译著是由日本的小原又一编著、房东岳翻译的。1924 年，廖世承编写了我国第一本《教育心理学》教科书。此后，研究问题的方法和观点几乎都在模仿西方，没有太大的突破。1949 年之后，我国研究者开始根据马克思主义理论，对教育心理学进行了大量的改造工作，对教育实践中的某些问题也做了一定的研究。此时期的教育心理学发展有如下特点。

1. 以学习理论为主，但对教育实践缺乏指导意义

这个时期，行为主义心理学占据优势，强调学生学习的相关理论。不同学派之间主要争论的焦点也集中在学习理论之上。

但是，这一时期的学习理论，主要是对动物和儿童简单的心理过程进行比较推测人类高级的学习过程。例如，行为主义把复杂的人类行为简化为 S-R 的关系，并用这种简单的单向直线关系来解释人的学习行为。托尔曼（E. C. Tolman）也试图通过白鼠实验来解释人的学习心理过程。但是，毕竟人的学习是高级心理活动，这种心理活动掺杂着教育者与受教育者之间的互动、情感等，这些都是动物无法比拟的。因此，这些学习理论对实际课堂教学情境中的学习缺乏指导意义。

2. 内容庞杂，没有独立的理论体系

这一时期教育心理学的书籍十分庞杂。仅在美国，每年出版的教育心理学教科

书和教育心理学文选之类的书籍就有上百种，内容均不一样。有人对各个不同时期的许多教育心理学专著进行分析，发现仅在对“教育心理学”所下的定义上就出现了分歧。多数专著并未针对教育心理学的特征标示出它的角色功能，也未强调教育心理学与学校目的之间的关系，有许多教育心理学专著将这个学科视为“心理学原理在教育上的应用”，这几乎成了当时人们的共识。正是这种共识，导致了人们对教育心理学自身理论建构的忽略，使教育心理学发展失去了独立性。

另外，教育心理学广泛采取其他学科的知识，虽然充实了本学科的内涵，但其他学科的心理学知识却是在理论纷争、方法殊异的情境中获得的，并且多数已逐渐发展成为独立的学科，因而，教育心理学很难不与这些学科重复。同时，由于教育心理学本身没有严格的理论体系，当其他内容扩充时，便显得非常庞杂。

(四)教育心理学学科成熟期(20 世纪 60 年代—70 年代末)

从 20 世纪 60 年代开始，西方的教育心理学逐渐确立了自己的内容和体系。例如，教育与心理发展的关系、学习心理、教学心理、评定与测量、个体差异、课堂管理、教师心理等，被公认为教育心理学的主要内容。20 世纪 60 年代以来的教育心理学教科书几乎全部涵盖了这些内容。

在苏联，教育心理学家逐渐把教育心理学与发展心理学结合起来开展了许多针对儿童心理发展的实验研究，重点关注了人际关系与儿童心理发展的关系。同时，他们还对教学心理中的方法论和教育心理学研究方法进行了深入的探讨，取得了丰硕的成果。

我国的教育心理学家在 20 世纪五六十年代，除了译介苏联的教育心理学成果之外，还做了大量的实验研究。但是到了 20 世纪 60 年代后期，教育心理学受到政治运动的影响，被迫中断了研究。

这一时期教育心理学的最大特点是关注教育实践，为教育实践服务。例如，布鲁纳(J. S. Bruner)用结构主义心理学指导了美国的课程改革，使美国的教育心理学开始重视探讨教育过程和学生心理，重视教材、教法和教学手段的改进。罗杰斯(C. Rogers)在 20 世纪 60 年代掀起了一股人本主义思潮，提出了“以学生为中心”的主张，认为教师只是一个“使学习变得更方便的人”。其他教育心理学家还介入了教学组织形式的社会心理问题、学习动机等教育实际问题的研究。

(五)教育心理学学科深化拓展期(20 世纪 80 年代以后)

这个时期的教育心理学依旧非常重视与教育实践相结合，并且各个学派都逐渐趋于“以人为本”的取向。

西方教育心理学这个时期的主要成果主要表现在四个方面：①主动性，研究如何使学生主动参与学与教的过程，对自身的心理活动做更多的控制；②反思性，从内部理解所学内容的意义，对元认知和自我调控的学习，过去讲学习是通过知识的传递，而现在讲学习是对知识的主动理解、建构获得；③合作，共享教与学中涉及的人类资源，重视在一定背景下将学生组织起来一起学习，如同伴辅导、合作学习、交互式学习等，把个人的科学思维与同伴合作相结合；④社会文化对学习的影响，任何学习的发生都不是在白板上进行的，而是在文化背景上建构而产生的。

我国的教育心理学家在20世纪80年代开始重建教育心理学学科。首先，各大师范院校恢复了教育心理学的课程；其次，他们编写和译介了一批教材和专著。1980年，由潘菽主编的《教育心理学》修订后正式出版；1981年，冯忠良出版了《学习心理学》《智育心理学》两本专著；1982年，高觉敷等人翻译出版了《教育心理学》。之后邵瑞珍的《教育心理学》(上海教育出版社)、皮连生的《智育心理学》(人民教育出版社)、莫雷的《教育心理学》(广东高等教育出版社)、陈琦和刘儒德的《当代教育心理学》(北京师范大学出版社)、张大均的《教育心理学》(人民教育出版社)等教材，在我国教育心理学学科重建和发展过程发挥了中坚作用。

这一时期的教育心理学最大的特点就是分歧缩小。首先，各个学派之间相互吸取对方合理的观点，填补自身的理论空白和弥补理论与实践的鸿沟。其次，东西方教育心理学也相互吸收对方的理论，打破了过去存在于东西方教育心理学之间的鸿沟。

第二节 教育心理学的研究方法和学习方法

一、教育心理学的研究方法

教育心理学的研究方法与心理学的研究方法基本上是一致的，因为教育心理是心理学的分支学科。但是，由于在教育活动中，有些心理现象难以完全按照心理学的研究方法去开展研究，因此，教育心理学的某些方法又具有明显的学科特点。

(一)观察法

观察法是指在教育过程中，研究者通过感官或借助于一定的科学仪器，有目的、有计划地考察和描述个体某种心理活动的表现或行为变化，从而收集研究资料的一种研究方法。观察法有自然观察法和实验观察法之分。研究者在自然条件下对对象的行为进行观察、记录，不做任何控制和干预，这叫作自然观察。在有意控制或干预的情境下对对象进行观察，叫作实验观察。自然观察所得资料较为接近事实真相，实验观察主要用于研究两种事物之间某些因果关系。

观察法比较容易操作，能收集到第一手材料，适用于教师在教育教学过程中了解和研究学生的心理活动。但是，由于观察受到太多因素，尤其是观察者的主观因素的影响，因此，常常不能得到精确的分析。因此，观察法的应用，对观察者的要求相对较高，观察者必须要有一定的工作训练，能控制自己的主观情绪的影响，善于在繁杂的现象中抓住所需要观察的事实和材料，并发现各种现象间的联系。

（二）调查法

调查法是按照一定的目的和计划，间接地收集研究对象有关的现状及历史材料，从而弄清事实，通过分析、概括等方法发现问题，探索教育规律的研究方法。

教育现象错综复杂，常常是许多因素交织在一起的，因此，在研究过程中，需要有针对性地收集相关资料，以便把握好研究方向。建立在事实基础上的调查研究可以为教育决策提供依据，在把握实际情况的基础上解决新问题，提出新见解，形成新理论，从而推动教育科学和教育事业的发展。常见的调查方式有问卷调查法、访谈法、个案调查法、教育教学经验总结法和文献分析法等。

调查法通常具有明确的目的，制定了明确的调查方案，因此收集的材料一般具有典型性、客观性和真实性。但是调查过程受到样本选择是否恰当、统计分析方法是否合理、被调查者记忆是否准确、被调查者利益是否相关等多种因素的影响，使调查结果受到一定的质疑。

（三）实验法

实验法是指在控制条件下对某种心理现象进行观察的方法。在实验中，研究者积极干预被试者的活动，创造某种条件使某种心理现象得以产生并重复出现。实验法分为自然实验法和实验室实验法。实验室实验法常常通过实验室的各种科技手段，来获取资料信息。但是，所获取的信息明显带有人为干预痕迹，而且，正常的教育活动不可能在实验室中完成，因此，实验室实验法在较为复杂的教育研究中较少使用。

自然实验法是在人们正常的教育活动中进行的，它相对更加接近实际，比较真实地反映教育过程的心理规律。但是，由于在自然状态下，教育活动受到较多因素的影响，往往给分析资料的环节带来更多的工作量和不确定因素。

（四）教育行动研究法

教育行动研究是指在教育情境中，由教育实践者（通常指教师）进行的，目的在于改善教育专业的实践，采取批判、自省、质疑的研究精神，借以实践其教育理想并获得专业成长与提升的一种研究。教育行动研究的实施步骤包括：第一，确定研究课题，发现教育工作中亟待解决的实际问题，选定研究主题，并对研究问题的成因进行分析诊断与肯定；第二，拟定研究计划，明确课题研究的总目标，并围绕总目标设计研究的方法、程序、监控手段等；第三，实施行动研究，收集资料、拟定并实施有效的教育措施；第四，进行总结反思，汇集资料、做好观察记录，根据各种信息反馈认真修正行动计划，再实施新一轮行动研究，直至实现研究总目标。

（五）教育叙事研究法

教育叙事研究是指以叙事、讲故事的方式开展的教育研究。教师通过对有意义的校园生活、教育教学事件、教育教学实践经验的描述与分析，发掘或揭示内隐于这些生活、事件、经验和行为背后的教育思想、教育理论和教育信念，从而发现教育本质、规律和价值意义。教育叙事研究的类型包括教学叙事、生活叙事、自传叙事等。

1. 教学叙事

教学叙事绝不是简单地“镜像”记录教学生活，而是需要有鲜明的主题或引人入胜的问题；有解决问题的情境性、冲突性、过程性的描述；有解决问题的技巧和方法；有解决问题过程中及过程后的反思；有获得的经验和教训。

2. 生活叙事

除了参与课堂教学，教师还大量地居留于课堂教学之外。生活叙事涉及教师的管理工作和班级管理工作，如“德育叙事”“管理叙事”。

3. 自传叙事

自传叙事指的是教师通过对个人成长或成长的某一方面的梳理，然后去发现这一阶段对教师教育生活的重要性，或梳理某一时间段教师对个人教育的观念性转折，并通过“自我反思”“自我评价”而获得某种“自我意识”。

（六）个案研究法

个案研究法是收集单个被试的资料以分析其心理特征的方法。收集的资料通常包括个人的背景资料、生活史、家庭关系、生活环境、人际关系以及心理特征等。个案研究的研究对象可以是单个被试，也可以是由个人组成的团体（如家庭、班级、工厂等）。

个案研究法的优点是能加深对特定个人的了解。其缺点是所收集的资料往往缺乏可靠性。此外，个案研究的结论不能简单推广到其他个人或团体，但在经过多次同类性质的个案研究之后，可为研究者设计实验研究假设提供参考。

要使个案研究顺利而有效地进行，研究者除深入了解被试的各种情况以外，还应与学生多接近，建立友谊，保持良好关系，能给学生解决一些困难，使其充分信任研究者的帮助和关心，这样，个案研究就会取得良好的效果。

目前，教育心理研究中有时采用临床法，也是以少数人或个别人为研究对象，基本上也是一种个案研究的方法。

（七）历史法

历史法是研究者通过搜集某种教育现象发生、发展和演变的历史事实，加以系统、客观地分析研究，从而揭示其发展规律的一种研究方法。

当然，由于教育活动和研究方法的复杂性，以上研究方法在实际的教育心理学研究中往往是综合运用的。随着时代的发展，社会对教师的教育教学提出了更高的要求，要求教师不仅是教学者，还要求教师是研究者。教师积极投入教育研究工作，有利于促进教师专业成长和学生发展。

二、教育心理学的学习方法

(一)注重学科基础学习

学科基础是学科的核心和关键。一门学科最基础的内容包括本学科的发展历程、基本概念、基本命题、基本原理等。掌握了学科基本内容之后，我们才能对学科的知识框架了如指掌。因此，学习教育心理学时，掌握学科基础对掌握教育心理学这门学科来说是非常重要的。

掌握本学科的基础也是运用本学科知识解决教育实际问题的关键。教育心理学区别于其他心理学，重在揭示教育领域中的心理规律，揭示规律的价值在于应用于实践并指导实践。因此，解决教育问题是教育心理学的天然使命。解决问题就是应用已经习得的概念、命题和规则，根据问题的具体情境，进行一定的重组和创新，形成一个新的答案的过程。因此，学习好本学科的基础也是提升解决教育问题能力的前提。

(二)注重学科知识的应用

本课程以培养教师职业能力为目标。从知识到能力的转变，最重要的就是知识的应用。知识应用是弥补理论与实践之间鸿沟的一种方法，避免了课程知识与教育实践相脱节，造成学生高分低能的情况出现。因此，本学科知识的应用是培养教师职业能力的重要途径之一。另外，就知识学习而言，知识的应用对教育心理学的学科学习至少具备两个方面的作用。

第一，能让学习者在此过程中加深对学科知识的理解和体验。知识是人性光辉的体现，是人主体性的反映。只有学习者能理解和体验到这一点，知识才能真正融入学习者的心灵和知识结构，最终表现为能力和素质。

知识是人类与客体互动的结果，也是反映事物动态和相互联系的关系。所以，所有的知识原本都是动态的。但是，当知识被人类物化之后就表现为静态了。当知识处于静态时，它是无法实现其价值的，只有处于动态的知识才能真正影响人类的生活。因此，动态是知识的常态，静态是知识的非常态。学习者如果不能把书本上的静态的知识转变为动态的知识，他将会以死记硬背的方式来学习，这些所谓“知识”在他那里是无法理解和体验的，因而也无法深入影响到他的精神状态，更无法提升他的能力。最终，他只是知识不可靠的、暂时的储存器。相反，学习者通过知识应用，如操作、实践、实验等，来学习知识，必将使得书本上的静态的知识变成动态的知识，并且在这一过程中，深刻地理解和体验知识的内涵和价值，从而影响他的精神状态，有效提升他的能力。只有这样，他才能从学习知识的过程中，获得主体性认识和体验。

第二，能让学习者在此过程中检验教育心理学理论的真理性。实践是检验真理的唯一标准。教育心理学的种种理论也需要通过实践才能让学习者更切实地认识到其真理性。没有经过检验，就要求学习者接受理论，是一种灌输行为。这种行为的主动者既可能是教师，也可能是学习者自己。

因此，学习者应该主动把教育心理学的知识应用于实践中。

练习题

一、选择题

1. 在教育调查研究中，为获取相关资料对一所学校或一个学生进行的专门调查属于(　　)。

A. 全面调查　　B. 重点调查　　C. 抽样调查　　D. 个案调查

2. 在控制条件下对某种行为或者心理现象进行观察的研究方法称为(　　)。

A. 实验法　　B. 测验法　　C. 调查法　　D. 观察法

3. 在教育研究中，通过考察事物发生发展的过程，揭示其本质和发展规律的研究方法是(　　)。

A. 调查法　　B. 访谈法　　C. 历史法　　D. 实验法

二、简答题

1. 请简述教育心理学的学科性质。

2. 请简述教育心理学在学科发展期的特点。

3. 请简述教育心理学的研究方法。

参考答案

一、选择题

1. D　2. A　3. C

二、简答题(略)

第一章　心理学概述

学习目标与任务▶

1. 了解感觉的特性，理解知觉的特性；

2. 了解注意的分类，掌握注意的品质及影响因素；

3. 了解记忆的分类，掌握遗忘的规律和原因，应用记忆规律促进中学生的有效学习；

4. 了解思维和想象的种类，影响问题解决的因素，掌握创造性思维的特征及创造力培养途径。

学生是如何获得知识和应用知识的呢？人获得知识或应用知识的过程在心理学中被称为认知过程。认知过程是人最基本的心理过程。它包括感觉、知觉、记忆、思维和语言等。人接受外界输入的信息，并将这些信息经过神经系统的加工处理，转换成内在的心理活动，进而支配人的行为，这个过程就是信息加工的过程，也就是认知过程。

第一节　感觉与知觉

感觉与知觉是个体最初也是最基本的认知过程。感觉产生于知觉之前，却又不会独立出现于认知过程，总是和知觉紧密结合在一起。心理学对感知觉的研究有着丰富的历史。

一、感觉与知觉的概述

（一）什么是感觉

感觉就是人脑对客观事物个别属性的反应。人们对客观世界的认识常常是从认识事物的一些简单属性开始的。例如，我们面前有一个苹果，我们是怎样认识它的呢？我们用眼睛去看，知道它有红红的颜色，圆圆的形状；用嘴一咬，知道它是甜的；拿在手上一掂，知道它有一定的重量。这里的红、圆、甜、重就是苹果的一些个别属性。红是由苹果表面反射的一定波长的光波引起的；圆是由苹果的外围轮廓线条作用于眼睛引起的；甜是苹果内部的某些化学物质作用于舌头引起的；重是由苹果压迫皮肤表面引起的。我们的头脑接受和加工了这些属性，进而认识了这些属性，这就是感觉。

感觉虽然很简单，但却很重要，它在人们的生活和工作中有重要的意义。

首先，感觉提供了内外环境的信息。通过感觉，人们能够认识外界物体的颜色、明度、气味、软硬等，从而能够了解事物的各种属性。工人操纵机器生产工业产品，农民种植庄稼提供粮食和蔬菜，科学家们观测日月星辰，发现宇宙的奥秘，这些都离不开感觉提供的信息。通过感觉我们还能认识自己机体的各种状态，如饥饿、寒冷等，因而有可能实现自我调节，如饿了就要吃饭，渴了就要喝水。没有感觉提供的信息，人就不可能根据自己机体的状态来调节自己的行为。

其次，感觉保证了机体与环境的信息平衡。人们要正常地生活，必须和环境保持平衡，其中包括信息的平衡。具体来说，人们从周围环境获得必要的信息，是保证机体正常生活所必需的。相反，信息超载或不足，都会破坏信息的平衡，对机体带来严重的不良影响。

心理学家曾经做过“感觉剥夺”实验。在实验中，要求被试安静地躺在实验室的一张舒适的床上，室内非常安静，听不到一点声音；一片漆黑，看不见任何东西；两只手戴上手套，并用纸卡卡住。吃喝都由主试事先安排好了，用不着被试移动手脚。总之，来自外界的刺激几乎都被“剥夺”了。实验开始，被试还能安静地睡着，但稍后，被试开始失眠，不耐烦，急切地寻找刺激，他们想唱歌，打口哨，自言自语，用两只手套互相敲打，或者用它去探索这间小屋。换句话说，被试变得焦躁不安，老想活动，觉得很不舒服。七天之后，被试表现出感觉剥夺的病理心理现象：出现视错觉、视幻觉，听错觉、听幻觉；情绪不稳定，紧张焦虑；注意力涣散；思维迟钝等。这个实验说明，来自外界的刺激对维持人的正常生存是十分重要的。

(二)什么是知觉

知觉是人脑对客观事物整体属性的反应。知觉是在感觉的基础上产生的，是将作用于感觉器官产生的个别属性反应整合而成的。例如，当我们准备品尝一杯红酒时，不仅能够看到它紫红的颜色、晃动时的质感，还能够闻到它或清淡或浓郁的香气，以及尝到它特有的味道。通过上述的步骤，品酒大师可能就已经知道这杯红酒来自哪个葡萄酒产区，甚至大概的生产年份。当然，在这个过程中，需要知识经验的作用。单一的感觉器官接受红酒某一方面的信息，将这些信息整合起来，才能形成我们对这杯红酒的完整知觉。

感觉和知觉的界限并不容易区分，对事物的单一属性的反映是感觉，对事物的整体的反映并识别了其意义则为知觉。比如，我们能够感受的单一的甜是感觉，识别了是苹果的酸甜还是芒果的香甜则是知觉；我们能够闻到单一的一种气味是感觉，识别出是花香还是兰蔻的奇迹香水则是知觉；我们能够摸到平面上的突起小点是感觉，盲人根据这些突起点识别盲文则是知觉。

(三)感知觉加工机制

1. 感觉编码

各种感受器将作用于它们的各种适宜刺激转换为神经冲动，并沿着特定的传导通路传递给大脑。感受器在把外界刺激转变为神经动作电位的过程中，不仅发生了能量形式的转换，更重要的是把刺激包含的环境条件变化信息也转移到了动作电位的序列和组合之中，这就是感受器的编码作用。例如，我们不仅能感知红色和绿色的区别，也能感知橘红和紫红的区别、亮红和暗红的区别。这些细微的差别都通过感受器的动作电位进行编码并沿着神经纤维传递，使人根据各种传入信号形成不同感觉，并改变机体的各种机能状态，使有机体适应不断变化的环境。感觉可以比较准确地反映客观事物的真实情况，随着长期的进化历程和个体的实践活动，这种精确度得到逐渐完善。

2. 知觉整合

知觉是在感觉的基础上形成的，是对感觉信息的整合和解释。虽然在探讨和研究感觉这个问题时，将作用于人的各种感官的刺激进行区分，如客体的颜色、声音、气味、质感等个别的属性，但是，在现实中，人几乎很难只加工事物的某一个单一属性，很难形成绝对孤立的感觉，而总是把通过各个感觉通道所得到的关于该事物的属性整合起来并加以理解。因为物体的个别属性是不能脱离物体本身而独立存在的。人在认识世界的过程中也不是单纯地认识事物的个别属性，而是形成物体和属性间关系的经验，以及物体各属性间关系的经验。例如，当人们认识一个苹果时，既观察到它的形状、颜色，也感受到它的香气、味道、口感等特性，把这些方面的感觉信息整合起来，就构成了人们对苹果的完整映像，这就是知觉的整合过程。

根据知觉过程中依赖的对象不同，可以把知觉整合的过程分为自上而下的加工以及自下而上的加工。

当知觉依赖于直接作用于感官的刺激物的特性，如对物体颜色和明度的知觉依赖于光的波长与振幅；对音调和音响的知觉依赖于声波的频率与声压水平；形状知觉依赖于物体的原始特征和线条朝向；运动知觉依赖于物体的位移；等等。对这些特性的加工叫自下而上的加工或数据驱动加工。

知觉还依赖于感知的主体，即具体的、活生生的人，而不是孤立的眼睛、耳朵和鼻子。知觉者对事物的需要、兴趣和爱好，或对活动的预先准备状态和期待，他的一般知识经验，都在一定程度上影响知觉的过程和结果。人的知觉系统不仅要加工由外部输入的信息，而且要加工在头脑中已经存储的信息。后面这种加工叫自上而下的加工或概念驱动加工。例如，我们去火车站接一位不认识的客人，我们对来人的期待将影响我们对他的识别和确认。又比如，在阅读课文时，由于个人的知识经验不同，我们从课文中提取的信息也是不一样的。

(四)感受性与感觉阈限

人类的各个感觉器官均有相应的适宜刺激，不同感觉器官能够探测的刺激不同，每个感觉器官所能够探测到的物理能量也是有限的。人的感官只对一定范围内的刺激做出反应；只有在这个范围内的刺激，才能引起人们的感觉。这个刺激范围及相应的感觉能力，我们称之为感觉阈限和感受性。

1. 绝对感受性与绝对感觉阈限

刚刚能引起感觉的最小刺激量，被称为绝对感觉阈限。人的感官觉察这种微弱刺激的能力被称为绝对感受性。例如，我们平时看不见空气中的灰尘，当灰尘落在我们的皮肤表面时，我们也不能觉察到它的存在。但是，当细小的灰尘聚集成较大的尘埃颗粒时，我们不但能看见它，而且能感觉到它对皮肤的压力。

绝对感受性与绝对感觉阈限之间成反比关系。绝对感受性可以用绝对感觉阈限来衡量。绝对感觉阈限越大，即能够引起感觉所需要的刺激量越大，感受性就越小。相反，绝对感觉阈限越小，即能够引起感觉所需要的刺激量越小，则感受性越大。

2. 差别感受性与差别感觉阈限

心理学上，把刚刚能引起差别感觉的刺激物之间的最小差异量，叫作差别感觉阈限，对这最小差异量的感觉能力就是差别感受性。例如，几百人参加的大合唱，如果增减1个人，人们听不出声音的差别，如果增加或减少10个人，差别就明显了。同样，两根长竹竿相差半寸，我们难以觉察它们的差别；而两支铅笔相差半寸，差别就非常清楚了。

差别感受性与差别感觉阈限在数值上也成反比例。差别感觉阈限越小，即刚刚能够引起差别感觉的刺激物间的最小差异量越小，差别感受性就越大。

19世纪40年代，德国的生理学家韦伯通过对重量感觉的研究发现，差别阈限随原来刺激量的变化而变化，表现出一定的规律性，即差别阈限与原刺激量的比例是个常数，用数学公式表示，即 $K=\Delta I/I$。ΔI 为引起差别感觉的刺激增量，I 为原刺激量(又称标准刺激强度)；K 是小于1的一个常数，叫作韦伯分数。这个公式就是韦伯定律。举一个例子，如果在100 mL水当中放入3 g糖，现在，我们想让糖水更甜些，便开始增加糖。当多放入1 g糖后，刚好察觉到水变甜了一点。那么，如果是在装有200 mL水的杯子里，原来杯子里放了6 g糖，需要再多放多少糖才会刚好觉察到糖水更甜了一点呢？根据韦伯定律，我们需要多放2 g糖。

(五)感知觉适应

1. 感觉适应

如果外界不断有刺激传向神经细胞，那么感觉的能力就会逐渐提高或者降低，这就是感觉的适应。例如，当人刚进入某个空间时会觉得有陌生的气味，但是过了一会儿就不觉得了，这就是感觉的适应。

适应产生的原理：我们在看物体或者听声音的时候，神经细胞首先会捕捉到光、声音、气味等物理性刺激。接下来，这些信息会被转换为电力信号，依次传到中枢神经系统，从而使人最终感觉到“光”“声音”“气味”等。但是，如果这种信息一直持续传送，神经细胞会出现什么样的情况呢？这就与我们一整天毫不休息地工作会非常疲倦一样，神经细胞也会精疲力竭，结果，就不会再对最初捕捉到的刺激产生反应。总之，感受器持续受到同一种刺激，对此种刺激的感受性就会逐渐降低，我们称之为适应。又比如，我们在进入黑暗的地方时，短时间内什么都看不见，不久就能够靠微弱的亮光看得见东西，在需要捕捉微小的刺激时，感受器的感受性会增强，这也是一种适应。有机体(生物)会将感觉量调整到最合适的程度。

感觉的适应也可以分为两种情况：感觉度下降时的负适应和感觉度增加时的正适应。可以用从暗室走到户外和从户外走入暗室的例子来说明。例如，刚从电影院走到明亮的地方时，会感到刺眼，过一会儿就可以看清了，这是对光线的感觉度(感受性)下降——负适应；相反，刚从明亮的户外走进暗室时，会看不清东西，渐渐地习惯了就能看清了，这是对光线的感觉度(感受性)增强——正适应。

2. 知觉适应

知觉适应是指当知觉条件有违常规或有违经验时，我们能够调整自己以适应新的知觉条件的现象。例如，如果你有些近视，但是戴了一副度数不合适的新眼镜，开始的时候会感觉有些不舒服，甚至头晕目眩。但是，一两天后，你就可以调整过来(但最好不要努力适应度数不合适的眼镜)。这个过程就是知觉适应，即当视觉输入发生变化时，我们的视觉系统能够适应这种变化，使之恢复到变化前的状态。但是，如果你戴的眼镜中一只镜片会使景物向左偏离40度，你能适应吗？当你第一次戴上这副眼镜将球传给一个同伴时，球会向左边偏移；走路也会有左偏的倾向。小鸡无法适应这种变化的世界，当给它们戴上这种眼镜时，它们会在似乎“有”食物的地方啄个不停。但是，人类却能够很快适应这种变形的眼镜。在几分钟之内，就能准确地传球，正常地走路。摘掉这个眼镜后，你还能体验到某种视觉后效，开始时会将球错误地传到右边，但几分钟之内，又可以重新适应。

二、常见的感觉种类及现象

(一) 五感

感觉是我们了解周围世界的手段，我们经常使用它。感觉通常由我们日常所说的“五感”构成，即视觉、听觉、嗅觉、触觉、味觉。

视觉感受器是位于视网膜上的细胞(椎体细胞和杆体细胞)。视觉，就是光刺激此细胞，从而产生的感觉。视觉的适宜刺激为波长380～780 nm的电磁波。宇宙中这一部分电磁波叫作光波，是可见光谱部分。可见光有两类，一类是由发光体直接发射出来的，如太阳光、灯光、烛光等；另一类是光源照射到物体表面，由反光体把光反射出来，我们所见的光多是反射光。其他物种可能对光谱上不同的部分敏感，如蜜蜂看不到红色却可以看到紫外线。

听觉的感受器是位于耳朵内的耳蜗。听觉，就是声波传到鼓膜，刺激耳蜗从而产生的感觉。声波的物理性质包括频率、振幅和波形，这些性质作用于人耳，决定了声音的音调、响度和音色。频率指发声物体每秒振动的次数(次/秒)，单位是Hz。对人类来讲，能接收到的频率是16～20 000 Hz。频率低的声波听起来低沉，即音调低；频率高的声波听起来高亢，即音调高。低于16 Hz的振动叫次声波，高于20 000 Hz的振动叫超声波，它们都是人耳所不能接受的。

嗅觉的感受器是位于鼻内的嗅细胞。嗅觉，就是气味刺激嗅细胞，从而产生的感觉。虽然人的嗅觉系统不及其他一些动物那样敏锐，但对我们的生存而言仍然提供了重要的信息。如果没有嗅觉，我们可能很容易中毒。有毒的物质由于有害的细菌在其中形成，常常产生难闻的腐烂气味，这可以起到警告信号的作用。大概有1%的人完全没有嗅觉，被称为失嗅症，这会对他们的生活造成很多不便。温度有助于嗅觉的感受，嗅觉的适宜温度是37～38摄氏度。身体状况会影响嗅觉的感受性，如伤风、鼻炎会使嗅觉感受性大大降低。

触觉的感受器是皮肤上的感觉点。触觉，就是皮肤上的感觉点受到刺激从而产生的感觉。

味觉的感受器是位于舌头表面的味蕾。味觉，就是味蕾受到刺激从而产生的感觉。味觉有四种：苦、酸、咸、甜。我们对苦最为敏感，对酸次之，接下来为咸，对甜味的敏感性最差。在舌面的不同部位，味觉的感受性略有不同。舌尖对甜味最敏感，舌的两侧对酸味最敏感，舌的中部对咸味最敏感，舌根对苦味最敏感。

（二）感觉后效

刺激对感受器的作用停止以后，感觉印象并不立即消失，而是仍能保留短暂的时间。这种在刺激作用停止后暂时保留的现象被称为感觉后效。

感觉后效在视觉中被称为后像。视觉后像有两种：正后像和负后像。请你先看强光刺激一二分钟，然后把眼睛闭上，这时你会看见眼前有一个与强光刺激差不多亮的像。因为后像和强光刺激一样，都是亮的，即品质相同，所以叫正后像。正后像出现以后，如果此时把眼睛转向白色的墙壁，就会看到一个比墙壁还要暗的像，因为后像和强光刺激在品质上是相反的，所以叫负后像。

在视觉中，如果让断续的刺激达到一定的频率，则后像可以使这些断续的刺激引起连续的感觉。刚刚能引起连续感觉的最小频率叫临界闪光融合频率，这时产生的心理效应就是闪光融合现象。例如，使用交流电的日光灯，如果每秒钟闪动100次，我们看到的就不再是断续的闪光而是不闪动或连续的光。在中等光强度下，视觉后像大约能保留0.1秒。因此，如果一个闪烁的光源每秒钟闪动超过10次，就会产生闪光融合现象。

（三）感觉对比

不同的刺激作用于同一感受器而导致感受性发生变化的现象为感觉对比。

几个刺激物同时作用于同一感受器产生的对比现象被称为同时对比。例如，两个相同的灰色小方块，一个放在白色背景上，一个放在黑色背景上。结果，在白色背景上的小方块看起来比黑色背景上的小方块要暗得多，同时，在相互连接的边界附近，对比特别明显，这种现象被称为马赫带。

刺激物先后作用于同一感受器产生的对比现象被称为先后对比。例如，吃梨会觉得梨很甜，但吃了糖之后再接着吃梨，会觉得梨很酸；喝了苦药后马上喝白开水，会觉得白开水有点儿甜味；凝视红色物体之后再看白色的东西，会觉得后者呈青绿色。

三、知觉的基本特性

（一）对象与背景

对象与背景的关系就是指人们在知觉过程中的选择性。在同一时刻，人接收到的感官刺激丰富多彩。但是，人并不能注意到同时作用于感觉器官的所有刺激，也不能对作用于感觉器官的所有刺激进行表征和产生反应，而只能选择其中少数刺激进行加工。人们选择的加工物就是对象，而同时作用于感觉器官的其他刺激物就是当下知觉对象的背景。

人要把知觉的对象从背景中区分出来，客观刺激物之间必须存在差别。只有存在差别，人才能进行选择。对象和背景不是固定的。鲁宾双关图形(见图 1-1)就是知觉的对象和背景可以相互转换的例子。这个图形的中间白色部分可以看成一个花瓶，两边黑色部分可以看成两张相对的面孔。当我们看白色花瓶的时候，面孔部分就成了背景；当我们看两个黑色面孔的时候，花瓶的部分就成了背景。也可以一会儿看成花瓶，一会儿看成面孔，花瓶和面孔经常相互交替着出现，但不能既看见花瓶，又看见面孔，两者不可能同时出现。一般来说明亮的、颜色鲜艳的或活动的物体更容易被知觉为对象，而暗淡的、缺少变化的、静止的物体则经常作为知觉的背景。

图 1-1 双关图形

(二)知觉的理解性

知觉既然是人对感觉刺激的整合和解释，也就具有了一定的主动性和主观色彩。不同的人由于知识经验的不同，对同样的知觉对象可能存在不同的解释，这就是知觉的理解性。知识经验不单指长期的积累，也包括短暂的言语提示等。当知觉的对象比较模糊时，言语提示能够快速帮助当事人完成，也就是完成对感知事物的加工处理，并用概念的形式把它们标识出来。

理解能够帮助我们区分对象和背景。如图 1-2 中所示，看看你从每个图中第一眼看到的是什么。有的图你可能只看到了一种可能，但是如果给一点言语提示的话，你会很快发现另一种知觉可能(A，少女还是老妇；B，兔子还是鸭子)。

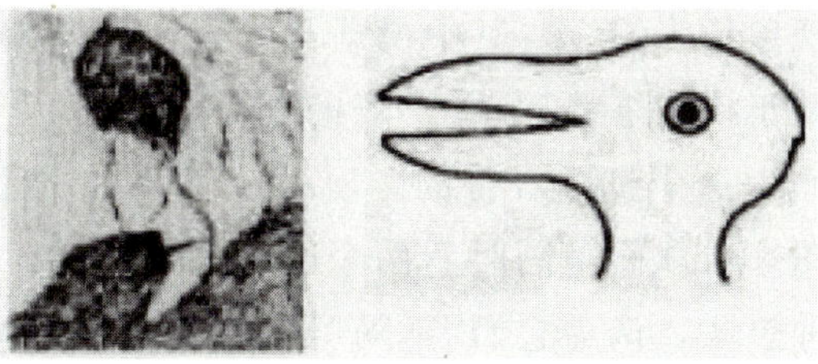

A　　　　B

图 1-2 知觉的理解性

(三)知觉的恒常性

当知觉的客观条件在一定范围内改变时，虽然感官得到的直接映像变了，但我们的知觉映像在相当程度上仍保持着它的稳定性，这叫作知觉的恒常性。常见的恒常性包括形状恒常性、大小恒常性、明度(或亮度)恒常性和颜色恒常性。

形状恒常性是指当我们从不同角度观察同一物体时，物体在视网膜上投射的形状是不断变化的，但是，我们知觉到的物体形状并没有显出很大的变化。如一扇门从关闭到打开，尽管这扇门在视网膜上的投影形状各不相同，但人们看上去都是长方形的。

大小恒常性是指当我们从不同距离观看同一物体时，物体在视网膜上成像的大小是有变化的，但是我们对物体大小的知觉却能够保持恒定的现象。物体距离观察者的距离大，在视网膜上成像较小；物体距离观察者的距离小，在视网膜上成像较大。而知觉到的大小却不完全随距离变化，趋向于原物的实际大小。

明度（或亮度）恒常性是指在照明条件改变时，物体的相对明度或亮度保持不变的现象。例如，在明媚的阳光下和乌云密布时，白色的衬衫始终会被知觉为白色的。

颜色恒常性是指用其他颜色的光照射具有固定颜色的物体表面时，虽然按照颜色混合的定律，其色调会发生变化，但是，人们对这个物体表面颜色的知觉却仍然保持不变的现象。

（四）错觉

图 1-3 中有两条被箭头夹着的直线。两条直线长度是相同的，还是不同的呢？很多人也许会回答“不同”。但是，正确答案是“完全相同的”。

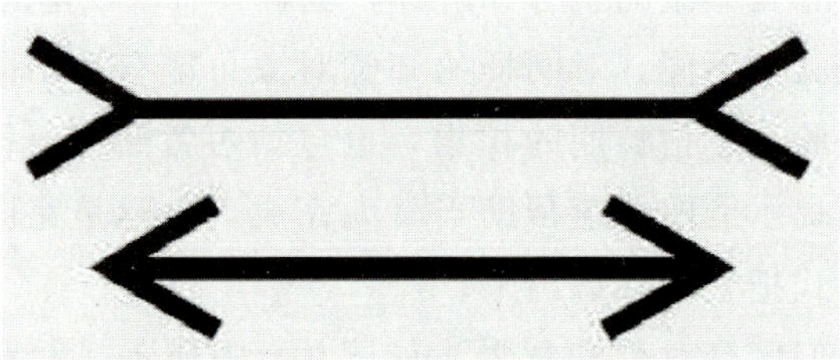

图 1-3　长度错觉

出现这种情况，并不是因为你的知觉有问题，这是人类的知觉出现的一种普遍反应。心理学将这种现象称为错觉。其中视觉上产生的错觉，被称为错视。

我们尝试着运用基于格式塔心理学的“场的理论”来说明。该理论认为，我们所了解的世界最初是被作为一个整体看待的。根据这个理论，我们并未将图 1-3 的两个图形分为上图和下图来看，而是同时看两个图形的。这个时候，比起认为两条线的长度是“相同的”这种想法，认为它们“不同”反而使它们成为一个具有统一性的图形。因此，在我们看来，“它们的长度是不同的”。

错觉在我们生活中有重要作用。虽然错觉容易混淆视听，给我们的生活造成困扰，但是我们却可以利用错觉的性质给生活增加便利。例如，利用错觉美化环境，点缀生活，使人们获得美的享受。18 世纪的著名学者欧拉说过，整个绘画艺术就是建筑在这种欺骗（错觉）基础上的。又比如，军事上的伪装，就是制造错觉，迷惑敌人，保护自己。

四、空间知觉、时间知觉和运动知觉

(一)空间知觉

1. 深度知觉

深度知觉是物体的空间距离及物体的三维特性在头脑中的反映。我们能感受到三维空间和准确判断物体距离我们的远近，是因为我们有深度知觉的能力。如果没有深度知觉，这个世界看上去只是一个平面。

(1)单眼线索

单眼线索是指用一只眼睛就能够感受的深度线索。单眼线索主要有以下几种。

①遮挡。较近的物体会挡住较远的物体，而不会相反。因此，物体的遮挡是判断物体远近关系的线索之一。

②线条透视。两条向远方延伸的平行线看起来趋于接近，即线条透视。同样大小的物体，距离近时视网膜成像大些；距离远时视网膜成像小些。

③空气透视。透过空气层观看外界物体时，由于空气中灰尘、烟、雾的影响，所看到的远近物体的清晰度不同，近处的看起来清晰，细节分明，明度和饱和度都较高；远处的物体看起来轮廓模糊，明度和饱和度较低。

④明暗与阴影。近处物体反射到我们眼睛内的光线更多。因此，两个完全相同的物体，看起来较暗的那一个似乎离我们更远。另外，物体表面的各部位受光程度也可能不同，凸出部分受光多，凹下部分受光少，这也成为物体凸凹轮廓及深度的线索。

⑤相对高度。在其他条件相等时，视野中两个物体相对位置较高的那一个显得远些。

⑥纹理梯度(结构级差)。物体近端落在视网膜上的纹理结构稀疏而清晰，远端落在视网膜上的纹理细密，这种结构在视网膜上递增或递减的变化就是结构级差。这种结构级差使人产生深度感，成为距离知觉的重要线索。

⑦运动视差与运动透视。当观察者与周围环境中的物体处在相对运动状态时(就像坐在行进的火车中看窗外景物一样)，近处的物体和观察者的运动方向相反，且速度较快；而远处的物体和观察者运动方向相同，且速度较慢。在观察者眼中不同距离的物体在运动速度和方向上的差异就是运动视差。运动视差与运动透视提供了判断物体远近的线索。

(2)双眼线索

必须利用双眼得到的信息才能进行深度知觉，这些线索被称为双眼线索。典型的双眼线索是双眼视差。当我们观察物体平面时，两眼视网膜的视像是重叠起来的。但是，当我们观察立体的物体时，左眼会看物体的左边多一些，右眼看物体的右边多一些，这样就在两眼视网膜上形成两个稍有差异的视像，这就是双眼视差。

2. 大小知觉

我们知觉的物体大小与物体在视网膜上投影的大小有关系。前面讲过，视网膜成像的大小服从于几何投影的规律：距离远，同一物体在视网膜上的投影小；距离近，同一物体在视网膜上的投影大。由于视网膜成像的大小与知觉距离有关，因此，人们不是仅仅根据视网膜成像的大小来判断物体的大小。在距离相等时，视网膜成像越大，说明该物体越大；视网膜成像越小，说明该物体越小。而在视网膜成像恒定时，如果距离越远，说明该物体越大；如果距离越近，说明该物体越小。也就是说，人们在知觉物体大小时，似乎不自觉地解决了大小与距离的关系，即物体大小＝视网膜成像大小×距离，这就是大小距离不变假设。环境中的距离线索和视网膜投影的大小，都给人们提供了物体大小的信息。人们能保持大小恒常性，原因也在这里。

3. 方位定向

方位定向是指观察者对环境中的客体与主体之间，以及客体与客体之间相对空间位置的知觉。为了适应生活，人和动物都经常需要对环境及主客体在空间的位置进行定向。在正常情况下，人类主要靠视觉和听觉进行方位定位。

人的视觉定向要借助于各种主客观的参照物。听觉的方位知觉在生活中也起着重要作用。判断声源的方位主要靠双耳效应。声音到达两耳的强度差、时间差和相位差是对声音空间定位的主要依据和机制。

(二)时间知觉

时间知觉是客观现象延续性和顺序性在人脑中的反映。时间是客观存在的，但人对它的反映、判断和估计却有个别差异，是主观的。对时间的判断、估计也需要一些线索。

自然界中有许多周而复始、不断重复的周期现象。例如，太阳的东升西落，月亮的盈亏变化，春夏秋冬的循环。这些自然现象在人的生活中周期性地出现，在人的大脑中建立起条件反射被人所感受，形成时间知觉。人自身的生理规律也可以作为知觉时间的工具，如睡眠与清醒。

(三)运动知觉

依据人所知觉到的各种运动现象的形成条件，可以把运动知觉分为真动知觉和似动知觉。

1. 真动知觉

物体按特定速度或加速度相对于观察者从一处向另一处做连续的位移，由此而引起的运动知觉就是真动知觉。

真动知觉直接依赖于物体运动的速度。只有那些运动速度适宜的刺激才能被人觉察。如果物体的运动速度太慢，人们可能不能觉察其运动。例如，表盘上时针的移动，我们是觉察不到的。反之，如果物体的运动速度太快，我们也觉察不到它的运动。眼睛刚刚可以觉察出物体运动的最慢速度叫作运动知觉下阈，看到闪烁时的物体运动速度叫运动知觉上阈。运动的速度在上下阈之间，都可以引起真动知觉。

2. 似动知觉

似动知觉是指在一定的时间和空间条件下，人们在静止的物体间看到了运动，或者在没有连续位移的地方看到了连续的运动。似动包括以下几种现象。

①动景运动。当两个刺激物(光点、直线、图形或画片)按一定空间距离和时间距离相继呈现时，我们会看到从一个刺激物向另一刺激物的连续运动。例如，给被试呈现两条线段，一条水平、一条垂直，或两条互相平行。当这两条线段出现的时间间隔低于 30 毫秒时，人们看到两条线段同时出现；当两条线段出现的时间间隔超过 200 毫秒时，人们看到相继出现的两条线段；而当时间间隔为 60 毫秒左右时，人们就看到从一条直线向另一条直线的运动。

②诱发运动。一个物体的运动使其相邻的一个静止的物体产生运动的现象，叫诱发运动。例如，夜空中的月亮是相对静止的，而浮云是运动的，由于浮云的运动，人们感觉到月亮在运动，而云是静止的。这主要是因为我们倾向于将较大的物体视为静止的，而将较小的物体视为运动的。

③自主运动。在黑暗中，注视一个静止的光点，很快便会觉得光点不停地运动，这就是自主运动。它实际上是一种错觉性运动知觉。

④运动后效。在注视向一个方向运动的物体一段时间之后，如果将注视点转向静止的物体，会看到静止的物体似乎朝相反的方向运动。例如，注视瀑布的某一处，然后看周围静止的山坡，会觉得山坡上的一切在向上升。

五、感知规律在教学中的应用

著名的教育学家夸美纽斯曾提出："知识的开端永远必须来自感官，用感官去施教是教学的金科玉律。"的确，感知觉是人们认识活动的初级阶段，人的认识活动是从感知觉开始然后转化为思维的，没有感知就没有记忆和思维。学生若想系统全面学习知识，起点必须是感知教师的教学内容，获得比较丰富、正确的感性认识。因此，教师在教学活动中，要科学运用感知觉规律组织教学活动，提高学生的感知效果，可以从以下几方面努力。

(一)运用强度律使学生清晰地感知教学内容

强度律告诉我们，客观事物必须要达到一定的强度才能引起我们对该事物较为清晰的感知。如果教师提供的环境光线过于暗淡，声音过于微弱，教具过小，都不容易引起学生对教学内容的清晰感知。在教学活动中，教师尤其要突出那些低强度但很重要的教学内容，使它们充分地展示在学生面前，引起学生清晰的感知。

(二)运用差异律加大感知对象和背景的区别

差异律告诉我们，被感知的对象必须与它的背景有所区别才能被我们清晰地感知。知觉具有选择性，一般来说，知觉对象与背景的差异越大，我们对对象的感知越容易、越清晰。例如，在板书设计、课件制作等方面恰当地加大对象与背景的差异，突出直观对象。

(三)运用组合律促进学生对教学内容的整体知觉

组合律告诉我们，在时间和空间上连续或接近的事物更容易形成整体知觉。因此，根据接近原理，在教学时间上，应做到讲课快慢得当，语句间有必要的停顿；在内容上，应做到讲课条理清晰，内容层次分明，注意归纳总结。根据相似原理，讲课和板书都应该类别清楚。根据闭合原理，讲课要注意教学范围，内容不能无边无际。

(四)运用活动律动态呈现教学内容

活动律告诉我们，活动变化的物体更容易引起我们的注意。因此，教师在教学过程中，应尽可能动态地呈现教学材料。例如，讲课中注意声音的抑扬顿挫，配合适当的手势、动作，适当地呈现活动性教具，并注意教学方法的变化。另外，在当今这样的信息时代，教师要善于利用现代教育技术使教学内容以活动的方式展现在学生面前，以增强感知效果。

(五)运用多种感官协同活动规律使学生形成完整感知

多种感官协同活动规律告诉我们，任何事物都有多种属性，需要我们运用多种感官对其进行全面完整的认知。因此，在教学过程中要使学生同时运用眼、耳、手等多种感觉器官，通过大脑的分析和综合，对教学内容产生全面完整的感知，同时也避免了单一器官感知而引起疲劳和抑制的现象。

第二节　注意和记忆

一、注意

(一)概述

1. 什么是注意

注意就是心理活动或意识对一定对象的指向和集中。注意具有指向性与集中性两个特点。

注意的指向性是指在某一瞬间，人们的心理活动或意识选择了一定的对象，而离开了其余的对象。人们从外界接收信息的主要方式就是将注意指向该客体或事物并进行进一步的加工。注意的指向性保证了人们可以将注意指向主体感兴趣的对象，或者被外界的显著刺激吸引。例如，在课堂上，学生们把注意集中于老师讲课内容上，保证他们能够按照自身的意愿将注意指向感兴趣的课堂内容，但是，突然的敲门声会引起学生对门口的注意，此时注意被外界的显著刺激吸引，而并非主体意愿决定的注意指向。

注意的集中性是指注意力在所指对象上的保持与巩固。集中性表现为注意的强度和持久。注意越集中，当前的心理或意识活动的强度也越大，对所指向的刺激的反应越加清晰，这时对于那些没有受到集中的事物就意识不到了。例如，当一个人全神贯注地学习使用自己心爱的新手机时，他听不见周围环境中的噪声喧闹，所谓“视而不见、听而不闻”就是注意对特定事物高度集中的结果。

2. 注意的功能

注意的基本功能是对信息进行选择。周围环境给人们提供了大量的刺激，这些刺激有的对人很重要，有的对人不那么重要，有的毫无意义，甚至会干扰当前正在进行的活动。人要正常地生活与工作，就必须选择重要的信息，排除无关刺激的干扰，这是注意的基本功能。注意对信息的选择受许多因素的影响，如刺激物的物理特性，人的需要、兴趣、情感和过去的知识经验等。

人的注意是在实践活动中发展起来的，并对实践活动起着重要的作用。注意能使人的感受性提高，知觉清晰，思维敏锐，从而使行动及时、准确。例如，从事仪表监视工种的工人，在工作时必须高度集中注意观察仪表运转的情况，以保证生产的正常进行及安全。许多生产事故、交通事故的发生，往往是由于注意力不集中造成的。学生的学习活动特别需要注意的组织和维持，只有集中注意听讲，认真演示，才能使学习收到好的效果。在某些特种职业方面，注意的不同特征如注意的稳定性、注意的分配等，尤其起着重要作用。例如，监视雷达荧光屏的人员，就需要在低负荷情况下保持注意的高度集中；而汽车司机、飞机驾驶员及乐队的指挥、中心控制室监视仪表运行的人员都需要能及时地转移和广泛地分配他们的注意，否则就不能有效地完成本职工作。可见，注意在一切领域的实践活动中都有重要的作用。

3. 注意的分类

根据引起注意和维持注意时，是否有目的、有意识，是否需付出意志的努力，可以把注意分为不随意注意、随意注意和随意后注意。

(1)不随意注意

不随意注意是无预定目的、不需任何意志努力的注意。这种注意往往是不由自主、自然而然发生的，是一种初级的被动的注意。不随意注意的产生受客观刺激物的特点及人本身状态两种因素的影响。前者是产生不随意注意的主要原因。

客观刺激物的新异性、强度及活动变化和对比度这三个特点能引起不随意注意。例如，人们从未经验过的事物，具有强光、鲜艳色彩的物体，尖锐巨大的声响，浓烈的气味，运动变化的刺激物等都容易引起不随意注意。

人的需要、兴趣和态度，情绪和状态，知识和经验也会影响不随意注意的出现。例如，凡是与人的直接兴趣和需要有关的事物，就容易引起人们的不随意注意。当一个人心情舒畅、情绪饱满时，更容易注意到令人高兴的事；情绪消沉、抑郁、烦闷时，则更容易注意到令人不开心的事。具有某种专业知识和经验的人，会立刻注意到那些与他专业有关而不为别人所注意的事物。

(2)随意注意

随意注意是有预定目的的、需要一定意志努力的注意，受意识的自觉调节和控制。随意注意与不随意注意的最大区别在于，随意注意具有目的性和意志努力的特征。怎样才能引起和保持随意注意呢？

首先，需要加深对任务目的的理解。例如，在学习知识的过程中，让学习者明确每个章节的学习要求，就能使之带着特定的目的有计划地学习。此外，对活动的结果和意义的理解越深刻，就越能产生集中注意的要求和决心，注意也就越能集中和稳定。活动本身，如熟记外语单词和语法规则、流水线的作业等，常常是枯燥无味的，但活动的结果和它对个人的学习和工作的意义、对社会的效益是重要的，因此人们也就能长时间地把意识指向和集中在这方面。

其次，还要善于组织自己的活动，使自己所做的一切能服从于活动的任务，以保证注意的稳定性。怎样才能做到这点呢？在随意注意进行的过程中，把活动的目的、什么时候需要注意什么，用口头的形式及时提醒自己，可以起到组织注意、调节人的心理活动的作用。此外，把所要进行的智力活动与相适应的实际操作结合起来，如识记单词的时候不是死记硬背，而是注重单词的实际用法，也能使注意的集中变得容易些。

最后，需要尽量避免环境中能够分散注意的干扰因素，如无关的声音和光线等；也应当排除与注意无关的思想和情绪的干扰，自觉地和分心现象做斗争。

(3)随意后注意

随意后注意也叫作有意后注意，是一种有自觉的目的，但无须意志努力的注意。它同时具有不随意注意和随意注意的特征。需要自觉的目的，是随意注意的特征；而不需要意志努力，则是不随意注意的特征。随意后注意是在随意注意的基础上发展起来的。

根据同一时间注意对象的数量及保持的时长还可以将注意分为选择性注意、持续性注意和分配性注意。

(1)选择性注意

选择性注意是个体在同时呈现的两种或两种以上的刺激中选择一种进行注意，而忽略另外的刺激。例如，在课堂上，注意了老师讲课的内容，忽略了旁边同学的喃喃自语；在开车时，注意了路灯和路牌的指示，忽略了收音机里的笑话；在机场接人时，注意了突然出现的名人，而忽略了自己要接的朋友。

(2)持续性注意

持续性注意是指注意在一定时间内相对稳定地保持在某个认识的客体或活动上。注意的稳定性是衡量注意品质的一个重要指标。它在人们的工作和生活中具有重要意义。持续性注意通常用警戒作业来测量。这种作业要求被试在一段时间内，持续地完成某项工作，并用工作绩效的变化做指标。

(3)分配性注意

分配性注意是个体在同一时间内对两种或两种以上的刺激进行注意，或将注意分配到不同的活动中，如一边看电视一边织毛衣，一边开车一边听广播，一边听老师讲课一边记笔记等。

注意能否有效地分配，主要取决于同时并进的几种活动的性质、复杂程度及人对活动的熟悉或熟练程度等。研究分配性注意的常用方法是双作业操作，即让被试同时完成两种作业，观察他们完成作业的情况。如果两个任务能够同时完成，一般来讲，其中一定有一种是“自动化”了的或“部分自动化”了的任务。人对于这种自动化了的活动不需要过多的注意，从而可以把注意的中心集中在比较生疏的活动上。也就是说，同时到达的两个信息不会竞争共同的加工资源，人就能对两者都进行加工，都做出反应，这样注意的分配就成为可能。

(二)注意的品质及其影响因素

注意的品质包括注意的广度、注意的稳定、注意的分配以及注意的转移。

注意的广度又称注意的范围，是指一个人在同一时间内能够清楚地把握注意对象的数量。它反映的是注意品质的空间特征。扩大注意广度，可以提高工作和学习的效率。影响注意广度的因素主要有以下三个方面：①注意对象的特点；②活动的性质和任务；③个体的知识经验 。

注意的稳定也被称为注意的持久性，是指注意在同一对象或活动上所保持时间的长短，这是注意的时间特征。但衡量注意稳定性，不能只看时间的长短，还要看这段时间内的活动效率。影响注意的稳定性的因素有以下三个方面：①注意对象的特点；②主体的精神状态；③主体的意志力水平 。

注意的分配是指在同一时间内把注意指向不同的对象和活动。注意的分配在人的实践活动中有重要的现实意义。例如，教师需要一边讲课，一边注意学生的课堂反应；司机需要一边驾车，一边观察路况。事实证明，注意的分配是可行的，人们在生活中可以做到“一心二用”。

注意的转移是指根据活动任务的要求，主动地把注意从一个对象转移到另一个对象上。例如，在学校课程安排上，如果先上语文课，再上数学课，学生就应根据教学需要，把注意主动及时地从一门课转移到另一门课。影响注意转移的因素有以下四个方面：①对原活动的注意集中程度；②新注意对象的吸引力；③明确的信号提示；④个体的神经类型和自控能力。

(三)注意规律在教学中的应用

1. 保证良好的有意注意

①明确学习的目的和任务。学习活动更多地需要有意注意的调节和控制。帮助

学生确立明确的学习目的，有一个正确的学习态度，是保证学生持之以恒的学习活动的前提。

②培养间接兴趣。除了确立学习目标，还应对学生阐明本学科知识学习的意义和重要性，在知识教学中渗透思想教育。特别是在一些内容相对枯燥、难度较大的科目学习中，使学生了解知识掌握后的功用和社会价值，引起他们对学习结果的间接兴趣，可以使他们进入有意注意的学习活动。

③合理组织课堂教学，防止学生分心。学习活动需要学生维持有意注意，但人的注意力又很难长久地集中，所以教师的教学过程应避免任务安排过满，节奏过于紧张，应该张弛有度，给学生适当放松休整的时间。有时，教师适当放慢速度，穿插些有趣的谈话，可以更好地促进学生的学习。可以说，课堂教学组织越合理，越符合学生的心理特点和内在需要，学生越不容易分心。

2. 避免分散学生注意的因素

①教学内容要具体生动，新颖有趣。抽象、枯燥无味的内容会使学生注意分散。

②教学方法要直观形象、灵活多样。根据学生无意注意和具体思维占优势的特点，光讲抽象的概念或道理不能引起他们的注意，尤其是低年级儿童，离开了具体实物就难以理解，这就要求教学方法必须直观形象。要充分利用电视、多媒体、幻灯片、挂图、标本、模型、实物等进行直观教学，以引起学生的兴趣和注意。

3. 运用有意注意和无意注意的转化规律组织教学

任何学习都要求有意注意与无意注意相互为用。学习是一种艰苦的劳动，教学中的重点、难点，往往需要学生做很大努力去观察、思考才能突破。因此学生在学习重点、难点时，特别容易疲劳，而单靠无意注意也不能达到系统学习知识的目的。在教学中，教师要善于调动学生两种注意协调活动，把握好无意注意与有意注意的转化规律，即运用新颖的教学方法，如色彩鲜艳的图片、动画使学生轻松学习，充分利用无意注意去学习知识。但在阐述基本原理及事物间的相互关系等复杂内容时，必须培养学生有意注意的品质，带领学生克服困难，弘扬刻苦钻研、知难而进的精神，达到掌握知识的目的。当学生对所学内容产生了兴趣的时候，他的注意就自然而然地集中到了学习上，不再对学习感到头痛，这时的有意注意则转变为无意注意。但这种无意注意是一种特殊类型的无意注意，被称为有意后注意，是通过努力学习，克服困难转化而来的，是一种更高级的、有自觉目的的注意，这是教师在教学中对学生最需要培养的一种注意。

二、记忆

(一)概述

1. 什么是记忆

记忆是过去经历过的事物通过识记、保持、回忆或再认的方式在人脑中的反映。

人在生活中感知过的事物，思考过的问题，参加过的活动，体验过的情感，都会或多或少地保留在大脑中，并能在一定的情景下复现，这就是记忆。

记忆是一个复杂的心理过程，包括识记、保持、再认或回忆三个基本环节。记忆的这三个环节，若从信息加工的观点来看，则相当于对输入信息的编码、储存和提取的过程。其中，识记和保持是再认和回忆的前提和关键。没有识记，就谈不上保持，没有识记和保持，也就不可能有对事物的再认或回忆，回忆和再认，既是识记和保持的目的，也是检验识记和保持效果的重要指标。

2. 记忆的分类

认知心理学按信息的输入、加工、储存、提取方式的不同，以及信息容量大小和保持时间长短不同，把记忆分为瞬时记忆、短时记忆和长时记忆三种记忆系统。

(1)瞬时记忆

瞬时记忆又称感觉记忆或感觉登记。当某一刺激物的作用停止后，它给我们的感知印象并不马上消失，而是在极短的时间内保持下来，这就是瞬时记忆。

瞬时记忆持续时间很短，因此人们一般察觉不到它。但是它在日常生活中是大量存在的。比如，看电影电视时，人们之所以能将两个独立的画看成一个连续的活动过程，就是因为前一个画面在人们头脑中形成了瞬时记忆，而这种记忆又连续着人们对后一个画面的感知。人们眨眼而能保持知觉的连贯性，也是由于瞬时记忆的功能。

瞬时记忆有以下特点。

①它的广度随着不同的感觉通道而不同。一般说来，视觉瞬时记忆的广度要大于听觉的。但是不论哪种感觉通道，它们的广度都要大大地超过短时记忆。

②信息保持的时间短。一般来说，在视觉范围内最多不超过 1 秒，在听觉范围内估计在 0.25～2 秒。

③储存方式具有鲜明的形象性。瞬时记忆在一瞬间所保持的是感觉的全部形象，而不是形象的意义。在这一阶段，外界信息完全依据它所具有的物理特性编码并按感觉的顺序被登记，因此具有鲜明的形象性。例如，视觉以映像形式，听觉以声音形式，各种感觉的后像就是瞬时记忆。

④储存容量很大。凡是作用于人的刺激均有可能进入瞬时记忆。因为这种记忆不受注意的影响，只要材料在你的广度范围之内，你不注意它，也会对它产生瞬时记忆。

(2)短时记忆

短时记忆又被称为操作记忆或工作记忆，是指信息一次呈现后，保持时间在一分钟以内的记忆。短时记忆有以下的特点。

①信息保持的时间很短。信息在短时记忆中保持的时间较短，在无复述的情况下只保持 5～20 秒，最长不超过 1 分钟，但与瞬时记忆比较，又要稍长一些，这是

短时记忆和瞬时记忆的主要区别。

②记忆容量有限，一般为 7±2 个组块。短时记忆的容量是材料一次呈现后，立刻正确记忆的最大量。典型的实验采用 3～12 位数字表，由实验者向被试者口述数字表上的每一组数字，从位数少的数字到位数多的数字，实验者每读完一组数字，随即要被试者按顺序复述一组数字。直到被试者对某一长度的数字复述错误或不能复述为止，这就是他的短时记忆的广度。

记忆的单位是组块。组块是指人们在信息加工过程中将记忆的小单位(如字母、符号)联合成较大单位所组成的记忆单位。例如，若要记一个数码“1357024689”，如果按一个个的数字来记，它已超出短时记忆的容量，很难记住，但如将它分为“135”“7024”“689”三个组块来记，可接受的记忆容量就扩大了，就容易把它记住。因此，在学习过程中要善于把材料编成较大的组群，扩大记忆的广度，从而用较少的力气记住较多的内容。

③短时记忆易受干扰。当信息在短时记忆中时，如果插入新的识记材料或从事其他活动，都会干扰原有的信息记忆。而且不管什么性质的干扰，也不管干扰的强弱和数量的多少，只要有干扰，短时记忆的信息就立即丧失，一丧失就不容易恢复。因此，在短时记忆时要控制或排除一切干扰因素。

④短时记忆是中介桥梁。瞬时记忆里的信息，只有经过短时记忆阶段，才能转入长时记忆。同样，长时记忆中的信息只有提取到短时记忆中才能发挥应有的作用。因此，来自环境和长时记忆的信息，在短时记忆中联合起来，由此支配人们当前的活动。可见，短时记忆在人的记忆系统中起着重要的作用。

(3)长时记忆

长时记忆是指学习的材料，经过多次复习之后，在头脑中长久保持下来的记忆。长时记忆具有以下特点。

①保持时间超过 1 分钟，甚至数周、数年乃至终生。

②记忆容量无限。长时记忆的信息容量似乎没有限度，但有人认为它的范围是 5 万至 10 万个组块，也有人认为是 1015 比特的信息。总之，人的长时记忆容量是十分巨大的，可以储存关于世界的一切知识。我们所有的知识经验都是储存在长时记忆中的，而我们却从来不曾觉得过去记忆太多，现在记不进去了。

③长时记忆的信息编码有两类。一种是语义编码，是指通过语词对信息进行加工，按意义、系统分类或把言语材料用自己的语言形式加以组织和概括，找出材料的基本论点、论据、逻辑结构，按语义特征编码。例如，看一篇文章或听一个报告，最终保留下来的是它的意义。另一种是表象编码，是指以视觉、听觉、嗅觉、触觉等心理图像或映像形式对事物的意义编码。例如，对教科书，既可用一种典型的常见的教科书的心理图像对它编码，又可用更抽象、更概括的语义对它编码。对语义材料来说，更多的是采用语义编码，这更便于储存。对材料的结构、层次意义分析

得越精细、越深刻，记忆的效果越好。无论何种材料只有经过组织、编码、加工才能被储存。

(二)遗忘的规律

记忆的内容不能保持或者提取时有困难就是遗忘。根据遗忘的程度和性质的不同，可分为部分遗忘和完全遗忘，暂时遗忘和永久遗忘。如果识记过的东西在头脑中保留了大部分印象，只是其中一部分不能回忆或再认，属于部分遗忘。如果时过境迁全部回忆不起来，属于完全遗忘。若已转入长时记忆的内容一时不能被提取，但在适宜条件下还可恢复，属于暂时遗忘。若识记过的东西，不经重新学习，记忆绝不可能再行恢复，称为永久遗忘。

1. 遗忘的进程

德国心理学家艾宾浩斯是对记忆和遗忘进行实验研究的先驱。他的一些研究成果和实验方法，直到目前在心理学界仍占有重要的地位。他的实验设计、选用的记忆材料和测量记忆的方法都很有特色。他自己充任主试和被试，独自进行实验，持续数年之久。他制作了大量的无意义音节表，作为记忆实验的材料。这种无意义音节是由两个辅音和一个元音组成的，如 TAJ、YIC、HUZ、CEX、CAW 等，以在德语字典中查不到为准，因而称作无意义音节。以无意义音节为实验材料，目的是避免受旧有知识经验的影响，使记忆的难度尽量一致。实验采用重学法(又称节省法)检查识记效果，即每次识记 8 组，每组 13 个无意义音节的字表，学到能连续两次无误地背诵为止。隔不同时间，发现有些音节忘了背不出，于是重学，再达到恰能背诵的程度为止，以重学比初学节省诵读的时间的百分数作为保存量的指标，即节省时间的百分数＝(初学所用时间－重学时间)/初学所用时间×100%。后来艾宾浩斯将此实验结果绘成曲线图，即心理学上著名的艾宾浩斯遗忘曲线(图 1-4)。

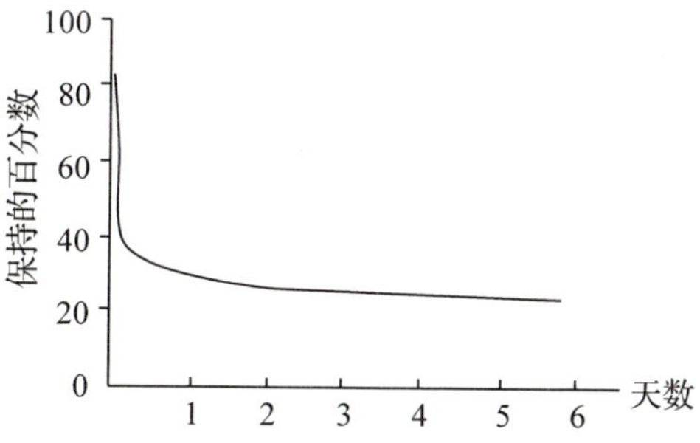

图 1-4　艾宾浩斯遗忘曲线

艾宾浩斯遗忘曲线表明了遗忘变量与时间变量之间的关系。从曲线中可看到这样一条规律，即遗忘发展是不均衡的，在识记后的短时间内遗忘得比较快、比较多，以后逐渐缓慢，到了一定时间后，几乎不再遗忘。遗忘速率先快后慢，呈负加速型。

2. 影响遗忘进程的因素

遗忘的进程除了受时间因素的影响之外，还受下列其他因素的影响。

(1)识记材料的性质与数量

就识记材料的性质而言，熟练的动作遗忘得最慢。另外，形象材料也容易长久保持。有意义的材料要比无意义的材料保持得多，遗忘慢得多。就识记材料的数量而言，识记材料的数量越大，识记后遗忘的越多。有实验证明，识记 5 个材料的保持率为100%，10个材料的保持率为70%，100个材料的保持率为25%。即使是有意义的材料，当识记数量增加到一定程度时，遗忘速率会接近于无意义材料的遗忘曲线。

(2)学习的程度

学习程度对遗忘也有较大的影响。一般来说，学习程度越高，遗忘越少。过度学习达到150%，保持的效果最佳。所谓过度学习，是指学习到恰能背诵的程度后还继续学习一段时间。比如，学习一个材料，20遍后恰能一次正确无误地背诵，此时，称这20遍的学习程度为100%，倘若再继续学习10遍，就是过度学习了，其学习程度为150%。又比如，学一个材料30分钟后恰能一次正确背诵，再用15分钟进行过度学习，其学习程度为150%。我国心理学家的实验表明，33%的学习，遗忘57.3%；100%的学习，遗忘35.2%；150%的学习，遗忘18.1%。超过150%的学习，可能是因兴趣减退或疲劳等原因，记忆的效果不再继续上升。

(3)识记材料的系列位置

1962年，加拿大学者墨多克进行了经典的系列位置效应研究。他给被试呈现一系列无关联的字词，如肥皂—氧气—枫树—蜘蛛—雏菊—啤酒—舞蹈—雪茄烟—自行车—火星—山—炸弹—手指—椅子—木偶，然后让被试以任意顺序加以回忆。实验结果发现，回忆的效果与字词在原呈现系列中所处的位置有关，在系列的开始部分和末尾部分的单词比中间的单词更容易回忆。心理学家把这种现象称为系列位置效应，根据实验结果所画出的曲线叫作系列位置效应曲线。对词表开始部分的单词记忆的效果优于中间部分，回忆率高，这种现象被称为首位效应(或首因效应)。词表末尾部分的单词比中间部分的单词更易于回忆，回忆率更高，这一现象被称为新近效应(或近因效应)。

(4)识记者的态度

识记者对识记材料的需要、兴趣等，对遗忘也有一定的影响。研究表明，在人们的生活中不占重要地位的、不引起人们兴趣的、不符合一个人需要的事情容易出现遗忘。

(三)遗忘的原因

遗忘的原因有很多，比较有影响的有以下四种。

1. 衰退说

衰退说是比较早出现的解释遗忘的理论。按照这一理论，遗忘是由于记忆痕迹得不到强化而逐渐减弱，以致最后消退的结果。这种解释尽管还不能用精确的实验来证明，但由于它接近常识，颇为人们所接受。感觉记忆和短时记忆中的遗忘似乎比较容易用痕迹衰退来解释；感觉记忆中的信息未被注意而消退，或者短时记忆中的信息未被复述而消退。

2. 干扰说

干扰说认为，遗忘不是由于痕迹的消退，而是由于在学习和回忆之间受到其他刺激的干扰所致，一旦排除了干扰，记忆就可恢复。心理学家通过实验验证了这个说法。实验中被试被要求记忆一段材料，然后复述出来，结果发现位于材料开头和结尾两个位置上的内容复述的效率高于位置在材料中间的内容的复述结果。心理学家用前摄抑制和倒摄抑制来解释这种现象。前摄抑制是指先学习的材料对后学习材料的干扰；倒摄抑制指后面学习的材料对前面学习材料的干扰。之前谈到了识记材料的系列位置会影响遗忘，实际上就是前摄抑制和倒摄抑制这两种现象。一个系列材料，往往首尾部分记得好，中间部分容易遗忘，也可能与这两种抑制作用有关。起首部分无前摄抑制的影响，末尾部分没有倒摄抑制的影响，而中间部分要受前摄和后摄双重抑制的干扰，因而识记和回忆较为困难。根据前摄与倒摄抑制的规律，只要合理地安排记忆内容，适当分配学习与休息时间，是可以使抑制作用减小到最低限度的。

3. 压抑说

如果现在让你停下正在做的事，回想过去几年你生活中发生的事，你最容易记起的是哪一类？许多人发现，他们回忆起快乐的和积极的事情较多，而较少记起那些令人失望和恼怒的事情。临床心理学家将这种倾向叫作动机性遗忘或对记忆的压抑。这种压抑的作用是将一些痛苦或令人尴尬的记忆排出意识之外，使自己忘掉过去的失败、童年的痛苦、自己所厌恶的人或各种不堪回首的往事。

4. 提取失败

一些心理学家认为，进入长时记忆的信息可以被长久地保存，发生遗忘主要是因为存储的信息不能被提取。生活中，我们都体验过舌尖现象，即在提取信息时，我们明明知道，可当时就是说不出来。这时，如果有人稍加提示，我们马上就想起来了。一项研究发现，当人们在听他们喜欢的电视剧主题音乐时，如果让他们说出电视剧的剧名，在每五次回忆中就会出现一次舌尖现象。可见，舌尖现象是很普遍的。这种现象说明，许多记忆之所以不能提取，是因为在回忆时缺少一些适当的记忆线索。

（四）记忆规律对有效学习的应用

1. 对学习材料进行精细加工和组织

精细加工是指人们为了更好地记住所学的东西而对学习材料做充实意义性的添加、构建或升华的过程。当学习材料本身意义性不强的时候，可以采用人为联想策略，牵强附会地赋予意义，以帮助记忆。组织就是整合所学知识之间、新旧知识之间的内在联系，以形成新的知识结构。具体的做法有列提纲，做系统结构图、流程图、模式图、网络关系图，列一览表及双向表等。这些组织策略能帮助我们分析材料的结构，使材料变得更有系统性、组织性、形象性，结构更明确，脉络更清晰，使记忆材料的内容简化、精练化，从而使我们更好地把握材料，形成知识的结构网络，以提高认知结构的清晰性和可利用性。

2. 过度学习

研究表明，过度学习对记忆很有好处。在你已经掌握了学习材料，并能够准确无误地回忆之后，仍然继续学习一会儿，将会帮助你克服考试中因紧张导致遗忘的情况。

3. 及时复习

遗忘进程先快后慢的规律告诉我们，遗忘最严重的时刻是在识记之后的最初时间里。因此，及时复习是极为必要的。及时复习可使即将消失的微弱的痕迹重新强化，变得清晰起来，使新学到的知识在头脑中进一步巩固。及时复习就是要在识记的材料尚未大量遗忘之前，趁热打铁，这要比忘了再去恢复的效果好得多。

4. 合理分配复习时间

复习时间的合理分配是复习获得良好效果的重要条件。连续进行的复习为集中复习，复习之间间隔一定的时间为分散复习。一般说来，分散复习优于集中复习。这是因为集中复习大脑神经过程容易产生抑制的积累，而分散复习有较多的时间间隔使抑制消除，并且有利于知识的巩固。

5. 采用多样化的学习和复习方法，动员多种感官参与学习和复习

学习和复习方法的单调既容易使人感到枯燥乏味，又容易产生厌倦、疲劳。而采用多样化的学习和复习方法，能够引起和加强注意，激发兴趣，调动积极性，从而提高学习和复习效果。另外，复习时，应尽量动员多种感官参与。例如，复习单词时，可以从音、形、义几个方面入手，效果更好。

6. 排除前后材料的影响

在学习中，我们要时刻意识到系列位置效应的存在。当你回忆的时候，被遗忘的内容大多数是学习材料中间部分的内容。当你想记住许多人的名字时，最可能忘记的是名单中间部分的那些名字。在记忆演讲稿时，也是中间部分最不好记。因此，在学习中对材料的中间部分要增加练习。

7. 反复阅读和试图回忆相结合

在材料还没有完全记住前就要积极地尝试回忆，回忆不起来再阅读，这样容易记住，保持的时间长，错误也少。并且，可以通过试图回忆来了解自己的复习效果，及时地纠正复习过程中的不足，从而对记忆起到良好的反馈作用。

8. 善于利用记忆线索

在记忆编码时，要有目的地记住一些有意义的线索，这些线索将帮助你在需要时提取信息。

9. 保证睡眠和注意用脑卫生

学习之后，如果能够有睡眠，记忆会少受干扰。但是，我们不可能在每一段学习结束之后都去睡上一觉，减少干扰的主要办法是在两次学习之间安排充足的间隔或休息时间。因此，在我们的作息时间表中，对休息或自由活动时间的安排与对学

习时间的安排有同样重要的意义。另外，人脑的健康状况直接影响记忆的好坏。严重营养不良，特别是缺乏蛋白质，将使记忆力下降。酗酒及脑外伤等，也会给记忆带来不良影响。

第三节 思维

一、思维概述

(一)什么是思维

思维是人脑对客观事物的间接的、概括的反映。它以感知觉为基础，借助已有的知识经验或其他媒介，运用分析、综合、比较等智力操作手段对感觉信息进行加工，从而达到对事物的本质属性和内在规律性的反映。思维是人类认识过程的高级阶段。

间接性和概括性是思维的两个最重要的特征。思维的间接性是指人对客观事物的认识，不完全靠直观获得，而是大脑借助于已有的知识经验和一定的媒介，对获得的感性材料进行加工处理，从而揭示事物的本质和规律。例如，老中医通过对病人的望、闻、问、切，根据自己的经验，可间接地做出病情诊断；天文学家借助天文望远镜，通过对各种天体的观察，能间接地把握天体运行的规律，准确地推算出各种天文现象发生的时间。

思维的概括性是指在感性认识的基础上，对蕴含在一类事物中的共同特征和规律、对事物之间的必然联系加以概括，从而获得对事物的本质及规律性的认识。一切科学的概念、定义、定理、规律、法则都是思维概括的结果。概括的水平越高，人就越能深入地反映事物的本质和内在联系。

(二)思维的分类

1. 动作思维、形象思维和抽象思维

按思维的水平及其凭借物的不同，可将思维分为动作思维、形象思维和抽象思维三种类型。

(1)动作思维

动作思维是一种以实际动作为支柱的思维。这种思维通常是在用动作解决直观的、具体的任务时表现出来的。从个体思维发展来看，首先发展的是动作思维。3岁前的儿童，其思维是伴随着动作进行的，他们不能在动作之外默默思考。成人也有动作思维，修理工人、工程师就经常运用动作思维解决实践中遇到的问题。当然，成人的动作思维比儿童的动作思维复杂，并常常与其他形式的思维结合进行。

(2)形象思维

形象思维是一种以直观形象或表象为支柱的思维。儿童在动作思维的基础上，

进一步发展起来的便是形象思维。学前期或学龄初期的儿童无论是学习数概念或文字概念，都要依赖形象思维。成人有时也需借助形象思维来分析问题，解决问题。例如，我们要装修房子时，便要想象用何种材料，如何布局，采用什么风格的图案，家具如何摆设，用什么灯具等，先在脑子里有一个蓝图。文学家、艺术家、体育教练员等则经常用形象思考，通过形象来表达自己的思维和情感。

(3)抽象思维

抽象思维是运用概念进行判断和推理的思维活动，是人类特有的复杂而高级的形式。这种思维是借助词、符号来思考的，因而也被称为语词逻辑思维。哲学家、数学家经常运用这种思维来解决在实践中遇到的问题。从个体发展的角度来看，儿童的动作思维和形象思维先发展起来，抽象思维较晚出现。

2. 直觉思维和分析思维

按思维时是否遵循明确的逻辑形式和逻辑法则，可将思维分为直觉思维和分析思维。

(1)直觉思维

直觉思维是一种未经有意识的逻辑推理过程，而对问题的答案突然领悟或迅速做出合理的猜测、设想的思维。在科学发明的创造活动中，直觉思维起重要作用。科学家往往凭借卓越的直觉能力，在创造活动中做出预见，或在解决疑难问题时出现领悟。直觉思维并不神秘，它是以实践为基础的。高度的直觉能力来源于个人的丰富学识和经验。

(2)分析思维

分析思维又称逻辑思维。它是按照逻辑规律，逐步分析推导，最后获得合乎逻辑的正确答案或合理的结论的思维。它是反映和论证事物的本质及发展规律的严密而系统的思维方式。凡是需要陈述理由或寻找事因的场合，往往是运用逻辑思维的场合。

3. 常规思维和创造性思维

按思维的主动性和创造性的不同，可将思维分为常规思维和创造思维。

(1)常规思维

常规思维又称习惯性思维、再造性思维。它是运用已获得的知识经验，按现成的方案进行问题解决的思维。例如，学生运用已学会的数学知识解决同一类型题的思维。这种思维缺乏独创性，是运用已获得的知识过程，不会产生新的思维成果。在一般的情况下，常规思维可以省时省力，减少时间和精力的消耗。人的许多任务只需用常规思维就可以解决。

(2)创造性思维

创造性思维是采用新颖、独特的方法来解决问题的思维。创造性思维是思维的高级类型。它在科学发现、社会改革中有极为重要的作用，能将人类认识引向新的高度。它有两个特征。第一，独特性。所谓独特性是指思维活动的成果或方法与众不同、或前所未有的意思。这是创造性思维的主要特征。显然，要做到这一点，必须冲破原有的认知结构，达到一个新的认识水平。第二，科学性。并非所有的独特性的产物都是创造。因为独特性的产物有可能是毫无社会价值，或与客观规律相违背的。例如，精神病人的呓语是独特的，但毫无价值可言，我们不能把它当作是创造性的。只有那些既有独特的，又符合客观规律，具有社会价值的思维，才是创造性思维。

二、问题解决

(一)什么是问题解决

问题解决就是由一定的情境引起的，按照一定的目标，应用各种认识活动、技能等，经过一系列心理活动阶段，使问题得以解决的活动过程。心理学家通常把问题看作一种情境。比如，把钥匙弄丢了但想尽快进屋，这就是一个问题情境。你在这种情境下想要达到的目标就是尽快打开房门进屋。但是达成这个目标存在一个明显的障碍，就是没有钥匙。那么，如何克服这个障碍、找到达到目标的方法呢？这就是心理学家所关心的问题解决过程。

(二)问题解决的策略

不同的问题类型需要不同的解决方法，下面将介绍几种常见的问题解决策略。

1. 尝试—错误

在面临一个问题时，如果我们只是通过简单地尝试不同的反应来发现正确的答案，所使用的策略就是尝试—错误。通常我们在没有足够的信息来发现切实可行的、更系统的解决方法时，会使用这种策略。这种策略不是很有效，也许根本不可能成功地解决问题，但在某些情况下只能这样做。当爱迪生发明电灯时，他无法找到适合做灯丝的物质，最终通过试验数千种不同的物质，才解决了这一问题。

2. 算法策略

一个算法，就是一个保证能解决问题的系统程序。在解决某一个问题时，如果选择的算法合适，并且又能正确地完成这种算法，那么就能保证获得一个正确的答案。例如，我们在数学课上学习的乘法规则就是一个算法，不管你想知道两个多大的数的乘积(如 26789×12593)，只要按照这个规则来做，就一定可以得到正确的答案。计算机一般来说都是使用算法，因为它能够快速地考虑复杂算法所需要的各种选择。

3. 启发式

启发式是人根据一定的经验，在问题空间内进行较少的搜索，以达到问题解决的一种办法。启发式不能保证问题解决的成功，但用这种方法解决问题时较省时省力。下面介绍几种常见的启发式策略。

(1)手段—目的分析

使用这种策略时，问题解决者首先将当前状态与目标状态进行对比以发现差距，然后选择一个能最有效地缩短这种差距的操作。但选择这个操作可能产生新的差距，即出现一个子目标，再选择缩短新差距的操作，如此循环下去，直到所有的差距消失，问题得以解决。

(2)爬山法

爬山法这个名称是一个形象的比喻，即在问题解决的过程中，假定的目标是山顶，人们不可能一下子爬到山顶，而是确定较低处为我们的目标，爬上这个目标后，再确定比较高处为目标，如此多次循环，最终达到山顶。也就是说，问题解决者首先对当前状态进行分析，并采用一定的方法逐步缩短初始状态和目标状态的距离。

(3)逆向搜索

逆向搜索就是从问题的目标状态开始搜索，直至找到通往初始状态的通路或方法。比如，一个学生知道某一个复杂项目的截至日期，他在日历上进行标注以提醒他每一个工作步骤应该在什么时候开始，并最终按时完成任务，这就是逆向搜索。这种方法对解决几何证明题有时非常有效。

(三)专家与新手的区别

在每个领域都有一些拥有专门知识和技能的专家，如天文学家、物理学家、医学专家、律师、象棋大师等。这些专家显然比新手或相关知识经验较少的人能更快、更好地解决本领域的问题。原因何在呢?

研究表明，专家通常掌握了大量的、高度组织化的专业知识，在他们所擅长的领域里通过处理各种各样的问题而积累了丰富的经验。丰富的知识经验经常允许专家直接根据记忆来解决问题，而不必经历冗长的解决问题过程。在专家的头脑中，知识是按层级组织的。具体的内容先被分成组块，再被组织进入更一般的主题之中。不同知识之间存在相互的联结，这些联结反映了专家对事物的深层理解，也使得专家有可能在解决问题的过程中找到捷径。而在新手的头脑中，知识的数量、知识组织的水平和知识之间的联结都较少。因此，专家在解决本领域的问题时，更容易发现大量信息背后所隐含的结构，能在更深的层次上思考和处理问题，而新手往往关注于问题的细节和表面信息。

要成为一个专家不是一夜之间就可以做到的，这通常需要数年的时间和大量的练习，积累丰富的知识经验。这些知识经验会影响他们对信息的注意，影响他们组织、表征和解释信息的方式。反过来，他们编码和存储信息的方式也会影响他们记忆、推理和解决问题的能力。

(四)影响问题解决的因素

除了知识经验和选取的策略会影响问题解决之外，还有其他的一些因素也影响问题解决。

1. 问题表征方式

在理解问题的条件、要求、障碍的基础上，在头脑中或通过外部行为，如作图、批注等，形成整个问题的结构，即是对问题的表征。可以说，问题的表征就是我们在头脑中对问题的描述和理解。对问题的表征是否完整、正确，极大地影响着问题的解决。图 1-5 所示的经典问题就表明了这一点。这是一个九点连线问题，要求人们用一笔连续画四条直线把图中的九个点连在一起。很多人不能成功地解决这个问题，是因为他们自然地假定不能把线画到由这九个点组成的正方形外面。

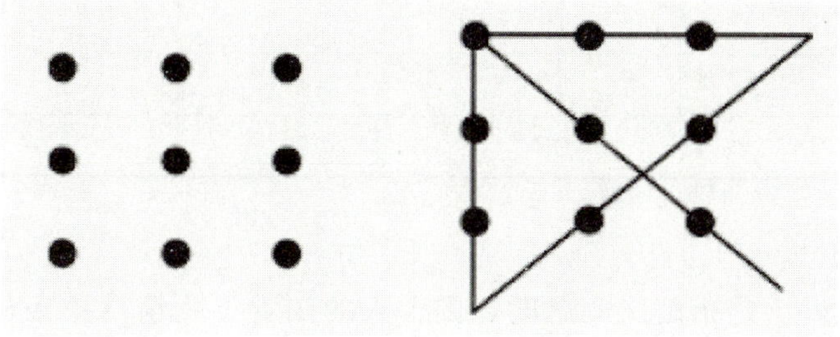

图 1-5 九点连线问题

2. 定势

所谓定势，是指重复先前的心理操作所引起的对活动的准备状态，即人们在过去经验的影响下，以某种特定方式来思考问题的倾向。定势虽然在某些情况下能让人更快地解决问题，但是也可能阻碍人对新问题的解决。关于思维定势的心理学研究，最著名的就是陆钦斯(A. S. Luchins)的量杯实验。在量杯问题中，被试要用不同容量的三种量杯量出一定量的水(见表 1-1)。如用容量为 21quart(A)、127quart(B)和 3quart(C)的三种量杯量出容量为 100quart 的水(quart，即夸脱，美制 1quart＝0.946L)，答案可用公式表示为 B－A－2C。表 8-2 中第 1 到第 5 个问题都可用同样的公式来解决。第 6 和第 7 个问题既可用这一公式解决，也可以用更简单的公式解决(第 6 题是 A－C，第 7 题是 A＋C)。第 8 题不能用 B－A－2C 来解决，只能用 A－C 来解决。第 9 和第 10 题既可以用 B－A－2C 来解决，也可以分别用 A＋C 和 A－C 来解决。一组被试由于从第 1 到第 5 题都使用了 B－A－2C 公式，从而形成定势。当遇到第 6、7、9、10 题时仍然使用公式 B－A－2C，很难注意到其实还有一个更简洁的答案：A－C 或者 A＋C。即使是经过了不能使用 B－A－2C 的第 8 题后，仍然没有很多被试应用简单的公式。但是，另一组被试由于并没有首先解决第 1 至 5 题，他们总是能够用更简单的方法解决第 6、7、9、10 题。

表 1-1 用不同容量的容器量出一定量的水

问题	A 的容量	B 的容量	C 的容量	要求量出的水量
1	21	127	3	100
2	14	163	25	99

续表

问题	A 的容量	B 的容量	C 的容量	要求量出的水量
3	18	43	10	5
4	9	42	6	21
5	20	59	4	31
6	23	49	3	20
7	15	39	3	18
8	28	76	3	25
9	18	48	4	22
10	14	36	8	6

3. 功能固着

所谓功能固着，是指解决问题时，因个人的知觉上受情境中条件(或因素)既有功能的影响，致使问题不易解决的情形。在一般问题情境中，当事人最感到困难的是需要的条件不足：现有工具或材料未必派上用场，急切需要的工具与材料又没有。因此，问题能否解决的关键，在于把现场中既有的材料变通使用，从而达到目的。但做到这点并不容易，因为在习惯上人总是把各种工具分别赋予其固定功能。

“蜡烛问题”的实验设计是心理学家们用以验证功能固着对问题解决影响的经典实验。该实验的主题是变通运用纸盒改做烛台的问题。实验材料包括一个开口的纸盒，盒内装有图钉，另外有一盒火柴一支蜡烛。被试要解决的问题是：如何使蜡烛像壁灯一样固定在墙上。被试分为两组：对其中一组提供材料时，将图钉、火柴与蜡烛分别装在盒里，目的在使其原有功能受到限制；对另一组提供材料时，则将三种材料都散放在桌面上，目的在使其脱离“盒装”的心理限制。实验结果发现两组被试最后都能将问题解决，都会利用图钉将纸盒底部钉在墙上，在纸盒上面点蜡烛。但第一组被试所用的时间较长。

4. 动机和情绪

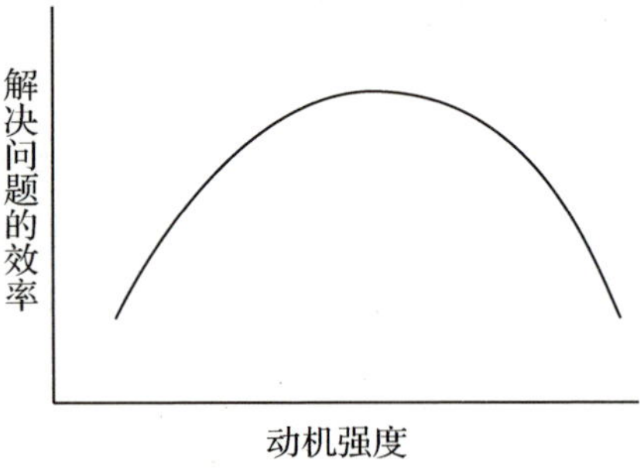

图 1-6　动机强度与解决问题的关系

解决问题的动机的强弱，会影响到问题解决的效果。心理学研究表明，在一定限度内动机强度和解决问题的效率成正比，但是动机太强或过弱都会削弱解决问题的效果。若动机太强，会使人的心情过于紧张，不易发现解决问题的重要因素；若动机太弱，又容易被无关因素引到问题之外。因而，只有中等强度的动机才能使人们的思维活动有较大的灵活性，较好地解决问题。动机强度与解决问题的效率之间的关系可用一条倒 U 形曲线来说明(如图 1-6)。它表明在一定范围内解决问题的效率，随动机强度的增高而上升，中等强度是解决问题的最佳水平。超过一定的限度之后，提高动机的水平反而会降低解决问题的效率。

三、想象

(一)想象的定义

想象是人脑对已有表象进行加工改造形成新形象的过程。例如，儿童在听《灰姑娘》的故事时，虽然从来没有见过灰姑娘和王宫，但是他会结合自己已有的美人、豪华住所等表象进行加工改造，然后在头脑中形成相应的灰姑娘和王宫的新形象，这个过程就是想象。想象不仅可以创造出人们不曾知觉过的事物，而且还可以创造出现实生活中不存在或不可能有的形象，如美人鱼、孙悟空、鬼等。

虽然想象能创造出新形象，但想象都不是凭空产生的，它是在已有表象的基础上产生的，所以都能在生活中找到原型，其内容依然来源于客观现实。例如，文学家或画家往往是根据现实生活中观察到的人物原型加工改造而创作出新的人物形象。

想象以表象为基础进行加工改造，但和表象有着本质的区别。表象是我们过去感知过的事物形象在头脑中再现的过程，它没有创造出新形象，其本质是一种形象记忆。想象是个体对人脑已有表象进行加工改造，形成了新形象，具有创造性。例如，在古时候，人们根据鸟的形象，想象自己也有一天能插上翅膀飞上天空，最终莱特兄弟发明了飞机。伟大的科学家爱因斯坦曾说过："想象力比知识更重要，因为知识是有限的，而想象力概括着世界的一切，推动着进步，并且是知识进步的源泉。"想象是创新能力中最活跃的因素，很多科学家的发明创造、艺术家的艺术创作，都离不开想象的参与。

(二)想象的种类

想象按照想象活动是否有意识、有目的，可以分成无意想象和有意想象。

1. 无意想象

无意想象是没有预定目的、不自觉地产生的想象。如人在休闲放松时(如入睡前或坐车行进的途中)常会进入一种漫无目的、不切实际、想入非非的自由联想或幻想状态之中，俗称"白日梦"。白日梦是一种幻想，其内容往往超越现实，打破时间、空间的界限，满足某些需要，并伴有一定的欣快感。此外，个体遇到挫折或难以解决的问题时，有时也会脱离实际，把自己放到想象的世界中，试图以虚构的方式应付挫折，获得满足。

梦是无意想象的一种极端例子。做梦时，大脑不受意识支配，没有预定目的。梦境的内容是脑中大量表象经过改造加工的自由串联，因此，梦境往往不合逻辑，极具跳跃性，显得杂乱无章，甚至荒诞离奇。

2. 有意想象

有意想象是指按一定目的自觉进行的想象。有意想象按照其创新程度和形成方式的不同，可以分成再造想象和创造想象。

(1)再造想象

再造想象是指根据语言的描述或图样的示意，在头脑中形成相应新形象的过程。例如，我们在读《祝福》时，鲁迅对于祥林嫂的语言描述，调动了我们头脑中的相关表象，让我们在头脑中形成了一个勤劳质朴但又在精神上备受摧残的旧中国劳动妇女形象。再如，人在欣赏《高山流水》的乐曲时，想象曲子所传递的意境；工程师看到设计图纸时，可以想象出建筑物造好以后的形象。文艺欣赏中的想象活动主要是以再造想象为主。

(2)创造想象

创造想象是指在创造活动中，根据一定的目的和任务，在头脑中独立创造出新形象的过程。创造想象是有意想象的最高水平，创造想象要比再造想象更为复杂和困难。文学艺术创作过程中的想象活动主要是创造想象。例如，祥林嫂就是鲁迅先生通过创造想象而创作出来的新形象。

此外，幻想是和一个人的愿望相联系并指向未来的想象，它也可以是创造想象的一种特殊形式。幻想承载着我们对未来的憧憬。如果对未来的憧憬符合客观事物发展的规律，有实现的可能，就会成为推动人们创造发明的一种精神力量。比如，科学幻想在科学发明创造中曾发挥了巨大作用。

四、创造性

(一)创造力的定义

关于创造力的定义，心理学界存在多种观点。目前，国内比较流行的是从创造力的结果入手，把创造力定义为：人们根据一定的目的，运用已知的信息，产生出某种新颖、独特、有社会或个人价值的产品的能力。

这里的“产物”是指以某种形式存在的思维成果。它可以是一种新设想、新理论，也可以是新产品、新技术。新颖性和价值性是创造力的两个重要特征。前者是指与众不同的或前所未有的，而后者则是指产品对社会或个人是有一定价值的。新颖性必须以价值性为前提，没有价值的新颖性是毫无意义的。同样，价值性也必须以新颖性为依托，没有新颖性只有价值性的产物不能被称为创造产物。

创造力包括创造性思维与创造性人格两大方面。

1. 创造性思维

创造性思维不是一种独立的思维方式，而是多种思维成分综合而成的一种思维活动，其中，既有集中思维又有发散思维，既有形象思维也有抽象思维，既有分析思维也有直觉思维。可以说，只要是为了寻求新答案的思维活动都可以被看作创造性思维。

首先，创造性思维活动是发散思维和聚合思维的统一。相比而言，发散思维是创造性思维的核心，心理学家吉尔福特认为发散思维水平可以从三个指标来衡量。①流畅性。指发散的数量，它表现了思维的开阔性。思路开阔的人，能够打破思维定势的束缚，在一定的时间里，头脑中能够涌现出更多的观念。②变通性。是指能变换角度思考问题，它表现了思维的灵活性。创造力高的人，其思维的变通性较强，他们在解决问题时往往能触类旁通，举一反三。③独特性。指发散的新奇成分。能提出与众不同、独特新颖的见解。独特性是发散思维的最终目的，流畅性与变通性都是达到独特性的手段。

其次，直觉思维是指个体面临新问题、新事物或现象时，能迅速理解并做出整体判断的思维过程。它具有直接性、快速性和跳跃性等特点。创造性思维常以直觉思维的形式表现出来。直觉思维在创造性活动中具有重要作用。爱因斯坦说，在科学研究中，“真正可贵的因素是直觉”。直觉常常是创造发明的先导，可以帮助个体在有关事实和证据不十分充分的情况下，极大地缩小思维的范围，确立思考的方向，并能够做出预见和提出新假设。

再次，形象思维。想象(尤其是创造想象)在创造性思维中发挥着重要作用。它们都是人们拓展思路，寻求思维的流畅变通的具体手段。

最后，创造往往来自突然出现的灵感。一般说来，在灵感产生之前，个体都要经过长期不懈的努力，围绕着创造目标不仅进行大量的显意识思维，而且还有过大量的潜意识思维。个体在长期紧张的思考之后，有意识地放松自己的思想，容易产生灵感。当然。灵感本身不等于创造，还需要捕获灵感，并进一步深入研究，才能将灵感转化成创造性成果。

发散思维、直觉思维、形象思维、想象、灵感等不必遵循严格的形式逻辑规则，因此又被统称为“非逻辑思维”。而聚合思维、分析思维都属于逻辑思维。创造性思维过程包括发现问题、分析问题、提出假设、验证假设四个阶段。在发现问题、提出假设阶段，一般需要更多地运用非逻辑思维，因为这类思维具有更强的灵活性，有利于打开思路，产生新观念。但这类思维的严谨性不足，难以确定其结论的科学性与合理性，因此，在分析问题和验证假设阶段，需要更多地运用逻辑思维，以保障创造性成果的科学性与合理性。

2. 创造性人格

许多研究表明，富有创造力的人具有一些鲜明的共同的人格特征，被称为创造性人格。国内外关于创造性人格特征有不少的研究成果，虽然结论不完全一致，但具有好奇心、自信心、独立性、敢于怀疑和批判性、敢于尝试和冒险、不怕失败等特征却是共同的。

吉尔福特等人将富有创造性的人格特征概括为以下几个方面：①有高度的自觉性与独立性，不与他人雷同；②有旺盛的求知欲；③有强烈的好奇心，对事物运动的机理有深究的动机；④知识面广，善于观察；⑤工作中讲求条理性、准确性与严格性；⑥有丰富的想象力，直觉敏锐，喜好抽象思维，对智力活动与游戏有广泛的兴趣；⑦富有幽默感，表现出卓越的文艺天赋；⑧意志品质出众，能排除外界干扰，长时间地专注于某个感兴趣的问题。

(二)影响创造力的因素

人的创造力受多种因素影响。心理学家斯腾伯格和洛巴特在他人和自己许多研究的基础上提出了具有代表性的“创造力的多因素理论”。该理论认为，个体的创造力能否充分发挥，受以下六个方面因素的影响。

1. 智力

智力是创造力充分发挥的必要条件，影响个体对问题情景的感知、表征以及选择解决问题的策略等过程，即影响信息的输入、转译、加工和输出过程。智力在创造力中起到三个关键作用：综合、分析、实践。我们需要运用智力去洞察信息的加工过程，以一个新的角度看待问题。能够把旧的知识和理论以新的方式结合，是创造力发展的关键步骤。个体必须在大多数人还没有意识到的时候形成或发现一个观念的价值。

2. 知识

知识即有关的经验体验、知识结构，不管是对问题分析、推理还是联想都离不开原有的知识经验，但知识经验的量的多少并不足以决定创造性思维的水平，对知识理解的深度以及知识经验的组织方式对创造性具有重要影响。只有在知识经验之间建立了丰富的联系，形成了良好的知识结构，学习者获得的知识才是灵活的，才可以广泛地迁移应用。只有“活”的知识才有助于学习者以新颖的方式理解和解决问题，“死”的知识反而会束缚学习者的思维。

3. 认知风格

认知风格是人类对信息和经验进行组织和加工时所表现出来的一贯和持久的倾向和特征。斯滕伯格和洛巴特认为认知风格有三种：立法式认知风格(即乐于建立自己的规则和善于解决非预知的问题)，执行式认知风格(偏向于用现成的规则解决具有形成结构的问题)和司法式认知风格(用判断、分析和批判倾向看待事物，乐于对规则和程序做出评价，对现有的结构做出判断，从而来检验自己和他人的行为)。创造型个体常常具有立法式认知风格。

4. 人格特征

人格可以被看作一个人与环境交互作用的方式。个体的人格特征对创造力的发挥有着重要影响，其中对模糊的容忍力、冒险性、毅力和坚持性以及成长的愿望和自尊至关重要。正如科乐思系统的发明者，他也曾被玩具公司拒聘，而如今科乐思已被认为是玩具市场上最具想象力的设计。他将自己的成功归于自己倔强的个性，这种个性让他承受住巨大的挫折。

5. 动机

动机是驱使个体从事创造性活动的动力。要超越潜能真正地表现出创造力，个体需要动机，需要目标明确。对于创造性工作而言，外部动机和内部动机都很重要，因为它能使个人全力以赴。但是也有研究认为，外在动机会妨害个体的创造力。

6. 环境

环境既可以激发一个人的创造力，也可以抑制创造力的发挥。大量的研究发现，过于严格、过于要求服从的家庭教养方式不利于儿童创造性的发展。对子女的教育采用适当辅导策略，气氛民主的家庭环境有利于孩子创造性的培养。过于强调纪律和规范、过于强调唯一标准答案、缺乏自由和开放气氛的学校环境会妨碍学生创造性的发展。如果学校气氛民主，教师不以权威方式管理学生，鼓励学生的自主性，容许学生自行探索，这种环境有利于学生创造性的培养。某些社会文化特征对创造性的发展具有重要影响。如果一个社会过于强调社会规范，因循守旧，个体创造性就会受到抑制。因此，创造一个具有一定开放性和自由性的成长环境，尊重学生的独立性，尊重差异，对创造性培养具有重要意义。

上述六个因素对创造力的作用不是孤立的，而是相互影响、综合发挥作用的。创造力的充分发挥的关键是这些因素的投入和它们之间的凝聚方式，这六个因素必须经有效聚合后才能产生出高创造力来。

(三)创造力的培养

个体的创造力除小部分受遗传因素影响外，主要取决于后天的开发和培养。家庭、学校和社会因素对人的创造力的发展均有影响。作为教育的主渠道，学校应如何开发学生的创造力？

1. 营造创造的环境

学校是学生获取知识的主要场所，课堂环境直接影响学生的创新意识和创新能力。传统教育强调学生对经典的接受，而不鼓励学生怀疑或超越经典。对权威的认同、对书本知识的接受成了学校教学的主要任务，学生的个性和创造潜能常常被忽视。这种压抑的课堂环境中要求学生有创造力是徒然的。

如何营造一个有利于培养学生创造力的教与学的环境？我们认为，应该树立两个最基本的理念。

(1)教学要以创新为目的

在知识经济时代，经济的竞争力来源于科技的竞争力，科技的竞争力来源于人才的竞争力，而人才的核心内涵是创新。学校教育应以创新为目的。要实施创新教育，就必须彻底改变传统的教育理念，从注重传承性教育转到注重创新性教育。传统教学以接受教材知识为目的。事实上，教材只提供一个相对的真理，并未穷尽知识，甚至还可能包含错误；教材只是为学生提供一个基本的知识平台，并未终止知识的增长。超越教材就是对教材的不足或缺陷提出批评，对教材的观点提出不同的意见，学生在教材这个跳板上，上升到更高的知识境界。学生学习教材，又不局限于教材，在学习教材的过程中，有所发现、有所创造，这便是创新教育的教材观。

(2)教学要以学生为主体

在素质教育中，教师的职责是把学生培养成全面发展的、有创造力的人。因此，就要充分尊重学生的独特思想，允许思想的多样性就要彻底放弃传统的师道尊严的角色习惯，与学生建立朋友式的良好关系，就要把课堂还给学生。改变传统的教学形式，教学方法要灵活多样，富有启发性，要注重培养学生的问题意识。为了激发学生的创造力，必须给学生营造一种心理自由和心理安全的教学环境。人本主义心理学家罗杰斯认为心理自由、心理安全是个体创造力得以发挥的先决条件。所谓心理自由，就是尽量减少对学生无谓的限制，让学生有充分表达自己观点的自由。所谓心理安全，就是创造一种批评较少的学习环境。消除学生的顾虑，获得心理上的安全感。在宽松、自由的环境中，学生就会有更多的表达。感知思维的自由，也就必定有创造的火花闪现。

2. 加强创造性思维方式和创造技法的训练和培养

传统教育注重学生聚合思维。逻辑思维的培养，若忽视发散思维，横向思维，直觉思维的培养，就会阻碍学生创造力的发展。因此，在教学中，教师应特别注重学生发散思维、横向思维、直觉思维的培养。

培养发散思维应从培养思维的流畅性、变通性和独特性这三方面入手。在教学过程中，教师要尽可能为学生提供发散思维的机会，善于启发学生从不同角度去思考问题，鼓励学生对问题提出尽可能多的解题设想和方法，开阔思路，逐步养成学生多方向、多角度认识问题和解决问题的习惯。此外，还要特别注意引导学生克服和破除认识上的各种功能固着和思维定势等。

培养横向思维的重要途径是对学生进行联想和类比推理的训练。教师应鼓励和引导学生根据联想的法则(如相似、对比、接近等)进行积极联想。联想能够克服两个概念在意义上的差距而把它们联结起来，因而往往能够发现某些事物的相同因素或某种联系，揭示出事物的本质。联想训练可以触类旁通，开阔学生解决问题的思路，活化所学的知识。

练习题

一、单项选择题

1. 一个人在解决问题时能触类旁通，说明这个人的思维具有(　　)。

A. 流畅性　　B. 变通性　　C. 独创性　　D. 新异性

2. 个体在单位时间内对事物反应的总量体现了创造性在(　　)方面的品质。

A. 可逆性　　B. 变通性　　C. 独创性　　D. 流畅性

3. 分析问题、抓住问题关键、找出主要矛盾的过程是问题解决的(　　)。

A. 发现问题阶段　B. 理解问题阶段　C. 提出假设阶段　D. 验证假设阶段

4. 个体由于过去的经历而面临的人或事具有某种说不出多大理由而较执着地肯

定或否定的内心倾向，这是一种(　　)。

A. 认知失调　　B. 功能固着　　C. 态度定势　　D. 情感障碍

5. 历史试卷中有一道题目是“请回答辛亥革命发生在哪一年”，这是一个(　　)。

A. 常规性问题　B. 结构不良问题　C. 有结构的问题　D. 创造性问题

6. 学生看到某个物品有一种惯常的用途后，便很难看出它的其他用途的现象属于(　　)。

A. 晕轮效应　　B. 近因效应　　C. 首因效应　　D. 功能固着

7. 沿不同方向去探求多种答案的思维形式是(　　)。

A. 形象思维　　B. 求异思维　　C. 求同思维　　D. 直觉思维

8. 给定信息和要到达的目标之间有些障碍需要被克服的刺激情境是(　　)。

A. 问题　　B. 问题解决　　C. 功能固着　　D. 变式

二、材料分析题

在实际的教学中，教师对学生作业采用“漏一补十”“错一罚十”的做法。你怎样看待这一现象？请运用记忆的有关规律加以分析。

三、辨析题

心理定势对问题解决只有消极影响。

四、简答题

如何运用记忆规律，促进知识保持？

参考答案

一、单项选择题

1. B　2. D　3. B　4. C　5. C　6. D　7. B　8. A

二、材料分析题

答案要点：这种做法违背记忆规律，也是行之无效的。学生识记的效果和识记材料的性质和数量有关，在一定的时间不宜过多，否则，易引起学生疲劳，降低记忆的效果。同时，“漏一补十”“错一罚十”的做法易使学生丧失学习兴趣和记忆的信心和主动性，对进一步学习造成一些心理障碍。

三、辨析题

错误。定势在问题解决中既有积极作用，又有消极影响。当问题情境不变时，定势对问题的解决有积极的作用，有利于问题的解决；当问题情境发生了变化，定势对问题的解决有消极影响，不利于问题解决。

四、简答题

(1)深度加工材料；(2)有效运用记忆术；(3)进行组块化编码；(4)适当过度学习；(5)合理进行复习。

第二章　学生发展心理

学习目标与任务 ▶

1. 掌握认知发展的理论、特点与规律；

2. 了解情绪的分类，理解情绪理论，能应用情绪理论分析学生中常见的情绪问题；

3. 掌握学生的情绪特点，正确认识中学生的情绪，主要包括情绪表现的两极性、情绪的种类等，掌握中学生良好情绪的标准、培养方法，指导学生进行有效的情绪调节；

4. 理解人格的特征，掌握人格的结构，并根据学生的个体差异塑造良好人格。

个体从受精卵的形成到走完其人生旅程，身心都处于不断发展变化之中。作为人生旅途中一个最重要时期——学生时期，我们的心理是如何发展起来的？有哪些基本规律？我们的本性和我们受到的养育在多大程度上影响我们的发展？学校教育又是怎样促进儿童期的身心发展的？作为基础教育工作者，弄清这些问题十分必要。

第一节　学生心理发展的特点

一、什么是心理发展

(一)什么是发展

发展是指个体随着年龄的增长，在相应环境的作用下，整个反应活动不断得到改造，日趋完善、复杂的过程。发展是一种体现个体内部的连续而又稳定的变化。

人的一生是不断发展变化着的，个体从出生到死亡经历着无数的变化。从无知无觉，需要别人来照料自己的一切，发展到能够自己认识周围的世界，能够独立地判断是非曲直，再逐渐地发展到自己独立生活，养育后代，最后随着年岁的增长认知能力渐渐下降，又需要别人的照顾。在整个过程中，人类个体建立了有序的变化过程。所谓有序的变化，就是变化是一层一层上升的，而且在变化过程中表现出了不一样的特征，呈现出了阶段性的特征，这种有序的变化就是发展。

(二)什么是心理发展

人的发展是指人类身心的生长和变化。在整个一生中，人无时无刻不在经历着发展和变化。但是，各个时期发展变化的速度却是不同的，有时会像惊涛骇浪一样奔腾汹涌，而有时则会像涓涓溪流静静地流淌。人的心理发展是人的发展的重要组成部分，尽管心理现象有时非常微妙，复杂多变又不易直接观察。

传统的心理学观点认为，心理的发展主要包含三个方面：其一是动物种系进化过程中心理的发展；其二是指民族心理的发展，即人类历史发展过程中心理的发展；其三是指个体的心理发展，即个体从出生到衰老过程中的心理发展。

心理的发展是由低级到高级、由简单到复杂的变化过程。从这个观点来看，个体从出生到青年初期这一阶段，是心理发展变化最为明显的时期，因此，这一阶段常常被作为研究个体心理发展的最重要的阶段。传统的心理发展观点认为，从婴幼儿期到青年初期是个体的形成阶段，成年期是稳定阶段，老年期是衰老和死亡的阶段。然而，实际上心理的发展并不是随着生理的成熟而告终结的，而是从个体出生到成年再到老年的持续过程。尽管在 18 世纪就有人提出了这个观点，但直到 20 世纪 70 年代，心理毕生发展的观点才被人们普遍接受并重视。

毕生发展的观点主要有以下几点。①人生的发展，除了身体在生物意义上的发育、成熟以外，是一个伴随人的一生的过程，其行为的变化过程贯穿于从胎儿期到死亡的全部，行为变化过程反映了个人的不同行为表现增强和减退的情况。例如，人进入老年以后，言语能力往往继续加强，而身体的灵活性却减退了。但是，对那些不断学习和提高的人来说，当言语和操作结合起来时，在其一生行为变化中仍然呈普遍增强的趋势。②发展具有多维性和多向性，发展的方向也因发展内容的种类不同而有所不同。③发展由获得和丧失组成，是一个有序变化的过程，并非仅仅意味着增长。④心理发展存在很大的个体差异和可塑性，不同的人有不同的形式。⑤心理发展受多种因素影响，个体的发展是年龄阶段、历史阶段和非规范事件等多种影响共同作用的结果。

二、心理发展的特性

（一）连续性与阶段性

心理的发展呈现出的是连续性还是阶段性？对此不同的学者有不同的看法。持连续性发展观的学者认为，发展是由外部环境所决定的。发展变化是感知、运动、认知技能与操作上的平稳的、连续的量的增加，因此发展只有量的积累，即一小步一小步渐进的，不存在什么阶段。

持阶段性发展观的学者则认为，发展是非连续的，在前后不同的发展阶段，如小学儿童阶段和青少年阶段是两个有质的区别的阶段，发展主要是由内部成熟或遗传所决定的，是跳跃式的以产生新的行为模式的形式展开的。

目前较为综合的看法是，心理发展既表现出量的积累，又表现出质的飞跃。

（二）方向性和不可逆性

正常情况下，心理发展具有一定的方向性和先后顺序，既不能逾越，也不会逆向发展。如个体动作的发展，就遵循自上而下、由躯体中心向外围、从粗动作到细动作的发展规律，这些规律可以概括为动作发展的头尾律、远近律和大小律，在每个儿童身上，都是如此。又如个体体内各大系统成熟的程序是：神经系统、运动系统、生殖系统；大脑各区成熟的顺序是：枕叶、颞叶、顶叶、额叶。这种方向性和不可逆性在某种程度上体现了基因型在环境的影响下不断把遗传程序编制显现出来的过程。

（三）不平衡性

个体从出生到成熟体现出多元化的模式，不同系统在发展速度、起始时间、达到的成熟水平不同。比如，在人体八大系统中，神经系统发展速度最快，成熟最早，生殖系统前期发展缓慢，到青春期才快速发展并成熟。同一机能系统特性在发展的不同时期（年龄阶段）有不同的发展速率。例如，到了青春期生殖系统发展迅速而神经系统发展缓慢。从总体发展来看，幼儿期出现第一个快速发展期，然后是儿童期的平稳发展，到了青春发育期又出现第二个快速期，然后再是平稳地发展，到了老年期开始出现下降。

学习案例

第 61 届奥斯卡最佳影片《雨人》讲述了这样一个故事。英俊富有的弟弟得知自己有一个智障哥哥在福利院，便将哥哥带出了福利院。一路上，弟弟被哥哥许多古怪的生活习惯和因不谙世事而出的洋相弄得筋疲力尽。不过，弟弟也很快发现这个低能的哥哥的高度才能：哥哥记忆力惊人，有“过目不忘”的本事。他可以准确报出飞行史上所有重大空难发生的航班班次、时间、地点、原因。他能迅速地数清掉落在餐厅地板上的 246 根牙签。他也能记得电话簿上任意一个读过的电话号码。他的心算速度不输计算器。机灵的弟弟灵机一动，计上心来，他对哥哥做了一番训练，又做了一番“包装”，随后带着他来到赌城拉斯维加斯的一家赌场。不负他的期望，哥哥凭着惊人的记忆力靠赌牌赢了八万六千美元。

剧中集天才与白痴于一身的哥哥，就是典型的所谓“白痴学者”。白痴学者(idiot savant)是指轻度或中度精神发育不全(IQ 低于 70)，而同时在某(些)方面具有超常认知功能的人。其特殊才能可表现在日期推算、计算数字、音乐、绘画、背诵、查阅字典、下象棋等方面，甚至是某一专业知识领域。之所以会出现这种现象，心理学假说认为，智力由一般智力和个别智力构成，前者代表智力的整体结构，后者代表智力的各个特殊方面，如计算能力、特殊记忆、音乐才能等。一般智力和个别智力之间，各种个别智力之间，其发展程度并不平衡协调，白痴学者就是这种不平衡性的一种突出表现。

(四)个别差异

尽管一个正常儿童的发展总是要经历一些共同的基本阶段，但发展的个体差异仍然非常明显，每个人的发展优势(方向)、发展的速度、高度(达到的水平)往往是千差万别的。例如，有的人观察能力强，有的人记性好；有的人爱动，有的人喜静；有的人善于理性思维，有的人长于形象思维；有的人早慧，有的人则开窍较晚。

(五)发展的关键期

奥地利生物学家劳伦兹(K. Z. Lorenz)曾发现，小鸭子在出生后不久所遇到的某一种刺激或对象(母鸡、人或电动玩具)，会印入它的感觉之中，使它对这种最先印入的刺激产生偏好和追随反应。当它们以后再遇到这个刺激或和这个刺激类似的对象或刺激时，就会引起它的偏好或追随。但是，如果小鸭子在孵出蛋壳后时间较久才接触到外界的活动对象，它们就不会出现上述的偏好或追随行为。这一现象被劳伦兹等称为“印刻”。劳伦兹在进行这项实验时，让刚刚破壳而出的小鸭子不先看到母鸭子，而首先看到劳伦兹自己，于是，有趣的事情发生了。劳伦兹在前面走着，身后跟随着几只小鸭子。小鸭子将劳伦兹当成了自己的母亲。进一步的研究发现，小鸡、小鸟等辨认自己母亲和同类，都是通过这一过程实现的，而且，这一现象在其他哺乳动物身上也有所发现。一般说来，小鸡、小鸭的“母亲印刻”的关键期发现在出生后的10～16小时，小狗的“母亲印刻”关键期发现在出生后的3～7周。研究还发现，动物在关键期内，不仅可以对自己的妈妈发生“母亲印刻”，而且如果自己的妈妈在小动物出生后不久就离开的话，它们也可以对其他动物发生“母亲印刻”。这就是为什么小鸭子追随劳伦兹的原因。

“印刻”所发生的时期为关键期。关键期的最基本特征是：它只发生在生命中一个固定的短暂时期。例如，小鸭的追随行为典型地出现在出生后的24小时内，超过这一时间，“印刻”现象就不再明显。与动物一样，人类个体在早期发展过程中，某一反应或一组反应在某一特定时期或阶段中最容易获得，这个最容易形成的时期，即为发展的关键年龄或关键期(见表2-1)。

表 2-1　心理发展关键期

年龄	关键期
0～2岁	亲子依恋关键期
1～3岁	口语学习关键期
4～5岁	书面语学习关键期
0～4岁	形象视觉发展的关键期
5岁左右	掌握数概念的关键期
10岁以前	外语学习的关键年龄
5岁以前	音乐学习的关键年龄
10岁以前	动作机能掌握的关键年龄

关键期的揭示给人们的启示在于：人或动物的某些行为与能力的发展有一定的时间，如果在此时给以适当的良性刺激，就会促使其行为与能力得到更好的发展；反之，则会阻碍发展甚至导致行为与能力的缺失(认知能力、语言能力、社会交往能力低下)，且难以通过教育与训练得到改进。

三、心理发展与教育

儿童的成长是遗传与环境交互作用的结果，而教育，作为有意识的以影响人的身心发展为直接目标的社会活动①，是教育者依据其教育目的来对环境影响加以选择，通过组织一定的教育内容，并采取一定的教育方法，对儿童的身心发展产生导向性的、系统的影响。

---

① 叶澜：《教育概论》，8页，北京，人民教育出版社，1991。

学习案例

卡尔·威特(Karl Witte)是老卡尔52岁时才得的一个孩子。他刚出生时四肢抽搐，呼吸急促，婴儿期反应相当迟钝，显得极为痴呆。对此，老卡尔无奈地悲叹:“这是遭的什么罪孽呀!”卡尔母亲绝望地说:“这样的傻孩子，教育他也不会有什么出息，只是白费力气罢了。”然而，老卡尔虽然很悲伤，但依然制定出周密而严格的教育方案，包括对其所进食物的种类、分量、时间等的精心设计，以最敏锐的感觉去感知孩子的需要。每天晚饭后老卡尔带儿子出去散步，给他讲故事，有意开发其记忆力、想象力和创造力等。于是，卡尔在8～9岁时就能运用德语、法语、意大利语、拉丁语、英语和希腊语这六国语言，通晓动物学、植物学、物理学、化学，尤其擅长数学；9岁进入了哥廷根大学读书；14岁被授予哲学博士学位；16岁获得法学博士学位，并被任命为柏林大学的法学教授；23岁时《但丁的误解》一书出版使他成为研究但丁的权威。卡尔一生都在德国的著名大学里教学，在赞扬声中一直工作到去世。卡尔并非天生禀赋很高，他的天才般的成就是老卡尔倾注其全部心思培育的结果。后来卡尔将父亲对自己的教育经历写成了《卡尔·威特的教育》一书。

对心理发展与教育之间关系的认识有四个方面。

第一，教育内容和要求必须适合学生心理发展水平，并高于学生心理发展水平。

第二，教育虽然制约着学生的心理发展，但教育的力量不是万能的、唯一的和无条件的，教育工作不能忽视其他因素对学生心理发展产生的重要影响。

第三，教育对心理发展的作用并不是机械的、简单的、直接的授予过程，而是通过学生的积极活动来实现的。

第四，学生心理发展虽然有共性，但在发展的速度、水平、各种心理机能的优势表现及个性心理特征等方面，都存在差异，不可一概而论。

教育的过程蕴含着丰富的学习和教学规律。就学习而言，不同学派提出了各自的学习理论，如联想学习论、社会学习论、认知学习论、人本主义学习观、建构主义学习观等，它们对学习过程、如何有效学习等规律的揭示给教学以启迪。同时，在概念的学习、规则与推理、言语学习、问题解决、创造性、学习的迁移等具体活动过程中，也有其特定的学习规律。另外，对影响学习因素的探讨，如学习动机、学习兴趣、学习策略、个别差异、非智力因素等，也让我们更多地知晓如何创设更好的条件，调动各种内外因素，以最大限度地激发学生，取得良好的学习效果。

在教学活动中，有效教学要遵循相关规律，如激励学生、课堂组织、评估先前知识、有效表达观点、考虑学习者的各种特性、复习相关内容等。怎样设置课堂情境或采取怎样的教学方式以最大限度地激励学生？怎样避免或运用教学活动中的某些效应？如教师期望效应——教师对学生的智慧成就的预言会极大地影响他们实际的智慧成就。的确，在教学中，教师的信任、欣赏、鼓励、期望可以对学生起到极大的促进作用。教师要学会从不同的角度去观察学生、欣赏学生。

可见，学生的心理发展应作为教育的依据与前提，反过来，教育又将促进学生心理的发展。这种促进作用的有效发挥离不开教育心理规律的指导。只要教育得法，我们是能够使教育的力量在每一学生已有基础上发挥作用的。

四、中学生身心发展的一般特点

青少年期是童年向成年过渡的时期，青少年在生理和心理上都产生了巨大的变化。身高突增是青春期的一个显著特点，其次是体重增加。另外，神经系统和心、肺等器官的功能也显著增强，青春期是人一生中身体发育和智力发展的黄金时期。性发育和性成熟也是青春期的重要特征，生殖器官的开始迅速发育直到成熟标志着从童年到成年的过渡。生理上的成熟使青少年在心理上产生成人感，他们希望能获得成人的某些权利，找到新的行为标准并渴望变换社会角色。然而，由于他们的心理发展水平有限，有许多期望不能实现，容易产生挫折感。总之，由于此阶段身心发展不平衡，使青少年面临种种心理危机，并出现一些心理和行为问题。

(一)中学生的身体发展

1. 外形的变化

(1)身高和体重

青少年期最初的外部标志是身高和体重的迅速增加，这被称为生长加速期。在青春发育期之前，儿童平均每年长高 3～5 厘米，而在青春发育期每年至少要长高 6～8 厘米，甚至可达到 10～11 厘米。一般而言，女孩在 10 岁以后就会发生这种变化，而男孩在大约 12 岁半时才开始，女孩到达青少年期的年龄一般早于男孩 2 年。在体重上也有较大的发展变化，男生在 13～15 岁这个阶段，体重增加最快，平均每年增长 5.5 千克。女生在 11～14 岁时体重增加最快，平均每年增长 4.4 千克。九年级以后，男女生的体重已接近成人。

在青春早期，女孩较高，体重较重，但是这种优势持续时间很短。在 14 岁时，发育典型的男孩就超过了女孩，这时男孩的生长加速期已经开始，而女孩的生长加速期几乎停止。对大部分女孩来说，到 16 岁时身体的成长才完成，而对男孩来说，到 17 岁半，这时，长骨末端的骨骺生长已经完全结束。

(2)身体的比例

到了青少年期，首先是他们的手、腿和足的成长，然后是其他没有发育完全部分的发育。这种发育模式表现为青少年早期身体比例失调——长长的腿、很大的脚和手。

身体比例也开始出现巨大的性别差异，这是由性激素对骨骼的作用导致的。男孩的肩部比臀部增宽的比重要大，而女孩的臀部增宽的比重比肩部和腰部要大。当然，男孩的体格最终会比女孩大得多，而且，他们的腿比身体的其他部分都要长。

(3)第二性征

性征是男女性别特点的表现。第一性征的变化包括生殖器官(女性的卵巢、子宫和阴道；男性的阴茎、阴囊和睾丸)的变化。另一些变化，叫作第二性征。在男性身上，表现为喉结突出、嗓音低沉，唇部出现胡须等；在女性身上，则表现为声音细润、乳房隆起、骨盆变大、皮下脂肪较多等。这些变化在身体外部可以看到，并且是性成熟的一些标志。

第一性征在出生时就基本完备了，第二性征却要在进入青春期后才出现。第二性征是和第一性征相对而言的，是人体内性激素作用的结果。女性体内性激素是以雌激素为主，它在青春期刺激女性阴部及腋窝，可以促使阴毛和腋毛生长，使皮肤细腻、乳房发育。男性体内雄激素占优势，主要是由睾丸分泌的。雄性激素能促进体内蛋白质的合成，使人体各个系统向雄性化的方向发展。例如，它可以促进骨骼发育，使男性骨骼粗壮，促进肌蛋白合成，表现出男子的肌肉发达有力，促进胡须生长发育，使喉结明显，声音变粗钝等。

2. 体内机能的增强

(1)心脏的结构与机能的变化

为了保证青春期生长发育突增的需要，作为人体运输系统的心血管系统也出现了第二次加速生长。一方面，心脏增大，心室壁的肌肉增厚。10 岁时，心脏重量增长为新生儿的 6 倍，到青春期后可以达到 12 倍。另一方面，心室壁的肌肉增厚使心肌纤维更富有弹力，心脏每次收缩时射血量增加，心率、脉搏减缓，心率和血压逐渐接近成人水平。

(2)肺的发育

肺功能的提升使个体能够吸入更多的空气进行体内的新陈代谢。12 岁时肺重量为出生时的 10 倍，肺小叶结构完善，肺泡容量增大，肺活量迅速增长。男孩肺活量平均为 2272 毫升，18 岁时达到 3772 毫升；女孩 12 岁时肺活量平均为 1976 毫升，18 岁时达到 2431 毫升。

(3)大脑的发育

青少年 10 岁时的脑重为成人的 95%，12 岁时一般为 1200 克，接近成人水平。青春期的脑重量和容量增长有限，脑神经细胞也基本上不再增多，脑的形态变化不大，重要的是脑的机能发生了很大改变。随着年龄的增长，脑电波的频率逐渐加快，13～14 岁前，θ 波比较活跃，之后大脑机能基本成熟，α 波成为最主要的脑电波形式。由于青少年参加实践活动的增多，脑的内部结构和机能不断分化，迅速发展，如思考能力进一步加强，理解、分析、判断能力加强，记忆更加深刻牢固等。由于大脑兴奋性较强，抑制能力较差，情绪容易激动，意志和思维能力仍较薄弱，容易疲劳。

3. 性的发育与成熟

(1)性激素分泌增多

性成熟为性激素所控制。雌激素被认为是女性激素，雄性激素是男性的激素，男女都同时具有这两种激素，但量不同。进入青春期后，个体下丘脑的促性腺释放因子的分泌量增加，从而使垂体前叶的促性腺激素分泌也增加，进而导致性腺激素水平相应提高，促进性腺发育，女性的性腺为卵巢，男性为睾丸。女孩的卵巢释放的雌激素促进了乳房、子宫和阴道的成熟，使身体表现出女性化的特征，脂肪积累。男孩的睾丸释放出大量的雄性激素——睾丸素，导致了肌肉的增长，体毛的生长和其他的男性性特征的出现。

(2)性器官的发育

女性的性器官包括了卵巢、子宫及阴道。男性的性器官包括睾丸、附睾、精囊、前列腺及阴茎。青春期前，男女性生殖器官形态发育非常缓慢，青春发育开始，男女性生殖器官发育迅猛。女孩卵巢、子宫发育增大，阴道变长变宽，阴阜隆起，大小阴唇发育并出现色素沉着。男性睾丸容积开始迅速增大，阴茎进一步增大，阴囊继续增大，阴囊皮肤颜色变深。

(3)性功能的成熟

性功能发育是青春期发育的重要标志。女性性功能发育的重要标志为月经初潮的出现。月经初潮的年龄一般在 10～16 岁，女性月经初潮出现时间的早晚与其所处的地理环境、气候条件、经济水平以及营养状况等因素有关。从 1962 年到 2005 年，我国北京地区女孩平均月经初潮年龄提前了 1.9 岁，其他地区和国家也呈现月经初潮年龄日益提前的趋势。

男性性功能发育的重要标志为首次遗精的出现。男性通常在 15～16 岁出现遗精。男性的性成熟一般比女性晚 1 至 2 年。男女学生一旦出现了首次遗精和月经初潮则标志着青春期性功能发育的开始。

(二)中学生的心理发展

中学生是由儿童向成人过渡的时期，是人生发展变化的重大转折时期。由于这一时期中学生生理上的急剧发育，尤其是性的成熟，第一性征、第二性征的相继出现，引起了一系列不同于儿童也不同于成人的明显变化。人的生理发展与心理是密切联系的，在人一生的大部分时间里，生理发展与心理发展的速度是相互协调的，因而使个体的身心处于一种平衡、和谐的状态。但中学阶段是人类个体生命全程中的一个极为特殊的阶段，中学生的生理发育十分迅速，在 2 至 3 年内就能完成身体各方面的生长发育任务并达到成熟水平。但其心理发展的速度则相对缓慢，心理水平尚处于从幼稚向成熟发展的过渡时期。这样，中学生的身心就处在一种非平衡状态，引起种种心理发展上的矛盾。由于中学生心理上的成人感与幼稚性并存，所以，他们表现出种种心理冲突和矛盾，具有明显的不平衡性。

1. 反抗性与依赖性

反抗性表现为进入青春期后，由于身体的迅速发育，使青少年很快出现了成人的体貌特征，因为这种生理上的变化发生得过于突然，使他们在持有一种惶恐感觉的同时，自觉或不自觉地将自己的思想从一直嬉戏于其中的客观世界中抽回了很大一部分，重新指向主观世界，使思想意识再一次进入自我，从而导致自我意识的第二次飞跃。一方面，他们总是认为自己正确，听不进别人的意见。另一方面，他们又感到别人似乎总是用尖刻挑剔的态度对待他们。因此，当他们听到别人在低声讲话，便断定是在议论自己；当看到别人面露微笑，又认为是在嘲笑自己；如果某位老师多看了他一眼，就会认为是自己做错了什么等。总之，他们觉得周围人时时刻刻都在评论他，这种想法使青少年感到压抑、孤独而且神经过敏。随着青少年自我意识的高涨，他们更倾向于维护良好的自我形象，追求独立和自尊，但他们的某些想法及行为不能被现实接受，屡遭挫折，于是就产生一种过于偏激的想法，认为其行动的障碍来自成人，便产生了反抗心理。青少年一般在下列一些情况下易出现反抗行为。

第一，独立意识受到阻碍。青少年内心独立的要求很强烈，但父母却没有这种思想准备或尚未来得及适应这种情况，仍以过去那种十分关怀的态度对待他们，结果导致反抗行为。

第二，自主性被忽视或受到妨碍。例如，父母不听取青少年的意见，将他们一味地置于支配从属的地位。

第三，当个性发展遭到阻碍时，也将引起极度反感。

第四，当成年人强迫他们接受某种观点时，后者拒绝盲目接受并表现出对抗的倾向。

依赖性表现为中学生内心并没有完全摆脱对成人的依赖。由于中学生在经济上没有收入来源，在重大问题的处理上没有独立决断的能力，因此他们的行为常常带有很大的盲目性，不得不依赖成人帮助其做决策。例如，就读哪个学校、报考什么专业，都离不开家长，导致独立性与依赖性的矛盾。中学生依赖的方式较之过去有所变化。童年时，他们完全依靠父母做决策，青少年时，他们倾向于与父母共同做决策，希望自己的决定得到父母的理解和支持。

2. 闭锁性与开放性

闭锁性表现为青少年由于社会经验和情绪体验的增多，开始把注意力集中在自己的内心世界上。他们逐渐失去了儿童时期的外露、直爽、单纯、天真，心理活动开始具有某种含蓄、内隐的现象，出现了闭锁性的特点。这种闭锁性表现为出现了“内心秘密”。他们往往通过写日记的形式，倾诉内心的秘密和对未来的憧憬，反对别人随便翻动他们的东西。

在人际交往上，青少年变得不那么坦率，不轻易向别人吐露真情，即使对最亲近的人，也不愿做到毫无保留。他们在交往中要求较高，不仅与成人不易做到心理相通，在同辈人中也不易找到知音，从而出现孤独感。青少年的心理闭锁性，包含着适应环境和提高自我监督水平的积极因素。但是，青少年心理的闭锁性也使他们既不容易被人理解，也不容易理解他人。

开放性则表现为青少年出于社会化的要求，使他们产生强烈的与人交往的要求，期望得到理解。他们喜欢与同龄知心者谈思想感受和理想，更多的闲暇时间是与朋友度过而不愿待在家中。这种开放性还表现在对知识的广泛吸收。他们涉猎各种领域，从书籍、报刊、大众传播媒介中吸取知识，充实自己。青少年这种心理的闭锁性和开放性并不是绝对的。在某些情况下，青少年也愿意和成人交流。在遇到复杂的生活环境和进行未来的打算的时候，采用父母的意见相对多一些。他们愿意从成人那里吸取社会经验，共同讨论政治、道德、理想、职业等问题。青少年与父母教师心理交流的程度与父母教师的教育方式以及态度有关。父母以民主的朋友的姿态平等对待他们，会受到青少年的尊重和欢迎。他们愿意与这样的父母进行心理交流，而专制的、简单粗暴的教育方式会使两代人的隔阂加深。

3. 勇敢和怯懦

在某些情况下，青春期的少年似乎能表现出很强的勇敢精神，但这时的勇敢带有莽撞和冒失的成分，具有初生牛犊不怕虎的特点。这是因为：首先，他们在思想上很少受条条框框的限制和束缚，在主观意识中没有过多的顾虑，常能果断地采取某些行动；其次，由于他们在认识能力上的局限性，使其经常不能立刻辨析出某一危险情境。

但在另外一些情况下，青少年也常常表现得比较怯懦。例如，他们在公众场合常羞羞答答，不够坦然和从容，未说话先脸红的情况在少男少女中是常见的。这种行为上的局促是与他们缺少生活经验以及这个年龄阶段所特有的心理状态分不开的。

4. 高傲和自卑

由于青春期的少年尚不能确切地评价和认识自己的智力潜能和性格特征，很难对自己做出一个全面而恰当的估价，而是凭借一时的感觉对自己轻下结论，这样就导致他们对自己的自信程度把握不当。几次甚至一次偶然的成功，就可以使他们认为自己是一个非常优秀的人而沾沾自喜；几次偶然的失利，就会使他们认为自己无能透顶而极度自卑。在青春期的同一个体身上，这两种情绪往往交替出现。

5. 否定童年与眷恋童年

进入青春期的少年，随着身体的发育成熟，成人意识越发明显。他们认为自己的一切行为都应该与幼小儿童的表现区分开来，力图从各个方面对自己的童年加以否定，从兴趣爱好到人际交往方式，再到对问题的看法，他都想抹去过去的痕迹，期望以一种全新的姿态出现于生活的各个方面。

但在否定童年的同时，在这些少年的内心又留有几分对自己童年的眷恋。他们留恋童年时那种无忧无虑的心态，留恋童年时那种简单明了的行为方式及宣泄情绪的方法，尤其当他们在各种新的生活和学习任务面前感到困惑的时候，特别希望仍能像小时候一样，得到父母的关照。

以上所列的这几方面心理发展的矛盾性特点，都可归结到青春期所具有的既成熟又幼稚的这一根本性特点上。进入青年初期后，青少年的生理发展趋于平缓，其思维、社会性逐渐发展并成熟，其心理发展虽然还具有一定的动荡性和矛盾性，但不再显著。他们的独立性逐渐增强，获得了成人感；个性逐渐定型，形成了良好的自我意识、社会适应能力，价值观、道德观变得成熟，已做好了进入心理成熟而稳定的成人阶段的各方面的准备。

(三)性心理发展与青春期性教育

青春期性机能的成熟和第二性征的出现，直接或间接地影响青少年的心理。由于性成熟而引起的心理变化是青少年的重要心理特征。青春期心理的健康是保证青少年顺利地完成学业、走向正确人生道路的关键之一。

1. 性意识的发展

一个人的生理变化是心理变化的基础，其性生理的发育必然带来性意识的发展。就青春期而言，一般认为，从性意识的萌芽到爱情的产生与发展，大致可分为三个阶段。

(1)异性疏远期

这个时期大约在小学五、六年级到七、八年级。这是由于青春发育，男女生理上出现的明显差别，使他们感到陌生不安，又由于他们缺乏两性的知识，因此在异性面前，就产生了一种害羞或畏惧心理，从而使男女同学暂时疏远。

幼儿园和小学低年级时的男女生之间毫无拘束感，两小无猜。进入小学五、六年级和七年级之后，情况出现了明显变化。先是女同学进入生长高峰，她们的身体通常迅速超过男同学。不少同龄的男生矮小得像个小弟弟。男生对女生的这种“女大十八变”开始有些惊奇、尴尬，在他们的羡慕中又带有点无可奈何。所以男生对女生的疏远往往交织着自尊与自卑。两年后男生进入了生长高峰，迅速长成了高高的小伙子，这时又该女生们吃惊了。这时当男女生各自单独在一起活动时，他们就有说有笑，又打又闹，但是当男女生个别接触时，他们就又像换了一个人，表现出一种“相见不相识”的陌生感。这就是异性疏远期的表现。

(2)异性接近期

八年级以后，男女生的少年时代就结束了，开始踏上了青年初期的历程。此时情窦初开，男女之间又有了一种喜欢接近的需要，他们的性心理发展又开始进入了一个男女相互吸引的阶段。在这个时期，男女生之间愿意在一起学习和活动。

在九年级，男女生只是开始彼此产生好感。到了高中阶段，他们都想努力克服交往中的不安和羞涩，进一步试探着主动接近对方。但是由于情感比较隐蔽，很少能够达到相互间情感的深入交流，这个时期的异性交往一般还比较广泛，甚至无确定目的，被接近的对象也容易变换。因为此时的青年处于幼稚期，男女间的相互吸引与好感多数还属于异性间朦胧感情的自然表露。他们对两性关系仍处于一种似懂非懂的状态，还分不清好感与初恋的区别，因此常常造成心理上的困惑与苦恼。这时他们的感情强烈而易失控，接近广泛而不专一，这是一个较长的时期。家长和教师对这个时期的青年男女，要教育引导他们集中精力学习，正确分辨友谊和爱情，在与异性交往时要做到积极而有分寸，热情而又慎重。

(3)两性恋爱期

恋爱期的显著标志是爱情集中于一个异性，对其他异性的关心明显地减少，喜欢与自己选择的对象单独相处而不愿参加集体性的活动，经常陷于结婚的幻想之中。这个阶段一般从青年初期的中后阶段开始，是青春期性意识表现和发展相对成熟的阶段，这也是青春期性意识发展的必然结果，是从异性接触期为基础发展而来的，但又与异性接触期有着本质的区别。

2. 中学生性心理特点

(1)渴望了解和掌握性知识

据调查统计，有71.46%的中学生想了解或很想了解有关性知识。从他们的性知识来源来看，据调查显示，中学生性知识来源首先是文艺作品占53.08%，其次是科普书籍或教科书占25.67%，再次是教师占16.37%，最后是家长占4.55%[①]。可以看出，社会、家庭、学校对学生的性知识来源没有科学、合理地加以调控，这样势必影响中学生的性心理的健康发展。

(2)性意识易扭曲、堕落

由于学校和家庭缺乏对中学生的性心理教育的力度，从而使得社会环境的影响成为左右他们性心理发展的主导力量。受心理年龄的影响，大多中学生自控力不强，他们对是非好坏分辨不清，认识不准，加上好奇心，模仿心理较强，致使他们的性意识的发展容易扭曲、堕落。

(3)性情感不稳定，性适应能力差

当代中学生对把握自己情感的发展，调节情感冲动，常处于任性状态。有时，完全摆脱了理智的支配，造成性情感动荡不定。与此同时，性适应能力也较弱。无论是对自身的性特征的适应，还是与异性交往的适应，他们往往依凭自己性情，坠入一种不可调适的状态，造成性犯罪，这样，既影响了自身的健康发展，又悖于社会性规范的要求。

(4)源于性心理压力的网恋行为

网络以一种新的方式影响着青少年。从积极意义上来看，它把青少年带到了一个鲜活的充满刺激的精神世界，使其身心得到了新的冶炼。青少年在性成熟阶段面对着许多性心理压力，在网络这个虚拟世界里通过聊天、打游戏得以缓解和消除。

但个别人过于沉溺于此，便可能引起“网恋”“网瘾”。

3. 青春期常见性心理问题

(1)男性性心理困扰

遗精。第一次遗精，性知识不足的少年会出现恐慌、紧张、羞耻感，严重的想自杀。

阴茎困扰。阴茎是男性最明显的标志。心理学家认为，阴茎是形态遇刺激就勃发，使每个男孩子十分留意，并且对他人有关外生殖器评价敏感，遐想，对男性意识产生比较大影响。

(2)女性性心理困扰

月经。子宫内膜周期性自然脱落，伴随出血从阴道排出的过程就是月经。青春期女性对月经有许多不愉快感受，甚至烦恼和厌恶：生活自理差、社会适应弱的女性反应越明显。

乳房。女性对乳房发育的注意达到男性对阴茎的关注程度。正常男女把阴茎和乳房作为所有性征中最容易觉察的突出标志，产生很多性心理问题。与男性担心阴茎一样，女性担心乳房大小、形态。

(3)性幻想

在觉醒或者半觉醒状态下，个人沉浸到自编的与钟爱的异性交往的故事中，为性幻想。不分场合，过分引人入胜的性幻想是有害的。大约1/3有性幻想的青少年，被性幻想情境纠缠，注意力不集中，影响学习。缺乏自制力的青少年一旦沉迷性幻想，将有害健康。

(4)手淫

青少年通过手淫满足性冲动是青春期最常见的。男性80%有手淫历史。青春期男性比女性更容易发生性冲动，因此，男性手淫者多于女性。手淫没有造成生理功能危害，但是需要防止过度手淫，顽固性手淫者缺乏对性冲动的控制力，甚至陷入性幻想不能自拔，注意力不集中。有的青少年陷入自慰的矛盾心理，形成心理障碍，性格改变，孤僻内向，意志衰退。对于有这类问题的青少年，可以让其多参加社会交往，减少对异性的敏感性，不要穿过紧内裤，保持生殖器清洁。

4. 青春期性教育

青少年阶段是一个人一生的重要转折时期，青少年阶段的特殊的生理和心理的变化，使青春期教育成为这一阶段必不可少的课题。有必要通过正规的教育向青少年传授科学的、系统的性知识。性教育包括性生理教育、性心理教育和性道德教育。性生理教育内容包括：生殖系统的解剖与生理，妊娠过程，青春期生长发育的规律，青春期性卫生保健，性传播疾病（包括艾滋病）的预防等。性心理教育内容包括：青春期心理的一般特征，性意识的发展，性心理特征，性心理的自我调节等。性道德是指调节两性关系及性生活中的行为准则和规范的总和。性道德教育所要回答的主要问题是：什么样的性行为是正确的、合乎社会发展要求的。与性道德紧密联系的性道德教育则是通过不同的方法，借助不同的方式，教育青少年正确的性道德观念，从而避免性错误与性犯罪。

第二节　学生的认知发展

一、认知发展的主要理论

(一)皮亚杰的认知发展观

皮亚杰(Jane Piaget)是瑞士心理学家，日内瓦学派的主要创始人。他毕生从事儿童心理学的研究，特别是在20世纪50年代，他对儿童的思维或智力进行了大规模的系统研究。皮亚杰主要以生物学、逻辑学、心理学的理论为基础来研究人类的认识，特别是儿童认识的发展和结构，这些研究形成了著名的发生认识论。其理论主要反映在《儿童的语言与思维》(1924)、《儿童的判断与推理》(1924)、《智力心理学》(1950)、《从儿童到青年逻辑思维的发展》(1958)、《儿童的心理意象》(1971)等著作中。

皮亚杰在从事智力测验的研究过程中发现，所有儿童对世界的了解都遵从同一个发展顺序，在认知过程中犯同类的错误，得出同样的结论。年幼儿童不仅比年长儿童或成人“笨”，而且他们是以完全不同的思考方式进行思维的。为了更好地了解儿童的思维，他放弃了标准化测验的研究方法，开启用临床法研究儿童智力的先河。

通过细致的观察、严密的研究，皮亚杰得出了关于认知发展的几个重要结论。其中最重要的是他提出人类发展的本质是对环境的适应，这种适应是一个主动的过程。不是环境塑造了儿童，而是儿童主动寻求了解环境，在与环境的相互作用过程中，通过同化、顺应和平衡化的过程，认知逐渐成熟起来。

同化是人的一种适应机能，当外部信息作用于人时，大脑通过各种水平的作用与转化，将新信息纳入已有认知结构中，构成自身的新的知识系统，这就是所谓的“同化于己”。顺应与同化一样是人的一种适应机能，是人在适应外部环境过程中改变自身认知结构以实现对环境的适应，这就是所谓的“顺化于物”。顺应不是被动的过程，而是主体通过与环境作用，主动改变自身的认知结构，使认知结构不断地向更高水平发展，由此实现主体与外部环境的协调一致。

平衡化不是指静止状态，而是一种运动过程。在皮亚杰看来，个体出生以后，认识发展是一个连续的心理适应过程。人不是被动地复制现实的信息，而是主动地、积极地从环境中选择信息，通过各种水平的作用转化外部事物并重新组织信息，构成自己的知识系统。在个体智慧的发展过程中，通过主体与客体一系列的相互作用，原有平衡被打破，新的发展开始。依次循环，不断从一种认识平衡状态达到另一更高的、更为稳定的认识平衡状态。平衡是相对稳定的状态，平衡化则是认识发展的动态过程，是认识结构不断趋于完善的发展过程，是一个递进的、连续的、有层次的发展过程。同化、顺应和平衡化推动着个体心理不断地发展。

皮亚杰的另一个重要概念是“图式”。皮亚杰对图式的定义是“一个有组织的、可重复的行为或思维模式”。简单地说，图式就是动作的结构或组织。图式是认知结构的一个单元，一个人的全部图式组成一个人的认知结构。初生的婴儿，具有吸吮、哭叫及视、听、抓握等行为，这些行为是与生俱来的，是婴儿能够生存的基本条件，这些行为模式或图式是先天性遗传图式，全部遗传图式的综合构成一个初生婴儿的智力结构。遗传图式是图式在人类长期进化的过程中所形成的，以这些先天性遗传图式为基础，儿童随着年龄的增长及机能的成熟，在与环境的相互作用中，通过同化、顺应及平衡化作用，图式不断得到改造，认知结构不断发展。在儿童智力发展的不同阶段，有着不同的图式。如在感知运动阶段，其图式被称为感知运动图式，当进入思维的运算阶段，就形成了运算思维图式。

皮亚杰的影响力还体现在对智力的划分。他一般是将智力的发展划分为四大阶段。

1. 感知运算阶段(0～2 岁)

这一阶段婴儿只有动作的智力，而没有表象与运算的智力。他们依靠感知运动的手段来适应外部环境。这个阶段的儿童行为发展经过三个层次：本能时期、习惯时期和智力活动萌芽时期。儿童出生的第一个月只是遗传性反射格式，通过第二分阶段的习惯形成，使一些单一的反射动作加以整合、联结，如寻找声源，用眼追随运动的物体等，大约在 9 个月到 1 岁左右开始出现了最初的感知运动智慧。

2. 前运算阶段(2～7 岁)

这一阶段儿童的思维特点以自我为中心，他们很难从别人的观点(角度)看事物。例如，在这一阶段后期儿童可以说出自身的左右，但对对方的左右常常弄错，受自己左右的影响。这一阶段儿童思维的另一个特点是思维的直觉性以及思维的集中性。他们的判断仍受直觉调节的限制。

3. 具体运算阶段(6～11 岁)

这一阶段的基本特点是儿童开始进行心理运算，能在头脑中依靠动作的格式对事物的关系系统进行逆反、互反、传递等可逆运算。具体运算阶段的儿童，虽然在推理、问题解决和逻辑方面已经超过了前运算阶段的儿童，但其思维还具有局限性，抽象的语言推理还不能进行，离不开具体事物的支持。

4. 形式运算阶段(11～15 岁)

这一阶段是认知发展的最高阶段，儿童能在头脑中将形式和内容分开，能根据假设来进行逻辑推理。

皮亚杰认为知识的获得是儿童主动探索和操纵环境的结果，学习是儿童进行发明与发现的过程。他认为教育的真正目的并非增加儿童的知识，而是设置充满智力刺激的环境，让儿童自行探索，主动学到知识。这意味着我们在教育中要注意发挥学生的主体性，不要把知识强行灌输给学生，相反，要设法向儿童呈现一些能够引起他们的兴趣、具有挑战性的材料，并允许儿童依靠自己的力量解决问题。

皮亚杰认为认知发展是呈阶段性的，处于不同认知发展阶段的儿童其认识和解释事物的方式与成人是有别的。因此，教师要了解并根据儿童的认知方式设计教学，如果忽视儿童的成长状态，一味按照成人的想法，就会给儿童带来压力和挫折，让他们感到学习是一件痛苦而不是有趣的事，扼杀了儿童学习的欲望与好奇心。

皮亚杰对认知发展阶段的划分是以个体认知方式而非年龄为标准的，个体认知发展的速度是不同的，有快有慢，并不是同样年龄的儿童其认知水平就是相同的。因此，在教学中，教师要注意个别差异，做到因材施教。

皮亚杰很重视社会交往对儿童认知发展的作用。他认为与同伴一起学习，相互讨论，使儿童有机会了解别人的想法，特别是当他人的想法与自己不同时，会激发儿童进行思考，因为同伴间地位平等，儿童不会简单地接受对方的想法，而试图通过比较、权衡进而自己得出结论，这对儿童的去自我中心性的发展具有重要意义。教师常扮演权威的角色，儿童会养成被动接受“正确”答案的习惯，丧失了自主探索的机会。因此，在教学中教师应注意引导学生去发现知识而不是给予，同时应多采取小组讨论、合作学习的形式。

(二)维果茨基的发展理论

维果茨基(Lev S. Vygotsky)是苏联建国初期著名的儿童心理学家。他始终以马克思主义为指导，对种系发展和个体发展都进行了研究，主要研究儿童的思维与言语、教学与发展的关系问题。维果茨基的儿童心理发展理论主要反映在《思想和言语》和《高级心理机能的发展》等著作中。

维果茨基认为，人类心理与动物心理的区别主要是那些高级的心理机能(逻辑记忆、思维、有意注意等)。人类在劳动中使用工具，不再像动物那样以身体的直接方式来适应自然。人类在物质生产中使用的工具凝聚着人类的间接经验，即社会文化知识经验，这就使得人类心理的发展主要不再像动物那样受生物进化规律的制约，而是受社会历史发展规律的制约。

当然，劳动所使用的工具本身并不是心理，也不加入人的心理结构，只是由于这种间接的“物质生产的工具”导致人类心理上出现了“精神生产的工具”，这便是人类社会所特有的语言和符号。物质生产的工具和语言符号的类似性就在于它们使间接的心理活动得以产生和发展，所不同的是物质生产工具指向于外部，引起环境的变化，语言符号指向内部，引起人的行为变化。控制环境和控制行为是相互联系的。人类在改变环境的同时也改变着人类自身的性质。

由于人类心理是在掌握间接的社会文化经验中产生和发展的，因此在儿童心理发展上，作为传递社会文化经验的教育就起着主导作用。这就是说，人类心理发展不能在社会环境以外进行，同样，儿童心理发展离开了教育也就无法实现。在社会和教育制约下，人类或儿童的心理活动首先是属于外部的、人与人之间的活动，以后就内化为人类或儿童自身的活动。并且，随着外部和内部活动相互关系的发展，就形成了人类所特有的那些不同于动物的高级的心理机能。

维果茨基认为人类心理机能由低级向高级的发展主要由三个方面来推动：第一，起源于社会文化—历史的发展，受社会规律的制约；第二，从个体发展来看，儿童在与成人交往的过程中通过掌握高级的心理机能的工具语言、符号这一中介环节，使其在低级心理机能的基础上形成了各种新质的心理机能；第三，高级心理机能是不断内化的结果。

维果茨基在研究教学与发展的关系上提出了三个重要问题，这就是“最近发展区”“教学应走在发展的前面”和“学习的最佳期限”问题。

维果茨基认为，儿童心理发展有两种水平：第一种水平是现有发展水平，这是指儿童独立活动所达到的解决问题的水平；第二种水平是指在有指导的情况下借助于别人的帮助所达到的解决问题的水平，也就是通过教学所获得的潜力。这两种水平的差异就是最近发展区。维果茨基据此提出了“教学应走在发展的前面”的思想，也就是说教学“可以定义为人的发展”，教学决定着儿童智力的发展，这种决定作用既表现在智力发展的内容、水平和智力活动的特点上，同时也表现在智力发展的速度上。怎样才能发挥教学在儿童心理发展中的最大作用呢？维果茨基提出了“学习的最佳期限”问题。他认为，如果儿童脱离了学习某一技能的最佳年龄，从心理发展的观点来看是不利的，这会造成儿童智力发展的障碍。因此，进行某一种教学必须以成熟和发展为前提，但更重要的是必须首先建立在正在开始形成的心理机能的基础上，走在心理机能形成的前面。

维果茨基关于儿童心理发展的思想在心理学界产生了巨大的影响。他强调心理的起源受社会文化和社会发展规律的制约，以及儿童心理的发展对教学的依赖关系等，至今对我们研究儿童心理仍具有积极的借鉴作用。

二、中学生认知的特点与规律

中学生正处于个体身心快速发展的第二高峰期，生理的发展为其认知的发展提供了重要的物质前提。所以整个中学时期学生的认知发展都处于迅速上升阶段。新的认知结构的出现使得中学生能熟练地运用假设、抽象概念、逻辑推理等手段解决问题。在初中阶段，学生认知的特点是思维的抽象逻辑性占主要优势，但还属于经验型的逻辑思维阶段，在一定程度上还需要感性经验的直接支持。到了高中阶段，学生的认知迅速发展，认知结构不断完善，辩证逻辑思维和创造性思维有了大幅度的发展，已经能够用理论做指导来分析综合各种事实材料，从而不断扩大自己的知识领域。

(一)中学生感知觉发展的特点

感知觉是人认识客观世界最基本的方式，是整个认知过程的开端，是一切高级、复杂心理现象的开始。人们通过感知觉建立起关于客观事物的最初印象，这些印象又可进一步加工为头脑中的记忆痕迹，再成为人们驰骋想象的素材，成为抽象思维和解决问题的前提条件。感觉是指人脑对直接作用于它的客观事物的个别属性的反映，如对事物的大小、颜色、形状、声响、气味、冷热等某一特性的认识。感觉是由感觉器官来完成的，主要包括眼、耳、鼻、舌、皮肤等。知觉是指人脑对直接作用于感官的客观事物的各个部分和属性的整体反映，是对感官信息的整合和解释。知觉是在感觉的基础上产生的，是结合原有知识经验，对感觉信息的进一步整合与解释的结果。

中学生知觉事物的有意性和目的性进一步提高，能够比较稳定地、长时间地进行知觉；知觉事物的精确性和概括性不断提高，在空间知觉上有更大的抽象性，能够比较熟练地掌握三维的空间关系；更富有选择性、理解性、整体性和恒常性。初中学生观察水平不断提高，观察内容更加丰富，能抓住事物的本质，并能够根据经验，对事物加以组合、补充、删减或替代，从而形成比较完整的理解。高中学生更能抓住事物的本质特征，能够更从容、灵活地使用各种概念、定理或规律，更能做到触类旁通、举一反三，但也有观察程序不合理，观察精确性不够，容易草率下结论等不成熟的表现，如时间知觉上能更精确地理解较短的单位，而对较长的单位开始理解，但常不太精确。

(二)中学生注意发展的特点

注意是指心理活动对一定事物的指向性和集中性。其中指向性是指心理活动总是选择一个或几个事物为当前的认知对象，而排除其他事物；集中性是指心理活动在一定方向上活动的紧张度和强度。注意可以分为需要意志努力的有意注意和不需要意志努力的无意注意。中学生注意的特点有以下几方面。

第一，注意的目的性逐渐增强并趋向于成熟。有意注意在学习、生活中发挥重要作用，无意注意进一步深化并达到成人的水平。

第二，注意品质不断改善。注意的广度、分配达到一般成人水平，能依据学习的目的、要求及时又迅速地转移注意力。随着中学生年级的升高，青少年的注意趋向于稳定，注意的稳定性对初一学生成绩的影响比学习能力对成绩的影响更加明显。在七八年级阶段，注意稳定性的提高最为显著，高中阶段增长速度逐渐减慢。青少年在初中阶段，注意广度已经接近成人水平，但受本身知识经验和直觉对象的特点的影响仍然比较大。初中低年级学生由于缺乏经验，注意广度较窄，随着知识经验的积累，他们的注意广度也得到不断地提高。

(三)中学生记忆发展的特点

记忆是指人脑对过去经验的保持和提取，也有人把人脑比作计算机，那么记忆就相当于向计算机里输入、编码和储存信息的过程。按不同的标准可以把记忆分为不同的类型，按照记忆的内容可以分为形象记忆、词语记忆、情绪记忆和运动记忆；按照保存时间可以分为瞬时记忆、短时记忆和长时记忆；按照记忆材料的意义性质可以分为机械记忆和意义记忆。

记忆是智力的重要内容，是决定学习和工作效率的重要心理条件。中学阶段时人的记忆力达到发展的高峰。中学生记忆的主要特点有以下几方面。

第一，记忆的容量日益增大，短时记忆的广度接近成人。高中生处于记忆发展的“黄金”时代。高中一、二年级的学生记住的学习材料的数量比小学一、二年级几乎多四倍，比七、八年级多一倍，达到了记忆的高峰。

第二，对直观形象的材料记忆要优于抽象材料，对图形记忆要优于词语。同样是语言材料，视觉记忆要优于其他感官（听觉）受到信息的记忆。

第三，有意记忆逐渐占主导地位。中学生有意注意和无意注意的品质都在提高，但逐渐以有意注意为主，能逐渐学会依据不同的教材内容，由自己提出恰当的记忆任务，主动选择良好的记忆方法。

第四，理解记忆成为主要记忆手段。机械记忆在10岁左右得到快速发展后，一直保持高水平，直到高中阶段后，才随着年龄的增长而有所下降。之后，逐渐以理解记忆代替机械记忆。

第五，抽象记忆逐渐占据主导地位。青少年学生的形象记忆和抽象记忆都在发展，随着思维从具体形象到逻辑抽象占优势的发展，抽象记忆的发展速度也超过了形象记忆，并最终在中学阶段占据主导地位。

（四）中学生思维发展的特点

1. 形式运算阶段的特点

形式运算阶段（11～15岁）处于皮亚杰所划分的儿童认知发展阶段的第四个阶段。在这一阶段，儿童可以在头脑中将形式和内容分开，可以离开具体事物，根据假设来进行逻辑推演。皮亚杰用现代代数中的群、格等逻辑结构来刻画形式运算思维。

皮亚杰认为在青少年期，从具体运算到形式运算之间存在着一个质变。在具体运算阶段，儿童习惯于解释具体的客观事物和事件的改变；而在形式运算阶段，儿童习惯于形成并修正自己的想法。形式运算思维的主要特征就是能够区分现实性与可能性。例如，在寻求一份兼职工作的时候，青少年可能会考虑他希望干多少小时、搭载什么样的交通工具去上班、理想的工作类型以及自己能胜任什么类型的工作。他们会形成对工作的某种设想，一部分是基于他们的理想，另一部分则是基于他们的认知，而当他们得到有关该工作的新信息时他们还会据此修正自己的计划。

形式运算思维的一个重要特征是，它能对事件提出假设并进行解释，然后形成一个符合逻辑的假说。皮亚杰和美海尔德设计了著名的钟摆实验来验证儿童假设检验理论的形成。他要求被试找出是哪个变量或哪些变量联合作用共同影响了钟摆的摆动速度。四个变量分别是钟摆摆动的高度、钟摆的重量、摆绳的长度、摆动所受外力的大小。为了解决这个问题，被试不得不把每一个变量分离出来，在保持其他变量恒定的前提下，只考虑这一变量是否能够改变钟摆的摆动速度。结果发现，除了摆绳以外的其他变量都不能改变钟摆的摆动速度。处于具体运算阶段的青少年不能分离出这四个变量，不能在其他变量保持不变的情况下只改变一个变量，经过一两次尝试后就都放弃了。比较而言，处于形式运算阶段的青少年则能够从多个变量中分离出一个变量，考虑这一变量在整体中的作用。

在形式运算阶段，个体会出现六种概括性特点，每一种都对青少年如何解决人际关系问题、如何制订个人的计划和目标，以及如何进行数据处理和科研推理起着一定的影响作用。

第一，青少年能够同时对超过两种以上的变量进行处理。例如，他们在做旅行计划时可以同时考虑到速度、距离和时间之间的关系。他们可以从多个角度出发来解释自己的行为，在其他事情上也能从多个方面进行考虑。

第二，他们也能够考虑到事情的发展和变化。例如，他们能够意识到自己和一些朋友的友谊也许不会保持很久。

第三，青少年能够对可能发生的事件进行逻辑性的假设。例如，他们能够理性的选择学校或工作，他们能够依照他们平时的学业表现及能力判断什么样的学校或职位会接纳他们。

第四，他们能够对自己的行为结果做出适当的预期。例如，当离开学校后，他们适合从事哪些工作。

第五，他们有能力查明事物的内部一致性或逻辑联系，能够通过寻找支持或反对意见来验证事物的真实性。当认知对象出现内部矛盾时，他们会对此感到困惑。例如，虽然宣称在法律面前人人平等，但现实却是有钱人可以请到更好的律师，获得更好的辩护和礼遇，甚至有时可以影响到判决的结果。

第六，青少年能够客观地分析他们自己、他人及他所处的环境。他们知道社会和他人期望自己做什么，同时也能认识到在另一种家庭、社区和社会文化背景下，可能对相同的行为有不同的社会规范要求。因此，青少年总是有意识地表现出某种行为或态度，以便使自己在这种社会文化背景下被人们接纳。而与此同时，人们通常更容易接纳来自不同文化背景下的人，因为他们能够意识到这个人的行为是另一种社会文化和规范下的产物。

2. 中学生思维的特点

青少年的思维，在小学期思维发展的基础上，因新的教学条件和社会生活条件的影响而出现新的特点。中学期青少年思维的基本特点是：整个中学阶段，青少的思维能力迅速地得到发展，他们的抽象逻辑思维处于优势的地位。在少年期（主要是初中生）和青年初期（主要是高中生）的思维是不同的。在少年期的思维中，抽象逻辑思维虽然开始占优势，可是在很大程度上，还属于经验型，他们的逻辑思维需要感性经验的直接支持。青年初期的抽象逻辑思维则属于理论型，他们已经能够用理论做指导来分析综合各种事实材料，从而不断扩大自己的知识领域。

中学生的抽象逻辑思维具有以下一些特点。

①抽象逻辑思维是一种通过假设的、形式的、反省的思维。这种思维具有五方面的特征。

第一，通过假设进行思维的目的在于解决问题，问题解决要依靠假设。从青少年开始是产生撇开具体事物运用概念进行抽象逻辑思维的时期。通过假设进行思维，使思维按照提出问题、明确问题、提出假设、检验假设的途径，经过一系列的抽象逻辑过程以实现课题的目的。

第二，思维具有预计性：思维的假设性必然使主体在复杂活动前，事先有了诸如打算、计谋、计划、方案和策略等预计因素。古人说："凡事预则立，不预则废。"这个"预"就是思维的预计性。从青少年开始，在思维活动中就表现出这种"预计性"。通过思维的预计性，在解决问题之前，已采取了一定活动方式和手段。

第三，思维的形式化：从青少年开始，在教育条件的影响下，思维的成分逐步地由具体运算思维占优势发展到由形式运算思维占优势，这就是思维的形式化。

第四，思维活动中自我意识或监控能力的明显化：自我调节思维活动的进程是思维顺利开展的重要条件。从青少年开始，反省性（或内省）、监控性的思维特点越来越明显。一般条件下，青少年意识到自己智力活动的过程并且控制它们，使思路更加清晰，判断更加正确。当然，青少年阶段反省思维的发展，并不排斥这个时期出现的直觉思维，培养直觉思维仍是这个阶段教育和教学的一项重要内容。

第五，思维能跳出旧框框：任何思维方式都可以导致新的假设、理解和结论。其中，都可以包含新的因素。从青少年开始，由于发展了通过假设的、形式的、反省的抽象逻辑思维，思维必然能有新意，即跳出旧框框。于是从这个阶段起，创造性思维，或思维的独创性获得迅速发展，并成为青少年思维的一个重要特点。在思维过程中，青少年追求新颖的、独特的因素及个人的色彩、系统性和结构性。

②抽象逻辑思维处于优势地位，是经验型向理论型过渡的地位。少年期思维发展的一个主要特点是：抽象逻辑思维日益占有主导地位，但是思维中具体形象成分仍然起着重要作用。少年期的思维和小学儿童的思维不同，小学儿童的思维正处在从具体形象向抽象逻辑思维过渡的阶段，而在少年期的思维中，抽象逻辑成分已经在一定程度上占有相对的优势。当然，有了这个"优势"，并不就是说，到了少年时期只有抽象思维，而是说，在思维的具体成分和抽象逻辑成分不可分的统一关系中，抽象成分日益占有重要地位。而且，由于抽象成分的发展，具体思维也不断得到充实和改造，少年的具体思维是在和抽象思维密切联系中进行的。青年初期的思维发

展具有更高的抽象概括性，并且开始形成辩证思维。具体地说，它表现在两个方面。

第一，抽象与具体获得较高的统一：青年初期的思维是在少年期的思维基础上发展起来的，但它又不同于少年期。少年期思维的抽象概括性已经有了很大发展，但由于需要具体形象的支持，因此，其思维主要属于经验型，理论思维还不很成熟。

到了青年初期，由于经常要掌握事物发展的规律和重要的科学理论，理论型的抽象逻辑思维就开始发展起来。在此思维过程中，它既包括从特殊到一般的归纳过程，也包括从一般到特殊的演绎过程，也就是具体提升到理论，又用理论指导去获得知识的过程。这个过程表明青年初期的思维由经验型向理论型的转化。抽象与具体获得了高度的统一，抽象逻辑思维得到了高度的发展。

第二，辩证思维获得明显的发展：青年初期理论性思维的发展必然导致辩证思维的迅速发展。他们在实践与学习中，逐步认识到一般与特殊、归纳和演绎、理论及实践的对立统一关系，并逐步发展着那种从全面的、运动变化的、统一的角度认识、分析问题和解决问题的辩证思维。

由此可见，青少年思维发展趋势，是从一般的原理、原则出发，或在理论上进行推理，做出判断、论证的思维。

③抽象逻辑思维的发展存在着关键期和成熟期。我们从中学生运算能力发展的研究中发现，八年级是这一阶段思维发展的关键期。从八年级开始，他们的抽象逻辑思维即由经验型水平向理论型水平转化，到了高中二年级，这种转化初步完成。这意味着他们的思维趋向成熟。八年级是逻辑抽象思维的新的“起步”，是中学阶段运算思维的质变时期，是这个阶段思维发展的关键时期。高中一年级到高中二年级(15～17 岁)是逻辑抽象思维的发展趋于“初步定型”或成熟的时期。所谓思维成熟，主要表现在三个方面：

第一，各种思维成分基本上趋于稳定状态，基本上达到理论型抽象逻辑思维的水平；

第二，个体差异水平，包括思维类型(形象型、抽象型和中间型)，趋于基本上的定型；

第三，成熟前思维发展变化的可塑性大，成熟后则可塑性小，与其成年期的思维水平基本上保持一致，尽管也有一些进步。

第三节　学生的情绪发展

情绪，是人对客观现实是否符合自己的需要所产生的一种态度体验。它与认识活动不同，具有独特的主观体验形式、外部表现形式和独特的生理基础。中学生随着身体的发育、认知的发展、活动范围的扩大、人际交往的增多，情绪进一步发展起来。了解中学生情绪发展的一般特征和规律，了解常见情绪问题的表现及咨询要点，可以帮助他们正确把握和认识自己的情绪，矫正自身的不良情绪。

一、情绪概述

人非草木，孰能无情。人在认识和改造客观世界时，并不是无动于衷的，必然要遇到得失、顺逆、荣辱、美丑等各种情境，有时感到高兴和喜悦，有时感到气愤和憎恶，有时感到悲伤和忧虑，有时感到幸福和爱慕等。这里的喜、怒、哀、乐、忧、愤、憎、爱等都是情绪的不同表现形式。

人类的情绪表现多种多样，千姿百态，谁也说不出人类究竟有多少不同的情绪，因此，情绪的分类成为一个十分复杂和困难的问题。从古至今，人们对情绪的分类进行了许多研究，试图确立人类的基本情绪，但是由于使用的方法不同，结论也是各种各样的。例如，我国古代的“七情六欲”之说，把情绪分为：“喜、怒、哀、惧、爱、恶、欲”(见《礼记·礼会》)七种。20 世纪 70 年代初，美国心理学家伊扎德(C. E. Izard)用因素分析和逻辑分析的方法，把情绪分为九种，即兴奋、喜悦、惊验、悲痛、憎恶、愤怒、羞耻、恐惧、傲慢。

一般认为，人类最基本的或最原始的情绪是快乐、愤怒、恐惧和悲哀这四种。例如，人们见到黑暗、猛兽足以引起惧怕。当一个人面临危险而逃跑时，如有人阻拦他的去路，他必发怒、动武；无路可逃则悲哀；如能逃离危险则快乐。这都是不学而会的。所谓快乐，通常是指预期的目的达到后继之而来的紧张解除时的情绪体验。快乐的程度取决于愿望实现、目的达到的意外性(料想不到的程度)。愤怒往往是人在遇到与愿望相违背或愿望不能达到，并一再受到阻碍的情况下产生的，特别是所遇到的挫折是不合理的，或被人恶意地造成时，最容易产生愤怒。恐惧是人企图摆脱、逃避某种危险情境时产生的情绪体验。引起恐惧往往是由于缺乏处理或摆脱可怕的情境或事物的能力。悲哀是与失去所热爱的事物及所盼望的东西消失有关的体验。悲哀带来紧张的释放，就会产生哭泣。快乐、愤怒、恐惧和悲哀又都有强度上的不同。譬如，愉快和狂喜之间的区别，愤怒和狂怒之间的区别就属于强度上的区别。

除了情绪的概念外，在心理学中还经常使用情感这一概念。情感就是情的感受方面，即情绪过程的主观体验。情绪这个概念可以既用于人类也用于动物，情感这个概念只用于人类，特别在描述人的高级社会性情感时我们使用情感这一概念，对动物一般不使用情感这一概念。

那么，什么是情绪和情感？情绪和情感是对客观事物是否符合人的需要而产生的主观体验。大家知道，人是具有自己的主观世界的，当外界事物作用于人时，人对待事物就会有一定的态度，根据是否符合主观的需要可能采取肯定的态度，也可能采取否定的态度。当他采取肯定的态度，就会产生爱、满意、愉快、尊敬等内心体验；当他采取否定的态度时，就会产生憎恨、不满意、不愉快、痛苦、忧愁、愤怒、恐惧等内心体验。这些内心体验，即情绪和情感。

由此可见，情绪和情感是以主体的需要为基础的，伴随着认识过程的产生，并影响认识活动的进行。但它又不同于认识过程，是人对客观事物的另一反映形式，即反映具有一定需要的主体和客体之间的关系。情绪和情感是人的心理生活的一个重要方面，正是由于人具有情感，才在认识活动和意志活动之间架起了桥梁，才使个性倾向和个性特征如此丰富多彩。

在日常生活中，情绪与情感常常混用，或者把它看作同义词。但在心理学中，情绪是与生理的需要满足与否相联系的心理活动，把情感看作与社会性的需要满足与否相联系的心理活动。两者是既有区别又有联系的两个概念。

情绪和情感的区别表现在以下两方面。第一，情绪具有较大的情境性、激动性和暂时性，往往随着情境的改变和需要的满足而减弱或消失；情感则具有较大的稳定性、深刻性和持久性，是对人、对事稳定态度的反映，因而情感是个性结构或道德品质中的重要成分之一。第二，情绪是情感的表现形式，通常具有明显的冲动性和外部表现，如高兴时手舞足蹈，愤怒时暴跳如雷等。情感通常以内心体验的形式存在，比较内隐，如深沉的爱、殷切的期望、痛苦的思虑等，往往深深地埋在心底，不轻易外露。

情绪和情感虽有区别，但在具体人身上它们是很难严格区分开的。事实上，情绪和情感总是和彼此依存交融一体的。情感离不开情绪，稳定的情感是在情绪的基础上形成起来的，同时又通过情绪反应得以表达，离开情绪的情感是不存在的。情绪也离不开情感，情绪的变化往往反映情感的深度，在情绪发生的过程中，常常深含着情感。因此，情绪和情感又是不可分割的。

二、情绪状态

情绪状态是指在某种事件或情境影响下，在一定时间内所产生的激动不安的状态。情绪状态在一个人的生活中有很大的意义。在一般情况下，人的一切心理活动都带有情绪的色彩，而且以不同的强度、速度、持续时间和外部表现体现出来。情绪状态一般分为心境 、激情和应激。

（一）心境

心境是一种比较持久而微弱的、影响人的整个精神活动的情绪状态。心境具有弥漫性的特点，不是关于某一事物的特定的体验，而是以同样的情绪状态体验、对待一切事物。例如，一个人在学习、工作劳动中获得某种成就时，他就会产生愉快喜悦的体验，这种体验对他的一切活动都会在较长时间内感染上一种满意的和愉快的情绪色彩。在这种情绪状态下，他周围的花草鸟虫都变得更加可爱了。这种情绪状态，就是心境。

心境是由对人具有重要意义的各种因素引起的。生活的顺逆、工作的成败、人际关系、个人健康状况，以及自然环境的变化等，都可能成为引起某种心境的原因。但最主要的原因是人的世界观和人生观。因为心境并不是客观事物影响的消极产物，而是因人的意识倾向调节和支配的，尽管人对有些原因并不能清楚地意识到。

心境对人的生活、工作、学习、健康等有很大的影响。积极向上乐观的心境，可以使人增强信心，提高效率，克服困难，健康成长；消极悲观的心境，会使人失去信心和希望，经常焦虑、消沉、有损健康。因此，努力培养和激发良好的心境，克服不良心境是十分重要的。我们应当学会做心境的主人，使自己经常保持良好的心境，健康发展。

(二)激情

激情是一种强烈而短暂的、爆发式的情绪状态。这种情绪状态通常是由对个人生活有重大意义的事件引起的。重大成功之后的狂喜，惨遭失败时的绝望，亲人突然死亡引起的极度悲痛，突如其来的危险所带来的异常恐惧等，都是激情状态。

激情发生时往往伴有生理变化和明显的外部行为表现。例如，盛怒时人全身肌肉紧张，双目直视，怒发冲冠，咬牙切齿，紧握双拳等；狂喜时眉开眼笑，手舞足蹈；极度恐惧、悲痛和愤怒之后，可能导致精神衰竭、晕倒、发呆，甚至出现所谓的激情休克现象。一个人意向的冲突或过度的抑制也容易引起激情。

激情状态下，人的认识活动的范围往往会缩小，控制自己的能力减弱，往往不能约束自己的行动，不能正确地评价自己行动的意义及后果，但仍有意识，只是模糊些。因此，对于不良的激情需要动员意志力，有意识地控制自己，转移注意力，以冲淡激情暴发的程度。但有些激情是积极的。它可以成为动员人积极地投入行动的巨大动力。在这种场合，过分地抑制激情是完全不必要的，从个性培养的观点来看，也是不利的。

(三)应激

应激是人对某种意外的环境刺激所做出的适应性反应。例如，司机在驾驶过程中突然出现危险情境，人们突然遇到巨大的自然灾害，这时需要人迅速地判断情况，在一瞬间就做出决定。同时紧急的情况刺激了整个机体，它能很快地改变有机体的激活水平，使心率、血压、肌肉紧张度发生显著的变化，引起情绪的高度应激化和行动的积极化。在这种情况下，有时会使人做出平时不能做出的勇敢行为，有时却会使人认识狭窄得很难实现符合目的的行动，容易做出不适应的反应。例如，失火时会猛敲、撞门(其实应向里面拉或左右拉)。

人如果相当长时间地处于应激状态，对健康是很不利的，有时甚至是很危险的。按照加拿大生理学家谢尔耶(G. Selye)的研究，他认为应激状态的延续能够击溃一个人的生物化学保护机制，使人降低抵抗力以致为疾病所侵袭，甚至由于人体能源的枯竭而导致死亡。

三、社会情感

情感是同人的社会性需要相联系的主观体验，是人类所特有的心理现象之一。人类高级的社会性情感主要有道德感、理智感和美感。

(一)道德感

道德感是关于人的行为、举止、思想、意图是否符合社会道德行为准则而产生的主观体验，是由那些能满足人的社会道德行为准则的需要而产生的。

道德感按其内容而言包括：对自己祖国的自豪感和尊严感；对阶级的和民族的敌人的仇恨感；对社会劳动和公共事务的义务感、责任感；对社会集体的集体主义感、荣誉感；对同志的友谊感、同志感以及国际主义情感等。许多道德感有明显的阶级性。

道德感是道德意识的具体表现。一个人对现实的观点、态度和道德品质，常常以情感的形式表现出来。有经验的人民教师善于从学生日常对别人和自己的行为举止中流露出来的情感观察出他们的道德品质。

道德感的培养是十分重要的。它是使青少年把道德要领转化的道德行为(即言行一致)的中间环节。道德知识如果没有以道德情感和道德习惯为依据，它就比表面上学会的行为更易具有表面性，而且不容易产生相应的行为，有时甚至会像乌申斯所提出的那样，成为伪善和假仁假义藏身的屏风，所以教育要“动之以情”，即教师在进行道德品质教育时，要注意道德情感的感染，使道德观念和情感体验联系起来。只有当学生对某种道德要求的认识带上积极的情绪时，才能为其形成某种信念打下基础。同时，通过实践活动，使之多次体验到各种道德情感，即通过情绪经验的积累培养学生的道德感。道德感的培养在道德教育中有着极其重要的意义。

(二)理智感

理智感是在智力活动过程中，在认识和评价事物时所产生的情感体验。例如，人们在探索未知的事件时所表现的求知的欲望，认识的兴趣和好奇心，在解决问题过程中出现的迟疑、惊讶、焦躁以及问题解决后的喜悦，在评价事物时坚持自己见解的热情，为真理献身时感到的幸福与自豪，由于违背和歪曲了事实真相而感到羞愧等，都属于理智感。

理智感对人们学习科学知识，认识和掌握事物发展的客观规律具有动力作用。列宁曾说过：“没有‘人的感情’，就从来没有也不可能有人对真理的追求。”这种作用的大小同个人已有的知识水平、学习的愿望有关。在能否认识和坚持真理的过程中所产生的苦和乐同人的理想、世界观有关。

(三)美感

美感是对事物的美的体验。它是根据美的需要，按照个人所掌握的社会上美的标准，对客观事物(包括内容和形式)进行评价时所产生的情绪体验。

美感是在欣赏艺术作品、社会上的某些和谐现象和自然景物时产生的。凡是客观事物中存在符合我们美的需要的一切东西都能引起美的体验。审美时主体心理有一种自由的感受，所以美感总是伴随着某种快感。美感的两个明显特点是：①具有愉悦的体验；②带有倾向性的体验。多次欣赏，达到迷恋的程度。但美感不等于快感，快感也不等于美感。美感比快感所具有的内容丰富得多，深刻得多，高超得多。欣赏悲剧时也有美感。

美感总具有直觉性，即物体的颜色、形状、线条以及声音方面的特点在美感的产生中起着重要的作用。但是事物的外部特点是不能离开事物的内容而存在的，作为美感产生的源泉并不只限于事物的外部特点，起决定作用的是事物的内容。在《巴黎圣母院》中，这个问题表现得很突出。道貌岸然的神父、军官是假、丑、恶的化身，面貌丑陋的敲钟人反而是人们颂扬的真、善、美的代表，这说明形式上的美总是服从于内容上的美。所以，一个人的真挚、诚实、纯朴和助人为乐、热情无私都会给人以亲切的美感，这就是形式美和内容美的统一。

美感和道德感一样，也受社会生活条件的制约。一个人的美的需要总是反映了一定社会关于美的标准。不同的社会历史阶段，不同的社会制度和不同的风俗习惯，影响着对客观事物的美的标准，因而对美的感受和体验也是不同的。尽管也有许多共同的美感，不同的美感也可以相互交流，对于别国人民健康的美感我们应当借鉴，但这种借鉴应当符合中国的民情和习惯，应当适合中国人民的民族风格和民族形式，以及符合中国现代社会的道德规范。

四、情绪理论

（一）詹姆斯—兰格理论

威廉·詹姆斯在1884年发表的文章中提出，情绪体验主要是身体变化造成的。丹麦心理学家卡尔·兰格(Carl Lange)几乎在同时发表了相似的理论，因此这被称为"詹姆斯—兰格理论"。这一理论主张："当身体产生(生理)变化时，我们感受到这些变化，这就是情绪。"他们强调情绪的产生是植物性神经系统活动的产物，后人称他们的理论为情绪的外周理论。

有些人认为情绪激发行动。我们哭泣是因为难过，逃跑是因为害怕。詹姆斯—兰格理论则给出相反的解读：刺激引发植物性神经系统的活动，产生生理状态上的改变，生理上的反应导致了情绪。一些实验支持了这一理论。例如，人为操纵受试者的表情，受试者可以感受到相应的情绪。这些实验也被应用在治疗中，如大笑疗法、舞蹈疗法。

詹姆斯根据情绪发生时引起的植物性神经系统的活动，和由此产生的一系列机体变化提出，情绪就是对身体变化的知觉。他指出："情绪，只是一种身体状态的感觉；它的原因纯粹是身体的。"他又说："人们的常识认为，先产生某种情绪，之后才有机体的变化和行为的产生，但我的主张是先有机体的生理变化，而后才有情绪。”当一个情绪刺激物作用于我们的感官时，立刻会引起身体的某种变化，激起神经冲动，传至中枢神经系统而产生情绪。在詹姆斯看来，悲伤由哭泣而起，愤怒由打斗而致，恐惧由战栗而来，高兴由发笑而生。

兰格认为，情绪是内脏活动的结果。他特别强调情绪与血管变化的关系：“情绪，假如没有身体的属性，就不存在了。”“血管运动的混乱、血管宽度的改变以及各个器官中血液量的变化，乃是激情的真正的最初原因。”兰格以饮酒和药物为例来说明情绪变化的原因。酒和某些药物都是引起情绪变化的因素。它们之所以能够引起情绪变化，是因为饮酒、用药都能引起血管的活动，而血管的活动是受植物性神经系统控制的。植物性神经系统支配作用加强，血管扩张，结果就产生了愉快的情绪；植物性神经系统活动减弱，血管收缩或器官痉挛，结果就产生了恐惧。因此，情绪决定于血管受神经支配的状态、血管容积的改变以及对它的意识。

詹姆斯—兰格理论引起一系列的实验研究。因为这一理论至少有三方面的含义需要实验证明。

首先，如果对外周生理反应的知觉就是情绪，那么每一种情绪都应有不同的生理唤醒模式。例如，愤怒的生理反应模式应当不同于惧怕的生理反应模式。因为如果生理反应模式无差别，那就无法区分两种情绪。20 世纪 20 年代坎农(Walter Cannon)不赞成詹姆斯—兰格的理论，认为并没有出现各种情绪的不同生理唤醒模式。近来的研究表明，植物性神经系统的生理反应模式有可能随不同情绪状态而异。例如，愤怒和惧怕虽然都导致心率加快，但愤怒时手脚血流量增多，惧怕时手脚血流量减少；当人在心理上“解除”不同的情绪体验时，植物性神经系统的生理反应也不同。反过来，对不同外周反应的知觉的差异是否就导致人产生不同的情绪体验呢？这方面，西方心理学家曾做过许多实验，但无法得出明确的结论。

其次，如果对外周生理反应的知觉就是情绪，剥夺身体的外周生理反馈就不应该体验到情绪。坎农用外科手术切断动物视觉神经与脑的联系后，发现动物仍有情绪行为，并以此来反对詹姆斯—兰格理论。但坎农并没有回答一个重要问题：在手术后动物是否以同样方式体验到情绪？有人通过对脊髓受损伤士兵的研究，探讨了这一问题。脊髓被截断后，损伤点以下部位的感觉就不能传递到脑。因此，脊髓损伤部位越高，反馈感觉就越少。研究表明，脊髓受伤者仍有情绪体验，但强度降低了。损伤部位越高，情绪状态也越随着损伤而下降。脊髓高位损伤的那些病人说，他们能做出情绪行为，但感觉不到情绪。这一结果说明，没有外周的生理反应的广泛反馈，情绪照样出现，但反馈量与情绪强度密切相关。

最后，如果对外周生理反应的知觉就是情绪，那么倘若有人有意识地控制外周生理反应的出现，则与这种反应相联系的情绪也应该出现。近来，关于面部反馈的研究对这一问题做了某种回答。“面部反馈假说”认为，面部的运动提供了情绪体验的信息。埃克曼等要求职业演员移动特定的面部肌肉或五官位置，结果发现，面部结构的不同形态导致和正常情绪反应相似的植物性神经系统的生理反应，并且面部结构的不同形态导致不同的反应模式。在另一项研究中，90%的非演员被试也报告他们体验到了与面部表情相应的情绪。有趣的是，惧怕、愤怒、厌恶、悲伤的表情起作用，而笑容并不产生这种效应。或许还是因为人们平时经常把笑容作为社会交往的工具，与其他表情相比，较少和情绪体验相联系。这些研究看来是支持詹姆斯—兰格理论的。但是，面部表情总是和以往的情绪体验相联系的，这些结果很可能是通过记忆的激活来唤醒与此表情相联系的情绪的。再者，这类实验还缺乏进一步的重复验证。显然，事实并非像詹姆斯—兰格理论所断言的，除去对外周生理反应的知觉，情绪就不会产生。外周生理反应显然不是情绪的唯一来源。

（二）坎农—巴德理论

对詹姆斯—兰格理论的主要批评来自坎农。他的主要批评是：

①“内脏是相对不敏感的器官”，其反馈很差，仅依靠内部器官的反馈我们不可能区分所体验到的多种情绪；

②“在非常不同的情绪状态下会出现相同的内脏变化。”（如悲伤落泪、喜极而泣）；

③“人为地引起某种强烈情绪的典型内脏变化，并不产生相应的情绪”；

④“内脏变化太慢，因此不能成为情绪体验的来源”，因为情绪变化是爆发性的；

⑤“使内脏完全脱离中枢神经系统并不改变情绪行”。

在批评詹姆斯理论的同时，坎农和巴德提出了一个不同的情绪理论。他们认为，植物性神经系统的生理反应无助于情绪的发生，情绪的产生是大脑皮质解除丘脑抑制的功能。激发情绪的刺激由丘脑进行加工，同时把信息输送到大脑及机体的其他部分，输送到大脑皮质的信息产生情绪体验；输送到内脏和骨骼肌的信息激活生理反应。也就是说，情绪的中心不在外周神经系统，而在中枢神经系统的丘脑。

坎农—巴德理论强调大脑皮质解除丘脑抑制的机制，其意义在于把詹姆斯—兰格对情绪的外周性研究推向对情绪中枢机制的研究。后来奥尔兹也确实发现在下丘脑有所谓“快乐中枢”和“痛苦中枢”。但坎农—巴德理论也存在不足，它过分强调丘脑在情绪中的作用，而忽视了大脑皮质和外周生理反应在情绪产生中的作用，过于片面。情绪产生是大脑皮层和皮下组织协同活动的结果，大脑皮层的兴奋是情绪行为的最重要条件，是现象学与生理学的混合产物。

（三）沙赫特的激活归因情绪理论

沙赫特对詹姆斯—兰格理论和坎农—巴德理论采取折中的观点。他既同意詹姆斯的观点（情绪体验来自对身体反应的反馈信息），也同意坎农的观点（这种反馈的差异不大，不足以产生细微的不同情绪）。他认为，情绪既来自生理反应的反馈，也来自对导致这些反应情境的认知评价。因此，认知解释起两次作用：第一次是当人知觉到导致内脏反应的情境时；第二次是当人接收到这些反应的反馈时把它标记为一种特定的情绪。沙赫特认为，脑可能以几种方式解释同一生理反馈模式，给予不同的标记。生理唤醒本来是一种未分化的模式，正是认知过程才将它标记为一种特定的情绪。标记过程取决于归因，即对事件原因的鉴别。人们对同一生理唤醒可以做出不同的归因，产生不同的情绪，这取决于可能得到的有关情境的信息。

不少实验支持沙赫特的观点，生理反应和这种反应的标记都在情绪中起作用。下面是有关实验对沙赫特的三个理论假设的检验。

①沙赫特理论推想，如果降低或消除生理反应，那么情绪体验也就随之降低或消失。如前所述，关于脊髓损伤部位与情绪体验关系的研究是支持该假设的。

②沙赫特理论推想，如果把情绪唤醒归因于非情绪的原因，情绪体验就应该降低。沙赫特和另一位美国心理学家辛格(J. Singer)于 1962 年设计了一项实验，对 3 个实验组被试注射肾上腺素，告知 A 组肾上腺素的真实效果(正确告知组)，对 B 组误导(误告知组)，C 组为不告知组，让 3 组被试每组各一半进入两种情境：欢快情境、愤怒情境。实验假设为：若情绪单独由生理唤醒决定，则 3 组被试将有相同的情绪反应；若情绪单独由环境因素决定，则进入欢快情境的被试会表现出欢快的情绪，进入愤怒情境的被试会表现出愤怒。实际实验结果表明，A 组被试因对肾上腺素产生的生理唤醒有正确的认知，他们的情绪不受欢快或愤怒情境的影响；而 B 组和 C 组被试没有正确的认知，其情绪受情境影响，进入欢快/愤怒情境的被试表现出欢快/愤怒情绪。这可解释为生理唤醒是情绪激活的必要条件，但真正的情绪体验是由对唤醒状态赋予的“标记”决定的。这种“标记”的赋予是一种认识过程，个体利用过去经验中和当前环境的信息对自身唤醒状态做出合理的解释，正是这种解释决定着产生怎样的情绪，所以，无论生理唤醒还是环境因素都不能单独决定情绪，情绪发生的关键取决于认知因素。

③沙赫特理论推想，如果人为地导致唤醒(如用药物)并且有一种情境能够合理地解释这种唤醒的原因，人就会体验到情绪。根据同样的逻辑，人为导致的生理反应如果可以解释为某种激发情境所致，人对这种情境的情绪反应就会加剧。上述实验也证明了这一假说。

沙赫特的实验和理论引起了相当大的反响，但也受到了批评，缺乏对实验的先在效度分析，实验设计复杂，后人难以重复得出相同的结果。但是，沙赫特的研究毕竟为情绪的认知理论提供了最早的实验依据，对认知理论的发展起到了一定的推动作用。

(四)阿诺德—拉扎鲁斯的认知评价情绪理论

认知评价情绪理论是 20 世纪 50 年代美国心理学家阿诺德(M. B. Arnold)提出的，后又为拉扎鲁斯(R. S. Lazarus)进一步扩展。该理论也称认知—评估理论、情绪评估—兴奋学说，强调认知评价在情绪中的作用。

阿诺德认为，我们总是直接地、自动地并且几乎是不由自主地评价遇到的任何事物，情绪就是一种朝向评价为好(喜欢)的东西或离开评价为坏(不喜欢)的东西的感受倾向。她认为，评价补充着知觉并产生去做某种事情的倾向，任何评价都带有感情体验的成分。其中，记忆是评价的基础。任何新的事物都是按照过去的体验来进行评价的。想象是评价的重要环节。在开始行动之前，当前的情境和有关的感情记忆使我们推测未来。整个评价的复杂过程几乎是在瞬间发生的。

拉扎鲁斯进一步把阿诺德的评价扩展为评价、再评价过程。这一过程包括筛选信息、评价、应付冲动、交替活动、身体反应的反馈、对活动后果的知觉等成分。他建议对个人所处情境进行评价，也包括对可能采取什么行动进行评价。只要事物被评价为与个人生活的重要方面有联系，他就会有情绪体验。每一种情绪均包括生理的、行为的和认知的三种成分。它们在每种特定的情绪中各自起着不同的作用，而又相互作用、互为因果。这三种成分的不同组合便构成各种具体情绪模式的特定标志。拉扎鲁斯还强调，个性心理结构(如信仰、态度、人格特征等)是认知因素的一个决定性条件。他认为，文化对情绪的影响是复杂的，主要有几种方式：通过对情绪刺激的理解，文化直接影响表情，通过确定的社会关系和判断，以及通过高度礼仪化的行为，如在丧礼上的悲哀。

阿诺德—拉扎鲁斯的认知评价情绪理论既承认情绪的生物因素，具有进化适应的价值，也承认情绪受社会文化情境的制约，受个体经验和人格特征的制约，而这一切又随时发生在对任何事物的认知评价中。这种理论把现象学的研究、认知理论和情绪生理学的研究结合起来考虑，这是较为合理的，有助于推进情绪及情绪与认知关系的研究。

总之，情绪现象极其复杂，心理学家们从情绪的各个不同的侧面，如情绪行为、情绪生理、情绪认知、情绪表现和情绪识别等方面进行研究，并提出各自的理论解释。当代情绪研究的总趋势是，力图将各种研究成果加以综合，形成一个完整的情绪理论。例如，伊扎德认为，情绪这一概念必须包括情绪体验、脑和神经系统的活动以及面部表情三个方面，情绪对个性整合提供动机作用。布克研究了认知和情绪的相互作用，提出了启动模型。鲍尔研究了心境与认知系统相互作用的各个方面，提出了情绪网络模型等。这些动向都是值得重视的。

五、中学生情绪的特点

(一)情绪的两极性

1. 外部情绪的两极性

(1) 强烈、狂暴性与温和、细腻性共存

青少年的情绪表现有时是强烈而狂暴的，暴风雨式的。但有时，他们又表现出温和、细腻的特点。所谓温和性，是指人们的某些情绪在文饰之后，以一种较为缓和的形式表现出来。所谓细腻性，主要指情绪体验上的细致和精确的特点。

（2）可变性与固执性共存

情绪的可变性，是指情绪体验不够稳定，常从一种情绪转为另一种情绪的特点。这种情况常出现在情绪体验不够深刻的情况下。对青少年来说，一种情绪较容易被另一种情绪所代替，而且常常以一种积极的情绪取代另一种消极情绪。情绪的固执性，是指情绪体验上的一种顽固性。青少年由于思维灵活性尚未成熟，在对客观事物的认识上，还存在偏执性的特点，且在情绪上带有固执性。

（3）内向性和表现性共存

内向性是指情绪表现形式上的一种隐蔽性。从童年期转入青春期，青少年逐渐失去了单纯和率直，在情绪表露上出现了隐蔽性，将喜怒哀乐各种情绪都尽可能地隐藏于心中，尤其是对于一些消极性情绪，隐藏得更是严密。但青少年有时为了从众或其他一些想法，常将某种原本的情绪加上一种表演的色彩，或夸大某种情绪，或削弱某种情绪。这种在情绪表露的过程中，自觉或不自觉地带上了表演的痕迹，就是情绪的表现性。

2. 内心表现的两极性

青少年写日记时在日记中会表现出的坦白性和秘密性、真实性和虚伪性等矛盾状态，有学者也指出青少年的日记中表现出自我批判和自我安慰的矛盾两极性。

3. 意志的两极性

在中学阶段，青少年的意志始终有积极和消极、认真和马虎、努力和懒惰、守纪和散漫、果断和犹豫等矛盾的两极性共存。

4. 人际关系的两极性

人际关系的两极性主要表现为青少年对双亲的正反两面的矛盾情感，如孝顺和顶嘴等，在朋友关系中表现出的亲密和孤独，热情和冷漠，参与和旁观等。

(二)心理性断乳与反抗行为

在青少年期，经常表现的“反抗”行为，应该看作青少年“过渡期”的一种必然表现形式。在什么情况下，青少年容易出现强烈的反抗情绪呢？一般在下列情况下产生反抗情绪。

第一，心理性断乳受到阻碍。青少年极力要求独立，但成人(父母或教师)没有这种思想准备，仍以过分关切的态度对待他们。

第二，青少年的自主性被忽视，感受到妨碍。成人不听他们的主张，将他们一味地置于支配之下。

第三，青少年的人格展示受到阻碍。通常情况下，成人只顾青少年的学业成绩，而对于他们寓于人格的活动却加以限制或禁止，这会引起青少年的反感。

第四，当成人强逼青少年接受某些观点时，他们拒绝盲目接受。

六、中学生常见的情绪问题

（一）焦虑症

焦虑症又叫焦虑性神经症，是一种常见的神经症，患者以焦虑情绪反应为主要症状，同时伴有明显的植物性神经系统功能的紊乱。焦虑症在正常人身上也会发生，这是人们对于可能造成心理冲突或挫折的某种特殊事物或情境进行反应时的各种状态，同时带有某种不愉快的情绪体验。这些事物或情境包括一些即将来临的、可能造成危险或灾难、或需要付出特殊努力加以应付的东西。如果对此无法预计其结果，不能采取有效措施加以防止或予以解决，这时心理的紧张和期待就会促发焦虑反应。过度而经常的焦虑就成了神经性焦虑症。

青春期是焦虑症的易发期，其身心变化处在一个转折点上，随着第二性征的出现，个体对自己在体态、生理以及心理等方面的变化会产生某种神秘感，甚至不知所措。例如，女孩由于乳房发育而不敢挺胸、月经初潮而紧张不安；男孩出现性冲动、遗精、手淫后追悔自责等，这些都将对中学生的心理和行为带来很大影响。他们往往由于好奇和不理解而导致出现恐惧、紧张、羞涩、孤独、自卑，同时还可能伴有头晕头痛、失眠多梦、眩晕乏力、口干厌食、心慌气促、神经过敏、体重下降和焦虑不安等症状，常因此而辗转于内科、神经科求诊，经反复检查并没有发现任何器质性病变，这类病症在精神科通常被诊断为青春期焦虑症。

（二）挫折心理

中学生常常抱有各种各样的幻想，为了将其变成现实，他们会付出种种努力甚至刻意追求。当这种需求持续不能得到满足或部分满足时，就容易产生挫折。挫折一般是指需要得不到满足时的紧张情绪状态。如果挫折产生于较为重大的目标，如学业、工作、爱情等，这种挫折可被称为失败；如果挫折的障碍与压力持续时间长，影响范围广，使其处于一种不利于身心发展的位置，则被称为身处逆境。挫折、失败和逆境容易给中学生带来失望、压抑、沮丧、忧郁、苦闷等紧张心理状态和情绪反应，心理学上称之为挫折感或挫折心理。

挫折感在中学阶段表现较明显。这个时期的青少年常常会因为对人生的思索、学业的担忧、爱情的烦恼、社交的障碍而体验到令人失意的挫折心理。中学生挫折心理产生的原因大致可分为两类。①主客观矛盾是中学生挫折心理产生的主要原因。主观方面是指中学生的自我需求，客观方面则是指满足其需求的现实条件。主客观矛盾的表现主要有：中学生物质生活需要与社会、学校、家庭有限物质条件之间的矛盾；学业成功、工作出色的愿望与同学、同事竞争的矛盾；自我表现的需要与机遇不平等的矛盾；独立、自主需要与纪律约束的矛盾；社交需要与自己在组织中的地位之间的矛盾等。②个性不完善也是中学生挫折心理的重要原因。中学生虽然朝气蓬勃，思想活跃，兴趣广泛，勇于探索，富有创造性，但从社会成熟的角度看，他们个性还不够完善，如情绪不稳定，认识片面，自尊心与好胜心强，理想浪漫，容易偏激，世界观不明晰，缺乏扎实的实践基础，耐力不强等。

（三）逆反心理

逆反心理是指个体彼此之间为了维护自尊，对对方的要求采取相反的态度和言行的一种心理状态。在现实生活中，有的中学生就是“不受教”“不听话”，甚至经常与老师、家长“顶嘴”“对着干”。这种与常理背道而驰，以反常的心态来显示自己的“高明”“非凡”的行为，往往是逆反心理的表现。这种心理在青少年成长中的每一阶段都可能发生，而且有多种表现，如对正面宣传做不信任、不认同的反向思考；对先进人物、榜样无端怀疑，甚至根本否定；对不良倾向持认同感，为其喝彩；对思想政治教育消极抵制、蔑视对抗等。

逆反心理产生的原因表现在两个方面。①主观方面，中学生正处于“过渡期”，其独立意识和自我意识日益增强，迫切希望摆脱成人的监护。他们讨厌成人将自己当“小孩”，要求以成人自居。为了表现自己与众不同，他们对任何事物倾向都持批判态度。正是由于他们觉得或担心外界无视自己的独立存在，故产生用各种手段、方法来确立“自我”与外界对立的情绪。②客观方面，教育者的可信任度低，教育手段和方法、教育的时机不适当，往往也会导致逆反心理。作为一种反常心理，逆反心理尽管不同于变态心理，但已带有变态心理的某些特征。就其后果而言，它会导致中学生出现对人或对事多疑、偏执、冷漠，使其信念动摇、理想泯灭、意志衰退、学习被动、精神不振等。逆反心理的进一步发展还可能向犯罪心理或病态心理转化。

七、中学生情绪的调节

（一）良好情绪的标准

良好的情绪是健全人格的必要条件之一。一般而言，情绪的目的性恰当、反应适度，不带有幼稚的、冲动的特征，符合社会规范的要求，就是情绪健康的标准。

心理学家瑞尼斯等人提出情绪健康的六项指标：①发展出某些技巧以应付挫折情境；②能重新解释与接纳自己与情绪的关系，不会一直自我防御，能避免挫折并安排替代的目标；③知觉某些情境会引起挫折，可以避开并找寻替代目标，以获得情绪满足；④能找出方法，缓解生活中的不愉快；⑤能认清各种防御机制的功能，包括幻想、退化、反抗、投射、合理化、补偿，避免成为错误的习惯，以至防御过度，造成情绪困扰；⑥能寻求专家的帮助。

心理学家索尔也指出情绪健康的八个特点：①独立，不依赖父母；②增强责任感及工作能力，减少与外界接纳的渴望；③去除自卑情结、个人主义及竞争心理；④适度的社会化与教化，能与人合作，并符合个人良心；⑤成熟的性态度，能组织幸福家庭；⑥培养适应，避免敌意与攻击；⑦对现实有正确的了解；⑧具有弹性以及适应力。

（二）情绪调节的方法

1. 转移注意力

转移注意力就是把注意力从引起不良情绪的事情转移到其他事情上，这样就可以使人从消极情绪中解脱出来，从而激发积极、愉快的情绪反应。

转移注意力可以通过改变注意的焦点来达到目的。当自己情绪不好时，可以做一些自己平时感兴趣的事，使自己从消极情绪中解脱出来。另外，还可以转移话题或回忆自己高兴、幸福的事，使消极情绪转移到积极情绪上去。

转移注意力还可以通过改变环境来达到目的。当自己情绪不理想时，到室外走一走，到风景优美的环境中玩一玩，会使人精神振奋，忘却烦恼。把自己困在教室里，不仅不利于消除不良情绪，而且可能加重不良情绪的危害。转移注意力的方法看起来是一种消极的调节方法，但会收到良好的效果，适合于比较容易排解的情绪。

2. 合理发泄情绪

合理发泄情绪是指在适当的场合，用适当的方式，来排解心中的不良情绪。发泄是一种情绪表现的方式，可以防止不良情绪对人体的危害。发泄要表现得有理、有度，既不损害自己，也不损害他人。

3. 学会控制情绪

（1）自我暗示法

自我暗示法是通过内心的主观想象，并自信它能引起相应的生理、心理变化来进行自我刺激的自我心理疗法。自我暗示法的实质是自觉的诱发积极的良好的心理状态，并使其保持稳定，从而改变消极、不良的心理状态，产生良好的心理激励与平衡作用，可用语言、情境、睡眠等方式对自己进行暗示。

（2）自我激励法

自我激励法是用生活中的哲理或思想来鼓励自己。这是用理智调控情绪的一种方式，是一种精神动力。一个人在消极的情绪中，通过名言、警句进行自我激励，能够有效地调控情绪。例如，林则徐为了调控自己的情绪，写了“制怒”的条幅，悬挂在屋中，以此警告自己。

（3）心理换位法

心理换位，就是打破思维的定势，站在别人的角度思考问题。这样，充当别人的角色，来体会别人的心态与思想，就会增加相互间的理解与沟通，防止一些不良情绪的产生。心理换位法更重要的是可以消除自己不能调节的情绪。

（4）升华法

升华法，即把消极的情绪与头脑中的积极因素相联系，把消极的情绪转化为积极的行为，使消极的情绪成为自己前进的推动力。升华法其实是一种高水平的发泄，是将情绪激起的能量引导到对人、对己、对社会都有利的方向。

第四节 学生的人格发展

一、人格概述

（一）人格的概念

人格是一个人的才智、情绪、愿望、价值观和习惯的行为方式的有机整合。它赋予个人适应环境的独特模式，这种知、情、意、行的复杂组织是遗传与环境交互作用的结果，包含着一个受过去影响以及对现在和将来的建构。

（二）人格的基本特性

1. 人格的整体性

一个现实的人具有多种心理成分和特质，如才智、情绪、愿望、价值观和习惯等，但它们并不是孤立存在的，而是密切联系并整合成为一个有机组织。一个现实的人的行为不仅是某个特定部分运作的结果，而且总是与其他部分紧密联系、协调一致进行活动的结果。

2. 人格的稳定性

人格的稳定性表现为两个方面。一是人格的跨时间的持续性。在人生的不同时期，人格持续性首先表现为自我的持久性。二是人格的跨情境一致性。所谓人格特征是指一个人经常表现出来的稳定的心理与行为特征，那些暂时的、偶尔表现出来的行为则不属于人格特征。例如，一个外向的学生不仅在学校里善于交往，喜欢结识朋友，在校外也喜欢交际，喜欢聚会，虽然他偶尔也会与他人保持一定距离，表现出安静的情绪。

3. 人格的独特性

人格的独特性是指人与人之间的心理与行为是各不相同的。由于人格结构组合的多样性，每个人的人格都有自己的特点。在日常生活中，我们随时随地都可以观察到每个人的行动都异于他人，每个人都有各自的需要、爱好、认知方式、情绪、意志和价值观。

4. 人格的社会性

人格的社会性是指社会化把人这样的动物变成社会的成员。人格是社会的人所特有的。人格是在个体的遗传和生物基础上形成的，受个体生物特性的制约。从这个意义上也可以说，人格是个体的自然性和社会性的综合。例如，人满足食物需要的内容和方式是受具体的社会历史条件制约的。

因此，可以这样概括：人格是个体各种稳定特征的综合体，显示出个体的思想、情绪和行为的独特模式。这种独特模式是个体社会化的产物，同时又影响着个体与环境的交互作用。

(三)气质与人格

人格是一个含义非常丰富的概念，包括气质、性格等稳定的心理特征。人格中的气质是个体在生活早期就表现出来的稳定的个性差异，即那些由遗传和生理决定的心理与行为特征。这个概念与我们平常说的“禀性”“脾气”近似。

巴甫洛夫根据神经过程的强度、均衡性和灵活性，把动物和人类的高级神经活动类型划分为四种：兴奋型、活泼型、安静型和抑制型，与之相对应的是胆汁质、多血质、黏液质和抑郁质。

气质与人格是有区别的。其主要区别是：①气质是由生物因素决定的，是不可改变的，而人格本质上是由个体的生活经验所形成的，会因见识和新经验而发生改变；②气质在人的早期就已呈现出来，而人格出现得比较晚；③在动物身上也能观察到气质，而动物是没有人格的；④气质是从人的情绪、言谈举止中流露出来的，不涉及行为的具体内容，而人格特征可能与行为的具体内容有关(如学业特质焦虑等)；⑤受较高级认知过程控制的行为与人格有关，而与气质无关。

(四)性格与人格

个人对现实的稳定的态度和习惯化了的行为方式即为性格。在外界环境特别是社会环境的影响下，个人生活实践时的认知、情绪和意志活动所形成的特有的行为模式，就是这个人的性格。

人格是一个人的存在方式，是个人生物遗传素质与环境交互作用的产物。人格中的气质是先天的，是体质和遗传的自然表现，很难改变，无好坏之分；人格中的性格是后天的，是社会文化模式的刻印，有可能改变，有好坏之分。

心理学家用大量的研究证明，性格特点与疾病之间有着紧密的联系。心理学家根据是否容易患某种疾病，把性格类型分为 A 型性格、B 型性格和 C 型性格。

A 型性格的特点是：性格急躁，没有耐心；争强好胜，求胜心切，追求成就，有很强的事业心；动作敏捷；时间观念强；情绪容易波动；对人有戒心；缺少运动。

B 型性格的特点是：性情随和，不喜欢与人争斗；生活方式悠闲自在，不争名利，对成败得失看得较淡，不太在意成就的大小，对工作生活较容易满足；工作生活从容不迫，有条有理；时间观念不强。

C 型性格是一种容易患癌症的性格，C 型性格的特点是：多愁善感，情绪压抑，性格内向，常常克制自己的情绪。

关于气质与性格的关系，从气质对性格的影响来看，首先，气质会影响个人性格的形成。因为性格特征直接依赖于教育和社会相互作用的性质和方法。气质作为性格形成的一种变量在个体发展的早期阶段就表现出来，从而会影响父母或其他人的不同行为反应，形成不同性质的个体与社会环境的交互作用。其次，气质可以按照自己的动力方式渲染性格特征，从而使性格特征具有独特的色彩。例如，同样是乐于助人的性格特征，多血质者在帮助人时往往动作敏捷，情感明显表露于外，而黏液质者则可能动作沉着，情感不表露于外。最后，气质还会影响性格特征形成或改造的速度。例如，要形成自制力，胆汁质的人往往需要做极大的努力和克制，而抑郁质的人则比较容易形成，用不着特别抑制自己就能办到。

从性格对气质的影响来看，性格也可以在一定程度上掩盖或改变气质，使它服从于生活实践的要求。例如，侦察兵必须具备冷静沉着、机智勇敢等性格特征。在严格的军事训练的实践活动中，这些性格特征的形成有可能掩盖或改造胆汁质者易冲动和不可遏止的气质特征。

(五)认知风格与人格

认知风格是指个体在认知活动中所偏爱的加工信息的方式，即表现在个体对外界信息的感知、注意、思维、记忆和解决问题的方式上。目前研究较多的是场独立认知方式与场依存认知方式。

场独立性与场依存性这两个概念来源于威特金(H. Witkin)对知觉的研究。场独立性的人对客观事物做判断时，倾向于利用自己内部的参照，不易受外来因素影响和干扰；在认知方面独立于周围的背景，倾向于在更抽象和分析的水平上加工，独立对事物做出判断。场依存性的人对物体的知觉倾向于把外部参照作为信息加工的依据，难以摆脱环境因素的影响。他们的态度和自我知觉更易受周围的人，特别是权威人士的影响和干扰，善于察言观色，注意并记忆言语信息中的社会内容。有关研究还表明，场独立性和场依存性与学生的学习倾向和特点有关系。一般来说，在学科兴趣方面，场独立性者较倾向于喜欢自然科学，而场依存者则喜欢社会科学；在学科成绩上，场独立性者自然科学成绩好，社会科学成绩差；而场依存性者自然科学成绩差，社会科学成绩好；在学习策略上，场独立性者往往采用独立自觉学习，其学习由内在动机支配；场依存性者则易受暗示，学习欠主动，其学习由外在动机支配；在教学偏好上，场独立性者偏好结构不严密的教学，场依存性者则偏好结构严密的教学。

二、人格理论

(一)弗洛伊德的人格发展理论

弗洛伊德的人格理论强调人是受潜意识本能驱动的，幼年生活经验决定个人今后的命运。这个以潜意识本能驱力为中心概念而建立起来的理论，也被称为精神动力学理论。

弗洛伊德把人格看作由本我、自我和超我三个心理结构组成的动力系统。人的大多数行为都是由本我、自我和超我共同活动的结果。

本我是唯一与生俱来的人格结构，由生物本能和欲望组成。本我遵循快乐原则行事，而不顾及任何生理上或社会性的限制，并要求立即得到满足。当婴儿看见他想要的东西时，不论这东西是不是别人的或是不是有害的，他会不顾一切地要得到它。本我的冲动都是潜意识的，是我们知觉不到的。

在新生儿与外部世界互动的头两年，人格结构的第二个部分——自我逐渐发展起来。自我遵循现实原则行动，即自我的任务是在衡量现实的条件下，满足本我的冲动。由于本我冲动通常不为社会所允许，所以自我的工作就是把这些冲动保留在潜意识中。自我不同于本我，能自由地运作于知觉到的意识、前意识和潜意识之中。

当儿童成长到 5 岁左右，人格结构的第三部分——超我开始形成。超我所代表的是社会要求，特别是来自父母的价值和标准。超我的一部分称为良心，是个人的道德标准。当个人的行为违反了这种标准时，便会受到良心的责备而感到内疚。超我的另一部分称为自我理想，是个人在幼年时受到父母赞扬或奖赏的那些行为。自我理想是个人的目标和抱负的源泉，当达到这种标准时就会为此而感到自豪。人格结构的三部分常常处在相抗衡的状态之中。健康人的自我会防止本我和超我过分操纵其人格。自我的目的是找到一条途径同时能满足本我和超我的需求。不过，这往往是相当困难的。人的潜意识是人格三部分的战场。自我既要与现实保持联系，同时又要协调人格的其余两部分的要求。

(二)埃里克森的社会性发展阶段理论

1. 人格的发展阶段

埃里克森把人格发展看作一个渐进的过程，并将其扩展到人的生命全程，认为人格的发展要经历顺序不变的八个阶段，每个阶段中个体均面临一种发展危机及发展任务。

(1)基本的信任感对基本的不信任感(0～1.5 岁)

这一阶段的发展任务是发展对周围世界，尤其是对社会环境的基本态度，培养信任感。儿童面临的第一个基本冲突是信任对不信任。这种信任或不信任的态度，在以后的发展阶段中，将由对父母扩展到对其他人。因此，个体自婴儿期起与父母之间所建立的以信任为基础的社会关系，将是他以后与他人建立良好人际关系的人格基础。

(2)自主感对羞耻感与怀疑(2～3 岁)

这一阶段的发展任务是培养自主性。埃里克森认为这个阶段的儿童具有双重渴望：既想获得父母的支持，同时也渴望父母能放手让自己做主。这一阶段儿童初步尝试独立处理事情，如果父母允许幼儿去做他们能力所及的事，鼓励幼儿的独立探索愿望，幼儿就会逐渐认识自己的能力，养成自动自主的个性；反之，父母过分溺爱和保护或过分批评指责，就可能使儿童怀疑自己对自我和环境的控制能力，使之产生一种羞耻感。这一阶段发展顺利者能按社会要求表现目的性行为；发展障碍者的心理特征是缺乏信心，行动畏首畏尾。

(3)主动感对内疚感(4～5 岁)

这一阶段的发展任务是培养主动性。由于身体活动能力和语言的发展，儿童有可能把他的活动范围扩展到家庭之外。然而有限的能力常使儿童的主动活动受到成人的禁止，使他们感到内疚，从而可能会降低儿童活动的热情。因此，这一阶段的危机在于儿童既要发展自己的主动性，又要避免那些可能会被禁止的活动。这一阶段发展顺利者的心理特征是主动好奇，行动有方向，开始有责任感；发展障碍者的心理特征是畏惧退缩，缺少自我价值感。

(4)勤奋感对自卑感(6～11岁)

这一阶段发展任务是培养勤奋感。这个时期，绝大多数儿童已经进入学校，第一次接受社会赋予他并期望他完成的社会任务。如果儿童在学习中及其他集体活动中获得更多的成功经验，就有利于儿童养成勤奋进取的人格，而其中的挫折和失败则导致了自卑感。如果说前三阶段对儿童影响最大的是家庭因素，那么这一阶段对儿童影响最大的则是学校因素。这一阶段形成的勤奋进取的性格会延至成年，使其乐于工作并能良好地适应社会。若形成自卑心理，往往是以后学业颓废的重要原因。

(5)自我同一性对角色混乱(12～18岁)

这一阶段的发展任务是培养自我同一性。自我同一性指个体组织自己的动机、能力、信仰及其活动经验而形成的有关自我的一致性形象。在青少年时期，"我是谁"成为一个重要问题。他们能够把自己的各种形象综合成一个有意义的整体，对自己的过去、现在、将来产生一种"内在相同和连续"之感。同时，他们也开始认识自己和别人的异同，认识现在和未来在社会中的关联。这一阶段发展顺利者的心理特征是有了明确的自我观念和自我追求的方向；发展障碍者的心理特征是生活无目的、无方向，时而感到彷徨迷失。

(6)亲密感对孤独感(成年早期)

这一阶段的发展任务是建立新型人际关系，克服亲密感和孤独感之间的冲突。这一时期是人们进行求爱和过早期家庭生活的时期。在这一时期，个体往往十分关注镜像自我、注重印象管理、关注自身的前途和发展。发展顺利者与人相处有亲密感；发展障碍者与社会疏离，感到寂寞孤独。

(7)繁殖感对停滞感(成年中期)

这一阶段的发展任务是显示自己的生产能力、创造力等基本能力，把它们用于抚养下一代和关怀社会。发展顺利者的心理特征是热爱家庭、关心社会，有责任感和义务感；发展障碍者的心理特征是不关心别人和社会，缺少生活意义。

(8)自我整合对绝望感(成年晚期)

这一阶段个体的发展受前几个阶段发展的影响极大。人们回顾自己的一生，解决最终的同一性危机。发展顺利者会随心所欲、安享晚年；发展障碍者的心理特征是悔恨旧事，失望、沮丧。

2. 埃里克森的人格发展理论在教育中的地位

(1)适当的教育有利于儿童人格的健康发展

埃里克森的理论告诉我们，只有适当的教育才能有助于儿童的健康成长。适当的教育必须是符合儿童心理特点，能满足儿童心理需求的教育。家庭和学校为儿童设计的教育情境必须达到这样的要求，才能有利于儿童的成长。

(2)帮助学生建立勤奋感，克服自卑感

埃里克森认为，指导有方的教师对学生勤奋感的形成有重要作用，强调教师对学生行为的评价及课堂组织的方法对儿童自我概念产生着重要影响。因此，教师必须具有积极的学生观，并对学生的行为多做积极评价。

(3)化解自我同一性和角色混乱的危机

青少年时期是各方面都处于剧变的时期。青少年希望被当作成人看待，他们愿以表示自己长大成人的行为做反应。基于这一点，我们应该尊重他们独立性的发展，不能再把中学生当孩子；给以明确的指示，让其独立完成力所能及的任务；关注同伴之间的交往和影响；鼓励青少年自我教育。

三、影响人格发展的因素

人格的形成与发展离不开先天遗传与后天环境的关系与作用。心理学家们认为，人格是在遗传与环境的交互作用中逐渐形成并发展的。

(一)生物遗传因素

由于人格具有较强的稳定性特征，因此人格研究者更注重遗传因素的作用。综合现有的研究结果，遗传对人格的作用简要归纳如下。

第一，遗传是人格不可缺少的影响因素。

第二，遗传因素对人格的作用程度随人格特质的不同而不同。通常在智力、气质这些与生物因素相关较大的特质上，遗传因素的作用较重要；而在价值观、信念、性格等与社会因素关系密切的特质上，后天环境的作用可能更重要。

第三，人格的发展是遗传与环境两种因素交互作用的结果。人既具有生物属性，又具有社会属性。人在胚胎状态时，环境因素的影响就开始了，这种影响会在人的一生中持续下去。后天环境的因素是多种多样的，小到家庭因素，大到社会文化因素。这些因素对人格的形成与发展都有重要的影响。

(二)社会文化因素

每个人都处在特定的社会文化环境中，文化对人格的影响极为重要。社会文化塑造了社会成员的人格特征，使其成员的人格结构朝着相似性的方向发展，这种相似性具有维系社会稳定的功能，又使得每个人能稳固地“嵌入”在整个文化形态里。

(三)家庭环境因素

研究人格的家庭成因，重点在于探讨家庭的差异(包括家庭结构、经济条件、居住环境、家庭氛围等)和不同的教养方式对人格发展和人格差异的不同影响。研究发现，权威型教养方式的父母在子女的教育中表现得过于支配，孩子的一切都由父母来控制。在这种环境下成长的孩子容易消极、被动、依赖、服从、懦弱，做事缺乏主动性，有的甚至会形成不诚实的人格特征。放纵型教养方式的父母对孩子过于溺爱，让孩子随心所欲，父母对孩子的教育有时出现失控的状态。在这种家庭环境中成长的孩子多表现为任性、幼稚、自私、野蛮、无礼、独立性差、蛮横胡闹等。民主型教养方式的父母与孩子在家庭中处于一种平等与和谐的氛围当中，父母尊重孩子，给孩子一定的自主权和积极正确的指导。父母的这种教养方式能使孩子形成一些积极的人格品质，如活泼、快乐、直爽、自立、彬彬有礼、善于交往、富于合作、思想活跃等。由此可见，家庭确实是“人类性格的工厂”，塑造了人们不同的人格特质。

(四)早期童年经验

我国有句俗话：“三岁看大，七岁看老。”人生早期所发生的事情对人格的影响，历来为人格心理学家所重视。需要强调的是，人格发展尽管受到童年经验的影响，幸福的童年有利于个体发展健康的人格，不幸的童年可能会使个体形成不良的人格，但二者不存在一一对应的关系。比如，溺爱也可能使孩子形成不良的人格特点，逆境也可能磨炼出孩子坚强的性格。另外，早期经验不能单独对人格起作用。它与其他因素共同决定着人格的形成与发展。

(五)自然物理因素

生态环境、气候条件、空间拥挤程度等这些物理因素都会影响人格的形成与发展。比如，气温会提高某些人格特征的出现频率，热天会使人烦躁不安等。但自然环境对人格不起决定性的作用。在不同物理环境中，人可以表现不同的行为特点。

练习题

一、单项选择题

1. 小学教师在讲课的时候经常使用相关的实物教具，这是因为小学生的思维发展处于(　　)。

A. 感知运动阶段　　B. 前运算阶段
C. 具体运算阶段　　D. 形式运算阶段

2. 思维的不可逆性和自我中心在皮亚杰所描述的(　　)阶段表现最为明显。

A. 感知运动　　B. 前运算　　C. 具体运算　　D. 形式运算

3. 心理学家皮亚杰认为儿童认知发展的前运算阶段处于(　　)。

A. 0～2岁　　B. 2～7岁　　C. 7～11岁　　D. 11～15岁

4. 皮亚杰把将环境因素纳入已有的图式之中，以加强和丰富主体动作的机制称为(　　)。

A. 泛化　　B. 顺应　　C. 同化　　D. 分化

5. 多项思维，思维的可逆性，去自我中心是(　　)。

A. 感知运动阶段　B. 前运算阶段　C. 具体运算阶段　D. 形式运算阶段

6. 个体对世界知觉、理解和思考的方式属于(　　)。

A. 同化　　B. 顺应　　C. 平衡　　D. 图式

7. 个体面对新的刺激时，利用已有知识结构把刺激整合到自己认知结构中，属于(　　)。

A. 顺应　　B. 图式　　C. 平衡　　D. 同化

8. 能够认识命题关系，进行假设演绎推理，具有抽象逻辑推理是处在(　　)阶段。

A. 感知运动　　B. 前运算　　C. 具体运算　　D. 形式运算

9. 思维具有了可逆性与守恒性是(　　)阶段的特性。

A. 感觉运动　　B. 前运算　　C. 具体运算　　D. 形式运算

10. 中学生晓波通过物理实验发现，钟表的摆动幅度不取决于钟摆的材料或重量，而是取决于钟摆的长度。根据皮亚杰的认识发展阶段理论，晓波的认知发展水平已达到(　　)。

A. 感知运动阶段　　B. 前运算阶段

C. 具体运算阶段　　D. 形式运算阶段

11. 赵明能够根据 A>B，B>C，则 A>C 的原理，推出 A、B、C 的关系，根据皮亚杰的认知发展理论，赵明的认知发展处于(　　)阶段。

A. 感知运动　　B. 前运算

C. 具体运算　　D. 形式运算

12. 中学生小博得知自己物理竞赛成绩名列年级第一，在家里高兴得手舞足蹈，但在学校却表现出若无其事的样子。这反映小博的情绪具有(　　)。

A. 矛盾性　　B. 激动性　　C. 掩饰性　　D. 短暂性

13. 晓东在解决了困扰了他许久的数学难题后出现的喜悦感属于(　　)。

A. 道德感　　B. 理智感　　C. 美感　　D. 效能感

14. 当同学们获悉本班取得学校合唱比赛第一名的成绩时欣喜若狂，他们的情绪状态属于(　　)。

A. 心情　　B. 激情　　C. 应激　　D. 热情

15. 小林诚实内向，谦虚勤奋，且具有亲和力，这些描述的是(　　)。

A. 性格特征　　B. 能力特征　　C. 气质特征　　D. 认知特征

16. 中学生小楠极端争强好胜，性格急躁，富有竞争意识，外向，常常处于紧张状态，很难让自己放松，小楠的人格属于(　　)。

A. A 型性格　　B. B 型性格

C. C 型性格　　D. D 型性格

17. 韩波进入中学后，经常独立思考“我是谁”，未来从事何种职业，在社会上处于什么样的地位等问题。根据埃里克森的人格发展阶段理论，韩波的人格发展处于(　　)。

A. 主动对内疚阶段　　B. 同一性对角色混乱阶段

C. 自我整合阶段　　D. 自主对羞耻和疑虑阶段

18. 中学生晓涛时而温和，时而暴躁；时而欢乐，时而忧郁。这说明晓涛的情绪具有(　)。

A. 两极性　　B. 适应性　　C. 复合性　　D. 社会性

19. 李老师在教育过程中，深入了解学生，针对学生不同的发展水平、兴趣、爱好和特长，引导学生扬长避短，发展个性，不断促进学生的自由发展。李老师的这种做法适应了人身心发展的哪一特点？(　　)

A. 顺序性　　B. 阶段性　　C. 连续性　　D. 差异性

二、辨析题

1. 信息进入工作记忆就会持久保存。

2. 智力水平越高，学习成绩越好。

三、简答题

1. 简述维果茨基的心理发展理论。

2. 简述教师培养学生注意力的方法。

四、材料分析题

1. 冯亮和丁明是八年级的学生，最近两人都有些心事，于是凑在一起聊天……

冯亮：你说咱们已经快要和爸爸一样高了，可父母还是把我们当小孩子看，什么都管。

丁明：可不是吗，吃饭要管，穿衣服要管，去哪玩也要管，放学回家稍晚就唠叨个不停……真烦！有时他们让我做什么，我偏不听他们的话。

丁明：最近一段时间，我的情绪似乎失控了，今天的课堂演讲，我紧张得要命，生怕在老师同学面前出丑。

冯亮：我发现了，你脸都红到脖子根了。

丁明：不光这个，有时候高兴起来，我就跟飞上天似的，觉得无所不能；可是难过起来，又像被打入了十八层地狱……

冯亮：我也一样。比如，每次跟女同学打招呼，我常莫名地心跳加速，感觉既紧张又害羞，以前不是这样。

丁明：有时候也会担心自己在别人眼中形象不好，如不够帅。

冯亮：还有不够优秀，能力不够强等。我特别希望在别人眼中是一个聪明、有实力的人。

丁明：我特理解你，这种感觉我也有，而且特想跟人倾诉，但就是不知道跟谁说。

问题：

(1)上面两位同学的对话，反映了中学生青春期心理发展的哪些特点？

(2)作为老师，你会对他们提出哪些建议？

2. 小明和小罗今年高三，是一对好朋友。两人在处理问题的认知风格方面有较大差异。小明在学习上遇到问题时，常常利用个人经验独立对其进行判断，喜欢用概括与逻辑的方式分析问题，很少受到同学与老师的建议的影响。而小罗遇到问题时常常表现与小明相反，他更愿意倾听同学和老师的建议，并以他们的建议作为分析问题的依据。另外，他还善于察言观色，关注社会问题。

问题：

(1)结合材料分析小明和小罗的认知风格。

(2)假如你是老师，如何根据认知风格差异展开教学。

参考答案

一、单项选择题

1. C　2. B　3. B　4. C　5. C　6. D　7. D　8. D　9. C　10. D　11. D　12. C　13. B　14. B　15. A　16. A　17. B　18. A　19. D

二、辨析题

1. 答案：此观点错误。工作记忆也被称为短时记忆，短时记忆的信息在头脑中储存的时间要比瞬时记忆长一些，但一般不会超过一分钟，而且短时记忆的容量是有限的。而信息只有进入长时记忆时才能持久的保持，保存时间可以到达几天、几年甚至终生难忘。因此这个观点是错误的。

2. 答案：本题说法错误。心理学研究表明，智力水平与学业成绩之间呈现中等程度的相关。这说明智力水平是影响学习成绩的一个重要的因素，也就是说，如果儿童的智力水平越高，一般学习成绩越好。但是智力水平并不是影响学习成绩的唯一因素，知识结构、认知发展水平以及学习动机和集体、教师等因素，都对儿童的学习成绩有重大的影响。因此，智力水平与学习成绩之间并不是简单的正比关系。故本题说法错误。

三、简答题

1. 答案：(1)文化历史发展理论。

(2)心理发展观。

(3)内化学说。

(4)教育和发展的关系——“最近发展区”。

(5)支架式教学。

2. 答案：(1)运用无意注意的规律组织教学。

首先，要消除那些容易分散学生注意教学内容的无意注意因素，如保持教室安静；其次，应充分利用容易引起学生对教学内容产生无意注意的因素。

(2)运用有意注意的规律组织教学。

一方面，要经常进行学习目的教育，目的越明确，注意越容易集中；另一方面，要合理地组织教学活动，让学生保持有意注意，如课堂提问。同时要着重培养学生的间接兴趣和坚强意志品质。

(3)运用两种注意相互转换的规律教学。

在教学中，教师应充分利用两种注意转换的规律来组织教学。例如，上课之初教师通过组织教学活动把学生的注意转移到本节课上，以形成有意注意；在讲授新的教学内容时，教师设法让学生对教学内容产生无意注意；当讲授重点、难点时，充分调动学生的学习热情，使他们维持有意注意；期间，教师要改变教学方式，使学生适当放松一下，使学生由有意注意转为无意注意；在课要结束时，教师要提出明确的要求，使学生保持有意注意，然后布置作业。此外，教师应有意识地培养学生的有意后注意，提高学生的学习效率。

四、材料分析题

1. 答案：(1)冯亮和丁明是八年级的学生，最近两人都有些心事，于是凑在一起聊天……

冯亮：你说咱们已经快要和爸爸一样高了可父母还是把我们当小孩子看，什么都管。

丁明：可不是吗，吃饭要管，穿衣服要管，去哪玩也要管，放学回家稍晚就唠叨个不停……真烦！有时他们让我做什么，我偏不听他们的话。(自我意识发展的特点，独立性出现，逆反心理)

丁明：最近一段时间，我的情绪似乎失控了，今天的课堂演讲，我紧张得要命，生怕在老师同学面前出丑。

冯亮：我发现了，你脸都红到脖子根了。(情绪跌宕性，情绪强烈)

丁明：不光这个，有时候高兴起来，我就跟飞上天似的，觉得无所不能；可是难过起来，又像被打入了十八层地狱……(情绪两级性明显)

冯亮：我也一样。比如，每次跟女同学打招呼，我常莫名地心跳加速，感觉既紧张又害羞，以前不是这样。(青春期性心理，性情感相互吸引)

丁明：有时候也会担心自己在别人眼中形象不好，如不够帅。(把自己想象为"独特的自我"，把周围人视为"假想的观众")

冯亮：还有不够优秀，能力不够强等。我特别希望在别人眼中是一个聪明、有实力的人。(理想自我和现实自我差距)

丁明：我特理解你，这种感觉我也有，而且特想跟人倾诉，但就是不知道跟谁说。(情绪微妙的隐蔽性)

(2)关于青少年性心理健康教育的对策包括：首先，加强教育，理解性生理和心理的变化；其次，更新理念，认识异性交往的意义；最后，指导行为，让学生能够正确地处理性冲动、恰当地与异性交往。

关于自我意识的完善主要包括：首先，帮助学生正确认识自我、评价自我；其次，善于保护和培养学生的自尊；再次，帮助学生发展自我调控的能力。最后，训练学生社会视角转换技巧。

初中生情绪的调节需要做到：首先，教会学生形成适宜的情绪状态；其次，丰富学生的情绪体验；再次，引导学生正确看待问题，教会学生情绪调节的方法。最后，通过实际锻炼提高学生情绪调节能力。

2. 答案：(1)小明属于场独立型，小罗属于场依存型。

(2)教育要因材施教。根据每个学生的特点进行教育。

第三章　学习理论

学习目标与任务

1. 理解学习的含义；

2. 理解学习的分类；

3. 理解并运用行为主义、认知学说、人本主义、建构主义等学习理论促进教学。

学习理论是心理学中最古老、最核心也是最发达的领域之一。早在心理学尚未成为一门独立的学科时，就有不少哲学家论及学习。自心理学在19世纪初期从哲学和生理学中分离出来成为一门独立的学科开始，在大量的研究中，人们增强了对学习及其本质的理解，形成了系统的学习理论的研究。学习理论从来就是教育心理学基本的、核心的理论。

第一节　学习概述

一、学习的内涵

人生在世，总是从事两类活动：一是改造客观世界的活动；二是改造人类主观世界的活动。前一类活动可以统称为工作，后一类活动可以统称为学习。在心理学中，学习是一个非常重要的范畴。

长期以来，许多心理学家、教育学家根据不同的理论基础或研究成果，从不同的角度出发，提出了各种各样关于学习的定义。例如，心理学家鲍尔和希尔加德就认为，“学习是指一个主体在某个现实情境中的重复经验引起的、对那个情境的行为或行为潜能变化。不过，这种行为的变化是不能根据主体的先天反应倾向、成熟或暂时状态(如疲劳、醉酒、内驱力等)来解释的”。行为主义心理学家往往把学习定义为有机体由于经验的结果而发生的行为的比较稳定的变化。心理学家张春兴也认为，“学习是个体经练习或经验使其行为产生较为持久改变的历程”。心理学家山内光哉认为，“学习，是由于过去的经验而获得，它不依赖于暂时的疾病、疲劳或药物等身心状态的变化，而是比较持久的行为和行为的可能性的变化”。总的来看，这些不同的定义，虽然角度不同，强调的重点不同，但是也有许多共性的地方。总结人们对学习的定义的共性的地方，我们在理解学习这个范畴时，应该注意把握好以下几个方面。

第一，学习是人与动物共有的普遍现象，无论是低级动物或高级动物乃至人类，在其整个生活中都贯穿着学习。学习是人和动物共有的活动。任何活动都有过程和结果。心理学家从活动的结果对学习做了严格的界定。具有行为主义倾向的心理学家一般把学习定义为“由练习或经验引起的相对持久的行为变化”。例如，两头牛中，一头是经过训练的，会拉犁；一头是未经过训练的，不会拉犁。又如，两只狗，经过训练的一只能协助主人破案，未经过训练的一只无此类行为出现。我们把动物经过训练后出现的行为变化称为学习。这一定义也适用于人类行为的变化。例如，两组儿童，一组进行游泳训练，另一组未给予训练。到了水里，训练组的儿童会游泳；未训练组的儿童不会游泳，而且到了深水里，他们会下沉。这种游泳行为的出现也称为学习。

第二，学习是有机体后天习得经验的过程。学习的行为变化是由经验引起的。所说的“经验”是个体在后天活动中获得的。那些由遗传、成熟或机体损伤等导致的行为变化，如吞咽、身体发育、残疾行为等，不能称为学习。有机体有两类行为，一类是先天遗传的经验，另一类是后天的、习得的经验。前一种经验的获得是通过遗传实现的；而学习指的是后一种经验的掌握，它要在有机体个体后天生活中实现。随着有机体所处的进化系列位置不同，两类经验在其生存中的重要性也不同。低等动物主要凭借遗传的经验来生存，习得经验对其生存的意义不大，因此，学习对其生活不是十分重要的。动物的等级越高，其遗传行为越少，学习在其生活中就越重要。

第三，学习表现为个体行为由于经验而发生的较稳定的变化。学习的发生是由于经验引起的。这种经验不仅包括外部环境刺激，包括个体的练习，更重要的是包括个体与环境之间复杂的交互作用。有机体的行为经常会发生一定的变化，但是，有的变化是学习的结果，有的则不是。一些瞬时即逝的变化现象可以不经学习产生。例如，人的视觉对明或对暗适应可以引起视觉感受性的变化，而这种变化源于适应而并非学习。又如，疲劳可使足球运动员技术动作变形，这种变化也不是学习的结果。还有药物，如酒精或麻醉品等，也可使人的思想和行为起伏变化，但它们都不是由于学习而产生的。有时个体由于特定的心理状态，如疲劳、醉酒而引起某些行为的变化，这只是一种临时性的变化，一旦这些特定的状态消除，这些行为的变化也就随之消失。

第四，学习导致的变化不是由成熟或先天的反应倾向所致；学习导致的变化要与成长或成熟导致的变化分开。个体由于成熟等因素也会发生行为方面的比较稳定的变化，但这不是由于经验的结果，因此，也不是学习。虽然学习和成熟两者可以相互促进，但不依赖学习，学生的生理成熟和发展也能导致其行为的某些变化。通过观察，大量的心理学实验也证实了上述结论。研究者发现，北美洲印第安人中的霍比族，其育儿方式很特殊。从初生起，即将婴儿缚于一木板上，手脚很少活动，但到一岁“解放”后，多数婴儿稍加适应无须通过练习也能站立，其走步的开始时间也与正常白人儿童无显著差异。由此可见，站立行走这种行为变化主要不是练习(学习)的结果，而是成熟所致。美国另一发展心理学家格赛尔(A. Gesell)和汤姆逊(H. Thompson)著名的爬梯学习实验更能说明这一问题。这个实验采用孪生控制方法进行。一对年龄为46周的在一切重要生理和心理特征上均一样的双生子，对其中一个(T)作爬梯练习，直到他出生的第53周停止。双生子的另一个(U)，在出生的第53周(即T停止练习之时)，也做与T相同的爬梯练习。结果U的第一次爬梯动作与T在46周时第一次爬梯动作相比，其成绩要好得多。以后U再经过两周学习，其成绩超过了T学习六周后学习的成绩。显然，成熟在其中发挥了重要的作用。

第五，学习导致的变化本身并不具备价值意义，学习不等于进步。学习是指行为变化，行为变化的本身并无价值意义；由坏变好是学习，由好变坏也是学习。错误观点、态度及不良习惯的养成，从教育观点看，都不代表进步，但由学习的定义来看，均应视为学习的结果。事实上，学习并不是局限于师生之间相互作用的一种过程以及师生共同关心的特殊问题。学习也不仅限于学校和课堂。它可以帮助也可以阻碍个人在智力或情绪上的成长，甚至还可能使他退回到不够成熟的行为形式上去。

第六，学习行为变化的过程，而非仅指学习后所表现出来的结果。所谓过程，意思是学习不仅指学习后所表现的结果，如用筷子吃饭，会骑自行车等，而且还包括从不会用筷子到会用筷子、从不会骑自行车到会骑自行车的行为变化的过程。例如，某一种特殊技能(如打字)的形成，即学习的结果。日常的看法认为“会打字”的结果就是学习，而心理学家所看重的却是技能形成所经历的过程。换言之，学习不仅包括所学到的具体事物，而更重要的是这些事物是怎样学到的。

总结上面心理学界对学习的看法，我们可以对学习下一个较为确凿的定义：学习是个体在特定情境下，在后天生活过程中经过练习或经验而产生的行为或内部心理的相对持久的变化的过程。

二、人类的学习

我们上面所谈的广义学习，是有机体共有的一般的学习。人类是万物之灵，人的学习除了具有有机体学习的一般特征之外，还有其特定的特征。人的学习，无论在内容上、方式上及性质上都与其他动物有重要的区别。

(一)从内容上看，人的学习比动物广阔得多

动物的学习，仅仅是掌握个体经验，而人的学习，不仅是掌握个体经验，而且更重要的是以个体的形式掌握社会的经验。动物的活动，是一种消极的、被动的适应活动，因此，每一代动物个体所积累的经验，无法以物化的形式保存下来，其个体经验随动物个体的灭亡而消失。人除了同动物那样可以在后天生活过程中获得个体经验外，还可以以个体经验的形式来掌握人类社会千百年积累形成的社会历史经验。这些知识经验首先以物化的形式凝聚在实践活动的成果与产品中，也以符号的形式储存在书本资料之中。人类个体要掌握这些社会历史经验，才能实现作为人类社会历史发展产物的人的本性与能力。它们要求个体以掌握的形式来加以继承和发展。这种学习是动物不可能有的。

(二)从方式上看，人的学习是在社会的传递下以语言为中介而实现的

动物的学习主要是一个自发的过程，动物学习依赖直接经验，一切均需尝试，而不可能通过间接经验方式进行学习；人的学习既可通过直接经验，又可通过间接经验进行。人在学习的机制或形式上要比动物高明得多，人的学习是以语言为中介实现的。语言是人们传递经验与交际的手段，也是记载人类社会历史经验的工具，

个体一方面可以通过语言直接与别人进行交往，获得社会经验；另一方面通过语言获得用语言符号记载下来的关于客观世界的知识，这是一种通过间接的交往而获得的知识。语言开辟了人类个体掌握社会历史经验的广阔的可能性。有了语言，人不仅能掌握具体的经验，而且有可能掌握概括、抽象的经验，因为语言是使事物之间关系抽象化、概括化的信号。

(三)从性质上看，人的学习是自觉的、有目的的、积极主动的过程

动物的生活方式是以其对外界自然条件的适应为特征的，其学习是不自觉的，只是消极被动地适应其生存的环境。动物学习的动力是满足个体生理需要。人类学习不单纯是适应环境和满足个体生理需要，因此人类学习不仅更加丰富多彩，而且性质与动物学习有本质区别。人类的学习在适应环境的基础上，还要认识世界、改造世界，使环境更好地为人类服务。因此，人类的学习是一个自觉的、积极主动的过程。人类的学习不仅是为了满足生理需要，更重要的是要满足社会的需要，因此，人类的学习有着极为丰富的学习动机。人的学习是一个有目的、有计划的过程。为了达到目的，人要探索各种有效的方法和途径。由此可见，自觉能动性、积极主动性是人类学习的本质特点。当然，这并不排除人类个体在学习中有时是被动的、不自觉的，但这并不是人类学习的本质。

综上而言，我们认为，人的学习即狭义学习的定义是：学习是在社会生活实践中，在社会传递下，以语言为中介，自觉地、积极主动地掌握社会的和个体的经验的过程。

三、学生的学习

人类学习与学生学习之间是一般与特殊的关系。学生的学习是人的学习的一种特殊的形式，学生的学习既与人类的学习有共同之处，但又有其特点。

(一)学生的学习以掌握间接经验为主

学生的学习与人类认识客观世界的过程有所不同。人类的认识是从实践开始的，而学生的学习则未必如此。他们不必要也不可能事事从直接经验开始，而可以从现有的经验、理论、结论开始。学生学习的主要内容是掌握前人积累的社会历史经验。因而，学生不可能，也不必要去重复前人所经过的历程。具体而言，学生在校主要是学习书本知识。书本知识实质上是人类经验的结晶，学生可凭借书本学习人类历史经验而无须事事亲历。当然，有时也要求学生参加一些实践活动，通过直接经验去学习，但这服从于一定的学习目的。学生的实践带有验证性和练习性，其目的除为了掌握一些非通过直接经验形式难以掌握的知识和技能外，主要是帮助学生提高书本学习的效率，弥补课堂学习之不足，是辅助性的，这和工人、农民等通过自己的直接实践去获取知识经验是不一样的。

(二)学生的学习是在教师的指导下，有计划、有目的和有组织地进行的

无论哪个国家，学生的学习都是通过学校和教师有目的、有计划的指导。学生

时代是人身心发展迅速多变的时期，学生的年龄特征突出地、直接地影响着学生学习的方式和水平。例如，小学、初中和高中学生在学习内容和学习方法等方面的不同，在很大程度上是因为学生的年龄差异造成的。因此，要促使学生的学习过程正常开展，就必须注意学生学习所存在的年龄差异性特点，才能够保证在较短时间内，采用有效的方法，帮助学生学会学习，完成掌握前人经验和建构自己的认知结构的学习过程。

(三)学生的学习具有一定程度的被动性

由于学生学习的根本任务是掌握前人的经验，这决定了学生学习的方式主要是一种接受学习的方式，即通过教师对教材的系统讲授而引导学生学习的方式。学习时间短暂和大量学习内容之间巨大的反差，要求学生的学习应该快速高效，应在有限的时间内掌握前人经验并尽快发展自己。在接受学习中，教育者可以根据教学任务，创设必要的教学条件，合理而系统地向学生提供各种信息，引导学生循序渐进地在最短的时间内积累知识并发展自身，获得最佳的学习效果。

(四)学生学习面向未来的特性

学生的学习过程主要不是为适应当前的学习环境，是为着以后的需要，而学习的内容又往往是过去已有的东西，因此，在过去、现实和未来的需要之间，存在着矛盾。这是现代学校教育必须正视且又难以逾越的矛盾。学生的学习与人类学习一样，应该是一个主动建构的过程。但他们的学习又不是为了适应当前的环境，而是为了适应将来的环境。当学生意识不到他当前的学习与将来的生活实践的关系时，就不愿为学习付出努力。因此教师要注意用各种方法来培养和激发学生的学习动机，提高其学习的主动性和积极性，理解目前的学习与未来实践之间的关系。

综上所述，学生的学习是在教师的指导下，有目的、有计划、有组织地掌握系统的科学知识和技能，发展各种能力，形成一定的世界观与道德品质的过程。

四、学习的意义

(一)学习是有机体和环境取得平衡的条件

学习是有机体与其生存环境保持平衡的必要条件。动物为了适应变化的环境，需要学习，而人不仅要适应环境，而且要改造环境使环境更好地为人类服务，这就更需要学习。从生物进化的观点来看，学习是有机体适应环境的手段。有机体适应环境有两种方式。一种是先天决定的反应倾向。这是每一物种固有的本能，如人类婴儿和其他哺乳动物生下来就会吃奶。但这种先天本能适应的环境非常有限，有些物种因适应不了迅速变化的环境而灭亡。人类婴儿和初生的动物相比，相对来说，独立能力低，天生的适应能力也低。但是人类却有动物不可比拟的适应能力。这是因为人类有机体还有另一种适应环境的方式，即学习。通过学习适应环境，其特点是迅速且广泛的。本能的变化需要千万年的演进，而学习带来的变化有时只需要几分钟。广义地说，学习与生命并存。对一切具有高度组织形式的动物而言，生活就是学习。但动物的发展水平不同，它们生存的环境也各不相同，因此学习在它们生活中所起的作用也就不同。有人认为，低等动物的生活方式极为简单，只要依靠行为就能适应环境，取得平衡。例如，没有神经系统的原生动物，只有最低的感应能力，对学习几乎没有要求或要求极低。但是现在已经证明，草履虫经过练习能减少在毛细血管中旋转的时间，这显然是由于经验引起了行为变化。由此可见，在原生动物中也有学习发生。到了腔肠动物阶段，出现了神经系统，可以建立暂时神经联系，但是这些联系是不牢固的。到了鱼类，它们就能建立牢固的暂时神经联系。到了人类，个体生活中从出生到老死的整个过程，都离不开学习。因此，有人用图示来说明学习在不同动物发展水平的个体生活中所起的不同作用(图 3-1)。

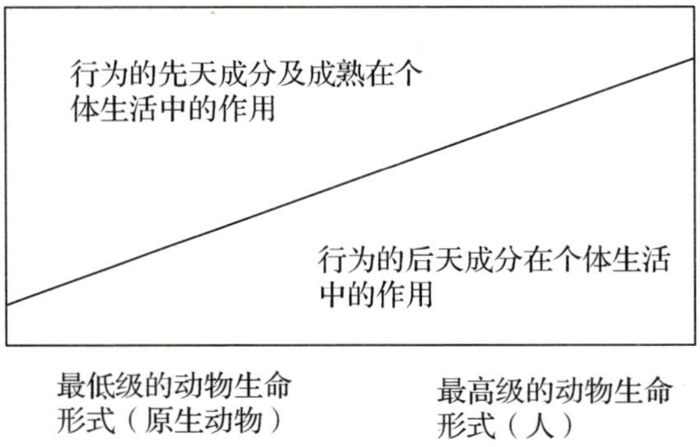

图 3-1　学习在不同动物发展水平的个体生活中所起的不同作用

因此，动物的生命形式越低级，行为的先天成分作用越大，习得活动只构成其全部活动中的较小部分，其一生所能实行的动作在刚出生或出生不久就大都出现了。低等动物的婴儿期很短，总的学习能力很低，保持时间短。高等动物则不同，行为的后天成分在生活中起的作用大。它们出生时最无能，且本能反应少，婴儿期特别长，学习能力强，受益于学习和经验也大。

(二)学习可以影响成熟

所谓成熟指个体生理方面的发展，它受生物学规律支配。生理的结构和机能为学习提供了可能性，在个体发展的一定阶段，学习什么，从何开始，都要以学习者的相应成熟为条件。但是，如果个体的生理结构得不到使用的话，它的机能就会消退，因为有机体的各种生理机能受用进废退规律支配。如果对初生的动物剥夺某方面的刺激作用，则可以影响其相应的感觉器官的发育和成熟。理森(A. T. Risen)对黑猩猩进行了“剥夺研究”。他把两只刚出生的黑猩猩放在完全黑暗的环境中饲养，剥夺光刺激对它们视觉器官的作用，过了 16 个月之后，发现这两只黑猩猩的视觉严重落后，视觉器官也出现异常(视乳头盘苍白)。洛孙兹卫格用老鼠也做了类似的研究[②]。他把刚出生的婴鼠分成两组，一组放在具有丰富刺激的环境里并给予适当的学习训练，另一组放在刺激贫乏和缺乏学习机会的环境中，经过 4～10 周后，发现前一组老鼠的大脑皮质增重、增厚，神经突触增大或增多，神经胶质细胞的数目增多，核糖核酸与脱氧核糖核酸的比率改变，乙酰胆碱酯酶的活动提高。研究都证明，没有环境的刺激作用及学习活动，正常的成熟是不可能的。

在人类身上不能直接进行感觉剥夺的研究。但对狼孩的观察，也说明了相同的问题。他们在被发现以前，由于没有正常的人类社会环境的刺激和学习活动，一些机能没有得到应有的成熟和发展。狼孩卡玛娜到 17 岁死时，其智力只达到正常儿童三岁半的水平；基尼刚被发现时，心理发展水平也很低，以后经过许多心理学家的训练，才学会一些文明的行为，能穿衣，能负责家中玩具的借还，受到大人表扬感到高兴等。这些说明学习所起的作用。当然由于这时学习已过了关键期，很难使她再达到正常人应有的水平。

(三)学习能激发人脑智力的潜力，从而促进个体心理的发展

除了成熟因素以外，人脑有很大的智力潜能。这种潜能不受年岁大小的限制，一旦有条件学习，它们就会展现出来，表现出某种特殊的才能；反之，如果根本没有条件学习并发挥这些潜能，它们也许终生得不到发展。我们知道，有些人在小时候的学习成绩和能力水平都很差，但后来他们却成为伟人，有了很高的智力水平和伟大成就。例如，达尔文小时候曾被认为是低能儿，牛顿小时候学习很差，华罗庚在初一时还补考过数学。那么是什么使他们产生了如此巨大的变化呢？是学习把他们大脑中的潜能发展起来了。甚至到了中年、老年，还可以发挥个体头脑中的潜能。老年学研究认为，老年人的晶体智力不仅没有减少而且有所提高，但流体智力有所降低。

因此，从人的发展来看，学习可以塑造和改变人性。我国宋代思想家程颐语录中说："人生初，只有吃乳一事不是学，其他皆是学。"宋代蒙学课本《三字经》开头四句是："人之初，性本善，性相近，习相远。"宋代思想家张载提出"学所以为人"的命题。其意思是：人只有通过学习，接受社会文化知识和道德规范，才能作为一个社会的人存在。清代思想家王夫之进一步提出"习与性成"的思想："习与性成者，习成而性与成也。"现代生理学研究表明，学习不仅可以改变人的思想和行为，甚至可以改变人的大脑的物质结构，大脑结构的变化又改变大脑的功能组织。换言之，学习能够组织和重组大脑。

第二节 行为主义学习理论

教育心理学领域主要研究的是获得客体经验的学习理论，即通常所说的学习理论。数十年来，关于学习理论的提出与争论一直是教育心理学界的主题之一。以桑代克、华生、斯金纳等为代表的行为主义学习理论，以格式塔、托尔曼、布鲁纳等

为代表的各派认知学习理论，相互论争，构成了数十年心理学发展的主旋律。行为主义学习理论的核心观点认为，学习过程是有机体在一定条件下形成刺激与反应的联系，从而获得新的经验的过程。本节主要介绍关于行为主义学习理论的四种主要学说：桑代克的试误学习理论，巴甫洛夫、华生的经典条件反射学习理论，斯金纳的强化学习理论，班杜拉的观察学习理论。

一、桑代克的试误学习理论

桑代克是美国哥伦比亚大学师范学院的教授，他一生中著述颇丰，研究领域也十分广泛。桑代克是美国动物心理学的创始人之一，又是第一个系统论述教育心理学的心理学家。他所开创的工作不仅在学习理论方面，也在教育实际领域、言语行为、比较心理学、智力测验、先天—后天问题、训练的迁移以及把数量化的测量应用于社会心理学问题上等多个方面。在此我们仅谈其学习理论的基本观点。

(一)桑代克关于学习实质的基本观点

1. 学习的实质就是形成情境与反应的联结

桑代克把自己的心理学称为联结主义心理学，认为心理、学习是情境与反应之间的联结。桑代克的联结理论是根据其对动物的实验结果提出的，其中最著名的是饿猫开迷箱的实验(如图 3-2 所示)。一只饿猫被关在他专门设计的一个实验迷箱里，箱子的门紧紧关闭，箱子附近放着一条鲜鱼，箱内有一个开门的旋钮，碰到这个旋钮，门便会开启。开始的时候饿猫无法走出箱子，只是在里面乱碰乱撞，偶然一次碰到旋钮打开门，便得以逃出吃到鱼。经多次尝试错误，猫学会了碰旋钮以开箱门的行为。他的博士论文《动物的智慧：动物联想过程的实验研究》对动物实验的研究进行了总结，并提出了著名的学习的联结理论。

图 3-2　桑代克与“饿猫迷笼”实验箱

桑代克认为，学习的实质是经过试误在刺激与反应之间形成联结。他说：“学习即联结，心即人的联结系统。”他认为，联结指的是情境和反应之间的联结，而不是联想主义的观念之间的联想或联结；联结的形成无须观念为媒介，人生来就具有许多联结的“原本趋向”；所谓学习，就是在一定情境的影响下，唤起“原本联结”中的一种联结倾向，并使之加强。桑代克还认为，刺激与反应是借助于神经连接而联结的。他的理论涉及刺激(S)与反应(R)之间的神经联结，故被称为联结理论。

2. 学习的过程是一种盲目的尝试错误的过程

桑代克认为学习过程或联结建立的过程是尝试错误的过程。他从饿猫需要拉动绳索逃出迷箱逐次尝试的学习曲线得出结论，动物的学习是通过尝试错误而逐渐发生的，联结学习的过程是渐进的“尝试与错误”，直至最后成功的过程，而不是通过推理而顿悟的过程。

桑代克深受动物实验的影响，主张学习方面的直接选择和联结。他把动物的行为视为直接对感觉到的情境做出的反应，并且将这一结论推广到人类学习，认为动物学习所展现的那种基本的机械现象对人类学习也同样适用。尽管桑代克也时常意识到人类学习的复杂性和广阔性，但他很喜欢用较简单的学习原则去理解较复杂的学习行为，这样就把人类学习的较简单形式与动物学习的形式等同起来。桑代克指出，“由动物学习所揭示的这些简单的半机械的现象，也可以作为人类学习的基础”。桑代克这种把学习看作情境与反应的直接联结而无推理做中介的观点，显然贬低了中介推理与观念的重要性，这为随后行为主义运动埋下了伏笔。

(二)桑代克关于学习规律的基本观点

桑代克在其早期的有关学习过程的研究中，根据大量的动物实验结果，总结出了学习的一些规律性的东西，提出了三条主要的学习律和五条从属的学习律。

1. 三条主要的学习律

(1)效果律

效果律是指刺激与反应之间联结加强或减弱受到反应结果的影响。桑代克认为，喜悦的结果加强联结，而厌烦的结果则减弱联结。也就是说，如果一个动作跟随着情境中一个满意的变化，在类似的情境中这个动作重复的可能性将增加，但如果跟随的是一个不满意的变化，这个动作重复的可能性将减少。

(2)准备律

准备律是指在有机体采取行动时，促使其行动就是一项增强，而阻碍其行动则是一种烦恼。当有机体并不准备行动时，迫使其进行行动则成为一种烦恼。

桑代克在其著作《人的本性》中对准备律做了如下阐述：

①在行动单元准备行动时，让其行动，则该行动会产生满意的结果；

②在行动单元准备行动时，不让其行动，将会产生烦恼的结果；

③在行动单元不准备行动时，却强迫其行动，将会产生烦恼的结果。

(3)练习律

练习律认为联结的强度决定于使用联结的频次。一个学会了的刺激——反应之间的联结，练习和使用越多，就越来越得到加强，反之会变弱。练习律由作用律和失用律两部分组成。刺激和反应之间的联结因使用而强化。换句话说，不断地运用刺激情境与反应之间的联结，会强化两者之间的联结，为作用律。刺激和反应之间的联结因练习次数中断或不使用而削弱，为失用律。

2. 五条从属的学习律

(1)多重反应

多重反应又称多变化的反应，是指某反应不能解决问题时，有机体将继续尝试其反应是所有学习的第一步，这和其尝试错误学习是一致的，动物尝试由第一个反应到另一个反应，直到解决了一件工作为止。在桑代克看来，很多学习基于以下事实，即有机体会倾向于维持主动，直到其反应最终解决了现存的问题为止。

(2)心向与态度

心向与态度是指有机体学习时的某种暂时的状态，这种状态(如食物剥夺、疲劳或情绪等)决定什么因素给有机体带来烦恼或愉快。这是桑代克再度认定学习者进入学习情境而有所准备的重要性。什么样的动作对个体来说是满意或烦恼的因素，全在于个体的背景及其学习时的暂时状态。例如，长时间被剥夺食物后，饥饿的动物比已经吃饱的动物对发现食物更满意。桑代克认为，动物的驱力状态决定着使它感到满意或烦恼的因素。

(3)优势元素

优势元素指环境中不同的部分或元素会引起不同的反应与之联结。学习者能有选择地对某个问题或刺激情境中优势的或显著的要素做出反应。就是说学习者会从一个复合的模型中取出主要的项目，并以此为基础做出反应。这种处理情境中有关部分的能力，使得分析的和领悟的学习成为可能。

(4)联结转移

联结转移是指一个反应在经历了刺激情境中一系列的逐渐变化后仍能保持不变，那么这个反应最后可以对一个全新的刺激起作用。联结转换建立在接近性的基础上，与桑代克的共同元素论有密切的关系。根据桑代克的共同元素论，在新情境中只要有足够的原情境中的元素，就会出现相同的反应。改变刺激情境的方式可采用这种办法：如桑代克举例说，“以对 abcd 产生反应开始，我们可连续消除若干元素，以及增加若干其他元素，直至对 fghi 完全反应为止，后者可能从未产生联结。从理论中说，进展的方式从 abcde 到 abcef，abcfg，到 abcfgh，到 abzhi，到 fghu，可获得的方式反应可能与任何情境附着在一起，因为只要我们所安排的事件，在每一个步骤中，X 反应的结果，比他所中止的或所做的其他事情，更能令人感到满意即可”。另外，桑代克还用教会猫站立的例子来说明这条原则。起先，在猫面前悬挂一条鱼时，主试说：“起立。”做了足够的尝试以后，鱼这个刺激可以省去，只用言语符号也会引起同样的反应。这条原则说明，学习者获得的任何反应能够与他感受的任何情境联结起来。这与条件反射作用十分相似。它与由效果律支配的尝试错误学习是不同的，联结转换不依赖于效果，而依赖于接近律的学习。

(5)类比反应

类比反应是指对新情境的反应是以新情境同化于先前的类似学习情况为基础，并依据这两种情境的类似性做出的反应，即学习者对一个新情境就像对某个与它相似的情境一样做出反应。这里桑代克所说的相似性是指两个情境中共同的元素数目，这与其共同元素训练迁移论有关。他认为，由一个情境到另一个情境的迁移是否会发生，决定于两个情境有共同元素的程度。桑代克的共同元素迁移说在后面还会专门介绍。

以上是桑代克前期研究所提出的学习规律，这些规律根据他关于学习实质的基本观点而形成，成为他联结主义学习论的重要组成部分。

3. 桑代克后期对学习律的修正

桑代克的学习律自提出后，受到了教育界、心理学界的广泛重视，教育心理学家们对他的理论观点展开了许多争论，但大多数是对桑代克理论的修正和补充。桑代克根据自己的进一步实验研究在1930年后对他的一些理论观点进行了修正，使其更明确，更有说服力。

(1)对主要的学习律的修正

首先是放弃了练习律。桑代克经过严格的实验，最后得出结论为，只靠重复练习是不能加强联结的，缺乏练习也不见得会大幅度地减弱联结。于是桑代克在1930年之后放弃了整个练习律。桑代克反证练习律的实验是这样的，他要求一位蒙上双眼的受试画一条10厘米长的线，一连许多天，每天画数百次，但主试从不给予任何有关画线精确程度的反馈信息。实验结果是练习进行到第12天，所画线的长度的概率分布基本上与第1天相同，也就是说，练习并没有带来结果的改进。这表明如果单纯重复某个情境，对正确的反应一无所知，那么若干反应的相对频率就不会有什么变化，或根本无变化。桑代克以这个实验否证了练习律的存在。

其次是对效果律进行重要的修正。1930年以后，桑代克通过实验发现，他早期的效果率只对了一半，即有关获得满意状态的反应会得到加强的一半，而另一半即受到惩罚的反应则几乎不被削弱。据此，他把前期的效果率修正为奖与惩的效果不是相等或相反的，在某些条件下，奖励比惩罚更有效。这一结论至今仍有深远的意义。

桑代克摒弃惩罚的削弱后效的原则不是绝对的。他否认的只是直接的削弱作用。在桑代克看来，惩罚确实影响学习，不过那是间接的影响，而这种间接效果主要在于惩罚导致学习者烦恼的产生，这使他不大可能去重复原来的反应。桑代克的这种解释与我们的实际经验似乎是相符合的。

(2)对从属的学习律进行修正

桑代克对从属的学习律进行修正主要是增加了效果扩散与相属性两条副律。

第一条副律是效果扩散。效果扩散是指奖励不仅会增强反应，而且还连带地加强对邻近的反应。效果扩散是桑代克1930年后增加的一项主要的理论概念。桑代克用这一概念来解释奖励的自动影响。桑代克在一项实验中，意外地发现对事情的满意状态不仅增加了获得满意状态反应再现的可能性，也增加了环绕于增强状态的反应再现的可能性。

第二条副律是相属性。相属性是指位置上的接近并不能决定可以把材料很好地联结在一起，而学习材料以某种方式加以组织，较容易形成正确联结。当有机体的需要与反应产生的结果存在自然的关系时，学习才是最有效的。桑代克相属性原则应用在两个方面。其一是他用这个原则来解释人们学习语文材料时容易把相属在一起的组成单元联结在一起的原因。其二是他认为如果有机体的需求状态与由反应学习引起的效果之间存在自然关系时，更容易形成联结。桑代克的相属性认识到了一条与后来格式塔心理学相似的组织原则，由此，可以说桑代克的相属性向格式塔心理学迈出了一步。

桑代克可以说是教育心理学的鼻祖，他接受了达尔文进化论和联想主义传统的影响，在动物实验研究的基础上提出自己的试误学习理论，奠定了行为主义学习理论的基础。桑代克做过的一系列大规模的实验研究，如他最著名的小鸡、小猫迷津实验，还有练习曲线和工作曲线等，都已成为教育心理学的经典之作。桑代克对心理学的贡献是巨大的，但他认为人类与动物的基本学习方式是一样的，都是通过试误来学习的，不同的仅仅是复杂性程度不同而已，这实际上是达尔文的生物进化论在心理学上的进一步延伸。桑代克学习理论的最大弱点是过于简化了学习过程的性质，它只能解释简单的、机械的学习，无法解释人类复杂的认知学习，实质上是抹杀了人的学习的主观能动性这一最突出的特征。尽管他的理论观点不是完美无缺的，而且有许多观点在很长时间里引起广泛争论，但是他仍然是心理学界的伟大人物之一。他留下的丰富著述，为后人的研究提供了大量可供借鉴的材料。

二、巴甫洛夫与华生的经典性条件反射学习理论

经典性条件反射学习理论是联结派学习理论的重要流派，经典性条件反射由俄国著名的生理学家、诺贝尔奖获得者巴甫洛夫最早提出，最先是作为一种生理现象，随之引起心理学界重大的反响，人们将这种经典性条件反射作为心理现象，用来解释心理的发生。后来，行为主义心理学家华生将巴甫洛夫的经典性条件反射用来说明有机体的学习，形成了经典性条件反射的学习理论。因此，可以认为经典性条件反射学习理论的创立者是巴甫洛夫与华生(图3-3)。

(一)经典性条件反射学习理论的建立

经典性条件反射学习理论的形成过程分为两步：第一步是巴甫洛夫发现经典性

条件反射，并提出经典性条件反射的原理；第二步是华生将经典性条件反射运用于学习领域，将经典性条件反射原理发展成为学习理论。

图 3-3　巴甫洛夫(左)与华生(右)

1. 巴甫洛夫对经典性条件反射的研究及有关原理的提出

巴甫洛夫最先主要研究的是血液循环生理学与消化腺生理学。从 20 世纪初开始，巴甫洛夫转而研究大脑生理。促使他改变研究的直接原因是，他在许多消化腺活动中发现的一个有趣现象。他在研究胃分泌生理时就第一次观察到了这个现象：狗不仅在进食或“假饲”时，而且在一见到食物时就分泌胃液，巴甫洛夫把它称为胃腺的“精神兴奋”，但没有对其进行详尽的研究。过了几年，他在研究唾液分泌生理时，再次碰到了这个现象：狗一看到用来把冲淡了的酸液灌入自己口中的食管，唾液便分泌出来。这种现象出现得太频繁，甚至已变成工作中的严重障碍，于是巴甫洛夫的注意开始转移到了怎样去理解消化腺“精神兴奋”的本质、机制和由来，并进行了一系列关于经典性条件反射的研究。

巴甫洛夫的实验方法是，把实验用的狗嘴里的唾液腺开口，用一根导管接到外面，导管连接到一个既可以测量以立方厘米计的总量，也可以记录分泌滴数的装置。实验进行时，先给狗进食，测量其唾液分泌，然后先给狗听铃声(狗没有唾液分泌)，然后紧接着喂食物，狗分泌唾液。如此重复若干次之后，只给狗听铃声，不呈现食物，狗也会分泌唾液，即铃声已经成为进食的信号，狗已经形成了铃声与进食的条件反射。该实验表明，如果食物反复伴随着一个中性刺激，即一个并不自动引起唾液分泌的刺激，如铃声，狗就会逐渐“学会”在只有铃声没有食物的情况下分泌唾液。一个原是中性的刺激与一个原来就能引起某种反应的刺激相结合，而使动物学会对那个中性刺激做出反应，这就是经典性条件反射的基本内容(如图 3-4)。

在巴甫洛夫的实验中，食物称为无条件刺激(UCS)，由食物引起唾液分泌称为无条件反射(UCR)；铃声原来是一种中性刺激，铃声和食物在时间上多次结合，原是中性刺激的铃声就成了条件刺激(CS)，铃声和唾液分泌之间就建立了一种新的联

图 3-4 巴甫洛夫经典条件反射示意图

系，称为条件反射(CR)。在条件反射形成过程中，无条件刺激引起特定的反应是前提条件，即无条件反射是条件反射的基础。条件刺激并不限于听觉刺激，一切来自体内外的有效刺激(包括复合刺激、刺激物之间的关系及时间因素等)只要跟无条件刺激在时间上结合(即强化)，都可以成为条件刺激，形成条件反射。新的条件反射不仅能够直接在条件反射的基础上形成，而且一种条件反射巩固后，再用另一个新刺激与条件反射相结合，还可以形成第二级条件反射。例如，如果狗已经对铃声建立了条件反射，再把铃声和灯光一起配对呈现，经过几次实验后单独出现灯光，也会引起狗的唾液分泌。这就是通过刺激替代建立了二级条件反射。同样，还可以形成第三级条件反射。在人身上则可以建立多级的条件反射。

总而言之，有机体条件反射建立的过程是，中性刺激与无条件刺激在时间上结合，使中性刺激成为物体无条件刺激的信号，从而中性刺激替代无条件刺激，形成原来只有无条件刺激才能引起的反应。这个过程也是强化的过程，强化的次数越多，条件反射就越巩固。

巴甫洛夫进一步通过一系列研究对经典性条件反射的消退、分化、抑制问题，对条件反射的神经活动机制问题等进行了研究，提出了关于经典性条件反射的理论。

2. 经典性条件反射学习理论的建立

巴甫洛夫的条件反射理论在心理学界产生了重大影响，尽管他的经典性条件反射原理本身实际上就是在说明有机体经验的获得过程，然而，由于他坚持认为自己是一个生理学家而不是心理学家，因此，他没有将自己的经典性条件反射学说运用到学习领域，这一步工作则是由行为主义心理学家华生来完成的。

华生根据经典性条件反射的原理做了一个恐惧形成的实验。实验被试是一名出生只有 11 个月叫艾伯特的婴儿。首先让艾伯特接触一个中性刺激小白兔，艾伯特毫无害怕的表现，似乎想用手去触摸它。然后兔子出现后，紧接着就出现用铁锤敲击一段钢轨发出的使婴儿害怕的响声(无条件刺激)；经过 3 次结合，单独出现小白兔也会引起艾伯特的害怕与防御的行为反应；6 次结合后，被试的反应更加强烈，随后泛化到相似的刺激。艾伯特对任何有毛的东西感到害怕，如老鼠、制成标本的动物，甚至有胡子的人。在华生看来，人类出生时只有几个反射（如打喷嚏、膝跳反射）和情绪反应（如惧、爱、怒等），所有其他行为都是通过这样的条件反射建立新的刺激—反应（S—R）联结而形成的。

图 3-5 恐惧形成实验

（二）经典性条件反射学习理论的基本观点

根据这个婴儿通过经典性条件反射获得经验的实验，华生提出了经典性条件反射学习理论对于学习的实质的基本观点。他认为，有机体的学习就是通过经典性条件反射的建立，形成刺激与反应之间联结的过程。这个见解包含两方面的含义：①学习就是形成刺激与反应之间的联系或联结，这是联结派学习理论的基本前提；②联结的实现过程，是条件刺激与无条件刺激在时空上的结合产生了替代作用，使条件刺激与原来只能由无条件刺激才能引起的反应建立了联系，这个过程也就是经典性条件反射形成的过程。第二方面含义是经典性条件反射学习理论特有的，因此，该理论也可以称为“替代—联结”学说。

（三）经典性条件反射学习理论关于学习规律的观点

尽管巴甫洛夫本人并没有专门概括学习的规律，但是巴甫洛夫的实验及所提出的条件反射原理实际上包含了许多重要的学习规律。

1. 消退与恢复

如果条件刺激出现多次而没有无条件刺激的强化，则已经建立的条件反射将逐渐减弱甚至消失。有趣的是，条件反射的消退带有暂时的性质。在某一种情况下，条件反射消失后没多久就自行恢复了，而在另一种情况下，为了要达到恢复的目的，就必须再次使用条件反射与无条件反射反复结合或别的方法，不同的条件反射又会有不同的消退速度。巴甫洛夫认为条件反射的消退是一种由抑制过程所引起的较完全、较长期的机能性中断。

2. 泛化与分化

条件反射一旦确立，其他类似最初条件刺激的刺激也可以引起条件反射，称为泛化。巴甫洛夫在实验过程中发现，有机体在开始时一般都以同样的方式对原来条件刺激相似的刺激做出反应。例如，如果原来的条件刺激是 500 Hz 的音调，现在用 400 Hz 或 600 Hz 的音调也能引起条件反射。泛化条件反射的强度与两个条件刺激间的相似程度有关，相似程度越高，反应强度越强；相似程度下降，反应也变弱。

因此，在实际的学习过程中，为了避免有机体所形成的条件反射的泛化，需要在条件反射建立过程中或建立后进行分化活动，分别向有机体呈现条件刺激和与之类似的无关刺激，对条件刺激给予强化，对无关刺激则不予强化，这样就可以使有机体对条件刺激与相似的无关刺激产生分化，对前者做出反应，对后者不予反应。例如，有机体已对每分钟振动100次的节奏器声音建立了条件反射，这时，由于泛化作用，它对每分钟振动80次或120次的节奏器声音也会做出相同的反应。如果将每分钟振动100次的节奏器声音与80次、120次的声音随机呈现，只对条件刺激(每分钟振动100次)伴随无条件刺激(强化)，而对其他两种相似的无关刺激(每分钟振动80次或120次)不予强化，那么，有机体会逐步产生分化，只对条件刺激(每分钟振动100次)做出反应，而对相似的无关刺激(每分钟振动80次或120次)不做反应。

巴甫洛夫提出的这个泛化与分化律对于我们认识有机体经验的获得的规律，尤其是学生概念的掌握过程的规律，从而提高教学质量有重要的启示。

3. 频因律与近因律

华生对学习律进行了研究，他反对桑代克的效果律，主张用频因律和近因律来解释学习。频因律是指在其他条件相等的情况下，练习的次数在习惯形成中起着重要作用，某种行为练习得越多，习惯形成得就越快；近因律是指当反应频繁发生时，最新近的反应比较早的反应更容易得到加强，也就是说有效的反应总是最后一个反应。因此，他把反应离成功的远近，作为解释一些反应被保留、另一些反应被淘汰的原则。

总体来看，巴甫洛夫与华生提出的经典性条件反射学习理论是有重要意义的。巴甫洛夫把比较精确而又客观的方法引入对动物学习的研究，把生理与心理统一起来，对高级心理活动进行了卓有成效的研究，对心理学界产生了巨大的影响。他提出的经典性条件反射学说，揭示了心理活动和学习活动最基本的生理机制，对科学地、唯物地说明心理活动和学习活动是有历史功绩的。华生作为行为主义心理学的创立者，强调心理学研究的客观性、科学性，强调使用客观方法研究心理，使美国心理学从注意于意识和主观主义转变到唯物主义和客观主义，这也是有积极意义的。他将巴甫洛夫的经典性条件反射的研究引进学习领域，对有机体后天获得经验的过程做出了系统的解释，形成了经典性条件反射的学习理论。这对于促进有机体学习过程的了解与研究，促进学习理论的发展，有重要的意义。从今天的眼光来看，用经典性条件反射确实可以对相当一部分学习现象做出科学的解释。

然而，经典性条件反射学习理论有较大的局限性。正如许多心理学家所说的，经典性条件反射原理只可以解释部分较简单的、低级的学习，而且即使是简单的学习，也不能完全用这种条件反射来解释。因为，如前面所述，这种经典性条件反射建立的前提是有机体先天就存在的相应的无条件反射；而对于复杂、高级认识过程的学习，用这种条件反射原理来解释，就会犯简单化和机械论的错误。毕竟，学习不只局限于条件反射式学习这一种形式。

三、斯金纳的操作性条件反射学习理论

斯金纳[B. f. Skinner，图 3-6(左)]是美国心理学家，操作性条件反射理论的创立者，新行为主义的主要代表之一。斯金纳的学习理论和教学思想是建立在他对操作性条件反射的实验研究的基础上的。斯金纳通常以白鼠和鸽子作为实验对象，观察它们在食物的强化作用下，学会压杠杆(白鼠)和啄亮窗(鸽子)等操作行为的过程，并对强化的机制、原则、类型、方式做了精细的研究，提出了操作性条件反射学习理论和程序教学的思想。

(一)操作性条件反射理论的提出

斯金纳的最大贡献是创立了操作性条件反射理论。该理论是根据他用自己发明的一种学习装置"斯金纳箱"所做的经典实验提出来的。斯金纳箱内装上一操纵杆，操纵杆与另一提供食丸的装置连接[如图 3-6(右)所示]。实验时把饥饿的白鼠置于箱内，白鼠在箱子里自由活动，偶然踏上操纵杆，供丸装置就会自动落下一粒食丸。白鼠经过几次尝试，会不断按压杠杆，直到吃饱为止。这时我们可以说，白鼠学会了按压杠杆以取得食物的反应，按压杠杆变成了取得食物的手段或者工具。所以，操作条件反射又称为工具条件反射。在操作条件反射中的学习，也就是操纵杆(S)与压杆反应(R)之间形成固定的联系。值得注意的是，在斯金纳的实验中，S 不是刺激，是情境；有机体在刺激情境 S 中自发地做出操作 R，行为结果获得强化物 S，S 是对有机体的操作反应 R 的强化结果，使 R 与刺激情境 S 形成联结，即形成"R—S"的联结，提高有机体在 S 情境中做出 R 反应的概率。这就是斯金纳操作性条件反射的形成过程与实质。

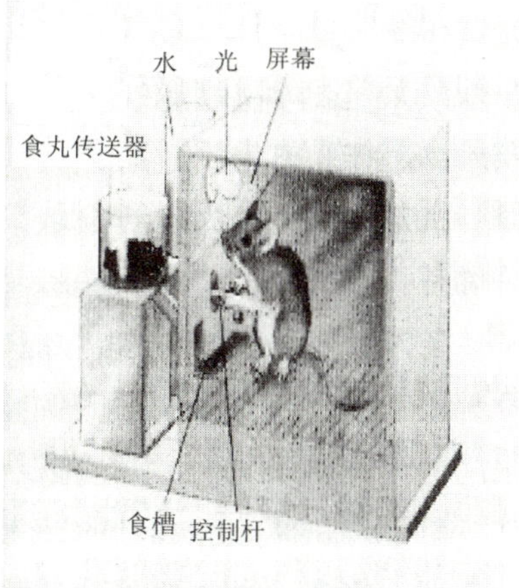

图 3-6　斯金纳(左)与"斯金纳箱"(右)

(二)操作性条件反射的基本观点

根据实验研究的结果，斯金纳提出了操作性条件反射的学说。所谓操作性条件

反射，是指有机体在某种情境中自发做出的某种行为由于得到强化而提高了该行为在这种情境中发生的概率，即形成了该反应与情境的联系。

斯金纳认为所有行为都可分为两类：应答性行为和操作性行为。应答性行为是由已知的刺激引起的，正如巴甫洛夫的经典条件反射的行为，有机体被动地对环境刺激做出反应。而操作性行为则不是由已知的刺激引起的，而是由有机体自身发出的，最初是自发的行为，如吹口哨、站立、出击，小孩丢掉一个玩具又拿起另一个玩具等，这些行为由于受到强化而成为在特定情境中随意的或有目的的操作，有机体主动地进行这些操作作用于环境以达到对环境的有效适应。这类行为可以利用安排结果性的(后继的)刺激(斯金纳称之为强化物、强化刺激)而得到巩固或消退。相应地，斯金纳把条件反射也分为两类：应答性条件反射(即经典性条件反射)和反应性条件反射(操作性条件反射)。经典性条件反射是刺激(S)—反应(R)的联结，反应是由刺激引起的，而操作性条件反射则是操作(R)—强化(S)的过程，重要的是跟随操作后的强化(即刺激)。

经典性条件反射与操作性条件反射有重要的区别。经典性条件反射形成的前提是，有机体所要习得的行为(反应)都可以由某个无条件刺激引发出来，这样，当该无条件刺激伴随条件刺激物同时或稍后出现时，产生刺激替代作用形成条件反射；在操作性条件反射中，有机体所要习得的行为(反应)是自发产生的，由于行为结果得到强化，有机体才学会在某种情境中做出特定的反应。这是两者的根本区别。斯金纳对操作性反应与应答性反应做了严格的区分。他认为操作性反应是有机体发出的，而应答性反应是由刺激引发的，不是被试随意发出的行为。在经典性条件反射中，无条件反应是由无条件刺激引发的，无条件反应与条件刺激多次结合，从而产生了条件反应。在经典性条件反射代表的是应答性行为，它是有机体对刺激做出的反应。操作性条件反射和经典性条件反射的另外一个主要的区别是反应和强化之间的关系。在经典性条件反射中，不需要动物的行为就可以得到强化，因而这种强化是必然的。但是在操作性条件反射和工具性条件反射中，强化是动物的偶然行为产生的，也就是说是否得到强化依赖于动物是否做出了合适的反应。最后，经典性条件反射与操作性条件反射两者的生物学意义也是不同的。通过经典性条件反射有机体可以使一个无关刺激作为有关刺激的信号，从而可能辨别周围的世界，知道外界事件与事件之间的一定的关系，得以预见与避开有害刺激，预见与趋近有益刺激。在操作性条件反射中有机体获悉自己的行为与外界刺激的关系，从而可以操纵环境，以满足自己的需要。当然，操作性条件反射的许多规律与经典性条件反射的规律很相似，因此它们在很多地方可以相提并论。

比较桑代克的猫学习开迷箱的实验与斯金纳的白鼠学习按压杠杆取食实验可见，桑代克的发现实际上就是一种操作性条件反射，只不过他的实验中猫的行为是由箱外的鱼引发的，这样，有机体的行为的学习就必须以能引发该行为的刺激物为前提。

因此，桑代克的理论在广泛地解释学习现象时会遇到困难。而斯金纳箱的小白鼠的行为是自发产生的，这样，斯金纳的操作性条件反射就可以解释更广泛的学习现象。

(三)操作性条件反射学习理论的基本观点

斯金纳根据操作性条件反射观点对有机体学习的问题进行了进一步的探讨，形成了其操作性条件反射学习理论。

1. 关于学习实质的看法

斯金纳认为，学习是指有机体在某种情境中自发做出的某种行为由于得到强化而提高了该行为在这种情境中发生的概率，即形成了反应与情境的联系，从而获得了用这种反应应付该情境以寻求强化的行为经验。也就是说，学习是有机体通过操作性条件反射的建立，形成反应与情境刺激的联结，从而获得行为经验的过程。可见，操作性条件反射学习理论首先也是坚持了联结派学习理论的基本前提，认为学习就是形成情境刺激与反应之间的联系或联结。但是，它认为，主要是由于在特定情境中有机体发生的某种行为的结果得到强化而促使联结的建立，这是操作性条件反射学习理论关于联结形成的特有的看法，因此，该理论也可以称为强化学习理论。

斯金纳指出，有机体尤其是人类的绝大多数行为属于操作性行为，只有极少数是应答性行为，因此，几乎所有情境中的学习都可看作操作性条件反射的建立。在特定情境中，有机体的预期行为出现后立即强化，再出现，再强化，那么，其预期行为再出现的概率就会增加，并形成特定情境中的特定行为，这就是学习过程。比如，幼儿进入幼儿园的第一周可能会做出许多行为，如和其他幼儿交谈，注意老师，在屋子里走动，打扰其他同学等。随着老师对他们某些行为的多次满意反应(如微笑)，该行为将会出现得更为频繁，这样逐步形成他们在幼儿园的行为规范。这就是通过操作性条件反射获得行为经验。

2. 强化原理与技术

在学习或训练过程中要使学习者形成特定的反应行为，首先要使学习者做出这种行为，然后给予强化以巩固下来成为固定的反应模式，这是斯金纳根据操作性条件反射学习原理提出的行为塑造过程。上面谈的连续接近技术主要用于促使有机体做出所期待的行为，而连续接近技术的实现，以及有机体做出期待行为后如何使它成为对情境的特定反应方式，这都需要强化。因此，强化的原理与技术是斯金纳关于学习规律的核心观点。

斯金纳认为，行为之所以发生，就是因为强化作用，形成操作性条件反射的关键就在于强化。强化决定了有机体行为方式的形成、转化的过程，也就是决定了学习的进行和学习的效果，合理地控制强化就能达到控制行为、塑造行为的目的，因此对强化的控制就是对行为的控制。斯金纳对强化的原理做了广泛精细的研究，提出了建立操作性条件反射的原则，探讨了强化的类型来源、方式等与有机体学习活动的关系。

(1)强化的类型

斯金纳认为，强化物是指“使反应发生的概率增加或维持某种反应水平的任何刺激”；利用强化物诱使某一操作反应的概率增加的过程就叫强化。强化物在相应的操作反应之后每出现一次，我们就说这一操作反应得到了一次强化。可以看出，首先，强化是针对反应而言的，而不是针对有机体而言的，我们可以说食丸强化了白鼠压杠杆的行为，而不能说食丸对白鼠进行了强化。其次，强化物并不一定是令人愉快的刺激，强化物的作用只在于提高有机体某项行为出现的概率。

斯金纳按照强化的性质将它分为正强化和负强化两种类型。

建立操作反应时，在有机体做出一个操作反应后，如果呈现某一后继的刺激物，有机体的操作反应概率增加，那么该刺激产生的作用被称为正强化，该刺激物就是这一反应的正强化物；建立操作反应时，在有机体做出一个操作反应后，如果撤走某一刺激物，有机体的操作反应概率增加，那么该刺激产生的作用就是负强化，该刺激物就是这一反应的负强化物。比如，在白鼠形成压杠杆的操作性条件反射中，食丸就可以作为正强化物，而电击则是负强化物。呈现正强化物和撤销负强化物都能增加反应的概率，因而这两种情况都是对操作行为进行强化，前者称为正强化，后者称为负强化；而撤销正强化物和呈现负强化都会导致反应概率下降，因而它们是对操作行为进行惩罚的过程。斯金纳认为，正强化和负强化在人类学习中都是经常被应用的方法。比如，给予微笑、赞扬、奖品，提供学生喜欢的活动等都可以对教师希望学生学会的某种行为或本领进行正强化，而收回批评、停止打骂、取消学生不感兴趣的活动等都是在对上述行为进行负强化。显然，斯金纳认为，负强化和惩罚是两个截然不同的概念，负强化会导致反应概率增高，而惩罚则导致反应概率的降低。斯金纳在对惩罚进行实验研究的基础上指出：一般而言，尽管惩罚在改变行为方面是一种有效的方法，但是它在塑造行为中的效果不如强化好，而且带有很多消极影响，应该有条件地使用惩罚。正强化和负强化的作用及其与惩罚的关系可见表 3-1。

表 3-1　正强化、负强化与惩罚

刺激增强	刺激消除
正强化(呈现愉快刺激)	负强化(消除不愉快刺激)
惩罚(呈现不愉快刺激)	惩罚(消除愉快或强化刺激)

同时，斯金纳按强化物的来源将它们分为一级强化物和二级强化物。一级强化物是指那些不需学习也起强化作用的刺激，如食物、水等满足基本生理需要的物品；二级强化物是指那些开始时不起作用，但后来由于经常与一级强化物或其他强化物联系在一起而具有了强化作用的刺激，对于人类而言，诸如特权、财富、名声、地位等都可能是二级强化物。它们在特定的社会文化中起作用，对人的行为有着极大

的影响力。在人类学习活动中，强化物不仅作为特殊的反馈信息控制着学生对自己学习效果的认识和评价，也是直接调动学生学习动机的重要鼓励因素。

(2)强化的安排

斯金纳将强化间隔时间和频次特征分为两大类，一是连续强化，亦称即时强化，即每一次正确反应后都给予一次强化；二是间歇强化，亦称延缓强化。间歇强化又可以有两种安排方式：根据反应次数决定的比例强化安排和根据时间间隔决定的间隔强化安排。在比例强化安排中，可以是按固定比例进行强化，如每 10 次正确反应后给一次强化，也可以是按变化的比例进行强化，如每 100 次正确反应中随机安排 10 次强化。同样，在间隔安排中也有两种安排：按固定时间间隔进行强化，如每次出现正确反应后都隔 10 分钟再给一次强化；按变化时间间隔进行强化，如每 60 分钟内随机给 6 次强化。具体的强化安排程式见图 3-7 所示。

- 强化安排
  - 连续式：每一次正确反应之后都给予强化（即时强化）
  - 间歇式：（延缓强化）
    - 间隔强化安排（根据一定的时间间隔）
      - 固定时距式：强化时间间隔是固定的
      - 变化时距式：强化时间间隔是变化的
    - 比例强化安排（根据一定的比例）
      - 固定比例式：强化与反应次数之间呈一定比例
      - 变化比例式：强化与反应次数之间的比例是变化的

图 3-7　强化安排程式的分类

上述这些不同的强化方式所导致的行为习得的速度、反应的速度和行为消退的速度是不同的，每一种不同的程式都产生相应的反应模式。一般而言，连续强化下比间隔强化下习得行为的速度要快；间隔式强化比起连续程式具有较高的反应率和较低的消退率；固定时距式由于有一个时间差，有机体每得到一次强化后反应速度都会下降，此后逐渐加快反应速度，直至下一次强化到来，反应率上升，出现了一种扇形效应；固定比例式对稳定的反应率比较有益，而变化比例则对维持稳定和高反应率最为有效；相比固定的强化方式而言，变化的强化方式作用下行为消退得更慢。需要指出的是，以上任何一种强化安排都可以与其他强化安排结合起来使用，这样的效果会更好。

我们可以根据控制学习过程的实际要求来选择强化类型和决定何时、怎样给予强化，即将上述强化方式组合起来使用。因此，建立某一操作反应的最佳的训练组合可能是：最初使用连续强化，然后是固定间隔强化，最后是变化比例强化。

斯金纳提出的这些强化方式和手段，对人类行为和学习的作用也是很明显的。比如，学期考试就是一种固定间隔的强化模式，但学生在学期开始时懒散松懈，临近考试才会埋头苦练，如果采用不定期考试就能使学生保持学习的劲头。

综上所述，强化方式的组合和强化物的运用在学习中起着关键作用，对于学生学习知识的活动和教师的课堂教学也不例外。实际上，每位教师都是一名强化的操作者，以此塑造学生良好的行为。

(四)操作性条件反射学习理论在学校教学的应用——程序教学理论

所谓程序教学，是指将各门学科的知识按其中的内在逻辑联系分解为一系列的知识项目，这些知识项目之间前后衔接，逐渐加深，然后让学生按照由知识项目的顺序逐个学习每一项知识，伴随每个知识项目的学习，及时给予反馈和强化，使学生最终能够掌握所学的知识，达到预定的教学目的。可见，精心设置知识项目序列和强化程序是程序教学能否成功的关键所在。

程序教学可以利用教学机器进行，遵循以下原则。①小的步子：教材上的知识项目应该是许多具有逻辑联系的小步子，下一步与上一步间的难度、深度差异不应太大，要方便学生顺利地学习。②积极反应：学生对每个知识项目的问题都要做出反应(解答)。③及时反馈：对学生的反应及时给出反馈信息，进行强化。④低错误率：将错误率降到最低限度，使学生有可能每次都做出正确反应。⑤自定步调：学生可以根据自己的实际情况确定学习的进度，而不必要求每个学生同时同步学习同一知识项目。目前以教学机器和程序教材为基础的程序教学已不多见，而更进一步发展成为计算机辅助教学(CAI)。计算机辅助教学的方法和基本思想还是以斯金纳的程序教学为基础的。

从上述介绍不难看出，斯金纳的程序教学思想的理论依据仍然是他的操作性条件反射理论和强化原理，是这些基本的学习理论在知识学习和教学领域中的具体化。斯金纳认为使用程序教材的机器教学具有许多传统的课堂教学所无法比拟的优点：①避免了传统教学中学生常会因受到教师的批评、训斥、发脾气等造成的恐惧、反感心理；②强化及时，反馈及时，不像传统教学中反馈和强化太少，耽搁时间长，降低了强化的效果；③最大限度地照顾了个别差异，有利于教师因材施教；④使教师能清楚把握学生的学习过程，发现问题所在，以便有针对地进行指导；⑤机器可以记录学生的反应情况，为教师修改程序教材提供有效信息。

斯金纳是当代最有影响的心理学家之一，是行为主义的集大成者，对学习理论领域的研究做出了重大贡献。他通过严格的实验对操作条件作用进行了深入细致的研究，提出了操作性条件反射学说，并以此为基础建立了操作性条件反射的学习理论，在一定程度上克服了桑代克的试误说、华生的经典性条件反射学说用联结观解释学习现象的局限，从新的高度扩展了联结派的眼界，将行为主义学习理论推向了一个新的高度。斯金纳的操作性条件反射学习理论在整个西方的学习理论中占有极为重要的地位，强化的、精细的研究加深了人们对行为习得机制的理解，使人们能成功地预测和控制行为，也为行为塑造矫正提供了一种可信的理论基础。斯金纳以他的操作性学习理论为依据提出的程序教学理论，在实际的教学活动中独具魅力，对学校教育产生了极为深刻的影响。它强调了学习的程序、反馈和操作，符合学生学习的一般规律和要求，提高了行为控制和教学的效率。尤其是在计算机技术迅速发展的今天，程序教学思想已成为计算机辅助教学技术的理论基础之一，为计算机辅助教学技术的发展提供了基本的原则和思路。布鲁姆的掌握学习和凯勒的个人教学计划，都是受斯金纳强化理论的影响而产生的两种教学理论。可见斯金纳学习理论的影响是非常深远的。斯金纳将强化分为正强化和负强化，还研究了固定间隔、固定比例、可变间隔和可变比例四种强化程式对学习的效果的影响。其关于强化程式的研究具有重要的理论意义，同时在教育、行为治疗等方面都有广阔的应用前景。

然而，斯金纳的操作性条件反射学习理论也受到种种批评，最主要的批评是他试图以操作性条件作用原理解释人类的一切学习行为，是过于偏狭的。同时，他根据对动物的强化研究得来的结论不加区分地运用于人的学习之上，忽略了人与动物的本质的区别，这也是错误的。作为联结派学习理论之一，斯金纳显然摆脱不了联结派观念的局限，没有对学习过程尤其是学生的知识学习过程的机制和内部过程进行研究，他对学习的研究更多地集中在对学习的一些外部条件，如强化与惩罚等方面，不注重人的知识学习的内部机制。他创立的程序教学理论，不注意人的学习的内部过程和内部机制，把人的学习与动物的学习几乎等同起来，把人看成了学习机器。不少教育学家与心理学家认为，根据这种方法培养的学生，知识技能很扎实，但整个知识的统摄能力较差，创造性很差。

四、班杜拉的社会学习理论

行为主义学习理论从桑代克的试误学说，到华生的经典性条件反射学说，再到斯金纳的操作性条件反射学说，体现了行为主义学习理论的不断发展与完善。然而，这些理论都是通过有机体直接经历而形成“刺激—反应”的联结来说明它们的学习过程的。随着行为主义理论内部对学习问题研究的深入，这种观点受到来自本理论内部的质疑。有人通过实验提出，动物没有直接对刺激进行反应也能形成条件反射，进行学习；也有人通过实验提出，在许多情况下，动物的行为并没有得到强化，但它们也形成了相应的联结；更重要的是，有人进一步证明了，动物在观察别的动物的行为的情况下也可以实现学习。苏鲁门和特纳进行了一项证明动物观察学习的实验，他让一只狗(狗 A)听到乐音时给予电击，使狗产生逃避反应，经过 6 次结合，这只狗形成了乐音与逃避行为的条件反射。而另一只狗(狗 B)仅仅在旁边观察了狗 A 形成条件反射的过程，而没有接受任何的训练，但是，狗 B 同样形成了对乐音产生逃避行为的条件反射。其他人还进行了类似的实验。根据这类实验，有人提出，有机体固然可以通过反应进行学习，然而在许多情况下也可以通过观察进行学习，通过观察形成联结。心理学家班杜拉(图 3-8)是观察学习理论的集大成者。他主要关注人的学习，尤其是社会行为的学习。他根据自己所进行的一系列经典研究，提出了以观察学习

图 3-8 班杜拉

为基础的社会学习理论，将联结派学习理论进一步向前推进。

（一）班杜拉社会学习理论的基本观点

班杜拉原本信奉新行为主义，面临着认知主义和人本主义的挑战，自 20 世纪 60 年代后，在大量研究的基础上，他逐渐从传统的行为研究中脱离出来，提出了一系列新的思想，逐渐从偏重于外部因素作用的行为主义向强调外在与内在因素两者并重转化，建立起具有自己特色的理论。

班杜拉以儿童的社会行为的习得为研究对象，进行了一系列重要的实验研究，系统地形成了他关于学习的基本思路，即观察学习是人的学习的最重要的形式。在他的一项经典性的实验中，让儿童分别观察现实的、电影的与卡通片中成人对玩偶的攻击行为，然后给儿童提供类似的情境，结果表明，观察过这三类成人榜样的儿童都发生了类似的攻击性行为。进一步，班杜拉进行另一项实验，在实验中将 4～6 岁的儿童分成两组，两组被试都观看成人攻击玩偶的电影，但其中一组被试所看的电影，这个发出攻击行为的成人受到别人的奖励，而另一组被试所看的电影是这个发出攻击行为的成人受到惩罚。然后将两组被试带到有类似情境的地方，结果表明，在自发的情况下，观察到成人攻击性受奖励的被试比观察到成人攻击性受惩罚的被试更多地表现出攻击性行为。但这并不说明前者比后者学习得更好，因为，如果鼓励儿童模仿出电影中的成人的攻击行为时，两组被试在正确性方面没有差异。这说明，在成人榜样受到惩罚的情况下，儿童同样也学会了这种行为反应，只不过没有同样地表现出来罢了。可见成人攻击行为所得到的不同结果，只是影响儿童对这种行为的表现，而对这种行为的学习没有影响。

1. 观察学习的概念

根据实验研究的结果，班杜拉提出了以观察学习为核心的社会学习理论。如前所述，班杜拉的学习理论主要涉及的是人的社会行为方面的学习，该理论认为，人的社会行为和思想、情感不仅受直接经验的影响，而且更多地受通过观察进行的间接学习即观察学习的影响。班杜拉认为，人后天习得行为主要有两种途径：一种是依靠个体的直接实践活动，这是直接经验学习；另一种是间接经验学习，即通过观察他人行为而学习，这是人类行为的最重要来源，建立在替代基础上的间接学习模式是人类的主要学习形式。观察学习，可以使人们避免去重复尝试错误而带来的危险，避免走前人走过的弯路。班杜拉认为，传统的学习理论，如桑代克的联结理论、华生的经典性条件反射理论等几乎都局限于直接经验的学习，不能解释人类许多习得的行为，他强调间接学习即观察学习的重要性。在探索和批评传统行为主义缺陷的基础上，班杜拉建立起自己的理论体系。

班杜拉虽然不否认试误学习或直接经验的作用，但他反复强调，人类的许多行为都是通过观察他人的行为及其结果而习得的。人类习得的许多东西，如语言、社会规范、态度和情感等，很难用试误学习来解释，而用观察学习来解释则很容易说得通。观察学习是个体只以旁观者的身份，观察别人的行为表现(自己不必实际参与活动)，即可获得的学习。在某些情境下，只根据观察别人的直接经验的后果，就可以在间接中学到某种行为，这种学习也称为替代学习。班杜拉曾经指出，所有来自直接经验的学习对象，都能出现这样一个替代性基础，就是通过对别人行为的观察，观察者本身就能表现这种行为的结果。

2. 观察学习的过程

根据社会学习理论的观点，人类的大多数行为是通过榜样作用习得的：个体通过观察他人行为会形成怎样从事某些新行为的观念，并在以后用这种编码信息指导行动。班杜拉认为，观察学习包含四个子过程。

(1)注意过程

注意过程决定了个体在众多榜样作用影响时有选择地观察哪些方面。观察者首先必须注意到榜样行为的明显特征，否则，就不可能习得这一行为。影响学习者注意的决定因素有多种：榜样作用的刺激方面有独特性、情感诱发力、复杂性、流行性、功能性价值等；在观察者本身特征方面有感觉能力、唤起水平、知觉定势和以往的强化等。

(2)保持过程

经过注意阶段，观察者通常以符号的形式把榜样表现出的行为保持在长时记忆中。班杜拉认为，保持过程主要依存于两个系统，一个是表象系统，另一个是言语编码系统。有些行为是以表象方式保持的。由于反复展现榜样行为，最终会使观察者对榜样行为形成一种持久的、可回想的表象，这种表征系统在儿童发展的早期阶段，还缺乏言语技能时，起到非常重要的作用。但支配行为的大多数认知过程是语言的而不是映像的，即言语编码的，这种符号编码可以用容易储存的方式掌握大量的信息，促进观察学习和保持。

(3)动作再现过程

它是指把符号的表象转换成适当的行为。一般而言，学习者是通过按照榜样行为方式组织自己的反应而达到行为再现的。可以把行为实施分解为：对反应的认知组织，反应的发起，对反应的监控，以及根据信息反馈矫正反应。

(4)动机过程

社会学习理论对行为的习得和表现做了区分，习得的行为不一定都表现出来，学习者是否会表现出已习得的行为，会受强化的影响。首先是外部强化，如果按照榜样行为导致有价值的结果，而不具有无奖励或惩罚的结果，人们便倾向于表现这种行为，这是外部强化。其次是替代性强化，所谓替代性强化，是指观察者因看到榜样受强化而受到的强化。观察到的榜样行为的后果，与自己直接体验到的后果，以同样方式影响个体是否表现出榜样行为。学习者如果观察到别人的行为受到奖励，就会倾向于表现出这种行为；反之，如果观察到他人的行为受到惩罚，就会倾向于抑制这种行为的表现。最后是自我强化，学习者对自己做出所观察的行为而产生的自我评价，也会影响对这个行为的表现，一般来说，人们倾向于做出感到自我满足的反应，而拒绝做出自己不赞成的行为，这是一种自我强化。

概言之，班杜拉的社会学习理论关于学习的实质问题的基本看法就是，学习是指个体通过对他人的行为及其强化性结果的观察，从而获得某些新的行为反应，或已有的行为反应得到修正的过程。从这里可以看出，班杜拉的学习理论，还是将学习看成是形成新的行为反应的过程，在这个问题上基本与典型的联结派学习理论是一致的。因此，心理学界多数人倾向于将他归入联结派。然而，需要强调的是，实际上班杜拉在学习问题上采取的更多是一种融合学习的联结派与认知派的立场。他提出观察学习实现过程与经典性条件反射或操作性条件反射的学习实现过程不同，在观察学习过程中，学习者不一定具有外显的操作反应，也不依赖于直接强化。这样，班杜拉必然要注重观察学习中的认知中介因素。他认为，个体通过观察运用符号系统对新的行为方式进行编码，获得榜样活动的符号表征，并在以后运用这些编码信息指导行动，这就是观察学习的实现过程。由此可见，班杜拉的社会学习理论注重行为经验形成过程的中介的认知活动，在这方面又与学习的认知派理论一致。

(二)社会学习理论关于学习影响因素的基本观点

班杜拉的社会学习理论在学习的规律或影响因素方面有许多创新性的见解，对于我们研究学习有重要的启示。

1. 三元交互作用论

对于人的行为的起因问题，班杜拉反对行为主义的环境单向决定论，也反对人本主义的个人决定论，而主张交互作用论。然而，他认为，交互作用论所主张的交互作用模式是不同的，至少有三种。

第一种交互作用是“单向的相互作用论”。它将环境与个体看作独立的实体，这两个实体以某种方式结合在一起影响人的行为。该模式的特点是个体因素与环境因素虽然是结合起来共同决定行为，但这两种因素都仅仅是自变量，两者之间没有发生影响。

第二种交互作用是“双向的相互作用论”。它将环境与个体的相互作用看作行为的起因，这两个因素相互影响的结果影响了人的行为。该模式的特点是不再将个体因素与环境因素看作独立影响行为的自变量，而认为它们相互作用的结果才是行为的起因。

第三种是班杜拉提出的个体、环境与行为三者相互影响的三元交互作用观。他认为，环境因素、个体因素与行为因素是交互决定的，这些因素之间彼此交互影响，双向地相互影响。

根据这个三元交互决定的模式，个体的学习行为是前因决定因素与后果决定因素的函数。前因决定因素既包括个体因素——个体在形成该行为之前已存在的那些影响力，包括预期、价值观、各种生理与情绪方面的变量等，也包括某些环境因素——起到引发和激活人的行为的作用的环境刺激，如时间、地点、人物、事物、语言、文化背景等。后果决定因素主要指行为的结果，如成功、失败、奖赏、批评等。它可以是来自外部的，即环境，也可以是来自内部的，由自我引发。

2. 榜样因素对学习过程的影响

在观察学习过程中，个体向所观察情境中某个人或团体行为学习的历程被称为模仿，模仿的对象被称为榜样。班杜拉认为，模仿有四种不同的方式。①直接模仿，即最简单的模仿学习方式。②综合模仿，较复杂的模仿学习方式。学习者经模仿而习得的行为，不一定直接来自一个榜样，而是综合多个榜样的行为而形成自己的行为。③象征模仿，指学习者对楷模人物所模仿的不是其具体行为，而是其性格或行为所代表的意义。④抽象模仿，指学习者观察学习所学到的是抽象的原则，而不是具体行为。

班杜拉对最能引起儿童模仿的榜样的特点进行过研究，发现：①儿童最喜欢模仿他心目中最重要的人物，家庭中的父母与学校中的教师，一向被视为儿童模仿的榜样人物；②儿童最喜欢模仿与他同性别的人；③儿童最喜欢模仿曾获得荣誉、出身于高层社会及富有家庭的儿童的行为；④同年龄、同社会阶层出身的儿童彼此间较喜欢相互模仿。

3. 强化对学习过程的影响

班杜拉对强化做了新的解释。他认为，传统的强化只是指外部强化，而社会学习理论的强化除了外部强化外，还包括了替代强化和自我强化。替代强化是指人们通过对他人行为受到奖惩的观察而相应地调整自己的行为过程。一般来说，观察者更易于表现出受到奖励的行为，而抑制受到惩罚的行为。自我强化就是根据自己设立的一些行为标准，以自我奖惩的方式对自己的行动进行调节。自我强化是人类特有的现象。

班杜拉认为，强化不是提高行为出现概率的直接原因，在学习中没有强化也能获取有关的信息，形成新的行为模式，强化在学习中的重要作用在于它能够激发和维持行为的动机以控制和调节人的行为。这种作用是人在认知了行为与强化之间的依存关系后所产生的对下一步强化的期待。

班杜拉把期待区分为两种：结果期待和效能期待。结果期待是指人对自己的某一行为会导致某一结果(强化)的推测，如果人预测到某一特定行为将会导致特定的结果(强化)，那么这种行为就可能被激活和受到选择。效能期待，亦称自我效能感，是指人对自己能够进行某一种行为的实施能力的推测或判断，即对自己行为能力的主观推断。它意味着人是否确信自己能够成功地进行带来某一结果的行为。当人确信自己有能力进行某一活动时，他就会产生高度的自我效能感，并会进行那一活动。人们一般是在预测到某一活动的好的结果及自己有能力去完成这一活动时，才努力去进行这一活动。自我效能感是班杜拉对其自我强化、自我调节概念的补充和进一步发展。

班杜拉在其理论中十分强调自我效能感，即效能期待对人们行为的调节作用。他认为，人们在有了相应的知识、技能和目标(诱因、强化)时，自我效能感就成为行为的决定因素。他还对自我效能感形成的条件、功能及其对行为的调节作用进行了大量实验研究，并指出培养自我效能感的以下途径。①行为的成败经验。成功经验会提高自我效能感，反之则否。②替代性经验。与自己相当的示范者成功时，会增加其自我效能感，反之则否。③言语说服。通过说服或自我指导可改变人们的自我效能感。④情绪和生理状态。积极与稳定的情绪和生理状态会提高自我效能感。

班杜拉认为自我效能感有以下功能：①决定人们对活动的选择及对该活动的坚持性；②影响人们在困难任务前的态度；③影响新行为的习得及习得行为的表现；④影响活动时的情绪。

(三)观察学习的教学设计

观察学习的教学设计应仔细分析拟示范的行为和学习的基本要素，观察学习的教学主要有以下四个步骤。

步骤一，分析拟示范的行为。行为的性质是什么？它是概念的、动作的还是情感的？行为的序列步骤是什么？行为序列的关键的点是什么？

步骤二，建立行为的功能性价值并选择行为的示范者。这种行为具有“预测成功”的特性吗？如果这项行为较难预测成功，那么有哪些潜在的榜样较有可预测成功的倾向？需要真实的示范或符号示范吗？示范者的行为表现所得到的强化是什么？

步骤三，发展教学序列。就动作技能而言，应使用何种言语符号来指示“这样做”而不是“那样做”？哪些步骤呈现的速度要慢一点？有哪些言语符号可以辅助这些步骤但不会取代这些步骤？

步骤四，实施引导学习者认知和动作再生过程的教学。动作技能方面应该提供示范，提供学生符号复述的机会，在练习的同时，提供视觉性反馈。概念性行为方面，应该提供示范(提供支持性的言语符号或提供从不同的例子中找出一致性的指导)；提供各种机会，使学生能概括示范行为的要旨；如果是问题解决或策略应用的学习，要提供给学生参与示范的机会；提供给学生将所学的行为迁移到其他情境的机会。

社会学习理论于20世纪70年代在西方崛起。它在联结派条件反射学说的反应学习途径之外，提出了有机体尤其是人的行为习得的观察学习的途径，注重观察学习中的认知中介因素，将认知过程引进自己的理论体系，因而超出了联结派的范畴，融合了联结派和认知派学习理论的思想，形成了一种认知—联结主义的模式，该模式对学习理论的发展起了重要的促进作用。班杜拉揭示了观察学习的基本规律及社会因素对个体行为形成的作用，该理论关于环境、个体与行为三元交互决定的观点，关于强化与自我效能感的见解，对于我们从整体上认识人的行为的学习过程具有重要的启示。班杜拉的社会学习理论建立在设计严密的实验研究基础上，与联结派其他学说不同，他的实验研究主要是以人作为被试进行的。因此，他的理论对人的学习的解释就很有说服力。班杜拉的示范教学过程及其步骤，揭示了通过示范进行教学的一般规律和注意事项，具有一定的理论意义和实践意义。

但他的研究成果更多来自实验研究，对于教育情境中的观察学习现象缺乏具体的研究，与教育情境中的具体运用还相差一定距离。而且，班杜拉对教学中运用示范问题并没有进行专门的细致研究，因此，他的示范教学观还不够成熟。综合地看，班杜拉的社会学习理论在很多地方具有开创性的意义，但它仍是一种尚未完善的理论，无论是从理论上还是从实践上都仍需要进一步地探讨和研究。

第三节　认知学派学习理论

认知派学习理论在具体探讨学习问题时，有不同的论域或侧重点，因此，在把握认知派学习理论的各家学说时，应该注意它们讨论学习问题的重点与范围，把握它们对于具体问题的合理见解与局限，才能更好地分析它们从哪些方面促进了认知派的规范，把握其作为该规范的分支所具有的合理因素、存在价值与局限。

一、格式塔的完形学习理论

格式塔心理学在 20 世纪初产生于德国，主要代表人物是韦特海默、苛勒和考夫卡等。格式塔学派心理学家在对知觉进行开创性研究的过程中，提出了整个心理学理论体系，学习理论是格式塔心理学理论的重要组成部分。格式塔学习理论在学习的过程中产生的变化的实质以及变化的原因等方面提出了与桑代克的联结学习理论相对立的见解，成为认知派学习理论的鼻祖。

(一)学习的实质是形成新的完形

格式塔关于学习实质的看法，建立在其对猿猴学习现象的观察的基础上。苛勒(图 3-9)于 1913—1917 年用黑猩猩做了一系列实验，较典型的有接竹竿实验。在黑猩猩的笼子外放有香蕉，笼子里面放有两根短竹棒，用其中的任何一根都够不着笼子外面的香蕉。然而，黑猩猩思考了一会儿，突然将两根棒子像钓鱼竿一样接起来，够着了香蕉，把香蕉拨过来。黑猩猩一旦领悟了棒子接起来与远处香蕉的关系，就一次又一次地把一根棒子插进另一根棒子的末端，以便够得着远处的香蕉(如图 3-9 所示)。对于黑猩猩的这些行为，苛勒的解释是，在遇到问题时，动物可能审视相关的条件，也许考虑一定行动成功的可能性，当突然看出两根棒子接起来与远处香蕉的关系时，它便产生了顿悟，从而解决了这个问题。

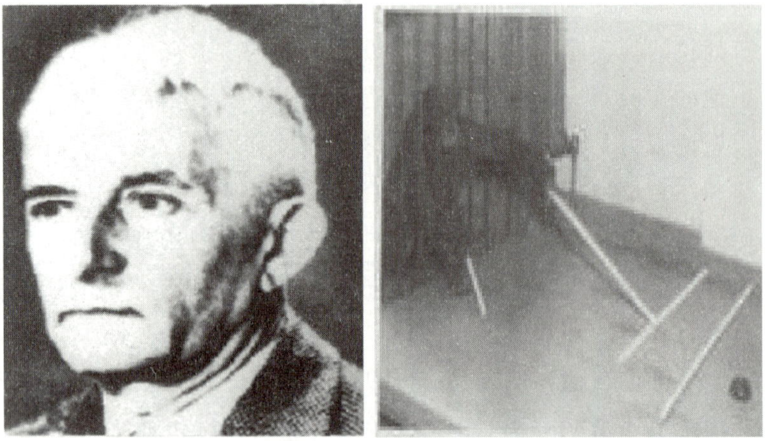

图 3-9　苛勒与顿悟实验

根据这类研究所观察的事实，格式塔心理学家提出了他们对有机体学习的基本看法。他们认为，环境是一个不断变动的“形”，与之相应，有机体头脑里存在着与环境相对应的一个“同形”，这样有机体能与环境保持平衡。有机体周围的情境发生变化时，有机体头脑中的完形就会出现缺口，在这种情况下，有机体就会重新组织知觉，通过这种组织作用，弥补缺口，产生与这个新情境一致的新的完形，也就是获得了新的经验。有机体的这种组织活动就是学习，因此，学习的实质是组织或完形作用。

（二）学习的过程是顿悟过程

从学习的过程来看，学习不是简单地形成由此到彼的神经通路的联系活动，而是头脑里主动积极地对情境进行组织的过程，这种组织的方式遵循着知觉的规律。而有机体这种组织的能力，则是神经系统的机能，或称为“原始智慧的成就”。就格式塔心理学家看来，学习过程中这种知觉的重新组织，不是渐进的尝试与错误的过程，而是突然的顿悟，因此，学习不是一种盲目的尝试，而是由于对情境顿悟而获得成功。考夫卡说：“我们以为黑猩猩并不是先有侥幸而成的解决(指尝试错误)，然后对于这种解决逐步领会。我们以为它们先能领会其情境然后才有客观上的解决，所以我们可以称其为原始智慧的成就。”所谓顿悟，就是指学习者领会到自己的动作和情境，特别是和目的物之间的关系，是通过学习者重新组织或重新构建有关事物的形式而实现的。

格式塔学派认为，之所以产生顿悟，有两个方面的原因。①由于学习情境的整体性与结构性。因此，在让有机体进行学习时(包括学习实验中布置实验情境时)，整个问题情境要能让有机体可以感知或把握，这样就有可能产生顿悟。用这种观点来分析，行为主义所设计的实验情境中，由于白鼠在迷津里无法看到各种转折与目的箱里事物之间的关系，它只好通过经验，即试误来发现这种关系，所以，白鼠的知觉重组必然是逐渐形成的过程。②脑本身具有组织的功能，能够填补缺口或缺陷。

顿悟的过程就是相应的格式塔的组织(或构造)过程的主动过程，因此，在格式塔心理学家看来，学习是一种积极主动的过程而不是盲目的、被动的过程。

总的来说，格式塔学派的学习理论有重要的贡献。它强调学习过程是有机体内部进行复杂的认知活动(组织活动)而实现顿悟的过程，而不是通过试误而形成的联结活动，主张从问题情境的整体出发去知觉、学习、记忆，反对刺激—反应学习；它的知觉组织原则对学习和记忆问题有很大的作用；它提出的顿悟学习，不同于桑代克的尝试错误学习，并且对桑代克的学习理论进行了批判。顿悟学习理论是格式塔学派对心理学的最大的贡献。正是由于他们的研究，也激发了随后的一系列研究。他们的先驱性研究成为当今认知心理理论的经典。

格式塔学派的学习理论强调整体观和知觉经验组织的作用，关切知觉和认知(解决问题)的过程。他们探讨记忆是如何反映知觉组织的，以及在理解学习任务之中，或在重建模糊的记忆中，或在把学习原理迁移到新情境中，解决问题的能力是如何产生的。这对美国流行的 S—R 联结主义来说是适当的挑战，具有积极的意义，启迪了后来的认知派学习理论家们。但是，他们把知觉经验组织的作用归因于脑的先验本能，带有严重的唯心主义和神秘主义色彩，后来皮亚杰对此做了深刻的批判。

当然，作为一个心理学派别，格式塔学派无疑会遭到来自各方面的批评。它的学习理论把学习完全归于有机体自身的一种组织活动，根本否认对客观现实的反应过程，把认识看成是脑自生的东西，甚至不承认过去经验的作用，这是主观唯心主义的。同时，它把试误学习与顿悟学习完全对立起来，完全否认试误学习，这是不符合人类学习的特点的。无论如何，格式塔心理学在心理学史上留下了不可磨灭的痕迹。它向旧的传统提出挑战，并为以后认知心理学的发展奠定了基础。

二、托尔曼的符号学习理论

托尔曼(E. C. Tolman)是美国新行为主义的代表人物之一。他博采众长，在华生的行为主义心理学、麦独孤的策动心理学、伍德沃斯的动力心理学、考夫卡等人的格式塔心理学的基础上，经过多年的动物实验，形成了自己独特的行为观，对心理学界产生了深远的影响。

(一)托尔曼理论的基本观点

托尔曼像其他行为主义者一样主张心理学的研究对象应该是有机体的行为，但他不像别人那样只关心一个个动作，而是注重有机体整个的行动。所以他与华生不同，他把行为区分为分子行为和整体行为，认为声、光等刺激所引起的肌肉收缩和腺体分泌反应是分子行为，而动物在复杂实验情境中的走迷津，以及儿童上学、打球等活动则是整体行为。人们生活中的绝大多数行为都是整体行为，因而托尔曼认为心理学家研究行为的首要兴趣应该是整体性行为。托尔曼进而认为，“指向一定的目的”是整体性行为的首要特征，有机体的行为总是设法获得某些事物和避免某些事物，对行为最重要的描述在于说明有机体正在做什么，目的是什么和指向何处。例如，猫正在试图从迷笼中逃出来，木工正在建造一座房屋，等等。托尔曼认为动物和人的学习不是盲目的，而是有目的的。动物在迷津或迷笼中的尝试与错误行为显而易见是受目的，即获得食物指导的，这种目的是行为的内在特征，它存在于行为之内，目的性是整体性行为的重要特征。

托尔曼于 1932 年首次提出了中介变量的概念。他认为，中介变量就是在有机体内正在进行的东西，包括需求变量和认知变量。需求变量本质上就是动机，包括性欲、饥饿和面临险境时安全的需要，长时间持续活动后休息的需要等。认知变量包括对客体的知觉、对探究过的地点的再认，如动作、技能等。中介变量是不能被直接观察到的，但它可以同观察到的周围事件和行为表现相关联，因此可以从这些事件和表现中推断出来。为了解释有机体对情境做出的反应，托尔曼在 S—R 公式中加进了中介变量 O，改为 S—O—R 公式。

(二)托尔曼关于学习问题的经典实验

托尔曼通过严格的实验研究对联结派学习理论的主要观点进行了检验，这些实验的结果使他否证了联结派的主要观点，而对学习做出认知主义的解释。其中，最著名的研究是针对联结派认为学习的结果是形成联结的观点而设计的位置学习实验，以及针对联结派条件反射理论认为必须通过强化才能学习的观点而设计的潜伏学习实验。

1. 位置学习实验

为了考察有机体学习结果的实质，托尔曼进行了一个典型的实验是，训练小白鼠走迷津到达食物箱，这个迷津如图 3-10 所示。

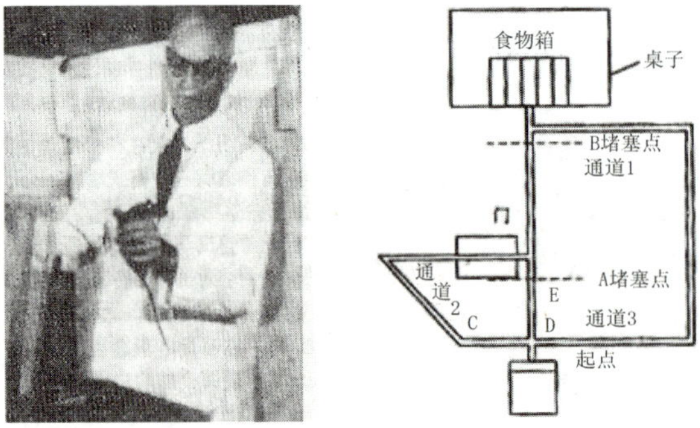

图 3-10　托尔曼与位置学习实验——走迷津

在这个迷津中，从起点到终点食物箱有三条长度不等的通道：A、B、C。通道 A 最短，通道 B 次之，通道 C 最长。实验开始时，将白鼠置于出发点，然后让它们自由地在迷宫内探索。一段时间后，白鼠都学会了走三条通道，并在所有通道畅通时首选第一条通道 A 到达食物箱。然后，实验者对各通道做一些处理，观察它们的行为。结果是，如果在 X 点阻塞，白鼠会退回来改走第二条通道 B；如果在 Y 处堵塞，白鼠则退回来选择第三条通道 C。这个结果表明，白鼠在过去的学习中已经熟悉了三个通道，并按照通道 A、通道 B 与通道 C 的次序做出选择。因此，在 X 点设置阻塞阻挡了通道 A 的情况下，白鼠选择通道 B，而当 Y 点设置阻塞时，如果白鼠学会的是简单的联结的话，它们应该还是选择通道 B，发现也走不通之后才选通道 C。但实际上白鼠并没有再选通道 B 而直接选择距离最长的通道 C，这只能认为，白鼠在学习中形成的是整个迷津通道的模式。托尔曼得出结论：白鼠学会的不是简单的、机械的反应动作，而是学习达到目的的符号及其所代表的意义，建立一个完整的"符号—格式塔"模式，即"认知地图"。因此，在 Y 处阻塞后，它们并没有按照简单的反应选择通道 B，而是直接选择通道 C。学习结果不是形成简单的机械的运动反应，而是学习"达到目的的符号"及其所代表的意义。

2. 潜伏学习实验

1930 年，托尔曼与杭希克设计了潜伏学习的经典实验，研究白鼠走迷津过程中食物(外在强化)对学习的作用。他们把白鼠分成 3 组，训练它们走出一个复杂的迷津，A 组是强化组，从第一天到最后一天，白鼠每次跑到目的箱都给予食物奖励；B 组是非强化组，该组白鼠始终没有给予食物强化；而 C 组白鼠在开始 10 天不给强化，从第 11 天开始，则像 A 组那样，白鼠每次跑到终点都给予强化。结果如图3-11所示。

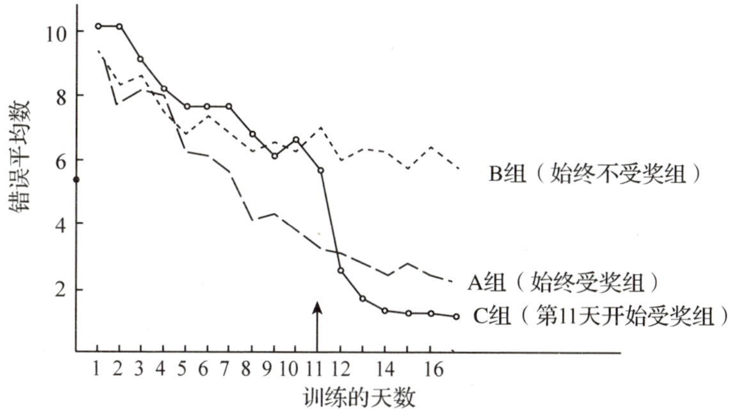

图 3-11 潜伏学习实验①

从图 3-11 可见，A 组白鼠操作水平一直在提高，B 组白鼠操作水平一直较低，C 组白鼠在没有得到强化的前 10 天中，操作水平与 B 组差不多，然而，从第 11 天给予强化后，操作水平骤然提高，与 A 组白鼠差不多，甚至还超出 A 组。据此，托尔曼认为，3 组白鼠的学习程度其实是相同的，没有得到强化的白鼠实际上也在学习，它们在获得外在强化之前也学习了迷津的空间关系，领会了符号的意义，形成了认知地图，在到达目的箱而没有获得强化的情况下，其学习结果没有显示出来，

---

① Hergenhahn B. R., *An Introdnction to Theories of Learning*, London, Pretice Hall, 1982, p. 306.

是“潜在学习”。也就是说，3组白鼠在前几天尝试时都形成了迷津通道的认知地图，A组获得强化，因此将学习结果表现出来，而B、C两组没有强化，它们没有表现这种学习结果。而C组白鼠一旦得到强化，它们表现出原来潜在学习的结果，这样，就显示出与A组相似的操作水平。可见，表现某种新行为，既需要有知识(通过学习获得)，而且要有要求(通过强化形成)，强化只是使有机体选择表现出某种行为，该行为并非通过强化才习得，学习并不是要通过强化才能实现。

(三)托尔曼关于学习问题的观点

托尔曼从这个基本立场出发，对学习领域进行了深入的探讨。值得注意的是，托尔曼对学习问题的研究，是通过严密的实验来进行的。他根据自己一系列的动物迷宫实验结果，提出了符号学习理论。根据对动物学习的系列研究，托尔曼提出了符号学习理论，阐述了对学习实质的基本观点。

1. 学习是一种有目的的行为

首先，托尔曼认为，学习是一种有目的的行为，而不是盲目的，在行为的发端原因和最后产生的行为之间，存在着某些内在的决定因素，其中最主要的决定因素就是行为的目的性和认知性。它们是行为的最后和最直接的原因，这些因素就是托尔曼首次提出的中介变量。因此，行为主义的刺激与反应的联结公式S—R应改为S—O—R，其中O就是指有机体的内部变化这一中介变量，以强调行为反应的内部过程的作用。

2. 学习的结果是形成“认知地图”

根据潜在学习实验结果，托尔曼认为，学习并不是在强化条件下形成“S—R”的联结，有机体在没有受到强化时已经发生了学习，因此，R不是学习的结果，真正的学习结果是形成情境的“认知地图”。

3. “认知地图”是对局部环境的综合表象

根据位置学习的实验结果，托尔曼提出，作为学习结果的“认知地图”，是对局部环境的综合表象，不仅包括事件的简单顺序，而且包括方向、距离甚至时间关系的信息，是情境整体的领悟，在头脑中产生的某些类似于一张现场地图的模型，它使有机体在环境中的活动不受一系列身体运动的约束。

4. 学习的三种定律

托尔曼认为有三种定律对说明学习是需要的。第一，能力律，涉及学习者的特性、能力倾向和性格特点，这些决定着学习者能够成功掌握的任务与情境的类型。第二，刺激律，涉及材料本身所固有的条件，其各个部分的属性及其对领悟解决的帮助。第三，涉及材料呈现方式的定律，如呈现的频率、练习的分布、奖赏的运用等。

托尔曼的符号学习理论把认知主义的观点引进行为主义的学习联结理论，改变了学习联结理论把学习看成是盲目的、机械的错误观点。他重视学习的中介过程，即认知过程的研究，强调学习的认知性和目的性，这些思想对现代的认知学习理论的产生和发展产生了深远的影响。托尔曼的最大贡献是富有创造性地设计了各种严密的实验，用实验的方式对联结派学习理论进行批评并引申出对学习的认知解释，这个研究范式对现代认知心理学的诞生起到了先行的作用。

三、布鲁纳的认知发现学习理论与教学思想

布鲁纳(J. S. Bruner，图 3-12)是美国当代著名的认知心理学家和教育心理学家。布鲁纳反对以 S—R 联结和对动物的行为习得的研究结果来解释人类的学习活动，而是把研究的重点放在学生获得知识的内部认知过程和教师如何组织课堂教学以促进学生发现知识的问题上。他的认知—发现理论是当代认知派学习与教学理论的主要流派之一。

图 3-12 布鲁纳

(一)布鲁纳认知—发现学习理论

总的来说，布鲁纳认为，学生的知识学习，主要是通过类别化的信息加工活动，积极主动地形成认知结构或知识的类目编码系统的过程。

1. 关于认知结构的观点

布鲁纳认为，学习的结果是形成认知结构。所谓认知结构，就是指由个体过去对外界事物进行感知、概括(即归类)的一般方式或经验所组成的观念结构。它可以给经验中的规律以意义和组织，并形成一个模式。它的主要成分是“一套感知的类别”。可见，构成认知结构的核心乃是一套类别以及类别编码系统。布鲁纳所讲的类别有两部分内容：一是指有相似属性的对象或事物，如鸟、动物、麻雀等都是不同的类别；二是指确定某事物属于该类别的规则，即归类的依据。所有类别的概括水平是不同的，有些是具体类别，它们所包含的对象的范围较小，能描绘事物的具体属性，如梨、萝卜等，有些是一般类别，它们的概括水平较高，范围广泛，描绘事物的一般属性，揭示现象的普遍规律。类别与类别之间还含有一定的联系，根据这些联系，可以对类别做出层次和关系的结构化安排，这就是对类别的编码。在一个编码系统中，越是较高级的类别，它越能超越较低级类别的具体性，而具有更大的普遍适用性。

布鲁纳认为，一切知识都是按编码系统排列和组织起来的。具体的知识描绘客观事物的具体特征，揭示较低级的规则。它常常受制于具体的对象和特殊的情境。只有当学生熟练掌握了许多具体知识时，才有可能把它们重新组织起来构成较高层次的规则，形成一般编码系统，获得一般的知识。一旦形成了一般编码系统，信息纳入了一种有组织、有层次的结构中，学习知识的问题就不再是学习具体的类别，

而是掌握编码系统的问题。这时候每一类别及各类别之间的相互关联使人能够超出给定的信息，举一反三，触类旁通，经过组织的结构化的知识也更利于保持和提取。因此，布鲁纳认为，一般类别编码在人的认知和学习过程中有着十分重要的地位。

布鲁纳认为，学生学习的结果就是形成与发展认知结构，也就是形成各学科领域的类别编码系统。认知结构既是在先前学习活动过程中逐步形成的，又是理解和学习新知识的重要的内部因素和基础，因此，他非常强调认知结构的形成和对学生现有认知结构的了解在知识学习中的重要作用。

2. 关于学习过程的观点

(1)学习过程是自下而上的类目化过程

布鲁纳认为，学习的实质在于学习者主动地进行加工活动形成认知结构。认知结构的主要成分是类别编码系统，学习过程主要是类目化的过程，学习者在学习过程中主要进行的信息加工活动是类目化活动，通过这种类目化活动将新知识与原有的类目编码系统联系起来，不断形成或发展新的类目编码系统。

布鲁纳在研究人的知觉过程时发现，人们在知觉新客体时，或者是借助已有的类别来处理外来信息，或者是由外来信息形成新的类别。因此知觉一件事物，实质上就是主动地对它进行归类，而一旦将它划归某一特定的类别，我们也就同时要根据已有经验中(或已有分类系统中)关于这一类别的固有的属性和规则，对该物体应该具备的其他特征做出预测，并对于应该如何对它进行反应做出推断，这就使得个体可以超越知觉个体中所获得的有限的、具体的信息，而对新的客体和情况达到更深入、更全面的认识。可见，它既是人类认识活动的依据，又是认识活动的结果，是布鲁纳认知结构思想的基础。人们根据自己已有的类目编码系统与环境相互作用，或者借助已有的类别来处理外来信息，或者由外来信息形成新的类别，这种将事物置于类目编码系统之中的活动，称为类目化活动。

布鲁纳认为，一切知识都是按编码系统排列和组织起来的。具体的知识描绘客观事物的具体特征，揭示较低级的规则，它常常受制于具体的对象和特殊的情境。只有当学生熟练掌握了许多具体知识时，才有可能把它们重新组织起来构成较高层次的规则，形成一般编码系统，获得一般知识。一旦形成了一般编码系统，信息纳入了一种有组织、有层次的结构中，学习知识的问题就不再是学习具体的类别，而是掌握编码系统的问题。这时候每一类别及各类别之间的相互关联使人能够超越给定的信息，举一反三，触类旁通，经过组织的结构化知识也更利于保持和提取。因此，布鲁纳认为一般类别编码系统在人的认识和学习过程中有着十分重要的地位；学习的实质就在于形成类别编码系统；学习的过程实际上就是分类(或类别化)的过程。据此，布鲁纳进一步提出，这种类目化过程应该是自下而上的，从具体的、特殊的、包摄水平低的类目，到一般的、概括的、包摄水平高的类目，类目编码系统的形成应该是从低层次的类目到高层次的类目。因此，为了促进学生有效地进行类目化活动以形成类目编码系统，应该向他们提供较低层次的类目或事物，让学生发现高层的类目编码。这就是布鲁纳提倡的“发现法”学习的缘由。

(2)发现学习是学习知识的最佳方式

布鲁纳认为，学习知识的最佳方式是发现学习。所谓发现学习，是指学生利用教材或教师提供的条件自己独立思考，自行发现知识，掌握原理和规律。布鲁纳认为，尽管学生所学习的知识都是经过人类长期的实践已经知晓并证明了的事物，但是学生依靠自己的努力独立地认识和总结出原理、规律，那么对学生而言，这仍然是一种“发现”(准确地说是一种“再发现”)。在他看来，学生的这种发现和科学家在科学研究领域里对人类以前未知的现象、规律进行探索而获得的新知识的发现，其本质是一样的，都是把现象进行重新组织转换，超越现象本身，在更一般的层次上进行类别组合，从而获得新的编码系统，得到新的信息或领悟。

布鲁纳认为发现学习具有如下特点。

第一，发生较早。学龄前儿童获得初级概念的主要手段就是通过对具体事物归类而发现概念的一般属性，尽管这种学习不一定是以语言符号为中介，而可能是动作思维或形象思维的结果。发现学习是概念形成的典型方式。

第二，发现学习的内容是尚无定论的实际材料，而不是现成的结论。学生不能通过教师或教科书上所讲的内容来获得知识，找出规律和原理，而必须是独立地分析事物的各种属性和联系，发现其中的规律和原理。

第三，学习的过程较为复杂。学生面临的是一些显得无序的实际材料，并没有现成的方法可以照套，而是需要学生自己对材料所提供的信息加以重新组织、转换，使之与已有的认知结构发生联系，提出种种假设并加以检验，将新的发现纳入认知结构中或重构已有的认知结构。整个过程要经过复杂的独立思考、发现、整合、内化等环节，有时候可能还需反复试验，多次转换。然而，正是因为这种复杂性、探索性，发现法学习能够更好地激发和培养个人主动探索知识及其结构的精神，使学习者成为自主独立的思考者、学习者与问题解决者，更快地适应社会要求。

基于上述特点，布鲁纳认为发现学习的方法有许多优点。主要表现在以下几个方面。

第一，发现法能提高学生的智慧潜能，培养学生的直觉思维。布鲁纳认为，发现的实质是重新整理或改造证据，以使一个人能够超越重新结集的证据，达到新的洞察力。重新组织已有的经验和现有的信息，使信息之间、信息与认知结构之间能从多个角度，按多种不同的归类规则发生关系，这实际上是一个培养学生综合分析、抽象概括、系统化等多项思维方式的活动。在此过程中，学生的各项智慧技能会得到极好的锻炼和提高，而且它往往不是依据合乎逻辑的方式，依据既定的套路去进行组织，而是需要学生采取跃进、越级、猜测等方式来进行直觉思维，而这种直觉思维无论是对于日常生活还是科学发现都是很宝贵的智力活动方式。因此，发现法学习过程的复杂性、思维方式的灵活性、独立性等对于提高学生智慧潜力是大有裨益的。

第二，发现法有助于培养学生的内在动机。在发现法学习过程中，学生也能够在发现中受到知识和知识结构本身的规律性所具有的魅力的影响，培养对知识和学习过程本身的兴趣。学生通过大量艰苦的脑力劳动，积极地探索，能够体会到发现新知识的喜悦，不仅可以使学生有效地摆脱外部动机的作用而自觉学习，而且也会增强他们主动学习的心向和学会知识的信心，形成独立自主地学习知识的习惯和愿望。

第三，有利于培养学生发现的技巧。布鲁纳认为人只有通过解决问题的练习和努力去发现，才能学会发现的方法和技巧。一个人只有拥有相当的实践经验，才有可能从中总结学习和发现的方式，将他们提炼成技巧，在以后的情境和问题中自觉地加以迁移。

第四，有利于知识的记忆保持和提取。布鲁纳认为，学生储存的信息只有经过合理的组织，才能得到最准确的保持；有明确结构的材料便于检索，有利于提取。学生在发现学习中要对材料进行大量的组织与重组工作，并找到最合理的组织方式，将材料、知识安排到认识结构中去，这种经过自己亲自发现而组织起来的信息，是最易检索的。

(3)新知识学习过程的环节

布鲁纳分析了学习知识的具体环节，认为学习每一门学科都包括三个“几乎同时发生的过程”，即新知识的获得过程、知识的转化过程及知识的评价过程。

第一是新知识的获得。它是指个体运用已有的认知经验，使用新输入的信息与原有的认知结构发生联系，理解新知识所描绘的事物或现象的意义，使之与已有的知识建立各种联系。新知识可能是对学生以前知识的某种精炼。比如，学生在学习平面内两直线互相垂直的概念时，已经见过日常生活中许多互相垂直的实例，但新学习的概念则排除了具体事例的具体特性，使学生明白垂直的最本质的特征是两直线相交成 90°角。新知识也可能与学生原有的知识经验相矛盾。比如，学生以前可能认为垂直就是一条水平直线和一条垂直直线相交。无论新旧知识关系如何，对新知识的理解都会导致对旧知识的理解的进一步加深。

第二是知识的转化。它是指对新知识进一步分析和概括，用获得的新知识对原有的认知结构进行重构，运用外推、内推或转换的方法，获得超越给定信息的更多的信息，以适应新的任务。转化的目的在于推导出更多的知识，其实质是对新知识所描述的现象或事物从不同的角度进行类别化(归类)，并从与之发生相属关系的类别的相应规则中获得更多的信息。

第三是对知识的评价。这个过程是指对新知识的转化过程和结果的检阅和验证。通过评价可以检查我们对新知识的分类是否正确，运用推导出的信息解决问题是否合适，以及新形成的认知结构是否合理。因此，评价常常是对新知识合理性的判断。

布鲁纳认为，学习任何一门学科，都有许多前后衔接的学习新知识的过程，每次新知识的学习也都会经历这种获得转化和评价的环节。如果这三个环节能够合理进行，对新知识的学习就可以举一反三，在新情况中能够顺利进行迁移，同时学习者的认知结构将会得到合理的建构并不断完善，具有更大的理解新知识的潜能。

3. 关于促进学习的条件

(1)知识的呈现方式

由于新知识的学习必须借助学习者以往的知识经验和认知结构才能顺利进行，所以布鲁纳认为要使学习者顺利地学习新知识，必须选择与他当前的智力水平相适应的形式来呈现新知识。所谓新知识的呈现形式是指提供知识的技术或方法。布鲁纳认为人类有三种成功地理解知识的手段：动作再现表象、图像再现表象、符号再现表象。动作再现表象是指借助动作进行思维的工具，图像再现表象是指以表象作为思维的工具，符号再现表象是指以符号(通常是语言符号)作为思维的中介物。一般而言，以语言符号再现表象呈现的知识常常通过逻辑推理进行学习。这三种再现表象系统也是人们借以认识和表征外部世界的三种信息加工系统。虽然在个人智力发展史上，它们的出现顺序依次是动作—表象—语言，但它们之间并不能彼此代替，而是互相补充，各有所长。布鲁纳认为对于不同年龄、知识背景的学生和不同学科性质的知识而言，以哪一种形式呈现知识会直接影响学生获得知识的难易程度和正确性。而且他认为，对于一个特定的学生而言，某一项知识如果能以合适的形式呈现出来，那么它应该是可以被学习者理解的。因此，同一个原理，对于不同知识水平的学生，可以呈现不同的呈现方式让他们来学习。比如，一些教学原理，小学时可以用直观的形式学习，中学时可以进行简单的论证，大学则可以以合理体系进行学习。

(2)学习的内在动机

对于学习的动机问题，布鲁纳更倾向内部动机的激发和维持。布鲁纳认为，学习是一个积极主动的过程，学习者在学习过程中的主动性体现在他必须主动地让新知识与已有的经验和认知结构发生联系，对新现象进行归类和推理。这其中，定势和内部动机起着重大激励作用。布鲁纳注意到，学生在学习过程中如果形成一种将新知识与以往知识联系起来并根据原有认知结构对新知识加以组织的积极的观念和相应的心理准备状态(定势)，则会较之那种认为学习内容是没有结构的、与以往学习无关的态度，更能有效地提高学习和理解新知识的效果。同时，布鲁纳认为，所有的学生几乎都具有学习新知识的内在愿望，这些内在愿望包括：好奇心，即在学习中表现出的求知欲；成功感，即学生总是对他们能胜任的活动备感兴趣，而且也只有在学习过程中经过努力达到了对知识的真正占有，学生才能产生自豪感、满足感，维持高昂的学习积极性的动力，以及人际交往中互惠的需要，他们才对学习活动有长久的维持力。对于外部动机的激励作用，如奖励与惩罚、竞争中的失败和成功等，布鲁纳认为它们对于知识的学习，尤其是对少年儿童而言，虽然可能是有作用的，但是不宜过分重视。总之，布鲁纳认为，最好的学习动机莫过于对所学习的知识本身具有内在的兴趣，有新发现的自豪感和自信心，这是知识学习成功的关键。

(3)学习结果的反馈

布鲁纳很重视对学习结果反馈在提高学习效率中的作用。他认为，反馈的时间和步调是影响学习成功的重要因素，有效的反馈应出现在学生将自己的实验结果与假设相比较的时候，在此之前的反馈，会干扰学习的进行，或者不能为学生所理解，在此之后，又不能及时矫正学习中出现的问题，起不到相应的作用。另外，反馈是否有用，与学生的动机强度有关，在高焦虑的学习过程中，反馈信息几乎不起作用，仅仅告诉学生“对”和“错”，而不指出其原因，对于学习也是无益的，尤其是只告诉学生“不对”，甚至可能除了伤害学生心情之外，无一益处。布鲁纳还认为，矫正性反馈信息有可能造成学生对教师评价的依赖性。因此，教师应该考虑使学生能养成自我矫正的习惯。

(二)布鲁纳结构——发现教学理论

根据自己的学习理论，布鲁纳提出了很有影响的结构——发现教学理论。他认为，教学活动应该能最大限度地促进学生主动地形成认知结构。其教学思想最重要的是结构教学观和发现法教学模式。

1. 结构教学观

(1)教学的目的在于理解学科的基本结构

布鲁纳强调学习的结果是形成认知结构，因此他强调在学科知识的教学过程中，促使学生掌握学科的基本结构的重要性，认为教学的最终目标是促进“对学科结构的一般理解”。所谓学科的基本结构，包括基本概念、基本原理及内部规律。布鲁纳提倡将学科的基本结构放在编写教材和设计课程的中心地位，他认为理解学科的基本结构至少有如下几个方面的好处。①更有利于学生理解学科的具体内容，因为多数具体的问题只是一些原理、法则的具体化或变形而已。②更有助于学习内容的记忆。一门学科的基本结构实际上是一种概括化较高的结构化、系统化地储存知识的较完整的网络，它本身就可以有简化记忆、利于检索和提取信息的作用。③有助于迁移。布鲁纳认为，所谓迁移，可以被看作将习得的编码系统应用于新事物，而学科的基本知识结构化显然本身就包含了对该学科所研究的对象的一般编码系统，这个一般编码系统已经超越了许多具体事物的特殊性和情境性，具有强大的概括力和解释力，因而也是最容易被迁移的知识。④有助于激发学生的学习动机和学习兴趣。布鲁纳认为好的学科结构本身就具有巨大的吸引力，能使学生产生强烈的兴趣和求知欲，让学生认为这些知识是值得学的，并从学习过程中主动进行自我激励获得自我效能感。⑤有助于儿童智力的发展。

(2)掌握学科基本结构的教学原则

第一，动机原则。所有学生都具有内在的学习愿望，内在动机是维持学习的基本动力。学生具有三种最基本的内在动机，即好奇内驱力(即求知欲)、胜任内驱力(即成功的欲望)和互惠内驱力(即人与人之间和睦共处的需要)。教师如果能善于促进并调节学生的探究活动，便可激发他们的这些内在动机，有效地达到预定的学习目标。

第二，结构原则。任何知识结构都可以用动作、图像和符号三种表象形式来呈现。动作表象是借助动作进行学习，无须语言的帮助；图像表象是借助图像进行学习，以感知材料为基础；符号表象是借助语言进行学习，经验一旦转化为语言，逻辑推导便能进行。至于究竟选用哪一种呈现方法为好，则视学生的知识背景和课题性质而定。

第三，程序原则。教学就是引导学习者通过一系列有条不紊地陈述一个问题或大量知识的结构，以提高他们对所学知识的掌握、转化和迁移的能力。通常每门学科都存在着各种不同的程序，它们对学习者来说，有难有易，不存在对所有的学习者都适用的唯一的程序。

第四，强化原则。教学规定适合的强化时间和步调是学习成功的重要一环。知道结果应恰好在学生评估自己作业的那个时刻。知道结果过早，易使学生慌乱，从而阻挠其探究活动的进行；知道结果太晚，易使学生失去受帮助的机会，甚至有可能接受不了正确的信息。

布鲁纳认为，好的学科结构可使“任何科目都能按照某种正确的方式教给任何年龄阶段的儿童”。布鲁纳认为编排教材的最佳方式是以“螺旋式上升”的形式呈现学科的基本结构，一方面便于儿童尽早学习学科的重要知识和基本结构，避免浪费年轻一代宝贵的学习时间；另一方面也有利于学生认知结构形成连续性、渐进性。

2. 发现法教学模式

发现法教学模式是根据发现法学习而提出的，其指导思想是教师不应当让学生处于被动接受知识的状态，教师要为学生提供一定的材料，创设问题情境，引导学生独立地发现解决问题的方法，从中发现事物之间的联系和规律，获得相应的知识，形成或改造认知结构的过程。发现法教学没有一个固定的程序和模式，灵活性和自发性都很大，具体采用什么材料和组织形式要视不同学生的特点和不同学科的知识的具体内容而定。布鲁纳认为，发现法教学模式的特点是：①教学是围绕一个问题情境展开，而不是围绕某一个知识项目展开的；②教学中以学生的“发现”活动为主，教师起引导作用；③没有固定的组织形式，其最大优点是能最大限度地发挥学生在学习中的主体性和创造性。

布鲁纳提出了发现法教学的基本步骤：①提出明确使学生感兴趣的问题；②让学生对问题体验到某种程度的不确定性，以激发探究；③提供解决问题的各种材料和线索；④协助学生分析材料和证据，提出可能的假设，帮助学生对材料、线索进行分析审查，搜集和组织可用于做出判断的资料；⑤协助、引导学生审查假设得出的结论。一般引导学生对有关假设进行比较，找出最佳或可行的方法去解决问题。

在发现法教学过程中，教师的主要任务是：①鼓励学生有发现的自信心；②激发学生的好奇心，使之产生求知欲；③帮助学生寻找新问题与已有经验的联系；④训练学生运用知识解决问题的能力；⑤协助学生进行自我评价；⑥启发学生进行对比。由此可以看出教师的主要任务在于引导学生去发现和对其发现技巧与方法的培养，而不是直接教给学生解决问题的方法。

布鲁纳是当代著名的认知心理学家和教育心理学家，反对以 S—R 联结和对动物的行为习得的研究来解释人类的学习活动，克服了以往学习理论根据动物实验的结果而推演到人的学习的种种缺陷，针对学生在课堂教学情境下学习各种知识的活动提出自己的学习与教学理论，把研究的重点放在学生获得知识的内部认知过程和教师如何组织课堂以促进学生“发现”知识的问题上。他强调学生学习的主动性，强调学习的认知过程，重视认知结构的形成，注重学习者的知识结构、内在动机、独立性与积极性在学习中的作用，对学习理论的发展做出了突出的贡献。他的认知—发现学习是当代认知派学习理论的主要流派之一。

然而，布鲁纳的学习与教学理论也有一些失之偏颇的地方，不少人对其提出批评，主要意见有下列几方面。①他的学习与教学理论完全放弃知识的系统讲授，而以发现法教学来代替，夸大了学生的学习能力，忽视了知识学习活动的特殊性，忽视了知识的学习即知识的再生产过程与知识的生产过程的差异。②布鲁纳认为“任何科目都可以按某种正确的方式教给任何年龄的任何儿童”，这其实是不可能的。③人们指出，发现法运用范围有限。从学习主体来看，真正能够用发现法学习的只是极少数学生；从学科领域来看，发现法只适合自然科学的某些知识的教学，对于文学、艺术等以情感为基础的学科是不适用的；从执教人员来看，发现法教学没有现成方案，过于灵活，对教师知识素养和教学机智、技巧、耐心等要求很高，一般教师很难掌握，反而容易弄巧成拙。④发现法耗时过多，不经济，不宜于需要在短时间内向学生传授一定数量的知识和技能的集体教学活动。⑤发现教学法适用于小学和中学低年级学生，因为他们主要以概念形成方式获得概念。对于中高年级的学生而言，他们获得概念的主要方式是概念的同化，因此他们学习知识的主要方式也不是发现学习，而是接受学习。然而，这些问题并不妨碍布鲁纳所提出的重视学科基本知识结构和发现法教学模式的理论对于指导教材的编写、课堂教学实践和学生学习知识的活动具有的参考价值。

四、奥苏贝尔的接受—同化学习理论与教学思想

图 3-13　奥苏贝尔

奥苏贝尔（D. P. Ausubel，图 3-13）是美国当代著名的认知派教育心理学家。他致力于课堂教学中学生对言语材料学习的研究，并在此基础上提出了认知—接受学习理论。这一理论对有意义接受学习的过程与类型、知识的记忆和遗忘、学习的组织原则以及在教学中运用“先行组织者”的方法等做了详细的阐述，因此他在教育界和心理学界享有盛誉。

（一）奥苏贝尔有意义学习理论

奥苏贝尔明确认为，学生的学习主要是有意义的接受学习，是通过同化将当前的知识与原来的认知结构建立实质的、非人为的联系，使知识结构不断发展的过程。有意义接受学习是学生在学校学习语言符号所代表的系统知识的主要方式。因此，他的学习理论也被称为有意义语言学习理论。

1. 有意义接受学习的定义

为了阐明自己关于有意义接受学习的思想，奥苏贝尔首先明确地区分了机械学习与有意义学习、接受学习与发现学习之间的关系。

奥苏贝尔指出，接受学习与发现学习的区别在于，发现学习比接受学习多了一个“发现的阶段”。在接受学习中，学习的内容基本上是以定论的形式传授给学生，对学习来讲，学习不包括任何发现，只要求他们把教学内容加以内化，即将新的知识结合进自己原有的认知结构之内；而在发现学习中，学习的内容不是现成地给予学生，而是在学生内化之前，必须由他们去发现这些内容，即学生的首要任务是发现，然后再将发现的内容加以内化。

多少年来，人们往往把接受学习作为批评的对象，认为接受学习必然是机械学习，发现学习必然是有意义的学习。奥苏贝尔认为，这种看法是不正确的，实际上，有意义学习与机械学习、接受学习与发现学习是从不同的角度对学习进行的划分，这是两个互相独立的维度，我们不能简单地将发现学习等同于有意义学习，把接受学习等同于机械学习，这是毫无根据的。无论是发现法学习还是接受法学习，都既有可能是有意义的，也有可能是机械的。例如，照套公式解题就是一种机械的发现学习。

奥苏贝尔认为，所谓有意义学习，是针对机械学习而言的。它是指在学习知识过程中，符号所代表的新知识与学习者认知结构中已有的适当观念建立实质性和非人为性的联系的过程。所谓实质性联系，是指新符号或符号所代表的新知识观念能与学习者认知结构中已有的表象、有意义的符号、概念或命题建立内在联系，而不

仅仅是字面上的联系。例如，学习“菱形是四条边都相等的平行四边形”这一新概念时，学生会在头脑中已有的“平行四边形”的概念或表象的基础上，对之加以改造，从而产生菱形的表象或概念。这样，新知识“菱形”就与原有认知结构中的平行四边形之间建立了实质性联系。学生就能借助有关平行四边形的属性特征来理解“菱形”的特征。由于新旧知识间建立的是实质性联系，而不是字面上的联系，新学习的知识就有可能摆脱字面的表述形式的限制。比如，菱形，既可以被描述成“四条边都相等的平行四边形”，也可以说成“两条对角线互相垂直的平行四边形”。因此，在教学中教师常常把学生能否用不同的文字或符号表述出新知识的含义，作为判断学习者对新知识进行的是否是有意义学习的一个重要指标。非人为性的联系，是指符号所代表的新知识与认知结构中的有关观念表象建立的是符合人们所理解的逻辑关系上的联系，而不是一种任意附加上去的联系。例如，“菱形”与“平行四边形”之间的联系就不是任意的，它符合逻辑上特殊与一般的联系。任何学习，只要在新旧知识之间建立的联系是实质性的、非人为性的，都是有意义学习的过程。划分机械学习与有意义学习的两条标准是：①新的知识与学生原有的认知结构是否具有实质性联系，所谓实质性联系，亦即非字面的联系，指能用同义词或其他等值符号替代而不改变意义或内容；②新旧知识之间是否能形成非人为的联系，非人为性亦即非任意性，指个人的新旧知识的联系合乎人们能理解的逻辑关系。任何机械学习都不具备实质性和非人为性这两条标准。

2. 有意义学习的过程

与布鲁纳自下而上的类目化过程不同，奥苏贝尔强调学习过程是自上而下的同化过程，用同化来解释有意义学习的内部心理机制。同化的实质是新知识通过与已有认知结构中的起固定作用的知识或观念，建立实质性的非人为的联系，进而被同化到已有认知结构中来。其结果一方面使新知识被学习者理解，获得心理意义，另一方面使已有的认知结构发生改变，增加了新的内容，建立了更广泛的联系。其具体过程是：首先，学生从已有的认知结构中找到对新学习的知识起到固定作用的观念，即寻找一个同化点，然后根据新知识与同化它的原有观念之间的关系是上下位关系，还是并列关系，将新知识置入认知结构的合适位置上去，与原有观念建立相应的联系；其次，他们还必须对新知识与原有知识进行精细的分化；最后，要在新知识与其他相应的知识之间建立联系，使之构成一个完整的观念体系，对知识的理解才能达到融会贯通，以利于运用和记忆，此时，学习者原有的认知结构也会因新知识的纳入和不断分化而更加完整和丰富。

3. 有意义学习的结果

与其他认知派学习理论一样，奥苏贝尔也认为，有意义学习的结果是形成认知结构。奥苏贝尔与布鲁纳关于认知结构的见解尽管提法不同，实质上是一致的。他们都是将认知结构看作按照概括程度高低层级组织起来的概念与规则体系。奥苏贝尔认为，认知结构是按层次的形式组织起来的诸多类属者，类属者即概念或观念，众多的类属者按照层次组织起来就是认知结构。换句话说，认知结构指学生现有知识的数量、清晰度和组织方式，由学生当前能回想出来的事实、概念、命题、理论等构成，既是学生学习的结果，又是学生进行学习的基础。他认为，当学生把教学内容与自己的认知结构联系起来时，意义学习便发生了，因而认知结构是影响有意义的接受学习的最重要的因素。概言之，奥苏贝尔的认知结构是指个体头脑中已形成的，按层次组织起来的，能使新知识获得意义的概念系统。

4. 有意义学习的条件

奥苏贝尔进一步提出，进行有意义学习必须具备三个前提条件：①学习材料本身必须具备逻辑意义；②学习者必须具有有意义学习的心向；③学习者的认知结构中必须有同化新知识的原有的适当观念。

材料的逻辑意义是指学习材料本身与人类学习能力范围内的有关观念可以建立非人为性和实质性的联系。不难理解，如果学习材料本身不具备逻辑意义，不表征任何实在的意义，如无意义音节等，它也就不可能通过有意义学习来掌握。需要指出的是，有逻辑意义的材料内容并不一定都是符合客观实际的正确的知识。例如，“太阳每天从西边升起”，从逻辑上讲它是可以表达特定意义的，但实际上太阳不会从西边升起。一般而言，学生所学习的知识是人类认识成果的总结和概括，因此都是具有逻辑意义的。

所谓有意义学习的心向，是指学习者能积极主动地在新知识与已有适当观念之间建立联系的倾向性。学习材料具有逻辑意义，而且学习者认知结构中也存在适当观念的条件下(奥苏贝尔认为具备这两个条件时的新知识对于学习者而言是有潜在意义的知识)，学习者是否具有有意义学习的心向，决定了他所进行的是否是有意义学习，是否通过有意义学习使学习材料的潜在意义转化为实际意义即获得心理意义。缺乏有意义学习心向的学生，常常会面对有逻辑意义或潜在意义的材料也不会主动地寻求新旧知识间的联系，而是机械地按字面的表述死记硬背。

构成有意义学习的第三个条件来自学习者已有的认知结构。奥苏贝尔很重视认知结构在有意义学习中的重要作用，认为它是影响学生知识学习的最重要因素。认知结构对有意义学习的影响主要取决于原有知识的可利用性、新旧知识间的可辨别性以及原有知识的稳定性和清晰性。可利用性是指学习者已有的认知结构中存在可以与新知识发生意义联系的适当观念，这些观念对理解新知识的意义起着固定作用，即为新知识与原有认知结构之间提供一个契合点，使新知识能固着在原有的认知结构中，进而与认知结构中的其他有关的观念联系起来。新旧知识间的可辨别性是指新学习的材料与原有的起固定作用的知识间的可分化程度，如果新旧知识之间差异很小，不能互相区别，那么新旧知识间就极易造成混淆，新知识就会被原有的知识取代或被简单地理解成原有知识，而失去它所内含的新意义。原有的起固定作用的知识的稳定性和清晰性是指学生对原有知识的理解是否明确无误，是否已经巩固。如果学生原有的知识意义模糊，似是而非，或者掌握得不熟练，它不仅不能为新学习的知识提供有力的固着点，而且会在新旧知识间造成混淆。

奥苏贝尔认为，只有同时满足了上述三个条件，才有可能进行有意义的学习，使新学习的材料的逻辑意义转化为对学习者的潜在意义，最终使学习者达到对新知识的理解，获得心理意义。

5. 有意义学习的类型

奥苏贝尔根据有意义学习任务的复杂程度，把有意义学习分成有层次组织的类型，基本的有意义学习有三种：代表性学习、概念学习和命题学习，另外还有较高级的发现学习，包括知识运用、问题解决和创造。

在有意义学习中，最低层次的是代表性学习，又称表征学习，它是指“学会一些单个符号(主要是词汇)的意义或者说学习它们代表什么”。代表性学习的心理机制是使符号和它们所代表的具体事物或观念之间建立起等值的关系。比如，“猫”这个符号代表是猫这种动物。尽管在语言符号的形成时期每一符号在最初用以指代某一事物时带有人为性和偶然性，但是作为知识学习对象的某个语言符号与它所代表的具体事物间的意义联系是已经固定下来的，不再具有任意性和人为性。这类学习在多数情况下带有机械学习的特点。

概念学习的实质是掌握同类事物或现象的共同关键特征或本质特征。其具体形式有两种：概念的发现和概念的同化。概念发现是学龄前儿童和小学低年级学生学习概念的主要形式，是从许多具体实例中概括而来的。比如，低年学生在看见许多皮球、玻璃珠等之后形成“球”的概念。中、高年级学生由于有了更多可供利用的基础知识，则可以利用已有认知结构中的相应概念对新概念进行同化而获得新概念的意义，这就是概念的同化过程。比如，中、高年级学生在学习了长方体的基础上再学习正方体的概念，就可以利用长方形的概念对正方形概念进行同化，领会“四边相等的长方形是正方形”这个定义。

命题学习是“学习以命题形式表达的观念的新意义”。学生进行命题学习时，所学习的命题与他们认知结构中已有概念或命题会建立起联系。奥苏贝尔认为，根据新学习的命题与已有概念或命题之间的关系，可以分为三种类型的命题学习。

第一，下位学习。新学习的知识是已有知识的下位知识，已有的概念或命题是上位的。下位关系有两种方式，一种是派生的下位，即新知识是已有知识的一个具体例证，可以直接从已有的上位知识中派生出来。比如，学习者已经知道“所有的圆的圆心到圆上各点距离相等”，再学习“某一特定的圆的两条半径等长”的定理时，就是这种情况；另一种下位关系是相关的下位关系：新知识命题不能直接从已有的上位知识中派生出来，而是要对上位知识做某种特殊的扩展、修正或限制才能得出。比如，在学习了“三角形”之后又学习“直角三角形”就是对相关下位概念的有意义学习。

第二，上位学习。新学习的知识与已有知识间是一般对特殊的关系，新概念或命题是上位的，包摄性更广泛，概括水平更高，可以将一系列已有的相应概念或命题总括其下。比如，学生在学会了“铜能导电”“铁能导电”等命题之后，再学习“金属都是能导电的”这一新命题时就是在进行上位学习。学生在进行上位学习时，为了能更准确地理解新命题的意义，常常要在已有的有限的下位命题之外再补充一些例证。

第三，并列结合学习。新命题与已有命题之间并不是下位关系，也不是上位关系，而是并列关系。学生在学习过程中大量的命题之间都是只具有并列关系，如遗传和环境之间的关系，三角形的高和平行四边形的高之间的关系等。它们虽然不能形成包含与被包含的关系，但它们之间仍存在着种种意义联系或某些共同的关键特征，可以根据这些并列组合的关系而使新命题与已有命题建立起意义联系，从而理解新命题的意义。在并列结合学习中，由于学生只能利用一般的和非特殊的有关内容起固定作用，因此对于它们的学习和记忆都比较困难。

(二)奥苏贝尔的教学理论

奥苏贝尔根据其“认知—同化”学习理论提出整套教学理论与主张，最主要的是两个教学基本原则及据此提出的教学内容安排与先行组织者的教学策略。

1. 教学基本原则

奥苏贝尔认为，要促进新知识的学习，首先要增强学生认知结构中与新知识有关的观念，因而学习内容的安排要注意两个方面：①要尽可能先传授具有最大包摄性、概括性和最有说服力的概念和原理，使学生能对学习内容加以组织和综合；②要注意渐进性，即要使用最有效的方法安排学习内容的顺序，构成学习内容的内在逻辑。因此，为了使学生有效地进行有意义的学习，教学过程中应该遵循逐渐分化和整合协调的教学原则。

逐渐分化的原则是指学生应该先学习包摄性最广、概括水平最高、最一般的观念，然后逐渐学习概括水平较低、较具体的知识，对它加以分化。这种顺序是与人类认知结构中知识的组织和储存方式相吻合的。奥苏贝尔认为学生对各学科的知识的组织是按包摄性由高到低的层次进行的，而且从包摄性广的知识中掌握分化的知识即下位学习，要比从包摄性窄的知识掌握概括水平更高的知识即上位学习要容易得多。

整合协调原则是指对认知结构的已有知识重新加以组合，通过类推、分析、比较、综合，明确新旧知识间的区别和联系，消除可能产生的混淆，从不同角度以不同的关键特征为根据在各项新旧知识点之间建立精细的联系，使所学知识能综合贯通，构成清晰、稳定、整合的知识体系。例如，学生不仅能从营养学的角度将黄豆和洋葱归入蔬菜，使之成为蔬菜这一知识系统的具体内容，也要能从植物学的角度懂得：豌豆是植物的种子，而洋葱是植物的茎。

2. 先行组织者的教学策略

奥苏贝尔根据“逐渐分化”和“整合协调”这两个教学原则，提出了“先行组织者”的教学策略。“先行组织者”策略是奥苏贝尔对知识教学的独特贡献。教师在讲授新知识之前，先给学生提供一些包摄性较广的、概括水平较高的学习材料，用学习者能理解的语言和方式来表述，以便给学习者在学习新知识时提供一个较好的固定点，将它与原有知识结构联系起来，这种预先提供的起组织作用的学习材料就叫作“先行组织者”。

先行组织者比将要学习的新内容更具有抽象性、概括性和包摄性，以便为学生即将学习的更分化、更详细、更具体的材料提供固定点，还有助于学生觉察出自己已有的认知结构与新知识有关的其他知识，提醒学生主动将新知识与这些知识建立各方面的意义联系，从而可以从不同角度对理解新知识提供帮助。奥苏贝尔认为，先行组织者在三个方面有助于促进学习和保持信息：首先，如果设计得恰当，它们可以使学生注意到自己认知结构中已有的那些可起固定作用的概念，并把新知识建立在其之上；其次，它们通过把有关方面的知识包括进来，并说明统括各种知识的基本原理，从而为新知识提供一种框架；最后，这种稳定的和清晰的组织，使学生不必采用机械学习的方式。

先行组织者有两类：一类是说明性组织者——用于对新知识提供一个上位的类属者；另一类是“比较性组织者”——通过比较新知识与认知结构中类似的或邻近的知识的异同，提高两者的可辨别性，从而促进对新知识的有意义的学习，保证学生获得精确的知识。一般而言，学生在学校里的学习多数是有系统的学习，出现全新知识的时候不多，倒是知识之间容易混淆的情况很常见。因此，提供比较性组织者是教师经常用到的教学策略。提供先行组织者的方式可以灵活多样。比如，上新课之前教师先做口头的介绍，概括前后学习内容的异同或联系，也可以详细讲解一个作为先行组织者的一般性的原理或概念，再转入新知识的学习中。

奥苏贝尔的认知—接受学习理论注重有意义的接受学习，突出了学生的认知结构和有意义学习在知识获得中的重要作用，对有意义接受学习的实质、条件、机制、类型等做了精细的分析，澄清了长期以来对传统讲授教学和接受学习的偏见，以及对发现学习和接受学习与有意义学习和机械学习之间关系的混淆。他提出的先行组织者策略对改进课堂教学设计、提高教学效果有重要的实用价值。

然而，奥苏贝尔的理论也有值得质疑的地方。首先，从学生学习或学校教学的目标来看，他偏重学生对知识的掌握，对学生能力的培养尤其是创造能力的培养不够重视，至少在他极力倡导的学习与教学过程中看不到对这方面的分析。实际上，学生的学习，是人类知识的再生产过程，它要将人类千百万年以来形成的机能(包括所生产的知识与生产知识过程形成的能力)转化为个体的机能，而不仅仅是理解这些知识结论。其次，从知识的类型来看，就知识的学习而论，奥苏贝尔的教学思路也只是比较符合陈述性知识的掌握，而不适合程序性知识的掌握。最后，奥苏贝尔过于强调接受学习与讲授方法，没有给予发现学习应有的重视，实际上，许多人都认为，在学生学习知识的活动中，有意义的接受学习和有意义的发现学习各具特色，各有所长，都是重要的学习方式，它们常常是相辅相成，互相补充的。在实际的教学过程中，对于发现学习法也应给予足够的重视和灵活的运用，指导学生将有意义的接受学习和有意义的发现学习有机地结合起来，以更好地理解所学知识的意义，获得最佳的学习效果。

五、加涅的信息加工学习理论

加涅(Robert Mills Gagne)是美国心理学家。20世纪60年代初，苏联人造地球卫星的升空在美国引起了震动，美国的教育学家、心理学家们感受到了美国公共教育的失败，并开始致力于教育改革、课程改革。加涅对教育问题十分关心，开始对学习、教学设计、智慧技能等进行深入研究，提出了累积学习理论，对人类学习本质的解释做了折中主义的解释，并据此形成系统的教育心理学理论。他认为，教学理论与学习原理是联系在一起的。因此，1969年，加涅与他的同事一起第一次正式提出“教学心理学”概念，这为教育心理学开辟了一个新领域，并成为之后教育心理学研究的重点。

(一)学习的过程

加涅主要从学生学习的角度考察学习过程。加涅用一个信息加工的学习模式来说明学习的过程(见图3-14)。

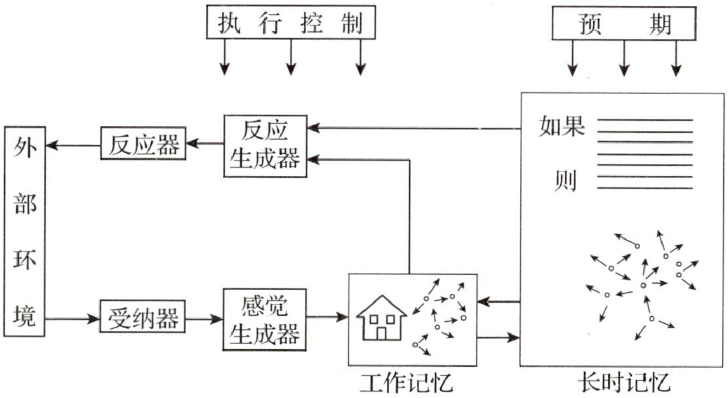

图3-14 加涅的学习与记忆的信息加工模式

由图3-14可知，学生从环境中接受刺激，刺激推动感受器，并转变为神经信息。这个信息进入感觉登记，被感觉登记了的信息进入短时记忆，在短时记中经过编码进入长时记忆，并以编码的形式储存在长时记忆中。当需要信息时需经过检索提取信息。被提取的信息可以直接通向反应发生器，从而产生反应；也可以再回到短时记忆，对该信息的合适性做进一步的考虑，结果可能是进一步寻找信息，也可能是通过反应器做出反应。在这一过程中，期望事项与执行控制在其中也起着极为重要的作用。前者指学生期望达到的目标，而后者则决定着哪些信息从感觉登记进入短时记忆、如何进行编码、采用何种提取策略等。

在学习的信息加工模式基础上，加涅进一步将学习过程分为八个阶段。

第一，动机阶段。加涅把动机分成三类，即诱因动机、操作动机和成就动机，它们引导学生向教师、学校和社会所期望的方向发展。

第二，领会阶段。这个阶段主要包括学习者对刺激的注意和察觉。

第三，习得阶段。习得阶段包括学习者把他感知的东西编码储存在中枢神经系统里面。

第四，保持阶段。它是指短时记忆中编码了的知识再进入长时记忆储存起来的过程。

第五，回忆阶段。这个阶段是指搜索记忆库，并使学习过的材料得到复现的过程。

第六，概括阶段。它是指把学习到的知识推广到更广泛的范围之中，使其具有更广泛的意义。

第七，操作阶段。按照学习的信息加工过程来说，就是反应发生器组织学习者的反应，并让他对已习得的知识进行操作。

第八，反馈阶段。它是学习过程的最后阶段，是通过表现出学习获得的新操作而实现的。

（二）学习的条件

学习条件学说是加涅学习理论中最核心的内容。他认为，学习的条件包括两类。一类是内部条件，即学生在开始学习某一任务时已有的知识和能力，包括对目前的学习有利的和不利的因素。这对即将进行的学习需要哪些外部条件起重要作用。另一类是外部条件，这是独立于学生之外存在的，即指学习的环境。它涉及怎样安排教学内容，怎样传递给学生，怎样给予反馈，以使学生达到理想的教育目标。

1. 学习的类型与条件

加涅认为，学习的复杂程度是不一样的，既有简单的联结学习，也有复杂的、高级的认知学习。学习按简单到复杂分为八种类型。

(1)信号学习的条件

首先，信号刺激与无条件刺激必须几乎同时出现；其次，信号刺激与无条件刺激必须多次配对重复出现，重复次数越多，信号刺激与反应之间联结得越牢固。

(2)刺激—反应学习的条件

其一，学生做出特定的反应后必须给予强化；其二，反应与强化之间时间越短，学习发生得越迅速；其三，刺激情境必须多次出现。

(3)动作链索学习的条件

从学生内部看，这种学习是以事先习得每一个刺激—反应联结为先决条件的；从学生外部看，是要让学生按适当顺序反复练习，而且，适度的强化也是必需的。

(4)言语联想学习的条件

内部条件是事先已经掌握被联想到的单词和连接词；外部条件是教师按适当顺序呈现单词，并对学生的反应给予恰当反馈。

(5)辨别学习的条件

学生必须具备再认或再现各种不同的反应链索的能力。教师必须对学生的反应给予及时反馈，并且需要提供较多的对比练习。

(6)概念学习的条件

具体概念的前提条件是学生已具备了辨别能力，因为概念学习通常涉及对基本辨别的概括。外部条件是教师需同时呈现该概念的例子和不属该概念范畴的例子，要求学生辨别该概念的特征。

(7)规则学习的条件

学生要掌握规则，首先要理解构成该规则的概念，否则就不可能充分理解该规则的含义。教师主要如何用言语来指导学生习得规则。一般而言，在学生已经知道该规则的内涵之后再陈述规则，效果会更好些。

(8)问题解决或高级规则学习的条件

为了解决问题，学生必须识别问题的基本特征，并能够回忆起已学过的有关规则以及有关的信息。在此类学习中，由于问题的复杂性，教师的适当引导往往是必需的。

从以上各类学习的条件中可以看出，不同种类的学习具有累积性的特点，即前面简单类型的学习往往是后面复杂学习的条件。其基本论点是学习任何一种新的知识技能，都是与已习得的从属于它们的知识技能为基础的。为了能更清晰地体现这一点，也为了和学校的教学实际相符合，加涅将第 1 至第 4 类的学习合并在一起，称为链索学习，是较低层次的学习，是儿童在入学前就应掌握的，而后面第 5 至第 8 类的学习则主要是学校教学中所体现的。

2. 学习的过程与条件

(1)动机阶段的条件

加涅认为，通过使学生内部形成一种期望，可以使学生形成动机。为了使学生形成这种期望，教师往往需要做出安排，在学生实际获得有关知识技能之前，先让学生能够达到某种目标，以便向他们表明，他们能够达到预期的目标。形成动机或期望，是整个学习过程的预备阶段。

(2)领会阶段的条件

注意是这一阶段的内在条件，当学生把所注意的刺激特征从其他刺激中分化出来，这些刺激特征就被进行知觉编码，储存在短时记忆中。这个过程就是加涅所讲的选择性知觉，很显然，要使学生能够进行选择性知觉，外部刺激的各种特征必须是可以被分化或辨别的，学生只有对外部刺激的特征做出选择性知觉后，才能进入其他学习阶段。

(3)习得阶段的条件

习得阶段涉及对新获得的刺激进行知觉编码后储存在短时记忆中，然后再把它们进一步编码加工后转入长时记忆中。在短时记忆中暂时保存的信息，与被直接知觉的信息是不同的，在这里，知觉信息已被转化成一种最容易被储存的形式，这种转化过程被称为编码过程。当信息进入长时记忆时，信息又要经历一次转换。这一编码过程的目的是为了便于保持信息。例如，用某种方式把刺激组织起来，或根据已经习得的概念对刺激进行分类，或把刺激简化成一些基本原理，这些都会有助于信息的保持。实验表明，不同的教学方式对编码的过程也具有一定影响。

(4)保持阶段的条件

加涅认为，相对于其他阶段，我们对保持阶段了解得最少，因为最不容易对它进行调查。但有几点目前是清楚的：第一，储存在长时记忆中的信息强度并不因时间递增而减弱；第二，有些信息因长期失用而逐渐消退；第三，记忆储存可能会受干扰的影响。新旧信息的混淆，往往会使信息难以提取。因此，如果对学习条件做适当安排，可以减少干扰的可能性，从而对信息保持起一定的影响作用。

(5)回忆阶段的条件

相对其他阶段而言，回忆或信息提取阶段最容易受外部刺激的影响。教师可以利用各种方式使学生得到提取线索，这些线索可以增强学生的信息回忆量。但教师最重要的是指导学生，使他们为自己提供提取线索，从而成为独立的学习者。

(6)概括阶段的条件

一般来说，学生学习某件事情时经历的情境越多，迁移的可能性也就越大。但加涅指出，学生必须掌握其中的规则，就是说，要从一般意义上来理解这些原理。教学需要提供有利于把学习内容用于新情境的提示。“教学生迁移”就是给学生提供在不同情境中运用提取过程的机会。同样，让学生在不同情境中学习，是学习过程中迁移阶段的重要条件之一。

(7)作业阶段的条件

学习过程需要有作业阶段是不言而喻的，因为只有通过作业才能反映学生是否已习得了所学习的内容。对有些学生来说，作业的一个重要功能是为了获得反馈；但在有些学生看来，通过作业，看到自己学习的结果，能获得一种满足。

(8)反馈阶段的条件

当学生完成作业后，他马上意识到自己已达到了预期的目标，这时教师需给予反馈，让学生及时知道自己的作业是否正确。所以，反馈阶段是受外部事件影响的，而且信息反馈也并不一定要使用“对”“错”“正确”或“不正确”这类词汇。在课堂教学中，教师可以使用许多微妙的方式反馈信息。

3. 学习的结果与条件

加涅也从学生学习的角度考查学生学习的结果，将学生的学习结果分成五类。

(1)言语信息的条件

对于言语信息的学习，加涅认为其内部条件是：在学习者的记忆中，需要出现某些先前学会了的信息，而这些信息是以某种方式互相联系起来的，即已有的知识结构。另外，学习者还要具有编码的策略。言语信息学习的外部条件是：首先，要使言语信息以不同的方式呈现，使它能引起注意、知觉和选择；其次，要使语言信息在一种有关的、有意义的背景下呈现，并做有效的编码。

(2)智力技能的条件

加涅认为智力技能学习的内部条件包括：第一，作为新技能组成物的过去习得的技能；第二，用以回忆这些技能并把它们结合成为一种新形式的那些过程。智力技能学习和外部条件主要有：第一，在智力技能学习时，最重要的是回忆作为前提条件的技能，因为它们是新技能的组成部分；第二，在一些次级技能组成一个新的、较复杂的技能时，呈现言语线索使部分技能的组合有一定的顺序；第三，要注意对学习的智力技能做及时的复习，并安排好做间断复习的时机；第四，运用各种前后关系促进技能做纵向、横向的迁移。

(3)认知策略的条件

认知策略学习的内部条件是：首先，学习者必须能够回忆他先前已经学过的一些规则；其次，学习者要激活并运用已掌握的以及他先前已学会的那些认知策略。加涅指出，认知策略的学习不是一下子就能掌握的。因此，认知策略学习的外部条件是要通过较多机会的练习，精心培养。认知策略的学习要把语言描述与实际解决问题的过程结合起来。另外，在认知策略的学习过程中，还要注意及时的反馈。

(4)动作技能的条件

动作技能学习的内部条件是：首先，必须学会这个动作技能的程序和顺序；其次，对该动作的各个组成部分分别操作的学习和练习。动作技能学习的外部条件主要有：第一，在动作技能学习中，回忆作为组成部分的动作技能；第二，提供言语的或其他指导，以向执行的路线提供线索；第三，安排反复的练习；第四，提供直接而精确的反馈，给所学的动作技能提供强化。

(5)态度的条件

加涅认为态度获得的内部条件是学习者具备适合于那种行为的一些才能，尊重或崇拜所模仿的那个人。态度获得的外部条件主要是：第一，在选择某项行动时，对已有的成功经验进行回忆，激励学习者建立对成功的期望；第二，运用学习者尊敬的或认同的榜样人物进行示范教育；第三，运用学习反馈阶段的对建立态度或改变态度的强化作用。

第四节　人本主义学习理论

人本主义心理学产生于20世纪50年代末至60年代初，这是一个科学技术的迅猛发展带来人类社会日新月异的变化的时代。鉴于科学与技术的发展给人类带来的巨大效益，“科学主义”被人们奉为时代精神的核心。在一切都科学化、技术化、程序化、精确化的物质高度发达的世界里，人们的情感、价值和需要却被冷落一旁，学校教育在教学过程中不重视对学习者的理解，缺乏对学习者人性的尊重。人本主义心理学家对那种忽略学生的个性和感受，只要求学生适应学校的美国传统教育深感不满，认为教育应当改革，应从学生的心理需要出发，以学习者为中心，发挥学生的潜能，培养学生的创造性，培养健康、充实、快乐的人。人本主义心理学家马斯洛、罗杰斯等人对美国传统教育的抨击促进了人本主义心理学在教育心理学中的渗透与应用，从而推动了人本主义学习理论的形成。

一、马斯洛的学习理论

美国心理学家马斯洛(Abraham H. Maslow)被公认为人本主义心理学的领导人物之一。他以性善论、潜能论和动机论为理论基础，创建了理论化、系统化的自我实现心理学。

(一)自我实现的人格观

人本主义心理学家认为人的成长源于个体自我实现的需要，自我实现的需要是人格形成发展、扩充成熟的驱力。所谓自我实现的需要，马斯洛认为就是人对于自我发挥和完善的欲望，也就是一种使他的潜力得以实现的倾向。通俗地说，自我实现的需要就是“一个人能够成为什么，他就必须成为什么，他必须忠于自己的本性”。正是由于人有自我实现的需要，才使得有机体的潜能得以实现、保持和增强。人格的形成就是源于人性的这种自我的压力，人格发展的关键就在于形成和发展正确的自我概念。而自我的正常发展必须具备两个基本条件：无条件的尊重和自尊。其中，无条件的尊重是自尊产生的基础，因为只有别人对自己有好感(自尊)，自己才会对自己有好感(尊重)。如果自我正常发展的条件得以满足，个体就能依据真实的自我而行动，就能真正实现自我的潜能，成为自我实现者。人本主义心理学家认为，自我实现者能以开放的态度对待经验，他的自我概念与整个经验结构是和谐一致的，他能体验到一种无条件的自尊，并能与他人和谐相处。

(二)内在学习论

马斯洛认为，外在学习是单纯依赖强化和条件作用的学习。其着眼点在于灌输而不在于理解，属于一种被动的、机械的、传统教育的模式。

马斯洛批判传统的学习是一种外在学习，学习活动不是由学生决定的，是由教师强制的。学生只是对个别刺激做出零碎的反应而已，学生所学的知识缺少个人意义。“学生学到的，顶多不过像在他的口袋里装了几把钥匙或几个铜钱而已。学生所学的一切，对他个人的心智成长，毫无意义”。在他看来，目前学生们浸透着外在学习的态度，并且像黑猩猩对训练员的技巧做出反应那样对分数和考试做出反应。读一本书的唯一理由是可能带来的外部奖赏。为了获得“一纸文凭”或“赚取学位”可概括为这一外在教育的弊端。

马斯洛认为，理想学校应反对外在学习，倡导内在学习。所谓内在学习就是依靠学生内在驱动，充分开发潜能，达到自我实现的学习。这是一种自觉的、主动的、创造性的学习模式。这种内在教育的模式会促使学生自发的学习，打破各种束缚人发展的清规戒律，自由地学他想学的任何课程，充分发挥想象力和创造力。

二、罗杰斯的学习理论

在人本主义心理学对教育产生的最直接而重要的影响中，罗杰斯（Carl R. Rogers）当推首位。20 世纪 60 年代，罗杰斯将他的“来访者中心疗法”移植到教育领域，创立了“以学生为中心”的教育和教学理论，该理论成为 20 世纪最重要的教育理论之一。

（一）学习与教学的目的

在学习的结果上，人本主义心理学家既反对行为主义关于形成一定刺激与反应联结的观点，也不同意认知学派关于构建认知结构的主张，而是认为，学习的目的和结果是使学生成为一个完善的人，一个充分起作用的人，也就是使学生整体人格得到发展。鉴于对世界迅速变化这一客观事实的认识，他们进一步指出“只有学会如何学习和适应变化的人，只有意识到没有任何可靠的知识，唯有寻求知识的过程才可靠的人”，才能适应社会的激烈变化而生存下来，并能充分实现自我。所以，一个具有极高适应变化的能力，具有内在自由特性的人是当今学习的最终和唯一合理的结果。人本主义心理学家认为，当代最有用的学习是学习过程的学习，即让学习者“学习如何学习”，学习的重点是“形成”，学习的内容则是次要的。一堂课结束的标志，不是学生掌握了“需要知道的东西”，而是学会了怎样掌握“需要知道的东西”。

因此，人本主义者提出，教育的目标应该是以学习者为中心，以促进学生个性的发展和潜能的发挥，使他们能够愉快地、创造性地学习和工作为目的。一句话，就是要培养积极愉快、适应时代变化的心理健康的人。马斯洛认为教育的主要目标是帮助发展人的个性，协助个体把自己作为一个独特的人来认识，帮助学生实现他们的潜能。罗杰斯认为教育的目标应该是促进变化和学习，培养能够适应变化和知道如何学习的人。

（二）学习的类型与过程

人本主义认为，根据学习对学习者的个人意义，可以将学习分为无意义学习与有意义学习两大类。所谓无意义学习，是指学习没有个人意义的材料，不涉及感情或个人意义，仅仅涉及经验积累与知识增长，与完整的人(具有情感和理智的人)无关。有意义学习，是指一种涉及学习者成为完整的人，使个体的行为、态度、个性以及在未来选择行动方针时发生重大变化的学习，是一种与学习者各种经验融合在一起的、使个体全身心地投入其中的学习。有意义学习有四个特点：第一，学习涉及了个人，学习者整个人包括情感与认知都投入学习活动；第二，学习是自我发起的，即使推动力或刺激来自外界，但是，要求发现、获得、掌握和领会的感觉是来自内部的；第三，学习是渗透性的，它会使学生的行为、态度乃至个性都会发生变化；第四，学习是由学生自我评价的，因为学生清楚这种学习是否满足自己的需要，是否有助于弄清他想要知道的东西。

人本主义学习理论认为，学习的过程就是学生在一定的条件下，自我挖掘其潜能，自我实现的过程，而这一过程又必然地与“自我”的形成与发展息息相关。据此罗杰斯认为，学习是一种经验学习，它以学生经验的生长为中心，以学生的自发性与主动性为学习动力。

(三)促进有意义学习的条件

罗杰斯指出，学生要实现有意义学习，从而达到自我生长、自我实现，成长为一个充分起作用的人，必须依靠一定的条件，需要教师营造一种自由、民主、和谐、融洽的，充满着关爱与真诚的学习氛围。在罗杰斯看来，教师的任务不是教学生学知识(这是行为主义所强调的)，也不是教学生怎样学(这是认知学派所关注的)，而是要为学生提供学习的手段和条件，促进个体自由地成长。因此，罗杰斯提出废除传统意义上的教师角色，以促进者取而代之。人本主义心理学家提出了促进有意义学习的基本条件。

1. 强调以学生为中心

突出学习者在教学过程中的中心地位。人本主义心理学家认为，教师最富有意义的角色不是权威，而是“助产士”与“催化剂”，教师应由衷地相信学生有潜在的能力，注重发挥学生的潜力，强调在教育中建立师生亲密关系和依靠学生自我指导的能力，由学习者自我发起并负责任地参与学习过程，让学生自己选择学习方向，参与发现自己的学习资源，阐述自己的问题，决定自己的行动路线，自己承担选择的后果，自我评价学习效果等。这样，注重让学生自我指导学习、自由地学习，就能在最大限度上促使学生从事有意义学习，使学生在学习中感到自信，独立性、创造性和自主性就会得到发展。

2. 让学生觉察到学习内容与自我的关系

一个人只会有意义地学习他认为与保持或增强“自我”有关的事情，而这种相关性将直接影响到学习的速度和效果。

3. 让学生身处一个和谐、融洽、被人关爱和理解的氛围

这种气氛由师生之间逐步扩大到学生之间。这种促进学生成长的气氛，不仅让学习更深入有效，而且会影响学生的生活。罗杰斯认为，处在这样一种氛围中学习，学习过程对学习者自我的威胁就会降到最低限度，学生会利用各种条件进行学习，以便增强和实现自我。然而，如果在学习中受到羞辱、嘲笑、辱骂、蔑视或轻视等，则严重威胁到学生的自我，威胁到学生对自我的看法，会严重干扰学习。

4. 强调要注重从做中学

人本主义学习理论认为，大多数有意义学习是从做中学的，让学生直接体验现实问题，在切身体验中学会解决问题是促进学习的最有效的方式之一；主张构建真实的问题情境，让学生面临对他们个人有意义或有关的问题。因此，人本主义学习理论要求教师善于构建对学生来说是现实的，同时又与所教课程相关的问题，这样，就会促使学生全身心地投入学习活动。

三、人本主义的典型教学模式

根据其对学生学习的性质与条件的基本观点，人本主义心理学家提出了一些课堂教学设计模式，主要有下面几种。

(一)以题目为中心的课堂讨论模式

这是人本主义心理学家将精神分析心理学家、群体心理治疗专家科恩 1969 年创建的“以题目为中心的相互作用心理疗法”应用于学校教育而形成的一种教育模型。其主要做法是围绕一个题目进行群体讨论，让师生之间、学生之间相互作用，相互促进。这样，要求教师提出有利于促进课堂讨论的课题，找到讨论的课题与群体中正发生的问题的接触点；要善于运用各种方式促进课堂讨论，教师要在教学中体现一种真正的人本主义的能力，如允许其他人提出不同的意见，表现对学生真诚的尊重，能采纳相反建议等。

该模式运用的原则是：

①强调学生将情感与思想乃至全身心都投入课堂的群体讨论中，要求发言者结合他最近在生活中遇到的问题进行讨论，使讨论对每个人更有意义、更加可信。

②强调学生在课堂群体讨论中的个别性与独特性，强化每个学生发现自己的自主权；鼓励学生在讨论中表现自身的与众不同，教师要表现出对每个学习者的见解都有兴趣，力图使课堂情境对每一个学生都富有个性化的意义；主张每个人都应用“我的感受”与“我确信”这种措辞参与讨论。

③不要长时间集中于某一个讨论题目，以免产生超饱和的状态与疲劳，允许学生偶然的离题，使学生能较好地注意核心题目。

(二)自由学习的教学模式

这是一种更为自由的教学模式，罗杰斯认为，教师应最大限度地给予学生选择

与追求最有意义的学习目标，因此他提出了这一模式。罗杰斯认为该模式比较适合于大学的教学，其主要做法如下。

①学生参与决定学习的内容与授课方式。学生可以决定他们希望授课的形式、时间、主题、讲授材料，教师请学生提出他们希望的授课方式与希望学习的内容。

②学生选择信息源。学生的学习可采用不同的方式和从不同的信息源来获取学习的内容，如郊游、专家咨询或与学者的交流，以及利用录音、录像等视听设备。利用哪一种方式，从哪种信息源获取知识，应依学生的意愿做出决定。课堂发言是学生学习的一种重要方式。罗杰斯认为，每个学生都有自己擅长的每一方面，通过这种方式，学生可与其他学生分享学习收获。教师在此时的作用是，对讨论加以引导，避免给发言的学生以过多的压力。

③师生共同制定契约。自由学习并不意味着教师撒手不管。教师干预学生学习的教学方法是契约法，这种方法鼓励学生与教师达成一个口头或书面的契约，指明学生在这一学期所要做的工作的种类和数量，以及圆满地完成这些工作所能得到的分数。罗杰斯认为它会给学生带来一种秩序感和安全感。

④课堂结构安排的变通性。罗杰斯主张安排不同类型的课堂结构，甚至同一种类型的课堂结构也可做出不同安排，以吸引不同兴趣与需要的学生自由地参与，这是有意义学习与快乐学习的目的。

⑤由学生进行学习的评定。教师与学生应预先理解什么样的操作水平，如写作水平、解题水平等将会得到什么样的分数，然后由学生自己评定分数，如在对写作的评分中要求学生根据自己的写作基础与自己工作的详细评价进行评分，由学生决定是否喜欢接受评分的指导者。当教师对一个学生的工作评价明显不同于这个学生自我评定时，便举行会议共同解决这个问题。

（三）开放课堂的教学模式

开放课堂的教学模式是韦伯于 1971 年提出的，适用于年龄较小的儿童的人本主义教学模式。英国最早尝试了这种模式，之后该模式又受到美国教育界的重视，目前已逐渐在美国的学校里得到较普遍的应用。

给开放课堂下一个精确的定义十分困难，但是可以进行描绘。开放课堂的典型特点是无拘无束，不拘形式。在实施开放课堂的学校里，学生并不需要把自己限制在某个课堂或中心区域，走进学校以后可以做他想做的事，学他想学的任何科目，如绘画、编织、写作、阅读。在开放的课堂内，学生自由地从事能激发他们兴趣的活动。上课不是活动的限制性范围，即使在下课铃响过之后，大多数学生仍然继续他们的活动。在休息时间里，学生可从事任何他希望从事的活动，如可以同其他同学散步或去喂养小动物等。

教师的作用是鼓励和引导学生的活动。尽管这一教学模式的倡导者承认教师的重要性，但他们认为，即使没有教师的监督，学生仍可以从活动中获取知识。因为在这种课堂中，学生所从事的活动是学生自发的，是符合他的兴趣的，没有任何强迫的色彩。在教育过程中，教师并不是放任自流，尽管他们并不要求某个学生去从事某项特殊的活动，但是可以对活动提出建议，在临近下课时，要求某个学生终止他的活动。开放课堂的教师的首要任务是在适当的时间促进学生与学习的真正材料发生接触，为了完成这个任务，他们必须对学生进行精确的观察，建立每个学生的档案，推荐有利于学生的活动，而且还必须准备如何给学生鼓励与支持。在学生做决断的时刻，教师给予学生认知的输入，这种认知的输入是催化性的，符合教育规律的，有助于学生获取更多的知识。

总的来看，人本主义提倡的课堂教学模式体现的原则是，尊重学习者，把学习者作为学习活动的主体；重视学习者的意愿、情感与需要；相信学习者能自己教育自己，发展自己的潜能，达到自我实现。这与人本主义学习理论的思路是完全一致的。

人本主义的学习与教学理论是一种新观点与新思潮，它对学习与教育理论的进步做出了不可忽视的贡献。首先，人本主义学习与教学理论将学习与人的整体发展联系起来，强调学习的目的是促进人格的发展，是使学习者成为一个具有适应变化能力、具有内在自由特性的人，使学习与教学的目标发生了重大变化，对只注重学科知识学习与教学的传统理论提出了挑战。同时，人本主义注重学习与学习者个人意义的关系，强调意义学习，对于传统的纯粹从认知的角度的学习分类是一种突破。其次，人本主义学习与教学理论根据自己对人性的了解来认识学习的本质与过程，认为人的本质是积极向上、能自我实现的，学习是人固有潜能的自我实现过程，因此，强调学习过程是学习者通过自我指导，实现自我发展的过程，主张以学习者为中心，激发学生的学习积极性，让学生自我指导学习、自由学习。最后，人本主义学习与教学理论根据人本的准则来考虑学习的条件，强调人的尊严和价值；强调要关注学生的情感、需要与愿望，重视个人的选择、个别差异与自我概念，充分尊重、了解与理解学生，创设自由的、宽松的、快乐的学习气氛，让学生处于一个和谐、融洽、被人关爱和理解的氛围；强调无条件积极关注在个体成长过程中的重要作用。

由上所述，人本主义的基本观点有力地冲击了行为主义与精神分析等学派对教育心理理论与实践的消极影响，促进了教育革新，为学习与教学的研究与实践提供了富有启发意义的新观点和新思路。

然而，人本主义学习与教学理论片面强调学生的天赋潜能的作用，无视人的本质的社会性，这是一种片面强调遗传决定发展的观点，是违背马克思主义的。实际上，人是社会关系的总和，学生要在家庭、学校与环境中接受社会文化环境的影响，才能成为一个具有社会性又具有独特个性的人。过分强调天生潜能的自我实现，只会导致放任自流式的“自由学习”。同时，该理论过分强调学生的中心地位，强调学习要以学习者的自由活动为中心，只注重学习与教学要符合学生个人自发的兴趣与爱好，忽视教学内容的系统逻辑性和教师在学科学习中的主导作用，降低了教育与教学的效能，影响教育与教学的质量。人本主义学习理论这些局限与缺陷应该值得我们注意。

第五节 建构主义学习理论

20 世纪 90 年代以来，随着心理学家对人类学习过程认知规律研究的不断深入，认知学习理论的一个重要分支——建构主义学习理论在西方逐渐流行。近年来，建构主义在教育和心理学中的影响越来越大。建构主义在课程改革、科学和数学教育、教师教育、教育技术以及教育研究中占据着主导地位；在发展心理学、教育心理学和社会心理学文献中频繁出现，被誉为当代心理学中的一场革命。

一、建构主义学习理论的基本观点

尽管以往的认知主义与联结主义在学习本质上存在根本分歧，但它们基本上都是客观主义的，主张分析人类行为的关键是对外部事件的考察，认为世界是由客观实体、其特征以及客观事物之间的关系构成的，教学的目标在于帮助学习者习得这些事物及其特征，使外部客观事物内化为其内在的认知结构。所不同的只是联结派认为学习是通过联结把握客体意义，认知派认为学习是通过信息加工把握客体意义。而建构主义则是非客观主义的，虽然其在本体论问题上没有过多地进行讨论，但是在认识论上则肯定是非客观的，因为它认为学习是通过信息加工活动建构对客体的解释，个体是根据自己的经验建构知识的。

建构主义认为，学习是学习者在原有知识经验基础上，在一定的社会文化环境中，主动对新信息进行加工处理，建构知识的意义(或知识表征)的过程。下面从学习的过程、学习的结果与学习的条件三个方面阐述建构主义关于学习实质的观点。

(一)关于学习过程

建构主义认为，学习是学习者主动地建构内部心理表征的过程。学习者不是被动地接受外来信息，而是主动地进行选择加工；学习者不是从同一背景出发，而是从不同背景、不同角度出发；学习者不是由教师统一引导，完成同样的加工活动，而是在教师和他人的协助下，通过有独特的信息加工活动，建构自己的意义的过程。这一建构过程不是传统认知派的社会建构过程，而是一个个人建构的过程，建构起对现实世界的意义。

在学习过程的理解方面，与传统认知主义学习理论相比，建构主义强调了这个过程的独特性与双向建构性。与认知主义学习理论一样，建构主义也认为学习是学习者进行复杂的信息加工活动的过程，两者主要分歧在于，学生在学习过程中所进行的信息加工活动是否一致。但是，认知主义学习理论强调在相同经验的学习过程中所进行的信息加工活动的共同性。该理论看来，在学习相同知识的过程中，学习者所进行的信息加工活动应该是相同的，如何引导学习者进行有效的信息加工活动模式，形成认知结构，是教师的主要工作。而建构主义则强调学习过程中学习者进行的信息加工活动的独特性，认为学习者要建构关于事物及其过程的表征，是通过已有的认知结构对新信息进行加工而建构成的。外部信息的意义是学习者通过新、旧知识经验间反复的、双向的相互作用的过程而建成的，而且原有知识又因为新经验的进入而发生调整和改变。所以学习过程并不是简单的信息输入、存储和提取，同时包含由于新、旧经验的冲突而引发的观念转变和结构重组，是新、旧经验之间的双向相互作用过程。学习者并不是空着脑袋走进教室的，在日常生活中，他们已形成了丰富的生活经验以及基于这些经验基础之上的一系列的认知结构，对一些问题都有自己的看法，因而在学习过程中，人脑并不是被动地学习和记录信息，而是主动地建构对信息的解释，学习者不是被动地在教师指导下对知识进行接收、加工和储存，而是根据自己的知识背景，并且需要借助储存在长时记忆中的事件和信息加工策略，对信息进行主动的选择和加工，在教师或他人协助下，形成一种独特的信息加工过程，建构自己关于知识的意义。

同时，建构主义认为，学习过程同时包含两方面的建构：①对新信息的理解是通过运用已有经验，超越所提供的新信息而建构的；②从记忆系统中所提取的信息本身，也要按具体情况进行建构，而不单是提取。所以，“建构一方面是对新信息的意义的建构，另一方面又包含对原有经验的改造和重组”。这种双向建构意义的学习，使学习者得到更为灵活的知识。

(二)关于学习结果

1. 学习的结果是形成知识结构

从学习所获得的经验的性质来看。传统的认知主义与联结派学习理论在知识的问题上都持客观主义的立场，认为知识是客观的，是对客观世界的反映。认知主义认为存在着有关世界的可靠知识。由于客体的基本特征是可知的和相对不变的，所以知识是稳定的。世界是真实的，是具有结构的，因此学习者可以建立有关世界结构的模式。认知主义认为，人们通过学习可以获得对客观世界各种事件的认识，了解真实世界，从而在他们的思维中复制世界的内容和结构。

建构主义却认为，知识并不是对现实的准确表征，它只是一种解释、一种假设，它并不是问题的最终答案。相反，它会随着人类的进步而不断地被“革命”掉，并随之出现新的假设。而且知识并不能精确地概括世界的法则，在具体问题中需要针对具体情境进行再创造。认知主义倾向于把知识看成由外部输入的，认为知识由语言来表征，通过由教师讲授的方式把知识准确地传递给学生。建构主义反对客观主义的外塑论，它把知识看成主体与客体相互作用的结果，而不是单由哪一方面产生的，学习者并不是把知识从外界搬到记忆中，而是以已有的经验为基础，通过与外界的相互作用来建构新的理解。学习要建构关于事物及其过程的表征，但并非外界的直接翻版，而是通过已有的认知结构(原有知识经验和认知策略)对新信息进行加工而建构。在外部信息的输入与学习者内部生成的知识建构中，更强调学习者内部的生成作用。

2. 知识结构是结构性与非结构性知识意义的表征

更为重要的，从学习者形成的认知结构的构成来看，传统认知派学习理论认为，学习的结果是形成认知结构，它是高度结构化的知识，是按概括水平高低层次排列的。然而，建构主义认为，知识结构不是加涅所指的直线结构或如布鲁纳、奥苏贝尔等人所提倡的层次结构，而是围绕关键概念而建构起来的网络结构的知识，既包括结构性知识，也包括非结构性知识，学习结果应是建构结构性与非结构性知识意义的表征。该理论认为，学习可以分为低级学习和高级学习。低级学习属于结构良好领域，要求学生懂得概念、原理、技能等，所包含的原理是单一的，角度是一致的，此类学习也叫非情境化的或去情境化的学习。高级学习属于结构不良领域，每个任务都包含复杂的概念，各种原理与概念的相互作用很不一样，是非结构化的、情境性的学习。在此领域，直线结构或层次结构已无能为力。建构主义认为学习应是抽象与具体、结构与非结构、情境与非情境的结合。传统学习领域，混淆了低级、高级学习的划分，把原理等作为学习的最终目的，而真正的学习目的应是要建构围绕关键概念组成的网络结构，包括事实、概念、策略、概括化的知识，学习者可以从网络的任何一点进入学习。网络结构的知识是打通的，而认知主义的层次结构的知识是封闭的。

二、建构主义关于教学的基本观点

在其学习理论的基础上，建构主义提出了系统的教学理论与模式，对以往的教学理论产生了巨大的冲击。

(一)建构主义的教学主张

1. 注重以学生为中心进行教学

建构主义认为，学生是信息加工的主体，是意义的主动建构者，而不是外部刺激的被动接受者和被灌输的对象。学生被看成形成有关现实理论的“思想家”。学习是由学习者内部控制的过程；鼓励和接受学习者的自治与主动；将学习者看作有意志和目的的人，鼓励学习者质询，培养学习者的好奇心。因此，该理论认为，教学目标具有很大的灵活性，它不应该强加给学习者，而是同学习者商量决定，或由学习者在学习过程中自由调整。同时，建构主义理论认为，教师不应被看成“知识的授予者”，而应成为学生学习活动的促进者。教师是学生意义建构的帮助者、促进者，而不是知识的传授者与灌输者。教师应善于引起学生观念上的不平衡，高度重视对于学生错误的诊断与纠正，充分注意各个学生在认识上的特殊性，努力培养学生的自觉意识和元认知能力，努力调动学生的学习积极性，并很好地发挥教学活动组织者和“导向”的作用。此外，教育者是解决问题的教练和策略的分析者，应十分注意对于自身科学观和教学观的自觉反省和必要更新。教师的职责在整个教育体制与教育对象之间发挥了一个重要的“中介”作用。

2. 注重在实际情境中进行教学

建构主义强调开发围绕现实问题的学习活动，尽量创设能够表征知识的结构、能够促进学生积极主动地建构知识的社会化的、真实的情境，让学生在结构不良领域中进行学习，认为结构良好领域不能提供生动性、丰富性的知识，只能使学生获得低级的、单一的知识。建构主义者强调创建与学习有关的真实世界的情境，注重让学生解决现实问题，强调提供复杂的、一体化的、可信度高的学习环境的重要性。这种教学情境应具有多种视角的特性，可以将学习者嵌入现实和相关情境(真实世界)中，作为学习整体的一部分为他们提供社会性交流活动。

3. 注重协作学习

建构主义认为，学习者以自己的方式建构对于事物的理解，从而不同人看到的是事物的不同方面，不存在唯一的标准的理解。但是，我们可以通过学习者的合作而使理解更加丰富和全面。目前的课堂教学形式不适合学生进行高级学习，而高级知识的教学应该提倡师徒式的传授以及学生之间的相互交流、讨论与学习，教学过程需要围绕亟待解决的重要问题进行，并对学生的问题解决过程给予高度重视，在该过程中，鼓励学习者同其他学生和教师进行对话与协商。因此，建构主义指导下的教学组织形式有小组学习、协作学习等，主要在集体授课形式下的教室中进行，提倡在教室中创建“学习社区”。随着网络环境的优化(互联网、校园网、城区网等)，网上建构主义的教学组织形式也得到了较快的发展。

4. 注重提供充分的资源

建构主义强调要设计好教学环境，为学生建构知识的意义提供各种信息条件。

(二)建构主义的教学模式

1. 情境性教学

建构主义认为学习应在与现实情境相类似的情境中发生，学习内容要选择真实性任务，以解决学生在现实生活中遇到的问题为目标，指导学生探索并解决问题。学生不是被动地接受知识，而是自主积极的“学徒式学习者”。任何学习都是处在一定的社会的或有实际意义的背景下，包括学习者原有经验、所处的社会文化系统、课堂中与教师和同伴的相互作用等多方面。这些背景尤其是社会性作用，将从不同途径影响到学习的过程和结果。因此，教师在教学的过程中，要引导学生从旁观者逐渐过渡到教学活动的参与者，在社会性互动中获得知识和技能。

2. 支架式教学

这种教学模式的要点在于：首先，强调学生在教师指导下的发现活动；其次，教师指导的成分逐渐减少，最终要使学生达到独立发现的能力，将监控学习和探索的责任由教师向学生转移。在运用支架式教学时，要保证提供的支架一直使学生处于其最近发展区之内，在学生能力有所发展的时候，随着学生认知发展的变化而进行调整。同时，为了更好地形成学习者的认知冲突，实现有效教学，教学支架既不能太难，也不能太容易。教师常常在学生学习有一定挑战性的内容时使用到教学支架。比如，语文老师在教授一篇比较难的文言文时，起初，会给学生提供大量的注释，然后让学生根据这些注释去理解文中的关键句子。一段时间后，老师给学生的注释慢慢减少，而学生也逐渐能自己完成文言文的阅读了。总之，该模式强调通过教师的帮助(支架)将学习的任务逐渐由教师转移给学生自己，最后撤去支架，使学生达到独立学习。

3. 交互式教学

交互式教学包括教师和学生小组之间的相互对话。在教学活动之初，教师先给学生进行示范，然后，教师和学生将轮流充当教师角色。比如，在语文阅读的教学中，教师给学生示范如何根据学习内容提出问题，如何恰当地回答，然后由学生充当教师向其他同学提出问题。在这个过程中，学生也检测到自己对材料的理解水平。总之，该教学模式是一种通过教师与学生之间的相互作用，指导学生通过自我提问、总结、澄清和预言等步骤，监控学习的过程，并建构起对所学知识的理解的教学方式。

4. 随机通达教学

该教学模式认为对同一内容的学习要在不同的时间多次进行，每次的情境都是经过改组的，并且目的不同，分别着眼于问题的不同侧面，以便学习者从不同角度建构对所学知识的意义。

建构主义学习理论对当今教育理论与实践产生了广泛的影响。该理论主张学习是通过信息加工活动建构对客体的解释，个体是根据自己的经验建构知识的；该理论强调学习过程中学习者的主动性、建构性；该理论强调学习与教学的中心是学习者(学生)而非指导者(教师)，学生是信息加工的主体以及知识意义的主动建构者，并提出了知识结构的网络模式。这些见解丰富和深化了学习理论的研究。建构主义学习理论对初级学习和高级学习进行了区分，批评了传统教学中把初级学习的教学策略不合理地推到高级学习的失误，提出了随机通达教学、自上而下教学、抛锚式教学、支架式教学等富有创见的教学设计模式。这些观点对于教育实践有重要的启示。

然而，建构主义学习与教学理论过于强调知识的相对性，否认知识的客观性，过于强调学生学习过程即个体知识再生产过程的信息加工活动的个别性，而否认其本质上的共同性；过于强调学生学习知识的情境性、非结构性，完全否认知识的逻辑性与系统性。这显然又走进另一个极端。当然，任何理论都不是十全十美的。作为一种行之有效的学习理论，建构主义学习理论在教育实践中正在发挥着积极的指导作用。我们必须清楚建构主义学习理论中存在的不足之处，并注意在教育实践中采取相应的策略予以消除。

练习题

一、单项选择题

1. 下列哪种情况发生了学习？（　　）

A. 小李从亮处走进暗室，视力显著提高

B. 小明喝酒后脾气变得暴躁

C. 小张服用兴奋剂后百米赛跑夺冠

D. 大猩猩模仿游人吃饼干

2. 小伟为获得老师和同学的关注，在课堂上总扮鬼脸，老师和同学都不予理睬，于是他扮鬼脸的行为逐渐减少了。这体现了哪种原理？（　　）

A. 消退　　B. 负强化　　C. 惩罚　　D. 正强化

3. 认为教育与教学过程就是要促进学生个性的发展，发挥学生的潜能，培养学生学习的积极性与主动性。这是（　　）学习理论的观点。

A. 行为主义　　B. 认识主义　　C. 建构主义　　D. 人本主义

4. 根据巴甫洛夫的经典条件反射原理，“一朝被蛇咬，十年怕井绳”属于（　　）

A. 刺激的泛化　　B. 刺激的分化　　C. 刺激的消退　　D. 刺激的获得

5. 在试误学习过程中，当刺激与反应之间产生联结，事前有一种准备状态时，实现则感到满意。这符合（　　）。

A. 效果律　　B. 准备律　　D. 练习律　　C. 近因律

6. “先行组织者”概念的提出者是美国著名教育心理学家（　　）。

A. 奥苏贝尔　　B. 布鲁纳　　C. 斯金纳　　D. 桑代克

7. 个体对自身行为能力的主观判断称为（　　）。

A. 成就动机　　B. 归因　　C. 认知失调　　D. 自我效能感

8. “杀鸡儆猴”是（　　）。

A. 直接强化　　B. 自我强化　　C. 负强化　　D. 替代强化

二、辨析题

1. 学习所引起的行为或行为潜能的变化是短暂的。

2. 负强化就是惩罚。

3. 根据斯金纳的操作条件反射理论，强化分正强化和负强化，无论正强化还是负强化，其作用都是改变同类反应在将来发生的概率。

4. 所有的行为变化都是由于学习引起的。

5. 苛勒的完形—顿悟学习与桑代克的联结—试误学习是互相排斥和绝对对立的。

6. 设计“组织者”的目的，是为新的学习任务提供观念上的固定点，所以“组织者”一定呈现在要学习的材料之前。

三、简答题

1. 简述学生学习的基本特点。

2. 简述巴甫洛夫经典条件反射理论的主要规律。

3. 简述操作条件反射理论的主要规律。

4. 简述行为主义学习理论在教学中的应用。

四、材料分析题

小李在班级中成绩一般，是老师和同学忽视的对象。有一天上语文课，他在那里叠纸飞机，为了引起同学和老师的注意，他把飞机投向空中。语文老师当场在全班同学面前批评了他。问题：

(1)请分析小李出现这种情况的原因。

(2)请用行为主义学习理论分析这个语文老师处理问题的方法及其效果。

参考答案

一、单项选择题

1. D　2. A　3. D　4. A　5. B　6. A　7. D　8. D

二、三、四(略)

第四章　学习领域

学习目标与任务▶

1. 理解并掌握知识的学习；
2. 理解并掌握动作技能的学习；
3. 理解并掌握态度的学习。

教育心理学是研究教育过程中的各种心理现象与规律的学科，其核心是研究学生的学习心理，即探讨学生由不知到知、由不会到会的过程在心理上是如何实现的，其实质如何，规律是什么，等等。对这个重大问题的解答，制约着对教育心理学其他各方面问题的解答。但是，人类学习本身又是复杂的，存在不同的类型和水平。针对不同类型的学习，其在学习者的内部表征不同，学习者获得的方式和方法不同。因此，本章将讨论不同领域的学习现象，探讨知识的学习、动作技能的学习、态度的学习这几种不同类型的学习过程。

第一节　知识的学习

在学校教育中，知识是学生学习的最基本内容。通过知识的学习，学生获得了为自身生存和发展所必需的各种经验，并在这一过程中逐渐形成了各种态度与能力。掌握知识是学生学习的主要任务之一，也是学校智育的核心任务。因此，知识的学习是教育心理学研究的一个中心问题。

一、知识的概念与分类

（一）知识的概念

从哲学认识论的角度来看，知识是客观世界的主观反映，是对事物属性与联系的认识，它有时表现为主体对事物的感性知觉或表象，属于感性知识；有时表现为关于事物的概念或规律，属于理性知识。

具体到教育心理学的研究领域中，人们对“知识”的定义有狭义与广义之分。狭义的知识，也就是我们传统理解中的知识，一般仅指能储存在语言文字符号或言语活动中的信息或意义，如各门学科的事实、概念、公式、定理等。正是在这种意义上，通常将学校智育的目标描述为：授予学生系统的科学文化知识、形成学生的技能、发展学生的智力。这里的知识、技能和智力是三个不同的范畴，知识是技能和智力发展与形成的前提和基础。随着现代认知心理学的研究和发展，人们对知识的认识日益深入和全面，广义的知识观得到普遍的认同。所谓广义的知识，是指个体通过与其环境相互作用后获得的一切信息。它既不是客观世界的副本，也不由个体的遗传因素和主观意识决定。它既包括个体从自身的生活实践和人类的社会历史实践中获得的各种信息(狭义的知识)，也包括在获得和使用这些信息过程中所形成和发展而来的种种技能、技巧和能力。就其储存形式而言，如果它储存在个体身上，则为个人的知识；如果它储存在书籍等媒体中，则是人类的知识。

当代著名认知心理学家安德森从信息加工的观点出发，根据知识的性质将其分为有关“是什么”的知识——陈述性知识与有关“怎么做”的知识——程序性知识两大类，并认为动作技能、智慧技能和认知策略等均属程序性知识。

(二)陈述性知识及表征

陈述性知识是关于事物及其关系的知识，或者说是关于“是什么”的知识，包括事实、规则、态度等。比如，“大多数鸟儿都会飞”“菱形的两条对角线互相垂直”“小明不爱吃苹果”等。

陈述性知识是一种相对静态的知识，一切其他知识和习得能力的获得和发展都是以必要的陈述性知识为前提的。加涅指出，个人的陈述性知识至少有下面四种用途。一是日常生活必不可少的知识。比如，我们生活中要接触的数字、事物、现象等。二是职业生涯所必不可少的知识。任何一种职业工作都需要工作者熟悉甚至记住大量的相关领域的陈述性知识，如地理工作者要记住大量的山脉、河流、矿产资源分布等知识，导购工作者要记住商品的位置、价格、性能等知识。三是陈述性知识是形成智慧技能和认知策略等知识的基础，这一点在下面程序性知识的学习机制的论述中可以明显看出。四是陈述性知识是思维的工具。许多著名的思想家、科学家、创作者无不掌握着丰富的陈述性知识。我们反对那种一味向学生灌输陈述性知识而忽视学生智能发展的教学观，同时也反对那种只注重学生技能训练而忽视学生必要的陈述性知识的掌握的教学观。

陈述性知识以命题和命题网络来表征。命题是知识的基本单元，一个命题相当于一个观念。命题常以句子为外部表现形式。所有的命题都包括两种成分：论题和关系。论题是命题中的主体、客体、目标、工具、接受者，一般由句子的主语和宾语担当；关系是用来限定论题间的联系的，多由动词、形容词、副词、介词等担当。

一个句子可能只表达一个命题，如“基辛格是高个子”；也可以表达好几个命题，如“高个子的王红打了矮个子的李香”，就表达了三个命题：王红是高个子，李香是矮个子，王红打了李香。

两个或多个具有相同成分的命题构成命题网络。一个复杂的句子常常会表征为一个简单的命题网络，如上面的“高个子的王红打了矮个子的李香”。由于知识之间总是互相联系的，我们所有的陈述性知识构成了一个庞大的命题网络。在这个网络中，有些知识可能是直接联系在一起的，如“鸟”和“飞”，有些知识之间则需要通过许多其他论题或关系间接地发生联系，如“鱼”和“做作业”。

(三)程序性知识及表征

程序性知识是关于完成某项任务的行为或操作步骤的知识，或者说是关于“如何做”的知识。它包括一系列具体操作程序，如书写汉字的笔画顺序，计算四边形面积的方法步骤，口述文章主要内容的方法等，均是程序性知识的表现。我们常说的技能、技巧、技艺，就是经过反复练习达到自动化的程度的程序性知识。

程序性知识与陈述性知识相比，其主要区别有以下几点。①陈述性知识是关于“是什么”的知识，而程序性知识是关于“怎样做”的知识。②陈述性知识是相对静态的知识，其运用形式常常是输入信息的再现，而程序性知识是体现在动态的操作过程中的知识，其运用常要对信息进行变形和运算，结果往往得出不同于输入刺激的信息。如输入的是“3＋5”，输出的则是“8”。③陈述性知识的提取和建构是一个有意地、主动地激活有关命题的过程，速度较慢；而程序性知识一旦熟练，则可以自动执行，速度较快。当然，在人类的绝大多数活动中，这两类知识是共同参与，互为条件的。

程序性知识在头脑中是以产生式和产生式系统来表征的。产生式的一般形式是“如果……那么……”。“如果”是条件项，表征执行某动作步骤的前提条件；“那么”是动作项，表征符合条件项下所应执行的相应操作步骤。如用于判断一个图形是否为圆形的程序性知识的产生式为：

例 1：如果　图形是二维的，
　　　　　　且图形是封闭的，
　　　　　　且图形上各点距中心的长度相等，
　　　那么　判断该图形为圆，并说出“这是圆”。

正如命题可以通过共同的论题构成命题网络，并能通过该共同命题互相激活一样，产生式通过控制流互相联系，当产生式 1 的动作为产生式 2 的发生提供了条件时，控制流从产生式 1 流向产生式 2，互相联系的产生式构成产生式系统。下面的例 2 是产生式系统中的一个局部，表征的是分数加法的前三步：

第一步　如果　目标是分数求和，
　　　　　　　且已知两个分数，
　　　　那么　先求两个分数的公分母。
第二步　如果　目标是分数求和，
　　　　　　　且已知两个分数，
　　　　　　　且已知公分母，
　　　　那么　用公分母去除以第一个分数的分母得商数。
第三步　如果　目标是分数求和，
　　　　　　　且已知两个分数，
　　　　　　　且已知公分母且已知商数，
　　　　那么　用商数乘第一个分数的分子得积数。

对于形成产生式系统的各产生式而言，只要符合第一个产生式的条件项，则后面的产生式会自动依次执行其动作项，直到所有的动作步骤完成并得出最后结果，即条件与动作间的联系熟练化之后，动作步骤能够无须意识过多的监察，不用占据工作记忆空间而快速运行。这就是为什么对于我们已经熟练的运算和操作，我们常常并不需要有意识地思索每一步该做些什么，而是顺理成章、流畅自如地完成整个任务的原因。

二、知识的掌握过程

知识的掌握过程包括知识的获得、保持和应用三个阶段。它们各有不同的任务，但又是一个不可分割的整体。

(一)知识的获得

知识的获得过程包括知识的感知和理解。

1. 知识的感知

感知是感觉与知觉的统称，是人进行信息加工的第一阶段，它解决的是刺激物的信号意义的问题。学生学习时首先要解决的是呈现的刺激(老师说的、写的或书本上写的)“是什么”的问题，这就是知识的感知。

任何知识的传播都要以一定的物质为载体和媒介。学生首先接触到的是物质化的知识的刺激，如老师的言语、板书，书本的文字或图画，老师展示的实物等。这些刺激作用于学生的感官(主要是视听器官)，引起感受细胞的活动及相应的神经活动。这些以电信号的形式传导的神经活动到达大脑皮层的相应部位并引起相应的反应。学生运用已有的知识经验对神经冲动所代表的信号进行识别，并做出“它是什么”或“它像什么”的判断。促进知识感知的策略主要有以下几点。

①按知觉规律提供刺激。呈现给学生的刺激要清晰、明确。例如，教师发音要清晰准确，说话要响亮并富有逻辑性，这样有助于学生听得清楚，或能凭语境猜测到老师所说的内容。再如，教师的板书要工整，字形不宜太小，易混淆处应用颜色区分。现在多媒体使用频繁，课件设计应注意知觉规律，注意对象的大小、静态与动态的处理、对象与背景的对比等。

②重视知觉的经验作用。刺激只有在人的经验范围内才能引起人的知觉，这是心理规律。因此，教师上课应尽量使用常用的词汇，同时教师应教给学生一定的语言和文字知识，以提高他们的知觉能力。

③对知觉过程做言语指导。语言在知觉过程中具有提示、引导、整合的作用，教师应善于运用语言来提高学生的知觉能力。例如，学生观察事物时教师应注意运用语言提示。

④使用知觉学习的技术。教师可采取以下技术提高学生的知觉能力：首先，练习。练习是知觉熟练化的必要条件，可以通过反复的知觉活动，如反复书写、诵读等来提高有关的知觉能力。当然练习要考虑方式的多样化，不能一味地机械学习。其次，辨析。应引导学生对知觉对象进行辨析，如进行对比、突出关键之处等。最后，及时反馈。对学生的知觉结果及时提供反馈信息，使学生的知觉得到及时强化和调整。

2. 知识的理解

知识理解是指学生能够用自己的方式对新学的知识进行表征。因此，凡是能够在各种表征形式间进行转换而意义不变的操作都可视为理解。例如，学生在数学学习中能根据应用题的题意正确地作图，能仿照例题编题目，在语文学习中能用自己的话对课文内容进行复述，能对课文内容的空白处进行补充，能用图画表现课文内容，能对课文内容进行概括(加小标题、归纳中心思想和段落大意等)，能用刚学过的词或词组造句等；在音乐学习中，学生能根据所听到的音乐展开合理的想象(用语言描述、舞蹈、绘画等形式)等。从某种角度讲，知识的理解是学生学习的中心任务。

促进知识理解的策略主要有以下几点。

①丰富学生的感性经验。感性经验是理性思维、特别是进行抽象与概括的基础。一般而言，学生所学习的知识越能与他们已有的感性经验相联系，就越能激发学生表征活动的动机，也越能使学生产生情感上的共鸣。

②丰富学生的语言。心理学的双重表征理论认为，语言与表象相结合的表征方式是人类最基本、也是最经常使用的表征方式。因此丰富学生的语言、加强学生语言表征能力是建构良好的认知结构的重要方法。

③提高学生的想象能力。理解实际上是知识表征形式的转换，而转换的多样性和灵活性既与学生的知识经验的丰富程度有关，也与学生跨情境的联想能力有关。因此，提高学生的想象能力对理解知识很重要。实际上，想象也是一种思维活动。在想象中学生的知识经验得到重新组合与结合，其认知结构得到改造，其认知潜力得到开发，这样新知识获得理解的可能性大大增加。

④鼓励用多种表征方式表达理解。既然理解是表征方式的转换，教师就应尊重这样的事实。即由于知识经验、认知方式以及智力差异，每个学生的表征方式也是有差异的，教师不必强求表征的统一。另外，为了加强学生对知识的理解，教师应鼓励学生用多种方式进行表征。

⑤加强语言在各种表征过程中的作用。按照“双重编码理论”，人的记忆系统是由语义和表象共同构成的，语言在学生学习的表征中作用最强，语言能够加强各种表征形式之间的联系，使认知结构更加合理和牢固。因此，在表征过程中教师应加强对学生的语言训练。

(二)知识的保持

知识保持是指新知识在认知结构中存在一定的时间并能在需要的时候被提取出来。知识保持是人们能够解决问题的基本保证，同时知识保持过程也是人对知识进行整理、优化自己的认知结构的过程。

促进知识保持的策略主要有以下几点。

①理解基础上的保持。理解了的知识能够获得更多的经验支持，所学知识不仅联结强度大，而且有丰富的提示线索和背景。例如，在理解的基础上背诵诗词，学生能加强对诗词内容的了解，又能在背诵或回忆时很快找到记忆的线索，从而提高

保持的效果。

②记忆策略的运用。很多知识在理解之后仍然需要完整、准确的记忆。例如，学习古诗词时老师都要求能够背诵，那么学生无论是否理解都应该一字不差地背出来。理解诗词意思的学生会背得更快一点，但理解并不能代替记忆，为了能完整、准确地记住诗词原文，学生必须采用一定的策略。这样的策略有：寻找记忆材料的规律，做一定的归类和整理，运用多种感官进行记忆，将零散的材料用一定的方法串联起来，展开想象等。

③合理组织复习。遗忘曲线提示我们要及时复习。复习是学习的重要环节，没有良好的复习习惯就不会有良好的学习效果。复习应注意以下几点。第一，要有计划。这是形成良好复习习惯的重要条件，教师应帮助和指导学生制订计划，然后逐步过渡到学生自己制订复习计划。第二，控制复习的量。复习有集中复习和分散复习、整体复习和分段复习，无论哪种复习都应把握好量，避免不足或过量。研究表明，“过度学习”的量以150%左右为宜。第三，尝试复述。每复习一部分就尝试着记一记、背一背。第四，组成小组。通常几个同学在一起复习效果较好，良好的学习氛围有助于彼此督促、相互促进、解决问题。

(三)知识的应用

人们获得知识的一个主要目的是应用。知识的应用是指使用获得的知识去解决同类或类似的课题的过程。知识的应用与知识的获得、知识的保持共同组成了知识学习的过程。知识获得、知识保持是知识应用的前提条件；知识应用则是了解知识获得、知识保持的重要环节。学习者通过知识的应用可以检验学习效果，发挥知识学习的真正作用，促进知识的广泛迁移。

学生的知识应用有课堂应用、实际应用两种形式。前者在学校教学中十分普遍，后者用于解决实际问题，目前在学生的兴趣活动、探究性学习中也很普遍。

知识的应用有三个层次：①套用，也称为照搬，即对于面临的问题，学生的认知结构中有现成办法可加以直接运用；②变通，也称为改造，即对于面临的问题，学生的认知结构中没有现成的办法可以直接运用，但有相关的办法可以借鉴，可以将此称为狭义的迁移；③创造，即对于面临的问题，学生的认知结构中没有现成的办法可以直接引用，也没有相关的办法可以借鉴，要求学生形成前所未有的办法来解决问题。

第二节　动作技能的学习

动作技能的掌握是学生学习的重要组成部分，掌握动作技能的水平较高，对学生知识的学习和能力的培养有积极的促进作用。

一、动作技能的含义及其种类

(一)动作技能的概念

关于动作技能的定义，心理学家们有不同的见解。克伦巴赫认为，动作技能是习得的、个体能相当精确地执行并对其组成的动作很少或不需要有意识地注意的一种操作。加涅认为，动作技能是协调运动的能力，或者与动作的选择有关，或者与动作的顺序有关。我国传统的动作技能概念认为，动作技能是依靠肌肉骨骼与相应的神经系统活动实现的活动方式，并把动作技能定义为“在练习的基础上形成的，按某种规则或程序顺利完成身体协调任务的能力”。

尽管心理学家对动作技能的定义不尽相同，但都认为动作技能的构成包括三种成分：①动作或动作组，但动作并非动作技能，只有当人们用一组动作去完成一项具体任务时，如用身体动作(舞蹈语言)去表现情感，这种动作才被称为动作技能。走路、穿衣、吃饭、摇头、打呵欠等不是动作技能。②体能，主要包括耐力、力量、韧性、敏捷性。③认知能力，包括视觉、听觉、触觉、动觉等多种知觉能力，其中手脚协调、身体平衡对完成动作技能意义更大。

(二)动作技能的种类

根据不同的标准可以把动作技能划分为不同的类型，动作技能的分类是相对的。

1. 连续性动作技能和非连续性动作技能

根据主体对外部刺激的调节方式，动作技能可分为连续性动作技能和非连续生动作技能两种。

连续性的动作技能是指需要完成的动作序列较长，在完成活动任务的过程中需要根据复杂的内外刺激进行连续、不间断的调节和校正的动作技能，如骑车、打字、弹琴等。其特点是动作的延续时间较长，动作与动作间没有明显可以直接感知的始点和终点，难以精确计数。

非连续性的动作技能是指只包含较短的序列，可以进行精确计数，并对一个特定的外部刺激做出一个特定反应的运动技能。它是由突然爆发的动作组成的，如射箭、举重、急停投篮等。其特点是动作延续时间短，动作与动作间可以直接感觉到始点和终点，动作具有突然爆发的特点。

2. 封闭性动作技能和开放性动作技能

根据主体对外部条件的利用程度，动作技能可分为封闭性动作技能和开放性动作技能两种。

封闭性动作技能是指完全依赖肌肉的内部反馈信息指导的动作技能，如跳水、投掷铁饼等。这种技能的特点是不需要外部环境因素作为参照，而且具有相当固定的动作模式。该技能与可预测的稳定环境因素有关。

开放性动作技能是指必须根据外部刺激的变化而相应调节自己动作的技能，如驾车、踢球、击剑等。其特点是必须参照外部环境刺激来调节动作。该技能与不稳定、预测性低的环境因素有关。

3. 精细动作技能和粗大动作技能

根据所涉及的骨骼、肌肉以及动作幅度大小，动作技能可分为精细动作技能和粗大动作技能两种。

精细动作技能是指在狭小空间范围内进行，并要求动作具有协调、精致、幅度小的特点的技能，如打字、刺绣和雕刻等。其特点是仅仅涉及身体或四肢小肌肉群的运动来完成活动。

粗大的动作技能是指在较大空间范围内进行并要求做大幅度动作的技能，如跑步、游泳、打球等。其特点是需要整个躯体和大块肌肉群的运动才能完成活动。

4. 工具性动作技能和非工具性动作技能

根据完成活动时是否需要凭借一定的工具，动作技能可分为工具性动作技能和非工具性动作技能两种。

工具性动作技能是指需要操纵某种工具才能完成活动的技能，如写字、打字、雕刻等。其特点是需要操纵现成的工具。

非工具动作技能是指不需要操纵工具，只需要利用机体一系列的骨骼、肌肉运动就能完成活动的技能，如跳舞、走路、唱歌等。其特点是不需要操纵任何工具。

二、动作技能形成的阶段

动作技能的学习要经历习得、保持和迁移的过程，动作技能的形成是指通过练习从而逐渐掌握某种外部动作方式并使之系统化的过程。一般认为动作技能形成的一般过程，包括以下三个阶段。

(一)认知阶段

这是动作技能形成的初期，学习者通过指导者的言语讲解或观察他人示范的动作模式，或自己按照操作说明或使用手册的要求，试图对所学技能的任务、性质、要点进行分析、了解和领会。认知阶段的长短取决于动作技能的性质和复杂程度。例如，儿童初学毛笔字，首先必须仔细观察范例，以了解每一个笔如何起笔、收笔，每一个笔画的粗细、长短，用笔的力度等。在此阶段，指导者把图表、模型的运用与实际的操作和示范结合起来，使学习者辨明正确动作与错误动作的差异。这个阶段的主要任务是领会技能的基本要求、重点，掌握组成技能的局部动作。因此，学习者注意范围小，只集中于个别动作，不能控制动作的细节和局部，在学习中难以发现错误和缺点，常表现出全身肌肉紧张、动作忙乱、僵硬，动作速度缓慢，不协调，呆板，多余动作凸显，动作连贯性差等特点，需要较多的意识控制。

(二)联系形成阶段

这是把局部动作综合成更大单位，从认知方面转向动作方面，最后形成一个连贯的初步动作系统的阶段。它具体表现为学习者通过练习把已掌握的局部的、个别的动作联系起来，形成比较连贯的初级动作系统。在此阶段，重点是使客体刺激与动作反应形成适当联系。为此必须排除过去经验中习惯的干扰以及局部的动作之间的相互干扰。例如，初学蝶泳的人，手臂、脚、头、腹、换气的动作常常相互干扰，动作不协调，顾此失彼。在此阶段，局部动作虽然已经形成了联系，但动作之间的联系尚不够紧密、牢固，在实现动作转换时，常常出现短暂的停顿现象。在完成动作活动过程中，视觉控制作用逐渐减弱，而肌肉运动感觉的调节作用逐渐增强，并能运用来自外部情境的外部反馈信息和来自效应器官肌肉活动的内部反馈信息来调节主体自身的动作。同时，学习者注意的紧张度有所下降，动作之间的矛盾和干扰减少，多余动作逐渐消失，发现和矫正错误动作的能力增强，形成连续的初步动作系统。

(三)自动化阶段

这是动作的协调和技能的完善阶段，是动作技能形成的最后阶段。在此阶段，各个局部动作联合成为一个完整的自动化的动作系统，成为一个有机的整体固定下来，整套动作序列能依照准确的顺序以连锁反应的方式实现。例如，书法家在完成书法作品时，每一个字的起笔、运笔、收笔如行云流水，一气呵成，而且字间架构安排合理，笔画的粗细得当，用力轻重适中，达到高速、轻松、精确、连贯的书写动作。在执行动作时，技能从由大脑高级中枢控制逐步向脑的较低级中枢控制转变，意识成分的参与减少以及多余动作和紧张状态消失，注意范围扩大，并能根据情境变化灵活准确、迅速地完成整套动作，整套动作自动涌现，无须特殊的注意和纠正。

总之，动作技能的形成需要从领会动作要点和掌握局部动作开始，到建立动作之间的有机联系，最后达到整套动作序列自动化的过程。

三、动作技能形成的标志

动作技能形成的标志是达到熟练操作。所谓熟练操作是指动作已达到较高速度，准确、流畅、灵活自如，且对动作组成成分很少或不必有意识注意的状态。研究表明，熟练操作具有以下主要特征。

(一)意识调控减弱，动作自动化

在动作技能形成初期，学习者完成每一个技能动作都要受到意识的控制，如果稍有减弱，动作技能就会出现错误，心情就会随之紧张起来。随着技能的逐渐形成，意识对动作的控制也随之减弱而由自动控制所取代。这时，其操作受内部程序控制，表现出具有预见性，反应方式和时刻都很精确、动作流畅，好像完全自动化了。学习者只关心怎样使这种技能服从于当前任务的需要，精神紧张状态随之消失。例如，初学瑜伽，头脑中时刻想着下一个动作，不是忘了动作就是忘了呼吸法，时刻绷着神经。经过练习，动作之间的联系逐渐自然，心态随之放松，头脑中不再装着动作

步骤，甚至可以在意识中进行冥想。

(二)能利用细微线索

在初步掌握动作技能时，学习者只能对那些很明显的线索发生反应，不能觉察自己动作的全部情况和错误；随着技能的形成，学习者逐渐能运用细微的线索使动作日趋完善；动作熟练后，学习者能觉察到自己动作的细微差别，仅凭细微的线索就能改进调整自己的动作，做出适当的反应。

(三)动觉反馈作用加强

动作技能的反馈包括两类：一类是外部反馈，即对反馈结果的知悉；另一类为内部反馈，是以肌肉活动本身的动觉刺激形式出现的。在初步掌握动作技能时，学习者主要依据外部的视觉反馈来调节自己的动作，随着技能的形成，动作的视觉反馈控制逐渐开始让位于内部反馈(动作程序图式和动觉反馈)来控制，错误往往能够被排除在发生之前。而在动作技能的熟练期，学习者主要依据内部的动觉反馈来操作或调节自己的动作，并达到稳定而牢固的程度。例如，刚学打字的学生总是一边看着自己的手指和键盘上的字，一边按打字键，甚至需要教师的指导语才能发生反应，随着动作的熟练，他们能独自察觉到自己动作的细微差别。在这个过程中动觉反馈作用也得到强化，如当一个人在走路时偶尔踩到一块小石头，就会立即产生防止跌倒的动作，这是由于脚部的动觉反馈信息对动作程序的调节。

(四)形成运动程序记忆图式

所谓运动程序记忆图式，是指经过长期的练习而在长时记忆中形成的关于动作的有组织的系统性知识，它使完整的操作流畅地执行。拉斯罗的研究表明，运动技能的熟练程度达到某一阶段时，人的头脑中就会产生运动的指导程序，并以此程序来控制运动。

(五)在不利条件下能维持正常操作水平

检验动作的熟练程度，更重要的是考察在不利条件下表现出来的操作水平。一般来说，越熟练的动作，越能在外界情况变化下或面临紧急情况时维持正常操作水平。例如，著名的球星在有对手贴身防守，甚至由于对手犯规而使自己失去平衡时，仍然可以将篮球投入篮筐。紧急情况的突然出现，可能使不熟练者手足无措，但能使熟练者的技能发挥至高峰。

四、动作技能的保持与迁移

(一)动作技能的保持

动作技能一经形成，就不易遗忘。动作技能的保持比知识的保持更牢固，越是复杂的动作技能，保持的时间越长；越是简单的动作技能，保持的时间越短。

许尚侠于 1986 年以大学生为被试研究了动作技能的遗忘进程，学习内容为一套新编的徒手操，10 分钟学习，1 分钟完成全套动作。结果发现动作技能的遗忘进程与艾宾浩斯的无意义音节的遗忘进程有很大的区别，如图 4-1 所示。

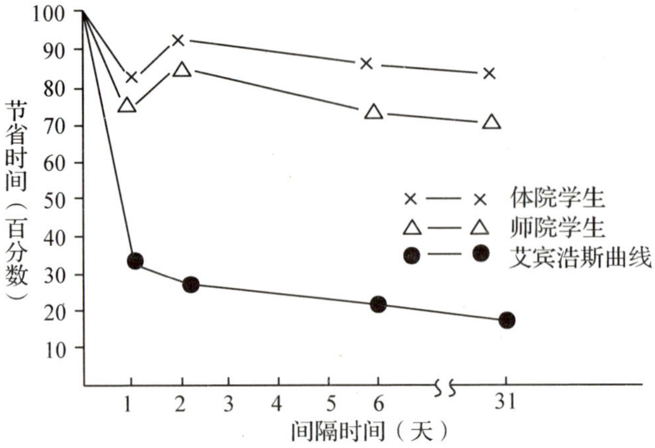

图 4-1　动作技能与无意义音节的遗忘曲线比较

为什么动作技能不易遗忘呢？

第一，动作技能是在大量练习的基础上获得的。大量的练习往往意味着过度学习，而且在练习过程中常凭借外部和内部反馈信息来不断地校正动作，完善动作。因此，经过过度学习的任务是不易遗忘的。研究表明，动作技能越复杂，练习量越多，遗忘发生得越少；动作技能越简单，练习量越少，遗忘也越明显。

第二，许多动作技能是以有序连续的局部动作为基础的。有序连续的动作只要出现某一局部动作，其他连锁的动作就会相应出现，因此有序连续的动作序列构成的动作系统不易遗忘。在上述实验中，被试要追踪光点和指针，连续进行调节。连续的任务相对简单，故不易遗忘。如果动作技能是由许多完全不同的孤立动作成分构成的，其遗忘程度也会与言语材料的遗忘相去无几。

第三，动作技能不同于言语知识，它的保持高度依赖小脑的低级中枢，这些中枢可能比脑的其他部位有更大的保持动作痕迹的能量。

（二）动作技能的迁移

动作技能的学习与知识的学习一样，也存在迁移现象，即一种技能的学习对另一种技能的学习产生影响。从迁移的性质及其作用来划分，动作技能的迁移有正迁移和负迁移；从迁移发生的方向来划分，有顺向迁移和逆向迁移。虽然学习迁移的一般规律也适用于技能的迁移，但动作技能的迁移又有其特殊性。从动作的特点及其关系来划分，可以把动作技能的迁移划分为以下几种迁移形式。

1. 双侧性迁移

双侧性迁移又称交叉迁移，是指在身体一侧器官形成的技能迁移到身体另一侧的器官。研究表明，双侧性迁移最明显是人体对称部位，即左手—右手、左脚—右脚；其次是同侧部位，即左手—左脚、右手—右脚；最弱的是对角线部位，即左手—右脚，右手—左脚。双侧性迁移对于需要双手或四肢协调的动作技能的学习具有促进作用。

2. 语言—动作迁移

这是指在动作练习前的语言训练对掌握动作技能有影响作用。一般来说，只有当语言的反应不干扰被试的动作时，如语言就是对该动作的表征，或者语言的反应简单，或语言能提高知觉的辨别能力等，学习动作技能前的语言训练才能对动作技能产生正迁移。

3. 动作—动作的迁移

这是指已形成的一种动作技能向另一种动作技能的迁移。两种动作技能之间既可以产生正迁移也可以产生负迁移。当两种动作技能的学习存在相似的注意分配、反应速度、操作动作成分、操作方式时，则产生正迁移。例如，学会骑摩托车就较容易掌握驾驶汽车的技能。当两种动作技能的动作成分相似，操作动作的方式相反时，则容易产生负迁移。例如，习惯于从自行车左边上车的人很难掌握从自行车右边上车的技能。

五、促进动作技能学习的条件

动作技能的形成要经历一个复杂的过程，需要具备一系列的条件，为了提高动作技能学习的效率，必须充分了解制约动作技能形成的条件，这些条件可以分为内部条件和外部条件两类。

(一)促进动作技能学习的内部条件

1. 具备学习动作技能的动机

学习动作技能的动机是促使学生积极学习动作技能的内在驱动力量，是在学习者产生学习动作技能需要的基础上形成的，对学习者持久学习动作技能起到积极的促进作用。例如，学习者对电脑五笔打字的技能产生了学习的意图、兴趣，形成了强烈的学习动机，就会热情地接触它，认真钻研五笔字的特点、规则并积极上机练习，从而尽快获得这一技能。

2. 具有相应的生理成熟水平和丰富的知识经验

大量的研究与日常的观察表明，学习者掌握动作技能的能力随年龄和经验的增加而提高。生理成熟是学习动作技能的基础，知识经验是学习动作技能的重要条件，学习者生理成熟水平越高，知识经验越丰富，动作技能的学习效果越好。一般来说，成熟与知识经验对动作技能学习的影响是相对的，对简单的动作技能的学习，生理成熟所起的作用相对较大；对复杂的动作技能的学习，知识经验所起的作用相对较大。

3. 具有正常的智力水平

当学习者的智力处于正常水平时，与小肌肉群活动有关的动作技能的学习与智力水平有较低的正相关，智力水平越高，动作技能学习成绩越好；与大肌肉群活动有关的动作技能的学习与智力水平之间几乎没有什么相关。当学习者的智力处于常态以下时，小肌肉群与大肌肉群的动作技能的学习和智力之间存在明显的正相关，智力越低，动作技能的学习速度越慢，越难获得动作技能。

4. 良好的人格特征

人格特征与动作技能的学习关系密切。奥吉利夫和塔特科在 1967 年的研究表明，与出色完成竞赛活动有关的人格特征有：①较高的成就动机；②忍耐力、坚持性；③抗干扰、承受打击和注意稳定的能力；④控制能力；⑤任劳任怨、努力、吃苦精神；⑥自信、大胆、心胸开阔；⑦高于常态的智力水平。由此可见，良好的人格特征，对动作技能的学习和掌握起着促进作用。

人格类型也会影响动作技能的学习。外向型与内向型人格类型对动作技能的学习会造成不同的影响。外向型的人与内向型的人相比较，动机水平高，活动效率也较高；外向型的人比内向型的人较难形成条件反射；外向型的人易于形成粗大动作技能，内向型的人易于形成精细动作技能；外向型的人动作速度快，但欠准确，内向型的人动作速度慢，但准确性高；外向型的人动作的灵活性高，内向型的人动作的灵活性较低；外向型的人动作的稳定性较低，内向型的人动作的稳定性较高。

(二)促进动作技能学习的外部条件

1. 科学的指导

在动作技能的学习中，有效的指导是不可缺少的。指导主要包括讲解和示范两种形式。结合动作技能的特点进行讲解和示范，对动作技能的学习起着积极的促进作用。

①讲解。讲解可以口头形式进行，也可以借助文字模型、草图等进行。讲解的内容包括以下几方面。第一，学习动作技能的目的。例如，教师应明确告诉学习者要学习什么，明确提出动作技能应达到什么目标，并向他们提出适当的切实可行的期望，使学生明确“做什么”和“怎么做”，形成对自己的正确估价，并能根据自己的能力与学习任务的目标而调控自己的练习过程。第二，动作技能的性质。例如，告诉学习者是连续性动作技能还是非连续性动作技能，是工具性动作技能还是非工具性动作技能。第三，学习程序与步骤。例如，告诉学习者有关动作技能的步骤、动作顺序、练习时间与分配方式等。第四，注意事项。例如，告诉学习者学习该动作技能的难点是什么，什么时候容易出现错误和危险，如何学得最快、保持得最牢固、运用得最灵活等。

②示范。讲解是教师讲学习者听，而示范则是教师做给学习者看的。教师直接以动作方式演示，学习者通过观察示范动作，也能获得相应的动作技能。示范主要有两种形式，第一种是由教师做出示范。根据教师与学习者所处的相对位置，具体可以把示范分为三种。一是相向示范。在教室情境中，教师对学生进行面对面的示范。这种方式易产生左右反向的不良影响。二是围观示范。教师居中，学习者围而

观之，这种方式易使学习者因观察角度不同，影响动作的准确性。三是同向示范，学习者在教师背后，且居高临下，该方式可以避免左右反向及观察角度不同造成的不良影响。另一种是借助视听教学进行示范，如通过观看教学电影、幻灯片等。这种方式可以提高学习者的学习兴趣，提高教师指导及学习者学习动作技能的效率。上述示范都要求动作准确、规范，力求使包含在技能中的每一个具体动作都清楚地展现出来，而且在动作技能学习的初期，若采用教师直接示范，应尽可能使教师的动作慢速进行，充分展示分解动作，然后再合成完整的动作系统。

在动作技能学习中，讲解与示范通常不是孤立进行的，而是结合起来进行的。研究表明，示范时结合讲解，或指出错误，进行现场评价效果更好。梅曾对不同演示方法做过比较研究。他把小学五年级学生按平均能力分为五个组，分别学习两种复杂程度不同的拼图技能。教师做示范动作，示范时或不做任何说明，或结合进行程度不同的说明，并要求各组被试在观看教师示范的同时做不同的反应，结果如表 4-1 所示。

表 4-1 不同示范方式对动作技能学习的影响

组别	规定学生的反应	教师示范与说明	示范后独立操作简单拼图所需时间(分)	示范后独立操作复杂拼图所需时间(分)
1	边看示范边背诵与技能无关的数字	只有示范动作，不做任何说明	5.7	25
2	边看示范边说出教师正在做什么动作	只有示范动作，不做任何说明	3.1	22
3	只许观看不许发问	示范动作之外略做要点说明	3.5	16
4	只许观看不许发问	示范动作之外另加详细说明	3.2	14
5	边看示范边说出教师在做什么动作	只纠正错误，不做口语解释	2.2	12

由表 4-1 中可以看出，不论是学习简单动作技能还是复杂动作技能，第五组学习效果都最佳。而在学习复杂的操作技能时，第三组、第四组学习效果仅次于第五组。这个实验告诉我们：学习动作技能时，教师应让学习者注意观察并理解所演示的动作技能，而且教师应把讲解与示范结合起来，在示范时应及时对学习者的错误动作加以指正，这是促进动作技能学习的最有效的方式。

2. 练习

①练习与练习曲线。练习是动作技能形成的基本条件。它是指以掌握一定的技能为目标而进行反复操作的过程，或是刺激与反应的重复操作。练习的结果可以用练习曲线来表示，练习曲线是描述动作技能随练习时间或次数的变化而变化的图形，通常练习曲线有三种表示法(图 4-2)。借助练习曲线，我们可以分析、考察动作技

能随练习量的增加而改进的一般趋势。

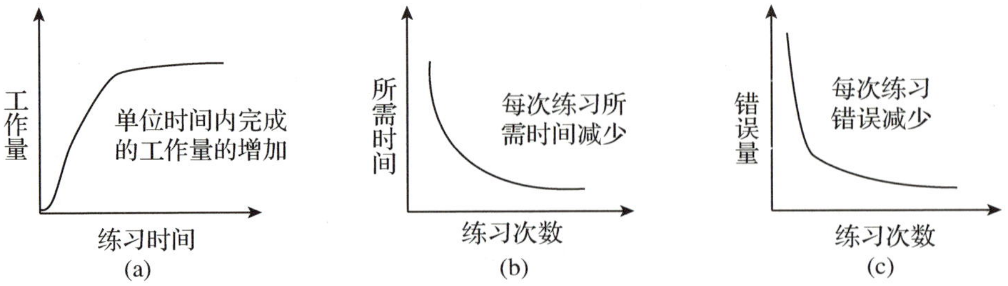

图 4-2　练习曲线不同表示方法

②练习的一般趋势。各种动作技能形成的进程不尽相同，但它们之间又具有某些共同特点和规律，具有一般的发展趋势。

第一，总的趋势是练习成绩逐步提高，表现在速度回忆和准确性提高上。速度加快的具体表现是单位时间内所完成的工作量有所增加，或是每次练习所需时间减少；准确性的提高具体表现为每次练习的错误减少。练习成绩随练习进程而逐步提高的趋势具体表现为以下三种形式。其一，练习进步先快后慢。例如，跳高、射箭、跳远等，在多数情况下，技能在练习初期的成绩提高较快，以后逐渐变慢。其二，练习的进步先慢后快。例如，投铅球、投标枪、游泳等，在少数情况下，练习初期的进步比较缓慢，以后逐步加快。其三，练习进步先后比较平均。在极少的情况下，练习的进步既没有明显的先快后慢现象，也没有明显的先慢后快现象，练习进步的速度比较均匀，在练习曲线图上表现为接近于直线(图 4-3)。

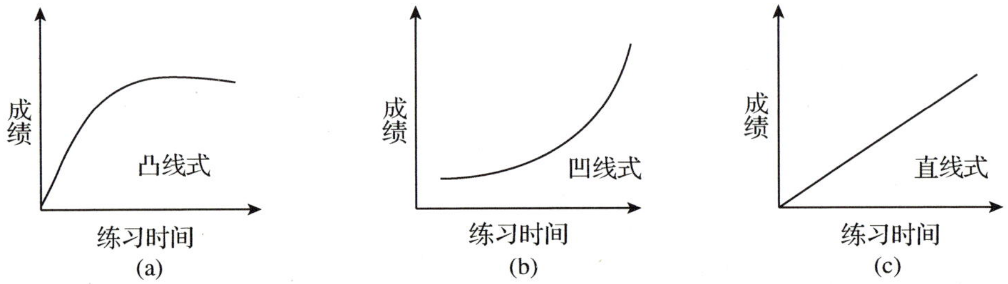

图 4-3　不同类型的练习曲线

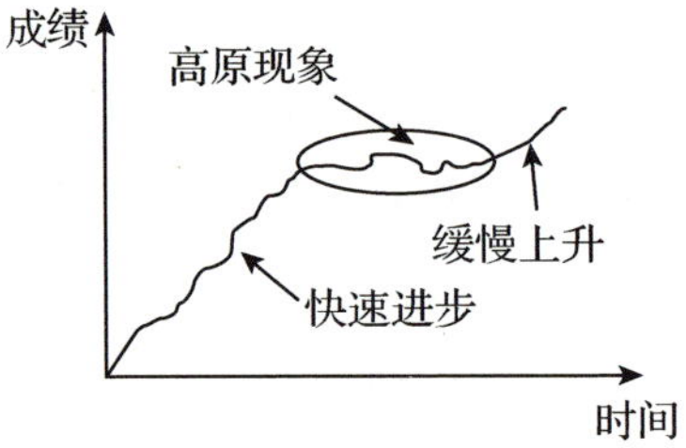

图 4-4　练习中的高原期现象

第二，高原期现象。这是指在结构比较复杂的动作技能形成过程中，练习到一定时期会出现练习成绩暂时停顿的现象。高原现象一般在练习中期出现。这一现象在练习曲线上表现为出现一段接近水平的线段，此时曲线不但不上升，甚至还可能会出现少许下降。但在高原期后，曲线又继续上升(图 4-4)。高原期现象产生的原因主要有：感觉机能和中枢机能对动作的控制和调节作用减弱；提高练习成绩的新活动结构和方法尚未形成；练习方法不当；形成消极的思维定势；产生心理上和生理上的疲劳；动机强度减弱、兴趣降低；意志品质差等。只有消除这些消极因素的干扰，才能避免高原现象的发生。

第三，练习成绩的起伏现象。在练习成绩随着练习而提高的总的发展趋势下，练习成绩也会出现时而上升、时而下降，进步时快时慢的起伏现象(图 4-5)。造成练习成绩起伏的原因主要有：其一，客观环境的变化，如练习条件、工具、训练方法的改变等；其二，学习者主观状态的变化，如健康状态欠佳，苦闷消极的情绪体验，注意涣散，缺乏兴趣和动机；等等。只有克服这些消极因素，暂时的停滞才会消除，练习成绩会进一步上升。

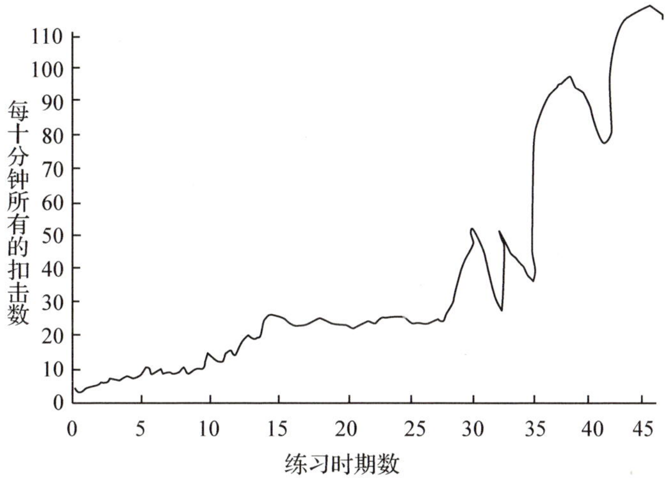

图 4-5 练习中的起伏现象

第四，练习成绩相对稳定的现象。在动作技能发展的最后阶段，出现练习成绩相对稳定不再继续提高的现象，通常称为动作技能发展的极限。从人的生理素质和机能来看，每个人掌握某种技能都有一定的发展限度。动作技能之所以有生理限度，是因为动作是身体的机能，是通过骨骼、肌肉的运动来实现的。身体有其固定的物质结构，动作的准确性、速度和灵活性不能超越身体的物质结构许可的限度。但在实际生活中，真正达到生理限度的情况是极少的，动作技能发展的极限是相对的，因此提高技能的潜力很大。只要不断地总结经验，改进操作工具和方法，就能促进技能的发展。

第五，练习曲线的个别差异。虽然各种动作技能的发展都遵循技能发展的总规律，但由于各种技能的复杂程度不同，学习者的知识经验、人格特征、练习态度、练习方法、主观努力、能力等存在差异，因此练习的进程也各不相同。这就要求教师在指导学习者进行练习时，既要考虑练习的一般规律，又要考虑学习者的个别差异。

③合理地组织好练习。影响练习效率的因素很多，要使学习者顺利获得动作技能，必须组织好练习。

第一，明确练习的目的和要求。这是影响练习效率的最重要的因素。练习目的明确，要求具体，可以调动学习者的学习热情，提高练习的主动性和积极性，使练习常处于意识控制之下，排除干扰，克服困难。同时，具体明确的练习要求、难度适中的练习目标、近期目标等对提高练习效率有更大的促进作用。

第二，合理分配练习时间。动作技能的学习需要充足的时间进行练习，因此要制定合理的时间分配表。根据时间分配上的不同，可以把练习分为集中练习和分散练习两种。集中练习是指长时间不间断地进行练习，直到掌握某种动作技能为止，中间不安排休息时间。分散练习是指把练习分成若干阶段，在各阶段之间插入适当的休息时间。许多实验都表明，分散学习优于集中学习。金布尔与沙特尔训练大学生练习使用切割机裁纸，他们把学生分为四组，练习20次，每次1分钟。第一组每次练习后有45秒钟休息；第二组有30秒钟时间休息；第三组有5秒钟时间休息；第四组无休息，一直继续练习。结果如图4-6所示。从中可以看出，休息时间越长，成绩越好；无休息组成绩最差，分散练习效果优于集中练习的效果。

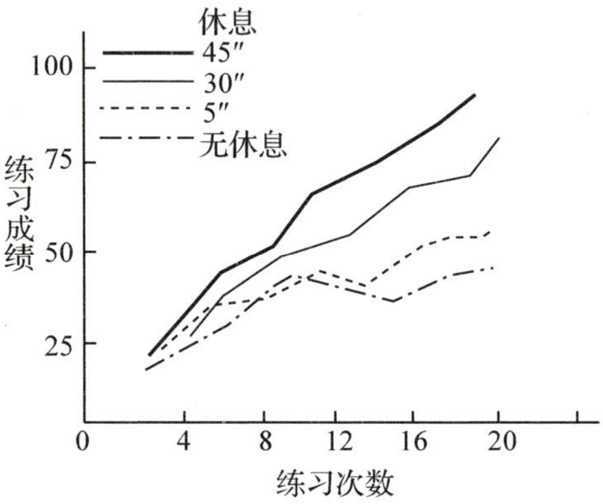

图 4-6 集中与分散练习的比较

第三，掌握正确的练习方法。获得动作技能的练习方法主要有整体练习和部分练习。所谓整体练习，是指把要学习的动作技能作为一个整体重复加以训练的练习形式。所谓部分练习，是指把一套完整的动作技能分解成同时或按先后次序出现的许多部分，每次分别进行其中一个部分的训练，最后获得完整的动作技能的练习形式。采用整体练习还是部分练习，应视动作技能的性质及复杂程度而定。一般认为，当动作技能的各部分的独立性较大，或动作技能较为复杂时，采取部分练习的效果较好；当动作技能较为简单，或动作技能的结构严谨、完整，需要细心整合时，则采用整体练习效果较佳。

第四，及时反馈。所谓反馈，是指学习者了解自己练习的结果。学习者只有及时从自己的动作或动作结果中得到反馈信息，才能了解自己动作的正确与错误，通过练习把正确动作巩固下来，舍弃错误动作，以提高练习的效果，从而促进动作技能的学习。因此，简单机械的重复练习不可能改善动作技能的学习，在练习过程中及时把练习中的各种信息反馈给学习者，是促进动作技能学习的最重要的外部条件之一。学习者一般通过视觉、听觉、触觉、动觉和平衡觉来获得练习结果的反馈信息。通常情况下，在练习初期主要通过外部反馈获取练习效果的信息，即学习者大多是通过视觉通道或听觉通道来获取反馈信息，在练习后期则主要通过运动感觉来获取反馈信息(如图 4-7)。

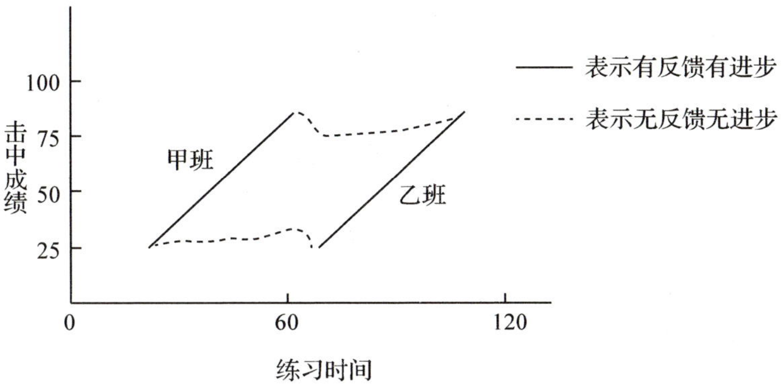

图 4-7 反馈在练习中的作用

第三节 品德的学习

学生道德品质的培养是全面发展教育的重要组成部分，也是学校教育的一项重要社会职能。德育心理与品德培养是教育心理学的一个重要部分，它主要阐述学生品德形成过程的心理规律及如何有效地促进学生品德的形成。

一、品德的概念与心理结构

(一)品德的概念

品德，道德品质的简称，在我国又称为德行或品行、操行等。品德是就个人道德面貌而言的，是社会道德现象在个人身上的反映。道德品质是一定的社会或阶级的道德准则，转化成个人的道德信念和道德意向在言行中表现出来的稳固的心理特征。作为一种心理现象，品德是一种反映形式，具体体现一定社会道德要求的个人意识和行为总体的特征。品德是人在实践活动中，在社会道德关系和道德舆论的作用下，在道德教育影响下形成的，它是社会现实在人脑中的反映。

品德是一种个性心理特征。个性心理特征是完整的个性结构之一，包括性格、气质和能力等。其中性格和品德既有联系又有区别。某些性格既是人表现在对现实的稳定的态度和与之相适应的行为方式上的心理特征，同时也包含一个人有关道德和伦理方面的行为倾向。因此，性格与品德有相重叠的部分。但品德与性格又有区别，品德只是属于同道德伦理有关系的范围。当我们谈论有道德价值或处理是非、好坏和善恶的问题时，如说某人有说谎、欺诈和偷窃的行为，我们说的是品德，而不是性格特征；当我们从一个人对人对事的专断和顺从、内向和外倾等一类品质评价一个人的社会行为时，我们说的是性格。

(二)品德的心理结构

品德的心理结构不同于品德内容。品德的心理结构是指品德这种个体心理现象的组成成分，是指个体心理现象的形式、结构体。例如，有人认为品德的基本结构为“知”与“行”，即任何道德品质都包含道德认识和道德行为；也有人认为品德的基本结构为“知、情、意、行”，即任何一种道德品质都包含有道德观念、道德情感、道德意志和道德行为。道德品质的结构带有普遍性、规律性，但它不为时代、民族或阶级决定，是作为个体心理现象的形式而言的。

二、国外品德形成的理论

认知发展论的品德理论又称道德认知发展理论。这一理论最初由杜威做先导，皮亚杰建立理论体系，后经柯尔伯格的继承和发展，成为迄今为止最有影响的一种品德理论。

(一)皮亚杰的道德认知发展理论

皮亚杰的主要贡献是他的儿童心理学和发生认识论思想，但他在提出儿童的智力发展理论的同时，也提出了儿童的道德发展理论，对品德心理研究做出了重要贡献。皮亚杰的道德发展研究是建立在思维发展基础上的。他认为儿童的道德发展是认知发展的一部分，因而他把儿童的逻辑思维能力和道德判断能力看作一种蕴含关系，认为儿童道德判断的发展与儿童认知发展的阶段相平行，儿童道德发展的进程可以在他们的认知发展中找到根据。皮亚杰的研究方法是间接故事法——通过向被试讲解故事的方法让被试判断研究者所设计的那些行为类型，从儿童对特定行为的评价中去分析他们的道德认知。这些包含道德价值内容的对偶情境故事每一对都包含着两种道德情境，每一种道德情境代表着一种道德发展水平，故又称对偶故事法。要求儿童对这些包含道德价值内容的对偶故事辨认是非对错，从他们对特定行为情境的评价中去查明他们的道德观念。他在大量研究后指出，儿童道德发展具有一条总的规律，这条规律就是：从他律发展到自律。所谓他律，是指早期儿童的道德判断只注意行为的客观效果，不关心主观动机，是受自身以外的价值标准所支配的道德判断，具有客体性。所谓自律，则是指儿童自己的主观价值标准所支配的道德判断，具有主体性。他律水平与自律水平是儿童道德判断的两级水平。儿童的道德判断从他律到自律的发展是贯穿在皮亚杰关于儿童道德发展理论中的一条思想主线。皮亚杰在此基础上进一步提出儿童道德发展的年龄阶段。

1. 自我中心主义(2～5岁)

大约从2岁起，儿童开始模仿别人接受规则，但由于跟成人或同伴之间还没有相互合作关系，儿童总是按照自己的想象去接受规则。规则对他来说还不具有约束力，他还不能把规则当作一种义务去遵守。儿童的这种既模仿别人接受规则，又按个人的意愿去应用规则的二重性，皮亚杰称为道德的自我中心主义。

因此这一阶段的儿童在道德要求上，有时采取毫无异议的顺从态度，有时采取拒绝甚至反对的非顺从态度。正是儿童的这种道德的自我中心主义特征，使得他不能按照我们称为道德的方式去行动。皮亚杰认为，促进儿童和同伴之间形成合作关系，是使儿童摆脱这种自我中心主义的唯一方法。

2. 权威阶段(6～8 岁)

在这个阶段，儿童的道德生活几乎完全是以服从权威为特征的，服从权威的力量是一种约束的道德判断和道德品质，它起源于幼儿期道德的自我中心主义。

在儿童看来，一定要绝对服从父母、老师等成人或年龄较大的、更为成熟的、更有力量的权威者。听他们的话就是好的，不听他们的话就是坏的。同时，在儿童的心目中，权威者规定的规则是固定的、不可改变的，必须绝对地服从、不可违背。谁破坏了规则，谁就必须要受到惩罚。皮亚杰把儿童绝对驯服地服从规则要求的倾向称为道德实在论。他指出，成人的约束和滥用权威对儿童的道德发展是极其有害的。

3. 可逆阶段(8～10 岁)

在这个阶段，儿童的道德判断不再是以单方面服从权威为特征，而是以相互遵从规则为特征。儿童意识到跟同伴交往的社会关系，不再把规则看作一成不变的东西，而把它看作同伴间共同约定的东西。如果所有的人都同意的话，规则是可以改变的。儿童不再按是否服从权威来判断行为的好坏，而是以是否公平来判断行为的好坏，认为公平的行为就是好的，不公平的行为就是坏的。由此可见，儿童的道德判断已经开始摆脱外界的约束，并具有自律道德水平的初步萌芽。

4. 公正阶段(11～12 岁)

正如可逆阶段是从权威观念发展而来的那样，公正阶段是从可逆的道德观念发展而来的。在皮亚杰看来，从同伴之间的可逆关系转变到公正关系的主要原因是利他主义因素。当可逆的道德观念从利他主义角度去考虑时，就产生了关于公正的观念。公正观念不是一种判断是或非的单纯的规则关系，而是一种出于关心与同情人的真正的道德关系。也就是说，儿童不再刻板地按固定的规则去判断：他已认识到在依据规则判断时，应先考虑到同伴的一些具体情况，从关心和同情出发去判断。皮亚杰认为公正观念是一种高级的平等关系，这种道德观念已经能够从内部对儿童的道德判断起着决定性的作用。

(二)柯尔伯格的道德认知发展阶段理论

柯尔伯格(L. Kohlberg)出生于美国纽约，以《10～16 岁学童道德思维与判断方式之发展》的论文，于 1958 年获芝加哥大学博士学位。从 1968 年起他专任哈佛大学教授、哈佛大学道德发展与教育研究中心主任。柯尔伯格沿着皮亚杰《儿童的道德判断》的研究路线，对个体的道德认知发展进行了大规模的追踪研究和跨文化研究，先后长达 30 多年，取得了丰硕成果。

1. 柯尔伯格道德认知发展的基本观点

柯尔伯格继承并发展了皮亚杰的道德发展理论，把儿童的道德发展看成整个认知发展的一部分，认为儿童的道德成熟过程就是道德认识的发展过程。与皮亚杰的看法相似，柯尔伯格将儿童看作道德哲学家，认为儿童有自己的关于价值观问题的思考方式，能自发形成他们的道德观念，这些道德观念又形成有组织的思维方式。按照柯尔伯格的看法，道德认知是对是错、善恶行为准则及其执行意义的认识，并集中在道德判断上。道德判断是一个人根据道德原则对什么是正确的或错误的行为进行的判断，即道德评价。在柯尔伯格看来，儿童的道德成熟首先是其道德判断上的成熟，然后是与道德判断相一致的道德行为上的成熟。

2. 道德认知发展阶段

柯尔伯格对道德认知发展的研究方法最初直接来源于皮亚杰，他把皮亚杰的一对对偶故事改成一个道德两难故事。两难故事保留了对偶故事的简洁故事形式和冲突性特点。所以，柯尔伯格的对偶故事法又称“道德两难故事法”。他设计了 9 个两难故事，其中最典型、最为人所熟知的便是“海因兹与药”。柯尔伯格所关心的并不是对这些两难问题回答“是”或“否”，而是儿童回答问题时如何推理，如认为海因兹为什么应该或不应该偷药。主试在与儿童交谈的过程中还可以提新问题来帮助理解儿童的推理，并注意被试回答背后的推理，据此将各种反应划分阶段。

欧洲有一个妇女患有一种特殊的癌症，生命垂危。医生诊断后认为，只有一种药物能救她的命，这就是本城药剂师最近发明的一种新药——镭。该药成本较贵(400 美元)，而药剂师的索价是成本的 10 倍(4000 美元)。病妇的丈夫海因兹多方求援，只凑到药费的一半(2000 美元)。海因兹把实情告诉药剂师，他的妻子快要死了，请求把药便宜一点儿卖给他，或者允许赊账。但药剂师说：“不行，我发明此药就是为了赚钱。”海因兹走投无路，竟铤而走险，于晚上夜深人静时撬开了药剂师经营的药店的店门，为妻子偷走了药物。

向儿童提出的问题有：①海因兹该不该偷药？为什么？②海因兹是对的还是错的？为什么？③海因兹有责任和义务去偷药吗？④人们竭尽所能去挽救另一个人的生命是否很重要？为什么？⑤海因兹偷药是违法的。他偷药在道义上是否错误？为什么？⑥仔细回想故事中的情境，你认为海因兹最负责任的行为应该是什么？为什么？

柯尔伯格在 20 世纪 80 年代初对其理论做全面总结时，按照道德判断结构的性质不同，将个体的道德发展划分为三级水平六个阶段，提出了他的最全面的阶段模型，详见表 4-2。

表 4-2　柯尔伯格道德发展三级水平六个阶段

一、前习俗水平(根据行为的直接后果和自身的利害关系判断是非好坏) 第一阶段：服从和惩罚定向　儿童评定行为的好坏着重于行为的结果，认为受赞扬的行为就是好的，受惩罚的行为就是坏的。 第二阶段：朴素的利己主义定向　儿童评定行为的好坏，主要看是否符合自己的要求和利益。	儿童对偷药故事可能的反应 赞成：他可以偷药，因为他先提出请求，又不偷大的东西，不该受罚。 反对：偷药会受到惩罚。 赞成：他的妻子需要这种药，他需要同他的妻子共同生活 反对：他的妻子在他出狱前可能会死，因而对他没有好处。
二、习俗水平(依据行为是否有利于维持习俗秩序，是否符合他人愿望进行道德判断) 第三阶段：好孩子定向　儿童认为，凡取悦于别人，帮助别人以满足他人愿望的行为是好的，否则就是坏的。 第四阶段：维护权威和社会秩序的定向　儿童认为，正确的行为就是尽到个人责任，尊重权威，维护社会秩序，否则就是错误的。	儿童对偷药故事可能的反应 赞成：他只不过做了好丈夫应该做的事。 反对：他这样做会给家庭带来苦恼和丧失名誉。 赞成：不这么做，他要为妻子的死负责。 反对：他要救妻子的命是自然的，但偷东西犯法。
三、后习俗水平(能摆脱外在因素，着重根据个人自愿选择的标准进行道德判断) 第五阶段：社会契约定向　儿童认为，道德法则只是一种社会契约，可以改变，不能以不变的规则去衡量人。 第六阶段：普遍的伦理原则定向　儿童已具有抽象的以尊重个人和个人良心为基础的道德概念，认为个人一贯依据自己选定的道德原则去做就是正确的。	儿童对偷药故事可能的反应 赞成：法律没有考虑到这种情况。 反对：不论情况多么危险，总不能采用偷的手段。 赞成：尊重生命、保存生命的原则高于一切。 反对：别人是否也像他妻子那样急需这药，要考虑所有人生命的价值。

三、品德形成的心理过程

品德形成与态度改变不仅仅为教育心理学家所关注，它也是社会心理学的研究内容。品德形成与态度改变包括方向的改变和程度的改变。方向变化可以由好变坏，也可以由坏变好；程度变化可以从轻微到彻底改变。美国社会心理学家凯尔曼 1961 年提出了态度改变和品德形成的三阶段：顺从、认同和内化。

顺从阶段，指个人为了获得奖酬或避免惩罚，按照社会的要求、群体的规范或别人的意志而采取的表面服从的行为。这一阶段人的态度和行为的特点是：①态度或言行受外部压力的影响，或外力的胁迫强制，或外力的诱惑；②表面的顺从，但内心并不相信；③服从行为往往是一时的，有人监督就规规矩矩、“绝对服从”，没有人监督就违反纪律；④从被迫服从，逐渐形成习惯，就转化为自觉服从。态度或品德的形成和转变除肇端于强制顺从之外，也可能从不知不觉地模仿他人的态度、品德开始。社会生活实践表明：许多人的态度、品德的形成和转变，并不一定受外界强制力量的影响，常常是从无意识地模仿父母、教师、成人及自己崇拜的对象的态度、言行开始的。这是形成和改变自己品德和态度的一种最常见的形式。

同化阶段，不是个体对社会压力的被迫屈服，也不是不自觉的模仿，而是自觉地接受他人的观点、信念、态度与行为影响，使自己的态度和行为逐渐与他人或某个团体的态度与行为相接近的过程。他人或团体的观点、信念、态度和行为是否有吸引力，是同化的重要条件；而同化又是内化的前提，是形成与转变个体的品德和态度的重要环节。

内化阶段，指真正从内心深处相信并接受他人的观点，彻底转变自己的态度。这意味着把外部的新思想、新观点、新行为归于自己的思想体系之中，成为自己态度与品德体系的一个组成部分。内化阶段是人们的态度和品德真正形成或彻底转化的阶段，也是人的态度和品德最稳定、最持久、较为系统的阶段。

四、影响品德形成的因素

影响品德形成的因素可以分为外部因素与内部因素两类。

(一)外部因素

影响学生品德形成的外部因素是指学生自身以外的一切条件，包括社会文化、家庭环境等因素。教育实践和心理学研究表明，外部因素对学生品德的形成有重要影响。

1. 社会文化条件

社会文化条件对个体品德形成的影响，主要通过社会风气、民族文化、宗教及所处学校集体等方面的因素体现出来。

①社会风气。年幼儿童的品德主要受家庭教育的影响，随着儿童进入青少年时期，社会风气对他们的影响越来越大。社会风气是由社会舆论、大众媒介传播的信息、成年人的榜样作用等构成的。学校的青少年不可能与社会隔绝，他们的道德信念和道德价值观正处于形成过程中。他们既容易接受良好的社会风气的影响，也容易接受不良的社会风气的影响。据美国帕克等人研究，在其他生活条件相似的情况下，观看暴力电影的学生比其他学生有更多的攻击性行为出现。彼得逊等人对美国7～11岁学生的一次全国性调查显示，常看暴力电视节目的学生有更多的恐惧感，担心一个人在外玩的时候被人杀害，有时甚至对社会失去信心。

②民族文化。生活于不同社会文化背景之中，具有不同民族血统的儿童，在道德发展速度上是否存在着差异？是否在道德发展的内涵上存在差异？这种差异究竟达到什么程度？有关这方面的研究得出的结论并不一致。杨国枢等人进行的跨文化研究指出，中国人传统的行为模式是社会取向的，是要求个人按照外部的社会期望和社会规则，而不是根据个人内部的愿望或需要行事；美国人则相反。中国文化历来强调与他人相关的“大我”，轻视与个人利益相关的“小我”。所以，中国人相对于美国人来说更愿意追求群体活动。研究者认为造成这些差异的原因是由于个体多年来将本社会的习俗、风尚、观念内化以后形成了自己独特的评价标准和认知倾向。这种内化了的评价标准和认知倾向就是个人的价值取向。它对人的行为起着重要的调节和定向作用。李伯黍等人曾对国内九个不同少数民族地区儿童的道德判断发展做过跨文化研究。研究结果表明，各族儿童的道德认知发展的总趋势是一致的，但在公正观念、惩罚观念、公有观念和行为责任的判断的发展上，各族儿童存在显著的差异。显然，不同民族血统、不同文化背景，对儿童道德发展有一定的影响，但这种影响主要体现在道德发展的某些方面，总体的发展水平大体上还是比较一致的。正如柯尔伯格有关道德发展阶段的跨文化研究所发现的那样，所有的群体都表现出相同的发展模式，阶段顺序有普遍性，但发展阶段出现的迟早以及可能达到的最高水平，则会受到一定的文化差异的影响。

③学校与集体。学校是影响儿童和青少年品德发展的重要因素，这种影响不仅通过德育途径来实现，还通过诸如集体舆论、班风、教师的工作作风及他们之间的关系等因素来实现。林崇德对先进班集体作用的系统研究发现，集体道德心理从两方面影响其成员——个体的品德诸因素，即知、情、意、行的发展。第一，良好的集体道德品质促使大部分正常儿童与青少年形成良好的品德；第二，良好的集体道德品质能改造品德不良的学生。

2. 家庭环境

家庭对个体社会化的影响是最早和最重要的。虽然很多道德观念的形成与家庭以外的社会交往分不开，但个体进行这些交往活动的同时并没有脱离开家庭的影响，并且由于顺序效应，往往将多渠道的影响都归因于家庭方面。艾森伯格等人 1995 年研究发现，如果儿童在早期有较丰富的与父母或兄弟姐妹的交往经验，他们在幼儿园和学龄阶段就倾向于对他人的情感更敏感，也更容易对自己的违规行为产生羞怯的情绪。研究者认为，与父母或兄弟姐妹的交往为儿童一方面提供了道德定向的信息，另一方面也提供了意识这些定向的机会。怀特根据系统理论从家庭凝聚力、家庭适应性和家庭沟通这三个方面的结构及其与道德观念影响源的关系，揭示了家庭影响个体品德内化的原因。家庭环境对儿童、青少年的品德既有有意识、有目的的教育、促进，同时更有潜移默化的影响。因此，家长要加强自身品德修养，注重正确而科学的教育方式，创造出融洽的、和谐的家庭气氛，使其子女的品德就向着正确的方向发展。

(二)内部因素

影响个体品德形成的内部因素是指学生自身的各种因素，如智力水平、受教育程度等，包括年龄、性别以及其他各种心理因素。

1. 智力水平

智力是一个人的一般的认知能力，这种一般认知能力对道德判断、道德行为的发展有没有影响呢？有人以小学二年级、五年级和八年级学生为被试，在谈话中告诉他们许多问题情境和纠纷事件，要他们设想最好的解决办法。例如，“一天早晨甲把乙书桌上的一台计算器拿走了，甲不愿归还。这时乙应怎么对待甲呢”，属于破坏性和报复性的回答有四种类型，下表列出了各类型回答在每个年级所占人数的百分比。

表 4-3 不同回答类型在每个年级的百分比

回答类型	年级		
	二年级	五年级	八年级
拒绝共用工具	72	21	7
宣扬对方的坏品德	55	39	6
夺取对方的用品	57	40	3
也毁坏对方的器具	69	21	0

由表 4-3 的数据可见，被试做出的四项破坏性和报复性的回答人次比例随着年级提高逐步减少。尽管这一研究未涉及道德行为本身，但人的道德观念可以迁移到道德行为。低年级学生或文化水平不高的成人，常常因道德观念水平低，为细小的事感情冲动，发生不道德的行为。

2. 受教育程度

许多研究者认为，学校正规教育是影响一个人道德发展的最有利因素之一。接受正规教育的多寡，影响一个人最终将要达到什么样的道德水平。陈欣银等人用雷斯特的 DIT(中文版)对不同受教育程度的人进行测验，其中包括初中生、高中生、大学生以及少年大学生。测验结果表明，接受正规教育的程度与青少年道德判断发展有显著相关。少年大学生的道德判断水平与普通大学生的判断水平一样，明显地高于同年龄的初中学生的判断水平。由此可见，不论文化背景如何，受教育程度始终是影响道德判断发展的一个重要因素。此外，道德教学和短期道德教育训练都能促进儿童道德发展。

五、品德培养的策略

对于如何进行品德教育，形成学生良好的品德，人们从“知、情、意、行”四方面提出了相应的方法。

(一)晓之以理，提高认识

在对学生进行品德教育时，通过说服，提高学生道德认识，是最常采用的策略。如何使说服这一使用频度最高的品德教育方法发挥最大的效果，心理学家与教育家提出了以下几种策略。

1. 价值澄清

价值澄清所采用的形式是使学生在他们的直接生活中思考一些价值选择途径，同时使他们对学校生活的周围人产生积极的态度。

价值澄清包括三部分、七个子过程。第一部分是选择：①自由地选择，如让学生思考“你认为你是从什么时候第一次产生这一想法的”；②从可选择的范围内选择，如让学生思考“在你产生这一想法之前，你常考虑其他什么事情”；③对每一可选择途径的后果加以充分考虑后的选择，如让学生考虑每一可选择途径(想法)的后果将会怎样。第二部分是赞赏：④喜欢这一选择并感到满足，如让学生考虑“你为这一选择感到高兴吗”；⑤愿意公开承认这一选择，如让学生回答“你会把你知道的选择途径告诉你的同学吗”；第三部分是行动：⑥按这一选择行事，如教师对学生说“我知道你赞成什么了。现在你能为它做些什么吗？要我帮忙吗”；⑦作为一种生活方式加以重复，如教师问学生“你知道这一途径已经有一段时间了吗”。

从价值澄清的七个子过程来看，首先，教师必须诱发学生的态度和价值陈述；其次，教师必须无批评地和无判断地接受学生的思想、情感、信念和观念；最后，教师必须向学生提出问题以帮助学生思考自己的价值观念。总之，价值澄清采用诱导性的品德教育方式，反对呆板的说教和强硬的灌输式教育，教师易于掌握，学生乐于接受，有助于提高自我认识，直接导致道德行为发生积极的变化。但是对学生的价值观念不辨好坏，一概予以承认的态度不可取。

2. 恰当地运用单面论据、双面论据

霍夫兰德有关态度转变的实验提示我们，教师说服低年级学生，主要应提供正面论据，而说服高年级学生，则可以考虑提供正反两方面的论据。另有研究表明，如果教师提出自己的观点之后，学生不产生相反的观点，则教师只提出正面的观点和材料有助于学生形成肯定的态度。如果在这种情况下再提出反面的观点和材料，则会引起学生对反面材料的兴趣，进而怀疑正面观点和材料。如果学生本来就有反面的观点，就应主动提出正反两方面的观点和材料，并用充分的证据证明反面的观点和材料是错误的。这会使学生感到教师是公正的，容易改变态度，并增强对错误观点的免疫力。此外，提供正面论据还是提供正反两方面的论据，取决于说服的任务。若说服的任务是解决当务之急的问题，只提出正面的观点和材料比较有效。这时提出反面的观点和材料，会延长学生做出正确反应的时间。若说服的任务是培养学生长期稳定的态度，提出正反两方面的观点和材料比较有利。

3. 小组道德讨论

小组道德讨论是柯尔伯格的合作者布莱特于1973年设计并实施的道德教育模式。小组道德讨论涉及三个要素。第一，课程要素。道德讨论的内容必须由一些能引起学生认知冲突的道德两难故事构成。第二，班级要素。道德讨论的班组必须由处于不同阶段的学生混合而成，使学生有机会接触到高于他们推理水平的道德判断，触动其原有的道德经验结构，产生不满足感，以达到改变自己原有的道德经验的目的。第三，教师行为要素。教师应具备儿童道德发展的理论知识并根据儿童道德发展的阶段特点，启发学生在小组讨论中积极思考，主动交流或辩论，做出判断，寻找自己认为是正确的答案。教师还要鼓励学生在讨论中考虑他人的观点或意见，协调与他人的分歧。所以，柯尔伯格认为小组道德讨论是符合苏格拉底的助产术精神的，并称之为“新苏格拉底模式”。

4. 群体规定

经群体成员共同讨论决定的公约、规定会有助于学生态度的改变。因为经成员讨论的规定，使成员承担了执行的责任，这样的规定对学生会产生约束力。这种约束力随学生觉察到群体内意见一致程度的提高而增强。一旦某个学生出现越轨行为，就会遇到群体的有形或无形的压力，迫使他们改变自己的态度。据裴宁同等人研究，如果群体讨论和群体决定在程序上结合，群体中的意见一致性最高，最有可能引起态度的改变。所以，如果教师期望有效地改变学生的态度，运用集体讨论后做出集体规定的办法，肯定是有益的。

(二)动之以情，引起共鸣

培养学生健康的道德情感，应从如下几方面着手进行。

1. 情感感染，以情育情

引起情感共鸣有利于道德情感的培育，在进行道德教育时，教师应以满腔热情和真挚的情感来感染学生，热爱学生，善于调节和控制自己的情感，教师对学生爱得越深，其对学生的亲近感、期望感、信任感越可以使学生对教师产生依恋仰慕之情，从而受到感染、感动和感化，即所谓“亲其师而信其道”。

2. 情境引发，因境育情

道德情感具有情境性，一定的道德情境能激发相应的道德情感。因此，在道德情感的培养中，教师要注意教育情境潜移默化的作用，创造某些情境以帮助激发青少年的情感体验。例如，组织班会、班集体活动，从会场布置到活动程序，从活动内容到会场气氛，都要考虑情感因素及其心理效果，努力做到在情景交融的道德情境中引发、培育学生的道德情感。

3. 引导理解，以知育情

道德情感是以道德认识为基础的，并且随着道德认识的发展由直接性发展到形象性，再发展到理论性，它的水平和道德认识的水平相联系。因此，培育道德情感可采取在具体情境中阐明道德概念与观念，激发学生的直接情感，并引导他们的情感体验不断概括、不断深化。例如，教师在讲述道德范例和分析道德准则时，应使用赞扬或指责的词语，使他们在领会道德要求的同时，伴有积极的或消极的情感体验；反之，在讲那些损坏集体利益等不道德行为时，则应以严厉的态度、否定的语言进行解释，使青少年产生厌恶、愤慨等情感体验，这些方法都有助于学生道德情感的发展。

4. 舆论强化，以群促情

道德总是在一定的情境中发生的，而情境的各种因素对道德情感的产生具有综合性的作用。道德情境对青少年学生来说，关系最直接的是学校情境、教室情境，尤其是其中的气氛情境。例如，某个同学做了坏事，只有在大多数同学表示谴责的舆论情境下，他才会真正地感到羞愧与痛苦；反之，若大多数同学表示支持或者不反对，他就不仅不会感到羞愧，有时还很得意。因此，良好的舆论情境有利于健康道德情感的培养，而不良的道德情境则会将学生引入歧途。教师应注意组织健康的舆论并帮助青少年学生形成对舆论的正确态度。

（三）导之以行，落实行动

学生品德的形成必须体现在道德行为的实施之上，因此，应该注重引导学生形成道德行为习惯。道德行为的实现，必须有道德意志参与，中小学生常常有言行脱节的现象，多半是由于缺乏意志力；同时，道德行为的实现，也需要掌握一定的道德行为方式。因此，道德行为的形成，同时要注重道德意志的培养和道德行为方式的训练，主要应通过如下的步骤和方法。

1. 激发愿望

青少年学生要做出一定的道德行为，首先就要有道德行动的愿望，换句话说，要有道德行为的动机并确定道德行动的目的，从而下定决心去干某事。由于激发道德动机的原因多种多样，而道德动机本身又种类繁多，所以在下定决心时常会导致动机斗争。教师在进行品德教育时，要善于进行正确引导，经常激励和鼓舞学生，帮助学生战胜非道德动机，促使低级形式的道德动机向高级形式转化，使动摇、软弱的道德动机转化为坚定的道德动机。

2. 组织训练

坚强的意志是在实践活动中形成和发展的，教师应有意识地将教学、教育活动作为培养学生道德意志的实践活动，给他们创设克服困难的情境，引起青少年学生自觉锻炼的意向。例如，组织各种类型的比赛，利用学生的好胜心和集体荣誉感，引起学生强烈的“赢”的欲望，使他们在自身的努力中得到意志力的锻炼。

3. 自我强化

自我强化是自我教育的一种表现，具体包括自我命令、自我检查、自我奖励、自我惩罚等。教师不仅要充分信任学生，而且还要有明确的外部监督和检查措施，帮助学生能够逐步过渡到自我调节和自我监督。例如，要求学生自己制订行为目标，自己管理自己，自己奖励自己，自己惩罚自己，这些方法都有利于青少年道德意志的锻炼。自我教育是中学生自觉地参与他们自身思想品德塑造的最高形式，也是进行教育的最有效的方法。这种教育效果最真实、最牢固，即使在无人监督的情况下，在结束学校生活后，学生也会朝着道德修养的目标不断前进。

4. 适当的奖励与惩罚

奖励是施之于行为之后以增加该行为再次出现可能性的事物，包括外部奖励和内部奖励。当学生缺乏遵照社会道德规范行动的自觉性时，教师通过物质的或精神的外在手段(如奖品、荣誉)来促进他们形成良好的道德品质，这些外在的手段就等于外部奖励，也就是强化。如果学生在遵照社会道德规范行动后体验到满足感，从而进一步激励学生继续发生道德行为，则属于内部奖励。外部奖励和内部奖励都能够满足学生的某种需要，因而在以后类似的情境或刺激下，道德行为出现的概率就会升高。在运用奖励时，首先，要注意奖励的应该是具体的道德行为，如尊老爱幼、拾金不昧、乐于助人等，而不是一般的概括性行为；其次，要正确选择奖励，减少物质奖励、外部奖励，多运用精神奖励、内部奖励。

惩罚是指为了减少或消除某种不良行为再次出现的可能性而在此行为发生后所跟随的不愉快事件。一般说来，教师可运用的惩罚包括：制止、约束、说理、批评、警告、冷淡、鼓励、暂时取消他的某些权力以及要求儿童用自己的行动来补偿过失造成的后果等。不过，主张运用惩罚，并不等于提倡体罚与变相体罚。运用惩罚应该注意以下原则。第一，避免不适当的惩罚，对违反课堂纪律的行为施以体罚或罚款是不适当的。第二，惩罚应与学生的不良行为相对应。例如，批评学生在课堂随便讲话，不应同时又指责其过去曾在上课时吃东西。第三，至少需要有一种不相容反应。例如，学生在课堂上随便吐痰的不相容反应是擦掉痰迹。第四，惩罚应尽可能及时，若惩罚延迟，不良行为不容易消除。第五，在实行延迟惩罚时，应力求使受罚者想到原先的过失情境。第六，力戒惩罚后又立即出现奖励。第七，向学生指出合适的行为以代替被惩罚的行为。

5. 树立榜样，促成迁移

我们常说“榜样的力量是无穷的”，所以应该给学生提供榜样行为，使学生通过模仿，进行迁移，促进道德行为方式的掌握与道德行为的形成。在通过榜样示范进行道德行为训练时，情境的安排应注意两方面：一是以各种变式来安排榜样示范行为的情境，即榜样示范的行为本身的本质方面保持不变，而情境的非本质的因素和条件应加以各种变化；二是注意安排从榜样示范的训练情境逐步地向学习者会仿效加以操作的真实生活情境过渡。

总之，培养学生的优良品德是个极其细微而又复杂的工作，学校、教师、家长应根据学生的心理特点，充分利用各种心理机制，通过最优化的组合方式构成统一的合力，使学生的品德形成及培养始终处于一种发展的动态中。

六、品德不良的矫正

品德不良学生，指的是经常违反道德准则或犯有较严重道德过错的学生，有的甚至处在犯罪的边缘或已经有轻微的犯罪行为(或称准犯罪水平)。国内外一些统计数据表明，13～15 岁是初犯品德不良或出现劣迹行为的高峰年龄。及早发现品德不良学生，重视对不良行为的矫正工作，不仅关系到这些孩子自身的成长和前途，而且对整个社会风气也有不可忽视的影响，教师在了解品德不良的原因的同时，要掌握他们的心理矛盾和转化他们的教育规律与方法。

(一)品德不良产生的原因

学生品德不良是在某些客观原因影响下，通过学生的一定心理活动而形成的。分析品德不良产生的主客观因素，有助于教育上采取预防与矫正措施。

1. 学生品德不良的客观原因

①不良社会风气的影响。从总体来看，我们的社会风气的主导方面是好的，是有利于青少年成长的。但社会上存在的某些不正之风，一些腐朽的思想意识，如贪图享乐、损人利己等，也在浸染着我们道德判断标准本来就不高的青少年，使他们难辨是非、不明美丑。

②家庭教育不当。父母对子女的溺爱、迁就会使孩子产生性格上的畸形：自我中心、自私、专横、任性等，以致逐渐发展成为不良的品德。父母教育方式的失误，如专制、暴力、暴虐，也会使孩子秉承父母的待人风格，动辄拳头相见。另外家长在教育上的不一致，也使孩子无所适从。家庭成员本身的恶习或家庭结构的剧变，也使儿童心灵受到创伤，有可能导致品德不良。

③学校教育的失误。学校教育工作者在教育观点上的偏颇或方法上的不当，也会在一定程度上间接地造成或助长学生的不良品德。例如，片面追求升学率，只教书不育人；对学生不一视同仁、处理问题不公正；对待品德不良学生或忽严忽松，或睁一眼闭一眼，或一推了之，结果使他们的问题每况愈下；有的教师对学生的要求忽高忽低，教育方法不恰当，使学生产生厌恶反感情绪，造成师生之间的对立，教育效果甚微，等等。

2. 学生品德不良的主观原因

①缺乏正确的道德观念和道德信念。不良品德的形成与学生道德认识上的错误或无知常有密切的联系。有的学生不理解或不能正确理解有关的道德要求和道德准则，如把违反纪律视为“英雄行为”，把敢打群架等同于“勇敢”。有的学生虽知道什么能做、什么不能做，但这种认识没有转化为指导行为的信念，一旦在富有诱惑力的不良环境影响下，就可能走上邪路。

②道德意志薄弱，自制力不强。有些品德不良学生在道德认识方面并非无知，

他们对是非、善恶的判断是清楚的，甚至也想做好事，但他们道德意志薄弱，正确的道德认识不能战胜不合理的个人需要，个人欲求在外界某种诱因的影响下占了优势，结果做出了违背社会道德规范和侵犯他人或集体利益的行为。

③不良行为习惯的作用。按社会学习理论的观点，一切品德行为无论好坏，都是受外界强化的结果，都是习得的。个体偶尔产生的过错行为如受到强化，就会形成不良的行为习惯，固化成为其品德的一部分，并因此而产生愉快的情绪体验。不良行为习惯如不予以根除，任其发展，就必然会导致品德不良。

品德不良多发生在青少年期，也并非是青少年心理特点本身造成的，只有当这种特点与失败的教育、恶劣的环境等社会因素交互作用时，才会导致青少年品德不良行为的发生。

(二)品德不良的矫正与教育

虽然这些学生犯有品德不良的过错，但并不是不可以纠正的。应当看到，他们的思想还未定型，可塑性很大。教师作为培养人类灵魂的工程师，担负着教书育人的历史责任，只要采取符合其心理活动规律和心理特点的教育措施，满怀热情地去关怀和引导他们，实践证明，学生的品德不良是完全可以纠正和改变的。

对学生的不良行为要及早矫正，在矫正时要以正面教育和疏导为主，工作要有诚心、细心和耐心。在工作时，要注意下列几点。

1. 培养深厚的师生感情，消除疑惧心理和对立情绪

犯错误的学生常常在心里有一道防线，对别人存有戒心，有敌意，并心虚、敏感。此时教师不要急于批评，而是要更加关心他、爱护他、信任他，使之深受感动。通过教师对他的爱来感化他，从而消除其心理防线。教育实践表明，只要师生感情深厚，对于此类学生的教育就会收到事半功倍的效果。

2. 培养正确的道德观念，提高明辨是非的能力

由于缺乏道德观念和正确的是非观，有的学生常常犯错误。虽然他们在道德认知、道德评价方面的接受能力还较差，过多的说教可能收获不大，但联系他们生活实际的说教常常还是能被他们理解和接受的。只要我们注意儿童身心发展的特点和接受能力的实际，进行有效的说服工作，还是能够帮助他们形成正确的是非观念和是非感的。

3. 保护和利用学生的自尊心，培养集体荣誉感

学生是生活在班集体之中的。虽然犯了错误的学生在班集体中会受到集体规范的压力，从而产生自卑感。然而集体荣誉、集体感受、集体舆论、集体规范和集体目标等一系列涉及集体利益的因素都能促使他们觉醒，认识到所犯错误对班集体的危害。因此，教师要充分利用集体的力量，和其他学生一起做他们的思想转化工作，帮助和鼓励犯错误的学生消除自卑感，培养自尊心，使其自爱、自重、自强，并在此基础上鼓励他们和同学一起，共同参加集体活动，培养其集体荣誉感。集体荣誉

感一旦产生，集体的道德行为规范会内化为个人的行动指令，并产生自觉的行动。

4. 锻炼同不良诱因做斗争的意志力，巩固新的行为习惯

有的学生之所以产生不良行为，固然有其内部错误的心理结构，但也与外部不良诱因有关。由于儿童可塑性的另一面就是易变性，正在改正错误的学生往往一遇到不良诱因，就很容易故态复发。因此，教师要有意识、有控制地进行信任性考验，并不断演化，以锻炼其与不良诱因做斗争的意志力。

对于中小学生来说，培养良好的道德行为习惯是很重要的。在改变不良行为习惯的同时需要帮助他们建立新的良好行为习惯。良好的行为习惯越巩固，不良行为习惯就容易被克服。因此，必须对学生多鼓励、表扬，以强化学生的良好行为习惯。

5. 针对学生的个别差异，采取灵活多样的教育措施

学生的个性不同，矫正的方法也应不同。有的学生流氓习气严重，有恃无恐，在对待上就要分析。如果他怕集体，有些行为就可以通过集体帮助的方式来解决，当然使用这种方法要十分谨慎。如果学生自尊心特别强，教师可以先容忍一下，等事过之后再做个别谈心，促进其思想转化；而对有的学生则不予理睬，让他自己进行思想斗争；有的需要采取迂回的方法；有的则要从正面引导。

总之，矫正学生的不良行为的办法和措施是多种多样的，切忌把有不良行为的学生看作罪犯，而应把他们视为遭受病虫害侵蚀的鲜花。只要我们真心地热爱他们，并进行精心的培育，他们仍然可以在爱的阳光下绽放出美丽的花朵。上述仅就一般的矫正与教育品德不良学生的方法、策略进行了简单介绍，但品德不良又有不同的表现形式、程度也不同，品德不良学生的年龄、性别、个性也不同，因此在矫正时要充分考虑这些差异，具体问题具体分析，俗话说得好，“一把钥匙开一把锁”。同时还应看到，生活在21世纪价值观多元化时代的青少年所特有的心理特点，教育方法必须细致灵活，教育必须多角度、多途径协同进行，如果与社会、家庭不能协调配合，教育也难收到成效。

练习题

一、单项选择题

1. 中学生小张认为遵守交通法规是人人应尽的责任与任务。根据柯尔伯格的道德发展阶段理论，小张的道德判断处于(　　)。

A. 惩罚服从趋向　　B. 相对功利趋向

C. 寻求认可趋向　　D. 社会契约趋向

2. 中学生小辉因害怕被教师批评而上课遵守纪律。根据柯尔伯格的道德认知发展阶段理论，小辉的道德发展处于哪个阶段(　　)。

A. 相对功利取向　　B. 服从与惩罚取向

C. 寻求认可取向　　D. 遵守法规取向

3. 教学过程中，学生掌握知识的中心环节是(　　)。

A. 感知与评价　B. 理解教材　C. 巩固知识　D. 运用知识

4. 晓霞能根据他人的具体情况，以平等为标准，在同情关心的基础上对学生学习和生活中的道德事件进行判断。根据皮亚杰的理论，晓霞的道德发展处于(　　)

A. 自我中心阶段　B. 权威阶段　C. 可逆阶段　D. 公正阶段

二、辨析题

德育过程是对学生知、情、意、行的培养提高过程，应以知为开端，知、情、意、行依次进行。

三、简答题

简述皮亚杰的道德发展阶段理论。

四、材料分析题

据《人民教育》报道，上海某学校举行千人祭祖大典，近800名中小学生在《孝亲敬老歌》和《跪羊图》的背景音乐中，现场向父母行三跪九叩大礼，并膝行至父母跟前聆听教诲。当时，不少父母眼泪夺眶而出，一时间，大礼堂内充斥着抽泣声。之后，全体师生三次举臂向父母集体发誓："从今日起，永远真心地孝顺爸爸妈妈！"

近年来，学校搞的孝敬父母的活动越来越多，动静越来越大，从给父母写一封信，直至上千学生汇聚操场给父母同时洗脚，现在又出现千人集体给父母三跪九叩齐发誓的场景，可以说是把这种"秀孝"的活动推到了极致。

问题：请依据心理学相关理论，分析孝敬父母的这种态度的习得需经历哪几个阶段，本材料中的学生处在哪个阶段。

参考答案

一、单项选择题

1. D　2. B　3. B　4. D

二、三、四(略)

第五章　学习动机

学习目标与任务 ▶

1. 了解学习动机的功能；
2. 理解动机理论；
3. 掌握激发与培养中小学生学习动机的方法。

在学习活动中，除了学生“会不会学”“能不能学”，还有学生“愿不愿学”“想不想学”的问题。前者是学生学习的方法问题，后者是学习的动机问题。在学习过程中，学生的学习动机为学习活动提供了学习的动力，使得学习朝向一定的目标和方向、对学习活动起到维持的作用。学生的学习动机是由学习者内在的学习需要和外在的诱因两方面的因素影响的，前者为学习提供推力，后者提供拉力，因此，了解学生学习动机的成分、学习动机与学习效果的关系，有利于培养学生的学习动机。

第一节　学习动机概述

一、学习动机的概念

(一)动机的含义

动机是引起并维持个体活动，使该活动朝向某一目标进行的内在动力。动机的这一概念具有三方面的含义。一是活动性。动机本身不属于行为活动，但它是引起行为活动的原动力，对行为起着始动作用。二是导向性。动机不仅能发起行动，而且是引导行为的指示器，使行动趋向一定的目标。三是维持性。动机还是保持行为的续动力，对行为的方向、强度和时间具有一定的维持作用。因此，有人把动机比喻为汽车的发动机和方向盘。动机既给人以活动的动力，又对人活动的方向予以调整。

(二)学习动机的含义

学习动机是激发和维持人的学习行为，并使学习行为指向一定学习目标的内部动力。这种内驱力来源于与学习有关的生理性刺激和社会性刺激，正是这些刺激的作用使人产生了学习的能量和冲动，从而推动和维持人的学习行为。

(三)学习动机的构成

学习动机的两个基本成分是学习需要和学习期待，两者相互作用形成学习的动机系统。

1. 学习需要与内驱力

学习需要是指个体在学习活动中感到有某种欠缺而力求获得满足的心理状态。它的主观体验形式是学习愿望或学习意向，包括学习的兴趣、爱好和信念等。内驱力是个体由需要引起的一种紧张状态，它能激发或驱动个体行为以满足需要，消除紧张，从而恢复机体的平衡状态。

奥苏伯尔认为，尽管学生有着各种各样的学习动机，但几乎所有的学习动机都是同学生的学业成就相关联的，因此成就动机应该是学习动机的核心。所谓成就动机是指个人愿意去完成自认为有价值的工作，并力求达到完美地步的一种内在的推动力量。简言之，成就动机即为追求成功，希望获得成就的动机。奥苏贝尔将成就动机区分为认知内驱力、自我提高的内驱力和附属内驱力。这三种内驱力分别由三种成就需要引发，即认知的需要、自我提高的需要和附属的需要。

(1)认知内驱力

认知内驱力以求知作为需要，以理解和掌握作为目标，是指向任务本身的一种动机。满足这种动机的奖励是由学习本身提供的，因而也被称作内部动机。这种内部动机的激发可以使儿童对获得有用的知识本身发生兴趣，而不是被各种外来的奖励所左右。认知内驱力源于学生天生的好奇倾向，以及探究、理解和应付环境的心理倾向。通过对儿童的日常观察可以发现，儿童常常在好奇心的驱使下探究他们周围的世界，但是，这种好奇的倾向，最初并不具有真实的动机性质，因为它缺乏特定的内容和方向，只有当儿童在实践中不断取得成功，成功的体验反过来强化了这一好奇心后，才能使这一好奇和好胜的倾向逐渐具有特定的内容和方向，从而形成认知的动机。由此可见，学生对于某一学习材料的认知内驱力，往往起始于他对该材料的好奇，并由好奇引起探究，在探究中尝到甜头，慢慢地形成相应的动机。

(2)自我提高的内驱力

自我提高的内驱力是一种因自己的能力或成就赢得相应地位的需要而引起的内驱力。这种需要从儿童入学时期开始，它既是学生在学习期间力图用学业成绩来取得名次或等级的手段，又是他们在未来的学业生涯或职业生涯中做出贡献以谋求地位的一种愿望。学生成就或能力的大小决定着他所赢得地位的高低，同时，一定的地位又决定着他所感受到的自尊心。所以，自我提高的内驱力不同于认知内驱力，因为它并非指向学习任务本身，而是指向地位和自尊心，它显然是一种外部动机。而焦虑——担心因学业失败而失去社会地位和自尊是引发自我提高内驱力最为重要的因素，特别是考试失败的威胁会使学生产生学习焦虑。过度焦虑会使学生厌恶学习，因此，教师必须掌握好考试失败率。另外，也不能过分强调自我提高动机，否则学生会因为得到而丧失学习动机。

需要指出的是，学生的自我提高的内驱力往往把成功看作赢得地位和自尊的根源，从而促使自己为赢得相应的地位和自尊而勤奋学习。但是，作为成功的对立面——失败以及由失败导致的自尊丧失，也可以促使学生在学业上做出长期而艰巨的努力，因此，失败的威胁常常成为教师调动学习动机的一种策略。当然，教师在应用这种策略时应保持适度。

(3)附属内驱力

附属内驱力是指学生为了获得长者们(如家长、教师)的赞许或认可而把工作做好的需要。附属内驱力的存在依据是：①学生和长者在情感上具有依附性，即长者是学生所追随和效法的人物。②学生可以从长者的赞许或认可中获得一种地位，这种地位不是由学生本人的成就和能力所决定的，而是由学生追随和效仿的人通过不断给予赞许或认可所派生出来的。所以，学生学习动机的强度，取决于长者的赞许或认可。③享受到这种地位乐趣的人，会有意识地使自己的行为符合长者的标准和期望，借以获得并保持长者的赞许或认可。研究表明，在小学阶段，富有附属内驱力的学生常常可以在学业上获得较好的成绩。

认知内驱力、自我提高的内驱力和附属内驱力在学生身上是普遍存在的，但它们的比重因年龄、性别、社会阶层以及个性特征的不同而有所不同。在儿童时期，附属内驱力是一种主要的学习动机，尤其是在儿童早期更为突出。到了少年期和青年期，附属内驱力不仅在强度方面有所减弱，而且开始从家长和教师转向同龄伙伴。来自同伴的赞许或认可就成为一个强有力的动机因素。认知内驱力随着学生年龄的增长、学习目的性的明确和学习兴趣的增加而日益发展。当然，这三种内驱力在学生的学习过程中往往是综合地表现出来的，即便儿童把附属内驱力作为一种主要的学习动机，也不排斥他同时具有认知内驱力和自我提高的内驱力。教师应掌握学生学习动机的成分和特点，以便针对性地应用一些策略激发学生的学习动机。

2. 学习期待与诱因

学习期待是学生对学习活动所要达到的目标的意念，是学习目标在主体头脑中的反映。学习期待实质上是学生自定的学习目标。学习期待是最具个体差异性的动机成分，学生之间的学习期待在强度、可能性、情绪、情感等方面都存在差异。学生已有的知识、经验、经历、体验，以及情绪、心境、气质、性格等对学习动机的影响也主要作用于学习期待。诱因是指能够激起有机体的定向行为，并能满足某种需要的外部条件或刺激物。积极的能够满足学习需要的诱因容易激起有效而强烈的学习动机及能量。消极的诱因则会降低动机的强度。譬如，枯燥的讲授，短时间学习太难的内容，单调重复的习题训练，考试成绩不理想等。

3. 学习需要和学习期待的关系

①学习需要和学习期待是学习动机的两个基本成分，两者密切相关。

②学习需要是个体从事学习活动的最根本动力，如果没有这种自身产生的动力，个体的学习活动就不可能发生。所以说，学习需要在学习动机结构中占主导地位。

③学习需要是产生学习期待的前提之一，正是那些能够满足个体需要与那些使个体感到可以达到的目标的相互作用形成了学习期待。学习期待则指向学习需要的满足，促使主体去达到学习目标。因此，学习期待也是学习动机结构的必不可少的成分。

二、学习动机的功能与分类

(一)学习动机的功能

学习动机是直接推动学生进行学习的内部动力，对学习起着积极推动的作用。

1. 激发功能

当学生对于某些知识或技能产生迫切的学习需要时，就会引发学习内驱力，唤起内部的激动状态，产生焦急、渴求等心理体验，最终激起一定的学习行为。学习动机能够增强学生学习的准备状态，激活相关的背景知识，提高学习效率。

2. 指向功能

学习动机使学生的学习行为在初始状态时指向一定的学习目标，推动学生为达到这一目标而努力学习。

3. 维持功能

学习动机使学生在学习过程中，集中注意力，克服影响，提高努力程度，遇到困难时坚持不懈，直达学习目的。

（二）学习动机的种类

学生的学习动机是多种多样的。学习动机的不同是由于需要的内驱力和试图达到目标的诱因不同所造成的，因此学习动机可以从不同的角度进行分类。

1. 间接的远景性学习动机和直接的近景性学习动机

根据学习动机作用时间的长短以及它与活动目标的关系，可以把学习动机分为间接的远景性学习动机和直接的近景性学习动机。间接的远景性学习动机是与学习活动本身没有直接联系的动机。这类动机反映了社会和家庭的要求，又与学生对学习意义的认识、有没有远大志向以及他们的世界观有很大关系，尤其是对于年幼的儿童来说，它对当前活动推动作用较小，但一旦形成就有较大的稳定性和持久性，能激发学生学习的主动性和自觉性。直接的近景性学习动机是与学习活动直接联系的动机。它可能是由于教师和家长施加的压力、奖惩引起的，也可能是由于同学间的竞争等引起的。这类动机起作用的范围和实际效能比间接的学习动机小，容易受当时的具体条件和一些偶然情境的影响。

远景性学习动机和近景性学习动机是相互联系、相互补充的，只有将学生的年龄特点和学习情景密切结合起来，才能产生巨大的学习推动力。

2. 外在性动机和内在性动机

根据学习动机的自发性和目的性，可以将学习动机分为外在性动机和内在性动机。外在性动机是指主要由外在的诱因诱发而来的动机。例如，有些学生学习的动机不是对学习过程本身感兴趣，而是由于父母、老师的奖励或惩罚、同伴的赏识等外在因素激发而来的。一般情况下，外在性动机对学习的推动作用较小，持续的时间也较短。如果学生的学习动机主要靠学习活动的外部条件，那么他就会把学习活动看作满足动机的手段，学习的目的便不在于学习本身，外在条件一旦消失，动机也会很快失去作用。内在动机是指主要由个体的内在心理因素转化而来的动机。好奇心、求知欲、自尊心、责任感、自我实现感等心理因素在一定条件下都可以转化为推动人们学习的内在性动机。一般来说，内在性动机对学习的推动作用较大，持续时间较长。如果学生的学习动机主要是靠与学习活动本身相联系的内在心理因素引起的，那么他们就会把学习活动看作自己追求的目标，把那些通过刻苦学习而获得的成功体验看作奖赏，从而对他们的学习产生激励作用。

研究表明，外在性动机和内在性动机在人们的学习过程中都具有重要意义，只有两者有机地结合起来，才能对学习行为产生最大的推动作用。

学习案例

外部强化对内在动机影响的实验研究

三个小孩子每天都会去一个空地上踢垃圾桶，一个老人每天都被吵得睡不着觉，劝说威逼无效，甚为苦恼。有一天老人对这三个小孩说："每天给你们一块钱帮我踢桶好不好?"三个小孩很高兴，于是每天去踢桶。半月后，老人说，自己没钱了，只能每天给五角，小孩虽不愿意，也仍然每天踢。再半月后，老人不给钱了，小孩说："不给钱了还想让我们踢!"于是不再去踢桶。老人终可以睡安稳觉了。

德西用谜语做了一系列的研究。通常，解谜语是人们感兴趣的活动，被认为是由内在动机激发的。在一次实验中，德西将大学生被试分成三组去解谜语。甲组被试事先被告知，他们解开谜语能得到钱；乙组被试在解完谜语之后被告知，他们因为这样做而得到钱；丙组被试得不到任何提示，也不给钱。解完一些谜语后，实验者让三组被试分别单独待一会，在这段时间里，他们可以自由地做他们想做的任何事情。结果发现，甲组被试很少会自动返回到解谜语上去，他们似乎对解谜本身已不再感兴趣，相反，丙组被试对解谜仍然很感兴趣，愿意继续解谜的人更多。有趣的是，乙组被试在解谜之后才被告知金钱奖赏，因此，他们实际上并没有为钱而解谜，所以内在动机并没有因此减弱，他们仍然继续解谜。莱珀等人在幼儿园进行的一项研究也得到类似的结果。儿童中有一部人本来是很喜欢用彩笔绘画的，但实验者对其中的一部分孩子进行了奖励，每画一张就送给他们每人一个小奖杯。结果，当孩子们知道用彩笔画画再也不会得到奖励时，他们就不再继续画了。莱珀认为这是因为这些儿童失去了对绘画的内在兴趣。

3. 主导性学习动机与辅助性学习动机

根据学习动机作用的主次不同，可以将学习动机分为主导性学习动机与辅助性学习动机。主导性学习动机是指在学生的学习活动中居于支配地位、发挥主导作用的学习动机。它与其他学习动机相比，对学习活动的影响最为强烈，最为稳定。一般来讲，在同一时间内，主导性学习动机只有一个。辅助性学习动机是指在学生的学习活动中处于从属地位、发挥辅助作用的学习动机。相对于主导性学习动机来讲，它对学习活动的影响是微弱和不太稳定的。在同一时间内，辅助性学习动机可能有几个，它们的强度与稳定性也是不一样的。例如，某个学生学习的动力主要是出于自我实现感，但同时还有一些相对次要的因素，有学校老师的表扬、在同学中的威信和父母的奖赏等，这些因素共同对学生的学习产生推动作用，但作用的大小和稳定性是不一样的。

当辅助性学习动机与主导性学习动机之间的关系比较一致时，活动动力会得到加强，如果彼此冲突，活动动力将会受到削弱。

三、学习动机与学习效率

动机在学习中的作用，是个不断引起争论的问题。一般认为，学习动机越强，学习活动的积极性就越高，从而学习效果越佳。但事实并非如此，已有的研究表明：在各种学习活动中存在着一个最佳的动机水平。但最佳的动机水平并不是固定不变的，它随着课题性质的不同而不同。在比较容易完成的任务中，中等偏高的动机水平学习效率最好；在比较困难的任务中，学习效率反而会由于学习动机强度的增加而下降，这样的情境下中等偏低的动机水平学习效率最好；在中等难度的任务中，学习动机强度的增强有利于学习效率的提高，这种情境下学习动机水平为中等时学习效果最好。随着任务难度的不断增加，动机的最佳水平随之下降这一现象是由耶克斯和多德森(R. M. Yerks & J. D. Dodson)于1908年通过动物实验发现的，心理学上称之为耶克斯—多德森定律(见图5-1)。因此，在学习活动中，为使学习最有成效，就要避免过高或过低的动机，只有当学习动机的强度处于最佳水平时，才能产生最好的学习效果。

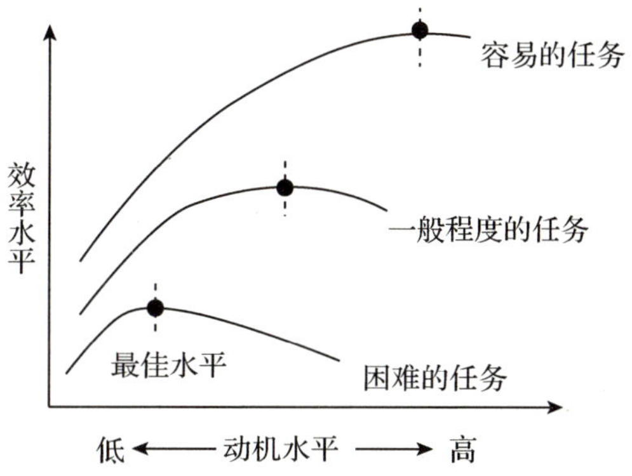

图5-1 耶克斯—多德森定律曲线

一般来说，学习动机通过以下两方面对学习行为产生影响。

第一，学习动机作为一种非智力因素，间接地对学习起作用。人的智力因素对学习有直接、重要的影响。但是，一些非智力因素，如集中注意力、坚持不懈及对挫折的忍受性等意志和情感方面的品质，对于成功的学习也是必不可少的。动机的作用正是通过唤起对学习的准备状态，增强这些重要的品质来间接地促进学习。例如，一个学生产生了要在学习上名列前茅的强烈动机，他就会把主要精力集中在有关的学习上，减少其他无关活动，并能持之以恒，排除干扰，克服困难，经受失败挫折的考验，直至成功。

第二，学习动机作为一种学习结果，强化学习行为本身，促进学习—动机—学习的良性循环。美国教育心理学家奥苏贝尔就明确指出：“动机与学习之间的关系是典型的相辅相成的关系，绝非一种单向性的关系。”成功学习的结果一方面是知识、技能的获得与掌握；另一方面是求知欲、自信心等心理品质的发展和提高。这些都可以大大满足人的各种社会需要，如求知、自尊、获得他人赞扬等，并促使人把通过进一步的学习以获得更高程度的满足当作一种新的、迫切的需要，产生强烈的学习动机。可见，动机与学习之间存在着显而易见的互为因果关系。当学生尚未表现出对学习有适当的兴趣或动机之前，教师没有必要推迟学习活动。对于那些尚无学习动机的，尤其是年龄较小的学生，最好的教学方法是：把重点放在学习的认知方面而不是动机方面，致力于有效地教他们掌握有关知识，让他们获得成功的体验，学生尝到了学习乐趣，就有可能产生要学习的动机。

四、动机冲突

动机冲突（又称心理冲突），这是指一个人在某种活动中，同时存在着一个或数个所欲求的目标，或存在两个或两个以上互相排斥的动机。当处于相互矛盾的状态时，个体难以取舍，表现为行动上的犹豫不决，这种相互冲击的心理状态，被称为动机冲突或动机斗争。这是在同一时间内出现的彼此不同或相互抵触的动机，是因不可能都获得满足而产生的矛盾心理。

动机冲突按性质和内容分为以下几类。

①原则性动机冲突，个人愿望与社会道德标准相矛盾的动机冲突。公与私，个人利益与集体利益的冲突。

②非原则性动机冲突，与社会道德标准不矛盾，只涉及个人兴趣，公与私，个人利益与集体利益的冲突。

③双趋动机冲突，同时面临两个具有同等吸引力的目标，又不能同时达到，必须选择其一时产生的动机冲突。“鱼，我所欲也；熊掌，亦我所欲也。二者不可兼得，舍鱼而取熊掌也。”

④双避动机冲突，同时面临两个具有威胁性的目标都想避开，但必须接受其一时而产生的动机冲突。既怕学习辛苦，又怕老师批评，两者都想回避，但必须接受其一。

⑤趋避动机冲突，对同一目标，同时产生的既好而趋之，又恶而避之时产生的动机冲突。既想当好干部，又怕耽误学习。

⑥多重趋避冲突，指同时有两或两个以上的目标，但每个目标各有所长、各有所短，分别具有吸引和排斥两方面的作用时，使人左顾右盼，难以抉择的心态。

第二节　学习动机理论

心理学家从不同角度阐述了动机的产生因素，形成了各种各样的动机理论，这些动机理论有助于我们了解动机作用的原理。

一、强化动机理论

现代刺激反应理论家用强化来解释动机的引起。强化动机理论认为，人们具有某种行为倾向，主要取决于先前这种行为和刺激因强化而建立的牢固联系。合理地使用强化手段可以激发学生的学习动机，学校经常采用奖励(赞扬、奖品、给予权利、高分数等)与惩罚(批评、剥夺权利、低分数等)，就是通过外在诱因来维持学生的学习动机。因此，强化是行为的决定因素。强化可分为两种类型，即正强化和负强化。

正强化也叫积极强化，是指当某一刺激出现时所产生的行为增强的效果。这时所呈现的刺激叫作正强化物，通常是一些人们所喜爱的或有价值的刺激，如表 5-1 所示。当这些刺激伴随在某一行为之后出现时，就会使行为发生的频率或持续时间增加。例如，当一个学生正在写作文时，老师走过去对她说："我很喜欢你的作文。你不但用词恰当，语法规范，而且描写得非常清晰。"如果该同学的作文因此而不断改进，教师的这一番话就起到了正强化的作用。老师对学生的表扬是课堂里是最常见的强化物。学生得到好的分数、鼓励的评价、墙报上的小红旗、五角星等都是增强学生学习的正强化物。对儿童来讲，食物、玩具、听故事、看动画片、做游戏等都可以作为正强化物。

负强化也叫消极强化，是指当某一刺激消除或避免时所产生的行为增强的效果。这一被消除或被避免的刺激叫负强化物。当这些刺激在某一行为之后，立即被除去时，就会使该行为发生频率或持续时间增加。例如，教师告诉学生："同学们，这周大家的家庭作业做得很好，交作业也很按时，因此，这个周末就不给你们布置家庭作业了，我们把它留到下周一再做。"该教师是想通过周末不留作业使学生在下一周更好地完成每天的家庭作业。需要特别注意的是，负强化仍然是使某一行为出现的频率增加而不是减少。负强化常常适于在所期待的学生行为没有表现出来之前使用。例如，当学生在中午下课前开始说话时，教师说："如果在下课铃响之前，每个人都能在自己的座位上安静地坐好，我们就下课去吃午饭。否则的话，就得过一阵子再去吃午饭。"这时，学生们立刻安静地坐好，即表现出教师所期望的行为，当然他们也就避免了不能立即去吃午饭这一结果。显然，这也是运用负强化。

表 5-1 台湾地区男性儿童喜欢的各类强化物(节选前三位)

强化物类别	小学高年级（773 人）	小学中年级（1104 人）	小学低年级（743 人）	幼儿园（761 人）
消耗性强化物	1. 饮料 2. 冰激凌 3. 果汁	1. 冰激凌 2. 饮料 3. 汽水	1. 冰激凌 2. 汽水 3. 水果	1. 冰激凌 2. 汽水 3. 糖果
活动性强化物	1. 打球 2. 看电影 3. 游泳	1. 打球 2. 游泳 3. 骑车	1. 游泳 2. 看电影 3. 养小动物	1. 看电视 2. 找朋友玩 3. 骑车
操弄性强化物	1. 电视游乐器 2. 球 3. 玩扑克牌	1. 电视游乐器 2. 球 3. 玩扑克牌	1. 电视游乐器 2. 玩具 3. 球	1. 玩具 2. 贴纸 3. 球
拥有性强化物	1. 电脑 2. 手表 3. 钱	1. 手表 2. 电脑 3. 文具	1. 手表 2. 钱 3. 故事书	1. 文具 2. 手表 3. 图书
社会性强化物	口头鼓励	1. 好聪明 2. 不错 3. 好孩子	1. 好聪明 2. 好孩子 3. 好宝宝	1. 好聪明 2. 好孩子 3. 好用功
	身体接触	1. 微笑 2. 竖大拇指 3. 点头	1. 微笑 2. 竖大拇指 3. 点头	1. 微笑 2. 握手 3. 竖大拇指

强化动机理论把动机归结为外部刺激和外部强化的作用。这种观点只强调行为产生的外部原因，忽视了人的主动性和自觉性，因而无法从更高的层次上解释人们的行为。

二、自我决定理论

自我决定理论是由美国心理学家德西(Deci Edward L.)和瑞安(Ryan Richard M.)等人在 20 世纪 80 年代提出的一种关于人类自我决定行为的动机过程理论。这种理论强调自我在动机过程中的能动作用。德西着重论述了自我决定行为的动机过程，突出了个体在动机过程中的能动作用。人们行为的决定因素是自我决定，而不是强化序列、驱力或其他任何力量。人们拥有一种基本的内在的自我决定的倾向性，这种倾向性引导人们从事感兴趣的，有益于能力发展的行为，以便形成与社会环境的灵活适应。自我决定是人的一种选择能力。具有自我决定的个体会利用获得的信息进行选择并进行自我调节以达到自身的既定目标。无论内在动机还是外在动机他们都会基于选择去行动，表现出很高的自我决定性。同时，也表现出选择性迁就融合。当环境不具有反应性而且难以改变时，他会去迁就环境并与之融合，而不是表现出顽固坚持，他调整自己的行为去迎合环境直至对环境有所反应。

自我决定理论将人类的行为分为自我决定行为和非自我决定行为。自我决定行为基于对人的需要的认识，其特点是设计和选择行为。非自我决定行为没有真正的选择，受外在刺激的控制。

三、归因动机理论

归因是指当人们在工作和学习中体验到成功或失败时，会寻找成功或失败的原因。美国心理学家韦纳(B. Weiner)系统地提出了动机的归因理论。他认为，一个人在分析其行为成败的根由时，主要涉及以下六个方面：能力、努力、工作难度、运气、身心状况、别人的反应。上述成败的原因可从以下三个维度进行归类。一是控制源，把成败归于自身内部原因还是外部原因。能力、努力和身心状况属于内部原因，工作难度、运气和别人反应则属于外部原因。二是稳定性，即成败原因在性质上是稳定的还是不稳定的。能力和工作难度是较稳定的原因，而努力、运气、身心状况和别人反应是不稳定的。三是可控性，即成败原因可否由自己控制。努力是可由自己控制的，而能力、工作难度、运气、身心状况和别人反应则均非个人所能控制。韦纳归因模式示意图见表 5-2。

表 5-2　韦纳归因模式示意图

	稳定性		内在性		可控性	
	稳定	不稳定	内在	外在	可控	不可控
能力高低	+		+			+
努力程度		+	+		+	
任务难度	+			+		+
运气好坏		+		+		+
身心状态		+	+			+
外界环境		+		+		+

个体的归因倾向将影响其未来活动的选择、坚持性和动机强度。如果一个人把失败归结为不稳定和可控制的原因(如努力程度)，那么他就有可能在失败的情况下坚持努力，并相信将来一定能取得成功；相反，如果把失败归结为稳定(如能力)和不可控制(如工作难度)的原因，那么他就不会相信自己能改变现状，也就不会再坚持做下去。

学生学习成功或失败与主观、客观因素都有关系，而学生却往往不能正确归因。

如果学生认为在学校学习是否成功取决于运气或其他外部因素，他们不可能用功读书。相反，如果学生认为成功与否主要取决于自己，就有可能努力学习。但是，如果学生认为失败是由于自己缺乏能力，预测自己不大可能在相类似的学习任务中获得成功，或者认为自己肯定失败，则会形成一种习得性无助的自我感觉。习得性无助是当个体感到无论做什么事情都不会对自己的重要生活事件产生影响时所体验到的一种抑郁状态。由此可见，只有当学生认为学习的成功是由于学习任务太容易而学习的失败是因为自己的努力不够时，才有可能产生强烈的学习动机。

四、成就动机理论

成就动机的研究最初来自默里(H. A. Murray)的实验及有关人类动机的假设。默里及其同事用主题统觉测验来鉴别人类动机。默里提出一个假设：成就需要是人的一种“普通的需要”。他将其定义为“克服障碍、施展才能，力求尽快尽好地解决某一难题”。麦克里兰(D. Mcclelland)和阿特金森(J. W. Atkinson)接受了默里的思想，并将之发展成为成就动机理论。

麦克里兰认为，成就动机是一个人个性中非常稳定的特质。个体记忆中存在着与成就相联系的愉快经验，当情境能引起这些愉快的体验时，就能激发起个体的成就动机。他指出，成就动机强的人对学习和工作都非常积极，能够控制自己不受环境的影响，并且善于利用时间。一般来说，成就动机高的人会比成就低的人取得更好的成绩。

阿特金森关于成就动机的研究主要集中在失败的恐惧和成功的期待对冒险行为的影响上。他认为，人在竞争时会产生两种心理倾向：追求成功和回避失败的动机。对每一个人来说，这两种心理倾向的相对强度是不同的，一种人力求成功，另一种人避免失败。研究表明，成就动机强的学生倾向于选择中等难度的学习任务，而避免选择非常容易或非常难的学习任务。这是因为中等难度的任务既存在成功的可能性，也存在足够的挑战性，能满足个人的成就动机。回避失败动机强的学生则倾向于选择非常容易或非常难的学习任务，因为选择容易的任务可使他们免遭失败，而选择的任务极其困难，即使失败，也可找到适当的借口，从而减少失败感。

20 世纪 80 年代，尼科尔斯(Nicholls)和德维克(Dweck)等人将成就目标概念引入成就动机领域，提出成就目标理论。成就目标理论区分了两类成就目标，掌握目标和成绩目标(或表现目标)。前者个体的目标定位在掌握知识和提高能力上，认为达到了上述目标就是成功。后者个体的目标定位在好名次和好成绩上，认为只有赢了才算成功。两者对应着不同的动机和行为模式。在掌握目标定向的情况下，个体通常表现出一种积极的、适应的动机模式，如选择适当的、具有挑战性的任务，专注于当前的学习任务，能有效地运用深层加工策略，如努力发掘新旧知识之间的关系等，面对失败仍然能够保持积极的情绪，努力不懈。在成绩目标定向的情况下，如果个体获得积极的反馈，那么能坚持完成任务，但避免选择挑战性任务，以免错误公开化；如果个体获得了消极的反馈，很容易丧失信心，没有坚持性，并有消极的情感表现，往往有较高的焦虑水平，易产生焦虑、羞愧、沮丧等消极情绪，干扰有效的、综合策略的运用，遇到困难有时容易退缩，反映了一种不适应的动机模式。安德曼和迈尔总结了两类成就目标的特点(表 5-3)。

表 5-3　两类成就目标的特点

	掌握目标	成绩目标(表现目标)
对成功的认识	提高，进步，掌握，创新	高成绩，比他人更好的表现，在测量中取得相当的成就，不惜一切代价的取胜
价值	努力，挑战困难的任务	避免失败
满足感的产生	进步，掌握	成为最好的，低努力的成功
喜欢的工作环境	有助于个人潜能的成长、学习	能建立不同成绩等级
努力的理由	活动内在的、个人的意义	证明个人的价值
评价依据	绝对标准，进步的证据	常模，社会比较
对错误的认识	成长过程的一部分，具有信息功能	失败，缺乏能力和价值的证据
持有的能力观	通过努力发展的	天生的，固有的

研究表明两种成就目标导向引发了不同的动机和行为模式。①在任务选择上，掌握目标者倾向于选择能提供最多学习机会的任务；表现目标者倾向于采取防御性策略，选择能证明其有能力、避免显得无能的任务。②在评价标准上，掌握目标者根据是否取得进步来评价学习结果，是个人化的、自主的标准；表现目标者根据与他人比较来评价自己的学习结果，容易产生一种在乎输赢的情绪。③在情感反应上，从事简单的学习任务或付出较少努力即可获取经验，这将使掌握目标者感到无聊或失望；相反，经过艰苦努力，即使仍然失败，他们也对结果感到满意。对于表现目标者而言，从事简单的学习任务或付出较少努力即可获取经验，会使他们感到满意、自豪或解脱，他们只对成功的结果感到满意。④在学习结果的归因上，掌握目标者认为努力是改善能力所不可缺少的，关注努力而不是能力，往往将结果的成败归因于努力的多少；表现目标者将成败的结果归因于能力或运气，认为努力是低能的标志，并将错误视为失败或无能的反映。⑤在学习策略上，掌握目标者倾向于应用能促进真正理解学习材料的策略(如有意义学习、精细加工、理解监控等)；表现目标者则倾向于应用较为机械的、应付目前学习任务的学习策略(如机械重复、抄写、机械记忆等)。⑥在控制感上，掌握目标者认为努力与学习结果之间的关系是直接的，可以控制与目标获得有关的因素，如个人努力；表现目标者认为在学习与学习结果之间有许多因素是由外界控制的，如他人的操作、评价者的评价标准等，个体自己

无法控制。

新型的成就动机理论根据掌握—成绩区分和接近—回避倾向的完全结合，采用四分法将成就目标分为掌握—接近目标、掌握—回避目标、成绩—接近目标、成绩—回避目标 4 类(见表 5-4)。

表 5-4　成就目标分类

	掌握目标	成绩目标
接近成功	掌握—接近目标	成绩—接近目标
回避失败	掌握—回避目标	成绩—回避目标

掌握—接近目标指尽力获得任务的完成和能力的提高。掌握—回避目标指尽力避免完不成任务或尽力避免失去已有的知识技能。持有该目标的典型代表是完美主义者，他们尽力避免做任何错事，力求不出半点错误。比如，具有掌握—回避目标的学生会尽力避免不能掌握、理解所学内容。成绩－接近目标关注于表现得比他人更好或更聪明，指向于得到对能力的积极判断；成绩－回避目标关注于不比别人更差或更愚笨，指向于回避对能力的消极判断。研究表明成绩—接近目标对认知和动机具有积极的促进作用，如促进学习策略的运用，提高学习兴趣和任务价值等。但是，成绩—接近目标能引发焦虑以及其他消极的情感，不利于一些适应性策略如学业求助的运用，而且这些结果受个体特征(如个体的成就需要、效能水平)和情境特征(如环境的竞争水平)的影响。比如，对高成就动机的个体或对处于高竞争环境中的个体而言，成绩—接近目标引起的消极作用更为显著。成绩—回避目标引起的是非适应性模型，导致消极的认知、动机、情感和行为表现。比如，更少地使用策略，降低内部动机，产生焦虑，等等。

五、自我效能理论

自我效能感是由班杜拉提出的，是个体对自己是否有能力来完成某一行为的推测和判断。个体确信自己有能力进行和完成某一项活动，属于高自我效能感，否则就是低自我效能感。班杜拉认为自我效能感的高低，直接决定个体进行某种活动时的动机水平。自我效能感的高低决定学生对学习活动的选择及对活动的坚持性，影响学生对待学习困难的态度，影响学习任务的完成和学习时的情绪状态。

科林斯在一项经验研究中考查了个体自我效能感与其实际行为表现间的关系。他以中小学生为被试，以解决数学问题作为作业任务。首先从学生群体中选择若干在知识掌握和问题解决技能方面相当的学生，即从某一年级选出那些在多次数学考试中成绩不相上下的学生，然后按自我效能感的高低从中选取两组被试。其中，自我效能感高的被试坚信他们能够有效地解决大量相对于他们知识水平而言较困难的数学问题，而自我效能感低的被试对此则犹疑不定，信心不足。实验中，向这两组被试提出同样的数学难题让他们解决。结果发现，虽然数学的知识技能显然是他们作业完成的重要决定因素，但自我效能感亦在其中产生不可忽视的影响。相对而言，高效能感组被试在实验过程中表现更投入，更积极主动，思维也更活跃，他们能很快地发现并放弃错误的问题解决策略，同时搜寻新的解决方案。实验结束后，他们仍表现兴奋，热烈讨论自己在实验中未解决的问题，而且对实验过程有一个良好自我感受的评价，认为从中获得很多乐趣，并表示愿意继续参加这种活动。而低效能组被试则与此形成鲜明对照。另一项研究表明，自我效能越高的学生越认为学业求助会对自己的学习有帮助，越不认为求助会对自己构成威胁，而回避求助。学习成绩好、自我效能高的学生在有需要时及时求助，其结果是克服了困难，提高了成绩，形成良性循环；学习成绩差、自我效能低的学生虽然十分需要别人帮助，却不主动求助，或只问答案不问过程，希望别人代替自己解决问题，其结果是学习成绩越来越差，造成恶性循环。

学生在学习中的自我效能感是对自己的学习能力和学习行为影响学业成绩所持有的有效或无效的主观体验。班杜拉认为，个体在活动中是通过四个方面的信息来获得或形成自我效能感的，它们是实践的成功经验、替代性经验、言语劝导以及在活动中的生理唤醒水平。在儿童成长的关键时期，学校是其活动的主要场所，是构成其自我效能感的培养与检验的机构。课堂教学、学生之间的示范作用和社会比较、教师对学生学习成败原因的分析解释等都会影响学生认知或理智活动自我效能感的发展。自我效能感的强弱，与学生实际获得的学习结果紧密相连。学习优秀的学生取得了理想的学习成绩，有助于形成较强的自我效能感，较强的自我效能感又激励学生继续努力，进一步证实和加强最初的自我效能感；而学习困难的学生在学习上屡遭挫折，无法达到预期的学习结果，容易使他们觉得自己能力有限，即使努力学习也难以取得好的学习成绩，因此便有可能形成较弱的自我效能感。替代性经验的效能信息，是指看到能力等人格特征相似的别人在活动中取得了成功的观察结果，能够使观察者相信，当自己处于类似活动情境时也能获得同样的成功，从而提高观察者的自我效能感，同样，若观察者认为观察对象拥有和自己相当的能力水平，并且观察到，不管观察对象在活动中付出多大努力，他最终都失败了，这样的观察结果不仅会降低观察者的能力自我判断，而且会削弱他在类似活动中的努力程度。言语劝导即接受别人认为自己具有执行某一任务的能力的语言鼓励而相信自己的效能，教师对学生的多种形式的鼓励都旨在树立自信心或增强效能感。言语劝导信息的效能价值取决于它是否切合实际。现实化的言语劝导能够调动个体的积极性，激发个体的动机水平。就此而言，它能够诱导个体以加倍的努力获得成功并培养个体的活动技能和自我效能感，但不切实际的言语劝导很难在活动中得到实现，因而不仅使劝导者失去威信，而且反过来进一步挫伤个体的自我效能感。

六、需要层次理论

人本主义理论认为，人们的行为是由一定的需要所驱使的。人本主义心理学家马斯洛把人的需要从低级到高级划分为五个层次（图 5-2）：生理的需要、安全的需要、归属和爱的需要、尊重的需要、自我实现的需要。

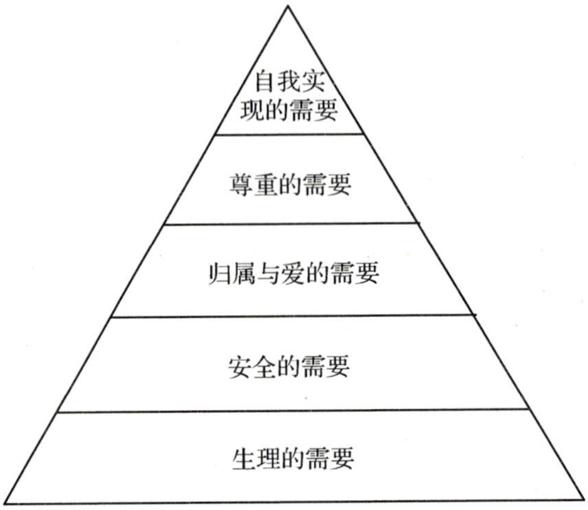

图 5-2　人类的需要层次图

生理的需要是人对食物、水分、空气、睡眠的需要等，它们在人的所有需要中是最重要，也是最有力量的。

安全的需要表现为人们要求稳定、安全、受到保护、有循序、能免除恐惧和焦虑等，包括人身安全、健康、财产、资源、道德保障、职业、家庭、情感、社会安定和国际和平等。

归属与爱的需要是人要与其他人建立感情的联系或关系，包括了亲情、友情和爱情等。人是社会性动物，有属于群体的需要，获得友谊的需要，参加一个团体并在其中获得某种地位等。人们都希望归属一定的群体，而不愿被排斥在群体之外；希望有亲密的友伴，被人理解和信任，而不愿被人排斥、误解和不信任；希望获得他人的尊重和赞扬，而不愿被人责骂、受歧视；希望和他人建立友好关系，而不愿人际关系紧张。

尊重的需要包括自我尊重、信心、成就和对他人的尊重。自尊需要的满足会使人相信自己的力量和价值，使其在生活中变得更有能力，更富有创造性。相反，缺乏自尊会使人感到自卑，没有足够的信心去处理面临的问题。

自我实现的需要，是人们追求实现自己的能力和潜能，对实现个人理想、抱负，发挥个人的能力到最大程度，达到忘我和极度充实的境界。这是人类所独有的需要，更是所有需要的最高级阶段。

马斯洛认为，这五种需要是人的最基本的需要，这些需要是天生的、与生俱来的，它们构成了不同的等级或水平，并成为激励和指引个体行为的力量。需要的层次越低，它的力量越强，潜力越大。随着需要层次的上升，需要的力量相应减弱。在高级需要出现之前，必须先满足低级需要。只有低级需要得到满足或部分得到满足以后，高级需要才有可能出现。前四种需要是低级的缺失需要，它们是学习动机的潜在因素。而自我实现的需要是一种高级的生长需要。生长需要是绝不可能完全得到满足的，越是满足，需要就越强。学习一方面是为了低级需要得到更大的满足，但更重要的是为了追求自我实现，即通过学习使自己的价值、潜能和个性得到充分的发展。因此，自我实现的需要是引发学习动机的主要因素。人本主义需要动机理论对于人类需要的科学研究有重大的启发。需要由低级向高级逐级实现的观念对于激发学生的学习动机有积极的价值，它促使教育工作者既不能忽视学生的缺失需要，又要重视学生的自我实现需要，以此激发他们的学习动机。

第三节　学生学习动机的激发

学习动机的激发是指在一定教学情境下，利用一定的诱因，使已形成的学习需要由潜在状态变为活动状态，形成学习的积极性。那么，在实际教学中，教师应如何激发学生的学习动机，使他们那种潜在的学习愿望变成实际的主动学习的行为呢？

一、激发和维持外部动机

外部强化可激发外部动机，影响学生的学习行为。在课堂情境中，教师可以运用目标、反馈、评价、表扬、批评、竞赛等各种强化手段激发与维持学生的外部动机。

(一)向学生提出明确、具体的学习目标

学习目标是指学习预期达到的客观标准。学习目标具有指引学习的动机作用。当学生准备学习时，常常怀着一种期待的心理，期待着能如愿以偿，实现预期目标。这种学习需要只是一种潜在的需要状态，还不能成为推动学习活动的现实动机。帮助学生树立学习目标，最好的办法是让他们的活动有明确的目的和任务。教师提出的每一个具体目标实质上就是一种诱因，诱因有大有小，有近有远，但必须具体，长远目标的动机作用较为稳定和持久，但离开近期具体目标，其功能是无法实现的。所以，在学习的各个环节，教师都要向学生提出明确而具体的目标要求。目标的高低要因人而异，要尽量与个人的学习能力相一致。过高的目标，与学生已有的知识和技能差距较大，学生可望而不可即；过低的目标，又缺乏挑战性。只有在学生能力范围之内，又具有一定挑战性的目标，才能有最佳的动机激发作用。将近期目标与长远目标相结合，也将进一步提高实现目标的动机。教师在提出目标的同时还要采取相应的评价和激励措施，以激发学生的学习动机。

(二)利用学习结果的反馈作用

学生及时了解学习的结果。例如，批改后的作业，考试的成绩等，既可让学生及时看到自己的进步，又可通过反馈看到自己的缺点不足，这都可激发学生进一步努力学习的动机。关于了解学习结果对动机的激励作用已被许多实验证明。

布克(W. F. Book)与诺维尔(L. Norvell)让两组大学生以最快速度和正确性来做练习(减法，速定字母 a 等)，连续进行 75 次，每次 30 秒。在前 50 次练习中，甲组知道每次练习的成绩，B 组不知道。自第 50 次练习开始，两组条件对换，结果前 50 次甲组成绩比乙组好，后 25 次甲组成绩变差，乙组成绩明显上升(见图 5-3)。

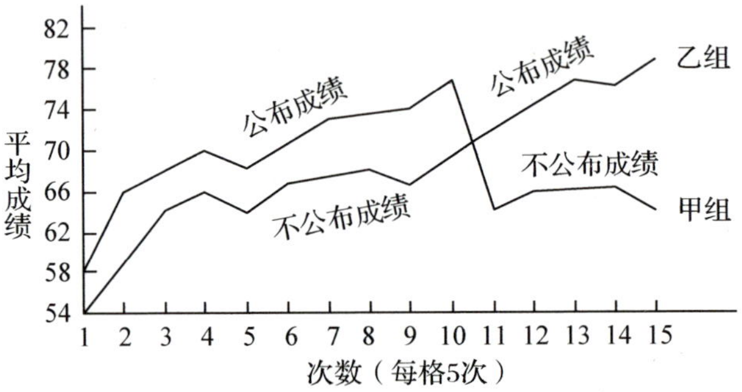

图 5-3　了解结果与不了解结果成绩比较

教师对学生的学习结果进行适当的评价具有强化作用。佩奇(E. B. Page)曾对 74 个班的中学生，共两千多人进行实验。他把每个班的中学生都分成三组，给以不同评价。第一组为无评语组，只给甲、乙、丙、丁的等级；第二组为顺应评语组，即除标明等级外，还按照学生的答案给以相称的评语；第三组为特殊评语组，对甲等成绩者，评以“好，坚持下去”，对乙等成绩者，评以“良好，继续前进”，对丙等成绩者，评以“试试看，再提高点吧”。结果发现：顺应评语针对学生答案中的优缺点做评定，效果最好；特殊评语的内容针对性不够，虽有激励作用，但不如顺应评语；无评语的成绩明显低。因此，教师对学生作业、测验等进行评价时，不仅应打分数、评等级，还应加上有针对性的评语，这样的效果会更好。

(三)正确评价，适当表扬与批评

1. 奖励和惩罚对学习的影响

在对学生进行评价时，表扬、批评作为学习的外部诱因，能够给学生的学习活动以肯定或否定的强化，从而巩固和发展学生的学习动机。奖励和惩罚对于学生动机的激发具有不同的作用。一般而言，表扬与奖励比批评与指责能更有效地激发学生的学习动机，因为前者能使学生获得成就感，增强自信心，而后者恰恰起到相反的作用。赫洛克(E. B. Hurlock)曾于 1925 年做过一个实验，在实验中将 106 名四、五年级学生分成四个等组，各组内的能力相当，在四种不同的情况下进行难度相等的加法练习，每天 15 分钟，共练习 5 天。A 组为受表扬组，B 组为受训斥组，C 组静听组(旁听甲乙两组受表扬与训斥)，D组为控制组(单独进行，不受任何评价)。控制组单独练习，并与其他三个组学生隔离。受表扬组、受训斥组和静听组在一起练习，每次练习之后，不管成绩如何，受表扬组始终受到表扬和鼓励，受训斥组都受到批评和指责，静听组则不给予任何评定，只让他们静听其他两组受到表扬或批评。

从练习的平均成绩来看(见图5-4)，三个实验组的成绩都优于控制组，这是因为控制组未受到任何信息作用。静听组虽然未受到直接的评定，但它与受表扬组和受训斥组在一起，受到间接的评定，所以对动机的唤醒程度较低，平均成绩劣于受训斥组。受表扬组的成绩优于其他组，而且一直不断地上升。该实验表明：①对学习结果进行评价，能强化学习动机，对学习起促进作用；②适当的表扬效果明显优于批评；③批评的效果比不做任何评价为好。因此，对学习结果进行评价，能激发学生的学习动机，对学习有促进作用；适当的表扬的效果优于批评，所以教师在教学中要给予学生表扬而非批评。

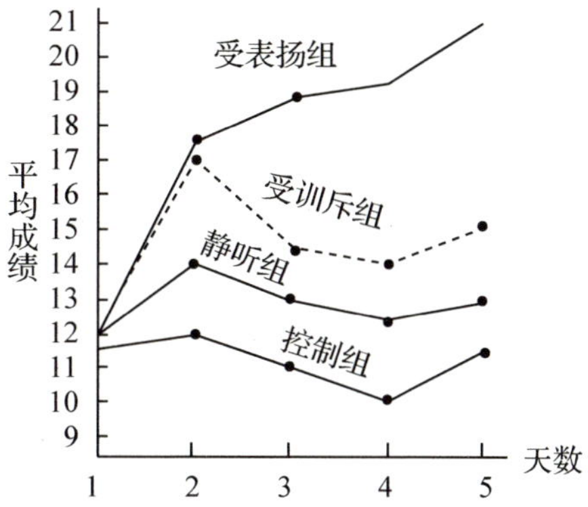

图5-4　不同诱因对练习成绩的影响

2. 有效地进行表扬和奖励

虽然表扬和奖励对学习具有促进作用，但使用过多或者使用不当，也会产生消极作用。有许多研究表明，如果滥用外部奖励，不仅不能促进学习，而且可能破坏学生的内在动机。但班杜拉认为，如果任务能提高个体的自我效能或自我价值感，则外在奖励不会影响内部动机。外部强化物究竟是提高还是降低内部动机，这取决于个体的感受与看法。摩根认为个体如何看待奖励非常重要，当个体把奖励视为目标，而任务仅是达到目标的手段时，内部动机就会受损；而当奖励被看作提供有关成功或自我效能的信息时，内部动机则会提高。

此外，教师的评价、批评与表扬，要考虑到学生的个别差异。对学习成绩较差、自信心较低的学生，应以表扬鼓励为主，使其获得更多的成功机会，逐步树立信心。对于成绩较好，但有些自傲的学生，要提出更高的要求，在表扬的同时还应指出其不足。

布洛菲总结了有关表扬的文献，提出了怎样使表扬具有最佳效果的建议。他认为有效的表扬应具备下列关键特征：①表扬应针对学生的良性行为；②教师应明确学生的何种行为值得表扬，应强调导致表扬的那种行为；③表扬应真诚，体现教师对学生成就的关心；④表扬应具有这样的意义，即如果学生投入适当的努力，则将来还有可能成功；⑤表扬应传递这样的信息，即学生努力并受到表扬，是因为他们喜欢这项任务，并想形成有关的能力。

但事实上，有效地进行表扬也确实不是一件容易的事。在课堂中有大量的表扬没有针对学生的正确行为，而经常给予了那些不值得表扬的行为，或者当学生有进步、值得表扬时，却未能得到表扬。有时，在竞争情境中，某些学生似乎永远得不到表扬，久而久之就会失去学习兴趣。另外，表扬是否具有内在价值，即是否为学生所期望、所看重的，这都影响着表扬的效用。因此，如何适时地、恰当地给予表扬应引起高度重视。教师应根据学生的具体情况进行奖励，把奖励看成某种隐含着成功的信息，其本身并无价值，只是用它来吸引学生的注意力，促使学生由外部动机向内部动机转化，对信息任务本身产生兴趣。同时，对于那些在竞争中处于劣势的个体而言，教师应给予更多的关注与鼓励，设置情境使其有成功的体验，以免产生自暴自弃的心理。

学习拓展

普雷马克原理

普雷马克原理，由普雷马克(D. Premack，1965)提出，一个经常出现的或较喜爱的活动可以作为强化物去强化一个较少出现的或较不喜欢的活动。普雷马克原理也被叫作“奶奶的规则”，即“先吃了你的蔬菜，然后你就可以吃甜点”。

如在视唱练耳课上，孩子们想弹一首流行歌曲，对枯燥、单调的音节练习缺乏热情。当教师领着大家练过几遍之后，有的学生不耐烦了，抗议说：“行了，别再练了!”这时，教师说：“大家如果能一遍准确地弹好这一小节，我们就弹一首流行歌曲。”同学们齐呼：“好，我们练!”这位聪明的老师就是在运用普雷马克原理。

根据普雷马克原理，当我们运用强化手段去激发学生学习时，要注意三点。

第一，必须是先有行为，后有强化，这种前后关系不容颠倒。比如，小明从小就喜欢看电视，上学后依然如此。但家长有一项规定，必须做完功课，才可以看，若功课没有做完或做得不够认真，则禁止看电视。有几次小明没有做完功课就想打开电视看六点钟的动画片，都被妈妈严厉禁止了。结果，直到小学毕业，小明均能遵守这项规定，总是保质保量地按时完成作业，而他喜欢的电视节目也都观赏了。小明的妈妈做得很好。有的家长常常误用，允许孩子先看电视，然后做作业，这完全是本末倒置。

第二，必须使学生在主观上认识到强化与他的学习行为之间的依随关系。如果在学生心目中没有把强化与良好的学习行为联系起来，强化对他的学习并不起作用。比如，有的学生为了看电视，草草地做完作业，就要看电视，如果家长允许看，则是对他做作业草率、不认真这一不良行为的强化。因此，家长必须使儿童意识到，允许他看电视是对他认真按时完成作业的一种奖励，而不是他想看就可以看的。

第三，必须用学生喜欢的活动去强化相对不喜欢的活动，而不能相反。比如，家长可能觉得弹钢琴要比练毛笔字有趣得多，因此告诉孩子说："你放学后先写一百个毛笔字，然后我允许你弹一小时钢琴。"家长心想这回孩子该好好练字了，可孩子根本不买账，因为他宁愿多写毛笔字，也不愿弹钢琴。可见，教师和家长在选择强化物时，必须了解与所要强化的学习行为相比，儿童更喜欢什么，并把后者作为强化物，方能有效。

(四)合理设置课堂环境，妥善处理竞争和合作

学生的学习主要是在课堂中进行的，课堂中的合作与竞争环境无疑是影响学习动机的一个重要的外部因素。我们在成就目标理论中谈到，个体在学习过程中，主要受到掌握目标、表现目标和社会目标的支配。至于个体具体选择哪一种成就目标，一方面取决于他所持有的内隐能力观念，另一方面就取决于外在的课堂环境。

1. 课堂目标结构

有关课堂环境对学习动机影响的系统研究始自多伊奇提出的目标结构理论，它是在勒温群体动力学理论的基础上提出的。多伊奇认为，由于团体中对个人达到目标的奖励方式不同，导致在达到目标的过程中，个体之间相互作用的方式也不同。研究表明，个体相互作用的方式主要有相互对抗、相互促进和互相独立三种形式，与此相对应，也存在着三种现实的课堂目标结构：竞争型、合作型和个体化型。在竞争型目标结构(competitive goal structure)中，团体成员之间的目标具有对抗性，只有其他人达不到目标时，某一个体才有可能达到目标，取得成功；如果其他人成功了，则降低了某一个体成功的可能性。在这种情境中，个体重视取胜、成功，有时更甚于公平、诚实，因此同伴之间的关系是对抗的、消极的。在合作型目标结构(cooperative goal structure)中，团体成员之间有着共同的目标，只有所有成员都达到目标时，某一个体才有可能达到目标，取得成功；如果团体中某一人达不到目标，则其他人也达不到目标。在这种情境中，个体会以一种既有利于自己成功也有利于同伴成功的方式活动，因此同伴之间的关系是促进的、积极的。在个体化目标结构(individualistic goal structure)中，个体是否成功与团体中的其他成员是否达到目标无关，个体注重的是自己对学习的完成情况和自身的进步幅度。在这种情境中，个体寻求对自己有益的结果，而并不在意其他个体是否取得成功。因此，同伴之间的关系是相互独立的、互不干涉的。大量研究表明，三种课堂结构激发的是学生三种不同的动机系统。

2. 竞争型课堂结构激发以表现目标为中心的动机系统

竞争使学生的注意力指向他们自己能够完成学习的能力，而不是指向"怎样"完成目前的学习。所获得的成绩本身并无意义，只有同别人进行相互比较后才变得可以解释，从中鉴别出自己能力的高低。竞争情境的最大特点是能力归因，学生认为获胜的机会与个人的能力直接相关。当一个人认识到自己有竞争能力时，就会积极

活动，争取成功。当认为自己无竞争能力时，自尊就会受到威胁，因而会逃避竞争情境。

竞争激发了学生用社会标准进行比较，而社会标准充分地提供了关于一个人的能力信息。在这种情况下，唯独最有能力、最自信的学生的学习动机得到了激发，而能力较低的学生明显感到，将会在竞争中失败，他们通常回避这种情境。一般来说，他们所采取的回避竞争和社会比较的方式是，选择极为简单或极为困难的学习任务，而回避中等难度的学习任务。然而，在实际教学情境中，中等难度的学习(即具有挑战性的学习)是最恰当的学习任务，可以使学生在已经掌握的知识基础上提高更快。

埃姆斯研究了竞争对自我评价的影响，结果表明竞争突出了个体对能力的感知。竞争获胜者夸大他们的能力，认为自己比竞争对手更聪明，更优越；而竞争失败者则认为自己天生无能。也就是说，能力的自我感知很容易随着成功的出现而被夸大，随着失败的出现而被贬低。

3. 合作型课堂结构激发以社会目标为中心的动机系统

合作情境涉及为共同目标而工作，因此，在合作情境中常常出现帮助行为。帮助既是援助他人，也是承担合作学习中的工作，帮助和合作是不可分的。研究发现，取得成功的合作小组成员，都认为同伴的帮助是取得成功的关键因素。

合作情境的另一明显特点是共同努力。学生之间存在着积极的相互依赖关系，他们共同努力，共享成功的奖励。在合作情境中，每个成员都尽全力为集体的成功而工作，积极承担集体义务。

当要求儿童在合作性集体中学习时，即使儿童之间的成绩具有显著差异，儿童也认为他们的水平、能力是相近的。也就是说，这种关系会引起一种平等的自我评价，强调了“我们共同”的感受。尤其在能力的自我感知上，合作情境下学生注意力的中心放在个体特征之外的集体成就上。

在进行自我评价时，集体目标或集体成就显得十分重要，而不仅仅是自我的因素。在成功与失败的集体结果下，即使是成就相近的个体，他们的自我评价也具有差异性。也就是说，个体在成功的集体与在失败的集体中，对自己的成就会有不同的评价。

4. 个体化课堂结构激发以掌握目标为中心的动机系统

个体化结构很少注重外部标准，强调自我发展和自身进步。由于个体化结构强调的是完成学习活动本身，即个体对学习本身的兴趣，而不注重他人是否完成任务，因此它强调只要自己努力就会完成任务，获得自我的进步和水平的提高。在这种情况下，往往将成功归因于自己的努力，产生很强的自豪感；失败则会产生内疚感，但也不会认为自己无能，而是通过增加努力或寻找更好的学习方法来争取下次的成功。

由于个体化情境强调对学习任务的掌握，注重自己与自己比较，不在意别人的学习如何。因此学生坚信，只要自己努力就会成功。他们对自己表现出自信，相信自己的能力会不断提高。这种学生即使在遇到失败时，也不会否定自己的能力和水平，不会降低自我评价，而是认为自己努力不够或方法不对，坚持认为自己有能力获得成功。

总之，三种课堂结构都能在不同的方面激发学生的学习动机。但是大量的研究表明，合作型目标结构能最大限度地调动学习的积极性，更有利于激励学生的学习动机和改善同伴关系。不过，他认为，要使得合作学习有效，必须将小组奖励与个人责任相结合。也就是说，当合作小组达到规定的目标时，必须给予小组奖励。这样，才能使小组成员感到有共同的奋斗目标，从而激发学习动机，提高学习成绩。同时，小组的所有成员必须都对小组的成功做出贡献。当每一名小组成员对小组的成绩都负有责任时，所有成员才会积极地参与到小组的活动中去，使所有成员都有取得进步的机会。否则，极有可能产生责任扩散和“搭便车”现象。

(五)正确认识并妥善组织竞赛

竞赛是激发学习积极性的有效手段。研究结果表明，开展学习竞赛对激发学习动机和提高学习成绩起到一定的促进作用。通过竞赛活动，学生的成就动机会更加强烈，学习兴趣和学习毅力也会有所增强。切拨曼(J. C. Chapman)和费得(R. B. Feder)在实验中，让五年级两个等组的儿童进行十天(每天十分钟)的加法练习，竞赛组的成绩每天都在墙上公布，并为优胜者贴红星；无竞赛组只做练习，无任何诱因。结果竞赛组的成绩优于无竞赛组(见图 5-5)。

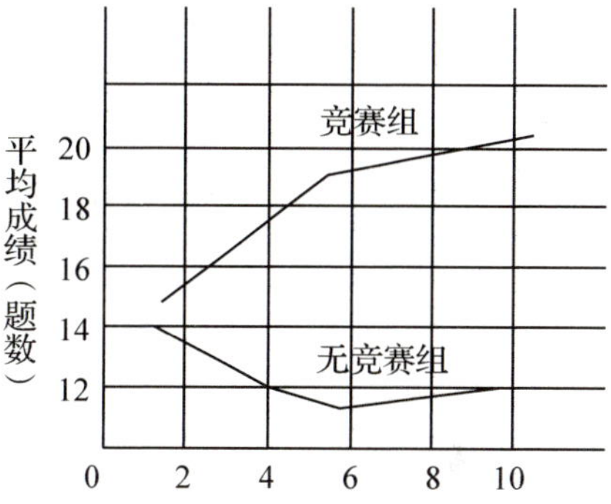

图 5-5　加法练习竞赛成绩比较

但是，竞赛必须适当。学习竞赛以竞赛中的名次或胜负为诱因，可以满足学生的附属和自我提高的需要，从而在一定程度上可以提高其学习积极性，影响其学习效果。当然，学习竞赛对于不同水平的学习者的影响不同。学习竞赛对成绩中上的学生影响最大，他们通过努力可以不断提高名次。对成绩极优或极差者，学习竞赛的影响甚微。因为优等生每次都取得好名次，从而认为自己无须努力也能成功，故激励作用不大；而差等生从来没取得过好名次，认为自己根本没有成功的希望，故竞赛对他们也没有什么作用。并且，学习竞赛往往是对不合作的一种无形的鼓励，不利于团结协作的集体主义精神的建立。竞赛也可能产生某种竞争心理，竞争者在竞争中取得的优秀成绩往往是以高度的紧张为前提的，获胜者受到鼓励，失败者会焦虑不安并承受一定的心理压力。而心理过度紧张，容易影响身心的健康发展。竞赛虽然有可能产生这些消极作用，但是这些消极影响是可以避免的。

总之，学习竞赛既有积极作用，也有消极影响，我们既不能简单地全盘肯定，也不能简单的全盘否定。如果在竞赛中不注意思想教育，把竞赛仅作为激励学生个人自尊心与荣誉感的措施，势必会产生消极影响；相反，如果能在竞赛中结合思想教育，使竞赛成为激励学生集体荣誉感与责任感的手段，则是可取的。当然，要想发挥其积极作用，在竞赛标准上应体现出鼓励进步和团结互助，尽量多用集体或小组竞赛，而少用个人竞赛，并鼓励学生开展“自我竞赛”。这样，有利于使先进更先进，后进变先进，团结友爱向前进；有利于防止自卑心理、骄傲情绪和个人主义等不良倾向。为了保证竞赛对动机的激发与培养产生积极作用，避免不良后果，应该注意合理安排和实施竞赛。竞赛标准方面，应体现鼓励进步、团结互助的原则，把竞赛变成激励学生进步的手段；科学安排竞赛的密度，以使竞赛真正发挥激发学习动机的作用；竞赛内容不要单一化，可以在学校生活的各个方面开展竞赛，以培养学生广泛的兴趣；竞赛形式要多样化，不仅搞个人间的竞赛，还要多开展团体间的竞赛，还要鼓励学生与自己竞赛；组织学习竞赛时，可按学生能力水平设高、中、低不同竞赛组别，或组织单项竞赛，使不同能力水平的学生都有获胜的机会，从而增强他们的信心。

二、激发与维持内在动机的措施

(一)创设问题情境，引起学生的认知矛盾，激发求知欲

创设问题情境是指在教学中提出一些学生用现有的知识和习惯的方法不能立即解决的问题，从而在教材内容和学生的求知心理之间制造一种不协调，引起学生的认知矛盾，把学生引入与问题有关的情境之中，从而激起学生求知的欲望和积极的思维。

阿特金森在其成就动机理论中指出，在现实的学习活动中，存在着两类学习者，即力求成功者和避免失败者。由于绝大部分大学生属于追求成功的学习者，因此我们主要探讨如何到达成功。如前所述，当问题的难度系数为50%时，学生的学习动机最强。因此，在学习过程中，如果仅仅让学生简单地重复已经学过的东西，或者是去学习力不能及的过难的东西，学生都不会感兴趣。只有在学习那些“半生不熟”“似懂非懂”“似会非会”的东西时，学生才感兴趣而迫切希望掌握它。因此，能否成为问题情境，主要看学习任务与学生已有知识经验的适合度如何。如果完全适合(太易)或完全不适合(太难)，均不能构成问题情境；只有在既适应又不适应(中等难度)的情况下，才能构成问题情境。那么，教师应怎样去创设难度适宜的问题情境呢？

要想创设问题情境，首先教师要熟悉教材，掌握教材的结构，了解新旧知识之间的内在联系；其次，教师要充分了解学生已有的认知结构状态，使新的学习内容与学生已有发展水平构成一个适当的跨度。这样，才能创设问题情境。

创设问题情境的方式可以多种多样。它既可以用教师设问的方式提出，也可用

作业的方式提出；它既可以从新旧教材的联系方面引进，也可以从学生的日常经验引进。例如，在讲解“蒸汽变水”时，教师问：“在寒冷的冬天，我们在室外说话，空气里会出现什么东西?”学生答：“一团团的哈气。”教师又问：“那么，我们冬天在室内说话，为什么没有哈气呢?”学生一般答不上来，从而构成了问题。这是从学生的日常经验引进，以教师设问方式创设的一种问题情境。又如，在讲授“乘法运算”时，教师可以先让学生做一些加法题，如“两个5是几”“三个5是几”“10个5是几”等，然后提出“100个5是几”“1000个5是几”等。这时，学生可能试图写出一百个或一千个“5”的连加算式。这时，教师可引导学生发现，这样列式会很长，并且算起来相当麻烦，有没有简便算法呢？学生一般找不到。这时教师告诉学生：“简便算法是有的，它叫乘法运算。从现在开始，我们就来学习这种简便运算。”这是从新旧教材的联系引进，以作业方式来创设的一种问题情境。

以上所举的实例，都是讲在教学开始时问题情境的创设。其实，在教学过程和教学结束时，也可以创设问题情境。例如，在实验课上，教师先演示实验或学生先按教师要求进行实验操作，然后针对实验中学生看到的现象，要学生说明现象变化的原因。这是教学过程中创设问题情境。又如，数学课上，教师在讲解完同分母分数加法的运算法则后，提出一个异分母加法的题目，以激起学生学习新材料的愿望。这是在教学结束时创设的一种问题情境。

总之，问题情境创设的方式可以多种多样，并且应该贯穿在整个教学过程的始终。创设问题情境的原则是：①问题要小而具体；②问题要新颖有趣；③要有适当的难度；④要富有启发性。例如，在学习“压强”概念之前，教师提出“把一块砖放在沙地上，怎样放才能陷得最深”的问题，学生在参与讨论的过程中，内在动机始终处于激发状态。

(二)发现学习也是激发学生内在动机的有效方法

布鲁纳在他的《教育过程》一书中首次提出内在动机的概念并倡导发现学习，认为发现学习有助于使外来动机向内在动机转化。他认为最好的动机莫过于学生对所学材料本身具有一种内在兴趣，具有发现的兴奋感和发现的自信感。学生把“有所发现”作为学习的主要任务，使学生有可能把发现本身作为一种自我奖赏而推动自己的学习活动。例如，在地理课上，当学生具有一定的地理基础知识之后，教师将只标有自然特征和天然资源，没有地名的“空白”地图呈现在学生面前，让学生指出哪一个地区具备建设城市的可能性。学生在讨论中可能会指出许多地方可以建设城市并考虑自然条件等地理因素进行论证。最后再与真实的地图相对照。在这种发现学习中，学生学习地理的兴趣大大提高。发现学习是以学生自己收集、加工、分析信息为主的学习方式。因此，学生在具备一定的信息加工能力的基础上才能进行发现学习。

(三)适当进行归因训练，促使学生继续努力

学生对学习结果的归因，不仅解释了以往学习结果产生的原因，而且更重要的

是对以后的学习行为会产生影响。

1. 归因方式对学习动机的影响

研究表明，不同的归因方式将导致个体不同的认知、情感与行为反应，具体表现在以下四方面。

①对成功与失败的情感反应。当学生成功时会感到高兴，但只有将成功归因于内部因素时，个体才会感到自豪与满意。如果认为成功是源于他人或外部力量，则学生的情感反应是感激而不是自豪。相反，如果将失败归因于内部因素，如不努力或无能，则会感到自责、内疚或羞愧。如果归因于外部因素，则会感到生气或愤怒。

②对成功与失败的期望。学生将成败归因于稳定因素时，对未来的结果的期待是与目前的结果一致的，也就是说，成功者预期着以后的成功，失败者预期着以后的失败。例如，把失败的原因看作自己能力差，个体就会担心下一次还会失败，因为能力是比较稳定的，很难在短时间内得到改变。相反，若将成败归因于不稳定的因素，则对以后成败的预期影响较小。

③所投入的努力。若学生认为失败是由于不努力造成的，即如果自己努力学习，确实有能力取得成功，则他们在以后有可能更加努力，遇到困难也能坚持。若将失败归因于缺少能力，也就是说，即使努力也不能成功，则他们很容易放弃，尽管有些任务是他们以前成功地完成过的。研究表明，后一类学生很容易产生习得无助感(learned helplessness)。

④自我概念。随着学生年龄的增长，他们越来越坚信能力是一个相对稳定的、不可控制的心理特性。如果不断地成功，则他们的自我概念中就会包含着较高的自我效能，否则自我效能感就会较低。

2. 积极归因训练

既然不同的归因方式会影响到主体今后的行为，我们就可以通过改变主体的归因方式来改变主体今后的行为。这对于学校教育工作是有实际意义的。在学生完成某一学习任务后，教师应指导学生进行成败归因。一方面，要引导学生找出成功或失败的真正原因，即进行正确归因；另一方面，更重要的是，教师也应根据每个学生过去一贯的成绩的优劣差异，从有利于今后学习的角度进行积极归因，哪怕这时的归因并不真实。

积极归因训练对于差生转变具有重要意义。由于差生往往把失败归因为能力不足，导致产生习得无助感，造成学习积极性降低。因此，有必要通过一定的归因训练，使他们学会将失败的原因归结为努力，从失望的状态中解脱出来。在对差生进行归因训练时，往往是使学生多次体验学习的成败，同时引导学生将成败归因于努力与否。如韦纳归因模式所述，努力这一内部因素是可以控制的，是可以有意增加或减少的。因此，只要相信努力会带来成功，人们就会在今后的学习过程中坚持不懈地努力，并极有可能导致最终的成功。

学习拓展

归因训练

德维克(1973)曾对一些数学成绩差又缺乏自信的学生进行归因训练。在训练中，让他们解答一些数学题。当他们取得成功时，告诉他们这是努力的结果；而当他们失败时，告诉他们这是因为努力还不够。经过一段训练后，学生不仅形成了努力归因，而且增强了学习的信心，提高了学习成绩。再如，香克(D. Schunk, 1984)的研究表明，在归因训练过程中，一方面使学生感觉到自己的努力不够，把失败的原因归结为努力因素；另一方面也应对学生努力的结果给予反馈，告诉他们努力获得了相应的结果，使他们不断感到自己的努力是有效的。这样，他们才能真正从无助感中解脱出来，从而坚持努力去取得成就

(四)培养学习兴趣

孔子说："知之者不如好之者，好之者不如乐之者。"爱因斯坦说："兴趣与爱好是最好的老师。"当学生对学习产生了内在兴趣，就会渴望获得知识，并在学习过程中伴有愉快的情绪体验。

教师在教学中培养学生的学习兴趣可以有许多具体的做法。

①教育学生明确学习知识的社会意义。学生一旦理解了知识的社会价值，就会对学习活动产生兴趣。

②培养学生对每门课程的积极的学习态度，形成定势，有助于培养学习兴趣。

③不断改进教学方法，采用有趣的、变换的方式呈现教学内容。比如，运用幻灯片、电视、电影、多媒体课件等教学手段呈现教材，还可以通过模拟教材内容的游戏、角色扮演等方式进行教学。

④组织学生参加课内外实践活动和学科兴趣小组，运用所学知识解决实际问题，从中体验成功的愉快和学好知识的乐趣。

⑤教师要以自身对所教学科的兴趣和热情给学生以良好的示范。教师应通过言语和行动向学生传递良好的信息，让学生知道教师喜欢所教学科、喜欢学习和钻研并在此过程中获得乐趣和满足，使学生受到影响，产生对该学科的学习兴趣。

⑥不断扩大学生的知识面，使学生在某一领域的知识不断积累，这是对某一具体知识领域产生稳定而浓厚兴趣的基本条件。学生在某一学科上拥有的知识越丰富，基础越扎实，学习起来就越轻松，兴趣会逐渐稳定。相反，在某一学科知识基础薄弱，欠缺过多，学习起来就会索然无味。朱智贤主持的国内十省市在校青少年理想、动机和兴趣调查发现，学生最不喜欢某一学科的原因中"基础不好"占59.84%，排第一位。

(五)利用原有兴趣、动机的迁移

兴趣、动机迁移是指在学生缺乏学习动力，没有明确的学习目的情况下，把学生从事游戏等其他活动的兴趣和动机转移到学习上来，从而使学生产生对学习的

需要。

为此，教师对班级中不愿学习的学生应仔细观察，发现他们的兴趣点，如对体育活动，文娱表演、绘画等的兴趣，然后巧妙地组织有关的活动，将这些兴趣与学习联系起来，转化为学习需要和学习兴趣。

案 例

学习动机及其激发

早上九点，"嘀……"第二节课上课铃声未落，初二(1)班班长急匆匆跑进办公室："报告老师，李小辉又不见了！"

寻找李小辉，已经成了班主任的日常工作之一。他已不知多少次把李小辉从球场、马路、游戏厅"请"回来。每次李小辉都痛哭流涕，信誓旦旦地说再也不逃课了，但他的每次誓言都不会是最后一次。

一提起李小辉，数学老师就不由得提高嗓门："那孩子，根本是神经病！哪次作业好好做了？别的同学交的是本儿，他可好，一张纸！背面还有语文笔记！上课不是打瞌睡就是发呆，提问答非所问，哪个同学不是笑掉大牙？上次考试卷该答题的地方打满草稿，还画了个哭泣的小人。这次考卷除了选择题，什么都没写，角落里蚊子腿一般的的几个小字：'老师对不起，我病了，头很痛，请不要给得零分'。"

语文老师拿出李小辉的作文，字迹非常潦草。有一篇题目叫《我最讨厌的一件事——上学》里面写道："……讨厌死了，见他的鬼去吧，把书扔进高压锅里，用小火煮上一天，拿出来再用锤子砸、砸、砸，再浸入浓氨水、浓硫酸、浓硝酸——用棒球棒打，狠狠地打、摔，送入转炉，烧成灰，最后为它拍张照，留作幸福的纪念！"

李小辉的母亲何女士也是一所中学的教师，年年带初三，年年出好成绩，可是一提到自己的儿子，却一筹莫展："实在不好意思，我教别人的孩子一套一套的，怎么教自己的孩子一点法子也没有呢？小学时可听话了，一放学就做作业，从不出去玩。一上初中怎么成了这个样子？多好的学校，人人都羡慕。小学毕业，班里只保送了他一个，他怎样就不知道珍惜！我和他爸老跟他讲，小辉你可得争气，回家咱们多自学，上课努把力，不也能跟上去吗？他说什么，没用，人人都比他强，他怎么也争不到第一，努力有什么用？"

李小辉说："在教室里，我一分钟也待不下去了！"

李小辉怎么了？他为什么如此讨厌上学？你能理解他吗？假如你是李小辉的教师或父母，面对这种情况，你该怎么办？

李小辉不爱学习，他讨厌学习，甚至对学习恨之入骨。他为何如此讨厌上学？

因为他考试总是不及格。物理考试，他不及格；数学考试，他也不及格。而且，数学老师还甩着鲜艳的粗笔在他的试卷上批道：“卷面潦草，思维混乱，简直不是人写的！”

因为他想争第一，却又认为自己怎么也无法争到第一。说起从前，他也有过辉煌的成绩：小学连续三年三好学生，在市“希望杯”竞赛中获过二等奖，小学毕业被保送到初中。然而，升入初中后的第一次摸底测验，他只排在第21名，从此，李小辉便丧失了自信心，连他最擅长的数学也不爱听，作业也马马虎虎——因为他再也不是第一！

诊断：李小辉由于上初中以来在学习上的多次失败，陷入了习得性无助感的境地，而且越陷越深，不能自拔。

分析：造成李小辉这种状况的原因除他自身的因素外，学校、家长在教育过程中过分重视考试、分数、竞赛、名次等外部强化手段去激励学生学习，而严重忽视对学生内在动机的培养和调动也是一个重要原因。李小辉本来是一个爱学习的孩子，不仅小学时是这样，就是到了初中，也还保持着一份好奇心和求知欲，同学们都说：“他特别爱看报纸，老买《南方周末》和《北京青年报》。玩电脑游戏，谁也玩不过他。他还爱玩篮球。”他本来喜欢学数学，但数学老师在教育方式上的严重失误，使他彻底丧失了自尊和自信。

对策：第一，采用各种措施培养他的内在动机，特别是利用他爱看报纸、爱玩电脑、爱玩篮球、喜欢数学等特点，巧妙实现动机迁移；第二，采用各种措施，消除他在学习上的无助感，增强他的学业自我效能感。

练习题

一、选择题

1. 教生物的孙老师询问了几个学生努力学习生物的原因，得知小娜是因为喜欢研究小动物、小植物而喜欢生物课；小宾是因为生物课学得好同学们都会崇拜他，都会听他指挥；小月是因为学好了生物，孙老师就会表扬他。小娜、小宾、小月的学习动机分别是(　　)。

A. 认知内驱力、自我提高内驱力、附属内驱力

B. 自我提高内驱力、认知内驱力、附属内驱力

C. 认知内驱力、附属内驱力、自我提高内驱力

D. 自我提高内驱力、附属内驱力、认知内驱力

2. 当学习任务比较简单时，要求学习效率达到最佳水平，则合适的学习动机强度应当(　　)。

A. 很高　　B. 较高　　C. 较低　　D. 以上都不对

3. 以下几种学习动机，哪一种是罗杰斯认为对学习者的学习最有影响力的？（　　）

A.“我能行”　　B.“学好了就有奖励”

C.“我喜欢”　　D.“我不得不学好”

4. 有关学生动机的培养，说法正确的是（　　）。

A. 为学生选择的榜样越优秀越好

B. 给学生的建议不应太具体，越抽象越好

C. 可以帮助学生把对某一学科的兴趣迁移到另一学科上

D. 告诉学生失败都是由于外部因素导致的

5. 教师在激发学生的学习动机时要对学生的学习效果提供及时的反馈，这种途径的理论基础是（　　）。

A. 需要层次理论　　B. 强化理论

C. 自我效能感理论　　D. 成就动机理论

6. 在马斯洛需求层次理论中，追求个人特有潜能的充分发挥、理想和自我价值的完美实现属于（　　）的需要。

A. 生理与安全　　B. 尊重　　C. 归属与爱　　D. 自我实现

7. 根据成就动机理论，趋向成功的学生最可能选择的任务成功概率为（　　）。

A. 25%　　B. 50%　　C. 75%　　D. 90%

8. 试用马斯洛的需要层次理论指出下列哪项需要的层次最高？（　　）

A. 家庭的现代化　　B. 安静的学习环境

C. 结交正直诚实的朋友　　D. 搞小发明

9. 张啸这次考试成绩非常差，老师找他谈话时，他分析近期由于喜欢上班内一名女同学，上课经常开小差学习不够努力。这种归因属于（　　）。

A. 不稳定、不可控制的外归因　　B. 不稳定、可控制的内归因

C. 稳定、可控制的外归因　　D. 稳定、可控制的内归因

10. 教师常用表扬、称赞等方式，激励学生学习进步，其针对的学习动机理论是（　　）。

A. 自我效能感理论　　B. 成就动机理论

C. 强化理论　　D. 动机归因论

11. 下列有关学习动机与学习效果之间关系的描述，正确的是（　　）。

①学习难度大，学习动机水平高，学习效果好

②学习难度大，学习动机水平低，学习效果好

③学习任务容易，学习动机水平高，学习效果好

④学习任务容易，学习动机水平低，学习效果好

A. ①②　　B. ①④　　C. ②③　　D. ②④

12. 首先提出自我效能感理论的心理学家是(　　)。

A. 班杜拉　　B. 麦克里兰　　C. 奥苏贝尔　　D. 阿特金森

13. 耶克斯和多德森在研究动机强度与学习效率之间的关系时发现(　　)。

A. 动机越低，学习效率越高　　B. 任务难度不同，其最佳动机强度不同

C. 动机越高，学习效率越高　　D. 任务难度不同，其最佳动机强度相同

14. 最近，李伟为了通过下个月的四级考试而刻苦学习外语，这种学习动机是(　　)。

A. 外在远景动机 B. 内在远景动机 C. 外在近景动机 D. 内在近景动机

15. 心理学研究表明，动机强度与问题解决效果的关系可以描绘成(　　)。

A. 波浪线　　B. 斜线　　C. U 形曲线　　D. 倒 U 形曲线

16. 进入初中后，小明为了赢得在班级的地位和满足自尊需要而刻苦学习。根据奥苏伯尔的理论，小明的学习动机属于(　　)。

A. 认知内驱力　　B. 自我提高内驱力

C. 附属内驱力　　D. 生理内驱力

17. 小玥在学习时关注的是知识的内容和价值，而不是为了获得分数和奖励。根据成就目标理论，小玥的目标导向属于(　　)。

A. 成绩趋近　　B. 成绩回避　　C. 掌握趋近　　D. 掌握回避

二、辨析题

1. 学习动机越强学习效果越好。

2. 习得性无助感与人们对失败的归因有关。

三、简答题

1. 请简述学习动机与学习效果的关系。

2. 简述学习动机的强化理论。

3. 简述学习动机的归因理论。

4. 简述学习动机的需要理论。

5. 简述自我效能感及其功能。

6. 简述引发学生的学习动机的方法。

7. 简述奥苏贝尔成就动机的分类。

四、材料分析题

1. 有一位学生，他的家庭情况不好，父亲生病在家，母亲身体又不好。他认为命运不公平，但又没有办法，比较悲观。

班主任了解情况后，不仅鼓励他，还给他讲述了许多逆境中出人才的例子，激励他奋进。同时，班主任还向学校提议，给他减免部分学费。该同学在大家的帮助下，逐步从消极的阴影中走了出来，不仅精神面貌焕然一新，学习成绩也上去了。请用动机理论解释该案例。

2. 小美很喜欢唱歌，从小就希望自己在音乐方面有所成就。在她还没有确定是否报考音乐学院前，她在众人面前能很好地展示自己的歌声。她确定报考音乐学院后，学习更加勤奋努力，希望实现自己的目标。但是在音乐学院的专业课面试过程中，由于她极度渴望有完美的表现，结果事与愿违，不但没有发挥出应有的水平，而且比平时更差，导致面试失利。这个结果让大家很诧异，她自己也无法接受。

问题：

(1)请运用动机相关知识解释小美专业课面试失利的原因。

(2)假设你是班主任，你如何帮助小美在下次面试中发挥正常水平？

3. 中学生晓雯是一个品学兼优的学生，老师与同学都很喜欢她。但她需要进行选择与决策时，总是拿不定主意，处于矛盾中。例如，有同学建议晓雯竞选班长，她也有此想法，但又担心班级事务繁多影响自己的学习；学校举行数学竞赛，她渴望参加，却又担心无法完成老师交给她的创建班级环境规划的任务。日常生活中，晓雯也常常为参加集体活动还是温习功课拿不定主意；在专业选择问题上，她既想成为一名音乐家，又想成为一名心理学家。

问题：

(1)请运用动机冲突相关知识分析晓雯的问题。

(2)假如你是晓雯的班主任，你如何帮助她？

参考答案

一、选择题

1. A 2. B 3. C 4. C 5. B 6. D 7. B 8. D 9. B 10. C 11. C 12. A 13. B 14. C 15. D 16. B 17. C

二、辨析题

1. 这种说法是错误的。学习动机和学习效果之间有着相互制约的关系。动机强度与学习效果之间的关系并不是一种线性关系，而是倒 U 形曲线关系。中等强度的动机最有利于任务的完成，即动机强度处于中等水平时，工作效率最高。

2. 这种观点是正确的。习得性无助是当个体感到无论做什么事情都不会对自己的重要生活事件产生影响时所体验到的一种抑郁状态。一个总是失败并把失败归于内部的、稳定的和不可控的因素(即能力低)的学生会形成一种习得性无助的自我感觉。因此此观点是正确的。

三、简答题(略)

四、案例分析题

1. 据人本主义动机理论，马斯洛认为人有 5 种基本的需要，按其满足的先后依次排列成一个层次。在这一层次中，最基础的是生理方面的需要，即对食物、水、空气等的需要；在生理需要得到基本满足之后，便出现安全或保护的需要；随后出现对爱、感情、归属的需要；接着出现对尊重、价值或自尊的需要；在上述这些低一级的需要得到基本满足之后，最后剩下的便是对自我实现的需要。所谓自我实现，就是使自己更完备、更完美，能够更充分地使用自己具有的能力和技能。马斯洛认为，人的绝大部分时间和精力都用于旨在实现最基本的但又尚未满足的需要上，当这些需要或多或少得以实现后，人才能越来越注意到更高层次的需要。他认为，在这些需要中，前四种是缺失性需要，它们对生理和心理的健康是很重要的，必须得到一定程度的满足，但一旦得到满足时，由此而产生的动机就会消失。最后一种需要即自我实现的需要，它是成长需要，很少得到完全的满足。而对一个正常健康的人来说，因缺失性需要已得到相当的满足，所以他们的行为是由不同类型的成长需要所决定的。需要层次理论对临床和咨询心理产生了影响，并成为其动机理论的基础。

案例中的学生由于家庭原因，安全需要、爱的需要都不能得到满足，所以出现比较悲观的心理状态。班主任向学校提议，给他减免部分学费，使他对学习费用的担心减少；每个人渴望得到家庭、团体、朋友、同学的关怀、爱护和理解，案例中的学生在老师和同学的关心中，满足其爱和归属的需要，在逆境中出人才的例子的激励下产生对尊重、价值和自尊的需要；从而使得该生学习中的精神面貌焕然一新，学习成绩也上去了。

2. (1)小美专业课失利是因为她报考音乐学院时，没有保持一个最佳的动机水平。

耶克斯—多德森定律提出：中等动机最有利于任务的完成。动机强度过低时，缺乏参与活动的积极性，工作效率不可能提高；动机强度超过顶峰时，工作效率会随强度增加而不断下降。材料中，小美为了实现考上音乐学院的目标，极度渴望有完美的表现，这种过强的动机可能会使小美处于焦虑和紧张的状态，进而干扰她正常水平的发挥。保持过强的动机反而适得其反。

(2)作为班主任。应通过以下方式帮助小美。

首先，根据不同性质的学习任务对小美提出不同的要求。根据耶克斯—多德森定律，各种教学任务所达到最佳学习效果需要的学习动机水平是不一样的。对此，作为班主任，应根据不同性质的学习任务对小美提出不同的要求，针对较易完成的任务，对小美提出高要求；针对较难的任务，对小美提出低一些的要求。

其次，帮助小美进行恰当归因，重拾信心。有些考生在经历了失败之后，既没有前行的动力，也没有了回头的勇气。为避免这一现象，班主任应及时对小美进行恰当归因，找出上次失败的原因，鼓励小美在下次考试中超越自我。

充分利用反馈信息，有效进行奖惩。当小美保持较高的学习动机时，班主任应适当减少奖励；当小美保持较低的学习动机时，班主任要及时指出，帮助她正确认识即将完成的任务难度。

最后，给予小美成功的满足，提升其自信心。在学习中，学生如果获得成功，就会产生愉快的心情。对于小美来说，这种愉快的情绪可以帮助她提升自信心，建立学习和愉快情绪之间的稳定联系。

3. (1)动机冲突是指一个人在某种活动中，同时存在着一个或数个所欲求的目标，或存在两个或两个以上互相排斥的动机。当处于相互矛盾的状态时，个体难以决定取舍，表现为在行动上犹豫不决的状态。动机冲突可以分为双趋冲突、双避冲突、趋避冲突和多重趋避冲突。材料中，晓雯既想当班长，又害怕耽误学习；既想参加数学竞赛，又担心完不成班级规划的任务，这体现了对一个目标，既有吸引力又有排斥力，既想接近同时又不得不回避从而引起的冲突，属于趋避冲突。日常生活中，晓雯常常为参加集体活动还是温习功课拿不定主意；专业选择问题上，她既想成为一名音乐家，又想成为一名心理学家，这体现了两个目标都具有吸引力，都想追求，因不能同时获得而产生的动机冲突，属于双趋冲突。

(2)针对晓雯存在的问题，班主任应注重培养晓雯良好的意志品质。

第一，首先帮助学生加强世界观和人生观教育，确立正确的行动目的。

自觉性是意志行动的重要特征，学生意志品质的发展都建立在一个正确而合理的行动目的的基础上。对晓雯的教育，可以从确立远大的目标着手，合理处理好个人成长与集体成长之间的关系，从而有效避免在价值取向上出现动机冲突。

第二，组织实践活动，加强意志锻炼。

在学校教育中，日常的学习、劳动和课外活动，都需要为达到一定的目的付出艰辛和努力，这正是培养学生良好的意志品质的最好途径。对于晓雯这样优柔寡断的学生，要帮助他们树立克服困难的信心和勇气，帮助他们学会审时度势，当机立断。

第三，发挥教师的影响，给予必要的纪律约束。

在学生意志品质的形成中，离不开周围的人和环境的影响。特别是在学校教育中，教师和班集体发挥着不可忽视的作用。对于晓雯这样的学生，教师在工作中首先要表现出目标明确、处事果断、兢兢业业、不畏困难的作风，以此来影响学生的意志品质。

第四，启发学生进行意志的自我锻炼。

要在学生的意志品质形成中真正发挥作用，还必须调动学生自己的主观能动性。在教育实践中，教师可以激励晓雯用格言、座右铭警醒自己，用杰出人物的事迹对照、监督自己的言行；同身边的榜样相比较，找出差距，迎头赶上；每天坚持记日记，反思自己的言行和思想，发现缺点，及时改正等。

第六章　学习策略

学习目标与任务▶

1. 了解学习策略的分类；
2. 掌握认知策略；
3. 掌握元认知策略；
4. 掌握资源管理策略。

学生的学习是学校教育的重要活动之一。在学习活动中，有的学生学习非常努力却总是不能取得相应的学习效果，成绩总不令人满意，这些已经非常刻苦勤奋的学生常常会感到失去信心，教师对这样的学生也常常束手无策。为了让学生进行有效的学习和提高学习的效率，必然要思考“学习是怎样进行的”“如何提高学生的学习效率”这样的问题。影响学生学习的因素有很多，其中有一个非常重要的原因就是有没有掌握有效的学习策略。因此，培养学生的学习策略，根据不同的学习类型、不同的学习者应选用恰当的学习策略。成为策略型的学习者是当前教学的任务之一。

第一节　学习策略概述

学习策略研究是随着对学生使用学习方法的长期探索而发展起来的。20 世纪 50 年代始，心理学、教育学研究者们发现，学生在学习过程中除了学习知识外，还在积极地学习掌握和运用这些知识的策略。于是，他们开始重视各种学习变量对学习方法选用的影响，把学习方法的选用放到更为广泛的学习情境中考察，从而转向研究各种学习变量、元认知与学习方法选用的关系。进入 20 世纪 80 年代后，国外研究者在继续对学习策略做深入探讨的同时，积极开设学习策略教学课，以帮助学生掌握学习策略，提高学习质量。国内学者直到 20 世纪 80 年代后期才开始对学习策略问题进行系统的研究，发表了不少论文和研究报告，并在中小学进行实验研究。目前兴起的对学习策略的研究，其主要目的有两个：一是改进学生的学习，减少教学和训练时间，促进学生更有效地学，教师更有效地教；二是利用学习策略教学，改革学习失能和智力发育迟滞学生的学习，提高教育质量。

一、学习策略的含义

对学习策略的系统研究开始于 20 世纪 50 年代美国著名心理学家、教育学家布鲁纳对人工概念的研究以及心理学家西蒙用计算机有效地模拟“问题解决”策略的研究。对学习策略的研究都是从认知心理学的角度，对学习策略的某一个或某两个要素进行探讨。由于研究者对学习策略是属于认知过程的信息加工部分还是信息加工过程的调控部分存在分歧，因此对学习策略的性质规定也就有不同的理解，时至今日还没有一个统一的界定。概括起来主要有以下四种观点。

（一）把学习策略看作具体的方法或技能

梅耶(R. E. Mayer)认为学习策略是“在学习过程中用以提高学习效率的任何活动”。这些活动包括记忆术、划线法、做笔记、复述等方法的使用。里格尼(Rigney)认为：“学习策略是学生用于获得、保持与提取知识和作业的各种操作与程序。”琼斯(Jones)、艾米伦（Amiran)、凯蒂姆斯(Katims)认为“学习策略是被用于信息编码、分析和提取的智力活动或思维步骤”。这些观点基本上认为学习策略属于具体的方法和操作技巧。

(二)把学习策略看作学习的规则或能力

杜菲(Duffy)认为“学习策略是内隐的学习规则系统”。温斯坦(C. E. Weinstein)认为学习策略“在广义上指由研究工作者和实践工作者所假设的、对有效地学习和保持信息有帮助的、并且是必需的各种不同能力”。

(三)把学习策略看作学习的调节和控制技能

奈斯比特(Nisbet)和舒克史密斯(Shucksmith)认为“学习策略是选择、整合、应用学习技巧的一套操作过程”。

(四)认为学习策略是与元认知相联系的，它的功能在于调节与控制整个学习过程及具体学习方法的选用

例如，加涅认为，“学生在学习过程中，学会如何学习、如何记忆、如何进行导致更多学习的反省性和分析思维。显然个体不断学会成为自我学习的人，或者成为独立的学习者，其原因就是他们逐渐获得了调节自己内部过程的有效策略。”平特里奇(P. Pintrich)认为学习策略是学生获得信息的技术或方法，是指使用认知策略和元认知策略的一般术语。

综上所述，西方学者对学习策略的定义的角度不同，各有侧重，从不同侧面反映了学习策略的某些特征。从抽象意义上来讲，学习策略是一种“内隐的学习规则系统”；在学习的操作意义上来讲，学习策略是一个“学习方法和学习的调节与控制的有机统一体”；从结构意义上来讲，学习策略是由“学习方法”和“学习的调节与控制”等方面的因素组成的。

(五)学习策略的综合认识

综合以上对学习策略所下的定义，我们认为，学习策略是在学习过程中，学习者对学习任务的认识、对学习方法的调用和对学习过程的调控。可以从如下方面进行理解。

①学习策略是用于学习的计策谋略。学习策略是学习方法、规则等在使用中的科学和艺术。学习方法、规则等的使用有一定的可操作程序，是外显的动作行为，这是学习策略的科学方面；对方法、规则等的灵活运用是内隐的心智活动，这是学习策略的艺术方面。对学习进行谋划、高水平地运用学习方法是学习的智谋，是智慧的表现。

②学习策略是学习主体为实现学习目标而自觉主动使用的。一般来说，学习主体采用学习策略都是有意识的心理过程。学习者面对一个学习任务，对目标的确定、已有知识的运用、可选策略的考虑、实施计划的设计、遇到新情况时策略的调整等都要积极主动，这些都是自觉的学习所必不可少的。当学习者对策略的使用习惯化和自动化后，它可能只需要很少的意识参与，几乎是下意识地使用，从而导致更高

层次上的自觉学习。

③学习策略是有效学习所需要的。所谓策略，实际上是相对效果和效率而言的。对一件学习任务来说，使用不同的方法，效果是大不一样的。一个学习者在学习中使用最原始的方法，是很难实现学习目标的，即使最终实现了，效果也不会好，效率也不会高。学习策略是以追求最佳效益为根本的，学习方法要科学而灵活地运用。

④学习策略的作用对象是学习活动及其要素。学习活动是由学习主体、学习客体、学习手段和环境等要素的相互作用而构成的。学习策略的使命就是分析各种要素的特性并将它们有机结合起来，进行调节和控制，使之不断处于动态平衡之中。

二、学习策略的特点

(一)学习策略的艺术性特征

"策略"，意指根据形势发展而制定的行动方针和斗争方式。那么，学习策略显然就应当是根据学习活动的发展变化而采取的适合于学习活动规律的方式方法。当然，这里的适合于学习活动规律的方式方法，并非是指拘泥于一般的学习程序或套路的方法。尽管学习活动可以有一套的规则、程序或步骤，学习策略也并不排除对规则的运用。但学习活动又是因人而异、千变万化的，学习策略最讲求的也是一个"形势发展"。因此，那种一般性的学习方法或技能就不是学习策略的本质特征。在学习策略意义上的方法，往往是一种富有创造性的方式方法，是独特的、新颖的。从这个意义上说，学习策略是带有艺术性的。

(二)学习策略的主动性特征

学习策略研究的实质性内容实际上是它的主动性特征。我们都知道，学生的学习活动有主动和被动之分。被动学习以死记硬背为特征，谈不上学习策略。主动学习则非常注重学习策略。例如，奥苏贝尔的有意义学习理论就非常重视学习者自身对学习过程的操作和控制，把学习者在学习过程中积极主动的倾向与行为作为有意学习的重要内部条件。所以，主动性学习必有一定的学习策略，学习策略的精神实质就是主体意识的明确和主动性的发挥。学习策略的主动性特征主要体现为学习者在学习过程中所具有的能动性和控制性。也就是说，学习策略是学习者对学习活动的能动把握，是对自我学习活动的一种调整和监控。其调控的方式有两种：一是直接干预学习环节达到学习目标；二是通过提高自身的认知功能间接地达到学习目标。

(三)学习策略的对策性特征

学习策略是学习者面对具体的任务时，为解决具体的学习问题而采取的行动方式，它具有非常明确的目的，带有很强的针对性和操作性。学习策略当然也要遵循一般的学习规律，采用或借用一定的学习方法，但它是针对一定的情境、目的，结合材料的特点，有选择地把这些方法加以具体化，从而相对地找到一种最优化的方法，最终形成一套有效的对策和对象性明确的操作过程。所以，学习策略对学习问题的解决，就是要分析问题的“病因”，力求找到一种最佳解决方式。

第二节 学习策略的成分和类型

学习策略是对学习任务的认识、对学习方法的调用和对学习过程的调控。因此，根据不同的学习任务需选择不同的学习方法、对学习过程需进行调控。学习有法，但学无定法。由于学习主体、学习对象、学习的手段和条件等不尽相同，学习者所采用的学习方法也就不会完全相同。世界上不存在对任何人、任何情况都适用的所谓“最佳”学习方法，学习贵在得法。我们在借鉴他人成功的学习方法时，不能生搬硬套或拘泥于一法，一定要遵循学习规律，善于结合自己的特点，因人、因时、因地制宜，努力寻求、创造适合自身特点的、个性化的、行之有效的学习方法。

一、学习主体与学习策略

处于不同学习阶段的学习者，因每个时期的学习要求不同，学习者的原有基础不同，所采用的学习方法会有很大不同。例如，小学生、中学生和大学生所采用的学习方法就有很大的差异。在教学或辅导工作的过程中培养和提高学生的学习策略时，教师应该注意与他们的发展阶段相吻合。

另外，每个学习者自身的能力、个性、性别等条件不同，所选用的学习方法也是有区别的。例如，不同的学习者其能力的水平、类型有差异，智力中等与智力优异学习者所选用的学习方法就不同。习惯于抽象逻辑思维的人擅长应用分析、比较、抽象、概括一类的学习方法，而习惯于形象思维的人则擅长应用观察、操作、想象、记忆一类的学习方法。再比如，一般来说，女生的机械记忆、形象记忆强，就应扬长补短，锻炼和培养理解记忆、抽象逻辑思维能力；在发挥认真、细心特点的同时，要克服自卑、胆小的弱点。

学习活动是个体的活动，学习者应正确认识自己学习的个性品质，选择适合自己个性的学习方法，提高学习的个性化程度和学习效率。例如，记忆力好的学习者要充分利用记忆力进行多记、多背；口头表达能力强的学习者就应多说。外向性格的人交往能力强，但情绪容易受外界环境影响，不容易一个人静下心来学习，这种类型的人就适合在集体中学习，并努力培养学习的计划性，加强自我监督。内向性格的人善于思考，不为情绪所动，但有因循守旧的倾向，这种类型的人适合于单独学习，但应注意提高学习的灵活性，学会合作学习。此外，百灵鸟型和猫头鹰型，场独立型和场依存型，沉思型和冲动型等不同类型的学习者都应根据各自的特点选择不同的学习方法。

二、学习类型和学习策略

不同类型的学习对学习方法选择的制约性是不同的，要根据不同类型的学习以及不同学科特点选择学习方法。例如，知识的学习宜用理解法、概括法等；技能的学习宜用模仿法、训练法、总结法等；行为规范的学习宜用内省法、榜样法、实践法等。不同学科各有特点，学习方法也各异。例如，文科的学习富于弹性、偏重于理解，学生可以灵活安排学习，较多地自学、看参考书，要着重掌握材料和基本观点，同时要注重社会经验和社会阅历的积累，参与各种社会实践，观察各种社会现象，开展调查研究，广泛收集资料，进行分析研究。理科的学习逻辑性很强，学习一环扣一环，缺少一环，就连接不上，自学应与教师的讲课同步，要着重培养数理思维、逻辑思维和抽象思维能力及动手能力(包括实验、操作、运算、制图等)。下面介绍几种主要的学习分类的方法。

(一)根据学习结果划分学习类型

美国当代著名教育心理学家加涅在《学习的条件》一书中，对学习结果进行了分类，提出了五种学习结果：言语信息、理智技能、认知策略、态度和动作技能①。

1. 言语信息

言语信息作为一种学习结果，是指学习者通过学习以后，能记忆诸如事物的名称、符号、地点、时间、定义、对事物的描述等具体的事实，能够在需要时将这些事实陈述出来。通过言语信息的学习，可使学习者具有用语言描述或说明某种事物或概念、论点的能力。这种知识主要说明事物是什么、为什么、怎么样，用于区别、辨别事物。例如，说出“中国的首都是北京”“2012 年奥运会在英国的伦敦举行”等事实；陈述“授之以鱼，不如授之以渔”“兴趣是最好的老师”等观点，这种是静态的知识，人们传统上对知识的理解就局限于这种知识。

教学的目标之一，是向学生传递各种言语信息。学生一般是通过听和看习得言语信息。言语信息的学习主要涉及的心理过程是记忆，是其他类型的学习结果习得的基础。学校教育主要是通过言语信息把人类千百年来累积起来的知识一代一代传递下去的。当学生能够用命题(句子)的形式来陈述他已习得的内容时，我们就可以说他已具有言语信息的能力了。各种言语信息的复杂性程度不同，加涅把它们区分成三种类型：①命名，就是给物体的类别以称呼；②用简单命题(句子)表述事实；③知识群，即各种命题和事实的聚合体。

实际上，加涅所讲的言语信息，即我们通常所讲的知识或书本知识。加涅认为，言语信息对学生具有三种功能：①它们常常作为进一步学习的必备条件，不知道基本的知识，就不可能习得复杂的规则；②它们将直接影响学生将来的职业和生活方

---

① 施良方：《学习论》，311～315 页，北京，人民教育出版社，2001。

式，在现代社会中尤其是这样；③有组织的知识是思维运行的工具。当学生试图解决一个新的问题时，他往往先要思考头脑中已有的这方面的知识，然后再做出选择。例如，一个受过训练的化学家，除了懂得如何应用化学原理外，还须知道大量的有关该学科的信息；要学习某一认知策略，学生必须首先获得有关策略的言语信息。在学校教学情境中，学生对信息的习得通常是教师以口头语言或以书面语言进行传授的学习结果。判断学生是否获得信息主要看他们是否能把所获得的信息表述出来。

2. 理智技能

理智技能作为一类学习结果，是指能使学生运用概念符号与环境相互作用的能力，是学校中最基本、最普遍的教育内容，包括从最基本的语言技能到高级的专业技能。理智技能学习与言语信息学习不同，前者关注学会如何做某些理智的事情；后者关注知道某些事情或某些特征。例如，运用运算规则解答习题，是理智技能学习的例子；学习“先乘除后加减”这一规则，则是言语信息学习的例子。理智技能与知道“怎样做”有关。例如，通过计算将分数化为小数，在英语的造句中，能够使单数动词与单数主语保持一致等都是相关技能习得的实例。言语信息的学习是从不知到知，由知之甚少到知之甚多的过程，理智技能的发展则是从简单到复杂、从低级到高级的过程。这些理智技能是由简单到复杂排列的；学习每一种理智技能，都是以前面较简单的技能为先决条件的。下图是理智技能的层次：由简单到复杂（自下而上）（见图 6-1）。

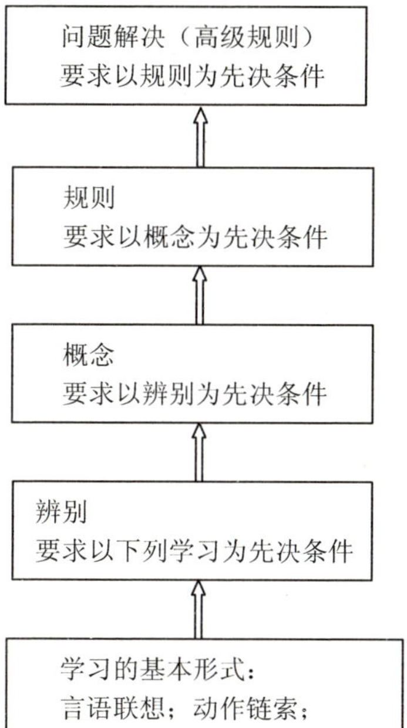

图 6-1　理智技能的层次：由简单到复杂（自下而上）

理智技能可以细分为若干小类，较简单的是辨别技能，进一步是形成概念。在形成概念的基础上学会使用规则。智力技能的最高形式是高级规则的获得，这与解决问题的能力有关。下面分别说明这些习得技能的性质。

(1)辨别

辨别是将刺激物的一个特征和另一个特征或者将一个符号与另一个符号加以区别的一种习得能力，包括视觉、听觉、嗅觉、触觉、味觉等方面的辨别。例如，儿童能辨别三角形和正方形等几何图形，学习地质学的大学生能区别不同性质的岩石标本。学习辨别技能的重要性在于它是学习其他技能的必要前提。

(2)概念

概念是对同类事物的共同的本质特征的反映。例如，笔有钢笔、圆珠笔、铅笔、毛笔、粉笔、画笔等，其共同特征是“书写的工具”。人们说话和思考问题都要运用概念，任何知识的学习都离不开对概念的学习，或是加深对原有概念的理解，或是学习新概念。然而，绝大多数学习者对概念的学习和运用往往都不自觉的，概念是知识的基本单元。学生所习得的知识主要是由概念构成的。概念的习得有两种形式，一种是在一系列事物中找出共同属性并给同类事物赋予同一名称，这类概念一般被称为具体概念。因为只有区别事物的不同特征，才能发现事物的共同属性，所以辨别技能是形成概念的基础。另一种是以定义的方式习得，相应地这类概念叫作定义性概念，有时也把它叫作抽象概念，以便与具体概念相区别。例如，“对角线是连接四边形对角顶点的线”，即为定义性概念。在学校里学习的概念大多是定义性概念。

概念是如何习得的呢？这里有极其深刻、复杂的心理学和认识论、方法论问题。很多学生不了解其中的奥秘，认为只要死记硬背概念的定义就行了，其实这不仅是笨办法，更糟糕的是，会背概念的定义并不等于真正理解了概念意义，不理解当然也就不可能正确地运用概念来思考和认识问题，这就是为什么很多学生下了很大工夫学习，但却总是学不懂的病根所在！要治好这种“学习病”，就必须了解概念学习的基本规律。简而言之，学习者通过直接观察一类事物，找出这类事物共同的关键性特征，用词来命名表示，就形成了一个概念。心理学家对人的概念学习做了深入的研究与概括，如心理学家赫尔认为，概念的习得还包含了一系列复杂的识别活动，学生能在某一例证中正确识别概念，就给予强化，否则就不予强化，通过这样一系列尝试与识别活动，具体经验与抽象概念之间的连接才能建立起来，或者说抽象的概念才被从具体经验中抽象出来，这才算真正学懂了一个概念。心理学家布鲁纳认为，学生是积极主动探索概念的。学生可能事先提出一些假设，假设某一特征为关键特征，然后通过一定的方法来验证这一假设，验证假设的过程就是概念形成的过程。认知心理学家罗斯认为，概念可以通过具体实例加以理解，具体实例就可以代表概念，最典型的实例就叫原型。心理学家奥苏贝尔则认为，概念学习大多通过概念同化的方式进行。学习者将新概念与已有知识经验或认知结构中的相关概念结合，理解和获得了新概念的定义特征或关键特征，使原有认知结构发生变化。

(3)规则和高级规则

规则是揭示两个或两个以上概念之间关系的一种言语表述，可以是一个定律、一条原理或一套已确定的程序。例如，“句子的第一个词的词首字母必须大写”是英语语法的一条规则；“长方形的面积等于长乘宽”是一条数学定律。规则使学习者能对某一类事物做出同一类的反应。运用规则与陈述规则是不同的，后者仅是言语信息的学习结果。然而，能运用该规则并非一定能说出规则。例如，儿童早在学习语法规则之前就会口头造句。同样，会说“欧姆定律”，也并不一定能运用该规则解决具体问题。规则的学习以概念的学习为基础，在多数教学情境中，规则的学习往往不是逐条地、孤立地进行的。一门课程中，许多有关规则或原理有机地结合在一起，构成一个体系，形成高级规则。因此，有时学习者所学的是“一套有组织的智力技能”，其中某些简单规则的学习构成另一较复杂的、高级规则学习的先决条件。

通过简单规则的重新组合而获得的高级规则具有更为广泛的应用性。高级规则作为一种学习结果，是学习者在解决问题过程中思维的产物，但它并不是先前习得的规则的简单运用，而是一个产生新的学习的过程。学习者在试图解决一个特定的问题时，可能把属于不同内容范围的两条或两条以上的规则结合在一起，组成一条能解决该问题的高级规则。高级规则虽然在复杂性上与作为其组成部分的较简单规则有所不同，但本质上仍是规则。规则学习可通过精加工(如做笔记、写概要、用自己的话写注释、自问自答等)和组织(归类整理、纲要法等)进行。在规则学习的过程中，学习者要注重规则的应用，联系已学过的知识，掌握丰富的例证，解决实际问题，加深对其理解。

3. 认知策略

随着学习者不断地学习和发展智慧技能及其他性能，他们也发展了用以自我调控其内部学习过程的方式，这便是认知策略的习得。认知策略是种特殊的、非常重要的技能，是学习者借以调节他们自己的注意、感知、记忆和思维等内部心理过程的技能。认知策略的性质与理智技能不同，理智技能指向学习的环境，使学生能处理“外部的”数字、文字和符号等；认知策略则是在学生应付环境事件过程中控制自己“内部的”行为。在认知信息加工学习模式中，认知策略起执行控制的作用，对下列几方面起调节作用：①注意哪些特征；②如何编码以便于提取；③如何从事问题解决过程；④怎样才能利于迁移。由此可见，要把学生培养成独立的思维者，认知策略作为教育目标是很重要的。学习者通过认知策略指挥他自己对环境中刺激物的一定特点予以注意，对学习的事物进行选择和编码，对学习所得进行检索。学习者的认知策略还影响他对已掌握的言语信息和智力技能的综合思考，以提出解决问题的高级规则。认知策略不指向具体的外部内容，如言语或数字，而是普遍地适合于各种各样的知识内容。例如，如果学习者的注意策略得到改善，那么这种策略将会被应用于任何学科的学习，而不管其内容如何。认知策略的习得使学习者学会了如何进行导致更多学习的反省思维和分析思维，学会了如何学习。

加涅指出，学生能否解决问题，既取决于是否掌握有关的规则，也取决于学生控制自己内部思维过程的策略。学生在选择和使用认知策略方面存在着个别差异。即便所有学生都掌握了同样程度的理智技能，但由于有些学生采取的认知策略较合适些，因而表现出来的问题解决能力更强些。这两个方面，学生在学习理智技能的同时，也形成了调节学习、记忆和思维的方式。因此，脱离了具体内容的学习，就既不可能习得也不可能运用认知策略，认知策略不可能在真空中活动。

比较以上三方面的认知学习可以看出，在感知觉基础上通过记忆，学生获得大量的言语信息，是较简单的认知学习。在感知觉基础上，通过思维，获得有关外部事物的概念、规则乃至高级规则，并将这些概念、规则应用于实践，解决实际问题，这是比较复杂的认知学习。在上述学习的同时，学生还要学会如何控制自己的认知过程，即学会如何学习、如何思维，这是更高级的认知学习。

4. 动作技能

我们要求学生掌握的另一种能力是动作技能。动作技能是个体有意识、有目的地利用身体动作完成一项任务的能力。个体越是经济、有效、合理地利用身体动作完成任务，其动作技能的水平就越高，其能力也越强。这种是大家熟悉的能力，人类的一切工作和日常生活都离不开动作技能，如日常生活中的学步行走、游戏，体育运动中的射击、游泳、打篮球，生产劳动中的种田、开机车、驾驶汽车等活动方式，都属于动作技能。在工科、农科、医科、体育运动、表演艺术等专业以及各类职业教育中，动作技能的学习比知识的学习占有更大的比重。然而，相当多的学生，甚至许多教师也不了解知识的学习与动作技能学习之间存在的本质差别，结果往往使用传授知识的方法来讲授动作技能，结果当然不可能收到良好的教学效果。动作技能是借助骨骼肌肉的运动和与之相适应的神经系统的活动而实现的外显肌肉反应，它是运用概念、规则支配与协调人的各种复杂的外部动作，实现预期的目的。动作技能的一个显著的特点是，只有经过长期不断地练习，才能日益精确和连贯。只有当学生不仅能完成某种规定的动作，而且这些动作已被组织成一个连贯的、精确的和在一定时间内完成的完整的动作时，才能说他已获得了这种技能。虽然在有些课程的学习中，动作技能常常没有被放在中心位置，但学校的学习总是包含各种各样的动作技能，从入学儿童学习使用铅笔和纸写字到学习绘画、唱歌、舞蹈、打球、竞走、跨栏，从学习实验操作到学习语言的发音等。对人毕生有用的各种基本的动作技能，在个体的早期的生活中就被学会，成为个人全部技能中的一个“极少需要意识控制的部分”，然而它们却是个体日常生活和生存必不可少的。我们说个体获得某种动作技能时，不仅仅指他完成某种规定的动作，而且指这些动作组织起来，构成连贯的、准确的、合规则的整体行为。动作技能操作的流畅性与时间的精确性能够反映行为表现的内部组织程度。

动作技能的学习往往与认知学习交织在一起，因为动作技能通常由一套序列步骤或动作构成，学生在学习某个动作技能时，必须知道或掌握动作技能组成的程序及相应的规则，以便随着练习的继续，动作的水平有所提高。知识的学习属于人的认知活动，动作技能的学习则属于人的实践活动。这是两类不同性质的学习行为，因而需要采取完全不同的学习方法。

（1）知识的学习与动作技能的学习的本质区别

首先，从学习的分类来看，动作技能的学习是比知识的学习高一层次的学习行为。它不仅有知，而且有行，是知与行的统一。技能的学习中包含了知识的学习，但却要比知识的学习更复杂。因为它不仅仅是一种认识活动，而且是一种个性化的实践操作活动，是学习者自身操作行为的学习与发展，所以只有在实践中反复操作和训练，才有可能真正学会。以学习游泳为例，学习者即使把自由泳的要领背得滚瓜烂熟，如果不真正下水去游，还是学不会。

其次，知识的学习是以对概念的理解为基础，而技能的学习则必须以对一系列操作程序的掌握和驾驭为基础。从记忆的类型来看，技能的学习不仅要运用机械记忆和理解记忆，更需要运用“动觉记忆”，也就是如何运用神经系统来支配骨骼肌肉等一系列复杂操作活动和驾驭能力的经验的记忆。在概念和知识的记忆中，人们获得的是抽象的间接经验，因此很容易遗忘，而在动觉记忆中，人们获得的是具体、个性化的直接经验，因此是不容易遗忘的，尤其是从小获得的动觉记忆，几乎终生不忘。比如，从小学会游泳的人，即使多年不游，只要下到水中稍加适应，游泳的技能就全部恢复了。

我们还可以从大脑与神经系统的工作方式来区分这两种不同的学习类型。知识的学习是在从对概念定义的记忆和对大量具体认识对象的识别和归类中，达到对概念的理解和记忆；技能的学习则是要把对一系列复杂操作程序的理解和记忆转化为主体自身的操作活动，并且要在大量的机械训练中达到操作熟练与操作程序“自动化”。所谓操作程序“自动化”，从大脑与神经系统的工作方式来剖析，就是要通过大量的机械训练，将一系列操作程序从大脑皮层的中枢逐渐转移到大脑皮层的边沿，以至于完全不用大脑思考就可以熟练地进行这种操作活动。比如，开始学骑自行车的人，必须要用大脑思考各种骑车的要领，而一旦学会骑自行车，就可以完全不用大脑思考了。每天骑车上班的人从来不会去想如何骑车，这就是操作程序“自动化”。这也就是动作技能的初级和高级之分。初级的动作技能是刚刚学会某项技能，如刚学会计算机键盘输入，刚学会骑自行车。高级的动作技能称为技巧，是熟练地、自动化地完成完整的动作系统，意识对动作的调节减弱到最低程度，如打字员打字，比赛中运动员的特技表演等。

了解了技能学习的特点和规律，我们就可以避免套用知识学习的方法来进行技能学习（这种错误的做法在学习者甚至在教师中大量存在），提高技能学习的效果。

(2)动作技能的内在心理结构

心理学家还对动作技能的内在心理结构进行了分类研究，将动作技能分解为认知成分、知觉能力、协调能力、个性和气质特征四种成分。

① 认知成分，指学习者对动作技能的理解和判断，并在此基础上采取相应的对策，提出周密的计划。一般来说，操作水平越高，越需要做出判断、采取对策，对认知成分要求越高。

② 知觉能力，指学习者必须对动作技能做出准确、敏锐的辨别和反应的能力，特别是对反应线索的知觉能力，如动作是向前向后，还是向上向下等。

③ 协调能力，指学习者对组成动作技能的各部分动作的方向、幅度、速度、力量和顺序的选择能力、准确的调节能力，以及内部心理控制和外部动作的协调能力，手眼协调、手脚协调等。心理学家费茨(P. M. Fitts)对 40 名教练和体育教师的调查发现，他们都特别强调协调能力起关键作用。

④ 个性和气质特征，冷静与放松，情绪愉快且稳定，成就动机强，自信心强，自控能力强，意志力强等个性因素也是动作技能的重要成分。

动作技能形成的前提是领会有关的知识，而任何动作技能都要通过反复练习而逐渐形成。练习包括心理练习与身体练习，集中练习与分散练习等。

动作技能有可能通过直观的经验获得发展，但要使动作技能学习更加有效，则应利用以下条件：丰富知识经验，提供讲解和示范，练习，反馈，防止不良习惯。

对动作技能学习效果的检查，不仅要知道做什么，怎么做，更要注重考察会不会做与熟练不熟练的问题。

5. 态度(选择倾向)

除了动作技能之外，学习还会导致影响个体行为选择的内部状态的建立。这便是加涅所谓的学习的第三大类结果——态度。态度是一种影响和调节一个人行动的内部状态，也是一种学习的结果，一般把它归入情感领域。事实上，我们对不同的事物、人物和情境有许多不同的态度。人们采取什么行动，显然是受态度影响的。但是，态度与人们行为的关系不是直接的，而是曲折复杂的。态度是习得的、影响个人对特定对象做出行为选择的有组织的内部准备状态。影响个体行为选择的内部状态既有认知成分，又有情感成分。同理智技能、动作技能相比，态度与个人行为的关系不那么直接，态度并不决定特定的行为，它以行为的倾向或准备状态对行为产生间接影响。态度的习得有多种形式，有些可能是源于个别的事件，也可能源于个体对某种事物的成功与欢乐的体验，有些则可能是常常模仿或观察他人的行为而获得对事物的态度。虽然个体的很多态度是在家庭、社会中获得的，但学校在个体的态度培养上仍有非常重要的作用。我们的许多态度是通过与他人相互作用的一系列结果习得的，而且往往是附带习得的，不是预先计划好的。态度一般要经过相当长的时期才能逐渐形成或改变，而不是作为单一经验的结果突然发生的。一个人对某件事情态度强烈的程度，往往是由他在各种不同情况下选择这件事情的频率决定的。形成或改变学生态度的最佳方法，是利用“榜样”的作用。

加涅不仅对这五类学习结果的表现形式做了区分，而且还分别阐述了她们各自所需的学习条件。由于每种能力具有不同的特点，因而所需要的条件也各不相同。加涅认为把学习结果作为教育目标，有利于确定达到目标所需要的学习条件。而且，从学习条件中还可以派生出教学事件，告诉教师应注意些什么。因此，只要通过对学习结果的分析，便可为教学设计提供可靠的依据，从而为达到教学目标铺平道路。

(二)依据学习方式和性质划分学习类型

美国心理学家奥苏贝尔对学习从两个维度分类，一个维度是根据学习进行的方式，把学习分为接受学习和发现学习；另一个维度是根据学习材料的性质及其学习者的理解程度，将学习分为机械学习和有意义学习。

1. 接受学习与发现学习

接受学习是指学生接受现成的概念、结论、原理。它是课堂学习中教师讲学生听的学习方式。在接受学习中，学习者不需要独立发现学习对象的特征和联系，仅以对学习内容的理解和记忆为基础，把学习材料归纳于自己的知识和操作方式的认知结构即可。

发现学习是教师启发学生独立发现事物意义的学习。学习材料一般以未有定论的实际性材料为主，不是现成的结论。发现学习以发现和解决问题为基础，是学习者对信息的重新组织和意义转换，从而发现学习对象和现象隐蔽着的特征和联系。

2. 机械学习与有意义的学习

机械学习是指学习没有有意义联系的材料，或学习者在学习中并未理解材料间的意义联系。例如，幼儿能背几百首唐诗。这种学习建立在“死记硬背”的机械记忆基础之上。机械学习也是必需的学习方式之一。

有意义的学习指通过理解学习材料的意义联系而掌握学习内容的学习。意义学习的实质是符号所代表的新知识与学习者认知结构中已有的适当观念建立实质性和非人为的联系。要成为有意义的学习有三个先决条件：①学习材料本身具有逻辑意义，即新旧知识在人类认识范围内可以建立实质性的联系；②学习者认知结构中具有同化新知识的有关观念；③学习者必须具有有意义的学习心向，有一种将新知识与旧知识发生联系的愿望。任何学习，只要符合以上条件，就是有意义学习。

奥苏贝尔认为，在学校情境中，学生学习的书本知识绝大多数都是有意义的，学生获得知识的方式，主要是靠接受言语传授。有意义接受学习是课堂学习的基本形式，在教师的言语讲解和指导下，进行有意义的接受学习，乃是学生获得知识的最重要的途径和主要方式。

针对“一切接受学习都是机械的，一切发现学习都是有意义的”这一看法，奥苏伯尔指出，接受学习和发现学习这两者既可能是机械的，也有可能是有意义的，这必须以学习所处的条件而定。例如，老师采用的是“满堂灌”的教法，有的学生在机械学习，而有的学生却能把新旧知识联系起来综合地、有创造性地学习，那么这些学生的学习就是有意义的学习。同样道理，即使教师在课堂上积极引导学生探索新知，但如果学生心不在焉，不主动参与，他的学习就只会是机械而无意义的。

三、学习策略的种类

根据学习策略所起的作用，丹瑟络(Dansereau)把学习策略分为基础策略(primary strategy)和支持策略(support strategy)。基础策略是指直接操作材料的各种学习策略，包括信息获得、储存、检索和应用的策略，如识记、组织、回忆等策略。支持策略主要指帮助学习者维持适当认知氛围，以保证基础策略有效操作的策略，包括计划和时间筹划、注意力分配与自我监控和诊断策略。

据学习策略涵盖的成分，迈克卡(McKeachie)等人将学习策略概括为认知策略、元认知策略、资源管理策略(如图 6-2)[①]。认知策略是信息加工的策略；元认知策略是对信息加工过程进行调控的策略；资源管理策略则是辅助学生管理可用的环境和资源的策略，对学生的动机具有重要的作用。

- 学习策略
  - 认知策略
    - 复述策略(如重复、抄写、画线等)
    - 精细加工策略(如想象、口述、总结、做笔记、类比、答疑等)
    - 组织策略(如组织、选择要点、列提纲、画地图等)
  - 元认知策略
    - 计划策略(如设置目标、浏览、设疑等)
    - 监视策略(如自我测查、集中注意力、监视领会等)
    - 调节策略(如调整阅读速度、重新阅读、复查、使用应试策略等)
  - 资源管理策略
    - 时间监督(如建立时间表、设置目标等)
    - 学习环境管理(如寻找固定地方、安静地方、有组织的地方等)
    - 努力管理(如归因与努力、调整心境、自我谈话、自我强化等)
    - 其他人的支持(如寻求教师或伙伴帮助、小组学习等)

图 6-2 学习策略的分类

(一)认知策略

认知策略是学习者在认知加工过程中所采用的策略，也就是加工信息的一些方法和技术。这些策略能使信息较为有效地存储、保持和提取，也被称为基本学习策略，是对学习材料的信息加工策略，是内部学习方法。认知策略包括复述策略、精细加工策略、组织策略。

1. 复述策略

复述是以言语重复刚识记的材料，以巩固记忆的心理操作过程。学习材料在复述的作用下，保持在短时记忆中，并向长时记忆转移。

---

① 陈琦、刘儒德：《当代教育心理学》，365 页，北京，北京师范大学出版社，2007。

(1)利用无意识记和有意识记

无意识记是一种没有预定目的，不需要努力的识记；有意识记是一种有目的、有意识的识记，也是我们学习和识记的主要形式。

(2)排除相互干扰

影响记忆和学习的重要因素就是遗忘和干扰。在学习中，我们会经常把相似的材料记混，提取的时候会发生错误。在心理学中，先学习的材料对后学习材料的干扰，称为前摄抑制；后学习的材料对先学习材料的影响称为后摄抑制。这要求学习者一方面在学习时要对知识进行分析和比较，把相似的材料区分开来；另一方面也要注意不把相互干扰的材料放在一起学习，避免混淆。

心理学家还发现，当人学完一系列词汇后，马上进行测验，开始和结尾的几个词一般要比中间的词记得牢，这就是所谓的首因效应和近因效应。因此，要把最重要的新概念放在复习的开头，在最后对它们进行总结。例如，学习 26 个字母，两头容易记忆，中间容易忘记。

(3)整体识记和分段识记

对于篇幅短小或者有内在联系的材料，可以采用整体识记；对于篇幅较长，或者较难、缺乏内在联系的材料可采用分段识记。

(4)集中复习和分散复习

集中复习是集中一段时间一下子重复学习许多次，分散复习是每隔一段时间重复学习一次或几次。对于大多数学习者，分散学习更有益于保持，对于事实性的学习尤其如此。

学习材料

一种有效的分散复习法

因为分散复习比集中复习效果好，所以利用“卡片袋”进行复习是最有效的复习法之一。把卡片分为左右两边(或正反两面)，分别写上中文词和英文词，或者字母符号和字母符号的中文意义，公式名称和公式的字母符号表达式等。然后自制七个纸袋(或找七个信封)，每袋内放置一周中某一天应复习的卡片。例如，某些卡片星期二复习以后，就放入星期四的袋子内，星期四复习后又放入星期天(或星期一、二)的袋子内，这样就能有规律地分配复习。复习时，用手遮住左边回忆右边，或反之，遮住右边回忆左边(或者看正面回忆反面)，进行自我测验。每复习一次，就在卡片右下角打一个小小的√，√越多，复习的间隔时间应越长。意义性不强的学习材料有了 5 个√(有意义的材料只需 3～4 个√)，就可以收起来，等到一章结束时(或考前)再复习一遍。

一张卡片上如果记录了多个要记的知识点，在复习时，要对回忆失败项目做上记号，下次主要复习做了记号的项目，未做记号的可复习也可不复习，以提高时间的利用效率。

(5)多种感官协同参与

进行识记时，要学会运用多种感觉通道。例如，眼睛看、耳朵听、嘴巴读、动手写等。有心理家证明，人的学习83%通过视觉，11%通过听觉，3.5%通过嗅觉，1.5%通过触觉，1%通过味觉。而且，人一般可记住自己阅读的10%，自己听到的20%，自己看到的30%，自己看到和听到的50%，交谈时自己所说的70%。这一结果说明，多种感官的参与能有效地增强记忆。

如果能够充分利用各种感觉通道针对同一记忆内容进行学习，不仅有利于排除外界的干扰，还可以为短时记忆提供更为丰富的信息和线索，促进向长时记忆的转化。

学习材料

多种感官协同记忆的实例

一名在大学二年级就顺利通过大学英语六级考试的大学生，在介绍自己学习外语的方法时谈道："以往学习英语，只注意用眼睛去看，用脑子去记，能够记住一些单词和语法规则，能够看懂一些文章，就已经很满足了。然而，这样学习的结果只是记住了一些枯燥的英语知识，当我们需要运用这些知识去进行言语交流时，我们既听不懂，也说不出，学的是'哑巴英语'和'聋子英语'。上大学后，在老师的指导下，我认识到，以往那种单纯依靠视觉去记忆，是很难真正学好英语的。我开始按着听、说、读、写四方面的要求去改进自己的学习。我利用、走路、排队买饭等零星时间听英语广播，每天坚持，半年左右，我的听力大大提高了。在听的同时，我每天坚持朗读英语课文、写英文日记。在课余时间我经常尝试用英语与同学对话，到学校的'英语角'用英语与陌生人交流。我感到英语学习变得有趣起来，就连记单词也不觉得枯燥了。记单词时，我总是将一个生词大声读几遍，力求读得准确，同时用耳朵仔细听，在头脑中留下一个清晰的声音形象，然后用笔写几遍去记单词的拼写。这种以'听说为先导，以听说带动读写'的学习方法，使我的英语水平迅速提高了。"

(6)有效运用阅读与尝试回忆相结合的方法

许多学生在复习过程中都曾自发地采用过阅读与尝试回忆相结合的方法，并取得了较好的复习效果。但也有一些学生在采用这种方法时用于尝试回忆的时间很短，想不起来就不再想了，绝大部分时间还是用于阅读，效果并不十分理想。原因是他们没有掌握这种方法的精髓。尝试回忆的精髓在于将积极的思维活动寓于记忆之中。正如朱熹所说："读书之法，读一遍了，又思量一遍；思量一遍，又读一遍。"

那么，阅读与尝试回忆的时间比究竟为多少才是最佳的呢？对此，美国心理学家盖茨曾做过专门的实验研究。他让被试学习无意义音节和传记文章，各用9分钟时间。被试被分成五组：A组将全部时间用于反复阅读，B组将1/5时间用于尝试回忆，C组将2/5时间用于尝试回忆，D组将3/5时间用于尝试回忆，E组将4/5

时间用于尝试回忆。学习之后即时进行测验，4 小时后又进行一次测验。结果发现，记忆成绩随着用于尝试回忆的时间增多而提高，记无意义音节的最佳成绩为将 4/5 时间用于尝试回忆，记传记文章的最佳成绩为将 3/5 时间用于尝试回忆。

因此，为了有效运用阅读与尝试回忆法，要做到以下两点。首先，改变复习时只是单纯阅读的方法，将阅读与尝试回忆结合起来进行复习。无论是看书复习，还是看笔记复习，我们可以采取读一遍书或笔记，然后把书或笔记合上，或闭上眼睛将读过的内容回忆一遍，然后再阅读，再回忆，反复交替进行。其次，要掌握好阅读与尝试回忆的时间比。根据实验结果，对于有意义的学习材料，阅读与尝试回忆的最佳时间比为 2∶3。2/5 时间用于阅读，3/5 时间用于尝试回忆。换句话说，用于尝试回忆的时间要比用于阅读的时间还要略多一些。千万不要在尝试回忆上吝惜时间，要开动脑筋，努力回忆。

(7)画线帮助记忆

画线是阅读过程中经常用的一种复述策略，画线能够使学生将文中已有的结构联系起来。老师应该教学生一些圈点批注的方法，配合画线一起使用。例如，圈出不知道的词；标明定义和句子；列出观点原因和事件序号；在重要的段落前加上标记；标出可能考试的题；画箭头表明关系等。画线是一种信息选择的策略，也是复述策略。

2. 精细加工策略

精细加工策略是一种将新学习材料与头脑中已有知识联系起来从而增加新信息的意义的深层加工策略。精细加工策略是自己精心编制一个合适的提取线索，并将此线索与需要回忆的内容联系起来。需要时，可根据这一线索将储存于长时记忆的内容准确、迅速地提取出来。已有大量实验证明：精细加工策略是一种有效的编码方式，为提取储存于长时记忆的内容提供了有效的途径。例如，一个学生读到“哥伦布 1492 年发现美洲”时，他认为应该记住，就在心里一遍又一遍重复“哥伦布 1492 年发现美洲”，这不是精细加工，而只是简单的复述。另一个学生读到“哥伦布是西班牙人，1492 年发现美洲”时，他想记住此事，于是便想：“哥伦布可能是由东而西到美洲的，因为这是从西班牙到美洲的最短航线”。这就是精细加工策略。因为这是由学生自己产生的，并将其原有的地理知识与这一新知识联系起来了。

精细加工策略常用的有实例法、表象法、图示法、类比法、比较法、谐音法、符号转换法、缩句法等方法。

(1)类经

类比(analogy)是一种比较，这种比较是在本无相似之处的事物之间创造出相似之处，以进行比较。例如，生理课上学到血液循环系统时，教师可能会做这样的类比：“我们的血液循环系统就像抽水系统一样将血液送到周身。血管就像水管，心脏就像水泵。”这个例子中，将血液循环系统这一新信息与人们所熟悉的抽水系统进行了类比，尽管这种联系可能不太恰当，但这样一比，就使人们容易将血液循环系统的组成部分及各部分和功能记牢。

(2)记忆术

记忆术(mnemonics)就是一种通过在本无内在联系的项目间建立联系，以增强项目的意义性的策略。记忆术能在新材料和视觉想象或语义知识之间建立联系。也就是说，记忆术的基础或者是利用视觉表象，或者是寻找语义之间的联系。这里介绍几种常见的记忆术。

①位置法。位置法(loci method)就是在学习者的头脑中确定一条熟悉的路线，在这条路线上确定一些特定的点，将要记的项目全部视觉化，并按顺序和这条路线上的各个点联系起来。

位置法是一种传统的记忆术，对于记忆有顺序的系列项目特别有用。古代罗马元老院的政治家们常用此法记住自己演说的要点。我们也可引以用此法来试着按顺序记奶粉、黄油、面包、啤酒、香蕉这几个词，体会一下位置法的作用。首先，从宿舍到商店的路上有书店、邮局、招待所、水房和食堂，假设这是你熟悉的路线。接下来就可以在所记的项目和特定的位置间进行联想：书店里弥漫着奶粉的味道；邮局里人们贴邮票用黄油而不用胶水；招待所里的沙发像面包；水房的水龙头流出的是啤酒而不是水；食堂今天供应香蕉大餐，去晚了就买不到了。这种联想越有趣越容易记住。回忆时只要按路线上的特定位置提取所记项目就行了。

在日常生活中，可以选几个自己熟悉的路线，并熟记路线上的一些特定位置，以便在使用位置法时能做到随手拈来。

②首字母缩略词法。首字母缩略词法(acronyms)又叫首字联词法，这种方法是利用每个词的第一个字或字母形成一个缩写词或者是一个句子。下面就举例说明这种方法的应用情况。

首先，当所记内容较长，不容易记时，可以用首字联词化繁为简，帮助记忆。例如，计算机课教学中的初学者通用符号指令代码，其英文是：Beginner's All-purpose Symbolic Instruction Code。为了容易记，大家常取每个词的首字母，联成BASIC。比如，《辛丑条约》的内容为：其一，清政府赔款白银4.5亿两；其二，清政府保证严禁人民的反抗斗争；其三，允许帝国主义在中国驻兵；其四，修建使馆，划分租界。用首字联词法，可将其记作“前(钱)进(禁)宾(兵)馆”。当然这个过程有谐音来帮助记忆的成分，这也正说明了各种学习策略可以综合运用，才会取得好的学习效果。

其次，当所记的材料较枯燥时，可以将术语中的第一个字母作为一个句子中每个词的第一个字母，形成句子来帮助记忆。例如，学音乐的学生需要记五线谱的EGBDF线时，可以用“Every Good Boy Does Fine”来帮助记忆。

③关键词法。关键词法(key-word method)就是将新词或概念与相似的声音线索

词，通过视觉表象联系起来。

关键词法适合在联对学习作业中使用。所谓联对学习(pair associates learning)就是对配对项目的学习。这种学习要求学生将配对的两个项目联在一起记忆，看到第一个项目就能回忆出第二项目。联对学习在学校中很常见。比如，城市及其物产、名人及其成就、省及省会、单词及其含义等。

④谐音法。谐音法就是用相同或相似的读音将无意义材料变成有意义的材料以帮助记忆。运用这种方法的例子很多。例如，马克思诞辰是1818年5月5日，可以借谐音处理为。马克思一巴掌一巴掌打得资产阶级鸣鸣直哭。这样就把马克思的诞辰同他是资产阶级的掘墓人联系起来，容易记牢了。利用谐音来记圆周率也很有效。例如，从前有一位爱喝酒的私塾先生，一次外出前给学生布置了一个任务：把圆周率背到小数点后30位。先生走后，一些学生就背了起来："3.141592653589793238462643383279。"但有几个淘气的学生揣好题单到山顶玩耍，见先生正在与一和尚在山顶寺庙前饮酒作乐。有个聪明的学生就用谐音法把圆周率记下来了。他是这样记的"山巅一寺一壶酒，尔乐苦煞吾，把酒吃，酒杀尔，杀不死，遛尔遛死，扇扇刮，扇耳吃酒"。一边念，一边指着山顶上饮酒的先生，做喝酒、死、遛弯、扇耳光等动作，轻松地记住了这些数字。

谐音法适用于无意义材料，对本身就有严密逻辑关系的有意义材料并不适用。

(3)做笔记

做笔记(note-taking)就是将所学知识进行适当的记录以促进理解和记忆的方法。我们在学习时记笔记，仿佛是为了复习，笔记仅仅成了一种用以复习的信息的外部存储。其实，笔记的意义远不止这些。做笔记能促进新信息的精细加工和整合。做笔记的作用主要表现在三方面。

第一，做笔记可以引导注意。做笔记能引导学生将注意力集中在某些材料而不是其他材料上，这样就能做到明确重点。例如，艾肯等人的实验发现，在笔记里的材料被回忆起来的可能性为不在笔记里的材料的两倍。其他研究也发现了同样的现象。

第二，做笔记可以帮助学习者对学习材料进行组织，建立材料间的内在联系。

第三，做笔记可以帮助学习者在所呈现的信息与已有知识间建立起外在联系。这个过程，有助于新信息的迁移。

正因为具有上述三项作用，使得做笔记能够促进学习者对材料的理解和记忆。

做笔记有三种方式可供选择。第一，尽可能完整的记录材料；第二，按材料顺序做概略的提要；第三，有组织地做提纲式笔记，在必要时记下一些定义、表格、图解等。

有研究表明，笔记的形式对其效果是有影响的。那么究竟应该选择哪种方式做笔记呢？

做尽可能完整的记录，主要是担心漏掉重要内容，影响以后的复习和思考。但这样做效果并不好，主要是因为忙于记录，不能紧跟教师的思路，不能对材料进行组织，有时难以对信息进行理解。如果只做概略的提要，就使得以后复习时会漏掉一些重要信息。而有组织地做提纲式笔记，可以把时间更多地用于对材料的理解，又能保证重要信息不遗漏，效果较好。

做笔记的要点主要有以下几点。

第一，准确记录。实验研究证明，首次记录发生错误，以后很难改正。知识的第一印象很难改变。所以，做笔记时，资料一定要正确，抄板书时要认真，下课后尽快翻阅笔记，将不明白或不肯定的部分加上记号，及时请教，及时改正。这一点是最重要的，它是做好笔记的基础。

第二，详略得当。越不熟悉的内容，笔记越要记得详细；讲课内容如果很难从教科书或别的来源得到这些知识，就必须做详细笔记。

第三，层次分明。记录内容要有条理，有层次，分段分条记录，不要将几个问题掺杂在一起记录。

第四，多留空白。在每页的上下左右，都要留适当的空白，左或右侧的空白可以留大一些，以便随时加上自己的理解、疑问或者补充相关资料。

第五，提高速度。笔记有时是边听边记的，这就需要有相应的速度，不然就会影响听课效果。可以利用符号和缩写来帮助自己。比如，将“例如”写成“e. g”“因为”写成“ ∵ ”“所以”写成“ ∴ ”等。

3. 组织策略

组织策略即根据知识经验之间的内在关系，对学习材料进行系统、有序的分类、整理与概括，使之结构合理化。应用组织策略可以对学习材料进行深入的加工，进而促进对所学内容的理解与记忆。与精细加工策略相比，组织策略更侧重于对学习材料的内在联系的建构，更适用于需要深入理解与思考才能把握内在深层意义的学习材料。

(1)列提纲

列提纲是用简要的语词写下主要和次要的观点，以金字塔的形式组织材料的要点，较具体的细节都包含在高一级水平的类别之中。列提纲旨在把握学习材料的纲目、要点及其内在联系。通过列提纲，将核心思想及其有关细节以简明、扼要的形式表现出来。列提纲有两种形式，一种是用简要的语句来表述学习内容的要点及其结构层次；另一种是用图表的形式来形象地表示学习材料的内在联系。

(2)画图形

图形是用来图解各种知识如何联系的。具体做法是先提炼出主要知识点，然后识别主要知识点之间的关系，再用适当的解释来标明这些知识点的联系。

①系统结构图：对学习材料进行归类整理，将主要信息归成不同水平或不同部

分，然后形成一个系统结构图。

②流程图：流程图可用来表现步骤、事件和阶段的顺序，一般以时间或事件的先后为参照的。

③模式图或模型图：利用图解的方式来说明某个过程中各要素之间是如何相互联系的。

④网络关系图：又称概念图，表示事物或事件的多种关系，利用关系图图解事物或事件是如何相互联系的(见图 6-3，图 6-4，图 6-5)。

图 6-3 线性图

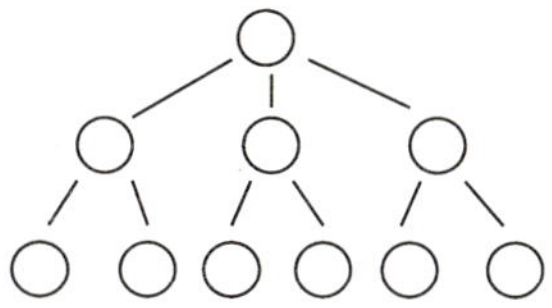

图 6-4 网状组织图

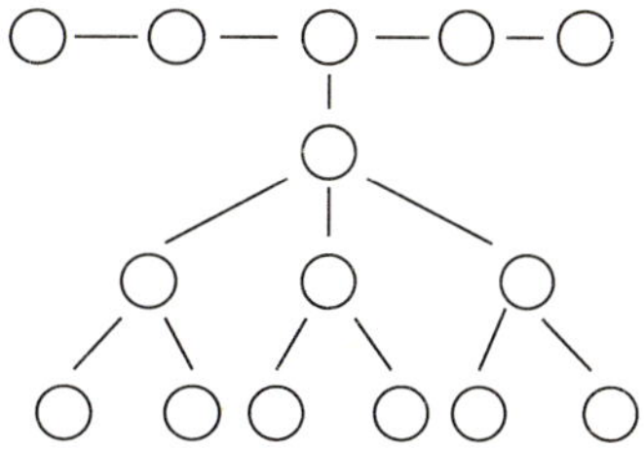

图 6-5 网线结合图

(3)制表格

①一览表：对材料进行全面综合的分析，抽取主要信息，从一个角度将主要信息全部列出来，来反映材料的原貌。

②双向图：双向图是从纵横两个维度罗列材料中的主要信息。

(4)写概要(概括和归纳)

概括和归纳是学习中最为常用的一种组织策略，在学习中采用归纳来简化纷繁复杂的记忆材料。概括的原则包括：略去枝节，省去不重要的材料；删掉多余，对已涉及的内容不再重复；用上位的概念代替下位的概念；择取要意，找出主题句；自述要意，主动构建主题或中心思想。

(二)元认知策略

元认知是美国心理学家弗拉维尔(Flavell J.)提出来的。元认知就是对认知的认知，是个体关于自己的认知过程的控制和调节的能力。元认知既是一种关于自己认知活动的知识体系，也是一种有意识或者无意识地对自己认知活动的调节过程。元认知策略包括计划策略、监控策略、调节策略。

1. 计划策略

计划策略是根据认知活动的特定目标，在一项活动之前计划各种活动、预计结果、选择策略，想出解决问题的方法并预估其有效性。一个完整的计划策略大致包括预测结果、确立目标、决策分析、分配时间、评估有效性、拟定细则等。

2. 监控策略

监控策略是指在认知实际过程中，根据认知目标及时评价、反馈自己认知活动的结果与不足，正确估计自己达到目标的程度、水平；根据有效性标准评价各种认知行动、策略的效果。监控策略包括阅读时对注意加以跟踪、对材料进行自我提问、考试时监视自己的速度和时间。这些策略使学习者警觉自己在注意和理解方面可能出现的问题，以便找出来，并加以修改。监控策略具体包括领会监控和集中注意。

①领会监控：领会监控是指学习者在阅读过程中将自己的阅读领会过程作为监控意识对象，不断对其进行积极的监视和调整。

②集中注意：在信息加工的过程中，只有得到注意的信息才能进入我们的工作记忆，得到进一步的加工，从而获得较好的学习效果，而没有加以注意的信息则会出现自然衰退和主动抑制。因此，要提高学习效果，必须集中注意力。

3. 调节策略

调节策略是指在学习过程中根据认知活动监视的结果，找出认知偏差，及时调整策略或修正目标；在学习活动结束时，评价认知结果，采取相应的补救措施，修正错误，总结经验教训等。调节策略与监控策略有关。例如，当学习者意识到不理解课的某一部分时，会退回去读困难的段落；在阅读困难或不熟的材料时放慢速度；复习不懂的课程材料；测验时跳过某个难题，先做简单的题目等。调节策略能帮助学生矫正他们的学习行为，补救理解上的不足。

班杜拉结合认知心理学的最新研究成果，对自我调控分为三个相互作用的行为过程：自我观察、自我判断、自我反应①。而社会认知学派的重要代表人物齐莫曼(Zimmerman B.)在他的研究基础上，对自我调节学习做了广泛而深入的研究，他的观点得到了多数学者的认同，他也是目前公认的对自我调节学习研究最为精深的心理学家。1989年，齐莫曼给自我调节学习下了一个比较概括的定义。他认为，自我调节学习(self-regulated learning)是指学习者在一定程度上从元认知、动机和行为方面积极主动地参与自己学习活动的过程②。他还指出，自我调节学习不仅表现为学习者在学习过程中的稳定的自我调节系统、自我效能感等自我信念，以及由此支配的具体行为策略，也表现为学习者优秀的个性品质，并构成其人格的核心。也就是说，自我调节学习者能主动去获得知识和技能，而不依赖教师、家长或其他教育机构。自我调节学习者为达到学习目标，能依据自我效能感灵活运用某些特殊的自我调节学习策略。在自我调节学习过程中，学生自己制订的学习目标、自我效能感和自我调节学习策略是其中三个重要成分。自我效能感是指人对自己能否实施某一行为能力的推测和判断。自我调节学习策略是指学习者为达到学习目标而采用的一些活动和行为操作，如组织和转换信息、自我奖励、寻求相关信息、复述和运用记忆术等方法。自我调节学习强调把学习者看成是能够参与并控制学习过程的自我调

---

① 施良方：《学习论》，367页，北京，人民教育出版社，2001。

② Zimmerman B. J. “A social cognitive view of self-regulated learning,” *Journal of Educational Psychology*, 1989, 81(3), pp. 329-339.

节主体。他们对学习者有三点主张：第一，能够选择认知调控策略和动机策略去提高自己的学习能力；第二，能够积极地选择建构和创造有利于自己学习的环境；第三，能够积极地选择适合自己的学习形式和内容。另外，它要求学习者在认知控制方面能够有计划地组织学习活动，能自我指导、控制和评价；在动机方面把自己看成是自主的、具有自我效能感的；在行为方面能够清楚地意识自己所拥有的学习策略的有效性，从而能够建构有利于学习的环境。因此，自我调节学习者必须具备以下条件：能够自己确立学习目标，能够意识到自己拥有的学习策略并确信它们对学习的价值，确信自己能够成功地进行自我调节学习行为①。齐莫曼又提出了一个系统的自我调节学习的研究框架(见表 6-1)。

表 6-1　自我调节学习的框架

学习议题	心理纬度	学习者条件	自我调节属性	自我调节过程
为什么学	动机	选择参与	内在的或自我激发的	自我目标 自我效能 价值观、归因等
如何学	方法	选择方法	有计划的或自动化的	策略运用 或习惯化的操作
如何学	时间	选择时限	定时而有效	时间计划和管理
学什么	结果	控制学习结果	对学习结果的自我意识	自我观察 自我监控 自我判断 行为控制、意志等
在哪里学	环境	选择环境	对物理环境的敏感和随机应变、资源的充分利用	选择、组织 学习环境
与谁一起学	社会性	选择伙伴 榜样或教师	对社会环境的敏感和随机应变、资源的充分利用	选择榜样 寻求帮助

左边第一栏的“学习议题”罗列的是学习中的重要问题，第二栏“心理纬度”与第一栏相对应，是指从心理角度分析相应学习问题的属性，如“我为什么学习”(学习问题)，其相应的心理纬度是动机。第三栏“学习者条件”显示的是学习者对学习诸方面的选择和控制。齐莫曼认为，确定学生的学习是不是自我调节学习，应该依据这一列。如果学生在该列中的六个方面均不能由自己选择或控制，其学习就不是自我调节的。与第四栏“自我调节属性”相对应的，一个充分自我调节学习的人应该是这样的：其学习动机是内在的或自我激发的，学习方法是有计划的或经过练习已达到自动化的，学习时间是定时而有效的；学生能够意识到学习的结果，并能对学习过程进行自我监控，能够主动营造有利于学习的物质和社会环境。如果做不到以上各条，

① 边玉芳：《学习的自我效能》，150～155 页，杭州，浙江教育出版社，2004。

学习的自我调节性就差些。在实际的学习情境中，完全自我调节的学习和完全不自我调节的学习都较少，多数学习介于这两极之间①。

(三)资源管理策略

资源管理策略是辅助学生管理可用环境和资源的策略，又称外部学习方法，属于学习的支持性策略，主要指学生对学习活动的组织安排和具体方法的运用。有利于提高学生学习效率和质量。它与学生的学业成绩密切相关，包括时间管理策略、努力管理策略、学习环境管理策略、工具的利用策略。

1. 时间管理策略

课内时间主要是由教师安排，学生没有多少自主权，而课余时间大多可以由学生自己自由支配，这里的计划性与有序性就显得比较重要了。时间安排要做到全面、合理、高效。全面指安排时间时，既要考虑学习，也要考虑休息和娱乐；既要考虑课内学习，还要考虑课外学习，以及不同学科的学习时间搭配。合理指充分利用每天学习的最佳时间。例如，有的学生早晨头脑清醒，学习效果较佳；有的则在晚上学习效果更好。要在最佳时间里完成较难较重要的学习任务。高效指要根据事情的轻重缓急来安排时间，一般来说，把重要的或困难的学习任务放在前面来完成，因为这时候精力充沛，而把比较容易的放在稍后去做。

(1)统筹安排学习时间

每个人根据自己的总体目标，对时间做出总体安排，并通过阶段性的时间来落实。因此，对每一天的活动，都要列出一张活动优先表来。

(2)高效利用最佳时间

在不同的时间里，人的体力、情绪和智力状态是不一样的，也就是说，学习时间的质可能是不一样的。因此，要在不同质的时间里安排不同的学习活动，以便最有效地利用学习时间。

①要根据自己的生物钟来安排学习活动；

②要根据一周内学习效率的变化来安排学习活动；

③要根据一天内学习效率的变化来安排学习活动；

④要根据自己的工作曲线来安排学习活动。

(3)灵活利用零碎时间

零碎时间大多是学习的低效时间，如课余、饭前饭后、等人等车、乘车乘船等。这些时间可以加以灵活利用。首先，可以利用零碎时间处理学习上的杂事；其次，读短篇文章或看报纸杂志，拓宽自己的知识面，或者背诵诗词和外文单词，这实际上等于在进行分散复习，可提高记忆效率。此外，还可以进行讨论和通信，与他人进行交流，在轻松的气氛里与人交流，有助于创造性思维的启发。

---

① 桑青松、江芳、王贤进：《学习策略的原理与实践》，52页，合肥，安徽教育出版社，2006。

2. 努力管理策略

系统性的学习大都是需要意志努力的。为了使学生维持自己的意志努力，需要不断地鼓励学生进行自我激励。这些策略包括以下六个方面：

①激发内在动机；

②树立为了掌握而学习的信念；

③选择有挑战性的任务；

④调节成败的标准；

⑤正确认识成败的原因；

⑥自我奖励。

3. 学习环境管理策略

学习环境是可以人为地选择、改善与创设的。设置学习环境是为了使周围的环境更有利于学习活动的展开。首先，要注意调节自然条件，如流通的空气、适宜的温度、明亮的光线以及和谐的色彩等。其次，要设计好学习的空间，如空间范围、室内布置、用具摆放等因素。

4. 工具的利用策略(资源利用策略)

学习工具是学习中所必不可少的学习资源，学会有效利用学习工具对我们的一生都是非常重要的。①学习工具的利用——参考资料、工具书、图书馆、广播、网络等。②社会性人力资源的利用，包括老师的帮助，学长、同学的合作与讨论来加深对内容的理解等。

第三节　学习策略的教学

有计划的正式教导，是当今改进学习技巧的教育手段。根据时间的先后出现顺序，训练学习技巧的教学模式，依序为教师指导式、书本或手册式和电脑教学式三个主要模式。较早被发展的模式并未完全被淘汰，它们仍与新的模式并存，使教学设计者能从较多的模式中进行选择或采取多重模式策略。兹将这三种模式介绍如下①。

一、教师指导式或团体辅导式

教师指导式学习技巧可被视为像英文、数学、化学等科目课程，由教师讲解上述的一般课程一样，用较直接说明的方式教导学生。教师可以描述：什么是学习技巧；需要特别被教导学习技巧的理由和好处；如何使用一些有效的学习技巧；应用

① 李咏吟：《学习心理辅导》，213～220页，北京，世界图书出版公司，2003。

时需注意的事项等。这种教导，除了正式讲授外，也可由任课教师在课堂上以偶发学习的方式执行，或者因为学生的特殊需要，由家教加以指导和示范。亚当斯曾经设计为期 4 天，每天 30～40 分钟的课程，以训练小学五年级学生的学习技巧。学生个别地被教导应用特殊的步骤阅读。步骤包括：浏览大标题、背诵次标题、提出配合每一次标题发问的问题、阅读重要的资料内容、重新阅读次标题和背诵重要细节以及复习重点六个程序。教师首先以实际的上课教材示范如何应用上述六程序，学生再练习教师示范的技巧，并在练习过程中得到教师的回馈。

教师有时可以运用行为心理学派的行为改变技术，以改进学生的学习技巧。除了教师的教导以外，并注重学习者应用自我控制的方式以达到较佳的效果。训练的课程可能包括结构式的团体咨询、自我检查、系统化脱敏训练，自我教导，自我增强等。自我教导的方法之一是训练学生对自己说一些鼓励的语言，如“假如我用功读书，就能提高分数，我应马上读书”。自我增强是训练学生如何选择一种自我奖励。例如，在读一段艰难的课文后，可看一个自己喜欢的电视节目。教师亦可使用同伴互助的方式以完成所欲达到的目标。丹瑟路将他原本以个别学习为主的手段，进一步发展成合作式学习方式的可行性。他所发展的阅读的和学习的策略称为 MURDER(代表的英文字为 mood，understand，re-call，detect，elaborate，review)，即准备、理解、回忆、检查、推衍和复习的行动。在合作式学习的情境下，事先要求每个学生阅读 200～500 字的材料内容，在每组两人的同伴学习团体中，由一个学生负责记忆和口头报告教材重点的任务，另一个学生则扮演听者和催化者，纠正第一个学生回忆上的错误，并加强所学习教材的组织。上述的安排使两个学生分工合作完成了 MURDER 的学习历程。丹瑟洛的研究发现，这种将学习策略融入教材学习的合作式学习形式，比个别的学习形式效果好，学生在材料吸收上出现更佳的表现。台湾地区有为数不少的以小团体辅导形式进行的实证研究。例如，董力华以高中生为对象，其课程以考试焦虑和多项学习技巧为主；李咏吟以初中生为对象，其课程以时间计划、专心、阅读理解方法、主科读书方法等为主；孙中瑜和林素妃专以小学生为对象，其课程以习惯与态度的改进、专心、记忆方法、抓取课文重点、阅读理解、准备考试和考试技巧等为主。

学习案例

关键词策略训练实例

下面是在初三学生的英语单词学习中进行关键词策略训练的情况。

第一步，了解学生的情况。

初三学生的年龄能够掌握关键词策略；对英语学习情况进行调查，在成绩中等以下的学生中进行关键词策略的训练。

第二步，掌握使用关键词策略前学生的单词记忆成绩。

可以限定时间(如40分钟)让其记60个词。然后马上考试，让其记下正确回忆的词数；隔一周后再考试，让其再记一个成绩。

第三步，告诉学生关键词策略的用法。

关键词策略适用于联对学习的任务(举例说明什么叫联对学习)。英语单词记忆就是一种联对学习，因而可以用关键词法。但不是所有的单词都可以用。这时教师就可以通过具体例子来讲解关键词法的使用过程及适用的单词，如：argue['aːgjuː]很容易找到汉语谐音词(关键词)——“呀！给我”(声音联结)，又很容易在谐音词和汉语意思间形成心像联结(“呀！给我！”他们在争吵。脑海中有这个图像)的词就可以用关键词法。

教师可以多示范几个词，让学生仔细体会。

第四步，让学生练习，教师做指导，并及时给予反馈，直至学生熟练掌握。

可以让学生做下列填空练习：

__①__(英文词)读音有点像__②__(关键词)这个词(关键词)的意义是__③__，它和__④__(中文译词)的关系可以联想为__⑤__。

以shortcut为例。上面的五个空可以填上：①shortcut ②少卡的 ③很少有检查的岗哨 ④近路 ⑤近路是少卡的，从那里逃走容易。(脑海里可以想象一个人从近路逃走，很少有岗哨的情景。)

在学生遇到困难时，如想不出合适的关键词，教师要及时提醒、指导，对做得好的学生要及时肯定(这样做对其自我效能水平的提高也有是好处的)，发现不恰当的做法及时纠正，直到学生熟练掌握为止。

第五步，让学生再记60个单词，限时仍为40分钟。

测出立即回忆和一周后回忆的成绩，并与学习该策略前的成绩相比较。将成绩的提高归因于使用了关键词策略。

第六步，在平时的教学中，遇到适合用关键词法的单词，提醒学生使用该方法，并让其在自己的学习中反复使用，直至达到得心应手的程度。

注：训练前后，让学生记的单词，都是适合用关键词策略的。①

二、书本式或手册式

自弗兰西斯·罗宾逊(Frank Robinson)介绍著名的以促进教科书和阅读效果的SQ3R以来，学术研究和一般书店出现了很多针对增进学习技巧的手册或书本。每一个阅读式的教材内容，均试图以某种简单的公式代表学习的法则。早期手册式的资料均以大学生为对象，是由于许多大学生无法应付大学的新学习形态而希望找到这类的工具书。因此，书店纷纷出现了介绍学习技巧的参考书。现在，这种工具书

---

① 路海东：《学校教育心理学》，119～120页，长春：东北师范大学出版社，2000。

已不限于以大学生为对象，并且数量和种类相当多，不胜枚举。

三、规程化训练(基本技能的训练)：PQ4R 阅读策略

一个最有效的能帮助学生理解和记忆的学习技术是 PQ4R 方法，这是由托马斯(Thomas)和罗宾逊提出来的。它是在罗宾逊早期版本 SQ3R 的基础上改进的。PQ4R 分别代表预览(preview)，设问(question)、阅读(read)、反思(reflect)、背诵(recite)和回顾(review)。有研究表明 PQ4R 方法对大一点的儿童有效。PQ4R 程序的进行可使学生集中注意力有意义地组织信息、使用其他有效的策略，诸如产生疑问、精细加工、过一段时间后复习等。PQ4R 技术具体地使用方法如下。

①预览：快速浏览材料，对材料的基本组织主题和副主题有一个初步的了解；注意标题和小标题，找出你要读的和学习的信息。

②设问：阅读时自己问自己一些问题；根据标题用“谁”“什么”“为什么”“哪儿”“怎样”等疑问词提问。

③阅读：阅读材料，不要泛泛地做笔记；试图回答自己提出的问题。

④反思：通过以下途径，试图理解信息并使信息有意义。首先，把信息和你已知的事物联系起来；其次，把课本中的副标题和主要概念及原理联系起来；再次，试图消除对呈现的信息的分心；最后，试图用这些材料去解决联想到的类似的问题。

⑤背诵：通过大声陈述和一问一答，反复练习记住这些信息。你可以使用标题、画了线的词和对要点所做的笔记来提问。

⑥回顾：最后一步积极地复习材料，主要是问你自己问题，只有当你肯定答不出来时，才重新阅读材料。

练习题

一、选择题

1. 小寒记英语单词比较吃力，因此他采用了一种好玩的单词记忆法。例如，pest，发音“拍死他”，词义“害虫”；ambition 发音“俺必胜”，词义“雄心、野心”。他所运用的学习策略是(　　)。

A. 精细加工策略　　B. 资源管理策略

C. 组织策略　　D. 复述策略

2. 以下哪一个不是资源管理策略？(　　)

A. 习惯在固定的一个地方上自习　　B. 相信自己努力就可以学好

C. 碰到不懂的问题向老师请教　　D. 常常思考自己的学习方法是否正确

3. 下列属于精细加工策略的是(　　)。

A. 合理复习　　B. 位置记忆　　C. 亲自参与　　D. 学业求助

4. 在学完一篇逻辑结构严密的课文以后，勾画出课文的论点论据的逻辑关系图

以帮助理解和记忆。这种学习方法属于(　　)。

A. 精细加工策略　B. 组织策略　C. 复述策略　D. 做笔记策略

5. 在学习过程中设置学习目标属于学习策略中的(　　)。

A. 认知策略　B. 元认知策略　C. 组织策略　D. 资源管理策略

6. 如果中学生能够有意识地对自己的学习活动进行检查与分析，就意味着他已经掌握了一些(　　)。

A. 复述策略　B. 精细加工策略　C. 组织策略　D. 元认知策略

7. 创造一个故事，将所有记忆的信息编在一起的学习策略属于(　　)。

A. 组织策略　B. 精细加工策略　C. 具体策略　D. 元认知策略

8. 林琳在听课时，经常将学习内容要点以画线的方式在书上做标记，这种学习策略属于(　　)。

A. 复述策略　B. 调节策略　C. 监控策略　D. 计划策略

9. 在学习过程中制订自我学习计划、实施自我监督以及自我调控的策略，一般称为(　　)。

A. 智力技能　B. 学习自觉性　C. 元认知策略　D. 自我意识

10. 在教师的指导下，学生采用画示意图的方式对知识进行归纳整理，以促进自己对所学知识的掌握，学生采用的这种学习策略是(　　)。

A. 复述策略　B. 精加工策略　C. 监控策略　D. 组织策略

二、辨析题

认知策略有很多种，每一种策略都具有普遍的适应性。

三、简答题

1. 举例说明精细加工策略在学习中的运用。
2. 举例说明组织策略在学习中的运用。
3. 简述理智技能的层次。
4. 简述认知学习、技能学习、态度学习的区别。
5. 简述自我调节学习策略。
6. 简述学习策略的类型。

参考答案

一、选择题

1. A　2. D　3. B　4. B　5. B　6. D　7. B　8. A　9. C　10. D

二、辨析题

这种说法是错误的。认知策略有很多种，每一种策略都有其适用的特定条件。在学习的不同阶段、对不同的学习内容及其不同类型的学习者，各种认知策略的适用性不尽相同。

三、简答题(略)

第七章　学习迁移

学习目标与任务▶

1. 了解学习迁移的分类，理解形式训练说、共同要素说、概括化理论、关系转换理论、认知结构迁移理论；

2. 掌握有效促进学习迁移的措施。

学习迁移成为教育心理学研究的焦点已经有100多年的历史了，教育的一个基本目标就是使人在其一生中能够创造性地使用知识、技能和动机，通过“举一反三”“闻一知十”能将所学的经验迁移到其他的情境和活动中，教学中通过“为迁移而教”来组织教学，促进教师的教和学生的学。

第一节　学习迁移概述

一、学习迁移的概念

学习迁移是在某一种学科或情境中获得的技能、知识、理解或态度对在另一学科或情境中技能、知识、理解或态度的获得的影响。简单地说，学习迁移就是指一种学习活动对另一种学习活动的影响，或习得的经验对完成其他活动的影响。由于学习活动总是建立在已有的知识经验之上，这种利用已有的知识经验不断地获得新知识与新技能的过程，可以认为是广义的学习迁移，而新知识技能的获得也不断地使已有的知识经验得以丰富和扩充，这就是我们通常所说的“举一反三”。教育心理学所研究的学习迁移是狭义的迁移，特指前一种学习对后一种学习的影响或者后一种学习对前一种学习的影响。

在学习过程中，经常可以看到迁移现象。例如，掌握英语的人学起法语来就比较容易；会骑自行车的人比不会骑自行车的人学开摩托车要容易一些；会拉二胡的人，再学习弹三弦、拉小提琴，也比较容易。此外，也可以看到一些与此相反的现象，如学汉语拼音对有些英语字母语音的学习常常发生干扰；习惯于右脚起跳的跳高技能对掌握用左脚起跳的撑竿跳高也有干扰作用。这些都是学习迁移现象。

二、学习迁移的分类

学习的迁移现象是多种多样的，不同的研究者从不同的角度将其划分为许多类型，这既反映了学习迁移的复杂多样性，也反映了教育心理学对学习迁移研究的变化发展性。

(一)根据迁移的性质不同，迁移分为正迁移、负迁移和零迁移

正迁移(positive transfer)指一种学习对另一种学习起到积极的影响。学习是利用过去的知识经验的过程，过去的知识经验对新的学习起着积极的促进作用。同时，新的学习也会进一步扩充已有的知识经验，学生的知识、技能正是在这种过程中不断地发展的。例如，平面几何的学习促进立体几何的学习，阅读技能的掌握有助于写作技能的形成。正迁移表现在个体对于新学习或解决某一问题具有积极的心理准备状态，从事某一活动所需的时间或练习次数减少，学习效率提高。我们一般所说

的迁移指的就是正迁移。

负迁移(negative transfer)与正迁移正好相反，是指一种学习对另一种学习产生了干扰或阻碍作用。负迁移通常表现为一种学习使另一种学习所需的学习时间或所需的练习次数增加或阻碍另一种学习的顺利进行以及知识的正确掌握。负迁移的产生常在两种学习又相似又不相似的情境下，学习者认知混淆而产生的。发生这种迁移，会使另一种学习更加困难，错误增加。例如，学习对数运算法则时，受先前所学的法则 $m(a+b)=ma+mb$ 的影响，错误地得到 $\lg(a+b)=\lg a+\lg b$。负迁移经常表现在产生僵化的思维定势，缺乏灵活性、变通性，使某种学习难以顺利进行，学习效率低下。负迁移是一种学习对另一种学习可能产生的消极影响，我们在教育工作中要避免和消除负迁移的影响。

零迁移(zero transfer)指两种学习间不存在直接的相互影响，有时也称为中性迁移(neutral transfer)。许多经验间存在着各种直接或间接的关系，但由于多种原因，个体未能意识到经验间的内在联系，不能主动地进行迁移，使某些经验处于惰性状态，表现为零迁移。这一现象应引起重视。

(二)根据迁移内容的抽象和概括水平不同，迁移分为水平迁移和垂直迁移

水平迁移(lateral transfer)也称横向迁移、侧向迁移，是指处于同一抽象和概括水平的经验之间的相互影响。它是已经学习过的概念、规则或解决问题的方法在新的情境中的运用。在这种迁移中，先后两种学习除了相似但又不相同外，在难度和复杂程度上大体属于同一水平，学习内容之间的逻辑关系是并列的，如直角、钝角、锐角、平角等概念之间的关系是并列的，都处于同一抽象和概括层次，各种概念的学习之间的相互影响即水平迁移。

垂直迁移(vertical transfer)又称纵向迁移，处于不同概括水平的经验之间的相互影响，即具有较高的概括水平的上位经验与具有较低的概括水平的下位经验之间的相互影响。从学习内容的逻辑关系来说，有的学习内容的抽象性与概括性较高，这种学习内容在其形成的认知结构方面，是一种上位结构；有些学习内容的抽象性与概括性较低，其形成的认知结构属于下位结构。具体讲，是具有较高的抽象和概括水平的上位经验与具有较低的抽象与概括水平的下位经验之间的相互影响。垂直迁移包括自下而上和自上而下的两种迁移。自下而上的迁移是指下位的较低层次的经验影响着上位的较高层次的经验的学习。比如，在概念学习中，学生原有知识经验中的“番茄、土豆、萝卜、芹菜”等会有助于上位概念“蔬菜”的学习；在学习生物知识时，“老虎、狮子、牛、羊”等动物本质特征的掌握有助于理解和概括“哺乳动物”的特征；由数字运算到字母运算的转化等学习过程中包含着自下而上的迁移。自上而下的迁移是指上位的较高层次的经验影响着下位的较低层次的经验的学习。例如，理解了“三角形”的意义有助于理解“等腰三角形、等边三角形、直角三角形”等；掌握了乘法法则，可以更好地理解和进行加法运算；掌握了一般平行四边形的有关

内容可以促进对菱形的学习。加涅的累积学习观点即体现了自下而上的迁移，但他忽视了自上而下的迁移。布鲁纳强调原理的学习，其目的在于增强自上而下的迁移。

(三)根据迁移的时间顺序不同，迁移分为顺向迁移和逆向迁移

如果前面的学习影响后面的学习，则称为顺向迁移(forward transfer)。当学习者面临新的情境或问题时，他利用已有的知识经验去面对新情境、解决新问题，这就是顺向迁移。例如，日常生活中所说的“举一反三”就是顺向迁移；在物理中学习了“平衡”概念，就会对以后学习化学平衡、生态平衡、经济平衡产生影响，对普通心理学的学习对发展心理学和教育心理学的学习产生影响，这都是顺向迁移。

逆向迁移(backward transfer)指后面的学习影响前面学习所形成的经验结构，使原有的经验结构发生一定的变化。逆向迁移主要表现为通过后面的学习对已经获得的知识技能予以扩充、改组或修改，从而进一步理解和丰富已有的知识经验。例如，学习了动物概念之后，再学习植物、微生物的概念，就会使原有的动物概念发生变化，特别是在动物与植物、微生物的联系与区别上，丰富了动物概念。

(四)根据迁移内容的不同，迁移分为一般迁移和特殊迁移

一般迁移(general transfer)也称普遍迁移、非特殊迁移，是将一种学习中习得的一般原理、方法、策略和态度等迁移到另一种学习中去。布鲁纳非常强调一般迁移，认为基本的原理、基本的态度具有广泛的适应性，能适用于许多表面特征不同但结构特征相同的多种情境，并且能使以后的学习变得较容易。

特殊迁移(specific transfer)也称具体迁移，指一种学习中习得的具体的、特殊的经验直接迁移到另一种学习中去，或经过某种要素的重新组合迁移到新情境中去。例如，在乒乓球运动的学习中，推挡动作的学习可以直接迁移到左推右攻这种组合的动作学习中去。具体迁移的范围往往不如一般迁移广，仅适用于非常有限的情境中，但这并不意味着具体迁移是不重要的，相反，它对于系统掌握某一领域的知识是非常重要的。

通俗地说，特殊迁移就是特定事实与技能的迁移。相对而言，非特殊迁移产生的内在原因不像特殊迁移那么直接明了，他常常表现为原理原则的迁移。例如，学生在学习中获得的一些基本的运算技能、阅读技能可以运用到各种具体的数学或语文学习中。

(五)根据迁移范围的不同，迁移分为近迁移和远迁移

近迁移(near-transfer)即把所学的经验迁移到与原初的学习情境比较相似的情境中，如校内某些学科之间的迁移，或同一学科内的学习之间的迁移。

远迁移(far-transfer)是指个体能将所学的经验迁移到与原初的学习情境极不相似的其他情境中，如将校内学习的知识经验迁移到校外的实际生活中去。

简言之，如果个体把所学习的经验能迁移到表面特征与结构特征都相似的其他情境中，则属于近迁移；如果个体把所学习的经验能迁移到表面特征不相似，但结

构特征相似的其他情境中，则属于远迁移。当然，近迁移和远迁移的区分也是相对的，视具体的情形而定。

（六）根据迁移的路径不同，迁移分为低路迁移和高路迁移

低路迁移(low-road transfer)是指以一种自发的或自动的方式所形成的技能的迁移。这种迁移是通过在各种情境中的练习获得的，其发生几乎是不留意的，不需要或很少需要意识、思维的参与。例如，开惯了自家小轿车的人可以很轻松地开从朋友那借来的其他小轿车，这种迁移的关键是原先的技能有充分的练习，而且练习是在变式的情境中进行的。

高路迁移(high-road transfer)是有意识地将某种情境中学到的抽象知识应用于另一种情境中的迁移。当学生在一种学习情境抽取了一种规则、原理、范例等，然后运用于新的情境，这便是高路迁移。它是有意识的，因为学生并不是自动地运用某种规则，而是先要对情境进行考察，而后才决定用什么策略去解决问题。

所罗门(G. Salomon)和帕金斯(D. Perkins)认为，低路迁移基本上涉及陈述性知识，而高路迁移在更大程度上应用的是程序性知识和条件知识。

随着对学习迁移研究的深入，教育心理学关于迁移类型的划分也越来越多样化，从不同的角度来分析迁移的种类，可以帮助我们从整体上把握迁移。同时，迁移的种类不同，其教学要求的条件也不一样，因此了解迁移的分类也有利于促进对不同类型迁移规律的研究，这样才能在教育工作中充分认识并灵活应用迁移规律，以提高教学成效。

三、学习迁移的作用

未来的文盲将不再是不识字的人，而是那些不会学习的人。显然，学会学习或进行有效的学习是适应未来社会生活的必要条件。而要真正地学会学习，其中最主要的条件就是能够主动而有效地迁移。如果某人在某一学科中获得的某种知识、技能或态度，能够运用于其他的学科或校外生活的情境之中，那么这些他已经获得的知识、技能就能举一反三地再造或创造出新的经验或成果，学习过程就会加快。从这个意义上来说，能不能发生迁移、迁移的效果如何，直接影响着学习的进程与效率。

对学习迁移的实质与规律的揭示，有助于建立完善的学习理论。学习的迁移贯穿于整个教学系统。学习理论不仅要说明学习是如何引起的，学习过程是如何进行的，还要说明学习结果在今后学习中是如何变化和产生影响的。学习迁移不仅涉及已有知识经验的变化和应用，而且它本身也是影响学习的一个重要条件。

学习迁移使习得的经验得以概括化、系统化，形成一种稳定的整合的心理结构，从而更好地调节人的行为，并能动地作用于客观世界。学习的目的不是把经验储存于大脑之中，而是最终要将所获得的经验应用于实际的各种不同的情境中去，以解

决现实世界的各种问题。但如何有效地应用这些经验，并能有效地解决问题，这都要通过迁移才能实现。已有经验在应用的过程中，一方面解决了当前的课题，另一方面又使得原有的心理结构更为完善、充实，形成一种稳定的调节机制，广泛有效地调节人的活动，更好地解决现实中的问题。学习迁移直接影响问题的解决，并有助于学生认知结构的不断完善。

迁移是能力形成的重要环节，对于提高解决问题的能力具有促进作用。能力是通过对所掌握的知识加以概括，然后广泛地迁移，并进一步系统化和概括化而形成的。迁移是由知识的掌握过渡到能力形成的重要环节。对于学习者来说，学习的最终目的是把从学习中积累起来的方法和知识迁移到对新知识的理解和应用上来，把学到的知识，运用到各种不同的实际情境中，解决现实中的各种问题，从而形成解决问题的能力。能否准确、有效地提取有关经验来理解新知识、解决新问题，这实际上就是一个迁移的问题。在学校情境中，大部分的问题解决是通过迁移来实现的，迁移是学生进行问题解决的一种具体体现。要将校内所学的知识技能用于解决校外的现实问题，这同样也依赖于迁移。要培养和提高解决问题的能力，就必须从迁移能力的培养入手，否则问题解决也就成为空谈。

迁移对于学生学习和教师教学具有重要作用。从某种意义上说，能否形成多种学习间的积极迁移，决定学生在校学习的效率，甚至成败。只有通过积极迁移，学生才能使已有知识、技能得到进一步检验、充实与熟练；只有通过积极迁移，学生才能在已有知识、技能概括的基础上形成能力。应用有效的迁移原则，学习者可以在有限的时间内学得更快、更好，并在适当的情境中主动、准确地产生迁移。那些学习成绩优良的学生总是善于将学习得到的经验迁移到新的情境、新的学习中去。

第二节　学习迁移理论

早在我国古代，人们就注意到了迁移现象。春秋时期的教育家、思想家孔子就曾提出“举一反三”“温故而知新”等教学思想，他还要求学生“由此及彼”。1890 年，美国心理学家詹姆斯开始了最早的迁移研究。他和他的四个助手以自己为被试，用两份难易度和分量相仿的材料来考察前一种学习是否影响后一种材料的学习。虽然他们的研究结果因被试人数太少而带有偶然性，但此实验开启了迁移研究的先河。从理论上对迁移进行系统的解释和研究始于 18 世纪中叶，这之后不同的研究者从不同的理论基础出发，对迁移发生的原因、过程以及影响因素等进行研究和解释，形成了众多的有关迁移的理论和解释。

一、早期迁移理论

18 世纪中叶以后许多心理学家从不同的心理学立场出发，开始对学习迁移进行系统的研究和阐述，形成的早期的比较有代表性的理论有：形式训练说、共同要素说、概括化理论、关系转换说和学习定势说。

(一)形式训练说

形式训练说(formal discipline theory)是早期的一种迁移理论，源于德国心理学家沃尔夫(C. Wolff)所提出的官能心理学。官能心理学认为人的各种活动都由相应的官能所主宰，各种官能分别从事不同的活动。例如，利用记忆官能进行回忆活动，利用思维官能从事思维活动。官能即注意、知觉、记忆、思维、想象等一般的心理能力，各种官能可以像训练肌肉一样通过练习增加力量。

形式训练说认为迁移要经过一个“形式训练”的过程才能产生。对官能的训练就如同对肌肉的训练一样，而得到训练的官能又可以自动地迁移到其他活动中去，即一种官能改进了，其他所有官能也会在无形中得以加强，如记忆官能增强以后，可以更好地学会和记住各种东西。形式训练说认为，要发展和提高各种官能，除了“训练”之外，没有别的办法，如感觉是越用越敏锐，记忆由记忆而增强，推理能力、想象能力则由推理和想象而长进，这些能力如果不用，不训练，便会变弱的。形式训练说认为学习的内容不重要，因为它容易遗忘，只能起到暂时的作用。只有通过某种训练发展了心理的官能，才能起长久的作用，因此重要的是所学的难度和训练价值。也就是说重要的是活动的形式，如果活动是推理形式，则推理官能就得到发展，如果活动是记忆形式，不管记什么，记忆总是能得到训练的。教育的目的不是让学生学习一些基本知识，而是通过知识的学习发展学生的思维、想象、记忆等官能。在学校获得的知识会过时，而心理官能的改进将使人终身受益。形式训练说认为，迁移是无条件的、自动发生的。根据这种理论，在学校教育中，传递知识远不如训练官能来的重要。知识的价值在于作为训练官能的材料。

作为最早的关于学习迁移的理论，形式训练说对以后的学习迁移理论的研究产生了较大的影响，对以后的教育也产生了重要的影响。形式训练说在欧洲和北美盛行了近 200 年，其中的一些观点对今天的教育和教育心理学的研究仍然有着较大的思考价值，主要表现在两方面：一是人的官能能否通过教学或训练得到提高，一定的学科学习或训练与人的特定官能提高之间有无关系；二是迁移过程是不是自动发生的，前期的学习与训练能否通过自动的方式迁移到新的学习中去。

形式训练说重视能力的培养和学习的迁移，强调对于有效的记忆方法、工作和学习的习惯以及一般的有效工作技术加以特殊训练，这些都是有积极意义的。但“心智”的各种官能是否可以分别训练使之提高，从而自动地迁移到一切活动中去？该学说缺乏充分的科学依据。20 世纪初期以来，形式训练说不断遭到来自心理学实验结果的驳斥。詹姆斯用记忆实验证明，记忆能力不受训练的影响，记忆的改善不在于记忆能力的改善，而在于记忆方法的改善。桑代克通过实验发现，训练可以迁移到类似的学习活动中，不相似的学习活动之间却无迁移现象。

(二)共同要素说

共同要素说(identical elements theory)又称相同要素说，这一理论是建立在19世纪末20世纪初由桑代克和伍德沃斯(R. S. Woodworth)从事的一项实验的基础上的。相同要素说认为，一种学习之所以有助于另一种学习是因为两种学习具有相同因素的原因。若两种情境含有共同因素，不管学习者是否觉察到这种因素的共同性，总有迁移现象发生。后来伍德沃斯把相同要素说改为共同要素说，也就是说在两种活动中有共同的成分才能发生迁移。这种相同不仅包括内容或实质上的相同，还包括程序的相同。

由于反对形式训练说对学习迁移的解释，许多心理学家纷纷设计更为严密的实验，从各种不同角度向形式训练说提出挑战，其中桑代克的影响最大。1903年，美国杰出的教育心理学家桑代克以大学生为被试，首先训练大学生对平行四边形的面积进行估计，然后对他们进行两种测验。结果表明，被试对矩形面积的判断成绩提高了，但对三角形、圆形和不规则图形的判断成绩并没有提高。据此，他认为，学习中训练某一官能未必能使它的所有方面都得到改善。他认为两种学习之间只具有相同因素时，才会发生迁移。例如，在活动A12345和活动B45678之间，因为两种活动有共同的成分4和5，所以这两种活动之间才会有迁移；由于骑自行车与骑摩托车在协调和操作方式上有相同因素，所以迁移就容易发生。

后来，桑代克等人还通过对知觉、注意、记忆和运动等方面所进行的一系列的迁移实验，来检验形式训练说，结果发现，经过训练的某一官能并不能自动地迁移到其他方面，再次证实了只有当两种情境中有相同要素时才能产生迁移。相同要素也即相同的刺激(S)与反应(R)的联结，刺激相似而且反应也相似时，两情境的迁移才能发生，相同联结越多，迁移越大。后来相同要素被改为共同要素，即认为两情境中有共同成分时才产生迁移。迁移是非常具体的，并且是有条件的，需要有共同的要素。

迁移的共同要素说得到许多有说服力的实验的支持，进一步指出了形式训练说的谬误，提出了学习中的共同要素可以引起学习的迁移等。同时，桑代克的相同要素说在当时的教育界曾起过积极的作用，使学校脱离了那种在形式训练说影响下不考虑实际生活只注重所谓的形式训练的教学状况，在课程方面开始注意重视应用学科，教学内容的安排也尽量与将来的实际应用相结合。桑代克的理论即使在今天对有些迁移的研究也有直接的启发作用，如迁移的产生式理论。

桑代克的共同元素说是基于他的联结学习理论和试误说，只注意了人的外部行为，一味地强调刺激和反应之间的联结，把复杂的学习过程简单化和机械化，把学习过程看成盲目的被动的试误过程，忽略了人类的认知特性以及学习的目的性和能动性，抹杀了人类学习的主观能动作用，因此未能深刻揭示出迁移的真正实质。

(三)概括化理论

概括化理论(generalization theory)又称经验类化理论(theory of experience generalization)，是由美国心理学家贾德(C. H. Judd)提出来的。桑代克的理论，把注意力集中放在先期与后期的学习活动所共有的那些因素上。贾德的理论则不同，贾德认为在先期学习A中获得的东西，之所以能迁移到后期学习B中，是因为在学习A时获得了一般原理，这种原理可以部分或全部运用于A、B之中。根据这一理论，两个学习活动之间存在的共同要素，只是产生迁移的必要前提，而产生迁移的关键是学习者在两种活动或经验中通过概括产生泛化的共同原理，这就是泛化或概括化理论。这个理论认为，只要一个人对他的经验进行了概括，就可以完成从一个情境到另一个情境的迁移。贾德倾向于把两个情境之间的相同要素的重要性减到最低限度，而突出强调经验概括的重要性。

贾德的理论产生于1908年进行的“水下击靶”实验。他把五、六年级的学生作为被试者并分成A、B两组，让A组儿童充分学习光学折射原理，B组儿童不予学习，然后让两组儿童射击置于水中的靶子。起初射击离水面约3厘米的靶子时，两组射击成绩大致相等。理论对学习似乎没起作用，因为所有的学生必须学会运用镖枪，理论的说明，不能代替练习。后来，改变条件，射击离水面10厘米的靶子时，两组的差异明显地表现出来。掌握了折射原理的A组儿童，由于把折射原理概括化，并能运用到特殊情境中去，对不同深度的目标可以做出适当的调整，迅速适应了水下10厘米的条件，故其射击成绩不论在速度上，还是在准确性上都超过了B组儿童，而B组儿童则表现出极大的混乱，先前的练习不能帮助改进射击水下10厘米的靶子，错误持续发生。

贾德指出，这是因为学习过折射原理的儿童，已把折光原理概括化了，对不同深度的目标能利用概括了的经验做出适当的调整。理论曾把有关的全部经验——水外的，深水的和浅水的经验——组成了整个的思想体系。学生在理论知识的背景下，理解了实际情况以后，就能利用概括了的经验，去迅速地解决需要按实际情况做出分析和调整的新问题。这个理论强调把所学到的知识概括化，从而在解决实际问题时就能迅速发生迁移，也就是理论知识在学习迁移中所起的重要作用。

贾德的研究表明，知识的迁移是存在的，只要一个人对他的经验、知识进行了概括，那么从一种情境到另一种情境的迁移是可能的。知识概括化的水平越高，迁移的范围和可能性越大。原理原则的作用，因其具有普遍化的作用，可以适合于一切有关问题的解决，足以加速问题解决的步伐，增进学习迁移的效用。后来许多人都做过类似的实验，进一步证实了贾德的经验泛化理论，并且得到格式塔学派心理学家的赞同。概括不是一个自动的过程，它与教学方法有密切的关系。这与课堂教学实际经验是一致的，就是同样的教材用这种教学方法可能发生积极迁移，用另一种教学方法可能发生相反的作用。所以迁移的出现，教法是主要的，教材是次要的，即同样的教材内容，由于教学方法不同，而使教学效果大为悬殊，迁移的效应也大不相同。

根据贾德的泛化理论，对教育来讲，重要的是在讲授教材时要鼓励学生对核心的基本概念进行抽象或概括。抽象与概括的学习方法是最重要的方法，学生应该学会。在学习的时候对知识进行思维加工，区别本质的和非本质的属性，偶然的和必然的联系，舍弃那些偶然的、非本质的东西，牢牢把握那些必然的本质的东西。这种学习方法能使学生的认识从低级的感性阶段上升到高级的理性阶段，从而实现更广泛更成功的正向迁移。

贾德认为概括就等于迁移，概括是学与教的结果，所以教法在迁移中作用很大。贾德的泛化理论揭示了原理、法则等概括化的理论知识在迁移中的作用，开始涉及高级的认知领域的迁移问题，为学习迁移的研究做出了贡献。但概括化的经验仅是影响迁移成功与否的条件之一，并不是迁移的全部。

(四)关系转换说

关系转换说(transposition theory)是由格式塔心理学家提出的一种迁移理论。格式塔心理学家从理解事物关系的角度对经验类化的迁移理论进行了重新解释，代表人物是苛勒。和他们的学习理论一样，格式塔心理学特别强调行为和经验的整体性，学到的迁移经验能否迁移到新的情境中，关键不在于情境中有多少共同的因素，而在于能否理解情境之间的关系。迁移的关键在于被试对情境中各种关系的顿悟。如果两个问题具有相同的深层结构关系，那么对其中一个问题的训练将对另一个问题产生迁移。

苛勒在1929年所做的“小鸡觅食”实验是支持关系转换说的经典实验。他让小鸡在深、浅不同的两种灰色的纸下面寻找食物。通过条件反射学习，小鸡学会了只有从深灰色纸下才能获得食物奖赏。然后，变换实验情境，保留原来的深灰色纸，用黑色纸取代浅灰色纸。现在的问题是：如果小鸡仍然到深灰色纸下面寻找食物，那就证明迁移是由于相同要素的作用；如果小鸡是到两张纸中颜色更深的那张(即黑色纸)下面寻找食物，那就证明迁移是对关系做出的反应。实验表明：小鸡对新刺激(黑色纸)的反应为70%，对原来的阳性刺激(深灰色纸)的反应是30%；而幼儿在做同样的实验时始终对黑色纸的刺激做出反应。

他认为这结果证明是情景中的关系对迁移起了作用，而不是其中的相同要素，被试选择的不是刺激的绝对性质而是比较其相对关系(把在前一种情境中学会的关系，即“食物总是在颜色较深的纸下面”迁移到后一种情境中，从而做出了正确的反应)。

苛勒通过实验证明迁移产生的实质是个体对事物间的关系的理解，即迁移的产生依赖于两个条件：一是两种学习之间存在有一定的关系；二是学习者对这一关系的理解和顿悟。其中后者比前者重要。习得的经验能否迁移，并不取决于是否存在某些共同的要素，也不取决于对原理的掌握，而是取决于个体能否理解各个要素之间形成的整体关系，能否理解原理与实际事物之间的关系，即对情境中一切关系的理解和顿悟是获得一般迁移的最根本要素和真正手段。苛勒认为，人们越能发现事物之间关系，则越能加以概括、推广，迁移越普遍。

关系转换说是在对桑代克的相同要素说的批评过程中提出来的，和学习理论的研究一样，它主要是从认知的角度对迁移问题给予了说明，强调主体的理解或顿悟在迁移中的作用，与前几个迁移理论不同，关系转换说更加强调学习者个体的作用，但它并非与相同要素说以及其他迁移理论对立、毫不相容，只是从一种新的角度对迁移给予了阐述。

(五)学习定势说

学习定势是哈洛(H. F. Harlow)提出并用以解释顿悟现象的一个概念。学习定势说(learning set theory)主要是指哈洛关于迁移研究的一种学说。哈洛认为："学习情境的多样化决定我们的基本人格特征，并在使某些人变成会思考的人中起重要作用。这些情境是以同样的形式多次重复出现的。不应以单一的学习结果，而应以多变但类似的学习课题的影响所产生的变化来理解学习。"

学习定势既反映在解决一类问题或学习一类课题时的一般方法的改进(学会如何学习)上，也反映在从事某种活动的暂时准备状态(准备动作效应或预热效应)中。学习定势的这两个方面都影响作业的变化。

练习一类课题有助于类似课题的学习，这一现象首先是在实验室用无意义音节进行研究发现的。渥德早在1937年报告：被试在记忆数列无意义音节时，前面的练习影响后面的记忆，记忆速度越来越快。

哈洛1949年的研究也发现类似的现象。他首先用猴子作被试进行研究，然后以儿童为被试进行重复实验。对猴子做辨别训练时，在猴子面前呈现两个物体，如一个是立方体，另一个是立体三角形。在一个物体下面藏着葡萄干，并以它为强化物。通过几次尝试，猴子很快"知道"葡萄干藏在立方体下面，不在立体三角形下面。当它解决了这个问题以后，立即给它呈现另一个类似的问题，如两个物体均为立方体，但颜色不同，一为白的，另一为黑的。它必须进行新的学习以解决这个新的辨别问题。当它解决了这个问题以后，又呈现一个新的辨别问题，如此继续多次。当猴子解决了许多这样的辨别课题之后，它解决新问题的速度越来越快，尝试的次数越来越少。于是，实验者认为，猴子学会了如何解决问题，或者说，学会了如何学习。哈洛在谈到这个现象时说："猴子已经获得了解决问题的学习定势。"类似的学会如何学习的现象，在以儿童为被试的实验中得到证实。例如，在一个实验中，智力落后的儿童(年龄为10岁，智龄只有4岁)在解决一个辨别问题时感到非常困难，但先从较容易的问题开始训练，然后转到较难的问题，学习效果就明显提高。

学习定势既有积极作用又有消极作用。学习定势的积极作用是指人一旦形成某种定势，在条件不变时，可以更迅速地知觉对象与做出合理的反应，从而使人更好地适应环境。例如，当人们获得了一种普遍的行之有效的解决问题的原则和方法后，就能用到解决其他类似的问题上去，从而迅速地解决问题，亦即表现为知识与技能的迁移。学习定势的消极作用是指人一旦形成了某种定势，由于来不及适应外界情境的细小变化，就往往容易发生错觉，妨碍对新问题的解决。解决新问题时，越是信赖一种解题原则，就越会固执不变地用旧的方法解题，而不去尝试用其他方法。例如，先让被试用火柴在平面上排列成三角形，取得经验后再要求他们用 6 根火柴摆成 4 个三角形，由于他们的已有经验是片面的，他们仍在平面上把火柴摆来摆去，久而不得其解，想不到要在三度空间中进行操作，这就是片面的经验对正确解题发生了阻碍作用。因此，在教学和学习中，要利用好学习定势的积极作用，最大限度地避免学习定势的消极作用，这就要求我们既要利用好已经形成的学习定势，促进新的学习，也要防止由学习定势所带来的对问题解决的干扰，注意培养学生思维活动的创造性与灵活性，克服其惰性与刻板性，另外练习作业的综合化与多样化等也都是克服定势这种消极作用的重要措施。

以上五种迁移理论各自从不同的角度对迁移进行了探讨，各自强调了一面。形式训练说强调对官能的训练，认为学习迁移就是心理官能得到训练而发展的结果；共同要素说强调的是客观刺激间有无共同要素的存在，认为学习的迁移取决于两种情境中所具有的共同要素；概括化理论强调的是已有的知识经验的概括，认为学习的迁移全在于主体的概括能力或水平；关系转换说则可视为是对经验类化理论的补充，认为主体越能觉察和理解事物之间的关系，概括化的可能性就越大，也越容易发生迁移；学习定势说强调学习方法和态度的迁移，是对以往迁移理论的重要补充，认为学习情境的重复性刺激使得学习者会在解决问题时改进方法，并做好进一步学习的准备，即形成定势，这种定势有助于类似的其他课题的学习。但是，局限于研究手段的落后、研究范围的狭窄以及缺乏其他相关学科的新观念的影响，这些早期的迁移理论对迁移的研究仍无实质性的进展。随着认知科学与信息加工理论的产生与发展，研究者试图用认知的观点与术语来解释、研究迁移问题，并提出了一些新的迁移理论。

二、当代迁移理论

20 世纪六七十年代以来，随着对学习迁移研究的迅速进展，当代认知心理学家们对迁移的研究更为深入并做出了重要贡献，其中比较有代表性的是奥苏贝尔、安德森、弗拉维尔等。

(一)认知结构迁移理论

认知结构迁移理论是根据奥苏贝尔的有意义言语学习理论(同化论)发展而来的，已被许多教育、教学工作者证实是比较成功的学习心理学理论。与行为主义主张研究外显的、可观察的行为相比，认知主义将研究的重点放在了学习者的内部心理加工过程。认知主义迁移理论认为迁移的内部机制与人的认知结构以及信息加工过程有密切关系，迁移的发生依赖于人体内部的图式以及抽象的心理表征。认知心理学告诉我们：学科的基本原理和结构是通向“训练迁移”的大道。也就是说，教学要实现迁移，必须训练学生准确牢固地掌握学科基本原理，塑造良好的认知结构，这是实现积极迁移的基础和保证。合理的认知结构对知识的迁移功能主要体现在迅速吸收新知识和有效运用知识等方面。

1. 认知结构

认知结构是认知心理学中使用频率很高的概念，从皮亚杰到奥苏贝尔都使用过这个概念。虽然他们对认知结构的解释各不相同，但他们都认识到了认知结构在新知识学习过程中的重要作用，而将认知结构与学习的迁移联系起来进行研究则是奥苏贝尔。奥苏贝尔认为，当学生把教学内容与自己认知结构联系起来时，意义学习便产生了。所以，影响课堂教学的最重要的因素是学生的认知结构。所谓认知结构，就是指学生现有知识的数量、清晰度和组织方式，是由学生眼下能回想出的事实、概念、命题、理论等构成的，是学生头脑中的知识结构。广义地说，它是学生头脑中全部观念的内容和组织；狭义地说，它是学生在某一学科领域内的观念的内容和组织，是影响学习和迁移的重要因素。

2. 认知结构的特征与迁移

奥苏贝尔认为，学生原有的认知结构是实现学习迁移的“最关键的因素”。原有认知结构的清晰性、稳定性、概括性、包容性、连贯性和可辨别性等特性都始终影响着新的学习的获得与保持。其中，认知结构的组织特征如认知结构的可利用性、可辨别性和稳定性则是影响学生学习迁移的主要因素。

(1)认知结构的可利用性的作用

认知结构的可利用性是指学习新知识时，原有的认知结构是否有适当的起固定作用的观念可以利用，即学生原有的认知结构中是否具有用来与新知识发生相互作用的适当观念。认知结构的可利用性涉及学习者原有知识的实质性内容，即面对新任务时，学习者原有认知结构中是否具有用来同化新知识的适当观念。根据同化论，新知识与同化它的旧知识之间有不同的关系，因此有三种不同的学习形式：上位学习(top-down learning)、下位学习(bottom-up learning)与并列组合学习(juxtapositional learning)。上位学习也叫总括学习，即通过综合归纳获得意义的学习，当认知结构中已经形成某些概括程度较低的观念，在这些原有观念的基础上学习一个概括和包容程度更高的概念或命题时，便产生上位学习；下位学习又称类属学习，是一种把新的观念归属于认知结构中原有观念的某一部位，并使之相互联系的过程；并列组合学习是在新知识与认知结构中的原有观念既非类属关系又非总括关系时产生的。其中下位学习一般比上位学习和并列组合学习容易进行。良好认知结构的第一个重要特征就是知识的概括水平和包容范围。知识的概括水平越高，包容范围越广，越有助于同化新知识，即有助于迁移。知识在同化和进一步同化过程中的表现是下位观念向上位观念还原，不稳定、不巩固的新知识向巩固的知识还原。

（2）认知结构的可辨别性的作用

认知结构中的可辨别性是指认知结构中的原有观念和新的学习任务之间的可区别程度，或者说是新旧知识之间的异同。它涉及学习者原有知识的组织，意即面对新任务时，学习者能否清晰辨别新旧知识间的异同。如果原有知识是按一定层次结构严密地组织起来的，学习者在遇到新任务时，不仅能迅速找到同化新知识的固定点，而且容易分辨新旧知识的相同点和不同点，从而能更好地掌握和长久的保持新知识。如果新学习任务不能与学生认知结构中原有的观念清晰地分辨，新的意义就很容易被原有的意义所取代，从而表现出对新知识的遗忘。小学生在学习汉语拼音的同时学习英语字母，当汉语拼音还没牢固掌握时，汉语拼音常常容易干扰英语字母的学习就是一个很好的例子。在教学中除了提高原有知识的巩固性以外，引导学生意识新旧知识之间的异同也是促进学生更好地掌握新知识的一种重要方法。

（3）认知结构稳固性的作用

认知结构的稳固性涉及学习者掌握原有知识的牢固程度，是指在面对新任务时，用来同化新知识的原有知识是否已被牢固掌握。研究表明原有的认知结构越牢固、越清晰，越有助于促进新的学习。倘若原有知识本身没有被牢固掌握，则不但不会促进迁移，反而会起干扰作用。在学习和教学的过程中促进学生巩固知识的方法多种多样，如复习、反馈、纠错等，教师应该综合利用多种方法促进学习者巩固自身的知识结构。

奥苏贝尔和他的合作者在 1961 年研究了原有知识的巩固性对新的学习的影响。让被试先学习基督教知识，经过测验将被试的成绩分成中上水平和中下水平。然后将这些被试均分成三个组：第一组在学习佛教材料前，先学习一个“比较性组织者”（它指出了佛教与基督教的异同）；第二组在学习佛教材料前，先学习一个“陈述性组织者”（它仅介绍了一些佛教观念，其抽象水平与要学习的材料相同）；第三组在学习佛教材料前，先学习一份有关佛教历史的材料。在实验后的第 3 天和第 10 天进行了保持测验。结果表明，不论在哪一组，凡是原先的基督教知识掌握较好的被试，在学习佛教知识后的第 3 天和第 10 天的保持成绩均较优。对此，奥苏贝尔认为，认知结构稳定性即原有知识的巩固性对新知识的学习会产生重大影响。

3. 先行组织者的研究

先行组织者是奥苏贝尔于 1960 年提出的一个教育心理学的重要概念，也是他在教学理论方面的主要贡献之一。根据奥苏贝尔的解释，学生面对新的学习任务时，如果原有认知结构中缺少同化新知识的适当的上位观念，或原有观念不够清晰或巩固，则有必要设计一个先于学习材料呈现之前呈现的一个引导性材料，可能是一个概念、一条定律或者一段说明性文字，可以用通俗易懂的语言或直观形象的具体模型，但是在概括和包容的水平上高于要学习的材料（因此属于下位学习），构建一个使新旧知识发生联系的桥梁。这种引导性材料被称为先行组织者。设计适当的“先行组织者”作为影响认知结构的变量，这不仅是研究学习与迁移的一种策略，也是一种重要的教学策略。

近些年来，研究者们在奥苏贝尔定义的基础上发展了“组织者”的概念，认为“组织者”既可以呈现在要学习的材料之前(先行的组织者)，也可以呈现在学习材料之后(总结性的)；既可以是在抽象、概括上高于学习材料的材料；也可以是具体概念，在抽象、概括水平上低于原学习材料。“组织者”可分为两类：一类是陈述性(expository)“组织者”，即在比较不熟悉材料的场合下，当学生面对学习任务，倘若其认知结构中缺乏适当的上位观念可以用来同化新知识，则可以设计一个概括与包容水平高于要学习的新材料的组织者。用学习者已熟悉的术语提供观念的固定点，让学生先学习这一组织者，以便获得一个可以同化新知识的认知框架。用它的目的，在于为新的学习提供最适当的类属者，它与新的学习产生一种上位关系。另一类是比较性(comparative)“组织者”，用于较熟悉的学习材料中，即当学生面对新的学习任务时，倘若其认知结构中已经具有了可以利用的同化新知识的适当观念，但原有观念不清晰或不巩固，不稳定，学生难以应用，或者他们对新旧知识之间的关系辨别不清，则可以设计一个揭示新旧知识异同的比较性组织者。因为比较性组织者指出了新旧知识的异同，它可以增强原有的起固定作用的观念的稳定性与清晰性。其目的在于比较新材料与认知结构中相类似的材料，从而增强似是而非的新旧知识之间的可辨别性，并为这些新观念提供稳定的固定点。为了获得良好的效果，组织者本身显然必须是易学的，而且必须用熟悉的术语把它们叙述出来。在这两类组织者的运用过程中，都要求学生将自己原有的知识与新学习的材料在头脑里发生积极的相互作用，将外部提供的材料转化为自己的认知内容，故这种情况下进行的学习是积极的有意义的学习。

组织者的功能之一在于为在它后面呈现的学习材料提供观念构架，使那些更加明细的和分化的材料得以稳固的结合和保持。另一种功能就是增加学习的材料和认知结构中的类似的或者表面上矛盾的那些观念之间的可辨别性。由于它有效地掌握和控制了认知结构的变量，改进了教材的组织与呈现方式，所以对促进有意义学习有重要作用。

奥苏贝尔指出任何有意义的新的学习都是在原有学习的基础上进行的，学习者利用原有知识去理解新知识，把新知识纳入已有认知结构的过程就是迁移的过程，而有意义的学习一定会发生迁移。他认为“为迁移而教的实质”就是为学生塑造良好的认知结构，并提出了先行组织者的概念用来改变原有认知结构促进迁移的教学。认知结构迁移理论为教学材料的编写提供了理论依据，教材的编译应该符合学习的认知结构的特点。同样，奥苏贝尔的认知结构迁移理论也存在种种缺陷。首先，有意义学习理论只适用于陈述性知识的学习，当涉及程序性知识时就显得毫无办法；

其次，奥苏贝尔对迁移的研究关注了具体知识的迁移，忽略了学习方法和学习策略的迁移；最后，奥苏贝尔的学习理论局限于学生的接受学习，忽略了学生学习的自主性。

(二)产生式理论

认知结构的迁移理论可以有效地解释陈述性知识的迁移，但是不能解释认知技能的迁移。它是美国心理学家安德森(J. R. Anderson)针对认知技能的迁移提出的，是思维适应性控制理论(Adaptive Control of Thought Theory，ACT)的发展。其主要观点为：前后两项技能学习间发生迁移的原因是两项技能的产生式有重叠，重叠越多，迁移量越大。

所谓产生式，就是有关条件和行动的规则，简称 C—A 规则。其中 C 代表行为产生的条件，是学习者工作记忆中有关的认知内容，而非外部刺激；A 代表行动或动作，它既可以是外部反应，也可以是头脑中的心理运算。产生式具有抽象性，可以表征不同的概括水平的技能，又具有可计量性，对迁移的程度进行预测。产生式形成过程分两个阶段：首先是陈述性阶段，即必须先使规则以陈述性知识编入学习者原来的命题知识网络，构成技能的产生式以陈述性知识的形式得到表征；其次是程序性阶段，即经过一系列知识的应用，在应用知识的过程中使得陈述性知识转化为以产生式表征的程序性知识，变成个体的产生式、产生式系统。安德森的产生式理论可以说是桑代克共同要素说的现代翻版，只是安德森研究的是人类高级的认知学习的迁移，其理论能解释认知技能的迁移情况。

安德森的思维适应性控制理论按知识的不同类型把迁移重新划分为四种：①陈述性知识向陈述性知识的迁移。当原有陈述性结构促进或干扰新的陈述性知识的学习时，就会出现陈述性知识向陈述性知识的迁移。起促进作用的是正迁移，起干扰作用的是负迁移。②陈述性知识向程序性知识的迁移。任何技能的学习都要经历两个阶段，即陈述性阶段和程序性阶段，所以学习前期对技能的理解是技能获得的先决条件，而且某些陈述性知识也有助于技能的学习。③程序性知识向陈述性知识的迁移。当原有的认知技能促进新的陈述性知识的学习时，出现程序性知识向陈述性知识的迁移。④程序性知识向程序性知识的迁移。当先前习得的产生式可直接应用于迁移任务或用来解决新问题时，便出现此类迁移。如果发生迁移的产生式在训练阶段得到充分练习，则容易自动发生。

安德森等设计了大量实验来验证他的迁移理论，但目前该理论的研究仍停留于计算机模拟阶段。尽管如此，它在实际教学中的含义还是十分明显的。因两项任务共有的产生式数量决定迁移水平，因此要注重基本概念原理和规则的教学，以便为后继的学习做准备。此外，先前学习的内容必须有充分的练习才易于迁移。

(三)元认知迁移理论

现代认知心理学强调认知策略在学习和解决问题中的作用。认知策略作为一种特殊的认知技能属于程序性知识范畴，但与一般的智力技能不同。产生式迁移理论未能解释个体如何学会调节和控制自己的策略。因此，元认知理论应运而生。元认知(metacognition)作为一个正式概念，是 1978 年美国心理学家弗拉维尔提出来的。尽管迄今为止心理学界对此概念的表述尚未统一，但一般都认为“元认知就是对认知的认知”。其实质是认知个体对自身认知活动的自我意识和自我调节。无认知含三部分：元认知知识(对认知活动过程、结果及相关信息的认识)、元认知体验(伴随认知活动而产生的情感体验)、元认知监控(主体对认知活动的监控与调节)。元认知监控是元认知的主体，它表现为主体根据自己的认知特点、知识的特点和学习的要求等制订计划、选择策略、评价其有效性、做出补救措施等。该理论强调元认知在学习中的作用，认为认知策略的训练要达到可以在多种情境中迁移的程度，一个重要的条件是学习者有相当的元认知水平。

大量的实证研究表明：具有较好元认知技能的学习者，能自动地监控和掌握自己的认知过程。他们在面临新的学习任务或问题情境时，能主动寻求当前情境与已有经验之间的联系，并运用已有经验对当前情境进行分析概括，寻求解决问题的策略，监控它们的应用。因此，元认知技能是运用和迁移认知策略的重要保证。与学习和迁移有关的许多问题都是由于元认知技能的缺陷造成的，不少学生在自我调节、自我检查、问题识别等方面缺乏训练。只有掌握了概括化的认知策略，学生才能真正学会如何学习。而元认知水平的提高能改善学生对策略的使用和对学习的监控、调节。

元认知迁移理论认为：①认知策略是一种特殊的知识。元认知迁移理论研究的是认知策略的获得和发展。认知策略是个体主动采用的用于提高其完成认知任务的效率的方法。认知策略不同于某一具体或特殊领域的技能或技巧，而是关于“认知的技巧”；它并不指向某一具体情境，而是针对个体的普遍的一般的认知过程。②思维的可训练性。认知策略是直接为改善个体的认知加工过程服务的，认知加工过程的改良即表现为思维品质的提高。元认知是思维结构的内核，元认知和认知策略间有着特殊的密切关系。采用适当的方法训练儿童的认知策略，就可以提高其元认知水平；认知策略的训练要达到迁移的目的，也必须通过元认知水平的提高。正是在思维的训练过程中，认知策略和元认知之间的密切关系，提醒我们在教学中要通过以知识为载体的认知策略的训练，培养学习者的元认知能力，提高思维品质。

元认知能力虽然发展缓慢，但并不完全是自然成熟的过程，教师应有意识地向学生传授一些元认知策略。

(四)经验整合说

经验整合说是我国心理学家冯忠良教授在吸收前人研究成果的基础上提出来的一种学习迁移理论，认为学习迁移的过程就是一个经验的整合过程。经验整合的实质就是要构建一种一体化、网络化的心理结构。整合的基础是概括，它是通过对不同学习中的经验构成成分的分析与抽象以及对不同学习中的共同经验成分的综合及概括而实现的。整合是在概括的基础上实现的一种经验网络化现象。经验整合是指通过概括所获得的经验与原有经验相互作用，从而形成在结构上一体化、系统化，在功能上能稳定调节活动的一个完整的心理系统。整合是一个过程，是通过同化、顺应和重组三种基本途径来实现的。

同化是指已有经验结构吸收新的经验成分或把新的经验成分纳入已有的经验结构中的过程。同化性迁移的根本特点是“自上而下”的迁移。已有经验结构处于一种上位结构，新获得的经验成分属于下位结构，已有上位的经验结构可以把新建立的下位经验成分吸收到自身来，新习得的下位经验成分也可以被归入已有的上位经验结构中去。这种迁移过程，是旧经验对新经验的具体化，也是新经验对旧经验的类化。

顺应是指已有经验结构不能把新的经验成分吸收和纳入自身之中时，个体调整原有经验结构，从而形成能包含新、旧经验的更高一级的经验结构，以适应外界变化的过程。这也就是建立一个新的上位经验结构，以包容几个旧有的下位经验结构的过程。它通常在学习既有联系又有区别的并列教材或在日常概念的基础上学习科学概念时发生。

重组也称结构重组，是指习得的经验组成成分在新的组合中，仅仅在结合关系上(如程序或位置)进行了调整或重新组合，而经验的构成成分不变。重组性迁移主要适用于迁移分类中的特殊迁移。结构重组在教学过程中非常重要。作为教师，首先必须教给学生进行结构重组的基本要素，即基础教材。在学生掌握了进行结构重组所必须的基础教材后，要善于利用这些基础教材的结构重组性迁移，大幅度促进学生对有关的派生性教材的掌握，以提高教学效率。

第三节　有效促进学习迁移

一、学习迁移的影响因素

学习迁移虽然是学习过程中的普遍现象，但它并不是无条件产生的。探讨影响学习迁移的因素，对促进正迁移、防止干扰，提高教学效果，具有十分重要的作用。影响学习迁移的主要因素有：学习材料的共同要素、对学习材料的概括水平、教材的组织结构和学生的认知结构、学习的指导及定势作用。

(一)学习材料的共同要素

学习迁移的效果在一定程度上取决于学习材料之间的共同要素。由于材料之间存在着共同的要素，就会产生相同的反应，因而在学习中就会产生不同程度的迁移。通过共同要素促进迁移，一般都能收到较好的效果。例如，华虚朋(W. V. Osburn)

采用林斯兰(Rinslan)词汇研究了共同要素这个迁移原则的效用问题。在林斯兰词汇表中共有9000多个音节词，其中的单音节约为2300个。他选出了其中的45和关键音节教给学生。结果表明，如果学生在教师指导下掌握了这些音节，而且认识到这些音节是许多词中的共同要素，并概括出发音特点后，就能对整个词汇表中其余有关词的学习起积极的作用。例如，学会了“going”的“ing”，就会拼“morning”等同类词汇。儿童概括出最后一个音节总拼作“ing”，便能拼出林斯兰表中带有“ing”词尾的其他877个词。吉克(L. M. Gick)和霍利约克(K. J. Holyoak)曾就迁移中学习材料的相似性进行了探讨。他们认为学习材料的相似性包括结构特性的相似与表面特性的相似。

既然学习迁移的效果在一定程度上取决于学习材料之间的共同要素，那么两种学习材料之间除了具有共同要素之外，必然会有不同的要素。因此，对两种材料的学习可能产生正迁移，也可能同时产生负迁移。为了促进学习迁移，防止干扰，在教学中教师应引导学生正确认识学习材料之间的共同要素，并通过比较认识它们之间的区别。

(二)对已有经验的概括水平

学习的迁移是一种学习中习得的经验对另一种学习的影响，也就是已有经验的具体化与新课题类化过程或新旧经验的协调与整合过程。已有经验的概括水平，必然要影响到迁移的效果。凡是对已有的经验的概括水平越高，适用范围就越广，迁移的可能性就越大，迁移的效果越好。苏联著名心理学家鲁宾斯基强调，概括是迁移的基础。他认为，学习的迁移过程，主要是要求学习者依据已有的经验去辨认当前的新问题，把当前的课题纳入已有经验的系统中去，实现知识、技能的同化或顺应，从而实现迁移。这是一个分析综合、抽象概括的过程。教学实践也表明，对事物关系有了概括了解的学生，往往能较好地理解和处理新的问题。

两种学习材料之间的共同要素固然是产生迁移的必要条件，但不是充分的条件。如果不能通过概括，把握一般原理，掌握事物的本质和规律，也难以产生迁移。对已有经验进行概括是学习迁移产生的重要条件，布鲁纳强调原理和态度的迁移，认为所掌握的内容越基本、越概括，对新情况、新问题的适应性就越广，也就越能产生广泛的迁移。事物虽然是多种多样的，但却有共同的东西，即事物的本质和规律。掌握事物的本质和规律，人就能以不变应万变，产生广泛的迁移。因此，赞科夫和布鲁纳都强调，学校应加强基本概念和原理的教学，道理就在于此。

心理学家奥弗曼(Overman)曾进行过实验，将二年级学生分成四个等组，每组112人，采用四种不同的方法训练他们学习两个两位数相加、三个两位数连加，以及两个两位数与一个一位数相加。

A组：不概括，教师只告诉学生怎样写、怎样加；

B组：要求概括，教师不但告诉学生怎样写、怎样加，并帮助概括出“写数字要使右行对直”这一规则；

C 组：只说理，即只告诉学生个位数只能与个位数相加，十位数只能与十位数相加的原理，但不告诉“写数字要使右行对直”的原则；

D 组：兼用 B、C 两法。

训练 15 天后，用未教过的数目进行测试，求出四组的迁移百分率，结果 C 组并不比 A 组有更多有意义的迁移，而 B 组与 D 组则产生了较大的积极迁移。可见学生对已有知识经验概括水平越高，越能顺利实现迁移。

(三)认知结构

美国当代著名的认知及教育心理学家奥苏贝尔非常强调学生的认知结构对新的学习的影响作用。他认为先前的学习经验是学习新知识的一个关键因素。他在《教育心理学》一书中曾明确指出：“假如必须把一切教育心理学还原为一条原理，我就要说影响学习最重要的一个因素是学习者已经知道了什么。弄清楚学习者已经知道了什么并在此基础上进行教学。”可见认知结构对于教学和学习的重要性。认知结构不仅可以储存知识而且具有帮助学习新知识和解决新问题的能力。比如，俗语“温故而知新”中的“故”就表明了头脑中已有的认知结构对于学习新知识、新课题以及解决新的情境中的问题的重要性。

但实际上知识与能力并不是完全成正比的关系。我们教学生以知识主要是为了更好地发展其能力以便他能更加灵活地运用知识去解决问题。因此，如何将学习内容的最佳知识结构以最佳的呈现顺序教给学生以形成其良好的认知结构并最终优化其各种能力，这便成了当今教育的重点与难点。一个具有良好知识结构的学生总是能敏锐地把握住各种学习之间的接合点，并能由此及彼地进行分类与综合，从而将新知识再一次健康地消化，更加牢固地构建自己的知识大厦。相反，那些虽有满腹经纶却又杂而无序之人，每每面对新知识时便显得手足无措，无奈只好囫囵吞枣，其结果便是不知其味也更谈不上迁移了。

(四)学习的指导

学习的指导包括对学生的学习目的、学习态度和学习内容及学习方法的指导，其中对学习态度和学习方法的指导，对迁移有重要影响。学习态度是一种比较稳定的心理反应倾向，帮助学生形成良好的学习态度是一项复杂的、长期的工作。良好的学习态度一经形成，就会促进其他方面态度的形成。学习方法是达到学习目的的手段，是制约学习效果的重要因素之一，学习方法的实质是在头脑中形成的一种认知或解决问题的策略。良好的学习方法需要教师的指导和个人实践才能被掌握，指导学生学习，就某种意义上说，就是帮助学生学会如何学习。学生会学习、会解决问题，实际上这也是一种能力，有了这种能力就会明显地促进正迁移。

现代西方教学的重点在于指导活动和采用活动型的教学程序。这是因为通过活动进行学习比正规上课的学习更有意义，而且更有利于把学生的学习迁移到新情境中去。实践证明，学生适当参加与学习有关的活动，可以使学生在错误的尝试中得到益处。如果对学生的活动给予必要的指导，则不仅可以减少错误，而且可以增加学习的迁移。学生的学习态度、兴趣、技能等可以通过活动产生迁移而加以培养。教育实践证明，在活动中，由教师预先提供正确答案的指导方式，不如在教师的指导下通过学生自己发现问题、解决问题学习效果好。因为指导学生自己发现和解决问题，能增加迁移的效能。学习指导可根据学生年龄的不同和问题的难易程度不同而有所不同。此外，学生在学习新知识或解决新课题时，为了防止学生已形成的学习方法或思维习惯的消极影响，教师也应及时给予适当的指导，以促进学生的正迁移，防止干扰。

(五)定势作用

定势又称为心向，是指由先前影响所形成的一种倾向性的往往不被意识到的心理准备状态。它将支配人以同样方式去对待同类后继活动。定势是在连续活动中发生的，前面的活动经验为后面的活动形成一种准备状态。它使人倾向于在认识方面或外显行为方面以一种特定的方式进行反应。定势实际上是关于活动方向选择方面的一种倾向性。这种倾向性本身是一种活动经验。它往往为分析问题解决问题提供思路或线索。定势的作用有两重性：一是积极的促进作用；二是消极的阻碍作用。

为了研究定势对学习迁移的影响，心理学家沃德(L. B. Wad)曾做了一个无意义音节研究的实验。结果表明，被试在记忆数列无意义音节时，前面的练习加快了对后面音节的记忆。练习一类课题有助于类似课题的学习这一现象，说明练习对同一类课题的学习有正迁移作用。但在学习过程中，定势可能促进学习迁移，也可能干扰学习，产生负迁移。当要学习的作业与先前的作业不是同类或者是需要灵活变通的相似作业时，定势就可能干扰后来作业的学习，使学生不能灵活地思考和创造性地解决问题，限制着发展起来的假设的范围，并使尝试的解法固定化，对迁移起阻碍作用，即产生负迁移。陆钦斯(A. S. Luchins)的“量杯实验”证明了这一现象。

根据定势对迁移影响的双重性，教师在实际教学过程中，要能预见定势的消极影响，既要考虑所学课题与原有经验的同一性，利用积极的定势帮助学生迅速掌握解决一类课题的方法，同时又要变化课题，有意识地进行提示和分化，培养学生思维活动的灵活性、流畅性和创造性的品质，防止定势的负迁移影响。

(六)学习策略的水平

学习策略是指学习者为了提高学习的效果和效率，有目的、有意识地制定有关学习过程的复杂方案。学习策略是学习者为了完成学习目标而积极主动地使用的，对迁移的影响相当广泛，主要表现在认知策略与元认知策略对迁移的影响上。根据研究发现，小学时期的儿童能自发地掌握一些比较简单的策略，但不能有效地运用。如果教师能在策略运用上给予学生清晰指导，则有助于提高学习效率。初、高中时期的学生，在自己熟悉的知识领域，可以自发地形成策略，自觉地运用适当策略改进自己的学习，并能根据任务需要来调整策略。

在实际教学中，教师不管采用什么方法进行学习策略的教学，都要结合学科知识。教师要善于不断探索优化自己的教学步骤，为学生提供可以效仿的活动程序，同时要根据学生原有的学习方式来启发学生的思路，让其有意识地内化有效的学习策略。许多教育家和心理学家都主张应该通过训练和教学来提高学生的学习策略水平，从而不断促进正迁移的产生。

二、有效促进学习迁移的措施

迁移存在于各种形式的学习活动当中，因此教育心理学家们已达成"为迁移而教"的共识，但要真正做到"为迁移而教"并不是一件容易的事情。如何促进学习迁移已成为心理学家、教育学家和一线教师所共同关心的课题。教师只有在掌握好有关学习迁移理论及其影响因素的基础之上，灵活应用迁移规律，才能有效促进学生的学习迁移。

(一)合理确立教学目标

教学目标是一切教学工作的出发点和最终归宿，是教学活动的核心和灵魂，一切教学工作都是为教学目标服务的。确立系统、明确而具体的教学目标是促进学习迁移的重要前提。由于任何学习都是在原有学习基础上的连续、分步构建的过程，而最终形成的心理结构也是具有一定层次关系的网络结构，因此，某一单元或某一堂课的教学目标的确立必须从所要构建的心理结构的整体出发来考虑。同时，教学目标的表述应明确而具体，不能含糊笼统，应让学生能够确切把握其含义，以发挥它对学习材料的沟通作用。如果教学目标正确、合理，就会导出有效地教学，否则，就会导致无效的教学。所以，教学目标可以被看作教学活动的"第一要素"，确定准确、合理的教学目标也被认为是教学设计的首要工作或第一环节。

(二)科学精选教学材料

教学材料在所有的教学设计和教学活动中都起着重要的作用。好的教学材料可以为学生创造出真实有效的教学情境，激发学生的学习兴趣。根据学习迁移规律的要求，应把各门学科中具有广泛迁移价值的科学成果作为教材的主要内容。所谓具有广泛迁移价值的材料，就是学科的基本概念、基本原理、基本法则、基本方法、基本态度等。在选择学科的基本概念、基本原理作为教材内容的同时，还必须包括基本的事实材料，脱离事实材料只讲概念、原理，就成了无源之水、无本之木。教材内容要随科学的发展而不断变化更新。虽然学科的基本概念、基本原理具有比较高的稳定性，但随着当代科技更新速度的加快，原来作为学科基本内容的教材就会失去其原有的地位，而被新的、更重要的、迁移范围更广的原理、原则代替。因此精选教学内容，必须要在充分理解学科特点的同时了解社会关注点，了解学生的需求、兴趣以及学生的原有知识和能力，关注最新的教学理论和相关研究，注意用科学的新成就来代替过时的材料，不断取舍，使之符合科学发展的水平。

(三)合理编排教学内容

从迁移的角度来看，合理编排的标准就是使教材达到结构化、一体化、网络化。结构化是指教材内容的各构成要素具有科学的、合理的逻辑联系，能体现事物的各种内在关系，如上下、并列、交叉等关系。同样的学习内容，如果教材编排得好，迁移的作用就能充分发挥，教师的教学也能省时省力；如果教材编排得不好，迁移的效果差，教师的努力也事倍功半。精选的教材只有通过合理的编排才能充分发挥其迁移的效能，否则迁移效果小，甚至阻碍迁移的产生。结构化是指教材内容的各构成要素具有科学的、合理的逻辑联系，能体现事物的各种内在关系，如上下、并列、交叉等关系。一体化指教材的各构成要素能整合为具有内在联系的有机整体。为此，既要防止教材中各要素之间的相互割裂、支离破碎，又要防止相互干扰或机械重复。网络化是一体化的引申，指教材各要素之间要上下左右、纵横交叉联系沟通，要突出各种基本经验的联结点、联结线，这既有助于了解原有学习中存在的断裂带及断裂点，也有助于预测以后学习的发展带、发展点，为迁移的产生提供直接的支撑。

(四)有效设计教学程序

有了编排合理的教材，要想在教学过程中发挥迁移的作用，就要求有效设计教学程序。教学程序既包括宏观方面的整体安排即学习的先后顺序安排，也包括微观方面的每一节课的教学程序设计。不论哪一方面，首先要把各门学科中那些具有最大迁移价值的基本知识、基本技能、基本道德规范(上位结构)的学习放在首位，作为教材的主干。在此基础上，再遵循从一般到个别、从整体到部分“不断分化”的原则组织下位结构知识的教学。同时，应加强概念、原理、课题乃至章节之间的横向联系，以达到“综合贯通”的目的。教师在教学中应引导学生努力探讨观念之间的联系，找出它们之间的异同，消除学生认知的矛盾。如果教学程序设计不合理，不能使学生做到横向联系和融会贯通，就会出现不良后果。

(五)教授学习策略，提高迁移意识性

现代有关认知策略和元认知策略的研究，是教育心理学研究的一个热点领域，其实质就是学习方法的研究。但在传统的学校教材中并没有把学习方法和学习策略作为学校教育的独立目标，教师也没有受过这方面的专门训练。为了促进学习的迁移，教师必须重视对学习方法的指导，把认知策略作为一项重要的教学内容，并掌握认知策略教学的有效方法，使策略教学达到持久迁移的目的。在学习过程中，让学习者掌握必要的学习策略及元认知策略是非常必要的。许多研究证明，学习策略及元认知策略具有广泛的迁移性，同时它们又能够提高学习者迁移的意识性。结合实际学科的教学来教授有关的学习策略和元认知策略，这不仅可以促进对所学内容的掌握，而且可以改善学生的思维能力和学习能力，使学生学会学习，提高迁移的意识性，从根本上促进迁移。

练习题

一、选择题

1. 李红学习了英语语法后，加深了对以前学过的中文语法的理解，这种现象属于(　　)。

A. 负向迁移　　B. 垂直迁移　　C. 顺向迁移　　D. 逆向迁移

2. 学生小辉由于会打羽毛球，很快就学会了打网球。这种现象属于(　　)。

A. 顺向、正迁移　B. 逆向、正迁移　C. 顺向、负迁移　D. 逆向、负迁移

3. 从迁移的观点来看，“温故而知新”属于(　　)。

A. 顺向负迁移　　B. 逆向负迁移　　C. 逆向正迁移　　D. 顺向正迁移

4. 学习法语学得扎实、巩固以后，再学英语就更容易。这属于(　　)。

A. 顺向正迁移　　B. 顺向负迁移　　C. 逆向正迁移　　D. 逆向负迁移

5. 一种学习中所习得一般原理、原则和态度对另一种具体学习的影响，这种迁移是(　　)。

A. 正迁移　　B. 横向迁移　　C. 特殊成分迁移　D. 非特殊成分迁移

6. 在英语学习中，学生在学习 eye(眼)和 ball(球)后学习 eyeball(眼球)就比较容易，这种现象属于(　　)。

A. 一般迁移　　B. 水平迁移　　C. 垂直迁移　　D. 具体迁移

7. 下列不属于迁移现象的是(　　)。

A. 举一反三　　B. 急中生智　　C. 闻一知十　　D. 触类旁通

8. 只有当学习情境和迁移测验情境存在共同成分时，一种学习才能影响另一种学习，即才会产生学习的迁移。这种观点属于(　　)。

A. 形式训练说　　B. 共同要素说

C. 概括说　　D. 奥苏贝尔的认知观

二、辨析题

1. 学习迁移是学习过程中常见的现象，对新知识、新技能的学习起促进作用。

2. 逆向迁移即负迁移。

3. 两种学习材料的相似度越高越容易产生正迁移。

三、简答题

1. 什么是学习迁移？你认为学习迁移有什么作用？

2. 学习迁移可以分为哪些类型？并举例说明。

3. 试论述形式训练说、共同要素说、概括化理论、关系转换理论的理论基础是什么？它们是怎样解释学习迁移现象的？它们分别有哪些积极意义和局限性？

4. 当代迁移研究的主要理论有哪些？

5. 认知结构迁移理论的积极意义和局限性表现在哪些方面？

6. 结合所学迁移理论思考其对自己将来教学有何启示？

7. 请列举影响学习迁移的主要因素有哪些？教学中该如何兼顾到这些因素？

8. 联系教育教学实践，从教育心理学角度谈谈应如何有效地促进学习迁移？

9. 如何“为迁移而教”？结合自己的学习经验来举例说明。

四、材料分析题

下面是两位学生的一次交谈。

学生A：你知道吗？前两天在学习英语语法时，我感觉很简单，这似乎与我中文语法学得好有极大的关系。

学生B：你这么一说，我也想起来了。我当时几何学得好，后来学习立体几何时简单多了。嗯，看来不同知识间还是有很大联系的啊！

学生A：是啊，不光书本知识学习是这样的。我学弹琴的时候也有这种感觉。我会弹电子琴，现在钢琴学得也挺快的。

学生B：可有的时候也不一样，上周末骑邻居王大爷家的三轮车，我以为我会骑自行车，学起来应该比较快，可没有想到不是这样的，怎么骑也骑不好，总往一边倒。看来会骑自行车反而影响了学骑三轮！真奇怪。

学生A：挺有意思，看来学习还是很奇妙的。

问题：

(1)请分析材料中两位学生谈话中涉及的学习原理。

(2)教师应该如何利用这一原理促进学生的学习？

参考答案

一、选择题

1. D　2. A　3. D　4. A　5. D　6. D　7. B　8. B

二、三、四(略)

第八章　教学设计

学习目标与任务 ▶

1. 了解教学设计的基本原则、依据和意义；
2. 掌握教学设计的基本环节。

教师具备了关于学习的基本理论，对于学习领域有了认识，了解学生发展的特点和个体差异，理解要激发学生学习的动机、指导学生学习的策略，通过促进学习的迁移来进行教学，这些关于教学的理论要通过具体的教学实践来得以体现。如何在教学中运用好前面所学的一系列关于教学的基本理论和原则？首先要进行教学设计，来促进教师更有效地教学。

第一节　教学设计概述

一、教学设计的含义

教学设计(instructional design)通常也称为教学系统设计(instructional system design，ISD)。这门学科的发展综合了多种理论和技术的研究成果，参与教学设计研究与实践的人员由于背景的不同，往往会从不同的视野来界定和理解教学设计的概念，因此人们对教学设计这一概念尚未取得完全统一的定论。下面是国内外比较有影响的教学设计定义：

帕顿在《什么是教学设计》一文中提出："教学设计是设计科学大家庭的一员，设计科学各成员的共同特征是用科学原理及应用来满足人的需要。因此，教学设计是对学业成绩问题的解决措施进行策划的过程。"

加涅认为："教学是以促进学习的方式影响学习者的一系列事件，教学设计是一个系统化规划教学系统的过程。"

乌美娜等认为："教学系统设计是运用系统方法分析教学问题和确定教学目标，建立解决教学问题的策略方案、试行解决方案、评价试行结果和对方案进行修改的过程。"

肯普提出："教学系统设计是运用系统方法分析研究教学过程中相互联系的各部分的问题和需求，确立解决它们的方法步骤，然后评价教学成果的系统计划过程。"

梅瑞尔在其新近发表的《教学设计新宣言》一文中将教学设计界定为："教学是一门科学，教学设计是建立在教学科学这一坚实基础上的技术，因而教学设计也可以被认为是科学型的技术(science-based technology)。教学的目的是使学生获得知识技能，教学设计的目的是创设和开发促进学生掌握这些知识技能的学习经验和学习环境。"

史密斯等的观点："教学设计是指运用系统方法，将学习理论与教学理论的原理转换成对教学资料、教学活动、信息资源和评价的具体计划的系统化过程。"

何克抗等认为："教学设计是运用系统方法，将学习理论与教学理论的原理转换成对教学目标(或教学目的)、教学条件、教学方法、教学评价等教学环节进行具体计划的系统化过程。"

上述几种定义反映了人们对教学设计内涵理解的不同角度以及各自的侧重点，有的突出教学设计的系统特征，如加涅、肯普、乌美娜、何克抗等；有的侧重于学习经验与学习环境的设计与开发，如梅瑞尔；有的则从设计科学的角度出发突出了教学设计的本质，如帕顿等。

通过对这些定义的分析比较，一般认为教学设计是指为了达到预期教学目标而运用系统观点和方法，遵循教学过程的基本规律，对教学活动进行系统计划的过程，是对教什么(课程、内容)与怎么教(组织方法、策略、手段)的策划设计过程。教学设计既是每位教师都要完成的一项教学的基本环节，又是教育心理学研究的基本内容之一。

二、教学设计的特点

教学设计综合多种学术理论而自成体系，是一项以实现优化学习为目的的特殊的设计活动，既具有设计学科的一般性质，又必须遵循教学的基本规律。它具有以下特点。

(一)教学设计的系统性

教学设计首先是把教育、教学本身作为整体系统来考察，并运用系统方法来设计、开发、运行和管理，即把教学系统作为一个整体来进行设计、实施和评价，使之成为具有最优功能的系统。因此将系统方法作为教学系统设计的核心方法是教学设计发展过程中研究者与实践者所取得的共识。无论是宏观教学系统设计，还是微观教学系统设计，都强调系统方法的运用。

教学设计过程的系统性决定了教学设计要从教学系统的整体功能出发，综合考虑教师、学生、教材、媒体等各个要素在教学中的地位和作用以及相互之间的联系，利用系统分析技术(学习需要分析、学习内容分析、学习者分析)形成制定策略、选择策略的基础；通过解决问题的策略优化技术(教学策略的制定、教学媒体的选择)以及评价调控技术(试验、形成性评价、修改和总结性评价)使解决与人有关的复杂教学问题的最优方案逐步形成，并在实施中取得最好的效果。

(二)教学设计的理论性与创造性

教学设计作为设计科学的子范畴，它既有一般设计活动的基本特征，同时由于教学情境的复杂性和教学对象丰富的个体差异性，教学系统设计具有自己的独特性。

首先，设计活动是一种理论的应用活动，这就决定了教学设计必须在一定理论的指导下进行，是对学习理论、教学理论等理论的综合运用；其次，高度抽象的理论和具有丰富情境、不断发展变化的实践之间又存在一定的距离，其间的矛盾总是存在的，理论不可能预见所有的问题，现实生活中的问题有时候会需要创新性地运用理论，甚至对理论进行改造、扩充、重构，以适应原有理论未能预见的新情况、新问题。因此，教学设计是理论性和创造性的结合。在实践中，我们既要依据教学设计理论来进行教学设计，又不能把理论看作教条，而应该在实践中发展理论，创造性地运用、发展教学设计理论。

（三）教学设计过程的计划性与灵活性

教学设计过程具有一定的模式，这些模式往往用流程图的线性程序来表现，需要按照既定的环节流程来进行教学设计。然而，按照系统论的观点，这些要素之间的关系是非线性的，是相互影响、相互补充的。例如，教师根据教学目标和学习者的特征来选择适当的教学策略和结果评价方法，同样，教学策略的实施效果评价反过来又促使教师调整教学目标和策略。因此，在实践中要综合考虑各个环节，有时甚至要根据需要调整分析与设计的环节，要在参考模式的基础上创造性地运用模式。

（四）教学设计的具体性

教学设计是针对解决教学中的具体问题而发展起来的理论与方法，即要解决实际教学中所存在的现实问题，又要形成一个优化学习的教学系统。因此，教学设计过程是具体的，每一个环节中的工作也是十分具体的。由此可见，教学系统设计项目的成功与否有赖于各方面人员的协同工作，如教学设计人员、学科专家（包括教师）、媒体设计人员等。

（五）教学设计的预演性

教师进行教学设计的过程，实质上就是实际教学活动的每个环节、每个步骤在教师头脑中的预演过程。这一过程犹如文艺演出中的彩排一样，带有较强的预演性和生动的情境性。它能使教师如身临真实教学情境，对教学过程的每一细节周密考虑、仔细策划，为教学活动的顺利进行提供可靠保证。

三、教学设计的基本原则

（一）系统性原则

教学设计是一项系统工程，它是由教学目标和教学对象的分析、教学内容和方法的选择以及教学评估等子系统组成的。各子系统既相对独立，又相互依存、相互制约，组成一个有机的整体。在诸子系统中，各子系统的功能并不等价，其中教学目标起指导其他子系统的作用。同时，教学设计应立足于整体，每个子系统应协调于整个教学系统中，做到整体与部分辩证统一，系统的分析与系统的综合有机地结合，最终达到教学系统的整体优化。

（二）程序性原则

教学设计是一项系统工程，诸子系统的排列组合具有程序性特点，即诸子系统有序地成等级结构排列，且前一子系统制约、影响着后一子系统，而后一子系统依存并制约着前一子系统。根据教学设计的程序性特点，教学设计中应体现出其程序的规定性及联系性，确保教学设计的科学性。

（三）定向化原则

依据教学原理，心理结构的形成受制于一系列学习的规律。为加速心理结构的形成，教学设计必须依据支配心理结构形成的规律，以此来提高教学的自觉性，尽量避免教学的盲目性，减少教学过程的弯路，从而提高教学效能。

为贯彻教学设计的定向化原则，必须了解各种心理结构形成、发展的过程及内、外条件，既确切了解与应用学习的规律，以学习规律作为选择教学措施的唯一依据。

（四）双向式原则

教学活动是教师教与学生学的双向式协同活动系统，因此教学设计必须遵循双向式协同活动原则。

为了贯彻教学设计的双向式协同活动原则，在教学设计中，不仅要考虑教师的教，而且要考虑学生的学，要贯彻教依据于学，学受教的指导的原则，要体现教学系统中教与学的辩证统一关系。既要反对不从学习规律出发的主观主义的注入式教学模式，也要反对放任自流的自由主义的教学模式。

（五）可行性原则

教学设计是依据教学理论成果对教学实践所做的规划，因此，教学设计必须遵循可行性原则。可行性是指设计中所制定的项目既要能用于教学实践，又要能具有广泛的实用性。可行性是教学设计的基础。

教学设计要成为现实，必须具备两个可行性条件。一是符合主客观条件。主观条件应考虑学生的年龄特点、已有知识基础和师资水平；客观条件应考虑教学设备、地区差异等因素。二是具有操作性。教学设计应能指导具体的实践。

（六）最佳化原则

在教学设计中，把某种教学理论成果转化为教学实践时，可以选择的方案往往是多样的。在这种情况下，必须对各种方案的效能进行分析和比较，选取其中最佳的方案。

依据效能进行最优化选择时，不仅要考虑眼前的效益，而且要兼顾长远的效益。在方案的选择中要选择那些既简单、方便、易行又有发展价值的方案。

（七）反馈性原则

教学成效考评只能以教学过程前后的变化以及对学生作业的科学测量为依据。测评教学效果的目的是为了获取反馈信息，以修正、完善原有的教学设计。

四、教学设计的层次

（一）依据教学设计的表现形式分层

教学设计是一个问题解决的过程，那么根据问题的范围、层次、难度等的不同，教学设计也相应地具有不同的范围、层次、难度等，即教学设计的基本原理与方法可用于设计不同层次的教学系统。从教学设计的表现形式看，一般可归纳为三个层次。

1. 以“产品”为中心的层次

教学设计的最初发展是从以“产品”为中心的层次开始的。它把教学中需要使用的媒体、材料、教学包等当作产品来进行设计。教学产品的类型、内容和教学功能常常由教学设计人员和教师、学科专家共同确定。有时还吸收媒体专家和媒体技术人员参加，对产品进行设计、开发、测试和评价。

2. 以“课堂”为中心的层次

这个层次的设计范围是课堂教学。它是在规定的教学大纲和教学计划下，针对一个班级的学生，在固定的教学设施和教学资源条件下进行教学设计。其设计工作的重点是充分利用已有的设施，选择或编辑现有的教学材料来完成目标，而不是开发新的教学材料（产品）。如果教师掌握教学设计的有关知识与技能，整个课堂层次的教学设计完全可由教师自己承担完成。当然，需要时，也可由教学设计人员辅助进行。

3. 以“系统”为中心的层次

按照系统观点，上面两个层次的课堂教学和教学产品都可看作教学系统，但这里所指的系统是特指比较大、比较综合和复杂的教学系统。例如，个别化学习系统、一个学校或一门专业的课程设置、职业教育中职工培训方案或一门课程的大纲和实施计划等。这一层次的设计通常包括系统目的、目标的确定，实现目标方案的建立、试行、评价和修改等，涉及内容面广，设计难度较大，而且系统设计一旦完成就要投入范围很大的特定场合使用和推广。因此这一层次的设计需要由教学设计人员、学科专家、教师、行政管理人员，甚至包含有关学生组成的设计小组来共同完成。

以上三个层次是教学设计发展过程中逐渐形成的一种分类。产品、课堂、系统三个层次都有相应的教学设计模式，在具体设计实践中，可以按照自己面临教学问题的层次，使用相应的设计模式。

(二)依据系统论的观点分层

教学设计可分为宏观和微观两个层次。规模大的项目如课程或学习系统开发、培训方案的制定等都属于宏观层次的教学设计；对一门具体的课程、一个单元、一堂课以及一个媒体材料的设计都属于微观层次的教学设计。按照系统论的观点，根据系统中各个子系统大小和任务的不同，教学设计可分为三个层次。

1. 以教学系统为对象的层次——教学系统设计

教学系统设计属于宏观设计层次，所涉及的教学系统比较大，应用范围也比较广，如一所学校、一个培训系统或学习系统的建立，或印刷材料、媒体材料的开发等。

要做教学系统设计，首先，要进行需求分析，拟定培养目标；其次，根据培养目标制定课程方案，包括课程计划和课程标准，具体到教学中，即我们通常所说的教学计划和教学大纲；再次，选择或开发教学资源，以保证教学过程的顺利进行；最后，在教学实践中实施，并进行评价和修正。

教学系统设计一般比较复杂，所以通常由相关的专家小组来完成。

2. 以教学过程为对象的层次——教学过程设计

教学过程设计是对于一门课程或一个单元，甚至一节课或某几个知识点的教学全过程，进行规划和安排的教学设计。通常把对一门课程或单元的教学设计称为课程教学设计；把对一节课或某几个知识点的教学设计称为课堂教学设计；把对某个知识单元的教学设计称为自主学习教学设计。

课程教学设计需要根据一门课程标准规定的总教学目标，对教学内容和教学对象进行分析，在此基础上得出每个单元、每个章节的教学目标和各知识点的学习目标，以及此课程的知识和能力结构要求，形成完整的教学体系。

课堂教学设计一般需要根据课程的目标体系，选择恰当的教学策略，制定课堂教学过程结构方案，并进行教学实施，做出评价和修改。课堂教学是教学工作的主要形式，在课堂教学设计过程中，既要注重知识、方法和能力的关系，又要突出能力的地位和作用。

自主学习教学设计需要根据知识单元的学习目标，在对学习内容和学习者进行分析的基础上，选择学习策略和学习资源，制定学习过程活动方案，由学习者进行学习活动，最后给予评价和修正。

课程教学设计一般由教师或教研组来完成，也可以由相应的教研机构组织教师、学科专家共同进行，以保证课程标准规定的总教学目标的实现。课堂教学设计由任课教师进行。应该充分发挥每位教师的主动性和创造性，同样的教学内容应该有不同的教学设计方案。

由于教学过程是整个教育活动的关键，教学过程设计在教学设计的三个层次中处于中心地位。

3. 以教学产品为对象的层次——教学产品设计

教学产品设计一般根据教学系统设计和教学过程设计所确定的产品使用目标，考虑教材的安排、教学媒体的选取，需要经过分析、设计、开发、制作、集成、评价、修改等开发步骤，形成如教材、课件、网络课程等产品。

简单的教学产品通常指一般教学媒体、课件等；复杂的教学产品如大型教学系统、计算机软件等。对于复杂的教学产品，有必要先进行必要性和可行性分析，然后完成产品的设计、开发等一系列开发步骤。

教学设计是一个完整的过程，上一个层次的输出是下一个层次的输入。整个系统的输入为社会需求，系统最后的输出则为优化教学效果的最佳设计方案。每一个设计层次都组成一个完整的子系统，形成自己的网络，评价可以随时进行，以确保设计目标的实现。

(三)依据教学过程的不同要素为中心而进行的教学设计分层

1. 以“教”为中心的教学设计

以“教”为中心的教学设计也被称为传统的教学设计。20 世纪 60 年代开始逐渐发展的教学设计理论大多都是以“教”为中心，其理论基础是系统论、学习理论、教学理论和传播理论。此类教学设计关注的焦点是教师的“教”，强调教师在教学中的主导作用，具有循序渐进、按部就班、精细严密、系统性等特点。

2. 以“学”为中心的教学设计

以“学”为中心的教学设计以建构主义为主要理论基础，以现代信息技术为物质支持，强调以学生为中心，“情境”对意义建构的作用，学习环境而非教学环境的设计，学习资源与协作的作用。以“学”为中心的教学设计把学生的“学”作为设计的焦点，注重发挥学生的主动性与创造性，教师则起到指导学习与促进学习的作用。

同时，以“学”为中心的教学设计也容易出现几种偏向：它注重分析学习目标，容易忽略教学目标的分析；强调学生的主体地位，容易忽视教师的指导作用；注重学习环境的设计，容易忽略学习者的自主学习；强调设计适合学生主动建构知识意义的学习环境，忽视教学结构的设计等。

3. 以“资源”为中心的教学设计

学习资源是指能够支持学习的一切要素的总和，包括支持系统、教学材料、环境和人员。基于“学习资源”的教学设计是对学习资源进行的教学设计，通过对教学目标、学习者、学习行为等要素进行分析来设计学习资源。

基于“资源”的教学设计关注对学习环境(目前主要包括真实课堂环境和网络环境)的设计，注重学习者与外界环境的交互，重视资源的即时性、操作性、弹性和经济性，促进资源的合理利用和对学习的有效支持。同时，它强调学习资源不仅仅局限于学习过程中“物”的因素，人力资源也是学习资源中重要的一部分。因此，应重视对人力资源的开发利用。

五、教学设计的依据

教学设计是一项复杂的工作，成功的教学设计必须综合考虑多方面的因素。一般来说，教学设计的依据包括理论依据和现实依据这两方面。

(一)教学设计的理论依据

1. 现代教学理论

理论的指导是教学设计由经验层次上升到理性、科学层次的一个基本前提。科学的理论是对教学规律的客观总结和反映，依据科学的教学理论和学习原理设计教学活动，实际上就是要求教学设计的方案和措施要符合教学规律。在教学实践中我们不难发现，有些教师，特别是从事教学工作时间不久的教师，由于不懂得如何在教学理论的指导下对教学做出详细规划，因而在课堂教学中往往随意发挥，影响了课堂教学质量。有些有经验的教师，由于轻视系统的理论指导，教学时局限于经验化处理，因而教学效果也不理想。因此，教育工作者只有自觉运用科学的理论指导教学设计，才有可能使教学摆脱狭隘的经验主义窠臼，才有条件谈论追求教学效果的最优化问题。

2. 系统科学的原理与方法

系统科学的基本方法原理要求研究者在研究事物的过程中，把研究对象放在系统的形式中，从系统观点出发，从系统和要素、要素和要素之间的相互联系和相互作用的关系中综合地、精确地考察对象，从而取得解决问题的最佳效果。系统方法抛弃了静态、片面分析的研究方法，把重点放在分析客体的整体属性上，放在其动态的多种多样的联系和结构上。教学系统是一个由多种教学要素构成的复杂系统，各教学要素间存在着密切的联系和多种作用方式。运用系统方法分析课堂教学系统中各因素的地位和作用，使各因素得到最紧密的、最佳的组合，从而优化课堂教学效果，是教学设计的一个基本特征，同时也是教学设计成功与否的关键所在。因此，在实际的教学设计过程中，教学设计者应自觉遵循系统科学的基本原理，以系统方法指导自己的设计工作，在此基础上不断提高教学设计的水平。

(二)教学设计的现实依据

1. 教学的实际需要

从根本上讲，教学设计的全部意义就在于满足教学活动的实际需要，在于为实现这种需要提供最优的行动方案。因此，教学设计最基本的依据就是教学活动的实际需要。离开了教学的实际需要，也就谈不上进行教学设计。在具体的教学过程中，教学活动的实际需要集中体现在教学的任务和目标中。教学工作者在进行教学设计时，应首先明确教学任务和教学目标，并对它们进行认真的分析、分解，使之成为可操作的具体要求。在此基础上，综合考虑各种教学因素，选择设计必要的教学措施和评价手段，使教学设计方案在立足教学现实需要的基础上发挥出其应有的作用。

2. 学生的特点

教学设计的基本特征之一是它既关心“教”，又关心“学”。课堂教学是教师和学生双方共同活动的过程，在这个过程中存在着教师的“教”，也存在着学生的“学”。教是为了学，学是教的依据和出发点，教师的教必须通过学生的积极主动的学才能起到作用。大量的教学实践也表明，重教轻学，课堂教学缺乏学生的积极性，是不可能收到好的教学效果的。因此，在教学设计的过程中，教师除了从教的角度考虑问题外，还必须把学生身心发展的特点和规律作为教学设计的一个重要依据加以认真对待。也就是说，教师作为教学活动的设计者，在决定教什么和如何教时，应当全面考虑学生学习的需求、认识规律和学习兴趣，着眼于辅助、激发、促进学生的学习。这正如加涅所指出的：校舍、教学设备、教科书以及教师绝不是先决条件，唯一必须假定的事是有一个具备学习能力的学习者，这是我们考虑问题的出发点。

3. 教师的教学经验

从一定意义上说，教学设计的过程也是教师个体创造性劳动的过程。成功的教学设计方案往往凝聚着教师个人的经验、智慧和风格。教师的教学经验、智慧和风格是形成教学个性及教学艺术性的重要基础，是促进课堂教学丰富多彩、生动活泼的基本条件。好的教学经验是教师在长期的教学实践中总结出的规律性东西，它们在课堂教学中往往可以弥补教学理论的某些不足，帮助教师取得好的教学效果。因此，从这个意义上我们说，教师的教学经验也是教学设计的基本依据之一。

在教学设计中，既不能完全依据经验行事，但也不能排斥教学经验的作用。只有将科学的理论和方法与好的教学经验结合起来，才能使教学设计既有共性，又有个性，并最终达到科学性和艺术性的有机统一

六、教学设计的意义

教学设计是开展教学活动的前提和基础。它既是教学中的一个重要环节，也是一项复杂的教学技术。通过教学设计，教师可以清楚地指导学生要学的内容，学生将产生哪些学习行为，并以此确定教学目标；通过教学设计，教师可以依据教学目标和学生的特征来用有效的教学模式，选择恰当的教学媒体和手段，实施既定的教学方案，保证教学活动的正常有效的进行；通过教学设计，教师可以准确地掌握学生学习前后的学习状态，从而及时调整教学策略、方法，采取必要的教学措施，为下一阶段的教学奠定良好的基础。从这个意义上说，教学设计是教学活动得以顺利进行的基本保证。好的教学设计可以为教学活动提供科学的行动纲领，使教师在教学工作中事半功倍，取得良好的教学效果。忽视教学设计，则不仅难以取得好的教学效果，而且容易使教学走弯路，影响教学任务的完成。

(一)有利于教学理论与教学实践的结合

为了使教学活动高效、有序，人们一直致力于探讨教学的机制，对教学过程、影响教学的因素及其相互关系进行研究，并形成了一套独立的知识体系——教学理论。但这种理论偏重于理论上的描述和完善，对于教学的改进产生的是非直接的作用，因为理论到实践仍然是有距离的，而且实践是有丰富情境、发展变化的，有些时候也不完全能够套用现成的理论，学习理论亦是如此。正如某位学者所说的：“对于描述性的理论，说明怎样应用它比产生它要困难得多。我是一个智力正常的人，但是我花了大约 14 年的时间、精力来弄明白怎样将一个思想方法转变成具体的课程。我自己的体验是进行适当形式的研究来开发技能并确定适用于大多数当地条件的应用细节是实际可行的”。被称为“桥梁学科”的教学设计学起到了沟通教学理论与教学实践的作用。一方面，通过教学设计，可以把已有的教学理论和研究成果运用于实际教学中，指导教学工作的进行；另一方面，也可以将教师的教学经验升华为教学科学，充实和完善教学理论，这样就把教学理论与教学实践紧密地结合起来。

(二)有利于教学工作的科学化，促进青年教师的快速成长

教学既是一门科学也是一门艺术。说它是一门科学，是因为教学是在科学理论的指导下进行的，是能够通过建立在系统论思想基础上的科学方法——教学设计使理论转化为实践；说它是一门艺术，是因为教师可以凭借自己的经验和直觉选择适合的教学策略，通过自己的言传身教取得良好的教学效果，教师在教学中所展示的人格、语言魅力以及表现出来对课堂的游刃有余都给人一种艺术般的享受。要掌握这门艺术固然有天生的成分，但对绝大多数教师来说却不是几年内所能达到的，尤其是对于青年教师。长期以来，对青年教师的培养大多通过模仿和经验积累的方式。这种师傅带徒弟式的做法有其积极意义，但是对于提高青年教师教学水平的效果却是缓慢的，因为这种“只可意会，不可言传”的艺术往往很难通过传授得到，而连教学基本技能都不高的教师在教学中是很难有艺术可言的。综合了学习理论、教学理论、系统论、传播理论等多种理论的教学设计正是克服了这一局限，将教学活动建立在系统方法的科学基础之上，使教学手段、教学过程成为可复制、可传授的技术和程序，教师通过学习可以迅速掌握教学的基本原理与方法，提高教学水平，并在实际运用中不断熟练，“熟能生巧”，最终成为一名教学专家。现在的课堂更加关注学生主体性的发挥，关注现代教育技术的运用，只靠一支粉笔、一张嘴、一本教材的课堂已不适用于学生，这给有丰富经验的教师也带来了新挑战，无论是青年教师还是老教师都需要更新教育观念、提高教学技能。教学设计则可以实现新理论、新方法的有效运用。由此可见，学习和运用教学设计的原理与技术，可促使教学工作的科学化，也为师资队伍的培养提供了一条有效的途径。

(三)有利于科学思维习惯和能力的培养，提高发现问题、解决问题的能力

教学设计是系统解决教学问题的过程。按照问题解决的一般过程：发现问题、选择和建立解决问题的方案、试行方案及评价与修改方案，可见教学设计和传统的备课有明显的差别。在利用教学设计优化学习的过程中，设计人员一方面要善于发现教学中的问题，用科学的方法分析问题，谋求解决的方案；另一方面需要在设计、试行过程中不断地反思解决方案，在这个过程中科学思维习惯得以有效的培养，发现、解决教学问题的能力也会逐渐提高。此外，这种解决问题的方法、技术和思维方式具有很强的迁移性，可用于其他相似的问题情境和实际问题中。因此，教学设计所带来的不仅仅是教学设计的基本原理和必要的知识，更重要的是设计人员从中领会到的解决问题的思维方式和科学态度，将从中学会创造性地解决问题的原理和方法。

(四)有利于现代教育技术应用的不断深化，促进教育技术的发展

近年来，我国教育技术发展迅速，关注新技术应用研究的不仅仅是教育技术专业人员，教育技术实践应用的领域大大拓宽了。在这个广阔的研究与实践群体中，那些仅仅将现代教育技术当作教学手段的改进、补充的人，由于对技术的盲目热衷

而经历一些失败的尝试后，就开始怀疑一切新技术的应用，怀疑教育技术的存在价值。然而现代教育技术尤其是以多媒体和网络为核心的信息技术给教育所带来的不仅仅是手段上的革新，更重要的是对信息时代人才培养观念、人才培养方式的转变，引发了教育观念、教学内容、教学方式的深刻变革。教学设计作为教育技术学科体系的重要组成部分，是开发、管理、应用、评价其他四个研究范畴的基础。它将教学当作社会大系统中的一个子系统，强调在社会大背景下从整体出发来创设教与学的系统，关注技术要素对教学系统中其他要素(教学内容、教与学的方法、评价手段等)所产生的重要影响，这使得人们对现代教育技术的认识更加深刻，关注深层次的信息技术与课程整合，关注多种学习方式的融合。因此，教学设计是一门将教育技术理论和思想方法运用于教学实践中的新学问，它有利于现代教育技术应用的不断深化，同时也使教育技术理论在总结实践经验的基础上得到升华与完善，从而促进教育技术的深入发展。

第二节　有效教学设计

教学设计是指为了达到预期的教学目标，运用系统和程序的观点和方法，遵循教学过程的基本规律，对教学活动进行系统规划的过程。有效教学设计应该从关注学生需要学习什么知识，为什么学习这些知识，怎样学习这些知识出来发，来考虑教师教什么、怎么教和为什么这么教的问题。在进行具体的课堂教学设计时应该渗透“以人为本”的基本理念，并体现素质教育的理念和精神。教学设计作为对教学活动系统进行规划、决策的过程，其适用的范围比较广泛。无论在什么范围上进行教学设计，它所遵循的程序是基本一致的。以教学研究成果和教学实践经验来看，有效教学设计主要包括以下几个基本环节：教学目标设计，教学内容设计，教学措施设计和教学评价设计。

一、教学目标设计

教学目标是关于教学将使学生发生何种变化的明确表述，是指教学活动中所期待得到的学生的学习结果。教学目标设计是对教学活动预期所要达到的结果的规划，是教学设计中的首要问题。确立合理、适当的教学目标是教学设计最重要的任务。教师应该根据教材内容的特点和学生学习能力，合理地确定具体课时目标，准确地陈述教学目标。教师只有明确了教学目的，才能使“教”有的放矢，使“学”有目标可循。

(一)教学目标设计的起点——学生分析

在现代教学中，学生是学习的主体，他们是以自己的特点来进行独立学习的，因此，要取得好的教学效果，在教学设计中，必须注重对学生的分析。对学生的分析一般从下列几个方面进行。

1. 学生的一般特征分析

目前我国主要实行的是班级授课制，同一班级中的学生往往年龄相近，认知结构相似，学习经验和生活经验也十分接近。因此，对学生的一般特征进行分析，了解学生群体的一般心理特征，是进行科学的教学设计的最基本要求。

中学阶段，在认知方面，学生的思维能力得到迅速发展，思维形式逐步由形象性转向抽象逻辑性。初中生的逻辑思维虽占优势，但在很大程度上还属于经验型，需要感性经验的直接支持；高中生的抽象逻辑思维则具有理论特征，他们能够掌握基本的辩证思维方法，如由一般到特殊的演绎思维，由特殊到一般的归纳过程等。在情感发展方面，初中生也与高中生有着明显不同。初中生富有激情，喜欢冲动和幻想，他们开始重视社会道德规范，但对人和事的评价往往由于认知结构的不完善而导致简单化和片面性。在他们的自我调控中，意志行为逐渐增加，抗诱惑力不断增强，但高层调控仍不够稳定。高中阶段，独立型和自主型是情感发展的主要特征，他们更倾向于追求真理、正义和美好的东西，大多数行为表现为意志行为、高层自我调控在行为控制中占有主导地位。从初中到高中，学生的学习动机逐步由外在的兴趣型转向内在的信念型。

2. 学习风格分析

虽然现代学校教学主要是以班级授课制的形式进行的，但这并不能否定和排除学习者个别差异的存在。学习者的个别差异表现在多个方面，如遗传因素导致的智力条件的差异、已有知识基础的差异、成就动机及相应个性特征的差异和学习风格的差异等。为使教学活动对每一个学生更加有效，就有必要对学生的个别差异进行分析。学习风格的分析是其中的重要方面。

学习风格是学习者持续一贯的带有个性特征的学习方式，是学习策略和学习倾向的总和。它包括学习者在信息接收、加工方面的不同方式；对学习环境和学习条件的不同需求；在认知方式上的差异，如场独立性和场依存性、沉思型和冲动型等；某些个性意识倾向性因素，如控制点、焦虑水平等；生理类型的因素，如左右脑功能优势等。研究学生学习风格的目的在于改善教学设计，使其更加具有科学性。

任何一种学习风格，既有其长处，也有其不足。因为教育的最终目的是要扬长补短，所以适应学习风格差异的教学设计应包含两方面的内容：一是采用与学生学习风格相一致的“匹配策略”；二是针对学习风格中的短处实施弥补性的“故意失配策略”。匹配策略固然有利于学生的学习，但却无法弥补学生学习机能上的不足；有意识的故意失配策略在实施之初可能会在一定程度上影响学习的效率，但坚持使用可以弥补学习方式上的不足，使学生的心理机能得到全面提高，有利于学生以后的学习和发展。因此，在当前以班级授课制为主要形式的学校教学中，分析学生的学习风格的目的并不仅仅是为了顺应每个学生的不同风格，更重要的是培养合理有效的学习风格。

3. 学生起点学习能力分析

学生在进入新的学习单元或命题之时，其原有的学习习惯、学习方法、知识和技能等对将来的学习的成败起着决定性的作用。著名教育心理学家奥苏贝尔认为，学习就是把新知识和已有知识联系起来，将新知识纳入学生已有的认知结构中去的过程。加涅也认为，传授新知识之前，首先必须激活学生头脑中相关的已有知识。因此，教学设计中对学生起点能力的分析是十分重要的。

一般来说，学生起点能力分析包括三个方面。一是对新知识的学习所需要的预备知识和技能的分析。二是对目标能力的分析，即了解学生是否已完全掌握或部分掌握教学所要达到的目标，以及达到的程度如何。因为在班级授课制中，一名教师同时对几十名学生进行教学活动，而学生的基础水平有时差别较大，了解这些差异对于整体教学设计是十分有益的。三是了解学生对所学内容的态度如何，如是否存在偏见或误解等。

(二)教学目标的分类

20 世纪许多心理学家和教育学家都对教育领域中目标分类问题进行了深入研究，提出了自己的主张和观点以及分类体系，形成了关于教学目标的若干理论，各具特色。其中西方教育心理学界认为，布卢姆的教育目标分类系统和加涅的学习结果分类系统都是指导学习目标设计的很有实用价值的学说。

1. 布卢姆的教学目标分类

20 世纪 50 年代，美国教育心理学家和教育家布卢姆(B. S. Bloom)受到行为主义和认知心理学的影响，领导一个委员会对教育目标进行的系统的分类研究后，将教育目标分为认知、情感和动作技能三个领域，并从实现各领域的最终目标出发，将每个领域的目标从低级到高级分成若干层次。

(1)认知领域的目标分类

在《教育目标分类学(第一分册：认知领域的目标)》中，布卢姆将认知领域的教学目标从低到高分为了六级。

①知识(knowledge)，是指对学习过的材料认识并记忆。这一层次所涉及的是具体知识或抽象知识的辨认，用一种非常接近于学生当初遇到的某种观念和现象时的形式，回想起这种观念或现象，所要求的心理过程主要是记忆，这是最低水平的认知学习结果。

提示：回忆，记忆，识别，列表，定义，陈述，呈现

②领会(comprehension)，是指能把握材料的意义。对事物的领会，不要求深刻，而是初步的，可能是肤浅的。其包括“转换”、解释、推断等。领会超过了单纯的记忆，代表最低水平的理解。

提示：说明，识别，描述，解释，区别，重述，归纳，比较

③应用(application)，是指将所学的概念、法则、原理等应用到新的具体情境中。它要求在没有说明问题解决模式的情况下，学会正确地把抽象概念运用于适当的情况。这里所说的应用是初步的直接应用，而不是全面地、通过分析、综合地运用知识。运用代表高水平的理解。

提示：应用，论证，操作，实践，分类，举例说明，解决

④分析(analysis)，是指把整体材料分解成它的组成要素部分并理解组织结构。通过分析使各概念间的相互关系更加明确，材料的组织结构更为清晰。分析不仅要理解材料的内容，还要理解材料的结构，代表比运用更高的智能水平。

提示：分析，检查，实验，组织，对比，比较，辨别，区别

⑤综合(synthesis)，是指将部分组成新的整体。综合以分析为基础，全面加工已分解的各要素，并再次把它们按要求重新组合成整体，以便综合地创造性地解决问题。它强调特性与首创性，需要产生新的模式和结构，因此是高层次的要求。

提示：组成，建立，设计，开发，计划，支持，系统化

⑥评价(evaluation)，是指对材料做出价值判断的能力。这个层次的要求不是凭借直观的感受或观察的现象做出评判，而是理性地、深刻地对事物本质的价值做出有说服力的判断。它综合内在与外在的资料、信息，做出符合客观事实的推断。评价包括依据内在证据来评价和依据外部准则来评价两种形式。它是认知领域里教育目标的最高层次。

提示：评价，估计，评论，鉴定，辨明，辩护，证明，预测，预言，支持

(2)情感领域的目标分类

克拉斯沃尔、布卢姆等在1964年出版的《教育目标分类学(第二分册：情感领域的目标)》一书中把情感领域目标根据价值内化的程度由低到高分为五个亚领域。

①接受(注意)[receving(attending)]，是指学习者感受到某些现象和刺激的存在，愿意接受或注意这些现象和刺激。它分为觉察、愿意接受和有控制的或有选择的注意这三个亚类。从教师方面来看，其任务是指引和维持学生的注意。接受是最低的价值内化水平。

②反应 (responding)，是指学习者主动参与，学习者对出现在他面前的刺激已经不只是愿意注意而是上升到积极的注意。它包括默认的反应(指学习者对某种外在要求、刺激做出反应，但是还存在一定的被动性)、愿意的反应(指学习者对于某项行为有了相当充分的责任感并自愿去做)和满意的反应(指学习者不仅自愿做某件事，而且在做了之后产生一种满意感)三个亚类。与教师所说的“兴趣”类似。

③价值评价(valuing)，是指学习者确认某种事物、现象或行为是有价值的，即学习者将外在价值变为他自己的价值标准，形成了某种价值观、信念，并以此来指引他的行为。它包括价值的接受、对某一价值的偏好和信奉三个亚类。与教师所说

的“态度”类似。

④组织（organization），是在学习者连续地将价值加以内化的过程中遇到各种不同的价值情境时，把各种价值组织成一个体系，确定价值之间的相互关系，确定占主导地位的和普通性的价值的活动。这一领域包括价值的概念化（通过使价值特征化，使各种价值能够联系在一起）和价值体系的组织（学习者把各种价值组成一个价值复合体，并使这些价值形成有序的关系）两个亚类。通常是与人生哲学有关的教学目标。

⑤由价值或价值复合体形成的性格化（characterization by value or value complex），是指各种价值已经在个体内在的价值层次结构中固定下来，已经被组织成为一种内在一致的体系，长期控制个体的行为，使个体长期地以某种方式去行动，即成为他的稳定的性格特征，而不再是一种表面性的或暂时性的情绪反应。这个领域也包括泛化心向（指一种在任何特定的时候都对态度和价值体系有一种内在一致的倾向性）和性格化（指外在价值已经内化为学习者的最深层的、整体的性格，包括他的世界观、人生观等）这两个亚类。达到这个阶段以后，个体的行为是一致的和可以预测的。

(3)动作技能领域的目标分类

1972年，哈罗(A. J. Harrow)在《动作技能领域教育目标分类学》中提出了以学龄前教育为视角的动作技能教学目标分类。同年，辛普森(E. J. Simpson)在《动作技能领域教育目标分类》中提出了以职业技术教育为视角的动作技能教学目标分类，并将技能领域目标分为下述七类。

①知觉，是通过感觉器官觉察客体、性质或关系的过程。例如，通过机器运转的声音，知道机器运转的毛病。

②定势，指为某种特定的行动或经验而做出的预备性调整或准备状态。例如，渴望熟练地操作钻床。

③指导下的反应，指个体在教师指导下，或根据自我评价表现出来的外显的行为。例如，根据示范表演一种舞蹈；通过尝试各种程序，发现烫平短衫的最有效的方法。

④机制，指已成为习惯的习得的反应。例如，混合各种原料，制作奶油蛋糕的能力。

⑤复杂的外显反应，指个人能够表现复杂的动作和行为。例如，演奏小提琴的技能。

⑥适应，指改变动作活动以符合新的问题情境。例如，通过改编已知的舞蹈技能，形成一种新的现代舞蹈。

⑦创作，指创作出新的行为方式及动作。例如，创造一种现代舞蹈。

布卢姆的教育目标分类理论具有以下特征。首先，认为要用学生外显的行为来陈述教育目标。布卢姆认为，制定教育目标是为了便于客观地评价，而不是表述理想的愿望，事实上，只有具体的、外显的行为目标，才是可测量的。因此，教师在制定目标时，不仅要考虑欲达到的理想状态，而且还要考虑到是否能对该目标做出客观的评价，否则，制定出来的教育目标是虚设的。其次，教育目标分类理论具有超越性，这种特性表现为，教育目标分类的方法不受学生年龄和教学内容所局限。不论是数学、语文，还是历史、地理；不论是低年级学生还是高年级学生，都可以把教育目标分类理论的层次结构作为框架，加入相应的内容，形成每门学科的教育目标体系。最后，教育目标分类是一种工具，是为教师进行教学和科研服务的。在布卢姆看来，目标分类本身并不是目的，而是为评价教学结果提供测量的手段，同时有助于对教学过程和学生的变化做出各种假设，激发对教育问题的思考。此外，它还有助于教师恰当安排各类教学内容，为课程编制提供指导。

2. 加涅的教学目标分类

美国当代著名教育心理学家加涅是继布卢姆之后，又一位对目标理论有重大影响的心理学家。加涅在《学习的条件》一书中，对学习结果进行了分类，提出了五种学习结果。

(1)言语信息

言语信息(verbal information)是指学习者通过学习以后，能记忆诸如事物的名称、符号、地点、时间、定义、对事物的描述等具体的事实，能够在需要时将这些事实陈述出来。他们所陈述的信息是基于一种或多种形式的句子(或命题)，是被言语化了的，所以称“言语信息”。虽然言语信息的学习主要涉及的心理过程是记忆，但并不能就此轻视这类学习结果，它同样是一种重要的能力。因为它是其类型的学习结果习得的基础。例如，学生在进行经济学原理的研究时，必须充分利用有组织的生产、产品销路、金融等多方面的宽厚的基础知识；一个受过训练的化学家，除了懂得如何应用化学原理外，还须知道大量的有关该学科的信息；要学习某一认知策略，学生必须首先获得有关策略的言语信息。在学校教学情境中，学生对信息的习得通常是教师以口头(口头语言)或以文字方式(书面语言)进行传授的学习结果。判断学生是否获得信息主要看他们是否能把所获得的信息表述出来。

(2)智力技能

智力技能(intellectual skill)是指学习者通过学习获得了使用符号与环境相互作用的能力。智力技能与言语信息不同，言语信息与知道“是什么”有关，而智力技能则与知道“怎样做”有关。例如，通过计算将分数化为小数。言语信息的学习是从不知到知，由知之甚少到知之甚多的过程；智力技能的发展则是从简单到复杂、从低级到高级的过程。

加涅认为，学习者的智力技能学习包括辨别、概念、规则和问题解决四个层次。其中较简单的是辨别技能，进一步是形成概念，在形成概念的基础上学会使用规则。

智力技能的最高形式是高级规则的获得，这与解决问题的能力有关。

①辨别，是将刺激物的一个特征和另一个特征或者将一个符号与另一个符号加以区别的一种习得能力，包括视觉、听觉、嗅觉、触觉、味觉等方面的辨别。例如，儿童能辨别三角形和正方形等几何图形。学习辨别技能的重要性在于它是学习其他技能的必要前提。

②概念，是对同类事物的共同的本质特征的反映。概念的习得有两种形式，一种是在一系列事物中找出共同属性并给同类事物赋予同一名称，这类概念一般被称为具体概念。因为只有区别事物的不同特征，才能发现事物的共同属性，所以辨别技能是形成概念的基础。另一种是以定义的方式习得，相应地这类概念叫作定义性概念，有时也把它叫作抽象概念，以便与具体概念相区别。例如，“对角线是连接四边形对角顶点的线”，即为定义性概念。在学校里学习的概念大多是定义性概念。

③规则，是揭示两个或两个以上概念之间关系的一种言语表述，它可以是一个定律、一条原理或一套已确定的程序。例如，“句子的第一个词的词首字母必须大写”是英语语法的一条规则。规则使学习者能对某一类事物做出同一类反应。规则的学习以概念的学习为基础，在多数教学情境中，规则的学习往往不是逐条地、孤立地进行的。一门课程中，许多有关规则或原理有机地结合在一起，构成一个体系，形成高级规则。因此，有时学习者所学的是“一套有组织的智力技能”，其中某些简单规则的学习构成另一较复杂的、高级规则学习的先决条件。

④高级规则。是学习者在解决问题过程中思维的产物，但它并不是先前习得的规则的简单运用，而是一个产生新的学习的过程。学习者在试图解决一个特定的问题时，可能把属于不同内容范围的两条或两条以上的规则结合在一起，组成一条能解决该问题的高级规则。高级规则虽然在复杂性上与作为其组成部分的较简单规则有所不同，但本质上仍是规则。

(3)认知策略

认知策略（cognitive strategy)是学习者借以调节他们自己的注意、感知、记忆和思维等内部心理过程的技能。在信息加工心理学中，也将认知策略称作执行控制过程。智力技能是运用符号处理问题的能力，即处理外部世界的能力。认知策略是自我控制与调节的能力，即处理内部世界的能力。学习者通过认知策略指挥自己对环境中刺激物的一定特点予以注意，对学习的事物进行选择和编码，对学习所得进行检索。学习者的认知策略还影响他对已掌握的言语信息和智力技能的综合思考，以提出解决问题的高级规则。认知策略不指向具体的外部内容，如言语或数字，而是普遍地适合于各种各样的知识内容。例如，如果学习者的注意策略得到改善，那么这种策略将会被应用于任何学科的学习，而不管其内容如何。认知策略的习得使学习者学会了如何进行导致更多学习的反省思维和分析思维，学会了如何学习。

比较以上三方面的认知学习可以看出，在感知觉基础上通过记忆，学生获得大量的言语信息，是较简单的认知学习；在感知觉基础上通过思维，获得有关外部事物的概念、规则乃至高级规则，并将这些概念、规则应用于实践，解决实际问题，这是比较复杂的认知学习。在上述学习的同时，学生还要学会如何控制自己的认知过程，即学会如何学习、如何思维，这是更高级的认知学习。

(4)动作技能

动作技能(motor skill)是指通过人的一般活动而习得的一套熟练的动作系统。虽然在有些课程的学习中，动作技能常常没有被放在中心位置，但学校的学习总是包含各种各样的动作技能，如从入学儿童学习使用铅笔和纸写字到学习绘画、唱歌、舞蹈、打球、竞走、跨栏，从学习实验操作到学习语言的发音等。它是个体日常生活和生存必不可少的。我们说个体获得某种动作技能时，不仅仅指他完成某种规定的动作，而且指这些动作组织起来，构成连贯的、准确的、合规则的整体行为。动作技能操作的流畅与时间的精确性能够反映行为表现的内部组织程度。

(5)态度

态度(attitude)是指影响个体对其行为进行选择的内部心理状态。态度是习得的、影响个人对特定对象做出行为选择的有组织的内部准备状态。影响个体行为选择的内部状态既有认知成分，又有情感成分。同智慧技能、动作技能相比，态度与个人行为的关系不那么直接，态度并不决定特定的行为，它以行为的倾向或准备状态对行为产生间接影响。态度的习得有多种形式，有些可能是源于个别的事件，也可能源于个体对某种事物的成功与快乐的体验，有些则可能是常常模仿或观察他人的行为而获得对事物的态度。虽然个体的很多态度是在家庭、社会中获得的，但学校在个体的态度培养上仍有非常重要的作用。

(三)教学目标的陈述

1. 行为目标的陈述

为了克服传统教学目标的含糊性，1962年，心理学家马杰(R. F. Mager)提出必须取消用描述内部心理状态的术语来陈述目标的方法，代之以用描述行为的术语来陈述目标。

行为目标描述的是学生的行为，强调用可观察、可测量的外显行为来确切地描述教学目标，是用预期学生学习之后将产生的行为变化来陈述的目标。下面以“ABCD”模式为例加以说明。该方法认为明确的行为目标主要包含四个要素。

①教学对象(audience)，是指学习者，即行为的主体。行为目标描述的应是学生的行为，而不是教师的行为。规范的行为目标的开头应是“学生应该……”，书写时可以省略，但目标必须是针对特定的学习者提出的。

②行为(behavior)，指学生达到教学目标时应能完成的行为，是目标中最基本的成分。行为应该用明确的行为动词来描述。例如，对学习新教材的描述一般使用“学习……初步掌握……建立……概念”。这里的“学习”“初步掌握”的含义是指学生基

本完成了对技术学习的泛化期的过渡。对复习旧教材的描述一般使用"复习……改进……提高……进一步提高"。这里的"复习""改进"的基本含义是指学生初步完成了技术学习的分化期的过渡。"提高""进一步提高"的基本含义是指学生基本完成了对技术学习向熟练掌握的过渡。对发展学生身体素质和提高身体机能方面的描述一般使用"发展……增强……提高……促进……"。对思想品德方面的描述一般使用"培养……加强……发扬……调动……"。

③条件(conditions)，指学生行为发生的条件，即评定学习结果的约束因素(包括环境、人、设备、信息、时间、问题明确性等因素)。例如，在某一时间内，能独立完成某个动作；在提供……资料的情况下，能编制一个游戏，等等。

④标准(degree)，指评定行为的最低依据，或学生对目标所达到的最低水准，包括完成行为的时间限制，完成行为的准确性，完成行为的成功特征。例如，在确定《桂林山水》这篇文章的教学目标时，将知识与技能目标描述为"认识 8 个生字，会组词和听写，并能正确读写'无瑕、兀立、嶙峋、波澜壮阔、峰峦雄伟、连绵不断'等词语"。该目标的行为即"识字，写字"，主体是学生，这样便于教师确定学生是否达成了预定知识与技能目标。

2. 内部心理与外显行为相结合目标的陈述

行为目标强调行为结果而未注意内在的心理过程，为了弥补行为目标的不足，格伦兰(N. E. Gronlund)在《课堂教学目标的表述》中，提出了用内部心理过程与外显行为相结合的方式来表述教学目标的观点。

内部心理与外显行为相结合目标着重指向无须结果化的或难以结果化的教学目标，既反映学生学习的内部心理变化，也反映学习的外显行为变化结果，特别适用于描述情感、能力领域的教学目标。用这种方法陈述的教学目标由两部分组成。

第一部分为基本的教学目标，即用一个动词描述学生通过教学所产生的内部心理变化，如记忆、知觉、理解、创造、欣赏等。

第二部分为具体教学目标，列出具体行为样例，即学生通过教学所产生的能反映其内在心理变化的外显行为。例如，在"理解两位数加法的算理。能口算简单的两位数加法，并能正确笔算所给出的两位数加法题"这一教学目标中，"理解两位数加法的算理"描述了学生的内部心理状态，"能口算简单的两位数加法，并能正确笔算所给出的两位数加法题"描述了学生预期的外显行为变化。

3. 表现性目标的陈述

行为目标和内部心理外显行为相结合的目标陈述的都是学生短期内发生的行为变化，但远期目标和高级认知目标尤其是情感、态度、价值观等目标很难在短期内实现，所以这类目标采用行为目标和内部心理与外显行为相结合的陈述方式都不可取，因此艾思纳(E. W. Eisner)提出了表现性目标。

在表现性目标中，教师重在明确规定学生应参与和经历的活动情境，描述学生在活动中应表现出来的行为和态度，但不规定学生将会在这种活动中具体习得什么，不同的学生在此活动中允许有不同的习得结果，一般来说，在涉及复杂的智力性活动时常用表现性目标表述。

表现性目标的陈述方法为：首先说明学生参与的是什么样的活动或情境；其次，选用某一目标水平下恰当的行为动词，明确其相对应的教学内容，两者构成动宾短语来陈述。常见的表现形式类似于“在……活动中，学生感受……”“在……过程中，学生体验……”“在……情境下，学生讨论……”等。

例如，将“6～10的认识和加减法”课时教学目标之一陈述为：“在运用已学知识解决问题的过程中，能进行简单思考，体验算法多样性。”在陈述中，重点指出了学生学习活动和行为的具体情境，即“在运用已学知识解决问题的过程中”。至于用什么方式和途径去解决问题，解决问题过程中的表现方式和表现水平，以及从中的学习体验深浅等，则允许每位学生有不同的表现，呈现出很强的开放性。

二、教学内容设计

教学内容设计是教师认真分析并根据学生学习过程处理、加工教材，合理安排教学活动的过程。它是教学设计的最关键的环节，是教学设计的主体部分，其质量高低直接影响教学效果和效率。

教学内容集中体现在教科书中。但是，由于教科书的编排和编写要受到书面形式等诸多因素的制约，总是存在一定的局限性，如往往偏于顾及知识的逻辑结构，难以更多顾及学生的认知结构。为达成教学目标，教师不可能原封不动地将教材搬给学生或不加指导的任凭学生自发学习，而要根据教学目标的要求，结合学生的实际水平，对教材进行科学的再加工，对教材进行取舍、补充、简化，重新选择有利于目标达成的材料。所选的材料要具有科学性、思想性、启发性，并有一定的深度和广度。根据教学目标选定了教学内容后，就需要对这些内容进行恰当的安排，使之既合乎学科知识本身内在的逻辑序列，又合乎学生认识发展的顺序，从而把教材的知识结构和学生的认知结构很好地结合起来。只有这样，才能使学生快速有效地掌握知识，顺利地达到目标。

(一)陈述性知识及其教学设计

陈述性知识也叫描述性知识，是个人能用语言进行直接陈述的知识，用于回答“是什么”的知识，如“中国的地形特征是什么”等。加涅依据各种言语信息的复杂程度不同，将其分成三种类型。①符号(labels)，即用以指称相应事物(包括特殊个别事物和类别性事物)的标记，换言之就是事物的名称。标记同一事物的符号一般有两种形态，即形符(主要指文字符号)和音符。比如，钟表这类物品，在汉语中它的形符是“钟表”，音符是“zhōngbiǎo”。这两种形态是可以分离的。②事实(facts)，指用以表达两个或两个以上有名称的客体或事件之间关系的言语陈述。实际上就是简单命题知识或事实知识，如三角形有三条边。③知识群，即各种事实的聚合体，如记叙文的特点。一个知识群就是一个命题网络。

由于陈述性知识的特征是关于“是什么”的知识，是一种静态性的知识，只是对事情的一种描述，仅反映事物的状况及联系，不具动态性，对学生的学习要求重在理解记忆。因此，教师在进行陈述性知识的教学设计时，应将重点放在如何帮助学生有效地理解、掌握这类知识上，注重学生对其符号或词语意义的获取。在具体设计时，教师应注意解决好以下几个方面的问题：①提供新知识与原有相关知识连接的“支点”，讲清二者之间的相互关系，以帮助学生在理解的基础上有效吸收、同化新知识；②确定学生学习的起点，即对学生的学习准备状况做认真细致的分析；③适当引入教学媒体，增强教学内容设计的直观性、形象性和丰富多样性。

（二）程序性知识及其教学设计

程序性知识是有关“怎么”的知识，主要涉及概念或规则的应用，即对事物进行分类和进行一系列运算、操作。这类知识与我国流行的“技能”概念在内涵与外延上基本一致。程序性知识要对信息进行某种运作从而使之发生转变，是一种具有动态性的知识。语文中的句子规则，数学、物理、化学中的大部分知识，体育中的动作技能等都属于程序性知识。

由于程序性知识的特点是关于“怎么做”的知识，对学生的学习要求重在操作和应用，形成技能技巧。因此，程序性知识的教学设计的主要目的就是帮助学生形成运用概念、规则和原理解决问题的能力。在具体设计时，教师应注意以下几点：①明确设计教学内容教与学的程序、步骤；②要有充分的练习设计，无论是概念学习、规则学习，还是原理学习，都要设计适量练习，使学生得到充分的练习、实践；③注意正反例练习内容的设计，呈现正例有助于概括和迁移，呈现反例有助于辨别，使概念精确；④正确处理练习时间的分散与集中，以及部分与整体的关系，对于较复杂的程序性知识应先练习局部技能，然后进行整体练习；⑤合理规划、分配讲授与练习的时间，使学生对教学内容的理解与技能训练都能得到有效保障。

（三）策略性知识及其教学设计

策略性知识也是回答“怎么做”问题的知识。它与程序性知识的主要区别在于它所处理的对象是个人自身的认知活动和个体调控自己认知活动的知识。与陈述性知识相比，策略性知识与技能一样是一种知识运用的能力；与技能相比，策略也是在概念和规则掌握的基础上，将概念和规则运用于与原先的学习和练习相似或不同的情境中，但这种概念和规则的运用是一种对内调控的技能，是个人调控自己的认识活动以提高认知操作水平的能力。让学生“学会学习、学会创造”的核心就是策略性知识。它是如何运用陈述性知识和程序性知识的技能，是控制自己的学习与认知过程的知识。因而，策略性知识的学习比前面两种知识的学习更重要。学校教育要不断探索学生策略性知识的内在规律，有意识地通过策略性知识的教学，培养学生自主学习的能力及创造力。

一般来说，策略性知识可分为两种水平：一种是一般认识活动的策略性知识，如调控注意的策略、记忆策略等；另一种是创造思维策略知识，如发现问题的策略、获取灵感的策略等。策略性知识是渗透在各科学习中的，没有专门和具体的学科内容。

根据策略性知识的特点进行教学设计，需要解决好课程、教师、学生三方面的问题。要搞好策略性知识的教学设计，教师要注意以下几点：①教师必须首先学习和掌握有关学习策略、认知策略方面的知识和技能，加强策略教学的训练；②注意挖掘课程中的策略性知识内容，依据学生学习的特点进行有针对性的教学设计。例如，通过提问控制学生的注意，使之逐步由外界控制变成自我控制；教会学生在听课和看书时如何做笔记；还可以教会学生如何将知识加以组织与意义加工，促进和便于回忆等。

三、教学措施设计

教学措施设计也是教学设计的中心环节。它一般包括：教学方法的选择、教学媒体的选用、教学结构的设计等。

(一)教学方法的选择与设计

1. 常用的课堂教学方法

(1)讲授法

讲授法是教师通过简明、生动的口头语言向学生传授知识、发展学生智力的方法。它是通过叙述、描绘、解释、推论来传递信息、传授知识、阐明概念、论证定律和公式，引导学生分析和认识问题。

讲授法的优点是能在较短时间内向学生传递大量系统的科学知识。因此，它适合低水平的认知和情感目标。但如果运用不好，学生学习的主动性、积极性不易发挥，就会出现教师满堂灌、学生被动听的局面。

有效地运用讲授法有以下几个基本要求。

①讲授既要重视内容的科学性和思想性，同时又要应尽可能地与学生的认知基础发生联系；

②讲授应注意培养学生的学科思维；

③讲授应具有启发性；

④讲授要讲究语言艺术。语言要生动形象、富有感染力，清晰、准确、简练，条理清晰、通俗易懂，尽可能音量、语速要适度，语调要抑扬顿挫，适应学生的心理节奏。

(2)讨论法

讨论法是在教师的指导和监督下，学生以全班或小组为单位，围绕教材的中心问题，各抒己见，通过讨论或辩论活动，获得知识或巩固知识的一种教学方法。

讨论法是一种以学生自己的活动为中心的教学方法，每位学生都有自由表达自己见解的机会，而且在讨论中要提出论据，有效地说服他人。因此，讨论法的优点在于可以培养合作精神，激发学生的学习兴趣，提高学生学习的独立性。讨论法一般在高年级学生或成人教学中采用。

有效地运用讨论法有以下几个基本要求。

①讨论的问题要具有吸引力。讨论前教师应提出讨论题和讨论的具体要求，指导学生收集阅读有关资料或进行调查研究，认真写好发言提纲。

②讨论时，要善于启发引导学生自由发表意见。讨论要围绕中心，联系实际，让每个学生都有发言机会。

③讨论结束时，教师应进行小结，概括讨论的情况，使学生获得正确的观点和系统的知识。

(3)练习法

练习法是学生在教师的指导下巩固知识、运用知识、形成技能技巧的方法。在教学中，练习法被各科教学广泛采用。练习一般可分为以下几种：

①语言的练习，包括口头语言和书面语言的练习，旨在培养学生的表达能力；

②解答问题的练习，包括口头和书面解答问题的练习，旨在培养学生运用知识解决问题的能力；

③实际操作的练习，旨在形成操作技能，在技术性学科中占重要地位。

2. 教师有效选择教学方法的要求

(1)明确选择教学方法的标准

①根据具体的教学目标：不同领域或不同层次的教学目标的有效达成，要借助于相应的教学方法和技术。教师可依据具体的可操作性目标来选择和确定具体的教学方法。

②根据教学内容选择教学方法：不同学科的知识内容与学习要求不同，不同阶段、不同单元、不同课时的内容与要求也不一致，这些要求教学方法的选择具有多样性和灵活性的特点。

③根据学生的实际情况选择教学方法：教师选择教学方法的目的是为了促进学生更好的学习，学生的实际情况直接制约着教师对教学方法的选择，这就要求教师能够科学而准确地分析学生的特点，有针对性地选择和运用相应的教学方法。

④根据教师本身的素养条件选择教学方法：教师和学生一样也是千差万别的，不同的教师，其知识水平、专业素质以及性格气质各不相同。由于自身的差异，不同的教师使用同一种教学方法其效果显然也不同。一个和蔼可亲、平常与学生打成一片的教师使用游戏法、角色扮演法进行教学，可以使课堂气氛很活跃，让学生在愉快的环境中学习，达到良好的效果。但如果是一个平常总是板着脸、表情严肃的

教师用这种方法进行教学，学生可能就根本无法放开手脚投入活动中去，当然就无法达到预期的效果。所以教师要正确认识自己的特点和风格，善于扬长避短，根据自己的特点选用能充分发挥自己优势的教学方法。

⑤根据现有的教学条件选择教学方法：课堂教学时间是有限的，教师需要在规定的教学时间内完成课程标准所规定的教学任务，达到教学目标，即使是教授同一内容，若采用不同的方法，所花费的时间也是不同的。因此，教师在选择课堂教学方法时应该考虑教学时间的限制。同时，实验设备是选择教学方法的物质基础，也在一定程度上限制着教学方法的选择与实施。例如，在讲解运动系统的骨学部分时，最好使用演示法，这就需要有幻灯机、投影仪或是电脑等设备；若是用实物演示，也要有实际的物体，如骨标本、模型、挂图等实验器材，如果没有这些设备，就无法实施这种教学方法。

(2)尽可能广泛地了解有关新的教学方法

任何一种教学方法都不是万能的，每一种教学方法都有其适用范围和局限性，在具体教学中也有利有弊，可以为达到某一目标很好地服务，但同时又可能妨碍另一个目标的实现，教师在选择的时候要扬长避短。比如，近年来小组讨论法在中小学课堂教学中被广泛运用。它的优点很多，若设计合理、组织得当，则能充分调动全体学生参与课堂教学的积极性，培养学生的合作意识。但若组织不好，小组讨论就可能演变成少数人漫无边际的争论，这种所谓的讨论常常是无结果的、低效的。教师只有在广泛地了解有关新的教学方法的基础上，才能根据具体的教学情境做出最佳的选择。

(3)对各种可供选择的教学方法进行比较

主要比较它们之间的特点、适用范围、优缺点等，进行优化组合。教学方法是多种多样的，每一种都有其优势所在，也有一定的局限性。由于有不同的教学内容、教学目标，所以在一堂课上，教师不可能只使用一种教学方法。比如，一堂英语课，可能既要用到讲授法(教师讲解一些基本的知识、规则)，也要用到演示法(播放与教学内容有关的录像)，以及让学生进行口语交际的练习等。教师应把各种教学方法结合起来，取其精华，去其糟粕。只有多种教学方法科学地结合运用，教学才能达到最好的效果，学生才能获得最大的提高。

(二)教学媒体的选择与设计

1. 教学媒体的含义

教学媒体也简称媒体，指教学过程中用以运载信息、传递教学信息的工具。它直接沟通教与学两个方面。教学设计中媒体的含义是广泛的，包括文字、语言、粉笔、黑板等传统媒体，也包括幻灯片、录像、电视、电脑、互联网等各种现代教学媒体。教学的目的在于掌握一定知识、技能等，也就是信息。但信息本身是观念性的东西，看不见也摸不着，只有借助一定的教学媒体才能传授教学内容。在教学过程中教师运用教学媒体把教学内容的信息传递给学生，学生则通过教学媒体接受教学内容的信息。

2. 教学媒体的作用

教学媒体是指以采集、传递、存储和加工教学信息为最终目的的工具和载体。教学媒体用于教学信息从信息源到学习者之间的传递，具有明确的教学目的、教学内容和教学对象。教学媒体在教学过程中负载信息，传递经验，把教学主体与客体紧密地联系在一起。教师只有借助教学媒体，准确、快速地传递、发送一定的信号，才能形成教学，提高教学效率，达到整体功能的最优教学效果。教师使用合理选择的教学媒体，特别是使用精心设计制作的媒体教材，可以在课堂集体教学、学生个别化学习、远距离教育等各种教育方式中起到不同的作用。

3. 教学媒体的分类

随着科学技术的发展，教学媒体的种类越来越多，性能也越来越好。由于分类标准不同，形成了多种媒体分类方法。依据媒体对受信者感官刺激的类型，将教学媒体分为视觉媒体、听觉媒体、视听觉媒体、交互媒体以及多媒体系统等。

①视觉媒体又分为非投影视觉媒体和投影视觉媒体两类。非投影视觉媒体有教学板书、印刷的文字材料、图片、图表、模型与实物教具等；投影视觉媒体有幻灯机、投影器和视频展台等。

②听觉媒体有传声机、扬声器、录音机、收音机、语言实验室、磁带、唱片、CD 等。

③视听觉媒体有电影、电视、录像、激光视盘等。

④交互媒体有数字模拟机、教学游戏机、双向有线电视、计算机辅助教学系统等。

⑤多媒体系统是指多种媒体的组合教学系统，它包括多媒体教室、多媒体学习以及计算机多媒体网络学习系统。运用现代教学手段在增加课堂知识总量、提高课堂教学效率等方面发挥了重要作用。

传统的教学媒体，如黑板与粉笔、印刷材料、图片与图示材料、模型与实物教具等，由于它们具有使用灵活、方便、经济等诸多优点，即使在现代教学手段普遍应用的今天，在日常的教学中仍被广泛采用，发挥着不可替代的重要作用。

4. 影响教学媒体选择的因素

①教学目标和教学内容。选择教学媒体时，应首先考虑媒体的使用是否有利于达成特定的教学目标，是否切合教学内容的性质和特点。

②教学对象的特点。选用教学媒体必须考虑学生的年龄特点和学习的实际需要，以最充分地利用媒体的优势激发学生的学习兴趣，发展他们的学习潜能。

③教学媒体的技术特性。没有一种教学媒体是万能的，要充分考虑各种媒体的技术特点和功能。

④现有的教学条件。具体表现为两方面：一是教师对教学媒体的驾驭能力；二是教学媒体的可提供状况，包括资源状况、经济能力、使用环境、管理水平等。

(三)教学结构的设计

1. 教学结构的含义

教学结构是为了完成一定的教学目标，在时间和空间上，各种因素的“排列”和“组合”。在确定了具体的教学目标、内容、方法和媒体后，如何将这些因素有效地组织在教学过程中，就需要从教学结构的角度加以设计。

2. 教学结构设计的基本步骤。

①选取教学环节。根据具体的教学目标、教学对象及教学内容恰当地选取教学环节，把握好每个环节的任务和要求，相辅相成，互相协调，同时合理地分配各个环节的教学时间。一般地教学环节包括明确教学目标、感知教材、理解教材、练习巩固、系统小结等。当然，由于各学科的教学性质、教学任务不同，其教学环节也存在差异性，设计者应根据学科特点和教学需要来选择。

②具体设计教学各环节的组织。在选取教学环节后，要具体设计教学环节的组织，如采取何种手段引起学生注意，采取何种方法、运用何种媒体呈现有关内容等。

③统整各教学环节，即各部分教学内容、教学环节的组织有机协调、协同作用，做到重点突出，兼顾全面，以保证整体功能大于部分的功能之和。

在进行教学结构设计时必须注意具体问题具体分析。教学目标不同，学生特点不同，学科内容不同，具体的课堂教学结构的程式也就有所不同，一定要从实际出发，使课堂教学结构具有鲜明的针对性和有效的适应性。

四、教学评价设计

(一)什么是教学评价

教学评价是依据教学目标对教师的教学过程及教学效果进行价值判断的过程，是引导教师改进教学工作，提高教学质量的活动。任何评价从本质上来看都是价值判断的过程，教学评价也是评价主体在系统地收集有关资料的基础上对客体的价值进行观念性的判断活动。教学评价是研究教师的教和学生的学的价值的过程。教学评价一般包括对教学过程中教师、学生、教学内容、教学方法手段、教学环境、教学管理诸因素的评价，但主要是对学生学习效果的评价和教师教学工作过程的评价。

学生是教学评价的直接对象和最终归宿，对学生的学习效果理应作为教学评价构成的最主要的因素之一。教学中对于学生的评价既要检查和评价知识、技能和智力等认识领域的教学效果，又要检查评价态度、习惯、鉴赏、兴趣、意志、品德以及个性形成等情感领域的教学效果。

教学评价的范围不仅包括学生，也包括教师，既要对学生及其学习的结果进行评价，又需要评价教师及其教学质量。因此，教师教得如何，教师的敬业精神如何，教师的专业水平如何，教学方法是否适当，师生关系如何，教师的学历如何，教师的群体状况如何，教师与教学活动有关的一切方面尽在评价之列。所以对教师的评价既要包括教师的修养、教学技能，又要包括教学活动的各个环节，如教学目的是否明确，教学计划是否合理，教学组织与管理的严密性如何以及实践教学的实效性如何等。

因为学生的学习效果更多的是直接由课堂的教学质量决定的，整个教学评价归根结底是为提高学生的学习效果而服务的。

(二)教学评价的功能

1. 导向功能

教学是有目的、有计划的活动，教学评价是检测教学目标的实现成效，并做出相应价值判断以求改进的一种工作过程。从某种意义上说，教学评价也体现着“指挥棒”作用。通过持续的教学评价，可使教学活动的过程朝着特定的教学目标迈进。

2. 诊断功能

评价是对教学结果及共成因的分析过程，借此可以了解教学各方面的情况，从而判断它的成效和缺陷、矛盾和问题。全面的评价工作不仅能估计学生的成绩在多大程度上实现了教学目标，而且能解释成绩不良的原因，如学校、家庭、社会和个人中哪方面的因素是主要的，就学生个人来说，主要是由于智力因素，还是学习动机等其他非智力因素的影响，抑或是两者兼有之。教学评价如同体格检查，是对教学现状进行一次严谨的科学诊断，以便为教学的决策或改进指明方向。

3. 激励功能

评价对教学过程有监督和控制作用，对教师和学生则是一种促进和强化。通过评价反映出教师的教学效果和学生的学习成绩。经验和研究都表明，在一定限度内，经常进行记录成绩的测验对学生的学习动机具有很大的激发作用。这是因为，较高的评价能给教师和学生以心理上的满足和精神上的鼓舞，可激发他们向更高目标努力的积极性；即使评价较低，也能催人深思，激起师生奋进的情绪，起到推动和督促作用。

4. 反馈调控功能

评价的结果必然是一种反馈信息，这种信息可以使教师及时知道自己的教学情况，也可以使学生得到学习成功和失败的体验，从而为师生调整教与学的行为提供客观依据。教师据此修订教学计划、改进教学方法、完善教学指导；学生据此变更学习策略、改进学习方法、增强学习的自觉性。教学评价有利于使教学过程成为一个随时得到反馈调节的可控系统，使教学效果越来越接近预期的目标。

(三)教学评价的类型

依据不同的分类标准，教学评价有不同的类型。

1. 相对评价和绝对评价

根据评价参照的标准，可以将教学评价可分为相对评价和绝对评价。

相对评价也叫常模参照评价，是在被评价对象的集合中选取一个或若干个个体为基准，然后把各个评价对象与基准进行比较，确定每个评价对象在集合中所处的相对位置。相对评价表明了学生学习的相对等级。由于所谓的常模实际上近似学生群体的平均水平，所以这种测验的成绩分布符合正态分布规律。

绝对评价也叫标准参照评价，是在被评价对象的集合之外确定一个标准，这个标准被称为客观标准，评价时把评价对象与客观标准进行比较，从而判断其优劣。绝对评价的试题取样就是预先规定的教学课标，测验成绩主要表明教学目标的达到程度，所以这种测验的成绩分布通常是偏态的。低分多高分少，为正偏态；低分少高分多，为负偏态。

2. 诊断性评价、形成性评价和总结性评价

根据评价的功能和时机不同，教学评价可分为诊断性评价、形成性评价和总结性评价。

诊断性评价也称教学前评价或前置评价。一般是在某项活动开始之前，为使计划更有效地实施而进行的评价。通过诊断性评价，可以了解学习的准备情况，也可以了解学生学习困难的原因，由此决定对学生的适当对待。

形成性评价是在教学进行过程中，为引导教学前进或使教学更为完善而进行的对学生学习结果的确定。它能及时了解阶段教学的结果和学生学习的进展情况、存在的问题等，以便及时反馈，及时调整和改进教学工作。形成性评价进行得较频繁，如一个单元活动结束时的评估，一个章节后的小测验等。形成性评价一般又是绝对评价，即它着重于判断前期工作达到目标的情况。对提高教学质量来说，重视形成性评价比重视总结性评价更有实际意义。

总结性评价又称事后评价，一般是在教学活动告一段落时为把握最终的活动成果而进行的评价。例如，学期末或学年末各门学科的考核、考试，目的是检验学生的学习是否达到了各科教学目标的要求。总结性评价注重的是教与学的结果，借此对被评价者所取得的成绩做出全面鉴定，区分等级，对整个教学方案的有效性做出评定。

3. 定性评价和定量评价

按评价表达分类，教学评价可分为定性评价和定量评价。

定性评价是对评价资料做“质”的分析，是运用分析和综合、比较与分类、归纳和演绎等逻辑分析的方法，对评价所获得的数据、资料进行思维加工。分析的结果有两种：一种是描述性材料，数量化水平较低甚至毫无数量概念；另一种是与定量分析相结合而产生的，包含数量化但以描述性为主的材料。一般情况下定性评价不仅用于对成果或产品的检验分析，更重视对过程和要素相互关系的动态分析。

定量评价则是从“量”的角度，运用统计分析、多元分析等数学方法，在复杂纷乱的评价数据中总结出规律性的结论。由于教学涉及人的因素，各种变量及其相互

作用关系是比较复杂的，因此为了提示数据的特征和规律性，定量评价的方向、范围必须由定性评价来规定。

4. 标准化测验评价和非标准化测验的评价

根据评价工具的标准化程度不同，可以将教学评价分为标准化测验评价和非标准化测验的评价。

标准化测验是由测量专家或专业的测验发行机构严格按照测验编制程序而编成的。通常标准化测验都具有一定的编制程序，包括试题的抽样，难度、区分度指标分析，明确的施测指导语和施测程序，记分标准，解释分数的常模以及信度、效度等指标资料。该类型测验的评分客观、准确、迅速，从命题、阅卷到记分等各个环节都减少或避免了误差，因而具有客观、真实、准确等优点，是目前评价学生学业成绩的重要方式之一。

非标准化测验的编制相对自由，没有严格按照测验标准程序进行。教师自编测验通常是由教师依照自己的教学需要和教学目标而自行设计与编制的测验，是一种对学生的学业情况进行检测的非标准化的测验与评价的方式。这类评价的突出优势是自编测验的制作过程简易，使用灵活方便，适用的范围广泛，可以满足不同学科、不同教学阶段的不同测试要求的具体教学情境。由于标准化测验的编制相当耗费人力、物力和时间，而且它的内容不一定和教学进度相符合，所以教师自编测验是目前学校中使用最多和教师最愿意使用的评价方式。在实践中，将非标准化测验和标准化测验结合起来使用，则可以发挥出各类评价方式的长处，优势互补，从而提高教学评价的效果。

(四)教学评价设计的步骤

1. 确定评价目的

确定评价的具体目的，即解决为什么评价的问题。教学评价的具体目的是多种多样的，可能指向教师的教，也可能指向学生的学；可能是为了改进完善教学，也可能是为了评优或选拔。需要注意的是，教学评价的目的与评价方式并不是一一对应的，要想成功地实现某种评价目的，往往需要采用几种评价方式，同样，某一种评价方式也可能兼有多种评价目的。

2. 确定评价对象

确定评价对象，即解决评谁、评什么的问题。评价对象包括内容对象和人员对象两部分。内容对象指评价活动针对教学哪些方面，如学生的学习动机、思想品德，教师的教学技能、知识结构等。人员对象指评价活动针对教学中的哪些人员，如教师或学生个体、班级、年级等。

3. 分析评价目标与确定评价标准

这一步骤是教学评价设计中的关键环节。它解决依据什么进行评价的问题。评价目标应尽量具体化，力求形成一个科学、合理的目标结构。一般而言，教学评价目标应以教学目标为依据。

4. 选择评价方法与编制测量工具

这一步骤解决的是用什么评价技术获取评价信息的问题。评价技术，是指评价主体为完成评价任务所采用的工具以及方式方法。常用的评价方法很多，如观察、调查、谈话、标准测验、非标准测验等。根据评价目的和目标的需要，以及评价对象的特点，可以酌情选用不同的评价方法。

(五)教学评价的常用方法

1. 测验法

教学评价的方法是多种多样的，测验法(俗称考试)是教学评价的一种重要方法。测验是对行为样本(对于欲测量的心理属性具有代表性的一组行为反映)客观和标准化的测量。测验包括通常的学前摸底测试、期中小测验和期末考试。如果评价的目的是为了了解学生认知目标的达标程度，测验是最常用的工具。在评价其他对象时，也常常要通过对学生学业水平的测验来获得评价的间接资料。例如，当评价某种学习资源在某种教学条件下的适用性时，利用测验可以取得学生学习后的量化资料，而从这些量化资料中，我们可以分析出该学习资源对学生学习的作用。

2. 调查法

调查法是通过预先设计的问题请有关人员进行口述和笔答，从中了解情况，获得所需要的资料。作为教学评价的重要手段，它可以了解学生的学习兴趣和态度、学习习惯和意向，了解各方面对教学过程和教学效果的意见，也可以通过调查了解学习资源对学生产生的效果等，从而判断教学或学习资源的有效程度，为改进教学或学习资源提供依据。调查法的主要形式有问卷和面谈两种。在调查过程中，将有很多相关因素相互作用，以面谈为例，谈话时的气氛、谈话人的态度、谈话人的身份、谈话的时间、问题的表述及敏感性等都会影响调查的结果。为此，为保证评价的合理真实，必须事先对即将付诸实施的调查进行精心的设计。调查的类别，根据不同的标准，有不同的方法。但每一次完整的调查，都包含目的、对象、内容、范围、方法等诸多因素，而每项因素又会体现出各不相同的特征，从而形成比较明显的界限，根据调查目的、调查对象、调查内容的不同，调查可分为多种类型。

3. 观察法

观察法是指教师在教学过程中对学生的学习表现和学习行为进行自然观察，并对所观察到的现象做客观和详细的记录，然后根据这些观察和记录对教学效果做出评价。观察法是在自然的教育场景下了解观察对象，观察法与测验法、调查法不同的是被观察者像往常一样的学习和活动，不会产生或感到任何的压迫感。所有收集的资料自始至终都是被观察者的常态表现，都是自然的、真实的。观察法一般要在事前确定观察目的、观察范围，并必须明确对将观察的某现象需设置哪些变化的情况或场景，使被观察者在这种特定条件下进行活动，以获得合乎实际目的的材料。

4. 发展性学生评价

《基础教育课程改革纲要(试行)》提出了发展性教育评价的理念，这一理念体现在教学过程评价上，集中表现为发展性学生评价的理念和方法。发展性学生评价是指依据一定的教学目标和教育价值观，评价者与学生建立相互信任的关系，共同制定双方认可的发展目标，运用适当的评价技术和方法，对学生的发展进行价值判断，使学生不断认识自我、发展自我、完善自我，不断实现预定发展目标的过程。它的核心思想在于促进学生的发展，一切为了学生的发展，评价标准、内容、过程、方法和手段都要有利于学生的发展。这与传统的学生评价有很大的区别。

发展性学生评价的特点包括：应基于一定的培养目标，并在实施中制定明确、具体的阶段性发展目标；其根本目的是促进学生达到目标，而不是检查和评比；注重过程的评价；关注学生发展的全面性；倡导评价方法的多元化；关注个体差异；注重学生本人在评价中的作用。

实施发展性学生评价的基本程序是：明确评价目标和标准；选择并设计评价工具与评价方法；收集和分析反映学生发展过程和结果的资料；明确促进学生发展的改进要点并制订改进计划。

5. 表现性学生评价

在学校教育背景下，表现性评价是指通过观察学生在完成实际任务时的表现来评价学生已经取得的发展成就。它是建立在对传统的学业成就测验批判的基础上的。表现性评价强调在完成实际任务的过程中来评价学生的发展，不仅要评价学生知识和技能的掌握情况，更重要的是要通过对学生表现的观察分析，评价学生在创新能力、实践能力、与人合作能力以及健康的情感、积极的态度、科学的价值观等方面的发展情况。在明确评价目标的基础上，根据表现型任务的不同，可以将表现型评价分为限制任务表现性评价法和扩展任务表现性评价法。

6. 学生成长记录袋

学生成长记录袋或档案袋是指用以显示有关学生学习成绩或持续进步信息的一连串表现、作品、评价结果以及其他相关记录和资料的汇集。学生成长记录袋评价则是指通过对成长记录袋的制作过程和最终结果的分析而进行的对学生发展状况的评价。虽然学生成长记录袋评价更多在于教学结果的评价，但是通常认为，其资料记录的过程本身是在教学过程中进行的，其操作过程也是在教学过程中进行的。因此通常把它也归入教学过程的评价当中。

学生成长记录袋评价的基本特点是：档案袋的建立是教师和学生共同协作的结果。档案袋为学生和教师对学习过程做全面评价提供帮助。在实际实施过程中，档案袋评定并不是使用得越多越好，而是要根据科目的特点，采用合适的档案袋评定。

练习题

1. 什么是教学设计？教学设计的依据是什么？教学设计的基本原则有哪些？教学设计有何意义？

2. 布卢姆和加涅对教学目标分类的研究对教师有何启示？

3. 教学设计分为哪些层次？

4. 在教学活动中，该如何陈述教学目标？

5. 请对你的教师目前采用的教学方法进行分析并提出改进建议。

6. 教学媒体有何作用？影响教学媒体选择的主要因素有哪些？

7. 什么是教学评价？教学评价有哪些常用的方法？

8. 标准化测验评价和非标准化测验评价有何不同？试举例说明。

9. 有效教学设计包含哪些基本环节？各个环节分别包含哪些内容？

第九章　课堂管理心理学

学习目标与任务

1. 了解课堂管理的原则，理解影响课堂管理的因素；

2. 了解课堂气氛的类型，理解影响课堂气氛的因素，掌握创设良好课堂气氛的条件；

3. 了解课堂纪律的类型，理解课堂结构，能有效管理课堂；

4. 了解课堂问题行为的性质、类型，分析课堂问题行为产生的主要原因，掌握处置与矫正课堂问题行为的方法。

学习环境是影响学生学业成就的重要因素。课堂管理为学生的学习创设积极的学习环境，这种学习环境为学习提供了良好的课堂氛围和学习气氛，从而促进学习。具备良好的课堂管理的能力是成为一个教师必备的专业能力的组成部分，专家教师拥有丰富的课堂管理知识与技能，教师职业倦怠产生的前兆则是教师在课堂管理中感到压力与疲惫。

第一节 课堂管理概述

一、课堂管理的概念

15 世纪以前，学校教育采用的是个别教育形式，即教师分别对个别学生进行教学，一起学习的学生的年龄和知识水平都不相同。那时的校教育也无固定的修业年限和上课时间。16 世纪，欧洲一些国家创办的古典中学进行了课堂教学的尝试。17 世纪，捷克著名教育家夸美纽斯总结了前人和自己的教学实践经验，在其所著的《大教学论》中首次系统地论证了课堂教学制度，奠定了课堂教学的理论基础。此后，课堂教学很快在欧洲各国普遍推广，并日趋完备。我国的课堂教学是在清末兴办学堂以后开始的，一般认为始于 1862 年清政府在北京设立的京师同文馆。直至今日，课堂教学始终是世界各国学校的基本教学组织形式。

夸美纽斯曾经说过，个别教学好比“手工抄写”，效率不高；课堂教学好比是“印刷术”，大大提高了效率。这是因为课堂教学具有以下优点：第一，由于课堂教学按照学生年龄和知识程度编成固定的教学班，教师同时对几十名学生上课，扩大了教学对象，加快了知识传授的进度，提高了教学效率；第二，由几十名学生组成班级，他们在班集体里相互竞争、相互促进、相互切磋、共同提高；第三，不同学科按课程表和作息时间表轮流交替上课，既扩大了知识面，又可以提高学习兴趣，减轻学习疲劳，有利于学生的身心健康。

课堂教学上述三个优势的发挥，取决于教师、学生和课堂情境等三大要素的相互协调，即课堂管理。课堂不同于教室。教室只是由桌椅、讲台、黑板和门窗等所组成的房间，其本质是教师和学生上课的场所，是构成课堂的情境因素之一。但教师和学生并不是教室的必备条件，当学生下课时，教室里可能空无一人，此时教室已经不再是课堂。课堂也不等于班级。班级是学校里由一定人数的学生所组成的正式群体，是学校里教育活动的基本单位。它既不包含教师，也不包含教室，其活动范围比课堂教学活动广泛得多。班级活动既包括课堂教学活动，也包括课外文娱、体育、学科和科技兴趣小组等活动，甚至还包括各种社会公益活动等。在我国，中小学的课堂教学通常是以班级为单位在教室里进行的。但是，课堂教学也可以由几个班级在同一个教室里进行。课堂是由教师、学生和课堂情境三大因素所构成的进行教学活动的场所。教师是课堂教学活动的组织者和领导者，在教学过程中起主导作用。学生是学习的主体，课堂教学活动的各种条件和方案都是为他们设计的，并对他们起作用。课堂功能的发挥和实现，都是通过学生的心理变化来反映的。而教师和学生的活动又都是在课堂情境里进行的，离开了一定的课堂情境，教师和学生便无法相互影响、相互制约，也就难以取得理想的教学效果。由于在这三大要素中，教师始终处于主导的地位，就要求教师在课堂上采取有效的措施，协调教师、学生和课堂情境三大因素的关系。这样的协调，从某种意义上可以说就是课堂管理。因此，我们认为课堂管理就是指教师通过协调课堂内的教师、学生和课堂情境三者之间的关系而有效地实现预定的教学目标的过程。

二、课堂管理的功能

课堂教学作为一种教育活动，可以分解为教学、评价和管理三种主要的活动模式(图 9-1)。

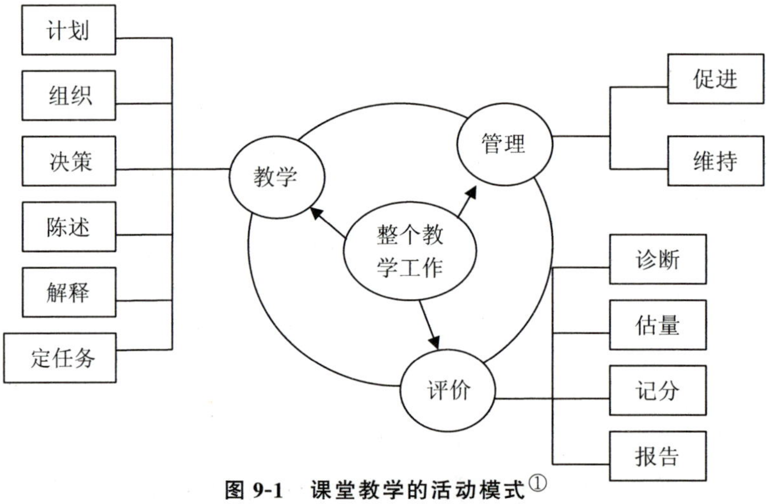

图 9-1 课堂教学的活动模式①

第一种活动模式是狭义的教学，包括确定教学任务、计划教学内容、组织教学活动、做出教学决策、进行必要的陈述和解释。我们在前面章节已做了详尽的阐述，在此不再赘述。

第二种活动模式是评价，指教师通过测验诊断学生的学习情况，估量学习结果，对测量结果记分，并解释和报告测量结果，为进一步完善教学计划服务。

第三种活动模式是管理，指教师在课堂教学中创设必需的环境条件和活动程序，吸引学生积极参与课堂活动，使他们与教师主动合作，消除课堂冲突，矫正问题行为，努力将课堂教学时间用于教学活动和评价活动。所以，课堂管理始终制约着教

① 皮连生：学与教的心理学，299 页，上海，华东师范大学出版社，2009。

学和评价的有效进行，具有促进和维持的功能。

（一）课堂管理的促进功能

课堂管理的促进功能是指教师在课堂里创设对教学起促进作用的组织和良好的学习环境，满足课堂内个人和集体的合理需要，激励学生潜能的释放，促进学生的学习。课堂管理的促进功能，既不诉诸强迫手段，也不依赖于乞求或劝说，主要通过利用群体动力来实现。

第一，形成尊师爱生、团结协作的师生关系和互帮互学、和睦相处的学生关系，促进师生共同努力来完成教学任务。

第二，培养良好的课堂风气，促进学生自觉遵守课堂规范。

第三，明确群体目标，促进群体对其成员的吸引力，增强群体凝聚力。

第四，正确处理正式群体与非正式群体的关系，促进班集体结构的完善。

（二）课堂管理的维持功能

课堂管理的维持功能是指在课堂教学中持久地维持良好的内部环境，使学生的心理活动始终保持在课业上，以保证教学任务的顺利完成。

第一，当课堂教学面临新的情境时，课堂管理使学生迅速适应课堂情境的变化。

第二，当课堂上出现师生关系和学生关系紧张时，课堂管理缓和与解决各种冲突，形成与维持和谐的人际关系。

第三，当课堂里出现纪律问题时，在课堂管理中所制定的符合学校规章制度的课堂行为准则，有助于协调课堂教学步骤，排除各种干扰，维持课堂纪律。

第四，当课堂里发生问题行为时，通过课堂管理调节学生的过度紧张和焦虑，减轻心理压力，维护心理健康。

尽管这样的管理很难激励学生潜能的释放，却能通过施加外部的压力，维持课堂内的组织，处理课堂里出现的问题，使课堂在不断变化的条件下保持动态平衡，从而维持学生学习的积极性。

三、课堂管理的原则

课堂管理指的是任课教师对课堂教学过程中的管理，和班级管理有着本质的区别。在教育教学软、硬件不断完善的今天，学科分类细化，学校管理、年级管理、班级管理、课堂管理细化完善，学科教师不一定就是班主任，担负的管理责任主要是指在自己课堂内协调教师、学生和课堂情境三者之间的关系，进而有效地实现预定的教学目标。课堂管理遵循的原则和班级管理的原则有着一定的共通性，也存在着一定的区别。

（一）课堂管理要以积极的指导为主，以管理为辅

教师如果能给学生明确的学习目标（知晓学什么），合理的教材难度（学得会，能够学），充分的学习资料，良好的学习方法（用什么材料，怎么学），以及民主的领导

态度(民主、自由开放的学),教师的课堂教学主导地位就能得到科学、充分的体现与延伸;学生就会为有意义的学习活动而努力,就会体现学习的主体作用。

(二)培养学生的良好的行为在先,奖惩管理在后

学生在课堂学习的过程中,如果在课前、课中、课后都具有良好的学习习惯,对于学科课堂教学过程做到了然于心,知道什么时候该做什么,该怎么做,教师的教学设计意图和实施意图就能够得到及时有效的实现。所以课堂管理必须培养学生的良好学习行为。在实际的教育教学实践中,许多善于课堂管理的教师在接手班级教学时,往往会花专门的时间给学生明确学科课堂教学的基本要求(通常是第一节课),并在后续的教学过程中不断地强化课堂教学的要求,甚至有的时候会停下教学内容强化课堂要求,经过长期的坚持,使学生形成良好的学习习惯。所以,良好行为的培养需要经过长期的训练,直到习惯成自然。良好习惯的形成有赖于适度的奖励(表扬、肯定课堂中好的学习行为,使之得到强化),少用或慎用惩罚。

(三)师生共同制定可能达成的行为标准,建立课堂常规

一般而言,学生可能达成的行为标准都是由学校或教师按照成人标准制定的,较少考虑学生的意见和执行能力。特别是低龄段和自控能力差的学生,要达到要求是具有较高难度的。一旦行为标准不能达到,破坏课堂纪律的行为极易发生,使课堂管理出现问题。解决的方法是由师生共同制定课堂规范,建立课堂常规,学生就会乐于接受与遵守,不愿违反自定的规约,从而形成自我约束,纪律问题就有可能会减少。

(四)采取民主式领导,建立积极的师生关系和同伴关系

民主性管理可以增强学生的自觉性和自觉所带来的责任感。同时可以使每个成员对其集体荣誉的维持与增进具有义务感。课堂教学的过程是师生情感交流、思想共鸣的过程。课堂气氛对学生的学习效率有很大的影响。愉快、和谐的课堂气氛,良好的师生关系和理性的教师权威,有助于教师传授知识,且有助于学生学习。在这样的教学环境中,教师与学生彼此之间具有较大相容性,相互产生积极主动的促进作用,学生主动接纳教师的指导,接纳各项教育措施,教师的行为可对学生产生潜移默化的影响,教师的教学活动才能高效地、顺利地开展。

(五)实施有效的教学措施

在了解学生的需求和建立良好的人际关系的基础上,教师应尽可能地采取有效的教学措施,使学生的注意力集中在教师的教学上,发挥其学习的积极性,提高其学习的有效性。

(六)减少造成不良行为的校内校外刺激因素

应设法移除或减少过量或过轻的课业负担,教师对学生的不当期望与压力、苛刻的行为要求,乏味而不断重复的工作或练习等易造成不良行为的校内刺激因素。此外,老师应与家长携手给孩子创设一个文明、健康、和谐的家庭教育情境,从而

减少不良的校外刺激。

四、课堂管理模式的三种取向

课堂管理的基本模式概括起来，可以分为三种取向：行为主义取向、人本主义取向和教师效能取向。

(一)行为主义取向

这种模式的基本理念是，学生的成长和发展是由外部环境决定的，他们在课堂中所表现出来的不良行为，或者是通过学习获得的，或是因为没有学会正确的行为。在课堂管理中，教师的责任是强化适宜的行为并根除不宜的行为。典型的行为主义取向的课堂管理模式有斯金纳模式和坎特模式。

1. 斯金纳模式

斯金纳模式又称为矫正模式。它认为人的行为本质是对环境刺激做出反应。行为能否得以维持，取决于后果。在课堂管理中，教师要想使学生在课堂中表现出适宜的行为，就必须奖励和强化适宜的行为，忽视学生的不良行为。为了维持良好的课堂环境，教师必须做好以下几方面的工作：清楚地讲明规则；忽视不良行为；对遵守规则的行为给予奖励。

2. 坎特模式

坎特模式又被称为果断纪律模式。该模式也是行为主义指导下的课堂管理模式。与强调行为强化的行为主义模式侧重不同，它希望借助有效制定和实施课堂秩序来进行课题纪律的管理。坎特指出，许多教师相信强力控制是沉闷的、残忍的等观点是错误的，仁慈的强力控制实际上是对学生负责的行为，也是行之有效的。教师应当使用果断的纪律来管理课堂，维持良好的课堂纪律，促进学生的发展。果断纪律包括：事先陈述和解释要求、期望；坚持自己的期望和要求，如“我要求你……”“我喜欢这种做法”等提示学生，但是不要伤害学生的自尊；运用明确、冷静、坚定的口气和目光；用非语言性的姿势来支持言语要求；不用威胁和斥责来影响学生的行为；时时重复自己的要求，不要升格为训斥。

(二)人本主义取向

与行为主义不同，人本主义取向的课堂管理者认为，学生有自己的决策能力，他们可以对控制自己的行为负主要责任。在课堂管理中，教师不应该要求学生百依百顺，而是应该关注学生的需要、情感和主动精神，向学生提供最好的机会去发掘归属感、成就感和积极的自我认同，以此来维持一种积极的课堂环境；出现问题行为时，教师应更多地运用沟通技能，引导学生分析问题的性质和后果，自己把问题解决。典型的人本主义取向的课堂管理模式有格拉塞模式和基诺特模式。

1. 格拉塞(W. Glasser)模式

格拉塞模式被称为现实疗法和控制疗法。格拉塞认为人有两种基本需要，即爱和被爱的需要、希望自己的价值得到自己和他人认可的需要。如果学生的这些需不到满足，就会产生行为问题，对自己不负责任。另外他相信学生是有理性并可以控制自己的行为的。因此教师不应该接受学生的不良行为接口，而是应该帮助学生做出好的选择。格拉塞提出了现实疗法的基本程序：联系学生、正确对待学生面临的行为问题、形成判断、制订计划、做出承诺、不接受接口、承受自然后果。

2. 基诺特(H. Ginott)模式

基诺特模式又称明智信息模式，这种课堂管理的核心概念是强调教师用明智的方式和学生进行和谐的沟通。基诺特认为，纪律是一点点地形成的。在纪律形成的过程中教师应该以身作则，在和有行为问题的学生进行沟通时应当设身处地地从对方的角度考虑。另外就是要相信学生的自控能力，并鼓励学生进行自我管理。教师与学生之间进行和谐沟通时应做到：表达"明智的"信息、接受感情宣泄而不是否决、避免贴标签、谨慎使用表扬、引导合作、理智的表达愤怒。

(三)教师效能取向

与行为主义和人本主义取向的课堂管理观不同，教师效能取向的课堂管理模式关注的是教师课堂管理技能的提高。持这一取向的研究者认为，课堂管理主要取决于教师的管理技能；通过培训提高教师的课堂管理技能可以达到改善课堂管理质量的效果，典型的教师效能取向的课堂管理模式有戈登模式和库宁模式。戈登模式又称教师效能训练模式。库宁模式是用来防止和应付不良行为的团体管理策略。

五、影响课堂管理的因素

(一)学校领导的管理方式

学校领导的管理方式对课堂管理的影响主要是通过对教师领导风格的影响来实现的。学校领导采取较自由民主的管理方式，还是采取较专制的、监督的管理方式，影响着教师教学能动性的发挥，从而影响教师课堂管理的风格。

(二)教师的领导风格

教师是课堂管理的核心，教师的专业水平、个人素质、工作能力、教学态度、组织管理经验都直接决定着课堂管理水平。有研究显示，教师的领导风格对课堂管理有着直接的影响。

①权威式的领导方式，表现为对学生要求严苛，一切唯教师指令是从，上课只能端坐，用耳朵听，用眼睛看，用笔记，不能动口、动手，学生稍有违背，就采用训斥与压服的办法，保持课堂的消极稳定。这种领导方式使课堂呆板，学生易产生压抑情绪或抵触情绪。

②放纵式的领导方式，对学生无所要求，教师自导自演，学生愿学就学。以致造成学生纪律松懈，互相干扰，妨碍学习。

③民主式的领导方式，表现出师生间的相互尊重，形成教师鼓励学生积极主动

地学习、置疑，学生亲师信道，对课堂学习充满期待和渴望，师生相互信任与支持的积极氛围。

(三)班级的状况

课堂管理的效果在很大程度上取决于班级的状况。班级的状况包括班级规模的大小、班级性质这两方面。

1. 班级规模

班级规模的大小是影响课堂管理的重要因素。一般来说，班级规模越大，教师课堂管理的过程越困难。规模越大的班级，人数也越多，个体差异也越大，师生、同学之间的交流绝对值也越少，情感纽带力量也越弱，同时班级内部也越容易形成非正式的小团体。班级规模的大小会影响学生参与课堂活动的机会和程度，也会影响课堂管理和学习纪律，从而导致课堂教学目标不能顺利地完成。

2. 班级性质

每一个班级都有各自的独特性，班级性质对于课堂管理有着不容忽视的作用。班级性质主要体现在班风和学风上。教师应根据班风和学风的不同，采取相应的教学手段和课堂管理模式对其进行指导教育，以期获得良好的管理效果。班级性质中，班级凝聚力是重要的指标。凝聚力是对课堂管理行为的效果产生重要影响的因素，常表现为成员集聚在一起的愿望和高度的承诺，同时尊重和鼓励行为与思想上的个别差异存在。它也是班级中和谐关系、良好班风的反映。不同的班级往往有不同的群体规范和不同的凝聚力，教师不能用固定不变的课堂管理模式对待不同性质的班级。例如，有的班级本来就比较优秀，对于这样的班级，教师可以利用其固有的凝聚力，充分发挥学生的自觉性和主动性，侧重于让学生自控自理。对于那些纪律相对涣散的班级，教师则要更多地发挥权威作用，给予学生足够的监督和指导。因此，教师应该在深入了解的基础上，掌握班级集体的特点，运用促进和维持的高度技巧，获得理想的管理效果。

(四)学生对教师的定型期望

所谓定型期望是指人们对于某种职业和职务类型的人在行为表现、动机和意向方面存在某种固定的期望。对于教师来说，这种期望是教师长期交往方式和一般行为的结果。班级的学生在长期的学习过程和与教师的接触过程中，会对教师的课堂行为形成定型期望。他们希望教师以某种方式进行教学活动和课堂管理，当期望与现实发生冲突时，这种定型的期望必然会影响课堂管理的效果。

(五)背景情况

这是影响课堂管理的重要因素，主要包括课堂文化和课堂教学设计的状况，以及师生关系。

所谓课堂文化是一种特殊的聚合化的文化，并带有一定的情境性，主要体现一种氛围，是一种人的精神气象，要从人的角度出发，体现对人的关怀与重视，建立在心与心的交流和沟通之上，这样学生才能放开、放松地发展。课堂文化要充分体现个性、人道主义精神，从而形成一种内在的素质聚合力，促进其人格的形成。课堂文化在一定程度上展现了一个班级乃至一个学校的风貌、风气。良好的课堂文化具有较强的聚合力，对课堂管理具有积极的促进作用。

进入 21 世纪，传统的课堂教学文化已经完全不能适应当今的需要。在当今社会知识大爆炸的年代里，传统的育人目标已经跟不上时代的需要，新课程改革已势在必行，新课堂文化也随之出现。新课堂文化否定了那些“过时”“陈旧”的传统课堂文化因素，提倡建立师生平等、和谐的课堂气氛，在课堂教学中，强调师生互动、共同探讨的教学模式，让学生自己去体验、去认识、去探究，从而达到自我完善、自我提高。新课堂文化，关注学生的发展，体现新课程课堂教学重过程、重体验、重探究的基本理念。

课堂教学设计是否科学，对教材的处理是否符合课程标准，是否符合师情、学情，时间需求和分布是否科学等因素都会对课堂管理造成影响。

(六)教学目标

这是关于课堂教学与管理的总方向的决定因素，课堂管理的最终目的就是集体目标与学生个体目标间达成协调与融洽。

(七)课堂规则

课堂规则是被课堂中所有人所接受和期待的行为准则和模式，能使人的行为简易化和易于预测，避免尴尬的人际关系，便于教师控制指导学生的课堂行为。

课堂规则是形成良好课堂纪律的前提条件，必须认真细致地制定课堂规则。制定课堂规则应遵循一定的原则和满足基本的要求。

①课堂规则应符合四个条件，即简短、明确、合理、可行。首先，规则和常规一定要简明扼要，使学生能迅速记住。其次，规则要明确、合理。例如，“注重自己的行为”，这种规则对于学生而言是不明确的，难以起到约束与指导作用。最后，规则应具有操作性。

②课堂规则应通过教师与学生的充分讨论，共同制定。课堂规则不可由教师凭个人好恶独断设立，而应经过学生的讨论与认同。学生通过参与讨论，共同制定课堂规则，就会自觉遵守并乐于承担责任。

③课堂规则应少而精，内容表述以正向引导为主。教师要对所制定的课堂规则进行归纳、删改，避免那些不相关或不必要的规则，制定出尽量简明的、最基本的、最适宜的规则，一般以 5～10 条为宜。如果不够全面，也应等学生学会一些规则后再逐步增加内容。规则内容的表述坚持正面引导为主，多用积极的语言，如“希望……”“建议……”等，少用或不用“不准……”“严禁……”等语句。

④课堂规则应及时制定和不断调整。教师应抓住学期开始的机会，制定课堂规则。在开学之初就与学生共同讨论，了解学生的状况和学习方式，征求学生对课堂

规则的意见，与学生共同分享教师的需要与要求。在实施过程中要不断进行检查，并根据各方面的具体情况加以补充、修改和调整。

第二节　课堂气氛的创设

中小学教学通常是在课堂内进行的。因此，课堂气氛是促进或抑制学生学习的重要因素。课堂气氛，又称班风，通常伴随师生之间的人际互动而形成的某些占优势的态度与情感的综合状态。个别学生的情感并不构成课堂气氛。当多数学生具有一致的态度与情感时，就会形成优势效应的课堂气氛，对学生的课堂行为产生深刻的影响。

一、课堂气氛的概述

(一)课堂气氛的含义

课堂气氛是班集体在课堂上所表现出来的心理气氛，通常是指课堂里某些占优势的态度与情感的综合状态。具体而言，是指课堂活动中师生相互交往所表现出来的相对稳定的知觉、注意、情感、意志和思维等心理状态。一般认为，课堂气氛是由教师的教风、学生的学风以及教室中的环境作用所形成的一种心理状态。

现代教育心理学和教学论的研究告诉我们：课堂教学的效果不但取决于教师如何教、学生如何学，还取决于一定的教学环境。这里指的教学环境包括教学的物质环境和精神环境，这种精神环境就是指课堂气氛。良好的课堂气氛是指在课堂中师生之间和学生之间围绕教学目标展开的教与学的活动而形成的某种占优势的综合的心理状态。

这种综合的心理状态是教师与学生在教学活动中形成的某种稳定而积极的情感体验及对待教学活动的态度和行为的综合反映，具有认知和情感的特征。这种综合的心理状态，总与教学过程密切联系在一起，一方面它具有稳定性，另一方面又具有可变性。在一定条件下，课堂气氛会形成某种占优势的稳定状态。这种稳定的群体心理状态，在教学过程中，始终会受到教师、学生、教学内容等诸多因素的影响。

课堂气氛作为教学过程的软情境，通常是指课堂里某些占优势的态度与情感的综合状态。个别学生的态度与情感并不构成课堂气氛，但多数学生的态度与情感就会组合成占优势的综合状态而形成课堂气氛。课堂气氛具有独特性，不同的课堂往往有不同的课堂气氛，即使是同一课堂，也会形成不同教师的气氛区。当某位教师上课时，气氛热烈，而另一位教师上课时气氛则可能拘谨而刻板。当然这并不否定课堂气氛的相对稳定性。一种课堂气氛形成后，往往能维持相当长的时间，而且不同的课堂活动也可能被同样的课堂气氛笼罩。课堂气氛是在课堂教学与学习过程中，师生相互作用而产生和发展起来的，是课堂活动中教师、学生的心理过程与个性特征之间的中介环节。有效的课堂管理，不仅在于使课堂教学有序进行，而且在于营造良好的课堂气氛，使师生保持良好的心理状态，高效率地完成教学任务。

(二)课堂气氛的作用

课堂气氛是在教学过程中产生、发展起来的，它是我们教学活动顺利进行的心理基础，也是进行创造性教学的必要条件。无论是成功的教学，还是失败的教学，其中都有课堂气氛的功与过。课堂气氛的优劣直接制约和影响师生关系，双方信息与情感的交流，直接制约和影响教学过程和结果。

积极的良好的课堂气氛，会给教师和学生愉悦氛围的刺激，使师生双方精神焕发，思维活跃，灵感迸发；双方在教学过程中情感交融，心理共振，配合默契；使教师教的最佳心理状态和学生学的最佳心理状态相吻合，激发了师生潜能的充分发挥，从而较好地完成教学任务。而消极的或对抗的课堂气氛是一种消沉的紧张的氛围，它会使师生态度消极，关系疏远或对抗；使学生情绪低落、思维反应迟钝，注意力转移，甚至会出现学生破坏纪律，制造混乱的行为；严重地制约师生教与学的积极性，使得正常的教学任务难以完成，教学效益更是无从谈起。

在教学过程中出现消极的或对抗课堂气氛，不仅影响着教学的过程，而且也影响教学的结果。苏联教育家苏霍姆林斯基说过，“如果教师不去设法在学生身上形成这种情绪高涨、智力振奋的内部状态，知识就只能引起一种冷漠的态度，而不动感情的脑力劳动只会带来疲劳。甚至最勤奋的学生，尽管他有意识地集中自己的努力去识记教材，他也会很快地‘越出轨道’，丧失理解因果联系的能力”。因此，作为一名教师要十分重视课堂气氛的作用，去创造良好的、积极的课堂气氛，使之成为传授知识、培养情趣、启迪智慧、提高觉悟的催化剂。

二、课堂气氛的类型

课堂气氛可以通过知觉水平、思维状态、情感状态、意志状态、定势状态、注意状态等指标反映出来。根据上述指标在课堂中的不同情况，可将课堂气氛分为积极型、消极型和对抗型三种，见表 9-1。

表 9-1　课堂气氛的类型

	积极型	消极型	对抗型
注意状态	注意稳定和集中，全神贯注甚至入迷。	在老师严厉的情况下：呆若木鸡、打瞌睡。 在教师管理能力较差的情况下：分心、搞小动作。	注意指向无关对象，而且常常故意这样做，教师被迫把注意力分散于课堂管理。
情感状态	积极、愉快、热情洋溢、师生关系融洽。	压抑、不愉快、无精打采、无动于衷。	学生故意捣乱，敌视教师，讨厌上课；教师不耐烦，甚至发脾气。

续表

	积极型	消极型	对抗型
意志状态	坚持、努力、克服困难。	害怕困难、叫苦连天，设法逃避。	冲动。
定势状态	确信教师讲课内容的真理性。	对教师讲课抱怀疑态度。	不信任教师。
思维状态	健康的智力紧张，开动脑筋，迸发出创造性，教师的言语生动有趣、逻辑性强，学生理解问题与回答问题迅速。	思维出现惰性，反应迟钝。	不动脑筋。

(一)积极型的课堂气氛

积极型的课堂气氛是恬静与活跃、热烈与深沉、宽松与严格的有机统一。课堂纪律良好，学生注意力高度集中，思维活跃，师生双方都有饱满的热情，课堂发言踊跃。在热烈的课堂气氛下，学生保持冷静的头脑，注意听取同学的发言，并紧张而又深刻地思考。师生关系融洽，配合默契，课堂气氛宽松而不涣散，严谨而不紧张。积极的课堂气氛是一种理想状态的课堂气氛，它主要表现为以下明显特征：师生双方有饱满的热情，教与学态度端正、目标明确；课堂活动井然有序；学生求知欲强烈，注意力集中，思维活跃；师生间情感交流充分，学生参与面广，双方处于互动积极的状态；师生共同洋溢着为实现教学目标而获得成功的喜悦与满足感。总之，积极的课堂气氛，其主要标志是严肃与认真、宽与严、热与冷、张与弛的有机统一。这种课堂气氛使教师教的主导作用和学生学的主体作用的发挥得到了和谐的统一。

(二)消极型的课堂气氛

消极型的课堂气氛常常以学生的紧张拘谨、心不在焉、反应迟钝为基本特征。在课堂学习过程中，学生情感压抑、无精打采、注意力分散、小动作多，有的甚至打瞌睡。对教师的要求，学生一般采取应付态度，很少主动发言。有时，学生害怕上课，或提心吊胆地上课。

(三)对抗型的课堂气氛

对抗型的课堂气氛实质上是一种失控的课堂气氛。教师失去了对课堂的驾驭和控制能力，学生在课堂学习过程中随意插嘴，故意捣乱，教师有时不得不停止讲课而维持秩序。这种课堂气氛主要表现为：师生之间关系紧张，大部分学生不信任教师；教师驾驭课堂态势和调动学生积极性的能力较差；相当一部分学生讨厌上课，注意力分散，各行其是，课堂秩序一片混乱；正常的教学活动难以开展，教与学的任务常常不能完成；师生都把教与学视为一种精神负担。

三、影响课堂气氛的基本因素

影响课堂气氛的因素有很多种，主要因素可以归结为以下三方面：教师的因素、学生的因素和课堂物理环境因素。其中，教师的因素是决定性因素。

(一)教师的因素

教师在课堂教学中起主导作用，教师的领导方式、教师的移情、教师的期望、教师的教学以及教师的情绪状态成为影响课堂气氛的主要因素。

1. 教师的领导方式

教师的领导方式是教师用来行使权力与发挥其领导作用的行为方式。勒温曾在1939年将教师的领导方式分为集权型、民主型和放任型三种类型。这三种不同的领导方式会使学生产生不同的行为反应，从而形成不同的课堂气氛。其中民主型的课堂气氛最佳。这种课堂气氛，有利于培养学生热爱学习的内在积极性，挖掘学生的学习潜能；有利于师生之间知情双向交流与反馈，唤起学生学习的兴趣和热情；有利于学生参与教学过程，教师对学生参与教学活动进行更多的认可和赞赏，使学生产生成功的满足感。

2. 教师的移情

移情性理解如同一座桥梁，可以将师生的意图、观点和情感联结起来，使师生产生思想与情感的共鸣，在教育情境中形成暂时的统一体，有利于良好课堂气氛的形成。在建立和谐的师生关系过程中，教师要善于发挥“情感效应”的作用，教师对学生的真挚深厚的情感是开启学生智力和美好心灵的钥匙，是激发学生追求真理的动力，更是建立和谐师生关系的关键。教师积极的教学情感，可以使教学活动别开生面，生机盎然。因此，教师必须在情感教育研究上下功夫。

3. 教师的期望

教师的期望是指教师在对学生的知觉感受的基础上产生的对学生的行为结果的某种预测性认知。由教师的期望引起的对学生的学习效果的影响就是教师的期望效应。罗森塔尔开创了教师期望效应的先河，教师的期望效应又称为“皮格马利翁效应”“罗森塔尔效应”，其正效应是“教师真实的爱将导致学生的智力、情感、个性的顺利成长”。负效应正好相反。这就是所谓的“自我实现的预言”，即一个人往往会复演出另一个人的期待，不管这种期待是积极的，还是消极的。

教师的期望通过四种途径影响课堂气氛。

一是接受。教师通过接受学生意见的程度，为不同学生创造不同的社会情绪气氛。

二是反馈。教师通过输入信息的数量、交往频率、目光注视、赞扬和批评等向不同期望的学生提供不同的反馈。

三是输入。教师向不同期望的学生提供难度不同、数量不等的学习材料，对问题做出程度不同的说明、解释、提醒或暗示。

四是输出。教师是否允许学生提问和回答问题，听取学生回答问题的耐心程度等，都会对课堂气氛产生不同的影响。

4. 教师的情绪状态

教师积极情绪状态会投射到学生身上，使教师与学生的意图、观点和情感联结起来，从而在师生间产生共鸣性的情感反应，有利于创造良好的课堂气氛。没有自我控制就没有教学艺术。一位教育家说过，当教师一跨入校门，他就应该把个人的所有不快和烦恼留在门外，因为在学校里他整个人是属于教育的。因此，当教师一踏入学校和教室，这种自我控制就变得尤为必要了。教师必须善于控制自己的情感、语言、教态和行为，主动创造生动活泼的课堂气氛。

5. 教师的教学

教师业务水平的高低、教学能力与教学方法的优劣直接影响课堂气氛的好坏。教师若能对教材有深刻的理解，又充分掌握学生个体差异，讲课准确、清楚、生动，就能促进学生积极思考，吸引学生的注意，提高学生对学习的兴趣，使学生的心理状态处于最佳水平。

在整个教学过程中，包括导课、中间、收尾都需要教师精心设计，力求上课达到三个境界：开头，引人入胜；中间，波澜起伏；收尾，“余音不绝”。这样的课堂教学组织必然形成严肃而活泼，愉悦而紧张的课堂气氛。

在课堂教学中，不可避免会出现偶发事件，机智果断地处理课堂出现的偶发事件是优化课堂气氛不可缺少的手段。当偶发事件出现时，作为这个课堂教学的掌舵人，应因势利导，以变应变，确保教学顺利进行。在处理偶发事件时，教师要遵循以下要求：化消极因素为积极因素；不要激化矛盾；“冷处理”为主；切忌造成师生情绪上的对立。

此外，师生关系，教师对焦虑水平的控制也对课堂气氛有着直接的制约作用。

课堂中的师生关系，直接影响制约课堂气氛。因此，建立和谐的师生关系是优化课堂气氛的重要条件之一。建立和谐的师生关系要求教师加强师生关系的研究，树立正确的师生观；努力提高教师的综合素质，特别是业务能力，扩大“非权力”影响；了解当代中学生的生理、心理和思想特点；淡化教师作为教育者的角色痕迹；重视师生间的非正式交往和非语言交流；等等。

在教学过程中，适度的焦虑对学生学业成绩的提高、良好课堂气氛的形成具有积极的作用。教师在教学过程中，一方面要防止紧张有余；另一方面要防止活泼过剩。教师要善于控制学生学习的焦虑，使课堂紧张而热烈，同时也宽松冷静，使课堂气氛有张有弛。教师要善于创设成功教育的情境，经常对学生做出肯定性的评价，使学生体验到成功的快乐。只有这样，才能形成学生学习的适度焦虑。

(二)学生的因素

学生是课堂活动的主体，课堂气氛是师生共同营造的，学生因素对课堂气氛的影响也是至关重要的。

首先，学生对集体目标的认同是良好课堂气氛形成的必要前提。其次，学生自觉遵守课堂纪律，具有良好的品德和学习习惯，有利于良好课堂气氛的形成。此外，课堂中的集体舆论、学生之间的合作与竞争关系，都会影响课堂气氛。

（三）课堂物理环境因素

课堂物理环境主要是指教学时间和空间因素构成的教学环境，包括教学的时间安排、班级规模、教室内的设备、光线、座位编排等。能让大多数人觉得舒适的课堂物理环境，有利于良好课堂气氛的形成和维持。

四、良好课堂气氛的营造策略

良好课堂气氛的营造不仅需要教师能够有效调控和机智应对影响课堂气氛形成的因素，还需要教师掌握基本的营造策略，二者缺一不可。

（一）准确地鉴定、分析课堂气氛是营造良好课堂气氛的前提和基础

教师必须通过多种方法的综合运用，了解课堂气氛的状况，发现问题，分析问题并，寻找到解决问题的有效路径。虽然在通常情况下，课堂气氛可以分成积极的、消极的和对抗的三种，但在实际的课堂教学过程中，课堂气氛是一个动态变化的过程。即使在一节课中，课堂气氛也可能受到诸如天气状况、教学内容难易、学生体力、精力状态等各种因素的影响，教师必须随时关注变化，及时做出调整。

（二）时刻保持积极的情绪状态感染学生

教学活动不仅是教师传授知识的过程，而且是师生双方情感和理智的动态交往的过程。

（三）树立典型，利用榜样示范积极引导学生

教师根据对班级学生的了解，在学生中选择具有说服力的优秀典型，通过榜样示范的作用使其他学生明确应遵守的行为规范和应追求的发展目标。

（四）妥善处理矛盾冲突，建立良好的师生、生生关系

师生关系融洽、生生关系友善是课堂气氛的基础。当师生之间、同学之间发生分歧或者矛盾时，教师需要正视并及时有效地处理，尤其是在师生之间发生冲突时，教师应主动承担责任，给学生做出好的榜样。

第三节　课堂纪律的控制

课堂规划与课堂纪律的制定为课堂管理活动提供了制度规范，这些都是形成良好课堂管理的外在条件。课堂教学过程中，教师采取一定的措施，控制课堂纪律，有利于排除各种干扰，维持课堂秩序，保证课堂教学有序进行并达到教学目标。

一、课堂纪律概述

(一)课堂纪律的含义

为了维持正常的教学秩序，协调学生的行为，以求课堂目标的最终实现，应要求学生共同遵守课堂行为规范，从而形成课堂纪律。课堂纪律是对学生课堂行为所施加的准则与控制，良好的课堂纪律是课堂教学得以顺利进行的重要保障条件。课堂纪律具有约束性、标准性和自律性三大特征。

(二)课堂纪律发展的阶段

课堂纪律的发展一般经历四个阶段。

①反抗行为阶段。该阶段的学生经常拒绝服从管教。

②自我服务行为阶段。该阶段的学生以自私自利为主要表现。

③人际纪律阶段。该阶段的学生以建立融洽的同学关系为行为取向。

④自我约束阶段。该阶段的学生以自我管理为表现。

(三)课堂纪律的类型

美国心理学家林格伦(H. C. Lindgren)根据纪律形成的原因，将课堂纪律分成教师促成的纪律、集体促成的纪律、任务促成的纪律和自我促成的纪律四种类型。

1. 教师促成的纪律

所谓教师促成的纪律，主要指在教师的帮助指导下形成的班级行为规范。这类纪律在不同年龄阶段所发挥的作用有所不同，年龄越小，学生对教师的依赖越强，教师促成的纪律所发挥的作用也越大。

2. 集体促成的纪律

集体促成的纪律主要是指在集体舆论和集体压力的作用下形成的群体行为规范。集体促成的纪律主要有两类：一是正规群体促成的纪律，如班集体的纪律、少先队的纪律等；二是非正规群体促成的纪律，如学生间的友伴群体、学习兴趣小组的纪律等。这些纪律都是集体性约束和规定。

3. 任务促成的纪律

任务促成的纪律，主要指完成某一任务时对学生行为提出的具体要求。这类纪律在学生的学习过程中占有重要地位。任务促成的纪律是以个人对活动任务的充分理解为前提的。学生对任务的意义理解越深刻，就越能自觉遵守任务的纪律要求。教师要很好地运用学习任务来引导学生，加深学生对任务的理解，这样不仅有效地减少课堂纪律问题，还可以提高学习效率。

4. 自我促成的纪律。

简单说就是自律，是在个体自觉努力下外部纪律内化而成的个体内部约束力。自我促成的纪律是课堂纪律管理的最终目的。当学生能够自律并客观地评价自己的和集体的行为标准时，便意味着他能够为新的更好的集体标准的发展做出贡献，也标志着学生的成熟水平大大提高。

(四)课堂纪律的维持策略

1. 追求技巧，科学管理

教学力求技巧，要能吸引学生。如果教师的讲授是空洞而乏味的，会造成学生厌听，课堂纪律难于管理。一堂好的课，要充分发挥学生的主体作用，教师要起主导作用。通过教师的导演，让学生在参与角色的过程中学到知识。兴趣是最好的老师，学生会因为感兴趣而认真听课，纪律自然会好。

2. 恩威并施，树立教师威信

做一个学生又敬又畏的老师要恩威并施，树立教师威信。在平时的教学中要注意角色的扮演。例如，上课时面对公然挑战课堂纪律的学生，这时教师要扮演硬朗的角色，运用规章制度、奖惩手段等方式纠正、规范学生的行为，将学生引向应有的秩序。教师除了让学生对自己产生畏的一面，还要让学生看到自己可敬的一面，使学生对自己产生向往感，从而拉近师生的距离，这时教师扮演的是亲善的使者。例如，教师平时面带笑容，认真聆听学生的诉说，为学生着想，课余与学生沟通和接触，了解学生学习上和生活上遇到的难题，让学生感受到教师的关心、重视、鼓舞和关爱，从而使师生关系融洽。

3. 运用多种方法，灵活处理课堂

面对性格各异的学生，要控制好课堂纪律，轻松驾驭课堂，掌握方法很重要。在教学过程中对学生的一些分神或搞小动作的违纪行为，可以用眼神或微笑的表情示意违纪学生以制止其行为。假如只用眼神无法收到如期的效果，还可适当用一些肢体语言。例如，教师可以边讲课边走到违纪学生身旁，轻敲其桌面，或在板书时用手指向说话的方向，加以提醒，使学生感到教师善意的制止，从而约束自己的违纪行为。除此之外，教师也可采取临时改变语调，加大声音或中途停顿等方法提醒违纪学生。另外，有时对违法乱纪学生采取审时度势的提问也比直接批评来得有效果。因为，对爱分神的学生，提问是提醒；对爱讲话的学生，提问是警告；对爱睡觉的学生，提问是惩罚。灵活运用多种方法能有效巩固课堂纪律。

4. 及时、细致地做好课后教育工作

在课堂上批评自尊心极强或极其顽劣的学生后要及时安抚，耐心细致地谈心，不能流于形式。课后工作是否处理得当，直接影响学生对教师的向心力，关系课堂教学的开展。课后的教育工作教师可选择适宜的地方单独与学生交谈，采取先柔后刚的方法，让其知道自己犯了错误，然后正视错误并改正错误。课后对学生加紧教育，使学生知道教师仍然关怀他，没有放弃他；使学生心理得到慰藉，从而鼓起学习的勇气，配合教师做好教学工作，自觉遵守课堂纪律。

5. 建立学生、班主任、家长、教师的互动关系

在教学中，教师可以运用“思想教育卡”多次对反复违纪的学生进行跟踪教育，

记录学生的每一次进步，给予适时的鼓励和表扬，并反馈给班主任和家长；与班主任和家长建立亲密的“联盟关系”，并从班主任和家长那里了解违纪学生的另一面，共同做好思想教育工作，形成三者的互动关系。这样对学生减少课堂违纪，上好自己的课有较大的帮助。

二、课堂结构

课堂结构是以教室为活动场所，通过师生之间的分工合作和职权、责任的制度化而有计划地协调师生活动，以达到教育目的的一种组织系统。在这个组织系统中，在教师指导下进行学习的学生、学习过程和学习情境是课堂的三大要素。这三大要素相对稳定的组合模式就是课堂结构。为了控制课堂，教师需要创设课堂情境结构和课堂教学结构。

(一)课堂情境结构

课堂情境结构是与教学内容无关的学生、学习过程和学习情境三大要素的组合模式，主要包括班级规模、课堂常规和座位分配等。

据心理学家的研究，班级规模越大，学生的平均成绩便越差。因为班级规模与教师态度、学生态度和课堂处理等变量紧密相关(图 9-2)。

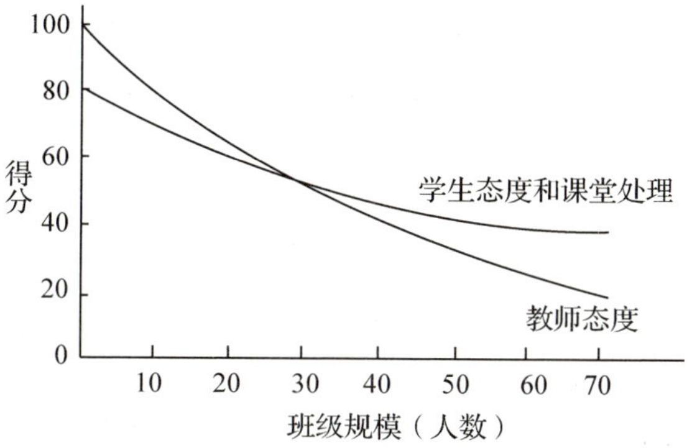

图 9-2　班级规模与教师态度、学生态度和课堂处理的关系①

班级规模越大，教师态度、学生态度和课堂处置的得分就越低。当班级规模超过 25 人时，班级规模对教师消极态度的影响更加明显。这说明过大的班级规模限制了师生交往和学生参加课堂活动的机会，阻碍了课堂教学的个别化，有可能导致较多的纪律问题，从而间接地影响了学习成绩。然而，过小的班级规模又是极不经济的。一般而言，中小学的班级以 25～40 人为宜。

课堂常规是每个学生必须遵守的最基本的日常课堂行为准则。上课、发言、预习、复习、作业、写字姿势、自修和教室整洁等方面的常规，赋予学生的课堂行为以一定的意义，使学生明白自己行为所依据的价值标准，具有约束和指导学生课堂

---

① 皮连生：学与教的心理学，312 页，上海，华东师范大学出版社，2009。

行为的功能，从而使课堂行为规范化。学生在课堂常规影响下所表现出来的服从，可能是自愿的，也可能是被迫的。然而当课堂常规真正为学生所采纳和接受时，便逐渐内化为自觉行为的内部观念。不过，课堂常规应该通过学生们的充分讨论由全班学生共同建立。因为参与讨论和共同决定，会使每一位学生都承担起课堂常规的责任，提高遵守课堂常规的自觉性。

美国的施韦伯等人的研究发现，分配座位时，教师主要关心的是加强对学生的控制和减少课堂混乱。据美国的亚当斯等人的研究，课堂里存在着一个最受教师关注的“活动区”(图 9-3)。

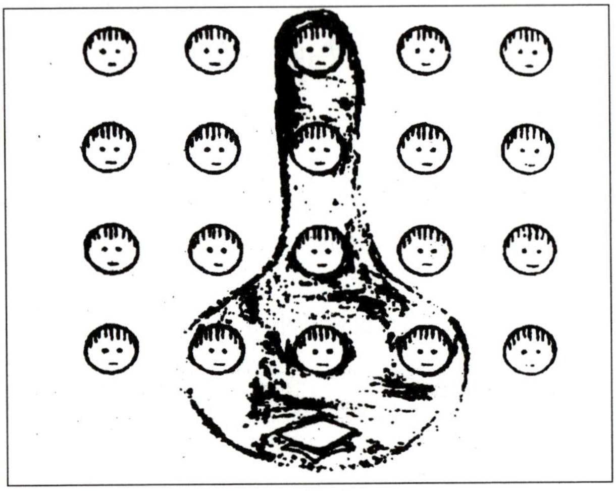

图 9-3　最受教师关注的“活动区”

当学生的座位从左右两边和后面调入“活动区”的时候，学生会明显意识到教师对自己的关注和重视，体验到教师对自己的特别期望，因而容易注意集中。而当学生从“活动区”被教师调向左右两边和后面时，则常有被教师忽视之感，容易发生违纪行为。有时教师为了控制爱吵闹的学生，还让他们坐在靠近讲台的座位上。教师分配座位的意图还通过座位的搭配反映出来。教师总是让爱吵闹的学生与文静的学生坐在一起，通过文静的学生去控制爱吵闹的学生。男女同坐在中小学也是相当流行的一种座位分配法。教师经常让上课不得安宁的男生与女生坐在一起，试图使他们失去共同违反纪律的伙伴，能够比较有效地控制男生的课堂行为。但中学生了解教师的意图，容易引起反感。有时，初中男生在上课时故意产生“侵犯”女生的行为，以示其男女界限分明，避免他人的讥笑。可见，男女同桌实际上往往无法完全防止中学生发生纪律问题，相反还有可能妨碍男女学生的正常交往。所以学生座位的分配，一方面要考虑课堂行为的有效控制，预防纪律问题发生；另一方面也要考虑促进学生之间的正常交往，形成和谐的师生以及学生之间的关系，并促进学生良好人格特征的形成。

(二)课堂教学结构

课堂教学结构是与教学内容相关的学生、学习过程和学习情境的组合模式，它使教师有条不紊地按照教学设计进行教学，主要包括教学时间的合理利用、课程表的编制和教学过程的规划等。

据德姆波研究，课堂里的时间可以分成分配时间、教学时间、投入时间和学业学习时间四个层次(图 9-4)。分配时间是学校为某一门学科安排给教师的时间，是由课程表所决定的；教学时间是在完成了点名考勤、处理课堂问题行为之后所剩余的用于教学的时间；投入时间是学生实际投入学习的时间，包括没有听懂、无法解题的时间；学业学习时间是学生成功地完成学业所花的时间。

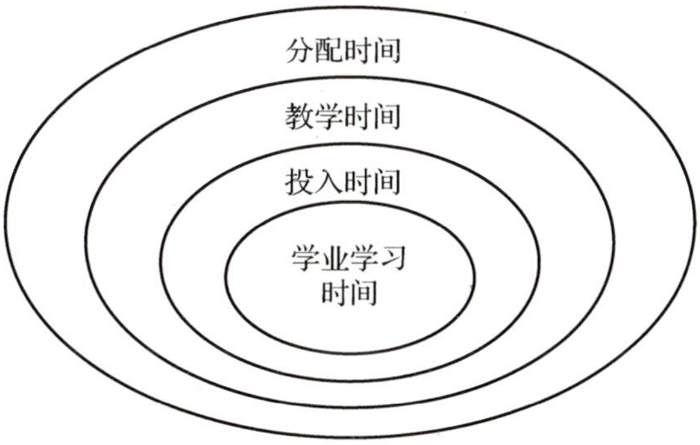

图 9-4　教学时间的层次

另据美国心理学家研究，如果学生每天在校时间为 5 小时的话，学业学习时间最多的班级平均为 111 分钟，而最少的则只有 16 分钟，几乎相差 7 倍。虽然我们不能要求学生将在校的每一分钟都用于学习并获得成功，但学生不应该将过多的时间花费在从一种活动转移到另一种活动、做学习准备、等待教师的帮助、上课做白日梦以及在课堂里嬉闹等方面。如果每天能够增加 40 分钟的学业学习时间，一学年就将增加 8 000 分钟。所以教师必须通过课堂管理，合理利用教学时间，通过激发学习兴趣来提高学生的课堂参与性，增加学习的机会；保持课堂的动量平衡，使教学节奏紧凑，学生在课堂里总是有事可做；注意保持教学的流畅性，尽量减少花在从一种活动转向另一种活动的时间，并给学生明确的过渡信号；维持课堂群体的注意焦点，善于通过课堂提问引导学生的注意。总之，要努力将维持课堂纪律的时间减少到最低限度。

课程表是使课堂教学有条不紊地进行的重要条件。它的编制，首先，要尽量将语文、数学和外语等核心课程安排在学生精力最充沛的上午第一、第二、第三节课，将音乐、美术、体育和习字等技能性的课程安排在下午。其次，注意将文科和理科、形象性学科与抽象性学科交错安排，避免同类刺激长时间地作用于大脑皮层的同一部位而导致疲劳和厌烦。最后，青年教师教两个平行班时，第二个班的教学效果往往优于第一个班，两个平行班的课以间隔短时间为好。而老教师则相反，他们熟悉教材，对学生了如指掌，讲起来驾轻就熟，上第一个班就能发挥得十分出色。而第二个班属于简单重复，容易产生乏味感，教学效果反而逊色。因此，他们的课应该有较长的时间间隔为好。不管是新教师还是老教师，都要注意将两个平行班的课交替安排。

教学过程的合理规划也是课堂教学结构的重要内容，但教学过程的设计与安排，我们已经在前面做了详尽的分析，这里不再赘述。

三、课堂问题行为

课堂问题行为指不能遵守公认的正常行为规范和道德标准，不能正常与人交往和参与学习的行为。这样的行为影响学生的学习，且常引起课堂纪律问题，影响教学质量。

(一)课堂问题行为的类型

奎伊等人在其研究的基础上，把课堂问题行为分为人格型、行为型和情绪型。人格型问题行为带有神经质特征，常常表现为退缩行为。行为型问题行为主要具有对抗性、攻击性或破坏性等特征。情绪型问题行为主要是由于学生过度焦虑、紧张和情绪多变而导致社会障碍的问题行为。

我国也有学者将课堂问题行为分为行为不足、行为过度和行为不适三种类型。行为不足主要是指人们期望的行为很少发生和从不发生，如沉默寡言等。行为过度主要是某一类行为发生太多，如经常侵犯他人。行为过度主要是某一类行为发生太多，如经常侵犯他人。行为不适是指人们期望的行为在不适宜的情境下发生，但在适宜的情境下却不发生，如上课时放声大笑等。

研究发现，教师与心理学家对学生问题的看法存在很大的差异。教师们比较重视在课堂里打骂、推撞、追逐和讪笑等侵犯他人的行为，交头接耳、窃窃私语、擅换座位和传递纸条等过度亲昵的行为，高声谈笑、口出怪音、敲打作响、做滑稽表情和怪异动作等故意惹人注意的行为，故意不遵守规定、不服从指挥、反对班干部和老师等盲目反抗权威的行为，迟到、早退、逃学等抗拒行为，恶意指责、互相攻击、彼此争吵和打架斗殴等冲突纷争的行为。因为这些问题行为都直接扰乱课堂秩序，有的使教学活动无法继续进行下去。但是，被教师们忽视的学生上课凝视发呆、胡思乱想、心不在焉、做白日梦等注意涣散的行为，胡写乱涂、抄袭作业等草率的行为，胆小害羞、不与同学交往的退缩行为，寻求赞许、期待帮助的依赖行为等，虽然没有直接干扰课堂秩序，却一方面严重影响学生的学习；另一方面也会导致心理不健康，因而需要教师给予更多的关注。

课堂里通常存在着积极的、中性的和消极的三类行为。积极的课堂行为是与课堂教学目标一致的行为。中性的课堂行为是既不促进也不干扰课堂教学进行的行为，包括静坐在座位上但不听课，出神地望着窗外，在纸上乱写乱画，看连环画或伏在桌上睡觉但不发出鼾声等。消极的课堂行为则是那些明显干扰课堂教学进行的行为，包括喧闹、戏弄同学、扮小丑和顶撞老师等。课堂管理一方面要区别对待三类课堂行为，对于消极的课堂行为，应该给予明确的警告，也有必要给予必要的惩罚，但应避免讽刺挖苦、威胁、隔离、剥夺、奚落或体罚等伤害学生自尊心的惩罚。中性课堂行为虽然影响了自己的学习，但毕竟没有干扰他人的学习，因此教师不宜在课堂里停止教学而公开指责他们，以避免干扰全班学生的注意。教师一般可以采取给予信号、邻近控制、向其发问、排除诱因、暗示制止和课后谈话等措施，制止中性的课堂行为。另一方面不要期望一步到位地消除消极的课堂行为。在通常情况下，首先要求学生将消极的课堂行为转变为中性的课堂行为，然后再要求他们将中性的课堂行为转变为积极的课堂行为。例如，要求一位在上课时经常吵闹的学生(消极的课堂行为)先保持安静，即使自己听不进去，也不要干扰其他同学的学习，以后再要求他们在上课时注意集中、认真思索和积极参与课堂教学活动。

(二)课堂问题行为产生的主要原因

引起学生课堂问题行为的原因概括起来有以下三个方面：学生、教师和环境。

①学生方面的因素，主要包括适应不良、厌烦情绪、挫折与紧张、困扰情绪的宣泄、寻求注意与地位、过度活动以及性别差异等。

②教师方面的因素，主要包括教师的教学技能、教师的管理方式、教师的威信等。

③环境方面的因素，主要包括大众传播媒介、家庭环境、课堂座位的编排方式、课堂的物理环境等。

(三)预防与矫正课堂问题行为的方法

对课堂问题行为的管理应以预防为主，引导和促进学生端正学习态度，帮助学生适应学习环境，当学生的问题行为已经发生时，应对行为主体进行行为矫正和心理辅导。不管是对于个体的问题行为还是对于团体的问题行为，教师可以尝试以下的方式对课堂问题行为进行管理。

1. 制订合适的教学计划

教学计划中的教学目标、教学内容和教学方法要适合学生的程度和水平，使学生通过学习能够获得成就感，缓解学生的焦虑情绪，提高其学习的自信心，使其更快地适应课堂环境。

2. 帮助学生调整学习的认知结构

教师在教授新知识、新内容时，应交代清楚其来龙去脉，把新知识整合到学生已有的知识结构中，使其具备学习新知识的认知基础，从而减轻因学习新知识而产生的焦虑感。

3. 对于课业给予精确的指导

学生对于学习的盲目性容易导致问题行为的产生，教师通过给予学生清晰的学习指导，使其了解要做什么，怎么做，如何得到帮助，从而减轻或消除因不确定性而产生的急躁、厌烦、焦虑等情绪，减少问题行为的发生。

4. 建立良好的教学秩序

良好的教学秩序能够营造愉快、和谐的课堂氛围，使学生情绪平静、思维活跃，从而减少问题行为的产生。

5. 协调同伴间的人际关系

帮助建立良好的同伴关系，同时注意制止学生中存在的彼此伤害的行为，如讽刺、挖苦、嘲笑等。

6. 建立家校联系

家庭环境是导致学生课堂问题行为产生的重要因素。在对学生课堂问题行为管理的过程中，教师应主动与家长联系，相互配合，采取有效措施来纠正学生的问题行为。

7. 行为矫正与心理辅导

行为矫正是消除课堂问题行为的有效方法。这是用条件反射的原理来强化学生的良好行为以取代或消除问题行为的一种方法，包括厌恶疗法、代币制等。其基本步骤为：第一步，确定需要矫正的问题行为；第二步，制定矫正问题行为的具体目标；第三步，选择适当的强化物与强化时间的安排；第四步，排除或强化问题行为的刺激；第五步，以良好的行为逐渐取代或消除问题行为。这种方法的运用必须以师生的密切配合为前提，要让学生了解行为矫正的目标，运用的强化物应该符合学生的需要，还要排除不良刺激的干扰。不过，行为矫正对于改变复杂的问题行为的效果并不明显，因为复杂的问题行为常是由于内在刺激引起与维持的，并与外部刺激交织在一起，单纯用改变外部行为的办法是很难奏效的。

所以，复杂的问题行为主要应该通过心理辅导来解决。心理辅导是通过改变学生的认知、信念、价值观和道德观念来改变学生的外部行为的一种方法，这是一种合作式的、民主式的协助学生解决心理障碍的过程。它不像传统意义上的教育那样带有某种强制的性质，也不同于单纯重视矫正的心理治疗。因为它更强调协助正常学生的教育与发展。马斯洛等人本主义心理学家认为，个人的问题行为往往起因于外界因素对自我实现的阻挠以及个人缺乏正确的自我评价。因此心理辅导的主要任务应该是：第一，帮助学生正确认识和评价自我，确立良好的自我意识；第二，帮助学生正确抉择行为方向，确立合适的行为目标；第三，帮助学生正确认识环境，善于改变环境或自己的不适应行为，增强社会适应能力和提高社会技能；第四，帮助学生发挥个人潜能，排除实现理想抱负的障碍，过有意义的、健康愉快的生活。心理辅导的成败取决于师生之间认知距离的缩短和情感隔阂的消除。教师应该对学生充满信心，诚恳待人，给学生以必要的支持，还要尊重学生的感受与体验，能从学生的看法与感受出发去处理问题，从而调动学生的积极性，使课堂成为发展学生潜能的良好场所。对学生开展心理辅导的具体内容和方法我们将在下一章详细阐述。

四、教师的自我控制

说到课堂管理，许多教师往往只着眼于对学生的控制。事实上，课堂里的不少失控往往起因于教师本身的失控。要想有效管理课堂的每一位教师，都必须重视自我控制。当面对一个新的课堂，或者再次面对一个曾经让自己非常棘手的课堂时，不少教师很容易焦虑过度，感到没有把握，内心充满紧张不安和担心害怕，唯恐出现课堂混乱和失控。焦虑是因个人预感到自尊心有可能受损而产生的类似于紧张不安和担心害怕的综合性情绪。避免焦虑过度，必须对自己有足够的自信，不必为偶尔的管理失误而恐惧，相信自己有能力管好课堂。同时，自尊心的维护又要适可而止，维护自尊心的愿望过于强烈，反而更容易受到伤害。我们应该看到，世界上并没有常胜将军，任何一位教师都有可能出现管理失误。关键在于教师要善于从失误中吸取教训，努力将教训转化为经验，就有可能不断减少失误而成为课堂管理的能手。

有些教师容易因课堂出现纪律问题而愤怒，有的还会大发雷霆。当自己在课堂里处于怒火熊熊的状态时，很有可能使自己失去理智，出现过激的管理行为，甚至导致体罚或变相体罚。因此教师要心平气和地对待学生在课堂发生的问题行为，即使在自己的尊严受到严重威胁时，也要冷静地思考学生所发生问题的性质，沉着而机智地应对所面临的问题，避免以自己的粗鲁去压制学生的粗鲁。教师应该看到青少年学生毕竟是受教育的对象，他们身上的问题一般都是发展中的问题，尽量不要将学生的问题视为对教师的有意羞辱。对于一些胆汁质气质的教师，更要学会自我提醒，可以考虑在备课本的醒目处写上“制怒”的警句，当自己激动起来的时候，起到自我暗示的作用，使自己迅速平静下来。

人的教育和培养是世界上最复杂的工作之一，其责任是十分沉重的。如果又出现课堂管理中的问题，很容易雪上加霜，平添一重沉甸甸的压力。一般而言，教师的压力主要来源于包括失败和失落在内的挫折、面临难以抉择的冲突、积极或消极事件的变化以及以某种方式去行事的期望。为了科学而有效地管理好课堂，教师要注意采用必要的应对策略，减轻自己的心理压力。据莫斯等人 1982 年的研究，教师主要可以运用以评价为中心的应对策略、以问题为中心的应对策略、以情感为中心的应对策略和以生理为中心的应对策略四类策略。

教师在课堂里也很容易对学生产生各种偏见。首先是第一印象偏见。由于与学生初次见面所留下的第一印象，会使教师以后对该学生的行为向着第一印象的方向去解释。第一印象好，对其行为就会向好的方向去解释；若第一印象不好，就会向不好的方向去解释，从而造成先入为主的偏见。其次是晕轮效应。由于教师对学生某一特征的印象特别深刻而有可能再赋予其他可能没有的特征。以貌取人、以偏概全、以点概面就是典型的晕轮效应。最后是社会刻板印象。教师总是容易将过去接触过的学生在自己的头脑里分成各种类型，对某一类学生往往有一种固定的看法，当接触一位学生时，容易将其纳入某一固定的类型而赋予他固定的特征而造成偏见。为了避免偏见，教师必须全面而深入地了解和掌握学生的信息，避免以一叶之见而迅速得出结论。要注意避免过度类化的倾向，努力将一类学生的特征与个别学生的特征区分开来。也要排除过去经验的消极作用，避免凭经验去简单地猜测学生，注意公正、客观地对待学生。

练习题

一、选择题

1. 在中小学班主任轮换时，管理水平较差的教师很难接替一位优秀班主任的工作，但却能顺利地接受一个新班。对这种现象最适当的解释是(　　)。

A. 对教师的定型期望　　B. 学校领导的类型

C. 班干部的不同类型．　　D. 新上任教师的准备不同

2. 学生不认真听课，故意捣乱，课堂纪律极差，教师不能集中精力讲课。这种课堂气氛属于(　　)。

A. 积极型　　B. 消极型　　C. 对抗型　　D. 紧张型

3. 当一个学生能够自律并客观评价他自己的和集体的行为标准时，便意味着能够为新的、更好的集体标准的发展做出贡献，同时也标志着学生的成熟水平大大提高了一步。这是(　　)。

A. 教师促成的纪律　　B. 集体促成的纪律

C. 任务促成的纪律　　D. 自我促成的纪律

4. 小高老师教学责任很强，但教学不讲究方式，对学生的意愿不注意听取，学生只能唯命是从，不能发挥独立性和创造性。由此推测小高老师与学生之间的关系属于(　　)师生关系。

A. 放任型　　B. 专制型　　C. 民主型　　D. 权威型

5. 教师在班级管理中，主张无为而治，无条件地宽容学生的一切言行。这种管理风格属于(　　)。

A. 专制型　　B. 放任型　　C. 民主型　　D. 组织型

6. 当外部的纪律控制被个体内化之后成为个体自觉的行为准则，此时处于(　　)。

A. 任务促成的纪律　　B. 教师促成的纪律

C. 自我促成的纪律　　D. 集体促成的纪律

二、简答题

1. 简述营造良好的课堂气氛需要做好哪几方面的工作。

2. 简述课堂纪律的类型。

参考答案

一、选择题

1. A　2. C　3. D　4. B　5. B　6. C

二、简答题(略)

第十章　学生心理辅导

学习目标与任务▶

1. 了解心理健康的标准，熟悉中小学生常见的心理健康问题，包括抑郁症、恐怖症、焦虑症、强迫症、网络成瘾等；

2. 理解心理辅导的主要方法，包括强化法、系统脱敏法、认知疗法、来访者中心疗法、理性—情绪疗法等。

第一节　心理健康及心理辅导概述

一、什么是心理健康

完整的“健康”含义不仅指生理健康，即人的躯体功能正常，没有缺陷和疾病，还指心理健康，即人的心理功能正常，没有心理障碍和心理疾病。心理健康包括两层含义。

其一是没有心理疾病。这是心理健康的最基本条件。

其二是具有一种积极发展的心理状态。这是心理健康最本质的含义，它意味着要消除一切不健康的心理倾向，使个人的心理处于最佳的发展状态。

二、心理健康的标准

心理健康的标准，各家说法不尽相同，现已取得共识的有以下几项。

(一)智力正常

用智力量表进行检测，智商不低于90。通常判断一个人智力是否正常的方法，就是看其是否与同龄大多数人的智力发展水平相当，是否基本适应周围的生活和接受基础教育。若注意力难以集中、记忆力低下、思维紊乱，就是心理不健康的表现。

(二)情绪乐观

积极情绪多于消极情绪，对学习生活充满热情，善于调节和控制自己的情绪，强度适中，表现方式得体，善于排除消极情绪，可以苦中求乐。喜怒无常、悲观失望、经常处于焦虑、忧愁之中的人，便是心理不健康者。

(三)意志坚定

行为自觉性强，当行则行，当止则止，在困难和挫折面前，采取积极的反应形式，能坚持实现合理目的。怕苦怕难、行动优柔寡断、轻率、鲁莽、顽固、执拗，或者半途而废，即为心理不健康。

(四)善与人处

乐于与人交往，积极态度(信任、尊敬、友爱)多于消极态度(怀疑、恐惧、憎恶)，有知心朋友。孤僻、嫉妒，与多数人合不来，即为心理不健康。

(五)正视现实

有正确的自我观念，不亢不卑，能客观地评价别人，能正确地认识社会现实，对环境可以能动的适应。脱离现实，狂妄自大或妄自菲薄，执意与社会现实作对，即为心理不健康。

(六)个性和谐

有相对完整统一的心理特征，各个要素不存在明显的偏差，表里一致，言行一致。思想、言语、行为经常脱节，矛盾百出，变化无常，即为心理不健康。

(七)反应适度

心理反应的强度与外界刺激的强度是相应的，既不过于敏感，也不过于迟钝。对重大刺激无动于衷、麻木不仁，对微量刺激大惊小怪，甚至惶惶不可终日，即为心理不健康。

(八)符合年龄特征

心理、行为的特征，与自己年龄阶段相同的人是大体一致的。反之，少年老气横秋、老态龙钟，老年天真撒娇、易哭易笑，即为心理不健康。

上述几项标准是相互联系的。每个人都可能产生短暂的心理不健康现象，这是很正常的。

三、学校开展心理健康教育的基本途径

(一)开设心理健康教育相关课程

开设心理学课、心理卫生课、心理健康教育课或举办有关的知识讲座，向学生传授、普及心理辅导有关知识，对于帮助学生正确认识自己、有效地调控自己的心理和行为无疑是有必要的。在开展心理辅导工作初期，这种方式也比较易于为教师所掌握。但从解决学生身上存在的实际问题来说，其作用还是有限的。因为心理辅导的作用不仅是要扩展学生的知识，而且还要改善学生情绪状态、转变其态度、养成必要的社会技能等，所有这些单靠知识传授是难以奏效的。

(二)开设心理辅导活动课

这是为开展心理辅导而专门设计的一种活动课程，一般都列入教学计划之中。其特点在于：形式上以学生活动为主，内容选取上充分考虑学生的实际需要，活动组织上以教学班为单位，活动课的目的、内容、方法、程序均是有计划、有系统地安排设计的。通过这一途径开展心理辅导的好处是：在专门组织的活动中可以对学生的认知、情感、态度、行为方面有目的地施加积极的影响，学生参与活动，有利于发挥自己的主动性；以教学班为活动单位便于组织管理. 且能使班级全体学生在辅导活动中受益；将心理辅导列入课程，也使这项工作的开展在人员、时间上有了保证，因此比较正规。如何在班级活动中根据每个学生的具体情况，实行个别化对待，则是要认真解决的问题。

(三)在学科教学中渗透心理健康教育的内容

学习辅导是辅导的重要方面，主要是结合学科教学来进行的。学习是学生的主导活动，学生大量的心理困扰都产生于学习过程中，这些问题理应在教学过程中得到满意的解决。实际上各科教材中蕴含有不少适用于心理辅导的内容素材。教学过程中还会经常出现有利于实施心理辅导的教育情境。教师只要细心挖掘、善加利用，一定会收到心理辅导的实效。

(四)结合班级、团队活动开展心理健康教育

把心理辅导课程结合班会活动、课外活动、团队活动来进行设置。其有利的一面是能把心理辅导与班级、团队活动以及学校安排的其他例行活动结合在一起，便于发挥这几项工作在统一的育人活动中的整体功能。但要注意的是，心理辅导仍须有自身的目标和内容，不要让心理辅导被班级、团队的日常活动所代替而丧失自己的特色。

(五)个别心理辅导或咨询

个别辅导是辅导教师通过与学生一对一的沟通来实现的专业助人活动，比较常用的方式有个别交谈、电话咨询、信函咨询、个案研究等。有些小学开展的“知心姐姐信箱”活动，就是信函咨询的一种形式。个案研究是针对个别学生(通常是一些特殊学生包括资质优异学生、情绪困扰学生、行为偏差学生、家庭处境不利的学生等)所实施的一种比较深入的、持续时间较长的个别辅导方式。它要求广泛地收集资料，客观地分析问题的性质与成因，依据诊断的结果，拟定辅导方案，以协助学生解决问题。由于心理辅导的精髓在于个别化对待，因此可以说个别辅导是一种不可替代的辅导方式。一所学校在开展心理辅导时无论以什么途径为主，如果不以个别辅导相配合，则其辅导工作都是不完整的。

(六)小组心理辅导

小组辅导也称团体咨询，是一组学生在辅导教师指导下讨论并有效地处理他们所面临的共同问题。小组人数少则四五人，多则十一二人。其成员多为同年级、同年龄学生，且有类似的待解决的心理困扰。小组辅导的适用条件是：学生的心理问题与人际交往有关，且小组成员愿意在团体中探讨他们的问题。一个小组通常要活动十多次，每次时间为一课时。小组辅导兼有班级辅导与个别辅导的优点，是一种很有发展潜力的心理辅导方式。

第二节　学生心理辅导概述

一、学生心理辅导的概念

心理辅导(psychological guidance)是学校教育者根据学生心理发展的特征与规律，在一种新型的建设性的人际关系中，由有关专业人员运用心理学等专业知识技能，设计与组织各种教育性活动，以帮助学生形成良好的心理素质，充分发挥个人潜能，进一步提高心理健康水平的过程。

心理辅导一词是我国香港和台湾地区学校心理健康教育活动中常用的概念。近年来，有些学者开始使用这一词。但是，其含义具有广泛性。在多数情况下，就是

心理健康教育，有时这两个概念可以互用。

心理辅导的对象主要包括以下三类人群。

①所有正常的在校学生。当他们在学习、生活、发展、择业等方面遇到问题时，便可找学校心理咨询人员寻求帮助。

②心理偏常的学生。他们在认知、情感、意志行为等方面有不同程度的障碍，或存在一定心理疾病。

③教师和职工。学生心理辅导的对象还包括学校的教师、行政人员和学生家长。学校心理咨询为他们提供心理学的知识和辅导，从而帮助他们明确学生的身心特点，更好地从事教育教学工作。

当然，学生心理辅导的主要对象是学生。

二、学生心理辅导的目标

学生心理辅导的目标有总体目标与具体目标之分。前者针对一切学段的学生(小学、初中、高中、大学)；后者是针对某一特定年级学生的辅导目标，如小学阶段心理辅导的目标，大学阶段心理辅导的目标等。

学生心理辅导的总体目标是：帮助学生认识自己、接纳自己、管理自己；认识、了解周围的环境，与环境相适应；帮助学生解决面临的问题，应付危机、摆脱困难，并增强面对困境与压力的能力和勇气；去除特殊症状、改善行为，化解负性的或冲突的思想与情感；指导学生做选择、做决策、制订行动计划；鼓励学生通过自己探索、寻求生活意义，认清自己内在的潜力与资源，充分发挥个人潜能。

上述心理辅导总体目标可以归纳为两个方面：第一是学会调适。调适包括调节与适应。“调节”处理的是个人内部精神的各方面及其相互关系，调整的重点是人的内心体验。“适应”处理的是人与周围环境的关系问题，调整的重点是人的行为。第二是寻求发展。就是引导学生认清自己的潜力与特长，确立有价值的生活目标，负起生活责任，扩展生活方式，发展建设性的人际关系，发挥主动性，创造性以及作为社会一员的良好的社会功能，过积极而有效率的生活。这两个目标中，学会调适是基础目标，以此为主要目标的心理辅导可称为适应性辅导；寻求发展是高级目标，以此为主要目标的心理辅导可称为发展性辅导。

心理辅导的具体目标是针对某年级学生的突出问题，根据心理辅导过程中特定阶段的独特要求制定的。例如，九年级心理辅导的具体目标是：①帮助学生认识自己的长处，建立自信心；②形成坚强的个性；③掌握自我心态和情绪的调试方法；④改善学习方法；⑤能够在升学和就业方面做出适当的决策。

三、学生心理辅导的内容

学生心理辅导的内容是心理辅导目标的具体化。因此，其内容的确定必须以心理辅导目标为直接依据。当然，在确定具体心理辅导内容时，也要注意立足于学生的实际心理需要，并着眼于现实及未来社会对人才的客观要求。学生心理辅导的内容一般包括学习辅导、生活辅导、生涯辅导、人格辅导四个方面。

(一)学习辅导

学习辅导是指辅导者依据现代学习理论，针对影响学生学习的因素，有目的、有计划、有步骤地指导学生排除各种学习障碍，科学地进行学习的过程。学习辅导的目的在于培养学生良好的学习心理品质，帮助学生克服学习障碍，提高学习效率，完成学习任务。学习辅导的具体内容如下。

1. 学习策略与方法辅导

学习策略是学习者为实现学习目标而自觉地对学习活动及要素进行调控的策划和谋略。学习策略辅导包括掌握集中注意的策略、理解和记忆的策略(信息的编码、存储与提取策略)、思维策略、解决问题的策略以及元认知策略(让学生学会独立自主地制订学习计划、选择学习内容、分清学习任务的主次、科学有效地安排学习时间，并且培养监控计划执行的能力等)。在此基础上，引导学生形成一套适合自己的独特学习策略。

学习方法是指学习者在学习过程中形成的适合自身特点的一系列手段、方式和途径，学习方法是顺利完成学习任务和提高学习效率的基础与前提。学习方法辅导首先应该在课前预习中浏览教材、找出预备知识、编写内容提要、确定重点与难点、制订听课计划等。同时，还要结合各科的特点进行学科学习方法的指导。一般而言，学科学习方法指导可分为三个层次：第一层是学科思想的指导，如指导学生掌握数学思想、物理思想等；第二层是学科一般方法的指导，如指导学生掌握数学中的分析法与综合法、物理中的等效法与类比法、历史中的历史文献法、化学中的实验法等；第三层是学科具体方法指导，如在数学学习中指导学生掌握解答应用题的方法。

2. 学习动机辅导

学习动机是引起、维持和推动学生进行学习活动的内部力量。学习动机体现了学生的学习需要，而这种需要是社会、家庭和学校对学生学习要求的反映。因此，辅导者能够采取相应的措施对学生的学习动机进行调控。学习动机辅导主要包括引导学生明确学习目的与意义，帮助学生了解自己的学习潜能，以便在学习中扬长补短，并且确立适合自己的学习目标，帮助学生确立适合自己的学习志向水平，志向水平定得恰当，可以增加学生成功的机会，提高学生学习兴趣、成就动机与自我效能感，激发学生的学习兴趣和求知欲，促进其对学习成败进行合理的归因等。

学习动机的辅导，主要是解决学习动力问题，解决“要我学”还是“我要学”的问题，包括学习兴趣、学习动机和学习态度的辅导。

3. 学习习惯辅导

学习习惯辅导即养成良好的学习习惯的辅导。良好的学习习惯对学习有事半功倍的效果。学习习惯是指学生在一定情境下自动地进行学习活动的特殊倾向。学习习惯的指导需从三方面进行：一是指导学生养成良好的学习卫生习惯，如科学用脑的习惯、科学用眼的习惯；二是指导学生养成良好的学习认知习惯，如自觉预习的习惯、专心听课的习惯、认真复习的习惯及写作业的习惯等，同时还有自我监控的习惯、计划与组织的习惯、有效利用人力资源的习惯等；三是指导学生养成良好的与个性有关的学习习惯，如独立作业的习惯、仔细钻研的习惯。当然，进行学习习惯指导还应包括矫正学生已经形成的不良习惯，这也是一项十分艰巨的任务。

4. 学习情绪的辅导

学习情绪的辅导解决学习过程中的情绪问题，也就是让学生体验到学习是一件愉快的事。一般来说，如果教育教学能够为学生创设轻松的环境，让学生有成功的机会，学生就能感受到学习的愉悦。目前在学习情绪辅导中为帮助学生积极应对考试而开展了专题的应试心理辅导。应试心理辅导的内容颇多，主要包括考前复习辅导、考试焦虑的辅导、应考方法辅导、考试后归因指导、应试期的身心保健(复习阶段的身心保健、考试时的身心调节和考试后的身心保健)指导等。

此外，学习智慧的辅导(包括培养和训练学生的观察力、记忆力、想象力思维能力，从而更好地开发学生的智慧)、学习风格辅导、协助个人充实学习内涵的辅导、有效运用各种学习资源的辅导等都属于学习辅导的范围。

(二)生活辅导

生活辅导的目的是促使学生了解社会的有关信息，建立合理的生活规范，掌握基本的社会技能与自我保护技巧，积极调控情绪，最终培养学生适应社会生活的能力。生活辅导的具体内容如下。

1. 日常生活辅导

日常生活辅导指导学生养成良好的生活与卫生习惯，培养学生的生活自理能力。

2. 安全与危机辅导

安全与危机辅导培养学生的安全意识，指导他们正确认识地震、海啸、火灾等危机事件，以及纷繁复杂的社会现象，掌握处理危机事件的适当方式。

3. 休闲辅导

休闲辅导使学生了解休闲生活的意义，建立正确的休闲观念，增进休闲活动的兴趣，掌握休闲活动的知识技能，学会安排自己的休闲时间。

4. 人际交往辅导

人际交往辅导使学生充分认识人际交往的重要意义，增强其交往的主动性和积极性，掌握交往技能，克服人际偏见，加强社交个性的修养，建立良好的人际关系。

5. 情绪辅导

情绪辅导使学生认识人类情绪情感的丰富性与多样性，掌握正确表达、宣泄和控制情绪的方式，培养积极、稳定的情绪和情感，并能产生移情。

6. 学校适应辅导

学校适应辅导指导学生认识新的学校环境，把握新的学习生活特点，调整自己的心理与行为方式，尽快实现对新的环境的适应。

7. 性心理辅导

性心理辅导帮助学生认识性别差异，认同并接纳自己的性别，学会同异性进行正常的交往，实现性别角色的社会化，并能正确的认识和处理青春期的性生理问题和性心理困惑，如初恋、青春期对异性的好感等。

（三）生涯辅导

生涯辅导是指依据一套系统的辅导计划，通过辅导人员的协助，引导学生分析评判并整合有关自我认知、职业价值观、对影响生涯的诸种因素等知识经验，从而对个人生涯进行成功规划的活动。生涯辅导的内容主要包括四方面：一是培养学生进行生涯规划及决策的能力，使其在面临各种人生决策时能做出正确的选择；二是培养学生正确的自我观和职业价值观，以保证在面临各种人生决策时能做出正确的选择；三是培养学生在充分认识自己的职业兴趣、职业目标、职业价值观的基础上对职业做出合理选择的能力；四是引导学生开发自我潜能。

（四）人格辅导

人格辅导是学生心理辅导的中心工作，其主要目的是引导学生养成健全的人格品质或优良的个性特征。人格辅导的内容包括两个方面：一是培养学生健全的人格特征；二是帮助他们矫正不良人格特征。例如，引导学生养成独立自信、正直善良、勤奋好学、沉着镇定、富有幽默感、讲究礼貌、热情开朗、心态开放、勇于开拓等人格品质；帮助学生矫正心胸狭窄、斤斤计较、虚伪奸诈、墨守成规、自卑羞怯、优柔寡断、固执偏激、见异思迁、冷酷孤僻、不负责任等不良人格特征。

四、学生心理辅导的原则

（一）教育性原则

教育性原则是指辅导人员在进行学生心理辅导的过程中始终要注意培养学生积极进取的精神，引导学生树立正确的人生观、价值观和世界观。针对学生在学习、生活、交往中的矛盾冲突，引导他们实事求是的分析问题，明辨是非，调整认识问题的方法，建立积极的思维模式，使学生在发展良好的心理素质和排除各种心理困扰的过程中，受到科学思维方法的训练。可以说，教育性原则比较鲜明地体现了学生心理辅导的特点与要求。

贯彻教育性原则，要求做到：首先，必须充分考虑中国的实际情况和中华民族的文化特色，有选择地借鉴西方关于学生心理辅导的理论、方法和技术；其次，要把心理问题的解决与人格品质的培养统一起来；最后，重视正面的启发和积极引导，培养学生积极进取、乐观向上的精神，帮助学生树立正确的人生观、世界观和价值观。

（二）整体性原则

整体性原则有三方面的含义：一是学生心理辅导要面向全体学生，针对绝大多数学生的共同需要和普遍存在的问题来进行，把努力提高全体学生的心理健康水平和心理素质、使每一个学生都得到发展作为学生心理辅导的根本任务和最终目标；二是指学生心理辅导要注重学生心理活动的完整性；三是指学生心理辅导的开展要注意综合考察和分析学生心理问题的形成原因及对策，把客观条件和学生实际存在的问题及需要密切联系在一起，以提高心理辅导工作的时效性。

贯彻整体性原则应注意：首先，辅导者要了解和把握学生的需要以及普遍存在的心理问题；其次，树立学生全面发展的观点，注重其人格整体的完整和身心素质的全面提高；最后，要从整体、全局的角度开展心理辅导，充分考虑影响学生心理健康的主客观因素，并协同家庭、学校与社会的力量做好学生的心理辅导工作。

（三）主体性原则

主体性原则是指在学生心理辅导过程中要把学生作为认识与发展的主体，尊重学生的主体地位，注意调动学生的主动性、积极性，启发学生进行自我教育。主体性原则之所以必要，基于以下两点理由。其一，学生是心理发展的主体。我国学者朱智贤曾指出，社会和教育向青少年儿童提出的要求所引起的新的需要与其原有的心理发展水平之间的矛盾，是青少年心理发展的内因或内部矛盾，也是其心理不断向前发展的动力。这就是说，心理辅导的影响只有通过学生主体心理的自我矛盾运动才能起作用。发生认识论的创始人、瑞士学者皮亚杰也认为，没有认识主体的能动作用，认识就不能得到发展。学生心理辅导的基本功能是促进学生健康成长与发展，而成长与发展的过程是一种自觉和主动的过程，如果学生缺乏自觉性和主动精神，而只是被迫地、被动地接受此种教育，其效果是可想而知的；其二，青少年学生特有的心理特征。青少年时期是学生自我意识快速发展的时期，其独立性和“成人感”非常强烈，对外界的压力和成人的过度关注往往感到反感和厌倦；他们渴望通过自己的独立思考和主动探索来解决面临的问题。因此，在心理辅导工作中，辅导者一定要注意多从正面进行启发与鼓励，从而促使学生的主体作用得以充分发挥。

贯彻主体性原则应注意以下三个问题。首先，学生心理辅导应充分考虑学生的需要，围绕学生的实际问题来进行。教师所选择的事例、安排的活动都必须是学生所关心和熟悉的，是与他们生活密切联系，能引起他们注意和重视的，唯有如此，心理辅导才能唤起学生的兴趣，激发起学生的主动性和积极性。其次，要注意发挥学生的主动性和积极性，不可事事包办代替。在组织各种活动时，要尽量让学生自己“唱主角”，辅导人员的作用是从旁协助、提供建议。在设计活动时要注意突出学生的主体地位；在与学生沟通过程中，宜用商量、鼓励的语气说话，不可用命令、灌输的口吻谈话。最后，辅导人员应尽其所能，全面了解学生，对每一个学生的充分了解，是发挥其主体性的出发点。

(四)尊重性原则

尊重性原则是针对心理辅导工作者对学生的态度提出来的原则。尊重就是指尊重学生的人格与尊严，尊重学生的权利，承认学生的独立性，承认学生与辅导者在人格上是平等的。学生心理辅导实际上是辅导者与学生双方的一种交往过程，彼此尊重是实现这种交往的基础，也是双方进行情感交流的最佳渠道。双方只有在人格上平等、心理上相容时，学生才能开放自我。如果心理辅导人员不能意识到这一点，只一味将学生当作教育的对象，极易引起他们的不满、反感甚至抵触情绪。

贯彻尊重性原则，首先要尊重学生个人的尊严，以平等、民主的态度对待学生。其次要关怀、理解与接受学生。最后要对学生一视同仁，无论面对什么样的学生，教师都应虚怀若谷，坦诚相待，一视同仁地予以尊重，而不应厚此薄彼。

(五)差异性原则

差异性原则是指学生心理辅导工作要承认和重视学生的个别差异，根据不同学生的不同需要，开展形式多样、针对性强的辅导，以提高学生的心理健康水平。青少年学生的差异表现在许多方面，如他们具有自己的兴趣和性格特点，拥有不同的社会背景、家庭环境、生活经验和价值观念。学生心理辅导应该承认差异，重视差异，因材“施辅”，有的放矢，使每个学生的心理都得到相应的发展，最终促进全体学生心理素质的提高。

贯彻差异性原则，首先要了解学生的个别差异，如年龄差异、性别差异、心理差异等；其次是对待不同的学生应灵活运用心理辅导的原理和方法。

(六)保密性原则

保密性原则要求在学生心理辅导过程中，辅导者应该对求助学生的个人情况以及谈话内容予以保密，尊重求助学生人格及隐私权等。保密性原则是学生心理辅导极其重要的原则，是鼓励学生畅所欲言和建立相互信任的心理基础。保守来访学生的秘密也是学生心理辅导工作者最基本的职业道德规范。

贯彻保密性原则，要注意求助学生的所有资料和信息，绝不应以任何形式予以公开，也不能随意供人查阅；任何咨询与辅导机构都必须设立健全的储存系统来确保来访学生档案的保密性。当然，替来访学生保密也绝不是绝对的，在某些特殊情况下，为了求助学生和他人的利益免受伤害，可以进行适当公开，但前提是不能损害求助学生的利益。

第三节 常见的心理健康问题

一、抑郁症

抑郁症的主要特征是心情低落，而且作为精神病理状态，抑郁的程度达到使心理功能下降或社会功能受损害的程度。

(一)表现

具体来说，抑郁症有以下六种主要的表现。

1. 兴趣减退甚至消失

如果个人原来有许多爱好活动，对各种事情都充满兴趣和求知欲，生活过得有滋有味，他患上抑郁症后，一切兴趣爱好就都减退，甚至消失。他会觉得什么事情都没有意义，对什么事情都感到无味。

2. 对前途悲观失望

抑郁症患者觉得生活、工作、学习都前景暗淡，事情已经无可挽回和不可收拾。严重者感到绝望。

3. 无助感

患者感到对自己的不幸和痛苦无能为力，对自己的不利处境毫无办法，这是许多抑郁症患者常见的叙述。同时，抑郁症患者更具特征性的体验是：患者感到别人对他也爱莫能助，尽管他完全能体会到别人的善意，感受到别人在为他操心努力，但他感到无济于事。

4. 精神疲惫

患者似乎精力已经耗尽，想振作也振作不起来，至少无法持久。病人感到缺乏动力，似乎没有别人催促或推他一把，他就什么也不想做，也动不起来。

5. 自我评价下降

患者感到自己什么知识和技术都没有，毫无用处，对实际上取得的成绩也不认为有任何价值，或者几乎只看到自己的错误和缺点，似乎什么长处和优点都没有，过去引以为自豪或可以自慰的品质在患者心目中也消失了。抑郁症患者的自卑总是隐含着追求的目标或标准太高，而“理想”的追求实际上是不自量力和自我估计过高。抑郁的自我评价下降，伴有自责，甚至有罪恶感。

6. 感到生活或生命本身没有意义

抑郁症患者感到活着还不如死了的好，常有自杀念头，甚至有自杀行动。对于抑郁症产生的原因，不同的心理学派有不同的解释。心理动力学派认为，抑郁是一种自我惩罚的形式，即当个体丧失心爱的人和物后，对所失去的人或物有无意识的矛盾和敌对情感，现在却把这种情感转向自己，便引起抑郁。例如，一个表面上看是因为失去丈夫而极度抑郁的妇女，实际上是在为她对丈夫以往怀有的隐瞒的恶感而自我恼怒。行为主义学派认为，抑郁症是正常行为强化的减少，相对异常情绪奖励增加的结果。例如，一个遭受损失的人可以表现为不大开朗、少语、兴趣减少，可能静静地坐着，回避同伴，这种新的行为可由别人的深切关注和照顾而强化。这样，正常情感的强化量减少，而抑郁情绪和表现的强化增加，很容易造成一种恶性循环。

(二)原因

认知学派的理论认为，抑郁症患者与正常人不同之处在于，早期的创伤事件使患者对抑郁症敏感化而患抑郁症，通过替代性示范和自我标识，抑郁症患者发展了以几种歪曲性的思维模式为标志的认知类型。抑郁症患者歪曲性认知类型的特点如下：

①把积极的成就都看得微不足道；

②把任何问题都夸大成“毫无指望”；

③容易“两极分化”，即从两个极端看待事物；

④容易把两个孤立的事物或事件看成是普遍的。

由于这些认知上的歪曲，抑郁症患者对他们自身、周围环境和未来都产生了一种消极的看法。另外，也有学者认为，习得的无助感也是抑郁症产生的原因。习得的无助论认为，当人为减少痛苦事件所做的努力没有明显的效果时，就会得到一种无助的意识，多次的失败使他领悟到控制这些事情的努力是无益的，最后与有关处境妥协，因为他们感觉不到自己的努力和他人的帮助是有益的。这种“缺乏控制”和无助感，使他们把这种失败归于“稳定的”“内在的”特征，如“我很愚蠢”“和我在一起没有意思”等，于是自尊和活动水平都下降了，导致抑郁症。

此外，抑郁症的原因也与个体高度的成就需要有关。由于个体对成功抱有过高的期望，而且在对成功的追求过程中精力充沛，所以当无法逃避失败时，就会感到绝望、破灭，继发抑郁。当然，并非所有高成就需要者都会患抑郁症，实际上抑郁症的产生可能有一定的生理学基础。有学者认为，抑郁症的产生与机体代谢产物五羟色胺的更新率低有关，应用直接作用于脑内的生物胺的三环类药物，如丙咪嗪等，可以有效地减轻抑郁症。

(三)治疗方法

①要注意给患者以情感支持和鼓励，以坚定而温和的态度激励患者做一些力所能及的事情；

②激励患者积极行动起来，从活动中体验与人际交往的乐趣；

③可采用认知行为疗法，改变患者以习惯的自贬性的思维方式和不适当的成败归因模式，发展对自己、对未来的更为积极的看法；

④如有必要，在专业医生的指导下服用抗抑郁药物可以缓解症状。

二、恐怖症

恐怖症是在紧张、焦虑的基础上出现回避行为，即焦虑症状在特定环境下产生。有些患者仅在少数环境下发作，多数时间不发生焦虑；但有些患者在多种环境下发作，以恐怖为主要临床表现，对某种客体或情境产生持续的和(或)不合理的强烈恐惧。患者明知过分恐怖不应该、不必要，也不合理，但无法控制，恐怖发作时往往伴有明显的自主神经症状，患者所害怕的对象是外在的非个体的，而且极力回避所害怕的客体或处境是其特征，如病人对自身疾病或畸形的恐怖应归属于疑病性神经症。恐怖症有两个特征性表现：对引起焦虑环境的回避和即将进入该环境时的期待性焦虑。引起焦虑的环境包括：场合（如拥挤的环境）、生物体（如蜘蛛）以及自然现象（如打雷）等，以对特殊物体活动或情境产生强烈的惧怕为特征的一种焦虑障碍。

患有恐怖症的人，所害怕的对象在一般人看来并没有什么可怕的，但仍出现强制性的回避意愿和紧张、焦虑、眩晕等心理反应，如恐高症、利器恐怖、动物恐怖、广场恐怖及社交恐怖等。其中社交恐怖较为常见，主要表现就是赤面恐怖，也就是在众人面前脸红，面部表情惊恐失措，不敢正视对方，害怕别人看透自己的心思而难堪，心理产生紧张不安、心慌、胸闷等症状。

(一)类型

临床上常见的恐怖症类型有三种。

1. 广场恐怖症

特指在公共场合或者开阔的地方停留时极端恐惧，因为要逃离这种地方是不可能的，或者是会令人感到尴尬的。广场恐怖症原意是指患者怕到公共场所或到人多拥挤的地方。患者最怕去开会或去商场购物，也不敢到空旷的场所如运动场、广场，即便是乘公共汽车、火车等交通工具也非常害怕、紧张。

2. 社交恐怖症

社交恐怖症表现为对需要讲话或被人观看的情景有焦虑反应，多有回避行为。患者常有面红、震颤、恶心等症状。恐惧对象主要是社交场合和人际接触等，如见人时脸红（赤面恐惧），怕与人对视（对视恐惧）。社交恐怖症主要是由一种“怕”心理引起的，如怕见陌生人、怕难为情、怕表现自我等。

3. 单纯恐怖症

单纯恐怖症又称特殊恐怖症，表现为对以上两种类型以外的某一种或少数特殊物体、情景或活动的害怕。这一综合征也有三种表现：①预期焦虑；②焦虑情绪；③回避行为。这类患者害怕的往往不是与这些物体接触，而是担心接触之后产生的可怕后果。例如，患者不敢接触尖锐物品，害怕会用这种物品伤害别人；不敢过桥，害怕桥会塌，自己掉到水里去；害怕各种小动物会咬自己等。大多数患者认识到这些害怕是过分的、不合理的，实际上并没有什么可怕的，但却无法控制自己的恐惧，即使有人向患者保证，仍不能减轻他们的恐惧情绪。

(二)表现

总体来说患恐怖症的患者的临床表现如下：

①对某些客体或处境有强烈恐惧，恐惧的程度与实际危险不相称，明知别人在同样情境下不会感到危险或威胁，但不能减轻其恐惧的体验和焦虑的心情；

②发作时伴有自主神经症状，如头晕、昏倒、心慌、颤抖、出汗等；

③对恐惧对象有极力回避行为；

④知道恐惧是不合理、不必要的，但无法控制；

⑤不接触特定的物体或环境则无任何症状，但病人只要设想进入恐怖处境，就感到紧张不安(预期性焦虑)。

(三)原因

恐怖性障碍的原因目前尚不十分清晰，目前研究结论是：与遗传、生化和特殊的条件反射相关。以下我们通过三个主要类型分别介绍。

1. 广场恐怖症

这是恐怖症中最常见的一种，其病因可能为：常以自发性惊恐发作开始，然后产生预期焦虑和回避行为。一些临床研究表明，广场恐怖症患者常同时有惊恐发作。有人认为最初一次惊恐发作(可能因为时间久了被遗忘)是广场恐怖症起病的必要条件，因而认为广场恐怖症是惊恐发作发展的后果，应归入惊恐障碍这一类别；也有人认为尽管一次偶然的惊恐发作可引起广场恐怖症，但广场恐怖症是不同于惊恐障碍的一类独立疾病。

2. 社交恐怖症

社交恐怖症的发病原因，从精神分析的观点来看，主要有以下几方面。

(1) 总是走不出过去重复的泥潭

社交恐怖症往往不是突然产生的，而是长期形成的。患者往往从小就在社交上存在一定的问题，这些问题没有随着年龄的增长而自然解决，总是一遍遍重复旧有的困扰，令患者十分痛苦。这是怎么回事呢？可以用一个比喻来解答：人的口腔里有了溃疡，总会用舌头一遍遍地舔，即使疼痛也还是会这样做，为什么？是为了要修复它。人的成长历程也是一样的，有社交恐怖症的人常常在想："再这样做一遍可能就会成功吧！"可是再这样做一遍往往还是失败。社交恐怖症患者要想走出过去重复的泥潭，需要通过心理咨询，对自己的生活模式逐渐有一个比较清晰的领悟，这样才可以使伤疤愈合。

(2)总是压抑

有一个比喻，说人的心理好像水里的一座冰山，露在上面的只是一小部分，水面以下的才是最大的部分。人把一些自己不愿接受的东西压抑在心里，就像冰山在水面以下的部分一样。那么，压抑的是什么呢？其实，人压抑的往往是一些自己不愿面对，甚至根本意识不到的东西。这些东西暗中对人的心理起着不可小觑的作用，也就是人们常说的潜意识。对有社交恐怖症的人来说，全方位地了解自己，使潜意识的东西浮上水面，社交恐怖症才会好转。

(3)家庭的影响

父母的教养方式、家庭的结构、兄弟姐妹情况，都对社交恐怖症的发生发展起着一定的作用。在家里总是受到批评、得不到爱的孩子，长大后容易不信任别人，发生社交问题。另外，自卑也是导致社交恐怖症的一个原因。

3. 单纯恐怖症

一般认为，单纯恐怖症是由于某些无害的事物或情境，与令人害怕的刺激多次重叠出现形成条件反射，因而获得了引起焦虑的性质，成为患者恐惧的对象。这种焦虑是一种不愉快的情感体验，促使患者采取某种行为去回避它。如果回避行为使患者的焦虑得到减轻或消除，便会成为一种强化因素，通过操作性条件反射使这种行为本身固定下来，持续下去。

(四)治疗方法

1. 系统脱敏法

系统脱敏法是治疗恐怖症的常用方法，使用这一方法最好要及时进行。

2. 认知疗法

这是一种不断灌输观念的治疗方法，不断告诉患者这种恐惧是非正常的，让患者正确认识人与人交往的程序和与人交往的方法。

3. 改善环境

改善班级人际关系，营造宽容的人际氛围、适当减轻学习压力，使学生获得成功体验，对于克服学校恐怖症同样具有重要意义。

三、焦虑症

焦虑症是以焦虑症状为突出表现的一种神经官能症。焦虑是一种不明原因的害怕，是不能达到目标和不能克服障碍时表现的紧张不安，心烦意乱，忧心忡忡；经常怨天尤人，自忧自怜，毫无缘由地悲叹不已；碰上一点小事，往往坐立不安；遇到一点压力，便会慌张得不知所措，注意力难以集中，难以完成工作任务，并伴有身体不适感，如出汗、口干、心悸、嗓子有堵塞感、失眠等。

(一)类型

具体来说，根据焦虑症起病的缓急，临床上分为急性焦虑发作和广泛性焦虑症两种类型。

1. 急性焦虑发作

急性焦虑发作又称惊恐症，起病突然，患者突感不明原因的惊慌、恐惧、紧张不安、濒死感、窒息感、失去自控感、不真实感或大祸临头感，并伴有心悸、呼吸困难、胸闷、胸痛、喉部堵塞感、头昏、头晕或失去平衡感，手脚发麻或肢体异常感，阵阵发冷、发热感，出汗、晕厥、颤抖或晃动等。

2. 广泛性焦虑症

广泛性焦虑症在临床上表现出精神性焦虑，如无明显原因、无明确对象的游移不定的广泛性紧张不安、焦急、烦躁，经常提心吊胆，不安的预感，高度的警觉状态，容易激惹，躯体性焦虑，包括运动性紧张和交感神经功能亢进。植物神经功能亢进，心血管系统症状均属焦虑症最常见的症状之列，如心悸、心慌、胸闷、面部苍白或充血等。

(二)表现

根据焦虑相对应的身心反应，可以分为心理和生理两个层面的表现。

1. 心理表现

①焦虑：表现害怕性期待、易激惹、对噪声敏感、坐立不安、注意力下降、担心；

②运动性不安：表现为搓手顿足，来回走动，紧张不安，不能静坐，可见眼睑、面部肌肉或手指震颤或患者自感战栗。有的患者双眉紧锁，面部肌肉和肢体肌肉紧张、疼痛或感到肌肉抽动，经常感到疲乏无力等；

③过分警觉：表现为惶恐，易惊吓，对外界刺激易出现惊跳反应；注意力难以集中；有时感到脑子一片空白；难以入睡和易惊醒；易激惹等。

2. 躯体表现

①消化系统：口干、吞咽困难，有梗死感、食管内异物感、过度排气、肠蠕动增多或减少，胃部不适，恶心，腹疼，腹泻；

②呼吸系统：胸部压迫感、吸气困难、气促和窒息感、过度呼吸；

③心血管系统：心悸、心前区不适、心律不齐；

④泌尿生殖系统：尿频尿急、勃起障碍、痛经、闭经；

⑤神经系统：震颤、刺痛、耳鸣、眩晕、头痛、肌肉疼痛；

⑥睡眠障碍：失眠、夜惊；

⑦其他症状：抑郁、强迫思维、人格解体；

⑧自主神经功能兴奋：多汗、面部发红或苍白等症状。

焦虑性障碍的躯体症状来源于交感神经系统的过度活动和骨骼肌的紧张性增加。其具体症状较丰富，可根据各系统分门别类。例如，过度换气来源于吞咽空气；焦虑引起的吸气困难可与哮喘的呼气困难相鉴别；过度呼吸引起的一系列躯体症状。在神经系统的症状中，眩晕呈一种不稳感而非天旋地转。另外，有些患者反映有视力模糊，但体格检查发现视力正常。头痛常呈胀痛或紧缩感，多为双侧性，以枕叶和额叶多见。疼痛也较常见，多在肩背部。

(三)产生原因

焦虑症的产生与患者的早期经验、个性特点和无助感、自我期望值过高等有关。心理分析学派认为，个体的早期如遭受了不良的刺激，特别是遭受到父母亲的遗弃、不公平对待等，则会导致个体的不安全感和焦虑情绪。这种情况如果得不到及时调整，在以后成长过程中，就容易导致焦虑症的产生。而个性敏感、多疑、自我关注、太在乎他人的看法的人，即具有焦虑特质的人，也容易患焦虑症。此外，社会竞争激烈，心理压力大，如果缺乏必要的人际支持和社会支持，这种无助感也令人容易产生紧张焦虑而患病。有的个体自我期望值过高，总是把自己的工作弦上得紧紧的，对成功与失败过分紧张，这种情况也使得他们容易紧张、害怕而出现焦虑症。

(四)治疗方法

学生中常见的焦虑症通常是考试焦虑。考试焦虑的具体表现为：一是平时学习焦虑，心烦意乱、注意力差、注意困难、焦躁不安、烦躁等；二是在考试前的焦虑，随着考试临近，心情极度紧张、担忧等；三是考试时的焦虑：不能集中注意，多余动作出现、知觉范围变窄，思维刻板，出现慌乱，无法发挥正常水平；四是考试后的焦虑：担心、做梦梦见考试、考试后持久地不能松弛下来。

为防止考试焦虑症发生，学校咨询人员可以通过一些早期干预的措施。

①自信训练。让学生正确认识考试的重要性，摆正考试的位置，不要把考试看成是至高无上的。

②对重度考试焦虑者，还要针对考试焦虑中的生理成分，进行放松训练。放松训练有意念放松法和肌肉放松法两种。

③考试焦虑还可用系统脱敏法降低。其步骤和方法是：第一步，请当事人列出引起考试焦虑反应的具体刺激情境；第二步，将上述刺激情境按从弱到强的顺序，排成“焦虑等级”；第三步，通过放松训练形成松弛反应，使机体处于完全放松状态；第四步，按照焦虑等级，让当事人在大脑想象中循序使松弛反应抑制焦虑反应。

四、强迫症

强迫症是以强迫症状为特征的神经官能症。它具有三个缺一不可的特征：①患者体验到思想或内在驱使是他自己的，是他主观活动的产物，但他有受强迫的体验；②主观上感到必须加以意识的抵抗，这种反强迫与自我强迫是同时出现的；③有症状自知力，即患者感到这是不正常的，甚至是病态的，至少病人希望能消除强迫症。

(一)表现

临床上常见的强迫症状可以分为五种。

1. 强迫观念

强迫观念包括强迫性怀疑、强迫性穷思竭虑、对立观念等，这是强迫症最常见的一种。强迫性怀疑是对自己说过的话或做过的事怀疑，总怀疑自己是不是确实说过或做过，总怀疑自己是说错了或做错了。穷思竭虑是在一段相当长的时间里，老是固定在某一件事情或某一个问题上，也可以“碰到什么思考什么”。这种病人诉苦：“脑子老是不闲着。”其实痛苦并非来自思考本身，而是病人非想不可，又极力要控制自己别想它，老是自己跟自己作对，以致伴随着紧张和焦虑。对立观念，指患者每出现一个观念，马上出现跟它完全对立的另一个观念。例如，听到某人去世，认为死者真不幸，同时却想他该死。对立观念涉及父母、老师、公认的伟人等时，患者十分痛苦。一位患者说他的“思想总是跟真理唱反调”，使他苦恼不堪。

2. 强迫表象

强迫观念指抽象的思想，强迫表象是一种生动、鲜明的形象。出现的表象有的令患者想入非非。比如，曾有一个男性强迫症患者，总是不断出现身边女孩子的形象；但大多数表象却是令患者难堪或厌恶的。许又新的《神经症》一书，提到一个病人每当在厕所蹲下要大便时，他脑海里便出现他父亲鲜明的头像，似乎他的父亲就在茅坑里。如果他拉屎，便会拉在他父亲头上。因此，他不得不忍住大便仔细察看，有时还不放心便用手电筒照，用一根棍子在茅坑里搅动，反复确认父亲不在茅坑里再蹲下大便。然而，当大便快要排出时，父亲的鲜明头像又出现了，一套复杂的检查又得重复一遍。病人因此患了顽固的便秘，必须定期到医院去灌肠。

3. 强迫恐惧

强迫恐惧是病人对自己的恐惧。病人害怕丧失自控能力，害怕会发疯，害怕会做违反习俗甚至伤天害理的事。与强迫观念的区别是，病人并没有马上要行动的内在驱使。

4. 强迫意向

患者感到一种强有力的内在驱使，马上就要行动起来的冲动感，但实际上并不直接转变为行动。想要做的可以是无关紧要的小动作，也可以是拿起刀来砍自己或砍别人的严重行为。值得注意的是，即使患者感到想要做的完全是无伤大雅的小动作，还是感到强烈的不安。可见，关键不在行为的具体方式和内容，而在于患者强烈地感到他的意志失控，这对于患者是一种可怕的体验。

5. 强迫行为

强迫行为指患者反复出现的、刻板的仪式动作，患者明知不合理，但又不得不去做，常为缓解强迫观念引起的焦虑不安而采取的顺应行为，但这些行为不能给人以愉快的感觉，以强迫检查和强迫清洗（特别是洗手）最为常见。患者常视其能防范某些客观上不大可能的事件，并认为这些事件对患者有害，多继发于强迫怀疑。

（1）强迫检查

患者为减轻强迫性怀疑引起的焦虑所采取的措施，如出门时反复检查门窗、煤气和水管是否关好；反复检查文件中的内容，看是否写错了字等。

（2）强迫清洗

患者总怕手或衣物碰上脏物，为了消除对受到脏物、异味或细菌污染的担心常反复洗手、洗澡或洗衣服。有的患者不仅自己反复清洗，而且要求与他一道生活的人（如配偶、子女、父母等）也必须按照他的要求彻底清洗。

（3）强迫询问

强迫症患者常常不相信自己，为了消除疑虑或穷思竭虑给自己带来的焦虑，常反复要求他人给予解释或保证。有的患者可表现为在自己头脑里自问自答反复进行以增强自信。

(4) 强迫性仪式动作

当患者产生很强烈的、持续的、不能控制的要进行某些行为的强制冲动或愿望时，常导致焦虑和极度不安，就可通过进行特定的仪式动作来暂时减轻这种不安，这种仪式动作通常与强迫思维有关。例如，患者认为“我的手是脏的”，由此激发起反复洗手；另一些患者反复想象电和煤气可以引起火灾，因此激发起对电源、电器插座、煤气开关的反复检查，大部分常见的强迫性仪式动作是清洗或检查。其他仪式动作包括出门时，必先向前走两步再向后退一步然后才走出门，否则患者便会感到强烈的紧张不安。就座前必先用手触一下座位才能坐下，这一动作对消除强迫观念或许具有象征意义。强迫性计数，计数台阶、计数窗格或做事有特定的和刻板的次序。这些动作是重复出现的，在他人看来是不合理的或荒谬可笑的，本身并无现实意义，但患者完成了仪式动作，只是为了减轻或防止强迫观念引起的紧张不安或避免焦虑的出现。有的患者只在自己头脑里计数或重复某些语句以解除焦虑，属于精神性强迫行为。这种症状并不少见，往往被忽视。尽管仪式动作是为了缓解焦虑或不安，但这种焦虑的减轻通常是短暂的。有的患者会认为有必要重复这种仪式许多次。由于许多强迫症患者有一种以上强迫思维和有关的仪式动作，因此一天中很多时间都会被这些仪式动作占据。

另外，强迫症会导致对一些事物或情境的回避(如污物，离开家以避免锁门)，从而对生活造成了影响。强迫症的症状对患者、家庭、朋友和同事是支配性的、无益的和烦扰的。

(5)强迫性迟缓

强迫性迟缓是因仪式动作而导致行动缓慢。例如，出门时反复检查电器、煤气的开关使患者迟迟不能出门，甚至上了车还要返回家中检查，致使经常不能准时上班。但也可能是原发的。例如，每当患者看书时，目光常停顿在某一行某一个字，不能顺利阅读以下的内容，这种现象可能源于患者不能肯定自己是否已看清楚或看懂了这一行字，因而停滞不前。这类患者往往并不感到焦虑。

强迫症状几乎每个人都曾出现过，但只要不成为自己的精神负担，不妨碍正常的工作、生活，就不应算作强迫性障碍。

(二) 产生原因

强迫症的产生与患者内心的矛盾冲突和个性特点有关。患强迫症的人，大多是有勤奋、理想主义、过分认真、追求完善、刻板、倔强、严格遵守各种规则等强迫性个性特点。这种特点令他们对于挫折感的体验更加强烈，并易陷入极端思维和痛苦中难以自拔。强烈或持久的精神因素作用及激烈的矛盾冲突的影响往往是此病发生的直接原因。

(三)治疗方法

1. 森田疗法

日本的森田疗法强调，当事人力图控制强迫症状的努力以及这种努力所导致的对症状出现的专注和预期，只会对强迫症状起维持和增强作用。因此，为了矫正强迫症状，应放弃对强迫观念做无用控制的意图，而采取“忍受痛苦，顺其自然”的态度治疗强迫行为。

2. 暴露与阻止反应

治疗强迫行为另一种有效的方法是“暴露与阻止反应”。

五、网络成瘾

网络成瘾是指人们过度地和不当地使用网络而导致的一种难以抗拒再度使用网络的着迷状态，并影响到其正常的学习和生活。网络成瘾倾向影响了个人的身体健康、学业进步和人际交往。

(一)表现

①时间表现：每天上网用于消遣的时间在5小时以上。

②身体症状：网络成瘾者自身有头晕、心烦、胸闷气短、紧张性兴奋、懒散等。

③社会关系：与家长、朋友打电话或与朋友聚会次数减少，不愿与人交流。

④心理反应：即使关上电脑，游戏中的情节和画面仍在头脑中继续；不上网就烦躁不安，情绪容易失控，易激怒；精神萎靡不振，空虚、失落；容易紧张、焦虑；出现强迫行为，如手指不自觉地做敲击键盘的动作；性格变得孤僻，现实生活中变得退缩。

(二)产生原因

①网络自身的诱惑；

②网络的相关法规不健全；

③家庭环境的影响；

④上网者自身因素(不善于控制自己、好奇心强、叛逆心强等因素，也有因家庭中情感失落等造成的逃避心理等)。

(三)治疗方法

对学生的网络成瘾，重点应是预防，而不只是对网络成瘾学生的补救性矫治。治疗网络成瘾主要采取心理干预的手段。常用的几种心理干预法有以下几种。

1. 强化干预

在网络成瘾的干预中，奖励的使用条件是一旦发现成瘾学生有了减少上网的行为时，就给予奖励、表扬或肯定性评价。惩罚的使用条件是一旦发现成瘾学生上网时间增加时，立即给予处罚。处罚可以是物质性的，如取消他获得他最想要的东西的权利，也可以是精神上的，如校纪处分等。

2. 厌恶干预法

厌恶干预指采用惩罚性的厌恶刺激来减少或消除一些不良行为的方法。常用做法有橡皮圈拉弹法、不赞成干预、内隐致敏法等。

(1)橡皮圈拉弹法

这一方法是由成瘾学生预先在自己手腕上套上一根橡皮圈，当他坐到电脑前准备上网时，自己用力拉弹手腕上的橡皮圈，使其手腕有强烈的疼痛感，从而提醒自己不要上网。也可借助外力如闹钟发出尖利的噪声，来促使自己停止上网。

(2)不赞成厌恶干预

这一方法主要是运用图片、影视、舆论等手段，使学生在上网的同时产生一种来自社会的压力，并在心理上造成威慑和畏惧心理，从而达到戒除网瘾的一种干预方法。

(3)内隐致敏法

内隐致敏法又叫想象性厌恶干预，是指用想象上网的过程和结果的办法，使自己对上网感到厌恶感，从而逐步减少上网时间直至戒除网瘾的一种干预方法。这种方法可与橡皮圈拉弹法结合使用，效果会更好。

3. 转移注意力法

学校或班级通过组织各类有意义的文体活动，让成瘾学生参与其中，从而转移他的注意力和减轻他对网络的迷恋程度的一种干预方法。

4. 替代、延迟满足法

一方面，学校和教师要帮助学生培养替代活动(其感兴趣的课外活动)吸引其注意力，并弄清他的上网习惯，然后使其反其道而行之，在原来上网的时间里做其他事情；另一方面，了解问题学生的上网时间(起初要控制上网时间，不必绝对戒除)，将其上网总时间列表，纳入周计划，在可以控制的前提下，逐步减少上网时间最终实现戒除网络成瘾的目标。

5. 团体辅导法

将患有网络成瘾症的学生组合成一个团体，由富有经验的教师作为指导者，运用团体动力理论做理论基础，综合运用团体咨询的原则和各种方法，达到使参加团队的成员整体戒除网瘾的目标。

第四节　学生心理辅导的主要方法

一、强化法

强化法源于行为治疗。行为治疗与精神分析不同，从一开始它就植根于实验的发现之中。行为治疗的理论主要来自行为主义的学习理论，包括三部分：经典的条件反射原理、操作条件作用原理和模仿的学习原理。

(一)强化法理论

1. 经典的条件作用原理

经典的条件作用，来自巴甫洛夫的经典性实验。他用狗做实验：狗吃食物时会引起唾液的分泌，这是先天的反射，称无条件反射。给狗听铃声，不会引起唾液分泌，但如果每次给狗吃食物以前出现铃声，这样反复多次之后，铃声一响，狗就会出现唾液分泌。铃声本来与唾液分泌无关(称为无关刺激)，由于多次与食物结合，铃声就具有引起唾液分泌的作用，铃声已成为进食的“信号”了。这时，铃声已转化为信号刺激(即条件刺激)，这种反射就是条件反射，也称应答性条件作用。可见，形成条件反射的基本条件就是无关刺激与无条件刺激在时间上的结合，这个过程称为强化。若条件刺激多次出现，而没有无条件刺激的强化，这个条件反射就可以消退。

2. 操作条件反射原理

美国的心理学家桑代克提出了操作性条件反射的理论。他把猫关在迷箱之中，猫可以借助拉绳圈、推动杠杆、转动旋钮而逃出来。关在迷箱之中的猫开始时挤栅门，抓、咬放在迷箱里的东西，并把爪子伸出来，进行多种尝试以逃出迷箱，后来偶然发现了打开迷箱的机关，以后猫的错误行为渐渐减少，只有成功的反应保存了下来。最后，猫学会了如何逃出迷箱，即学会了“开门”的动作。这种条件反射之所以被称为操作条件反射，正是强调了该行为的操作会促使某种结果的产生。

3. 模仿学习原理

模仿学习原理又称社会学习原理，是班杜拉在对幼儿做了大量的实验研究后提出的。他认为个体仅仅可以通过观察其他人的行为反应就可以达到模仿学习的目的。观察学习是个体社会学习的一种最重要的形式。班杜拉指出，观察的学习机制不能简单地用操作条件反射的原理进行解释，它是由注意、保持、动作复制和动机建立四个相互联系的阶段构成的，各阶段分别受一系列变量的影响。这四个阶段被认为是社会模仿学习必备的阶段。除此之外，人们还注意到被模仿人的特征、观察者的特征和观察者的参与程度也是影响模仿学习的因素。

模仿学习理论认为，人的大量行为都是通过模仿而习得的，人的不良行为也常常是通过这一方式形成的。例如，儿童看到成人或电视中的攻击行为，自己就会变得富有攻击性；疑病症的儿童多来自特别关注疾病的家庭。模仿能够有助于人们学会很多重要的技能，但也可能会在习得变态行为方面起作用。

(二)强化法技术

强化的方法是建立在操作条件作用的原理上的。例如，某行为若得到奖赏，这个行为以后重复出现的频率就会增加；反之，得不到奖赏的行为出现的次数就可能会减少。在行为治疗中，常用的强化的方法有以下几种。

1. 增强法

增强法有两种方式，一是积极增强，二是消极增强。所谓积极增强是指给予正性增强物(即人所喜欢的事物)，而消极增强是指拿掉负性增强物(即人不喜欢的事物，或厌恶刺激)，两者都是用来鼓励当事人的受欢迎行为，抑制不受欢迎的行为。比如，要鼓励学生上课专心听讲，可给予奖励物，这就是积极增强；如果学生因为上课不专心听课而正在受罚站，一旦教师发现学生已经专心听讲了，就可以通过撤销罚站的惩罚来鼓励学生变好，这就是消极增强。

2. 惩罚法

惩罚法——用处罚消除不良行为，可用两种形式：①不良行为出现后呈现厌恶刺激；②不良行为后，撤销愉快刺激。具体而言，常用的惩罚方法有：①一般性惩罚，如给予批评、打手心、打屁股、罚站、记过、勒令退学等；②特殊性惩罚，如束缚身体、隔离、厌恶疗法等。其中厌恶疗法包括给予电击、催吐剂等，是一种很有争议性的技术。批评者认为它很不人道，通常在特殊情况下才采用。还有一种比较特殊但比较柔和的厌恶技术，即饱和策略。其做法是治疗者主动提供大量的当事人所追求的目的物，让当事人享受到极限之后，产生生理上的不适，进而解除当事人的不适当要求，或削弱不良反应。比如，要矫正儿童乱撕衣物的不良习惯，治疗者可以向儿童提供大量的破旧衣服，并督促他一再反复地去撕扯，即使是儿童感到很累了，也要让他继续撕，直到他感到厌恶并吵着要把衣服拿走为止。

3. 消退法

这种方法是指对不适应的行为不予注意，不给强化，使之渐趋削弱直至消失。例如，小孩因为某种原因而无理取闹，借哭闹的方式来引起大人的注意达到自己的目的。这时，父母的劝说或打骂都可能成为孩子继续哭闹的强化因素。因此，父母不予注意、不予理睬，孩子的无理取闹行为就会慢慢减弱，最后消失。

4. 代币奖励法

代币是一种象征性强化物，筹码、小红星、盖章的卡片、特制的塑料币等都可用来做代币。当学生做出教师所期待的良好行为以后，就发给相当数量的代币作为强化物。学生用代币可以换取有实际价值的奖励物或活动。

5. 行为塑造法

行为塑造法是指通过不断强化逐渐趋近目标的反应，来形成某种较复杂的行为。当学生很少出现教师所期待的行为时，就依次强化那些渐趋目标的行为，直到合意的行为的出现。例如，有人曾用此方法让一个沉默无话的孩子开口说话。

6. 示范法

观察教师呈现的范例(榜样)。

7. 自我控制法

让当事人自己运用学习原理，进行自我分析、自我监督、自我强化、自我惩罚，以改善自身行为。

二、系统脱敏法

系统脱敏主要用于治疗各种恐惧症状，如害怕某些动物、考试焦虑、社交恐怖、广场恐怖和性交焦虑等。它通过使来访者在放松状态下接触(实际的或想象的)恐惧对象来克服焦虑。由于焦虑状态与放松状态不能共存，现在设法在原来诱发焦虑的刺激情境与放松反应之间建立联系，就可以取代和抵消原来的刺激—焦虑联系，这就是系统脱敏的原理，实际上就是前面说到的抗条件作用。这一技术包括三个步骤：①学会肌肉放松；②构成焦虑层级；③实施脱敏。

(一)学习放松

治疗者先教会来访者学会放松程序，并要求他回去后予以练习，达到能自如地进入身心放松状态的程度。

(二)构成焦虑事件层级

来访者与咨询者一起探讨各种令来访者恐惧的情境，然后根据焦虑程度的高低抽出来若干情境作为焦虑事件并将它们排成一个层级。沃尔普和拉扎鲁斯建议这样来构成焦虑事件层级：首先让来访者报告一个令他最为恐惧的情境或事件，给它指定表示焦虑程度(沃尔普称为“主观干扰程度”，缩写为 SUD)的分值(100)；其次确定一个最平静的情境，指定分值为 0；最后以这两个事件为基准分别估计每一事件的焦虑程度值(这个估计由来访者做)，并按从低到高的顺序排列出来。焦虑程度为零的事件一般不写出来，称作控制事件，往往用“在林中散步”“听抒情音乐”等作为控制事件。在脱敏过程中，控制事件常常在来访者出现紧张或不适时引用，以帮助重新放松。另外，两个相邻的事件之间的程度差要控制在 5～10 分，小于 5 分则抽去一个，大于 10 分则插入一个。这样，整个焦虑事件层级为 10～20 分。表 10-1 是一位害怕听男教师上课的大学女生的焦虑层级。这位女生害怕听一位男性青年教师上课，更害怕这位教师单独与她谈话。

表 10-1　焦虑事件层级举例

编号	焦虑程度(SUD)	事　件
1	5	闲聊时，一位同学提到这位教师。
2	10	早晨起床后，记起今天有这位教师的课。
3	20	预备铃响了，向着教室走去。
4	25	自己坐在教室后排，教师进教室。
5	30	开始讲课，不敢看讲台。
6	40	坐到中间一排，强迫自己注视教师。
7	50	坐到前排，注视老师，碰上教师的目光。
8	60	教师在教室巡视，在自己旁边停下来看自己做练习。
9	70	教师课堂提问，点名要自己回答。
10	80	课间休息，教师在自己座位旁坐下，向包括自己在内的一群同学闲谈。
11	90	在教室，教师同自己一人谈话，有目光接触。
12	100	在教师办公室单独谈话，目光接触。

(三)实施脱敏

实际进行脱敏常用两种方式，一种是想象脱敏，另一种是现实脱敏。想象脱敏是在治疗室内靠想象再现焦虑情境；现实脱敏则是实地接触焦虑情境。现实脱敏效果比想象脱敏好，但由于条件限制(如那种情境不易方便地重现，或受到道德规范的制约)往往不易做到。但在想象脱敏完成后应要求来访者在现实情境中运用从想象脱敏学到的反应来应付实际刺激，这是不可缺少的。

想象脱敏可以这样做：先让来访者进行放松，想象控制情境。待来访者身心完全松弛后，由咨询师念出第一个(焦虑程度值最低的那一个)焦虑事件，要求来访者尽可能真切地想象自己置身于那种情境之中，在头脑里保持这一清晰的意象，直到开始感到焦虑紧张。事先指示来访者感到紧张后就竖起食指示意一下。

咨询师发现示意后就让来访者停止想象，并报告刚体验到的焦虑程度值。对一个事件是否完成了脱敏可以从两个指标判断。一个指标是来访者保持想象的时间。如果想象时间超过 30 秒而无示意，意味着他不太紧张，此时让他停下来，报告焦虑值。另一个指标是所报告的焦虑值。一般做法是当焦虑值降到 5 以下时，认为这一事件的脱敏完成，可按前述程序进行第二个事件的脱敏。如果报告的焦虑值仍大于 5，则让来访者重新放松(1～2)，然后重复想象这一事件。这样一种操作形式称“可变时间想象”，另有一种“固定时间想象”的形式，不如前者灵活。

每次脱敏治疗时间控制在 25～30 分，脱敏事件 1～4 个。以一个事件已经不再产生紧张为标准才能进行下一事件的脱敏。

三、来访者中心疗法

(一)来访者中心疗法理论

来访者中心疗法是由卡尔·罗杰斯于 20 世纪 40 年代首创的一种心理咨询与治疗的方法，目前已成为心理治疗领域中的主要理论流派之一。

1. 对人的基本看法

来访者中心理论是奠定在罗杰斯人性观的哲学基础上的。它否定了心理分析对人的那种悲观消极的看法，也不赞同人是不可信的，人需要指导、教导、惩罚与奖励、控制，应由处于较高地位的他人及专家来管理的看法。罗杰斯认为，人具有自我实现的内在动力，人能够依据我们对现实的知觉来建构我们自己。他的人性观是积极的、乐观的，他对人有极大的信心，认为人基本上是诚实的、善良的、可以信赖的。他强调每个人的价值和个人的尊严。他相信：

①人是理性的，能够自主，对自己负责，有积极的人生取向，有控制自己的能力，因而可以独立自主，促进自身成长，迈向自我实现；

②人是建设性的、社会性的，值得信赖，也可以合作，懂得尊重他人，能够对他人产生认同感的了解，发展亲密的人际关系；

③人有能力去发现自己心理上的适应不良，也可以通过改变自己来寻求心理健康；人的负性情绪(如失望、恼怒、悲痛、敌视等)的出现，是由于人在爱与被爱、安全感与归属感等基本需要上受到了挫折，得不到满足而发生的。

总之，罗杰斯深信人最基本的生存动机就是全面地发展自己的潜能，以使自己成长并达到自我实现。这种积极的人性观对心理咨询与治疗具有深远的意义。

2. 人格的基本理论

罗杰斯认为，自我概念是人格形成、发展和改变的基础，是人格能否正常发展的重要标志。

罗杰斯还提出了理想自我的概念。理想自我是一个人所希望的自我形象。他认为自我实现是人格结构中唯一的动机。人与其他生命有机体一样，具有一种自我实现的基本倾向。人们为趋近于理想自我、达到自我实现，就需要不断接近和保留那些符合自我实现的经验，避开和消除那些抵触自我实现倾向的经验。个体对这些经验的评价是以实现的倾向作为参考体系的，这就称为机体评价过程。根据“机体评价过程”，将那些符合自我价值体系的经验准确地符号化于意识之中，维护自我的价值观念，达到经验与自我的统一；同时对那些不符合价值观的经验，或拒绝于意识之外，或加以歪曲、改造，纳入意识之中，从而防止自我的不和谐。在任何情况下，如果发现对自己经验的直觉出现歪曲或否认，就会出现心理上适应不良的状态。心理适应不良的程度取决于自我概念与经验之间的不和谐程度。

罗杰斯认为，自我概念与自我经验的不一致，主要源于自我概念受到外部文化因素的影响，个体把他人的价值观内化为自己的价值标准。但以人为中心的治疗相信在个体中蕴藏着实现倾向的强大推动力，相信积极的成长力量，相信人有能力引导、调整和控制自己，相信人是能够发现自我概念中的问题的；他们会评价自己经验对自我实现的作用，不断用自我概念适应新的经验。因此，心理咨询与治疗的目的就是重建个体在自我概念与经验之间的和谐，帮助人成长。

罗杰斯认为，只要人与人之间无条件地、真诚地尊重、关怀，个体就能够调节自己的经验，使自我更趋于理想自我，更完善、更成熟。他认为，一个心理健康的、自我实现的人应该有以下四个特征：

①对经验开放；

②信任自我；

③评价的内在资源丰富；

④愿意继续成长。

(二)来访者中心疗法的技术

来访者为中心的疗法是一种以关系导向的方法，并没有固定的技术和步骤。它倡导的技术实质上就是对关系体验的促进策略。这些策略发生在此时此地，并容许来访者和治疗师去体验，并且“生活”于正在进行的过程。治疗者不是理智地讲出来访者所关心的问题，而是直接关注来访者在某一时刻内心深处所关心的问题。所以，个人中心治疗的技术实际上就是将促进心理成长条件形成的技术。

具体来说，个人中心治疗主要有三种技术：一是促进设身处地的理解技术；二是坦诚交流的技术；三是无条件积极关注的技术。这三种技术都围绕着与来访者建立开放、信任的相互关系而进行的，目的是帮助来访者达到自我的了解和促进自我的成长。其中最著名的技术是情感反映，即咨询师对来访者通过语言或非言语行为所表露出来的情感活动给予准确、及时的理解和反应，从而帮助来访者对自我情感的了解。这种情感的反映，可以帮助来访者从更广泛的范围内认识他的问题和深层的个人意义。可以这样说，所有个人中心治疗技术的重点都在于关注、理解当事人并协助其自我开放、自我认识和自我潜能的发展。

四、理性—情绪疗法

理性—情绪疗法是美国著名心理学家艾利斯于 20 世纪 50 年代创立的一种心理治疗理论与方法。理性—情绪疗法是心理咨询技术几大理论取向之一的认知行为疗法中影响较大的一类技术。艾利斯原本是接受心理分析治疗训练的，但在工作中他开始对心理分析产生了许多疑问，结果就决定尝试发展一套新的方法。在大量临床实践中，艾利斯逐步把自己的治疗方向转向于改变患者的不合理信念，并在此基础上提出了“理性心理治疗”，这也就是后来的理性—情绪疗法。此法与来访者中心疗法等已成为近年来颇受欢迎的心理治疗理论与方法。

(一)理性—情绪疗法的理论

理性—情绪疗法的基本理论是 ABC 理论。它是艾利斯关于非理性思维导致情绪障碍和神经症的主要理论。其主要观点是情绪或不良行为并非由外部诱发事件本身所引起的，而是由于个体对这些事件的评价和解释造成的。

在 ABC 理论中，A 代表诱发事件(activating events)；B 代表个体对这一事件的看法、解释及评价，即信念(beliefs)；C 代表继这一事件后，个体的情绪反应和行为结果(consquences)。一般情况下，人们都认为是外部诱发事件 A 直接引起了情绪和行为反应的结果 C。但合理情绪治疗不这样看。ABC 理论指出，诱发性事件 A 只是引起情绪和行为反应的间接原因，而人们对诱发事件所持的信念、看法、解释，即 B 才是引起人的情绪和行为反应的直接原因。

艾利斯通过临床观察，总结出 11 种会激发不良反应的不合理信念特征：

① 每个人绝对要获得周围环境的人，尤其是每一位生活中重要人物的喜爱和赞许；

②个人是否有价值，完全在于他是否是个全能的人，即能在人生中的每个环节和方面都能有所成就；

③世界上有些人很邪恶、很可憎，所以应该对他们做严厉的谴责和惩罚；

④如果事情非己所愿，那将是一件可怕的事情；

⑤不愉快的事总是由于外在环境的因素引起的，不是自己所能控制和支配的，因此人对自身的痛苦和困扰也无法控制和改变；

⑥面对现实中的困难和自我承担的责任是件不容易的事情，倒不如逃避它们；

⑦人们要对危险和可怕的事情随时加以警惕，应该非常关心并不断注意其发生的可能性；

⑧人必须依赖别人，特别是某些与自己相比强而有力的人，只有这样，才能生活得好些；

⑨一个人以往的经历和事件常常决定了他目前的行为，而且这种影响是永远难以改变的；

⑩一个人应该关心他人的问题，并为他人的问题而悲伤难过；

⑪对人生中的某个问题，都应有一个唯一正确的答案，如果人找不到这个答案，就会痛苦一生。

一个情绪沮丧的人总是坚持他必须要有某事物，而不只是想要或喜欢它而已，因此他便会把这种过度极端化的需求应用到生活的各个方面，尤其是关于成就和获得别人赞许上。当他的这种需要不能满足时，就容易产生焦虑、自卑、沮丧等情绪，如果他将这种需求应用到他人身上，他就会对人产生敌意、愤怒等情绪。

许多学者对上述不合理信念加以归纳和简化，指出“绝对化的要求”“过分概括化”和“糟糕至极”是这些非理性观念的三个主要特征。

（二）理性—情绪疗法的方法

合理情绪治疗认为人们的情绪障碍是由于人们的不合理信念造成的。因此，这一治疗方法简要地说，就是要以理性治疗非理性，帮助来访者以合理的思维方式代替不合理的思维方式，以合理的信念代替不合理的信念，最大限度地减少不合理信念给他们的情绪带来的不良影响，以改变认知为主的治疗方式来帮助来访者减少或消除他们已有的情绪障碍。

具体来说，理性—情绪疗法的过程可以用 ABCDE 模式来表明：A——诱发性事件；B——由 A 引起的信念（对 A 的评价、解释等）；C——情绪和行为的后果；D——与不合理的信念辩论；E——通过治疗达到新的情绪及行为的治疗效果。这里的关键是 D，即与不合理信念的辩论。常用的合理情绪治疗的方法主要有：与不合理信念辩论、合理情绪想象、家庭作业及行动的方法等。

1. 与不合理信念辩论

这一方法是艾利斯根据自己咨询与心理治疗的实践经验总结出来的，其特点是通过治疗者积极主动地、不断地提问来向对方的不合理信念进行质疑。他认为，这一方法使得治疗者得以用科学的方式向来访者所持有的关于他们自己的、关于他人的，以及关于他们周围世界的不合理信念进行挑战和质疑，以动摇他们的这些信念。

从提问的形式上看，可以分为质疑式和夸张式两种。

(1)质疑式

治疗者直截了当地向来访者的不合理信念发问。例如，“你有什么证据能证明自己的这一观点”“是否别人都可以有失败的时候，而你不能有”“是否别人应该按照你想的去做”“你有什么理由要求事物按你所设想的那样发生”“请证实你自己的观点”等。

一般说来，来访者通常会很固执地坚持自己的信念。虽然他们往往不加批判地接受了许多现成的看法，但面对治疗者的质疑，他们却会想方设法地为自己的信念辩解。因此，治疗者需不断努力，借助于这种辩论过程的不断重复，使对方真正认识到：第一，它们的那些不合理的信念是不现实的，是不合逻辑的东西；第二，它们的那些信念是站不住脚的；第三，分清什么是合理的信念，什么是不合理的信念；第四，以合理的信念取代那些不合理的信念。

(2)夸张式

治疗者针对来访者信念的不合理之处故意提一些夸张的问题，其落脚点与质疑式提问是一样的，仅仅是方式上略有区别。这种提问方式犹如漫画手法，把对方信念的不合理、不合逻辑、不现实之处以夸张的方式放大给他们自己看。

2. 合理情绪想象技术

来访者的情绪困扰有时就是他向自己头脑传播的烦恼。他经常给自己传播不合理信念，在头脑中夸张地想象各种失败的情境，从而产生不适应的情绪和行为反应。合理情绪想象技术就是要帮助来访者停止这种传播的方法，其具体步骤可分为以下几步。

首先，使来访者在想象中进入不适应的情绪反应或自我感受最不能接受的情境之中，让他体会在这种情境下的强烈情绪体验。

其次，帮助来访者改变这种不适当的情绪体验，并使他能体验到适度的情绪反应。这常常是通过改变来访者对自己情绪体验的不正确认识来进行的。

最后，停止想象。让来访者讲述他是怎样想的，自己的情绪有哪些变化，是如何变化的，改变了哪些观念，学到了哪些观念。对来访者情绪和观念的积极转变，治疗者应及时给予强化，以巩固他在合理情绪治疗中获得的新的情绪反应。

3. 认知家庭作业

认知性的家庭作业也是合理情绪疗法常用的方法。它实际上是治疗者与来访者之间的辩论在一次治疗后的延伸，即让来访者自己与自己的不合理信念进行辩论，主要有两种形式：合理情绪治疗的自助量表和合理自我分析报告。

合理情绪的自助量表是艾利斯创立的合理情绪治疗研究所印制的一种自助量表，内容是首先要求来访者写出事件 A 和结果 C；其次从表中列出的十几种常见不合理信念中找出符合自己情况的 B，或写出表中未列出的其他不合理信念，要求来访者对B逐一进行分析，找出可以代替B的合理信念，填在相应的栏目中；最后，来访者要填写出他所得到的新的情绪和行为。完成合理情绪自助表实际上就是来访者自己进行ABCDE工作的一个过程。

合理自我分析和合理情绪自助量表基本上类似。来访者要以报告的形式写出ABCDE各项，只不过它不像自助量表那样有严格规范的步骤，但报告的重点也要以D即与不合理信念的辩论为主。

五、心理分析疗法

心理分析疗法技术以奥地利心理学家弗洛伊德为代表的精神分析学派理论为基础。弗洛伊德创始的精神分析理论是目前所有主流心理理论中历史最悠久的。其主要观点及技术内容如下。

(一)心理分析疗法的理论

在心理分析的基本理论中，与心理咨询和心理治疗有关的部分主要有：无意识和压抑理论、性心理发展学说、人格构成学说和神经症的心理病理学说。

1. 无意识与压抑的理论

弗洛伊德认为，人的精神生活主要由两个独立的部分构成，即意识和无意识。所谓无意识，又称潜意识，包含两种含义：一是指人们对自己的一些行为的真正原因和动机不能意识到；二是指人们在清醒的意识下面还有潜在的心理活动进行着。

后一种含义的无意识包含了各种为人类社会伦理道德、宗教法律所不能容许的原始的、动物性的本能冲动，以及与各种本能有关的欲望。它是过去经验的大储藏库。这些无法得到满足的情感体验、本能欲望与冲动是被压抑到无意识之中的，但它们并不肯安分守己地待在那里，而是在无意识中积极地活动着，不断地寻求出路，追求满足。

意识是可以直接感知到的心理部分，这一部分在弗洛伊德的理论中不很重要。他曾做过这样的比喻，认为心理活动的意识部分好比冰山露出海平面的小小山尖，而无意识则是海洋下面那看不见的巨大部分。

在意识和无意识中间还夹着很小一部分的精神活动，即前意识。前意识所包含的内容可以召回到意识部分中去，即其中的经验或观念可以说暂时不属于意识，但随时能够回忆起来，进入意识。

人的心理活动中的意识、无意识和前意识之间所保持的是一种动态的平衡，前意识之中的内容与意识之中的内容可以随时转换，但无意识部分的东西要进入意识则非常困难。在意识之中似乎有一种抵抗力量，起着“检查官”或“看门人”的作用——防止无意识中的观念进入意识部分。

无意识之中的各种本能冲动或动机、欲望一直都在积极活动之中，有时还很迫切，力求在意识的行为中得到表现。但因为它是为社会道德、宗教法律不能容许的，所以当其出现时，人就会在意识中唤起焦虑、羞耻感和罪恶反省，加以抵抗，进行压抑。弗洛伊德认为无意识的动机是向上运动的，向外推的，而意识却施以相反的力量向下、向内紧压，这就是所谓压抑。

压抑的功能是把主体的经验和回忆、各种欲望和冲动保存和隐藏起来，不让它们出现在意识中。但这些东西并未消失，而一直潜伏着、活动着，并通过梦、口误、笔误、记忆错误等表现出来，而病态的压抑则会导致心理疾病，即以神经症的形式表现出来。

2. 人格构成学说

弗洛伊德根据临床经验知识，指出人格的构造可以分为三部分，即本我、自我、超我。本我是属于生物层面，自我是属于现实层面，而超我是属于社会道德层面。

(1)本我

本我是人格的基本体系，代表着人最原始的一面，是由一切与生俱来的本能冲动组成的。它潜存了人的各种欲望，如性欲望、觅食欲望、求安全欲望和攻击欲望等。这些本能和欲望强烈地冲动着，不能忍受紧张，它会对紧张做立即反应，以维持一种均衡状态。因此，本我只受“快乐原则”的支配，其目的在于减轻紧张，避免痛苦，获得快乐。本我是非理性、非道德的，它一味寻求无条件的、即刻的满足，永远不会成熟，也不会思考，仅有欲求或行动。本我属于潜意识层面，但也可浮现在前意识或意识中。

(2)自我

自我是与真实的外界相接触的部分，它是管理、控制与调整人格的执行者，它的职责在于协调本我与周围环境之间的关系。自我控制意识，并从事检查工作。它受“现实原则”的支配，能做现实性与逻辑性的思考，并对满足需要的行动做计划。不仅顾及主观的现实层面，也能区别外在世界的心理印象与外在事物之间的关系。

(3)超我

超我是人格中道德或正义的部分。它是一个人的道德信条，主要判断行动的好与坏、对与错。它代表理想而非现实，努力追求完美，而非快乐。它也是传统价值与社会理想的代表，这些传统价值与社会理想是由父母传递给儿女的。

弗洛伊德认为人格的这三种构成，本我、自我、超我之间不是静止的，而是不断地交互作用着。自我在超我的监督下，按现实可能的情况，只允许来自本我的冲动有有限的表现。在一个健康的人格之中，这三种人格结构的作用必然是均衡的。本我是求生存的必要原动力；超我在监督、控制主体按社会道德标准行事；而自我对上按超我的要求去做，对下吸取本我的动力，调整其冲动欲望，对外适应现实环境，对内调节心理的平衡。如果这三种力量不能保持这种动态平衡，则将导致心理失常的产生。

3. 性心理发展理论

弗洛伊德的观点中有一个很重要的核心概念“力比多”。它被弗洛伊德认为是所有人类行为的源泉和动力。力比多，又称性力，是一种力量、一种本能。这种性本能是人类一切心理和行为发生的主要基础。当然，他所谓的性不仅包括了同生殖器官有关的狭义内容，而且具有更广泛的内涵，包括了与生命得以延续和发展有关的内容。

按弗洛伊德的观念，人的发展即是性心理的发展，这一发展从婴儿时期开始到青春期共划分为5个阶段，每个阶段的性活动都可能影响人的人格特征，甚至成为今后发生心理疾患的根源。其中，儿童早期的经历对一个人其后的心理发展是至关重要的。

①口欲阶段(0～1岁)：这一时期婴儿的主要活动为口腔的活动，快感来源为唇、口、吸吮、吃、吃手指。长牙后，快感来自咬牙、咬东西。

②肛欲阶段(1～3岁)：这一时期婴儿要接受排泄大小便的训练，主要为肌紧张的训练。快感表现为忍受和排便。

③性器欲阶段(3～6岁)：这一时期儿童能分辨两性，产生对异性双亲的爱恋和对同性双亲的嫉妒。此外，生殖器部位的刺激也是快感的来源之一。

④潜伏期阶段（6～12岁)：这一时期的儿童性欲倾向受到压抑，快感主要是对外部世界的兴趣。

⑤青春期阶段(12～18岁)：兴趣逐渐转向异性，幼年的性冲动复活，性开始成熟。其特征是异性爱的倾向占优势。

弗洛伊德认为，性心理的发展过程如不能顺利进行，停滞在某一发展阶段，即发生固着；或个体在受到挫折后从高级的发展阶段倒退到某些低级的发展阶段即产生了退行，就可能导致心理的异常，成为各种神经症、精神病产生的根源。

(二)心理分析的方法及操作

1. 心理分析的方法

心理分析的方法主要在于逐渐地觉察、明晰洞察人的行为，以及了解症状所显示的意义。因为心理分析认为症状是神经症性冲突的结果，它是经过化装的，背后有无意识的症结。咨询中要帮助来访者寻找症状背后的无意识动机，使之与意识相见，即通过分析让来访者自己意识到其无意识中的症结所在，产生意识层次的领悟，使无意识的心理过程转变为意识的，使来访者真正了解症状的真实意义，便可使症状消失。心理分析有如下五种主要方法。

(1)自由联想

分析师引导来访者尽可能地将心中的话说出来，不管它们是多么琐碎、无逻辑、不清楚，来访者仍直觉地、不加思考地报告出来。在自由联想过程中，治疗者的任务是鉴别与解析潜意识中被压抑的事件与来访者症状有关联的资料。来访者通常躺在长椅上，而咨询师则坐在其后，这样才不至于在来访者自由联想的时候受到限制。

(2)梦的分析

在睡眠中防御能力是比较低的，一些被压抑的情感会表面化。弗洛伊德把梦看作通往潜意识的大道，在梦中一个人的潜意识欲望、需要与恐惧会表现出来，某些不被人所接受的动机会以伪装的形式表现出来，而非直接显现。对梦的分析就是要揭示梦的隐义。

(3)抗拒的分析

抗拒是来访者有意识或无意识地回避某些敏感话题，有意无意地使咨询重心偏移。弗洛伊德认为，来访者抗拒的原因是一种潜意识的防御作用，以逃避自己去面对自己所无法忍受的焦虑的意识化。处理抗拒的方法是治疗师指出来访者的抗拒心理，帮助来访者了解抗拒的原因，让来访者正视抗拒的行为，并借此探讨潜意识的作用。

(4)移情的分析

移情是指来访者在咨询过程中，把治疗者当成他过去生命中的一个重要人物(如父母、其他重要人物)，来访者并以对待这一重要人物的情感移转到治疗师。在咨询过程中，移情是关键。因为通过移情作用，治疗者有机会去具体地观察和了解来访者的人际关系，并解析问题行为的冲突所在。

(5)解释

解释是心理分析中最常用的方法。解释的目的是让来访者正视他所回避的东西或尚未意识到的东西，使无意识之中的内容变成意识的。要揭示症状背后的无意识动机，消除抗拒和移情的干扰，使来访者对其症状的真正含义有所了解，解释都是不可少的。

2. 心理分析的操作

根据有关理论家的观点，精神分析治疗包括4个阶段，即开放阶段、发展阶段、修通阶段以及移情阶段。

(1)开放阶段

这一阶段由两部分组成，首先是通过会谈了解病人的问题并决定是否适合进行精神分析治疗，向病人解释治疗情境的结构以及治疗者和病人的责任。如果在几次会谈以后治疗还在进行，就会进入第二部分，即病人躺在安乐椅上，并记录下他所报告的或做的任何事情。因此，治疗者可以积累大量的有关这一病人的意识和无意识材料。在随后的治疗中，病人所有的梦、幻想、投射、自由联想以及早期记忆等都可以被治疗师用于帮助对方达到对问题的领悟。

(2)移情的发展

移情的发展和对它的解释构成了治疗的一个重要阶段。治疗者这时已成为病人生活中的一个重要角色，病人对治疗师的情感反应表现了他们对过去生活中某个重要人物的认识、解释和反应。通过让病人理解这种过去行为对目前行为的影响和决定作用，他们就能做出恰当的决策。当然，在解释移情的同时，治疗师必须注意到反向移情出现的可能性，即治疗师未经解决的对某个重要人物的情感可能会移情向他的病人。只有在治疗师和病人都对他们之间的关系中所出现的移情和反移情有清醒的认识，治疗过程才能进步。

(3)修通阶段

这一阶段与上一阶段有所交叉。因为对某种移情的修通，通常会伴随对某一重要事件的回忆，这反过来会引起进一步的领悟。对移情的修通是一个发展的过程，而且每一次修通都产生进一步的澄清和理解。很多病人在此期间会表现出抗拒作用，它是病人对治疗者的治疗目标所表现出的一种主动或被动的对抗。尽管病人在意识上希望得到帮助，但却会采用防御机制以避免被压抑的痛苦经验被带到意识之中。在精神分析过程中，对病人这种抗拒的修通是治疗者的重要作用之一。

(4)对移情的分析

当治疗者和病人都相信病人的主要冲突已被修通之后，就应确定治疗中止的日期。这一阶段的主要目的就是解决病人对治疗师的依恋。这一阶段中有几个方面是共同的。其一是病人会保持对治疗师的依赖而不愿意中断这种关系。对治疗的这一方面的分析代表了对病人治疗的终结，但病人治疗结束后可能出现的任何幻想或欲望都应在这一阶段得到修通。

练习题

一、单项选择题

1. 强迫症包括强迫观念和(　　)。

A. 怪异观念　B. 强迫行为　C. 强迫洗手　D. 强迫恐惧

2. 可采用(　　)来治疗失眠。

A. 系统脱敏法　B. 肌肉松弛法　C. 自我暗示法　D. 行为疗法

3. 小王总是怀疑自己家的门没有上锁，因此常常要反复检查，他的这种行为属于(　　)。

A. 焦虑　B. 强迫行为　C. 强迫观念　D. 强迫恐惧

4. 通过求诊者的观察和模仿来矫正其适应不良行为与神经症反应的方法是(　　)。

A. 行为塑造法　B. 自我控制法　C. 强化法　D. 示范法

5. 关于考试焦虑症的处理，以下哪种说法是不正确的？(　　)

A. 考试焦虑症必要时可以心理治疗配合抗焦虑的药物来处理。

B. 学业压力和考试焦虑会形成恶性循环，令考试焦虑症越来越严重。

C. 考试焦虑症的形成原因主要是学生内部的压力，所以只要处理好学生的心态和观念就可以了。

D. 系统脱敏法是治疗考试焦虑症的方法之一。

6. 在对学生进行心理辅导时，常使用的强化法属于(　　)。

A. 行为改变法　B. 认知改变法　C. 精神分析法　D. 运动改变法

二、简答题

1. 学校开展心理健康教育的基本途径。

2. 结合实际，说明行为改变的强化方法。

3. 怎样帮助学生降低考试焦虑？

参考答案

一、单项选择题

1. B　2. B　3. B　4. D　5. C　6. A

二、简答题

1.【答案要点】

(1)开设心理健康教育相关课程；(2)开设心理辅导活动课；(3)在学科教学中渗透心理健康教育的内容；(4)结合班级、团队活动开展心理健康教育；(5)个别心理辅导或咨询；(6)小组心理辅导。

2.【答案要点】

(1)增强法

增强法有两种方式，一是积极增强，二是消极增强。所谓积极增强是指给予正性增强物(即人所喜欢的事物)，而消极增强是指拿掉负性增强物(即人不喜欢的事物，或厌恶刺激)，两者都是用来鼓励当事人的受欢迎行为，抑制不受欢迎的行为。

(2)惩罚法

惩罚法——用处罚消除不良行为，可用两种形式：①不良行为出现后呈现厌恶刺激；②不良行为后，撤销愉快刺激。具体而言，常用的惩罚方法有：①一般性惩罚，如给予批评、打手心、打屁股、罚站、记过、勒令退学等；②特殊性惩罚，如束缚身体、隔离、厌恶疗法等。

(3)消退法

这种方法是指对不适应的行为不予注意，不予强化，使之渐趋削弱直至消失。

(4)代币奖励法

代币是一种象征性强化物，筹码、小红星、盖章的卡片、特制的塑料币等都可用来做代币。当学生做出教师所期待的良好行为以后，就发给相当数量的代币作为强化物。学生用代币可以换取有实际价值的奖励物或活动。

(5)行为塑造法

行为塑造法是指通过不断强化逐渐趋近目标的反应，来形成某种较复杂的行为。当学生很少出现教师所期待的行为时，就依次强化那些渐趋目标的行为，直到合意的行为出现。例如，有人曾用此方法让一个沉默无话的孩子开口说话。

(6)示范法

观察教师呈现的范例(榜样)。

(7)自我控制法

让当事人自己运用学习原理，进行自我分析、自我监督、自我强化、自我惩罚，以改善自身行为。

3.【答案要点】

考试焦虑是考试时常见的一种心理现象。考试焦虑的矫正可通过以下方法：

(1)自信训练。让学生正确认识考试的重要性，摆正考试的位置，不要把考试看成是至高无上的。

(2)对重度考试焦虑者，还要针对考试焦虑中的生理成分，进行放松训练。放松训练有意念放松法和肌肉放松法两种。

(3)考试焦虑还可用系统脱敏法降低。其步骤和方法是：第一步，请当事人列出引起考试焦虑反应的具体刺激情境；第二步，将上述刺激情境按从弱到强的顺序，排成“焦虑等级”；第三步，通过放松训练形成松弛反应，使机体处于完全放松状态；第四步，按照焦虑等级，让当事人在大脑想象中循序使松弛反应抑制焦虑反应。

第十一章　教师心理

学习目标与任务▶

1. 了解教师角色心理和教师心理特征；
2. 理解教师成长心理；
3. 掌握促进教师心理健康的理论与方法。

具有什么样的特质的教师能让学生获得更高的学业成就或更强的学习动机呢？早期通过对教师自身的个人品质的研究表明，高效教师具有的特征包括表达清晰、对学生热情和拥有扎实的专业知识。教师的心理品质和专业素质直接影响着教师与学生的互动和教学效果。教师心理是教育心理学的重要组成部分，主要介绍教师的心理特征、教师的成长及教师的心理健康。

第一节　教师的角色与特征

“师者，传道授业解惑也。”这句话出自韩愈的《师说》，代表了传统社会中人们对于教师的角色的认识。但随着社会及教育的发展，人们对教师的角色提出了新的要求。教师需要改变传统的角色，以适应教师专业化发展的需要。

一、教师的角色

教师在教育的舞台上，需要扮演哪些角色？社会和他人对这些角色有哪些期待？教师在诸多角色之间如何自由转换？

(一)教师的角色的含义

教师的角色，指教师按照其特定的社会地位承担起相应地社会角色，并表现出符合社会期望的行为模式。角色是戏剧舞台上的一个概念。20 世纪 20 年代，美国社会心理学家米德将其引进社会心理学领域。一般的观点认为，角色是指处于一定社会地位的个体，依据社会对他提出的要求，借助于自己的主观能力适应社会环境所表现出的行为模式。这里所谓的“社会对个体的要求”即社会期望，而个体的主观能力则称为角色扮演能力。所以，角色是社会期望与个体角色扮演能力的统一，即客观和主观的统一。教师角色指社会对教师职能和地位的期望和要求。它规定了教师在教育情境中所应该表现的心理和行为方式。在传统教学中，教师角色是比较单一的，在教学中处于中心地位，直接以文化权威的身份出现，在知识、技能和道德等方面具有不可动摇的权威性。教师的基本职责主要限于阐明事理，监督学生，师生之间是直接的传递和接受的关系。随着科学技术的飞速发展和社会的急剧变革，特别是信息技术时代对学习产生的深远影响，从教育目标到教育内容、教育方法等都在发生巨大变化，教师的角色也相应地发生了重大的变化。

1. 知识传授者

教师是知识的传授者，这是教师最基本与最突出的角色，是教师职业的中心角色。相对于其他角色而言，文化知识传递者是一个核心的或基础性的角色。教师这一社会角色首先是和文化知识的传递密不可分的，没有文化知识传递的需要也就不可能产生教师角色。在教学过程中，教师传授给学生的知识，一要“博”，即给学生以丰富的知识，开阔学生的视野；二要“深”，即给学生以带有规律性的知识，引导学生深入学习；三要“新”，即给学生以带有时代感的知识，帮助学生具有探索未知世界的知识。

教师在传授知识的同时还必须向学生进行思想品德方面的教育，并通过管理、组织活动和个人言行对学生施加巨大的影响，塑造学生的个性。因此，要扮演好这种角色，教师就必须尊重个性发展规律及有关知识，十分重视智育并举的德育，加强自我修养，成为学生的榜样。这一角色要求教师具备以下素质。

①教师自己应当是一个知识宝库，是一部内容丰富的教科书。在这个意义上说教师扮演着信息源的角色。

②教师作为文化知识传递者，应掌握传授的技能、技巧，在传授知识活动中既按社会发展需要和学生特点发展他们的智能，培养各种优良素质，又尊重学生身心发展规律进行教育、教学。

③教师在传授知识的过程中要把社会责任感和科学育人的使命感结合起来。

2. 教学设计者和组织者

教师是教学的“工程师”，是教学的设计者。教师要分析教材，掌握教材的重点与难点，分析学生特点，进行有效的教学设计。进行了有效的教学设计后，教师还要能实施教学过程。教学组织是指在有目的、有计划地实施教育教学活动中教师的组织行为，通常主要由导入、引导、过渡、结束几个环节构成。教学活动的导入是指教师用以引起学生注意、激发学生兴趣、引发学生积极参与活动的动机、使学生进入活动状态的行为方式；教学活动的引导是指教师引导学生注意，引导学生主动探索，形成良好的活动气氛，使活动具有必要的秩序，以达到预定活动目标的行为方式；教学活动的过渡是指教师采用适当的方法，引导学生从一个活动转向下一个活动，或从一个环节过渡到另一个环节，使活动有机衔接、顺利过渡的行为方式；教学活动的结束是指在教学活动的终了阶段，教师引导学生对教学内容或主题进行总结归纳、强化巩固、迁移延伸，从而圆满结束教学。

3. 成长指导者和促进者

教师应该是学生成长的指导者和促进者，而不仅是知识的传授者。教师要对学生的成长与发展进行有效的指导，具体包括行为指导、学习指导、社会能力指导和情感指导。

①行为指导是指教师为促进学生良好行为的发展，采取科学、有效的引导、培养、塑造、干预、矫正等教育方法与策略的过程；

②学习指导要求教师对学生的整个活动，包括学习内容、学习环节、学习心理、学习方法等进行经常性的指导和帮助，是全方位的、涵盖学生学习各个方面的指导活动；

③社会能力指导可以体现在三个方面，即社会交往能力、亲社会行为能力、社

会适应能力。其中，社会交往能力是学生亲社会能力和社会适应能力发展的前提；

④情感教育包括三部分的内容：一是帮助学生形成积极良好的情绪情感体验；二是培养学生形成良好的情绪调控能力；三是发展学生的情绪智慧和情绪识别能力。

4. 传道者和示范者

教师具有传递社会传统道德、正统价值观念的使命，“道之所存，师之所存也”。进入现代社会后，虽然道德观、价值观呈现出多元化的特点，但学校、教师的道德观、价值观代表了社会主导地位的道德观、价值观，并且用这种观念引导年青一代。

教师的言行是学生学习和模仿的榜样。教育中强调身教重于言教，教师要通过自己的榜样、模范、表率作用去感染每一个学生，教育每一个学生，对学生施之潜移默化的影响。

5. 管理者

这个角色主要表现在教师是学生集体的领导者和纪律的执行者两方面。教师是传道、授业者，也是教育教学活动的管理者。教师对教育教学活动的管理，包括确定目标、建立班集体、制定和贯彻规章制度、维持班级纪律、组织班级活动、协调人际关系等，并对教育教学活动进行控制、检查和评价。

6. 心理卫生工作者

教师在教育教学过程中应随时随地帮助学生讲究心理卫生，保持心理健康。这就要求教师还应该是一位心理卫生工作者。这个角色主要是帮助学生学习和适应更有效的生活方式，掌握心理疏导技术，减轻、消除心理压力和矛盾，帮助学生学会主动调节情绪，以保持积极向上的精神状态；对较差的学生给予较多的关怀，消除其压抑感；了解学生常见的心理异常症状，及时发现问题；尊重学生的个别差异，帮助学生形成健康人格，等等。扮演好这一角色，教师应该做好两方面的工作。一方面，要指导学生健康地生活，克服种种心理失常或心理障碍。例如，帮助学生摆脱过度的焦虑、羞怯、嫉妒、自卑、冲动等，以发展健康的心理，防止各种心理问题发生。另一方面，在学生遭受心理挫折后，教师又要设法创设一种谅解和宽容的气氛，减轻受挫折的痛苦，及时提供帮助、咨询和诊断，治疗学生的心理创伤。

7. 反思者和研究者

教学反思被认为是教师专业发展和自我成长的核心因素。在教学过程中，教学反思分为教学前、教学中、教学后三个阶段。教师要不断反思自己的教学行为，反思这些行为背后隐藏的前提假设及其合理性，就会改进自己的教学行为，提高教育教学水平。

传统的教师只是教书匠，而现在的教师则同时要成为教学和学习的研究者。教师的研究主要是针对自身教育教学过程中出现的问题、困惑，采取行动研究的方法，重在解决教育教学过程中的实际问题。教师一旦以研究者的心态置身于教育教学情境中，以研究者的眼光审视自己所进行的教育教学实践，会对教育教学过程中出现的新问题更加敏感、更有创见。“课堂即实验室”，在现代教育中，教师更要成为一个研究者。

8. 终身学习者

在科学技术飞速发展的现代社会，知识更新的速度已远远超过过去许多时代。终身学习、终身教育、学习型社会等理念的提出，对人类的教育思想、教育观念形成了巨大的冲击。在终身学习社会背景下，学校正在被要求发挥教育变革的重要作用，教师被要求成为这个变革过程的中心。然而，学校实现这些期望的能力主要取决于它们自身推行变革的能力，尤其取决于教师是否能够发展积极、有效的策略以适应未来学校的需要。面对终身学习社会对学校和教师的严峻挑战，世界各国都在重新考虑教师的角色定位。终身学习社会的教师所面临的挑战，具有高度的不可预测性与复杂性，他们只能针对自己所处的情境以及个人专业能力的发展状况，适时地修正个人未来的发展方向，才能有效地促成教师专业潜能最大限度的发挥。为此，教师必须牢牢树立终身学习的理念，保持开放的心态，将学校和社会视为自己学习的场所，通过工作与学习的结合，不断对自身的教育教学进行研究，对自己的知识与经验进行重组，拓展自我效能，不断提高教育教学质量，成为适应时代发展要求的合格教师 。

9. 家长代理人

教师与其他职员的一个重要区别是，他们经常扮演家长的角色。教师在课堂上、学习上是老师，在生活上是长者和父母。学生对待教师的态度很像对待自己父母的态度，迫切希望教师能像父母那样对他们。特别是年龄小的学生经常把教师当作父母的化身，而教师在扮演家长代理人的角色时有优于父母的地方，这就是教师既扮演了父母温暖与关怀的角色，又扮演了一般父母所不具备的严格要求的角色。

10. 学生的朋友和知己者

在日常生活中，教师有时需要淡化他的地位角色，成为值得学生信赖的朋友和知己，对待学生热情、友好、同情、平等、民主，保持良好的师生关系。

增进师生沟通的心理学原则有：

①同理心。这是与学生沟通的前提条件，包括三个条件：第一，站在对方的立场去理解对方；第二，了解导致这种情形的因素；第三，让对方了解自己对其设身处地的理解。

②真诚。自由地表达真正的自己，表现出开放与诚实，用真诚唤起学生的信任感。

③接纳与尊重。接纳和尊重学生，但不对学生无理性地溺爱和迁就。

(二)教师角色的心理结构

面对复杂的教师角色需要，了解教师角色的心理结构有利于教师形成相应的教师角色。教师角色意识的心理结构包括以下四部分内容。

1. 角色认知

角色认知是指角色扮演者对角色的社会地位、作用及行为规范的认识和对与社会的其他角色的关系的认识。角色认知的概念包括三部分。

第一，准确的角色认知要求人们知道布置给他们的具体任务是什么，就是说要求人们知道具体的职责或者负责的后果。这看上去很显而易见，但是员工会(不仅仅)因为没有完成他们都不知道但属于自己职责的任务而被解雇。

第二，准确的角色认知要求他们知道不同的任务和业绩期望之间的优先顺序，这包括质量和数量的困境。例如，一小时服务多少顾客(数量)与给予每位顾客多好的服务(质量)。它也指给不同的任务合理安排时间和资源。例如，一个经理一周该花多少时间训练员工。

第三，知道完成任务的首选方法。这适用于有超过一种的方法可以完成任务的情况。有清晰角色认知的员工知道哪种方法对组织来说较优。

对于教师来说，只有具有清晰的角色认知才能在各种社会情境中恰当地行事，达到良好的社会适应。教师角色认知的实现是教师通过学习、职业训练、社会交往等，了解社会对教师角色的期望和要求。

2. 角色体验

角色体验是指个体在扮演一定角色的过程中，受到各方面的评价与期待而产生的情绪体验。一般来说，这种体验因主体行为是否符合角色规范并因此受到不同评价而有积极与消极之分。教师在承担不同的教师角色中，也会由于各方面的评价与期待而产生相应的角色体验，这些体验有可能是积极的，也可能是消极的。如责任感、自尊感或自卑感都是教师在角色扮演过程中产生的情绪体验。

3. 角色期待

角色期待是指角色扮演者对自己和对别人应表现出什么样的行为的看法和期望。它是因具体的人和情境的不同而变化的。教师的角色期待是教师自己和他人对其行为的期望。角色期待包括两方面，一是自我形象，即个人对自己的行为期望；二是公众形象，指他人对某一特殊角色的期望。这两者是相互作用和相互影响的。

4. 角色规范

在长期的社会生活中，对角色期待的提炼，就形成了角色规范，并在个人的社会活动中表现出来。通常个人接受角色规范的过程，就是角色社会化的过程。

要成为一名合格的教师，教师要从自身出发，重视提高自身素质，增强角色适应能力。根据以上角色的心理结构的四要素，教师可通过不同途径形成和培养教师角色。在角色认知方面，要重视角色学习，不断提高教师角色认知水平；在角色体验方面，通过感受角色体验，形成教师的积极情感体验；在角色期待方面，形成适度的角色期待，不过分夸大教师的作用而对教师产生过多的不切实际的角色期望；在角色规范方面，要建立角色系统，合理调整教师的角色行为，有效抵制非本质角色行为的诱惑。教师要积极地进行教师角色调适，与教师角色的需要相适应。

(三)教师角色的形成阶段

社会心理学家认为，社会角色是可以通过学习获得的。教师角色的形成分为三个阶段。

1. 角色认知阶段

角色认知是指角色扮演者对某一角色行为规范的认识和了解，知道哪些行为是合适的，哪些行为是不合适的。对教师职业角色的认知，是教师对教育事业的深刻理解过程，包括教育工作是怎样的职业，它所承担的社会职责是什么，它在历史、现实中处于怎样的地位等。

2. 角色认同阶段

教师角色的认同指个体亲身体验接受教师角色所承担的社会职责，并用来控制和衡量自己的行为。对教师角色的认同不仅在认识上了解教师角色的行为规范、社会价值和评价，并经常用优秀教师的标准来衡量自己的心理和言行，自觉地评价与调节自己的行为。同时在情感上也有了体验，表现出较强的职业情感，如热爱教育事业、热爱学生等。

3. 角色信念阶段

信念是个体确信并愿意以之作为自己行为指南的认识。信念表现在教师职业中就是为教育事业献身的精神。在此阶段中，教师角色中的社会要求转化为个体需要，形成了教师职业特有的自尊心和荣誉感。教师意识和教师特有的情感，使他们自觉地奉献出毕生的精力。

教师职业角色的形成需要教师提高对教师角色的认识，对教师角色规范有认同感，并在教育实践中不断转化为个人的信念。

(四)教师角色的特殊性决定了教师劳动具有不同于其他职业的特征

1. 特殊的复杂性

教师职业特殊的复杂性表现在：一是从教师劳动对象来看，学生是具有自觉意识、有感情有理智的活生生的人，是复杂的个体；二是从教师的任务来看，既要教书还有育人，传授知识还要培养技能发展智力，还要培养价值观、道德品质和行为习惯以及人格发展；三是从过程来看，教师劳动既是一个体力劳动，更是一个运用智力的过程。学校教育是以教学为中心的育人活动，教师的劳动对象是有能动性的人，是正处于蓬勃发展阶段的儿童和青少年。他们千差万别，既表现在不同年龄阶段的学生具有不同的年龄特征，也表现在同一年龄阶段的儿童青少年具有不同的个性差异。

而且，教师的劳动任务还具有全面性，既要传授知识，又要培养学生良好的品德，增强他们进行美的熏陶。这种全面性的劳动任务，加大了教师劳动的难度。

2. 强烈的示范性

“师者，人之模范。”加之模仿是青少年的学习方式之一。教师的示范性不仅表现在工作中，还要贯穿到日常生活中。教师主要是以自身的知识、才干、学风、品德、风格作为直接影响学生的教育手段。

学生不只是听教师的说教，更要看教师的行为。教师的言行，经常这样或那样地为学生在学习和品德修养方面提供效仿的样式并感染他们，激励和引导他们不断进取。正如德国著名教育家第斯多惠所概括的那样，“教师本人是学校里最重要的师表，是直观的、有教益的模范，是学生最活生生的榜样”“没有教师给学生个人的直接影响，深入学生性格中的真正的教育是不可能有的”。因此，教师要不断地提高“为人师表”的角色意识，扎扎实实地充实、完善自己，以适应迅速发展的教育事业的需要。

3. 独特的创造性

“世界上没有完全相同的两个人”“一把钥匙开一把锁”“教有法，无定法”，都说明了教师劳动独特的创造性。马卡连柯说：“一般说来，教育学是最辩证、最灵活的一种科学，也是最复杂、最多样化的一种科学。”这句话不仅反映了教学科学的特点，也充分反应教师劳动创造性特点。没有统一模式，没有固定办法，只有创造性的调节自己的教育行为，不断探索新的教育、教学规律，才能创造性地培养人才。

4. 显效的长期性

“十年树木，百年树人。”教师劳动的长期性，意味着教师的教育教学不仅要注重当前的社会需要，更要考虑学生的未来发展。教育从投入产出的周期长，就决定着教师劳动的长期性、育人绩效的长期性。但其过程的各阶段是连续的，并构成整体系统；每一阶段的诸环节，也具有连续性。教育的成果，也不是单人努力或单项工作的结果，而是教师个体和集体共同勤奋工作以及多方面影响的综合结果。总之，教育是一个长期的、连续的、合力奋斗的育人工程。

5. 空间的广延性和时间的连续性

家访、校外活动就是扩大教育的时间和空间。教师劳动的地点没有明确的校内外划分。

6. 劳动量的隐含性

备课、课外辅导、家访、批改作业、自我学习等是无法计算人工成本的，教师有大量的隐性劳动。

7. 劳动的科学性和艺术性

教学不仅是一门科学，更是一门艺术。教师教学和教育，需要科学的调动学生的情绪感受，教师的劳动具备科学性和艺术性双重特点。

8. 劳动协作性

在现代教育中，任何一个学生的成长和发展都是教师集体共同影响的结果，也是家长、学校和社会共同影响的结果。因此，教育需要教师团结共事，并肩进取，发扬不屈不挠的精神，善于优化人际关系，树立育人的一盘棋的思想，为育人事业做贡献。

二、教师的心理特征

教师的心理特征是指教师在长期的教育教学实践活动中，由于扮演各种不同的角色而逐渐形成的教师职业特有的心理品质，是从事教师职业者所共有的、典型的特征。

(一)教师的认知特征

教师的认知特征包括其知识结构和教学能力。

1. 教师的知识结构

教师的知识结构主要包括专业学科内容知识、教学法知识和特定学科内容的教学法知识。第一，教师必须掌握有关所授学科内容的知识，通过学习具体的专业课程或课外的经验来提高专业学科的内容性知识。例如，你打算教生物，那么通过学习生物专业课程或在课外运用生物学、与他人讨论有关生物问题的经验有利于提高生物学科的内容性知识。第二，教师需要教学法知识，即怎样进行教学的知识。例如，怎样提高学生学习的动机，对于学生的个体差异如何进行因材施教，课堂上对学生的问题行为如何管理，如何设计和实施测验。第三，教师需要特定学科内容的教学法知识，即怎样教授具体学科内容的知识。例如，一个英语教师需要知道怎样对学生进行听说读写的教学过程和方法。

2. 教师的教学能力结构

教师的教学能力是以认识能力为基础，在具体的学科教学活动中表现出来的一种特殊的专业能力。

①教学设计能力：教师能根据课程标准和学生的情况，明确教学目的，善于组织和运用教材，教师要具备分析处理教材、教学方案设计、呈现教材的能力，如恰当地编排呈现内容、次序、选择适宜的呈现方式等能力。

②表达能力：表达能力是影响教师教育活动成效的重要因素，表达能力包括言语表达能力和非言语表达能力，言语表达能力指教师语言表达的准确性、条理性、连贯性等，非言语表达能力指言语的感染力、表情、手势等。

③迅速而准确的组织教学的能力：如学生学习动机的激发，教学活动形式的组织等。

④对学生学习困难的诊治能力：教师对具有学习困难的学生早期诊断并及时帮助，使用一些策略来对具有学习困难的学生开展帮助。

⑤教学媒体的使用能力：如运用教具的恰当性。

⑥教育机智：是教师在教育、教学过程中的一种特殊定向能力，是指教师对学生活动的敏感性，能根据学生新的特别是意外的情况，迅速而正确地做出判断，随机应变地及时采取恰当而有效的教育措施解决问题的能力。

⑦研究能力：开展教育教学研究是促进教师专业发展的重要途径，对教师的个体成长具有重要的意义。

(二)教师的人格特征

教师的人格特征是影响教学的重要因素，教师的职业压力应对策略也与教师的人格特征有关。其包含的内容是多方面的，如教师的职业信念、教师的性格特点和教师对学生的理解等。

在教师的人格特征中，有两个重要特征对教学效果有显著影响：一是教师的热心和同情心；二是教师富有激励和想象的倾向性。施穆克(Schmuck，R.)的研究表明，当学生把他们的教师看作富有同情心时，课堂内的学生之间更能分享喜爱和感情。科根(Cogan，M. L.)发现，教师的热情与学生完成的工作量、对学科的兴趣、小学生行为的有效性均有重要的关系。瑞安斯(Ryans，D. G.)的研究表明，有激励作用、生动活泼、富有想象力并热心于自己学科的教师，他们的教学工作较为成功；在教师的激励下，学生的行为更富有建设性。

我国不少研究者对优秀教师、学生喜爱的教师的人格特征进行了研究。谢千秋等的调查结果显示，学生喜欢的教师的前五条品质是：①热爱、同情、尊重学生；②知识广博，肯教人；③耐心温和，容易接近；④实事求是，严格要求；⑤教学方法好。于之奇的研究发现：情绪稳定、有恒负责、现实合乎常规、自主、当机立断、心平气和、自律严谨是优秀中学教师突出的个性品质。韩进之在总结国内外研究的基础上提出，一个优秀教师应具有的优良个性品质应该是：①热忱关怀；②真诚坦率；③胸怀宽广；④作风民主；⑤客观公正；⑥自信自强；⑦耐心自制；⑧坚韧果断；⑨热爱教育事业。万云英等调查发现学生心目中理想教师的前五位品质是：①平易近人；②没有偏见；③关心同学；④态度认真；⑤要求严格。吴光勇、黄希庭的研究发现，现代中学生喜爱的教师的理想人格是：符合教师角色的、体现时代精神的、具有自觉意识、原创能力、执着精神和奉献精神的独立的、稳定的、整体完善的人格。研究发现，对新手—熟手—专家教师的研究发现，专家教师具有鲜明的情绪稳定性、理智、着重实际、自信心和批判性强的人格特点，职业的情感投入程度和职业成就感高的特点。

(三)教师的行为特征

教师的行为是教师内在素质的外在表现。教学是教师组织和指导学生认知、达成教学目标的师生共同活动。在这一活动中，教师的教学行为起着关键作用。一个教师教学效果的好坏，完全取决于其教学行为的合理与否。广义的教师行为包括一切与教学活动有关的课内外以至校内外的教育活动；狭义的教师行为仅指教师课堂教学中外显的、可观察的行为或活动。教师的知识、观念、工作积极性和教学监控能力诸因素必须通过教师的教学行为体现出来；学生也是通过观察教师的教学行为，来理解教师的要求、掌握知识、发展自身能力、培养健康的个性品质。因此，教师通过调整自己的教学行为，使之有利于教学任务的完成，有利于学生的全面发展，就成为教师教学成败的关键因素。林崇德提出可以从以下五个方面来衡量教师的教学行为：教学行为的明确性、多样性、任务取向性、参与性、及时的教学效果评估，如果一个教师能做到这五个方面，那么他的教学行为是非常恰当的，教学效果必然会很好。

①教学行为的明确性。教学行为是在对教学活动过程分析的基础上提出来的，教学行为目的越明确，导向作用越大，教学效益越高。

②教学行为的多样性。在现代教育中，教育结构呈现出多样化的趋势。从而对各类教学的行为标准和规范提出了较高的要求，教学内涵也日益丰富和复杂，只有富于多样性的教学行为才能适应这种教学要求。

③任务取向性。教师在教学中能为学生提供体验实践的情境和问题，围绕任务展开学习，以任务的完成结果检验和总结学习过程，使学生处于积极的学习状态。

④参与性。教师相信自己有能力对学生的学习产生积极的影响，并在课堂上通过引导学生参与教学过程来体现。

⑤及时的教学效果评估。及时的教学效果评估是教师在教学评价方面的行为特征，对学生的学习结果进行及时的反馈，与评价学生学习结果比，更注重评价其学习过程是科学的教学评价行为。

研究显示教师行为是影响学生学业成就的一个重要因素。约翰的研究表明，影响学生成绩的教师行为因素有以下六个：辨别学生是否理解指导内容并且有无单独辅导，鼓励学生参加课堂活动，注意学生的日常作业，指导学生有效的利用时间，对新学生的行为提供反馈，控制学生与学业无关的行为。布罗菲等人在研究中也指出，对于低成就感的学生，其学业成就获得最大化的关键在于教师的指导和监督管理。教师的指导行为和管理行为会影响学生学习行为的自我管理和控制，进而影响其学业成绩。白益民对高成效教师的教学行为研究发现了三类典型的行为特征，课堂上的实质性互动行为，维持学生专注行为，教学的计划与反思。第一类行为特征“实质性互动行为”对教师教学成效的总体影响最大、最直接，是教师取得高成效的基础，包括积极的师生互动，让学生明确目标与课堂常规，创造更适于教与学的教学模式，提供实质性反馈，复习方式和内容。教师让学生明确目标与课堂常规实际上为学生与教师的互动行为起到一个基本定向作用，学生就会知道通过学习自己行为应达到什么目标，在向目标迈进与教师互动过程中，应遵守哪些规则；教师基于自己和学生学习特点而创造的新的教学程序，为师生互动提供了更为有效的“轨道”；教师在积极的师生互动和提供实质性反馈过程中，帮助学生在新旧知识之间建立起实质性联系，学生的认知结构获得重构。第二类行为特征“维持学生专注行为”是保障实质性互动行为得以正常进行的行为，主要是课堂管理行为和学生的专注行为。教师通过课堂管理规定学生哪些是不允许行为，学生的专注行为则是教师从积极的角度告诉学生应该怎样做，帮助学生把注意直接指向学习活动。第三类行为特征“教学的计划与反思”包括课前和课后思维，是教师行为的重要的自我反馈环节。正是这一环节将教师行为的发展构成一个完整的系统，使得教师行为成为一个开放的发展系统，“计划—行为—反思”，而不使教师行为周而复始，一成不变，最终导致僵化、机械。

(四)教学效能感

从当前的环境来看，社会对教育的要求越来越高，严峻的现实要求教师具有比以往任何时期都高的教育水平。现在的教师已不能仅是传统意义上的教书匠了，而要担负起培养学生全面发展的任务，成为教育、教学工作中的专家。对教师教学能力的培养实验发现，教师对教育工作充满热情，教学水平提高就快，不安心于教学工作的教师，教学水平提高的速度明显偏慢，教师教学中明显地受到动机因素的影响。教师教学效能感是衡量教师工作动机的一个敏感的指标，影响着教师的教学工作。

1. 教学效能感的含义

教师的教学效能感概念在理论上来源于班杜拉的自我效能感概念。班杜拉把人对自己进行某一活动的能力的主观判断称为效能感。效能感的高低往往会影响一个人的认知和行为。教师的教学效能感，是指教师对自己影响学生学习行为和学习成绩的能力的主观判断。这种判断，会影响教师对学生的期待、对学生的指导等行为，从而影响教师的工作效率。已有的研究表明，教师对自己影响学生学习行为和学习成绩的能力的主观判断与他们的教学效果之间密切相关。

2. 教学效能感的分类

根据班杜拉的自我效能感理论，可以把教师的教学效能感分为个人教学效能感和一般教育效能感两个方面。

(1)个人教学效能感

个人教学效能感指教师认为自己能够有效地指导学生，相信自己具有教好学生的能力。教师的教学效能感是解释教师动机的关键因素。它影响教师对教育工作的积极性，影响教师对教学工作的努力程度，以及在碰到困难时他们克服困难的坚持程度等。

(2)一般教学效能感

一般教学效能感指教师对教育在学生发展中作用等问题的一般看法与判断，即教师是否相信教育能够克服社会、家庭及学生本身素质对学生的消极影响，有效地促进学生的发展。这与班杜拉理论中的结果预期相一致。

3. 教学效能感对教师与学生的影响和作用

(1)教学效能感对教师行为的影响

国内外许多研究表明，教师的教学效能感不同是其教学效果出现差异的主要原因，教学效能感的高低影响着教师在工作中的努力程度，影响教师在工作中的经验总结和进一步的学习，影响教师在工作中的情绪。

①影响教师在工作中的努力程度。教师的教学效能感影响教师对教育工作的积极性及努力程度，教学效能感越高，设定的目标就越具挑战性，这又会转化为个体心理过程的一个动力因素。它不仅能激发教师上课的动机水平，而且也决定了教师对上课的投入程度，从而真正决定教师的实际课堂教学行为和教学效果。相反，教学效能感低的教师，会倾向于认为自己的教学不能帮助学生克服环境因素的影响，自己的教育起不了作用，于是消极地认为，对高教学目标的努力是无效的。

②影响教师在工作中的经验总结和进一步的学习。教师的教学效能感在教育信念中处于核心地位，如果一名教师不相信自己能对学生产生影响，他就不会有主动检查自己的教学实践活动，并探究其更深意义的动机。科尔顿等人研究表明，优秀教师都有教学改革的强烈愿望，因为他们相信自己能对学生的学习和生活产生影响，而这种尝试对一般教师来说则感到是一种威胁。

③影响教师在工作中的情绪。如果教师对自己的学历、教龄及以往的教学经历很有成功感，就会坚信自己的教学能力，倾向于想象成功的上课情景，于是对所要传递知识的质与量，对学生接受知识的深度与广度，提出一个更高的要求，并产生积极肯定的情感体验。相反，怀疑自己教学能力的教师，会提前担心自己力不从心，焦虑自己完成不了教学大纲，即使自己本来一定能达到要求，他们也往往在预思中想象上课失败的场面，于是在设定目标时，潜意识里以一个失败者的身份自居，将心理资源主要投注于对课堂上可能出现失误的焦虑上。如果教师认为自己能对课堂环境中的潜在困难施以有效控制，他就不会在上课前焦虑、恐慌，在调控课堂的进程中，会信心十足，情绪饱满。若相反，则教师的焦虑水平易被唤起，会趋于采取保护性的退缩行为，畏首畏尾，甚至放弃监控权。

(2)教学效能感对学生学业成就的影响

教师的教学效能感影响教师对教育工作的积极性及努力程度，甚至决定着教师对学生 的期待，影响教师的教学方式。而且，已有的研究表明，教师的教学效能感与教学效果密切相关，是学生学习成绩好坏的重要预测变量。阿什顿和吉布森等人用根据班杜拉的社会认知学习论制定的教学效能感量表来研究教师的教学效能感，结果发现，教师的教学效能感与学生的学业成就具有显著的正相关。教师的教学效能感之所以能够影响学生的学业成就，是因为教师通过其外部的行为表现影响学生，这种行为又影响学生学习的效能感进而支配学生的学习行为，从而影响其成就。反过来，学生的成就和他们的各种学习行为又会影响教师的教学效能感。

4. 影响教师教学效能感的因素

阿什顿曾采用生态学的观点，分析了教师教学效能感的影响因素。他把影响教师教学效能感的因素分为四个水平，即宏观系统水平（指社会的信念和习俗层次）、外部系统水平(指教师所在的社区环境)、中间水平(指教师所在学校的主客观因素)和微观系统水平(指教师所教学生的特征)。简单来说，影响教师教学效能感的因素一般可分为外部环境因素和教师自身因素。教师自身因素包括他的价值及自我概念等是影响教学效能感的关键。

(1)外部环境因素对教师教学效能感的影响

外部因素包括社会文化背景、某些传统教育观念、学校所处的环境、学校风气和师生关系等。研究表明，工作发展的条件和学校的客观条件对一般教学效能感具有明显影响；工作发展的条件、学校风气和师生关系对教师的个人教学效能感具有明显的影响。

(2)教师的主观因素对教师的教学效能感的影响

与外部因素相比较，教师的主观因素是影响教学效能感的关键，其中最重要的是教师的价值和自我概念。价值通常被看作人们用来区分好坏、重要性并指导行为的心理倾向系统。辛涛的研究中发现那些自认与学生关系良好、善于控制学生的课堂行为、受学生尊重的教师，那些认为目前的教学工作有利于自己发展、有利于自己价值实现的教师，有更强的个人教学效能信念，更相信自己有能力激发学生的学习动机，能教好任何学生。

一般情况下，在校大学生和刚参加工作的教师，他们的教学经验很少，在教学中遇到问题时，常常会手足无措，缺乏教学方法和课堂管理的策略。随着教学年限的增长，教师的教学经验逐步丰富，他们的个体文化概念也进一步得到了发展，他们的思想观念、价值趋向、审美意识和社会行为逐步稳定，角色特征、人格特征、形象特征和教学风格日益完善。于是，他们慢慢学会恰当地处理教学中出现的各种问题，教学的自信心不断增强，其个人教学效能感也就表现出上升的趋势。

(五)教育威信

教师威信是指教师在学生心中的威望和信誉。教师表现出的优秀心理品质，对学生产生了心理影响，博得了学生的尊敬与信赖。教师威信是教师教育影响力的集中体现，是教育教学活动顺利开展的条件，是学生获取知识的原动力，是教师成为一个优秀教师的基础，实质上反映了一种良好的师生关系，是教师成功地扮演教育者角色、顺利完成教育使命的重要条件。教师的威信具有强大的凝聚力和感召力，有威信的教师的言行易于唤起学生相应的情感体验，有威信的教师被学生视为心目中的榜样。无数事实证明，这种威信一旦形成，将会在教育教学活动中发挥其独特的作用。

作为一个教师，如何在学生心目中建立起威信，主要是教师在教育教学活动中由于自身的品质和素养而在学生心目中树立的崇高威信。它主要建立在教师自身修养的基础上，而不是社会所赋予的教育权利和地位上。这就要求教师从提升自身修养入手建立起教育教学中的威信。

1. 培养自身良好的道德品质

教师要有较强的敬业精神，热爱学生的高尚情感以及以身作则，为人师表的高尚品德。教师有较强的敬业精神，能积极有效地感化学生，对他们刻苦、专心学习，能起到潜移默化的作用，提高学习积极性和学习效果。反之，则无从感化学生，威信也无从建立。对学生真挚的爱，是教师培育和提高教师威信的重要心理保证。热爱学生是教师情感生活的重要方面，也是使教育活动获得成功的重要条件。教师对学生的爱体现在许多方面：情感上接近学生，思想上理解和关心学生，态度上对学生真诚相待，尊重和信任学生，行动上给予学生以必要的支持和帮助。教师只有真诚热爱、尊重信任学生，关心他们的成长，帮助和激励他们上进，学生才能充分感受到自身价值被充分肯定和认可，从而激发积极上进的精神活力。教师的威信也才能迅速在学生心目中建立起来并扎下坚实的根基。

2. 渊博的知识、高超的教育和教学艺术

苏联教育家苏霍姆林斯基曾这样形容教师，“他精通所教的科目据此建立的那门科学，热爱那门科学，并了解它的发展情况——最新的发现、正在进行的研究以及最近取得的成果。除此之外，本人若能热心于本门科学正在探讨的问题，并具备进行独立研究的能力，这样的教师则可成为学校的骄傲”。教师应该是知识渊博的人。这首先是由教师传递知识经验这一基本职能决定的。学生的主要任务是学习，学习人类积累下来的间接知识和间接经验。如果学生认为教师所教的是正确的、丰富的，并且是学生易于接受的，教师一开始就可以给学生留下深刻的印象，并从此在学生中树立起威信。学生最看不起那些学无所长，学术不精，教学方法单一、死板的教师。教师一旦被学生看不起，威信便无从建立。因此，这就要求教师要掌握所任学科的基础知识和基本技能、技巧，了解所任学科的理论体系和它的历史、现状、发展趋势以及与临近学科的关系，不断学习新知识，更新教学内容，改进教学方法。

3. 注重良好仪表、风度和行为习惯的养成

教师在教育中的示范作用是巨大的。我们常说“身教重于言教”。孔子更有至理名言，“其身正，不令而行；其身不正，虽令不从”“不能正其身，其正人何”。教师作为权威的体现者，他的言行本身就是对权威自身的维护。教师的不能以身作则，不能对自己提出的教育要求自觉维护，是根本不可能在学生心目中建立起威信来的。教师的良好仪表、风度和行为习惯本身就是良好的身教，对学生起着示范的作用。一名教师严于律己，以身作则，为人师表，不仅是教师崇高思想境界和道德情操的外部表露，更是对学生的无声命令。在学生眼里，教师是真理的化身与代言人，他所提出的要求是真正正确的要求，是每一个人都必须严格遵守的。如果学生看到教师的行为与其所提出的要求根本抵触或相去甚远，他就会自然怀疑教师教育要求的真理性，并对教师的威信产生怀疑。

4. 给学生以良好的第一印象

第一印象是指两个素不相识的人第一次交往时所获得的关于对方的初次印象。

社会心理学知识告诉我们，教师与学生初次相识时给学生留下的印象比较深刻，而且这些初次获得的信息易被学生组织成一种认知图式，这些图式会对学生今后对教师的进一步认识提供指导作用。因此，新上任的教师在给学生上第一次课时，第一次给学生布置作业时，第一次与学生谈话时，第一次……时，都要充分准备，认真对待，力求避免差错，以便给学生留下良好印象，为建立良好的师生关系提供一个好的开端。

5. 做学生的朋友与知己

建立教师的威信并不意味着传统意义上封建社会的师生关系，崇尚师道尊严，教师有绝对权威，甚至对学生进行严厉的体罚，学生也必须绝对服从。建立在恰当的教师威信基础上的现代教育中民主平等的新型师生关系是做学生的朋友与知己，学生对教师有尊重和依赖，教师在学生心目中是其成长过程中不可缺少的人。在这种发自内心的敬爱基础上建立起来的教师威信，才是真正富有教育力量的。

第二节　教师的专业发展

20 世纪 80 年代，研究者提出教师专业发展的概念。20 世纪 90 年代，教师专业发展成为教师心理研究的重要内容。随着教育改革浪潮的兴起，人们逐渐认识到教师在教育、教学中起着至关重要的主导作用。教师作为从事教育教学的专业人员，通常要经历从不成熟到成熟的发展过程，需要通过不断的学习与实践来提高专业水平。对教师专业发展的研究有助于为教师指明个人的专业发展道路，为教师教育提供专业训练所需要的基本内容。教师专业发展这一概念已成为世界许多国家重视教师教育，推动教师成长和培养过程的核心话题。

一、教师的专业发展

（一）教师专业发展概述

教师专业发展是指教师在整个专业生涯中，通过终身专业训练，习得教育专业知识技能，实现专业自主，表现专业道德，并逐步提高自身从教素质，成为一个良好的教育专业工作者的专业成长过程。教师作为教育教学的专业人员，要经历一个由不成熟到相对成熟的专业人员的发展历程。教师专业发展这一概念的提出，一方面，它强调教学工作是一种专门职业，教师是履行教育教学工作的专业人员，并且教师需经长期培训，有特定的行为规则和高度的自主性；另一方面，它是指增进教师专业化、提高教师职业素养的过程。

格伦迪和鲁宾逊认为，教师专业发展有三个基本目的与功能：①拓展，指教师在原有认知基础上引介和增加新的知识与技能；②更新，指用最新成果取代过时的内容，是对原有知识与实践的转换与变革；③成长，指教师专业知识与技能程度的提升。他们认为，专业发展是教师专业生涯的内在组成部分，教师知识技能与判断力的不断拓展、更新和成长有助于改进教学实践。

教师专业发展是教师不断成长、不断接受新知识、提高专业能力的过程。它包含教师在生涯过程中提升其工作的所有活动。在这一过程中，教师通过不断的学习、反思和探究来拓宽其专业内涵、提高专业水平，从而达到专业成熟的境界。教师专业发展强调教师的终身学习和终身成长，是职前培养、新任教师培养和在职培训，直至结束教学为止的整个过程。教师专业发展不仅包括教师个体生涯中知识、技能的获得与情感的发展，还涉及与学校、社会等更广阔情境的道德与政治因素。

(二)有关教师专业发展的理论

1. 福勒的生涯关注理论

福勒(F. Fuler)通过编制《教师关注问卷》研究教师在其职业发展中所关注的事物，发现教师在不同的成长阶段所关注的问题不同，从而根据教师的需要和不同时期所关注的焦点问题，把教师的成长划分为关注生存、关注情境和关注学生三个阶段。

(1)关注生存阶段

处于这一阶段的一般是新教师。他们非常关注自己的生存适应性，最担心的问题是："学生喜欢我吗""同事们如何看我""领导是否觉得我干得不错"，等等。有些新教师可能会把大量的时间都花在如何与学生搞好个人关系上。有些新教师则可能想方设法控制学生，因为教师都想成为一个良好的课堂管理者。

(2)关注情境阶段

当教师感到自己完全能够适应时，便把关注的焦点投向了提高学生的成绩即进入了关注情境阶段。在此阶段教师关心的是如何教好每一堂课的内容，一般是关心诸如班级的大小、时间的压力和备课材料是否充分等与教学情境有关的问题。一般来说，老教师比新教师更关注此阶段。

(3)关注学生阶段

当教师顺利地适应了前两个阶段后，其成长的下一个目标便是关注学生。教师将考虑学生的个别差异，认识到不同发展水平的学生有不同的需要，某教学材料和方式不一定适合所有学生。能否自觉关注学生是衡量一个教师是否成熟的重要标志之一。

2. 费斯勒的生涯循环理论

费斯勒(Fessler)在观察、访谈和典型调查的基础上，结合对成人发展和人类生命发展阶段等研究的文献分析，提出了整体、动态的教师生涯循环论。费斯勒将教师的发展分为 8 个阶段：职前教育阶段、引导阶段、能力建立阶段、热心和成长阶段、生涯挫折阶段、稳定和停滞阶段、生涯低落阶段、生涯退出阶段。

①职前教育阶段。这一阶段是职前准备阶段，是从进入师范院校接受培养开始到初入新岗位时的再培训。该阶段是教师角色的储备阶段。

②引导阶段。在入职初期，即教师初任教师的前几年，新任教师努力寻求学生、同事、学校与教育行政人员的认同，在处理日常问题时能够达到令人满意的程度。

③能力建立阶段。在此阶段，通过积极地参加培训计划和各种交流会，积极接受各种新的教育观念，是获得专业发展和形成能力的阶段。

④热心和成长阶段。在此阶段，教师持续的追求专业的更大发展，不断寻求进步。

⑤生涯挫折阶段。在此阶段，教师的职业满意度开始下降，体验到的是挫折和倦怠。此阶段多数发生在职业生涯的中期，处于职业受挫阶段。

⑥稳定和停滞阶段。在此阶段，教师已经失去了进步的要求，工作囿于本分，只满足于完成任务，缺乏进取心和高质量的要求。

⑦生涯低落阶段。在此阶段，教师带着各种不同的感情体会着即将离职的感受。

⑧生涯退出阶段。这一阶段是教师离开工作岗位及离开后的阶段，既包括退休教师的离开，也包括因各种原因的被迫或自愿中止工作。

3. 伯利纳的教学专长发展阶段理论

伯利纳(David C. Berl1ner)在人工智能领域的专家系统研究以及职业专长发展五阶段理论的基础上，根据教师教育专业知识和技能的学习、掌握情况提出的。他根据教师“教学专业知识与技能的学习和掌握情况”较为细致地把教师专业发展划分为“新手阶段、熟练新手阶段、胜任阶段、业务精干阶段和专家阶段”五个阶段。

(1)新手阶段

新手型教师是指经过系统教师教育和专业学习，刚刚走上教学工作岗位的新教师，表现出以下特征：理性化，处理问题缺乏灵活性，刻板依赖规定。这个阶段教师的主要需求是了解与教学相关的实际情况，熟悉教学情境，积累教学经验。

(2)熟练新手阶段

经过 2～3 年，新手型教师在积累了一定的知识和经验后逐渐发展成为熟练新手教师。其特征主要表现为：实践经验与书本知识的整合；处理问题具有一定的灵活性；还不能很好地区分教学情境中的信息；缺乏足够的责任感。一般来说，具有2～3 年教学经验的教师处于这一阶段。

(3)胜任阶段

大部分的熟练新手教师在经过 3～4 年的教学实践和职业培训之后，能够发展成为胜任型教师，这是教师发展的基本目标。胜任型教师的主要特征是：教学目的性相对明确，能够选择有效的方法达到教学目标，对教学行为有更强的责任心，但是教学行为还没有达到足够流畅、灵活的程度。

(4)业务精干阶段

大约经过5年的知识和教学经验的积累，有相当一部分的教师成为业务精干型教师。这一阶段教师表现出以下的特征：对教学情境有敏锐的直觉感受力，教师技能达到认知自动化水平，教学行为达到流畅、灵活的程度。

(5)专家阶段

专家阶段是教师发展的最终阶段，只有少部分教师才能达到这个阶段。专家阶段的教师在教学方面的主要特征是：观察教学情境、处理问题的非理性倾向，教学技能的完全自动化，教学方法的多样化。

4. 我国教师发展阶段的研究

我国对教师专业发展阶段的研究始于20世纪八九十年代。林崇德、申继亮等从认知心理学角度对教师素质结构的研究成果，叶澜等从教育学、伦理学研究视角出发构建的教师专业化理论框架，为我国教师专业发展阶段的研究奠定了理论基础。之后发展出了一些关于教师专业发展阶段的理论，如钟祖荣从教师素质和工作业绩的角度出发，把教师专业发展过程划分为“准备期、适应期、发展期和创造期”四个阶段，四个阶段的终点分别对应新任教师、合格教师、骨干教师和专家教师(学科带头人、特级教师等)。准备期是指教师从事教育工作以前的阶段，是接受教育和学习的阶段。这个阶段的活动是学习，包括在基础教育阶段的学习和专业阶段的学习。这个阶段的学习，如在这个阶段中产生对教师职业的憧憬，注重专业理论知识的学习和教学技能的训练，对他们成为教师或者成为一个什么样的教师有很大影响。这一阶段结束后的老师被称为新任教师。适应期是教师走上工作岗位任教后的最初几年，是教师走向社会，进入学校系统，适应教学工作的时期，由没有初步适应教育教学工作，具备最基本、最起码的教育教学能力和其他素质的阶段。这一阶段是教师专业发展的关键期，是初任教师实现由师范生向正式教师角色的转换期，也是所学理念与现实实践的“磨合期”。这一阶段的主要矛盾是，实现从书本知识到实际操作，从间接经验到直接经验的转化，解决适应实际工作和环境所需要的基本功的矛盾。这些矛盾需要教师在知识、信念、态度和行为上不断做出调整，在实践中认知教师角色，初步体验现实教学的复杂性，对教学进行务实的探索，经过这一阶段，一个新任教师可以成为合格教师。发展期是教师在初步适应教育教学工作后，继续在教育教学实践中锻炼自己的教育教学能力和素质，使之达到熟练程度的时期。在这一阶段，教师专业信念逐步确立，专业技能不断提高，实践知识日益丰富，专业角色逐渐形成，这一时期的主要矛盾是学生和学校对教师提出的更高的素质要求与教师的实际素质还不熟练之间的矛盾。经过这个阶段，一个合格教师就成了骨干教师。职业创造期是教师开始由固定的、常规的、自动化的工作进入开始探索和创新的时期，是形成自己的独到见解和教学风格的时期。经过这个阶段，骨干教师可以成为专家教师。

(三)教师成长的目标：专家教师的标准

教师成长的最后阶段是专家型教师，这也是教师成长的最高目标。专家型教师在教学计划、课堂管理与教学、课后评价三个方面有其独特的特点。例如，在教学计划上，专家型教师能以学生为中心，表现出灵活性和预见性；在课堂管理上，能明确规定课堂规则并持久地执行；在知识的解释与演示上，能灵活运用知识解释的技术，能意识到回顾先前知识的重要性，知识的解释有明确的目的，等等。专家型教师在素质结构方面表现出如下特点。

1. 高尚的师德

师德是教师的灵魂，教师的师德对于学校教育的成败具有举足轻重的作用。高尚的师德包括对教育事业的热爱，强烈的事业心和奉献精神；科学的世界观和积极向上的人生态度；强烈的责任感和对学生的尊重、关心和爱护；处处为人师表，以身作则。

师爱是师德的核心，师爱是一种强大的力量，不仅能够提高教育质量，也会促进学生的成人和成才，影响学生的身心发展、人格形成、职业选择和人生道路的转变。

2. 科学的教育理念

教育理念是指教师在对教育工作本质理解的基础上形成的关于教育的观念和理性信念。是否具有科学的教育理念是区分经验型教师与专家型教师的重要标志。作为专家型教师要树立尊重爱护学生，注重开发学生潜能，促进学生个性全面发展的教育观；树立“教师的主要职责是越来越少地传递知识，而越来越多地激励学生思考，教师将越来越成为一位顾问，一位交换意见的参加者，一位帮助学生发现矛盾论点，而不是给出现成真理的人”的教师观；树立学生是有主观能动性的千差万别的个体，是教育活动的主体，是学习和发展的真正主人，学生有多方面发展的需要和发展的可能，教育应不断满足学生发展需要，促进学生尽可能发展的学生观。

3. 相当的专业知识和专业能力

这是教师从事教育教学工作的前提和保证。专家型教师对普通文化知识的掌握不仅要渊博，而且要精深，要内化到个体知识结构中去；对学科专业知识，不仅对自己所教学科的基本内容有深入透彻的了解，还对学科的架构、发展脉络及学科信念等内容有深入的了解；专家型教师的专业能力除了应具有教学能力、组织管理能力、决策能力、交往能力外，还应具备相应的教育科学研究能力。这是专家型教师区别于一般教师的根本所在。

4. 勇于创新，具有一定的创造性

专家型教师是艺术家、创造者。专家型教师具有创新意识、创新精神和创新能力，即对教育发展具有前瞻能力，能迅速感悟、准确判断处于生成和变动的教育过程中可能出现的新趋势和新问题；具有教育智慧，及时把握教育时机，能根据实际

环境选择和决策，调节自己的教育行为；尊重科学，不盲从和迷信权威，有创新的教学模式，创新的教学方法和新颖别致的教学内容；善于进行科学研究，能创造性地把新思想、新观点、新方法融入自己的思维模式和工作模式中去，对解决问题有自己独特的见解和主张。

二、教师发展的基本途径

教师发展的基本途径主要有两个：一是通过师范教育培养新教师作为教师队伍的补充；二是通过实践训练提高在职教师素养。对于教师个人来说，实践训练主要从以下几方面入手。

(一)观摩和分析优秀教师的教学活动

课堂教学观摩可分为组织化观摩和非组织化观摩。

1. 组织化观摩

组织化观摩是有计划、有目的的观摩。一般来说，为培养新教师和提高教学经验欠缺的年轻教师常进行组织化观摩，这种观摩可以是现场观摩(如组织听课)，也可观看优秀教师的教学录像。

2. 非组织化观摩

非组织化观摩要求观摩者有相当完备的理论知识和洞察力，否则难以达到观摩学习的目的。通过观摩分析，学习优秀教师驾驭专业知识，进行教学管理，调动学生积极性等方面的教育机智和教学能力。

(二)开展微格教学

微格教学指以少数的学生为对象，在较短的时间内(5～20 分)，尝试做小型的课堂教学，可以把这种教学过程摄制成录像，课后再进行分析。这是训练新教师、提高教学水平的一条重要途径。微格教学使教师分析自己的教学行为更加直接和深入，增强了改进教学的针对性，因而往往比正规课堂教学的经验更有效。

微格教学虽有各种方法，但基本采用训练的程序有以下几步。

①明确选定特定的教学行为作为着重分析的问题(如解释的方法和提问的方法等)。

②观看有关的教学录像。指导者说明这种教学行为具有的特征，让新教师能理解要点。

③新教师制订微型教学计划，以一定数量的学生为对象，实际进行微型教学，并录音、录像。

④和指导者一起观看录像，分析自己的教学行为。指导者帮助教师分析这一行为是否恰当，考虑改进行为的方法。

⑤在以上分析和评价的基础上，再进行微型教学。这时要考虑改进教学的方案。

⑥进行以另外的学生为对象的微型教学，并录音、录像。

⑦和指导教师一起分析第二次微型教学。

微格教学是对新教师进行技能训练、提高新教师教学水平的重要途径。将新教师的教学过程拍摄成录像，能够使教师更加直接、深入地分析自己的教学行为，增强了改进教学的针对性，往往比正规课堂教学的经验更有效。研究表明，微格教学的效果在 4 个月后仍很明显。

(三)进行专门教学策略训练

要想促进新教师的成长，也可以对他们进行专门化训练。有人曾将某些“有效的教学策略”教给教师，其中的关键程序有：①每天进行回顾；②有意义地呈现新材料；③有效地指导课堂作业；④布置家庭作业；⑤每周、每月都进行回顾。

(四)教学反思训练

20 世纪 80 年代，强调培养教师反思能力的教育思潮首先在美国、英国、澳大利亚等国的教育界兴起，之后迅速波及并影响到世界范围内的教育界。反思是教师着眼于自己的教学活动过程来分析自己做出某种行为、决策以及所产生的结果的过程，是一种通过提高参与者的自我觉察水平来促进能力发展的手段。教师的教学反思是教师教育、教学认知活动的重要组成部分，它贯穿于教育教学活动的始终。教学反思是促进新教师发展的一条重要途径。对教学经验的反思，又称反思性实践或反思性教学，这是一种思考教育问题的方式，要求教师具有做出理性选择并对这些选择承担责任的能力。

波斯纳(G. J. Posner)提出了一个教师成长公式：经验＋反思＝成长。他还指出，没有反思的经验是狭隘的经验，如果教师仅仅满足于获得经验而不对经验进行深入思考，他的发展将大受限制。

教师怎样对自己的教学进行反思呢？布鲁巴奇(J. W. Blubacher)等人于 1994 年提出了四种反思的方法。①反思日记：在一天教学工作结束后，要求教师写下自己的经验，并以此指导教师共同分析。②详细描述：教师相互观摩彼此的教学，详细描述他们所看到的情景，教师们对此进行讨论分析。③交流讨论：来自不同学校的教师聚集在一起，首先提出课堂上发生的问题，然后共同讨论解决的办法，最后得到的方案为所有教师及其他学校共享。④行动研究：为弄明课堂上遇到的问题的实质，探索用以改进教学的行动方案，教师以及研究者用以进行调查和实验的研究。它不同于研究者由外部进行的旨在探索普遍法则的研究，而是直接着眼于教学实践的改进。

汉顿和史密斯通过分析师范生的反思日记，划分出四种不同的反思水平。水平 1：描述性作品。不是反思，仅仅描述发生的事件，报告看过的文献，对教学事件并没有尝试着进行解释和证实；水平 2：描述性反思。反思不仅仅是对事件的描述，而且还尝试着对教学事件和教学行为进行解释和提供证据，但仅仅是以报告或描述的方式进行或者依据个人判断给出解释；水平 3：对话性反思。与自己对话，对教学事件产生的可能原因进行分析、探究；水平 4 ：批判性反思。给出所做决策的理由，同时也包括更广泛的历史、社会、政治方面的原因。

学习案例

“于漪备课——三个关注，两次反思”

于漪是我国著名语文特级教师，把每一次讲课都看成一次生命的绽放，每堂课都要经过三次备课的过程。第一次备课不看任何参考书和资料，全凭自己的理解对教材进行一次整体把握。第二次备课广泛收集各种参考文献资料，看看名师、教育专家是如何授课和对教材进行分析的，同时思考三个问题：(1)哪些问题参考材料上想到了，我也想到了。(2)哪些问题参考材料上想到了，我没想到。(3)哪些问题参考材料上没有想到，我想到了。第三次备课是在上一个平行班之后，总结经验，进行教学反思之后再备一次课。有人将此总结为：三个关注，两次反思。三个关注，即关注自己、关注理念、关注学生。两次反思，即理念反思和行为反思。

第三节　教师心理健康

教师的心理健康是指教师的思维方式、处世态度与社会的要求相协调，为社会所容纳，并具有创造性，即教师必须有广泛的生活兴趣、融洽的人际关系、健康的情绪体验、积极的进取精神、稳定的工作热情。教师的心理健康是学生心理健康成长、发展的基础；教师的心理健康有利于提高教师的生活质量。

一、教师心理健康的标准

根据联合国世界卫生组织（WHO）的定义，心理健康不仅指没有心理疾病，个体社会生活适应良好，还指人格的完善和心理潜能的充分发挥，亦即在一定的客观条件下将个人心境达到最佳状态。教师群体的心理健康标准既要包含一般的心理健康标准的共性，同时也要体现出教师职业的特殊性。根据心理学研究者的研究与认识，教师心理健康的标准至少应包括以下几点。

①能积极悦纳自我，即真正了解、正确评价、乐于接受并喜欢自己。承认人是有个体差异的，允许自己不如别人。

②有良好的教育认知水平，能面对现实并积极地去适应环境与教育工作的要求。例如，具有敏锐的观察力及客观了解学生的能力；具有获取信息、适宜地传递信息和有效运用信息的能力；具有创造性地进行教育教学活动的能力。

③热爱自己职业，积极地爱学生，能从爱的教育中获得自我安慰与自我实现，从有成效的教育教学中获得成就感。

④具有稳定而积极的教育心境。教师的教育心理环境是否稳定、乐观、积极，将影响教师整个心理状态及行为，也关系到教育教学效果。

⑤能控制各种情绪与情感。繁重艰巨的教育工作要求教师有良好的、坚强的意志品质，即教学工作中有明确的目的性和坚定性；处理问题时决策的果断性和坚持性；面对矛盾沉着冷静的自制力；以及给予爱和接受爱的能力。

⑥和谐的教育人际关系。有健全的人格，在交往中能与他人和谐相处，积极态度（如尊重、真诚、羡慕、信任、赞美等）多于消极态度（如畏惧、多疑、嫉妒、憎恶等）。

⑦能适应和改造教育环境。能适应当前发展、改革与创新的教育环境，为积极改造不良教育环境、提高教学质量献计献策。

二、教师心理不健康的表现

研究表明，导致教师心理不健康的因素是复杂多样的。因此，教师心理不健康的表现也是多种多样的①。

（一）生理—心理症状

从人的主观心理体验上看，教师心理不健康主要表现为：

①抑郁。通常表现为情绪的衰竭、长期的精神不振或疲乏，对外界事物失去兴趣，对学生漠然等。

②焦虑。主要有三类表现：第一类，持续的忧虑和高度的警觉 ，如过分担心自己的人身安全问题；第二类，弥散性的、非特异性的焦虑，如说不出具体原因的不安感、无法入睡等；第三类，预期焦虑，如并不怎么关心现在正在发生的事，而是担心以后可能会发生的事。

③更常见的症状是在抑郁和焦虑之间变动。当一种心理状态变得不能忍受时，另一种心理状态便占据了主导地位。这些心理行为问题通常伴随着一些身体上的症状，如失眠、食欲不振、咽喉肿痛、腰部酸痛、恶心、心跳过速、呼吸困难、头疼、眩晕等。如果教师不及时疏导或宣泄自己的不良情绪，或情绪归因不当，则很可能会产生更深层次的心理行为问题。例如，有的教师开始失去自信，成就动机和自我效能感降低，从而产生了内疚感并开始自责；有些教师则将自己的不良情绪及教学上的失败归于学生、家长或领导，变得易激惹、爱发脾气，对外界持敌视、抱怨的态度。通常这些心理行为问题都是交叠在一起的，而且不断地发生变化，如有些教师时而感到愧疚，时而感到愤怒。

（二）人际关系问题

教师心理不健康的身心症状不可能仅限于个人的主观体验，而且会渗透到教师的人际关系网络中，影响到教师与家人、朋友、学生的关系。研究表明，一个人在

---

① 俞国良、曾盼盼，论教师心理健康及其促进，载《北京师范大学出版社（人文科学版）》，2001：20-27。

沉重的心理压力和失调的情绪状态下往往会发生认知偏差。这时，个体倾向于对他人的意图做出消极的判断，从而相应地做出消极的反应。因此，一个人在工作中产生不良情绪后一般都需要经过一段时间的心理调节才能与家人、朋友正常交流。而对于教师这一特殊群体而言，不仅其劳动的特点使教师比其他人更易在工作中产生焦虑、愤怒、抑郁等不良情绪，而且其角色的多重性(教师既是学生的教师，又是子女的家长、家庭的主要劳动力和社会的模范公民)也使教师几乎没有时间和精力做出心理调节。因此，教师容易在人际关系中表现出适应不良，如与他人交流时沉溺于倾诉自己的不满，没有耐心听取他人的劝告或建议，拒绝从另一个角度去看问题；或表现出攻击性行为，无法用一种理智的、没有伤害性的、对后果负责的方式表达自己或对他人做出反应，如冲家人发脾气、打骂孩子、出口伤人等。另一类行为则是指向内部的，如交往退缩，避免与他人接触，对家庭事务缺少热情等。

(三)职业行为问题

教师心理健康可使学生受益，而若教师出现种种心理问题 ，受害最大的自然也是学生。教师的不健康心理在职业活动中的表现主要有以下几种。

①逐渐对学生失去爱心和耐心，并开始疏远学生，备课不认真甚至不备课，教学活动缺乏创造性，并过多运用权力关系（主要是奖、惩的方式 ）来影响学生，而不是以动之以情、晓之以理的心理引导方式帮助学生。时常将教学过程中遇到的正常阻力扩大化、严重化，情绪反应过度。例如，将一个小小的课堂问题看成是严重的冒犯，处理方法简单粗暴，甚至采用体罚等手段；有些教师在尝试各种方法失败后，对教学过程中出现的问题置之不理，听之任之。

②在教学过程中遇到挫折时拒绝领导和其他人的帮助和建议，将他们的关心看作一种侵犯，或者认为他们的建议和要求是不现实的或幼稚的。

③对学生和家长的期望降低，认为学生是“孺子不可教也”，家长也不懂得如何教育孩子和配合教师，从而放弃努力，不再关心学生的进步。

④对教学完全失去热情，甚至开始厌恶、恐惧教育工作，试图离开教育岗位，另觅职业。这种怨职情绪常常会在教师之间得到强化，从而影响整个学校的士气。

(四)教师的职业倦怠

职业倦怠是西方职业压力和心理健康研究中较为流行的一个概念。职业倦怠是一种与职业有关的综合症状。它源于个体对付出和回报之间显著不平衡的知觉，这种知觉受个体、组织和社会因素的影响。职业倦怠常发生于从事教育行业和服务行业（尤其是要求与需要帮助的服务对象面对面接触的职业)的个体身上。职业倦怠的主要特点是对服务对象的退缩和不负责任，情感和身体的衰竭，以及各种各样的心理症状，如易激惹、焦虑、悲伤和自尊心降低。这种状态在根本上由一种不平衡感引起，即觉得帮助别人的种种努力已经无效，任务永远不会结束，而且总是不能从工作得到回报(回报的形式可以是成功、进步、他人的承认或欣赏。职业倦怠已经成为教师心理健康研究的一个重要主题。

1. 职业倦怠的概念和影响

职业倦怠是指个体在长期的职业压力下缺乏应对资源和应对能力而产生的身心耗竭状态。职业倦怠所产生的生理、情绪、认知和行为等方面的问题，会导致教师产生严重的身心疾病。

2. 职业倦怠的表现

玛勒斯等人认为职业倦怠主要表现在三个方面。

①情绪耗竭，主要表现在生理耗竭和心理耗竭两个方面，如极度的慢性疲劳、力不从心、丧失工作热情、情绪波动大、烦躁、易怒、过敏、紧张等；

②去人性化，即刻意在自身和工作对象间保持距离，对工作对象和环境采取冷漠和忽视的态度，以一种消极的、否定的态度和情感对待学生；

③个人成就感低，表现为消极地评价自己，贬低自己工作的意义和价值。

研究发现，中小学教师的职业倦怠和其所拥有的社会支持之间有显著的相关。也就是说，教师所拥有的社会支持越多，就相应地表现出更少的职业倦怠。同时，教师的教学成就感越强，其倦怠感越低。教龄越长的教师，一般所承担的教学任务及担负的责任相对越多，但他们的体力和精力有限，特别是那些已为人父母者，工作之余的大量时间都用于孩子的抚养和教育上，这可能使他们在工作中更易表现出较多的情绪衰竭。

3. 教师职业倦怠的发展阶段

教师职业倦怠已经成为影响教师心理健康的重要因素之一，教师职业倦怠的发展经历了热情期、停滞期、挫折期和冷漠期四个阶段。

①热情期。热情期的特点是高希望且希望不切实际。

②停滞期。停滞期的特点是仍能工作，但更关注个人需要。

③挫折期。挫折期的特点感到无能，对其他人的行为不满，而且开始经历情绪、生理与行为问题。

④冷漠期。冷漠期的特点是彻底放弃乃至嘲弄自己当初追求的理想目标，在不用心、不负责任的精神状态下生活，不再在乎自己的公众形象和未来前途。至此，个体的枯竭已经达到最低限度，身心健康严重受损。

三、影响教师心理健康的主要因素

(一)职业压力

1. 教师的职业压力来源

教师的职业压力主要是由工作引起的，是教师对来自教学情境的刺激而产生的情绪反应。教师的职业压力来源于学校、社会和个人因素诸方面。

(1)学校因素

学校因素主要包括担心学生考试排名太差，个别学生的工作难做，担心所教班级的升学率，工作得不到的重视，学校形式主义的活动或检查太多、学校或教育行政部门的各种要求太多，学校根据学生考试成绩评定教师的职称、奖金，学生的思想和行为不易被教师控制，这种矛盾易对教师形成压力。学生中的矛盾，不良行为，厌学情绪，较差学业成绩，对教师的不良态度，学生不遵纪、不完成作业，缺乏理想和学习目标等这一切都是教师每天都必须面对的，并加以解决的问题。面对并解决这些问题的过程常常使教师产生厌倦感，感到有压力。另一方面，学校管理机制的不合理，管理人员的不称职，是教师产生压力的重要因素。在学校内部，领导最关心学生成绩，为了提高学生成绩，便制定出许多针对教师的加压性制度，如升学奖励制度，学生评教制度，评优制度，职称考核制度等。

(2)社会因素

社会因素主要包括收入低，与家长关系难处理，家庭不支持等。教师没得到应有的尊重和理解，社会公众认为教师待遇提高了，就应该加倍努力和付出，教师成功了是理所当然的，失败了则归咎于教师的不努力和无能。教师在他们眼中好像应该是无所不能的。家长的不理解和不配合以及过度的期望使教师产生了压力。世界各国对教育越来越重视，也越来越重视教师，但是对于教师的要求也越来越高，不仅要求各级教师必须有教师资格证，而且要有丰富的专业知识，懂得教学规律，并且受过教育学、教育心理学方面的专业培训，还要求必须达到相应的学历要求。同时，由于我国的教育制度在进行全面、深入的改革，如教师的职称评定、职务聘任、岗位的末位淘汰、按绩取酬、在核心刊物发表的论文篇数等，都使教师感受到有一种无形的压力。此外，国家与社会都普遍认为，教育质量的提高关键在于教师素质的提高，一旦出现教育质量下降，学生问题增多，人们就会将责任归咎于教师，认为是教师教育不当造成的。虽然一部分教师能够迎难而上，化压力为动力，但是也有一些教师会感到压力过大，产生失落感，不能够适应新的要求而觉得有些力不从心。

(3)个人因素

在相同的压力下，有些教师可能会出现心理问题，有些则能维持健康的心理状态。造成这些差别的个人因素主要有以下几种。

①人格因素。研究发现，不能客观认识自我和现实，目标不切实际，理想和现实差距太大的教师或有过于强烈的自我实现和自尊需要的教师更容易出现心理问题。此外，教师中的外在控制源者，即认为事情的结果不是决定于自己的努力，而是由外界控制的教师，比内在控制源者更难应付外界的压力情境或事件，因而心理健康水平也较差。

②个人生活的变化。在人的一生中，经常会有生活的变化，无论这些改变是积

极的（如结婚、升迁）或是消极的（如亲人死亡、离婚），都需要个体做出心理调整以适应新的生活模式。在这种调整时期，心理问题容易产生。尤其是进入一个人生阶段到另一个人生阶段的过渡时期，如艾里克森等提出的“中年危机时期”，个体需要对自己、家庭及职业生活做出再评价，这些很可能会显著地影响个体的自尊、婚姻关系以及对工作的忠诚和投入。

2. 教师职业压力的种类

伍尔若和梅把教师职业压力按性质分为五类。

①中心压力——较小的压力及日常的麻烦。例如，某次课的幻灯片丢了。

②外围的压力——教师经历的重大生活事件或压力情节。例如，换到一所新的学校或长期的人际关系冲突。

③预期性压力——教师预先考虑到的令人不愉快的事件。例如，与校长将要进行一次谈话。

④情境压力——教师现在的心境。

⑤回顾压力——教师对自己过去的压力事件及相关经历进行的评价。

（二）教师角色冲突

角色冲突是指个体不能满足多种角色要求或期待而造成的内心或情感的矛盾与冲突，可以分为角色间冲突和角色内冲突。教师角色冲突主要是指教师在学校教育活动中，为实现与其身份、地位相对应的权利和义务，教师实际的行为和态度与外部（社会、学校）期望的行为和态度不一致时所产生的冲突。

1. 新课程改革中教师角色冲突

新课程改革下，教师角色发生变化，由知识的传递者转变为知识的引导者、激发者。新课程改革需要教师更新教育观念，优化教师能力结构，拓展教育教学思维等，这就使得教师对自我身份、自我意识、自我地位的认识产生模糊和动摇。教师群体很可能会对如何协调各主次角色的平衡和互动，如何在不影响教学活动的前提下满足各方面对教师角色的要求等产生困惑、质疑。当教师不能很好地运用和切换各种角色时，部分教师会逃避风险或消极应对，如面临上级教育部门检查时，采取新课程改革所要求的教学模式来教学，其他时候则依然采取传统的教学模式，对自我的教学权威进行一定的保护。

2. 社会角色与家庭角色之间的冲突

我们常听到这样的调侃：“老师教得好学生，但不一定教得好自己的子女。”这种情况在现实中确实存在。在学校场域中，教师通常是威严的知识传授者，当教师回到家中面对自己的子女时，会有意或无意地摆出教师的威严，较少以父母的角色、情感态度来积极地差别化对待自己的孩子，或者因学校教育工作重而忽视对自己子女的教育。

3. 不同角色期待引起的教师角色冲突

教育法律法规要求教师要进行素质教育，培养学生的综合能力；家长和学校则要求教师要提升学生的分数与升学率、就业率等。不同主体对教师的角色期待各不相同，让教师“左右为难”。作为一名一线的、普通的教师，在扮演教师工具性价值的时候，难以面面俱到，以致招致诟病和批评，心理压力剧增，教师角色冲突频发。

此外教师还会遇到如负担过重，过分疲劳，现实与理想之间反差巨大，个人的需要、理想等主观需要难以实现之间存在矛盾，自我认知出现偏差。其中新教师的自我认知偏差主要表现为两种类型：一是自我扩展型；二是自我否定型。

(三)传统文化观念的压力

在我国的传统价值文化里，“敬业”与“奉献”等价值观念在长期的文化历史积淀中已经成为社会对教师的职业期待，也成为从事教师职业的人的基本思维方式与生活方式，而且这些价值观念通过文化的传承已内化为教师自身的道德要求。于是，对教师的要求就固定化为教师应该是“人类灵魂工程师”“燃烧自己照亮别人”，具有“人梯精神”。人们对教师的要求越来越高，却没有考虑到教师作为一个普通人对七情六欲以及合理的物质要求。由于片面地强化这一充满理想追求的“价值目标”，而忽视了教师职业的社会性的一面，使教师职业缺少生动性和主体性，这无形之中就增加了教师的心理负担与压力。

四、教师心理健康调节

(一)个体积极的自我调适

个体自我调适的目的是通过改变个体自身的某些特点来增强适应工作环境的能力。自我调适的主要方法有放松训练、认知压力管理、时间管理、社交训练和态度改变、归因训练、加强训练等。教师尤其需要转变观念，采取积极的应对策略和归因方式，做到合理的饮食和锻炼，保持身体健康。

1. 面对压力做出理智反应

面对突发事件感到压力是作为教师应做出理智性反应，采取有控制的、不失常态的，以化解压力为目标的积极性行为，尽量避免产生攻击、回归、冷落、固执、自卑等不良的非理智性反应。或者对原来行为的不足加以补充，将消极的心理因素转化为积极的心理和行为，或者用“失之东隅，收之桑榆”的方式，把注意力从造成心理紧张的目标中移开，代之以其他较为轻松的活动目标，用新的成功达到自我心理平衡。在教育学生中，对恶作剧学生应正确地对待，善于从这些学生身上找出他们的闪光点，从他们的闪光点中看到希望、看到未来，进而减缓所承受的压力。

2. 认识自我，接纳自我

崇尚完美，是很多教师所追求的生活目标。教师总认为作为学生的榜样，就应该是完美的、不能有缺点。事实上，强迫自己追求完善，正是不快乐、心理不健康的最主要因素之一。因此，教师应努力做好所要做的、喜欢做的事，然后试试着手那些不得不做的事，如果真的力所不及，可以向同事或朋友讨教，不要过分责难自己。在班级管理方面，充分发挥学生的自我管理能力，减轻教师的压力，给自己创造更多的训练和提高的机会。勇于展示自身缺点的老师，也是很受学生欢迎的。

3. 建立良好的人际关系

教师的工作是一份与学生打交道的工作，教师的很多压力来源于人际关系处理不当。如何改善与人的关系，这完全有赖于自己。善于发现每个人的优点，接纳与赞许他人，是良好人际关系的基础。教师只有不断地与社会交往，保持自身与社会的平衡，将自己和谐地融于社会之中，才能保持健康的心理。教师应正视并接受来自内部和外部对自尊心有威胁的各种因素。

（二）组织有效的干预

组织干预的思路就是通过削减过度的工作时间、降低工作负荷、明确工作任务、积极沟通与反馈、建立有效的社会支持系统来防止和缓解教师的心理压力。

帮助教师化解心理压力，排解困扰教师的压力，是学校管理者的一项重要任务。学校领导可以从以下几方面着手。

1. 指导化解压力的方法

备受压力的教师在提高自身修养的基础上，可以采用多种方式，如环境调节法、陶冶性情法、宣泄释放法、心理防御法等，摆脱烦恼，以恢复情绪的平衡与稳定，化解压力，以更大的激情投身于教育事业。

2. 改善工作环境

学校要努力创设一个良好的工作氛围，消除环境中容易产生压力的因素，使广大教师始终置身于一个和谐的、奋发向上的大集体中，并从中汲取化解压力的力量和勇气。

3. 及时疏导

教师遇到从未有过的压力，应主动关心，帮助其认真分析原因，针对不同的教师的个人经历、个性特征等及时加以疏导，在力所能及的范围内，满足他们的合理需要。

4. 提供释放情绪的情境

当教师因压力过大而产生愤怒、抑郁等不良情绪时，要设法让他们从这些情绪中释放出来，并提供适宜的释放情绪的情境。让他们将心中的郁闷倾诉、宣泄出来，从而减少他们的心理压力。

5. 加强心理教育

通过加强自我控制教育，在受到大压力的重负时，要能控制自己的非理智性行为，以免造成更大的心理压力。

五、构建社会支持网络

维护教师心理健康，需要建立一个和谐的社会支持网络。通过各种政策的制定，来提高教师的社会地位，促进教师群体职业化的进程，形成尊师重教的社会风气。例如，政府应加大执法力度，维护教师的合法权益，增加教育投入，改善教师的工资收入、住房、医疗等物质待遇；深化教育改革，减轻教师的升学压力和心理负荷，减少教师为追求升学率而做出的许多违背教育教学规律的行为；同时促进教师群体职业化，在教师的筛选、培训和资格认定方面形成一整套的标准。政府部门还可以有组织、有计划地通过各种传媒，宣传教师在社会主义现代化建设中的巨大作用，推动尊师重教社会风气的形成。同时，我们还应呼吁全社会来关心、支持、配合教师，提高教师的工作积极性，减少并杜绝教师的消极心理。

练习题

一、选择题

1. 教师成长公式“经验＋反思＝成长”，是由（　　）提出来的。

A. 布鲁巴奇　B. 波斯纳　C. 布鲁纳　D. 科顿

2. 张老师每次和别人说起自己的职业，都会充满自豪感。这说明张老师处于（　　）。

A. 教师职业角色认知阶段　B. 教师职业角色认同阶段

C. 教师职业角色信念阶段　D. 教师职业角色内化阶段

3. 年轻教师在成长过程中要经历教师角色形成的过程不包括（　　）。

A. 角色认知阶段，角色扮演者对角色的社会地位、作用及行为规范的实际认知和与社会其他角色关系的认知

B. 角色认同阶段，通过亲身体验接受教育承担的社会责任

C. 角色信念阶段，教师角色中的社会期望与要求转化为个人的心理需要

D. 角色成熟阶段，角色承担者会承担多个角色，并提出角色行为要求

4. 下列关于职业倦怠教师的表述，不正确的是（　　）。

A. 往往丧失了工作热情，情绪波动大，容易迁怒于学生和同事

B. 一般在临床上没有不良表现，如疲劳、厌食、睡眠障碍等

C. 不愿与学生接触交流

D. 工作变得机械化且效率低下，缺乏适应性

5. 职业倦怠已经成为影响教师心理健康的重要因素之一，在职业倦怠发展的（　　），教师个体的枯竭已经达到最低限度，身心健康严重受损。

A. 热情期　B. 冷漠期　C. 停滞期　D. 挫折期

6. 教师职业倦怠的核心成分不包括(　　)。

A. 情绪衰竭　　B. 去个性化

C. 发展动力缺失　　D. 个人成就感降低

7. 王老师当班主任后，用了一个月的时间了解班里每个学生的性格特点和兴趣爱好，建立档案，并依此进行教育教学工作。王老师的成长阶段属于(　　)。

A. 关注情境阶段　　B. 关注学生阶段

C. 关注生存阶段　　D. 关注自我感受阶段

8. 李老师关心如何教好每一堂课的内容，如何能通过自己的授课提高学生的成绩，这说明李老师处于(　　)。

A. 关注情境阶段　　B. 关注学生阶段

C. 关注生存阶段　　D. 关注自我感受阶段

9. 年轻的教师初登讲台时往往非常紧张，担心自己是否能被学生和领导接受。如果用福勒与布朗提出的生涯关注理论来解释的话，是因为这时教师还处在(　　)。

A. 关注情境阶段　　B. 关注学生阶段

C. 关注生存阶段　　D. 关注自我感受阶段

10. 衡量一个教师是否成熟的主要因素是看其能否自觉关注(　　)。

A. 教材　　B. 生存　　C. 课堂　　D. 学生

二、简答题

1. 简述建立教师威信的途径。

2. 简述福勒等人提出的教师成长的三个阶段。

3. 简述教师教学能力的结构。

参考答案

一、选择题

1. B　2. B　3. D　4. B　5. B　6. C　7. B　8. A　9. C　10. D

二、简答题(略)

参 考 文 献

[1][奥]阿尔弗雷德·阿德勒．儿童教育心理学[M]．北京：中国纺织出版社，2018.
[2][美]Abraham H. Maslow. 动机与人格(第三版)[M]．许金声等，译．北京：中国人民大学出版社，2007.
[3][美]阿伯特·班杜拉．社会学习心理学[M]．郭占基等，译．长春：吉林教育出版社，2003.
[4][美]阿伯特·班杜拉．自我效能：控制的实施[M]．缪小春等，译．上海：华东师范大学出版社．2003.
[5][美]安妮塔·伍尔福克．伍尔福克教育心理学(第12版)[M]．伍新春，张军，李娇，译．北京：中国人民大学出版社，2015.
[6][美]BarryJ. Zimmerman 等．自我调节学习——实现自我效能的超越[M]．姚梅林，徐守森，译．北京：中国轻工业出版社．2001.
[7]白学军等．实现高效率学习的认知心理学基础研究[M]．天津：天津科学技术出版社，2008.
[8]白益民．高成效教师行为特征研究[J]．教育研究与实验，2000，4：31-37.
[9]边玉芳．学习的自我效能[M]．杭州：浙江教育出版社，2004.
[10][美]B. R. 赫根汉，马修·H. 奥尔森．学习理论导论(第7版)[M]．郭本禹，崔光辉等，译．上海：上海教育出版社，2011.
[11][美]B. S. 布卢姆等．教育目标分类学：第一分册 认知领域[M]．罗黎辉，译．上海：华东师范大学出版社，1986.
[12]岑国桢，吴声远．教师心理健康与职业道德培养[M]．南宁：广西人民出版社，2006.
[13]陈会昌．道德发展心理学[M]．合肥：安徽教育出版社，2004.
[14]陈丽华．影响学生学业成就的教师因素实证研究述评[J]．当代教育科学，2015(8)：30-33.
[15]陈琦，刘儒德．当代教育心理学[M]．北京：北京师范大学出版社，2007.
[16]陈向明．优秀教师在教学中的思维和行动特征探究[J]．教育研究，，2014，5(35)：128-138.
[17]陈向明等．搭建实践与理论之桥——教师的实践性知识研究[M]．北京：教育科学出版社，2011.
[18]诸东涛，周龙军．班主任工作理论与实务[M]．北京：首都师范大学出版社，2013.
[19]范丽恒．国外教师期望研究综述[J]．心理科学，2006，3：646-648
[20]方方．教师心理健康研究[M]．北京：人民教育出版社，2003.
[21]冯忠良等．教育心理学[M]．北京：人民教育出版社，2000.
[22]傅道春．教师的成长与发展[M]．北京：教育科学出版社，2001.

[23]高岚，李资渝，张莉．当代教育心理学的研究和发展[J]．心理学探新，2001，21：38-42+53.

[24]高明书．教师心理学[M]．北京：人民教育出版社，1999.

[25]金洪源．学习行为障碍的诊断与辅导[M]．上海：上海教育出版社，2005.

[26]江光荣．班级社会生态环境研究[M]．武汉：华中师范大学出版社，2002.

[27]李迪．做学生欢迎的班主任[M]．上海：华东师范大学出版社，2009.

[28]李洪玉，何一粟．学习动力[M]．武汉：湖北教育出版社，1999.

[29]李洪玉，何一粟．学习能力发展心理学[M]．合肥：安徽教育出版社，2004.

[30]李维．学习心理学[M]．成都：四川人民出版社，2000.

[31]李咏吟．学习心理辅导[M]．广州：广东世界图书出版公司，2003.

[32]连榕．教师专业发展[M]．北京：高等教育出版社，2007.

[33]林崇德．发展心理学[M]．杭州：浙江教育出版社，2002.

[34]林崇德．品德发展心理学[M]．上海：上海教育出版社，1989.

[35]林崇德．学习与发展——中小学生心理能力发展与培养[M]．北京：北京教育出版社，1992.

[36]林崇德．中学生心理学[M]．北京：中国轻工业出版社，2013.

[37]林崇德，申继亮，辛涛．教师素质的构成及其培养途径[J]．中小学教师培训，1998，C1：10-14.

[38]林海亮，杨光海．教育心理学——为了学和教的心理学[M]．北京：北京师范大学出版社，2012.

[39]林正文．儿童行为的塑造与矫正[M]．北京：北京师范大学出版社，1998.

[40]刘虹．中学教师心目中"优秀教师"的特征：一项质化与量化结合的研究[J]．课程教材教学研究(教育研究)，2014，4：41-44.

[41]刘加霞，辛涛，黄高庆等．中学生学习动机、学习策略与学业成绩的关系研究[J]．教育理论与实践．2000，20(9)：54-58.

[42]刘丽虹，张积家．动机的自我决定理论及其应用[J]．华南师范大学学报(社会科学版)，2010，4：53-59.

[43]刘儒德．学习心理学[M]．北京：高等教育出版社，2010.

[44]刘儒德．班主任工作中的心理效应[M]．北京：中国轻工业出版社，2012.

[45]刘儒德．教育中的心理效应[M]．上海：华东师范大学出版社，2013.

[46]刘旭．一线教师教育科研指南[M]．成都：四川教育出版社，2006.

[47]路海东．学校教育心理学[M]．长春：东北师范大学出版社，2000.

[48]路海东，张明．渴望远行——学习心理咨询[M]．哈尔滨：黑龙江人民出版社，1999.

[49][美]罗伯特·斯莱文．教育心理学理论与实践(第10版)[M]．吕红梅，姚梅林等，译．北京：人民邮电出版社，2016.

[50]蒯超英．学习策略[M]．武汉：湖北教育出版社，1999.

[51][美]Margaret E. Gredler. 学习与教学——从理论到实践(第5版)[M]．张奇等，译．北京：中国轻工业出版社，2007.

[52][加]马克斯·范梅南．教学机智——教育智慧的意蕴[M]．李树英，译．北京：教育科学出版社，2001.

[53][美]MorrisL. Bigge，Samuel S. Shermis. 写给教师的学习心理学[M]. 徐蕴，张军华等，译. 北京：中国轻工业出版社，2005.
[54]莫雷. 教育心理学[M]. 广州：广东高等教育出版社，2005.
[55][美]帕尔默. 教学勇气：漫步教师心灵：十周年纪念版[M]. 上海：华东师范大学出版社，2004.
[56]彭聃龄. 普通心理学[M]. 北京：北京师范大学出版社，2012.
[57]皮连生. 教育心理学(第四版)[M]. 上海：上海教育出版社，2011.
[58]皮连生. 教学设计——心理学的理论与技术[M]. 北京：高等教育出版社，2000.
[59]皮连生. 现代认知学习心理学：打开有效学习之门的钥匙[M]. 北京：警官教育出版社，1998.
[60]皮连生. 学与教的心理学(第五版)[M]. 上海：华东师范大学出版社. 2009.
[61]秦发盈. 我国优秀教师的特征及形成过程探微[J]. 天津市教科院学报，2005，5：46-49.
[62][德]塞巴斯蒂安·莱特纳. 学习这回事[M]. 蔡嘉颖，林宜燕，译. 北京：中国人民大学出版社，2007.
[63][美]塞缪尔·格莱丁. 心理咨询导论(第6版)[M]. 方双虎等，译. 北京：中国人民大学出版社，2014.
[64]桑青松，江芳，王贤进. 学习策略的原理与实践[M]. 合肥：安徽教育出版社，2006.
[65]邵瑞珍. 教育心理学[M]. 上海：上海教育出版社，1988.
[66]沈德立. 高效率学习的心理学研究[M]. 北京：教育科学出版社，2006.
[67]石雷山，高峰强，沈永江. 班级集体效能对初中生学业自我效能与学习倦怠的调节作用[J]. 心理发展与教育，2011，3：289-296.
[68]施良方. 学习论[M]. 北京：人民教育出版社，2001.
[69]史耀芳. 二十世纪国内外学习策略研究概述[J]. 心理科学，2001，24(5)：586-590.
[70]童辉杰. 常见心理障碍评估与治疗手册[M]. 上海：上海教育出版社，2007.
[71]汪凤炎. 中国传统德育心理学思想及其现代意义[M]. 哈尔滨：黑龙江教育出版社，2002.
[72]汪凤炎，燕良轼. 教育心理学新编[M]. 广州：暨南大学出版社，2006.
[73]王鉴. 班级心理学[M]. 北京：开明出版社，2012.
[74]王小明. 学习心理学[M]. 北京：中国轻工业出版社，2009.
[75]王雪丽. 初中生教师期望知觉的研究进展及启示[J]. 中小学心理健康教育，2012，18：7-10.
[76]吴增强，沈之菲. 学校心理辅导研究[M]. 上海：上海科学技术文献出版社，2000.
[77]吴增强. 学习心理辅导[M]. 上海：上海教育出版社，2011.
[78]辛涛. 论教师的教学效能感[J]. 应用心理学，1996，2：42-48.
[79]熊宜勤. 知识的学习与教学——教育心理学研究新发展[M]. 桂林：广西师范大学出版社，2005.
[80]徐建平，谭小月，武琳等. 优秀教师的胜任特征——来自文献与调查的证据分析[J]. 当代教师教育，2015，2：13-17.
[81]许燕，王芳. 教师健康人格促进[M]. 北京：中国轻工业出版社，2008.
[82]杨海东，高爱玲. 骨干教师谈成长[M]. 哈尔滨：哈尔滨工业大学出版社，2005.
[83]杨多. 教师心理健康与专业成长[M]. 成都：西南交通大学出版社，2008.

[84]姚立新．教师压力管理[M]．杭州：浙江大学出版社，2005.
[85]姚梅林．学习心理学：学习与行为的基本规律[M]．北京：北京师范大学出版社，2006.
[86]叶澜．教育概论[M]．北京：人民教育出版社，1991.
[87][美]约翰·D. 布兰思福特等．人是如何学习的——大脑、心理、经验及学校[M]．程可拉等，译．上海：华东师范大学出版社，2002.
[88]俞国良．专家—新手型教师教学效能感和教学行为的研究[J]．心理学探新，1999，19(2)：32-39.
[89]俞国良，辛涛，申继亮．教师教学效能感：结构与影响因素的研究[J]．心理学报，1995，25(2)：159-166.
[90]俞国良，罗晓路．教师教学效能感及其相关因素研究[J]．北京师范大学学报(人文社会科学版)，2000，1：72-79.
[91]张大均．教育心理学(第三版)[M]．北京：人民教育出版社，2015.
[92]张大均，郭成．青少年心理健康教育[M]．重庆：重庆出版社，2006.
[93]张积家．普通心理学[M]．北京：中国人民大学出版社，2015.
[94]赵必华．影响学生学业成绩的家庭与学校因素分析[J]．教育研究，2013，34(3)：88-97.
[95]赵丰．青少年成长急需解决的16个问题[M]．北京：民族出版社，1998.
[96]赵明仁．教师反思与教师专业发展——新课程改革中的案例研究[M]．北京：北京师范大学出版社，2009.
[97]郑日昌，陈永胜．学校心理咨询[M]．北京：人民教育出版社，2010.